U0495600

宋应离　编撰

名刊 名编 名人

中原出版传媒集团
大地传媒
大象出版社
·郑州·

图书在版编目(CIP)数据

名刊 名编 名人/宋应离编撰.—郑州:大象出版社，2011.10（2018.1重印）
ISBN 978-7-5347-6274-1

Ⅰ.①名… Ⅱ.①宋… Ⅲ.①期刊—编辑工作—研究—中国 ②期刊—出版工作—研究—中国 Ⅳ.①G237.5

中国版本图书馆CIP数据核字(2011)第033912号

名刊 名编 名人
MINGKAN MINGBIAN MINGREN

宋应离 编撰

出 版 人	王刘纯
责任编辑	郭一凡
责任校对	裴涛路 霍建远
封面题字	吴道弘
书籍设计	王晶晶

出版发行	大象出版社（郑州市开元路18号 邮政编码450044）
	发行科 0371-63863551 总编室 0371-63863572
网 址	www.daxiang.cn
印 刷	河南新华印刷集团有限公司
经 销	各地新华书店经销
开 本	787mm×1092mm 1/16
印 张	35
字 数	567千字
版 次	2011年10月第1版 2018年1月第2次印刷
定 价	69.00元

若发现印、装质量问题，影响阅读，请与承印厂联系调换。
印厂地址 郑州市经五路12号
邮政编码 450002 电话 0371-65957865

祝贺《名刊名编名人》出版

解读期刊功能新视角
探讨办好期刊新途径

吴道弘
二〇〇二年元月

（吴道弘：人民出版社原副总编辑、"韬奋出版奖"获得者、著名出版家）

编撰说明

一、经广泛阅读、多方查询、慎加筛选,历时六年,《名刊名编名人》一书与读者见面了。这是供高校编辑出版专业教学用的一部参考书,也可供从事期刊编辑工作和期刊研究者参考。

二、本书选取了我国现当代有代表性的22家不同类型的刊物作为研究对象,其排列按创刊时间先后为序。

三、每个刊物的研究内容分为:一是刊物创办的历史背景、办刊宗旨、发展历程、办刊经验的总结、社会影响;二是刊物的主编(总编)的办刊思想、个人体会及经验教训;三是有关专家、学者、社会名人与刊物情缘。由于篇幅所限,有些文章不便全文收录,只摘取部分重要内容,用"编者、作者、读者评论(摘编)"的方式加以表现,读者可从中了解吸取相关内容。

四、为了便于期刊研究者进一步了解把握期刊的全貌,每个期刊之后附有"相关链接"一栏,将国内目前已公开发表的研究刊物部分篇目按发表时间先后一一列入。凡本书中已引用过的篇目不再列入。

五、鉴于书中收录文章写作时间跨度长,作者的经历、学养、写作习惯的差异,在语言文字的应用上很难符合今天的规范。在编撰中除对其中的错别字做了必要的技术处理外,其他一律不加改动,以保持其历史原貌。

六、凡本书收录论著(包括已发表过或未发表的)绝大多数已征得作者同意。由于种种原因,尚有个别作者没有取得联系,为尊重作者权益,待书出版后,作者仍可和本书编撰者取得联系。

七、本书中的照片、图片,有的由作者本人提供,有的是从图书、报刊、网络等媒体上选用的,不再一一署名,敬请见谅。

目 录

《科学》杂志的历史功绩　樊洪业/001
《科学》的前三十年　张孟闻/010
《学艺》和《科学》扶持华罗庚典型个案研究　亢小玉　姚　远/015
编者、作者、读者评论（摘编）/023

刊比人长寿
　　——《中国青年》创刊八十五周年的光辉历程　宋应离/026
忆延安的《中国青年》　韦君宜/042
主编《中国青年》十年的杂忆　邢方群/045
青年是振兴中华的先锋　王　震/058
编者、作者、读者评论（摘编）/061

中学生的良师益友——《中学生》　宋应离/066
浅谈叶圣陶办《中学生》杂志的编辑思想　林君雄/075
我和叶圣陶老人与《中学生》　胡　绳/090
饮水思源　写给《中学生》　侯仁之/093
编者、作者、读者评论（摘编）/097

观世界变幻　测环球风云
　　——《世界知识》七十六年的光辉历程　宋应离/100
一个人、一本杂志和一个时代
　　——"世知人"张明养事迹片段　史　之/110
感激与怀念
　　——纪念《世界知识》创刊五十周年　陈　原/117
编者、作者、读者评论（摘编）/120

记录中国当代妇女解放与成长的历史

——祝《中国妇女》创刊七十周年　宋应离　安　静/123
关注妇女命运　伴随妇女前行
　　——《中国妇女》杂志七十年回顾　尚绍华/135
引领中国妇女七十年人生之路　张抗抗/143
编者、作者、读者评论(摘编)/146

与新中国同时共生的《人民文学》
　　——献给《人民文学》创刊六十周年　王　伟/151
我与《人民文学》　崔道怡/162
编辑与我　李国文/171
编者、作者、读者评论(摘编)/177

《史学月刊》的办刊理念与六十年来之发展　殷　铭/181
承担起繁荣学术的社会责任
　　——主编《史学月刊》的几点感受　李振宏/189
感谢《史学月刊》对我的帮助和鼓励　牛致功/197
编者、作者、读者评论(摘编)/199

开展"百家争鸣"的前驱　扶植学术新人的摇篮
　　——《文史哲》的办刊特色　宋应离/201
华岗与《文史哲》　刘光裕/211
《文史哲》培养了我　李希凡/223
我与《文史哲》　庞　朴/226
编者、作者、读者评论(摘编)/228

《历史研究》：新中国历史学发展的缩影　宋德金/231
记《历史研究》杂志(节录)　黎　澍/242
我与《历史研究》　罗尔纲/245
《历史研究》鼓舞了我的中国海关史研究　陈诗启/247
编者、作者、读者评论(摘编)/250

引领学术创新的先锋　　学报园地的一面旗帜
　　　——《北京大学学报》办刊经验简析　宋应离/254
十年磨剑更磨人
　　　——我当《北京大学学报》主编十年的体会　龙协涛/260
走进这块圣洁的园地
　　　——我与《北京大学学报》　孙玉石/268
培养青年学者的园地　葛晓音/274
编者、作者、读者评论（摘编）/278

学术为本，反映时代精神　符学博/280
学术期刊与学术事业共生共存
　　　——十五年办刊生涯感言　黄颂杰/285
《复旦学报》：青年理论工作者的摇篮　俞吾金/296
编者、作者、读者评论（摘编）/298

重视质量　突出特色　彰显功能　打造名刊
　　　——《北京师范大学学报》（社会科学版）的办刊之路　习　文/300
缘结学报三十年　潘国琪/309
我们从这里起步　童庆炳/320
编者、作者、读者评论（摘编）/322

写在《诗刊》创刊五十周年之际　龙汉山/325
我与《诗刊》　臧克家/329
诗歌，给了我追求真善美的力量　郭曰方/334
编者、作者、读者评论（摘编）/337

永远的巴金　永远的《收获》　张俊鹏/341
求真向善　革故鼎新
　　　——《收获》三代主编论　蔡兴水　郭恋东/350
《收获》杂志是我的老师　苏叔阳/371
编者、作者、读者评论（摘编）/374

"敢为天下先"的《社会科学战线》　宋应离/376
难忘的1978
　　——《社会科学战线》创始记　王慎荣/383
改革开放三十年的学术诠释　姚文放/387
编者、作者、读者评论（摘编）/391

《十月》创刊经过　章仲锷/394
探索和创新　张兴春/397
吉祥《十月》　铁　凝/401
一份刊物和一个时代　谢　冕/404
编者、作者、读者评论（摘编）/411

学术期刊的一面旗帜　仲伟民/413
《新华文摘》创刊三十周年的回顾与展望　张耀铭/416
《新华文摘》，我生命的一部分　吕明灼/422
名刊背后是人才　韩庆祥/425
编者、作者、读者评论（摘编）/428

《读书》起步那几年……
　　——深层记忆里抹不去的人和事　陈　原/432
我编《读书》杂志　沈昌文/439
与《读书》结缘　陈平原/449
编者、作者、读者评论（摘编）/458

《当代》，一个美好的记忆　孟伟哉/460
满腔真情磨亿稿　一片丹心寄《当代》
　　——秦兆阳与《当代》　王一如/466
却嫌脂粉污颜色
　　——话说《当代》杂志　刘心武/474
编者、作者、读者评论（摘编）/477

打开窗口　了解世界　高　斯/481
打开瞭望世界的一扇窗口
　　——回眸《译林》创刊三十年　李景端/484
从稚嫩苗木到绿树成荫
　　——我与《译林》三十年　谭晶华/488
编者、作者、读者评论（摘编）/492

《文史知识》的名刊之路　张　培/495
把《文史知识》当做事业来办　杨牧之/501
我说《文史知识》　卞孝萱/513
亦师亦友三十年
　　——我与《文史知识》　王志民/516
编者、作者、读者评论（摘编）/520

培育中华演讲人才的摇篮
　　——《演讲与口才》办刊的成功经验　安　静/523
邵老爷子创业记
　　——记演讲学家、《演讲与口才》主编邵守义　任　吾　刘兆明/530
《演讲与口才》，我的大学　徐向东/541
编者、作者、读者评论（摘编）/543

后记/546

《科学》杂志的历史功绩

樊洪业

创刊于1915年的《科学》杂志封面

杂志，是近代文明的产物。近代中国的学术性杂志，发端于维新运动时期，蓬勃兴起是在五四新文化运动时期。《青年杂志》（后改称《新青年》）与《科学》正是那个时代的弄潮儿。两者都高举民主与科学的旗帜，只是《新青年》致力于人文科学，因掀起新文化运动的大潮而震动整个社会。《科学》则专注于科学传播，推动科学的体制化建设，不在社会变革涡眼上，但它绝非与社会变革无关，今日评说《科学》，不能只限于科学本身，而要有"科学与社会"的新视角。

"科学救国"的呐喊

辛亥革命推翻了清王朝，结束了两千余年的封建帝制，但是封建势力依然很强大。保皇派的代表人物康有为于1913年2月在上海刊行《不忍》杂志，攻击辛亥革命造成了"举国礼坏乐崩，人心变乱"，因而主张君主立宪。当年10月，康的弟子陈焕章发起组织"孔教会"，以民间团体名义向国会提出"定孔教为国教"，并创办《孔教会杂志》广为鼓吹。一时间，类似团体遍布全国。1913年6月，袁世凯向全国发布《通令尊崇孔圣文》，随后教育部命令全国中小学恢复读经，一切"以孔子之言为旨归"。与此相应，为袁世凯复辟帝制的开道锣鼓也开始敲响。

国内的消息传到大洋彼岸，引起了海外游子的深切关注。胡适在1914年1月23日的日记中记有："今人多言宗教问题，有倡以孔教为国教者，近来余颇以此事萦心。"在同一天的日记中，他还把1913年11月26日袁世凯发布有关编印尊孔图书的命令斥为"非驴非马之大总统令"。这时的胡适，在康奈尔大学校园中常与任鸿隽、杨杏佛二人课余相聚,赋诗唱和。任、杨是追随孙中山的青年革命者,对国内泛起的复辟逆流的态度,会比胡适有更强烈的反应。任鸿隽于此时先是撰文《共和国民必要之心理》,批驳那种认为"民未见共和之乐,而其苦或较专制之下加甚焉,于是有失意绝望以求专制之复活者"的观点,提出国民除对共和制具有"信仰心"之外,还要有"奋斗心"和"义务心"。鉴于专制政治的腐败,他提出疑问:"且夫一国之大,社会所待成立之事业,亦至伙矣。贤才之士,岂必出于政治一途?"

因政治腐败而欲在政治之外找救国出路,不管其可行性如何,当不致否定其救亡图强的积极意义。

对当时的情况,任氏后来有这样一段回忆文字:当时"距辛亥革命推翻几千年的君主专制政体不过四年,脱离桎梏人心几百年的八股文科举制度不过十几年。此时国内的政治形势,正是袁世凯的帝制运动闹得乌烟瘴气的时候,学术界除了少数学者留恋于古代文学之外,一般人则不免迷离惝恍,无所适从。在西学方面,学科学的人寥寥可数,懂得科学思想的更是绝无仅有"。就在这种情况下,康奈尔大学的一批学习自然科学的中国留学生,于1914年6月10日这一天晚上,在任鸿隽宿舍中商议筹办《科学》杂志。

国内复辟势力宣扬以"定孔教为国教",再次提出了何以救国的根本问题。当年洋务派做了一个"中体西用"、"富国强兵"的梦,被甲午一役击个粉碎。严复根据斯宾塞的进化论思想分析中国社会的危机,提出"鼓民力、开民智、新民德"的变法救国主张。他在《救亡决论》一文中进一步提出"富强之基,本诸格致;不本格致,将无所往而荒废"。此即为"科学救国"之先声。严老夫子到民国初年已逆转到复古阵营,但他当年唤醒的新一代青年学子们则不容历史车轮的倒转了。

这不只是国内思想的对弈。在开放的近代世界中,只有皓首穷经的那批愚夫子们才喋喋不休于目下乱世较比三代之治有多大差距。民族存亡的真正压力来自与国际列强力量的对比。任鸿隽们游学海外,不只对比古今,更要对比中西:

  当时欧洲的工业生产、交通运输、军事设备,都有极大的发展。一旦战事爆发,世界上的头等强国,都把他们多年积蓄的力量拿出来做你死我活的斗争,这在二十世纪初年是一个震荡人心的大事件。在国外留学的中国学子,不能不怵目惊心,想做一点什么,对祖国有些微的贡献。他们看到当时欧、美各国实力的强大，都是应用科学发明的结果，而且科学思想的重要性，在西方国家的学术、思想、行为方面，都起着指导性的作用。在现今世界里，假如没有科学，几乎无以立国。

了解了这种背景，我们再来重温《科学》发刊词中临末的一段话：

> 然使无精密深远之学，为国人所服习，将社会失其中坚，人心无所附丽，亦岂可久之道。继兹以往，代兴于神州学术之林，而为芸芸众生所托命者，其唯科学乎，其唯科学乎！

这就是80年前以任鸿隽为代表的科学先驱们向国人的呐喊——科学救国。

定位于"综合"

《科学》杂志于80年前在上海悄然问世，当时在社会上并无大轰动。一个历史事件的意义并不主要在于它出现时的轰动，而在于它对推动社会进步的实质性贡献。这些贡献，又需要后人以历史的眼光给予审视和认定。

中国的近代科学，不是对中国传统科学的继承，而是西方科学传播的结果。如果以1605年刊印利玛窦与徐光启合译的《几何原本》为起点，在晚明、盛清和鸦片战争之后，出现过几次西学东渐高潮。传播主体是西方传教士。他们根据传教的目标，迎合一部分士大夫提倡"实学"的需要，有选择地译书、制器，使中国人接触了华夏之外的新文明，几乎是与新教教士的努力相平行。在洋务运动中兴起了一场以军工为主的技术引进热潮，同时兼及一般科学知识。紧随其后，清末"新政"推出了新的教育体制，各类学堂都全盘引进国外课程，从此，一般科学知识的传播就纳入了基础教育的轨道。

在基础教育之外，还有稍高层次的科学传播问题，这在当时则是东鳞西爪，时隐时现，无状可名，无序可循。《科学》杂志就是在这时出世的。它明言"以传播世界最新科学知识为帜志"，划出了科学传播的一个新时代。其特点有二：一是着眼在"最新"，二是定位于"综合"。它所赖以存在的社会载体，则是一个具有高水平的留学生群体，这个群体后来不断扩大，其中的精英层后来堪称现代中国之"第一代科学家"。刊以人维新，人以刊凝聚。《科学》杂志在相当的意义上，乃成为中国近现代科学史的重要标志之一。

《科学》要传播"最新科学知识",几十年中,孜孜于此,有目共睹,功不可没。不过,还应指出,它贡献于国人的并不只是具体的科学知识,更深层、更重要的是它不断地为人们勾勒出一幅科学的整体图像。

"科学"这个词,在80年前流行未久且歧义多端。自1897年借日文汉字将science译为"科学",初意大抵是指分"科"之"学",用以与儒学相对,可以说"科学"就是"西学"、"新学"。晚清学制的建立,基本上以"科学"教育取代了传统的儒学教育,在学校中设有理(初称"格致")、工、农、医、文、法、商诸科。人们以为,科学就是这些分科之学。任鸿隽辈原来也是这样的认识,但到美国之后则渐起变化。他在《五十自述》中有过这样的叙述:"顾吾此时于西方学术之本源略有所见……所谓科学者,非指一化学、一物理学或一生物学,而为西方近三百年来用归纳方法研究天然与人为现象所得结果之总和。……效法西方而撷取其精华,莫如绍介整个科学。盖科学既为西方文化之泉源,舍此莫由。绍介科学不从整个根本入手,譬如路见奇花撷其枝叶而遗其根株,顾求此花之发荣滋长、继续不已,不可得也。以此考虑,吾于1914年夏间在康奈尔大学与同学十余人发起中国科学社(初时应为'科学社'——樊注),其目的在以提倡研究,谋吾国科学之发达,其入手方法则发行一《科学》月刊以为传播鼓吹之工具。"

很明显,他在创办《科学》杂志的时候,已经认为科学不是一门门学科的加合,而是综合的知识体系。同时也认识到,科学是西方文化的源泉,学习西方就要从"整个根本"入手,《科学》杂志就是要承担介绍整个科学的任务。

《科学》自创刊之日起,就一直贯彻着任鸿隽的这个意图。最突出的体现是每期在分科栏目之前设一"科学概论"类的栏目(初称"普通",后称"通论"),内容涉及科学方法、科学精神、科学组织、科学教育、科学史以及科学与社会之间关系的各个方面。如果把这些文章汇集在一起,人们可以发现,今日所称之"科学学"、科学社会学、STS(科学、技术与社会)等研究领域,在《科学》杂志中都可以找到它们在中国的开山之作。

"求真"与"致用"并重

《科学》杂志宣传科学观的文字，并非简单地翻译国外的文章，而是在学习、消化域外科学文明的基础上，明确针对国内的流弊与偏见，写出说理文章。尽管在今天看来，有些观点和论据已显得浮浅或偏颇，但只要摆在当时的历史条件下，就能体察到它的进步意义。更有些观点，即使在今天仍不失为"喻世明言"。

《科学》于"发刊例言"中强调"为学之道，求真致用两方面当同时并重"，这可以说是该刊几十年中一直坚持的办刊方针。

求真，即追求真理，亦即《科学》杂志推崇的"科学精神"。用任鸿隽的话说，科学的源泉，既非研究材料，亦非研究方法，而是科学精神。"科学精神者何？求真理是已。"（2卷1期"科学精神论"）

提倡科学，突出其科学精神，认定科学精神的真谛是求真理。在国人皆谈科学而不知科学究竟为何物的时代，《科学》杂志的创办者们却能持有这样清醒的认识，难能可贵！正因为如此，使得该刊既能与形形色色的伪科学划清界限，也能与极端的"科学万能论"者保持着距离。

随着科学的日益时髦，以科学和科学家名义招摇过市者也随之增多。宣传"灵学"的人物也挂起了"科学"的幌子，只凭留洋镀金的经历，就可以号称科学家。面对这些欺世盗名而难以辨别真伪的"混混"，《科学》杂志明确提出了科学家的任务："他们以为自然界的现象是无穷的，天地间的真理也是无穷的，所以只管拼命地向前去钻研，发明（当时'发明'与'发现'同义——樊注）那未发明的事实与秘藏。"（4卷10期"何为科学家"）在以后的办刊实践中，凡是朝这个方向的努力，该刊都给予宣传，而凡是与此背离的种种非科学宣传，不管是对打着"爱国"旗号的神秘"国宝"，还是对哗众取宠的那些道听途说的"自然界奇闻"，该刊都不容其占有版面，且不时予以揭露。

无"求真"的态度，不能发展科学。无"致用"的目标，科学将失掉赖以发展的社会环境，也不能发展科学，"科学救国"也只会流于空谈。《科学》杂志在发刊词中比较全面地阐述了科学的社会功能，随后连续分门别类地论述科学与社会诸领域的互动关系,尤其强调以科学推动实业的发展。我们不妨从任鸿隽先生的言论中追踪一下《科学》杂志早期鼓吹实业的思想轨迹,或许对今日亦可有所启示。下面按发表时间的顺序录述其观点。

第一,指出现代工业是依靠科学进步而发展的,欲兴工业,就要发展科学事业。批评了有些人不了解工业与科学的关系,"学术之不修,原理之不习,贸贸然于众日:'兴工业,兴工业!'无本而求叶茂"。(1卷10期"科学与工业")

第二,发展实业要从培养实业人才抓起,要加强对实业教育的管理。应当建立相应的机构进行协调,使留学教育与国内建设的实际需要紧密结合。任鸿隽已经注意到了中日留学教育管理上的差距:"吾国送留学生之效,远不如日本……日本留学生收效独多者,正以彼出外留学时,皆具有一定之目的,对于欲研究之问题,先已知其大要,到外国后专研究此事,归国即举措之耳。我则无目的,无材料。在外时,任择所好而研究之,归后所研究者得用与否,全听之不可知之数。"(3卷4期"实业学生与实业")

第三,科学与实业的结合,要靠科学家与实业家的合作。其合作形式可有三种:一是由有技术发明的科学家直接创办实业(相当于今日所称科学家"下海");二是有实力的企业设立实验室,招聘科学家去工作;三是企业直接在学校(当时国内很少有科研机构)投资"特设一科",师生为企业研究问题,发明成果归为公司专利。(5卷6期"科学与实业的关系")

观乎今日中国,回味任氏当年对中国科学、科学家与工业发展之间关系的思索,可见《科学》杂志确实是站在历史大潮的前列,充当着现代化的启蒙者。

历史不会忘记他们

在中国近代史上,可以说杂志如林,而在杂志"林"中如《科学》这样能长期挺拔独立者是少见的。它的历史价值,并不只在于它是刊物的一个品种,更重要的还在于它是中国20世纪科学史的一个重要象征:既是科学传播进入新历史阶段的标志,也是中国现代科学家群体开始形成的重要标志。

传统中国的社会结构是高度一体化的，士大夫是国家政治、经济、文化功能的综合承担者。士大夫内部的角色分化极不发展，从一职务到另一职务的转移，并没有专业性约束。西方科学传入中国之后，士大夫们往往以儒家"格致"的眼光吸收某些知识，以求"齐家治国平天下"。他们并没有专门从事科学研究的要求，更谈不上使之成为一种社会职业。清末推行新政之后，教育内容已与国际现代教育接轨，而培养的人才仍要授予"进士"、"举人"头衔，"科学"的新酒装在儒士的旧瓶中。学成回国的詹天佑赏"五品顶戴"，丁文江、章鸿钊授"格致科进士"，即使进入了民国时期，他们有督办、科长之类的官称，却没有人认为他们是科学家。当时，中国人在外文翻译中遇到scientist，译作"格致士"、"格致师"、"格致家"、"格物家"等，那只是称谓牛顿、达尔文等外国人的，绝与国人无缘。

据笔者所见文献，"科学家"一词首先出现于《科学》杂志创刊号的发刊词中："使非科学家如加里雷倭者，本其好真之心，行其求是之志，血战肉搏与宗教争此思想上之自由，则至今犹蒙屯可也。"这里是用于称谓伽利略（加里雷倭）的。在这里出现"科学家"一词，具有前无可比的意义。

首先，从前的译者多对"科学"和西方社会了解甚少，格致师也罢，格物家也罢，都是用传统儒士的眼光理解西方的科学家，而《科学》杂志的发起人则是首先有了对science的正确理解，也清楚19世纪以来scientist在西方国家已经职业化的情况。

再者，《科学》创刊号的"发刊例言"第一段话就阐明学术杂志是学者交流知识的工具，"同人方在求学时代，发明创造，虽病未能，转输贩运，未遑多让，爰举所得就正有道。他日学问进步，蔚为发表新知创作机关，是同人之所希望者也"。这表明，刊物发起人想在日后把该刊办成也可发表国人科学研究成果的学术杂志。任鸿隽等在其他场合也表示过《科学》要仿效英国的《自然》周刊，这就表达了他们的一个强烈愿望：造就中国的科学家。

在《科学月刊缘起》上签名的发起人共有9位，依次为胡达（明复，1892—1927）、赵元任（1892—1982）、周仁（1892—1973）、秉志（1886—1965）、章元善（1892—1987）、过探先（1889—1929）、金邦正（1887—?）、杨铨（杏佛，1893—1933）、任鸿隽（1886—1961）。依年龄排序是秉、任、金、过、胡、赵、周、章、杨。其中年龄最大的两位，任鸿隽是搭上最后一班车的秀才，秉志是举人，但他们只是与科举沾了个边儿，后边的那些老弟们都是在清末兴办的第一批新学堂中接受了新型的中学教育。在美国"退还"部分庚款,选收青年学生赴美留学之时,秉志、金邦正(1909年第一批),赵元任、过探先、胡明复、周仁(1910年第二批),章元善(1911年第三批)先后赴美,全都在康奈尔大学就读。他们出国前是通过考试选拔的,称为"甄别生",有较好的学习基础,到美国之后,又孜孜务学,各有所专。任鸿隽和杨杏佛当年追随孙中山投入辛亥革命,民国初任职于临时总统府秘书组。在孙中山让权给袁世凯之后,他们要求出国学习,以对革命有功受到优待而被称为"稽勋生"。任、杨二人因胡适的关系也来到了康奈尔大学。此二人具有从事组织和宣传活动的工作经验。《科学》杂志的创办和其后中国科学社的成立,正是这两部分人"聚合"作用的产物。任鸿隽以他的资历和能力,成为这个群体的核心和灵魂。

他们共同抱着科学救国的理想,在留学时期节衣缩食,集资办刊,课余撰稿,向国人介绍最新科学知识。留学生活结束之后,他们大都回国从事科学教育,为培养未来的科学家而努力,也有的转向实业。

且来看一看他们在后来人生旅途中的进路与归路。

赵元任,学术界之传奇人物,博学多才,中国现代语言学的奠基人,国际著名的语言学家,中央研究院院士;

秉志,创办和长期主持中国科学社生物研究所,还曾主持创办静生生物调查所,中国现代生物学的奠基人和动物学的一代宗师,中央研究院院士,中国科学院学部委员;

周仁,从事冶金和陶瓷工学研究,从中央研究院到中国科学院,担任了长达45年的研究所所长,中央研究院院士,中国科学院学部委员;

胡明复,中国的第一位数学博士,回国后甘当一名科学事业的"开路小工",埋头教书,操持《科学》杂志和中国科学社的杂务,不幸英年早逝;

过探先,为我国现代农学教育、科研和学术团体的创立做出了奠基性的贡献,因操劳过度早逝;

金邦正,回国后从事农学教育,还一度出任清华大学校长,后转向实业;

章元善,习化学,回国后从事社会救济工作,曾任原国民党政府实业部合作司司长、经济部商业司司长;

杨杏佛,对《科学》杂志和中国科学社的早期发展有重要贡献,后来担任中央研究院首位总干事,为蔡元培院长的膀臂,又积极参与民主进步活

动,终为国民党特务所暗杀;

任鸿隽,一生中始终从事科学宣传、科学教育和科学组织工作,堪称"科学事业家"。曾先后主持东南大学、四川大学的校务,较长时间主持中华教育文化基金董事会的工作。在薪职之外,始终尽义务于《科学》杂志和中国科学社的活动。平生身体力行、魂萦梦绕者,唯"科学"二字。

纵观《科学》杂志发起人群体的生平可以看到,他们以现代科学精神融合民族传统风范而"立德",以提倡"科学救国"、推动中国科学的体制化而"立功",以传播科学新知、转变国民观念而"立言"。立德、立功、立言,国人谓之不朽。

任鸿隽说过:"《科学》的问世,不过出于一班书呆子想就个人能力所及,对于国家社会奉呈一点贡献。"当今天回顾这份杂志及其发起人的历史功绩时,我们会由衷地敬佩这"一班书呆子",同时也应该想一想在今日中国走向21世纪的进程中,我们对于国家社会奉呈一点什么贡献。

(原载《科学》1995年第1期,作者系中国科学院科技政策与管理科学研究所研究员)

《科学》的前三十年

张孟闻

《科学》主编之一张孟闻

张孟闻（1903—1993），浙江宁波人。1926年毕业于东南大学生物系，1934年赴法国巴黎大学留学，1936年获博士学位。1937年至1943年先后任浙江大学、复旦大学教授，新中国成立后，任复旦大学生物系主任、华东师大教授，是著名的动物学家，著有《中国生物分类学史述论》等。

张孟闻于1943年至1950年担任《科学》总编辑。在这期间他重视介绍先进科学理论和技术，曾主编了一期"青霉素专号"。这种又叫盘尼西林的抗生素药物开始引进使用时很受欢迎，杂志一出版，立刻销售一空。另外，他重视刊物的内容与政治方向，赵春祥在《出版史料》1987年第1期撰写的《现代科学的播种者——〈科学〉杂志》一文中评价张孟闻时说，他"注意科学家的社会责任、道义等严肃的问题，通过刊物开展这方面的讨论，呼吁和平，主张民主自由。1947年，在他主持下，《科学》杂志特辟了'文献集萃'专栏，汇刊了各方要求科学家负起道义责任的重要文章十五篇，反映了人民要求科学用于人类文明与和平的呼声"。

《科学》是1915年1月由上海商务印书馆印行问世的。这是第一本左起横排的中国书刊，为了便于与西文和数理化公式接连横排的缘故。当时在美国留学的几十个青年人，以发展科学、科学救国为宗旨而结为团体，创办了这个刊物。这些人是十足书生，只相信自然科学及其应用可以救中国于危亡，排斥社会科学于月刊之外。其口号是"格物致知，利用厚生"。发刊词中说，科学工艺之事，虽小必录；社会政治经济之文，虽大不书。创办刊物需要经费,每个社员捐助美金五元,合成四百美元作为基金,又尽义务写撰文字充实篇幅。他们的团体定名为"科学社"(后称"中国科学社")。于1914年6月29日发起,次年10月25日正式成立,推荐任叔永(鸿隽)为社长,赵元任为书记,胡明复为会计,秉志(农山)、周仁(子竞)为第一届董事,并推定杨杏佛(铨)为编辑部长。

1918年,好些发起人与基本社友毕业归国了,科学社也随之迁回国内,经当时教育部批准立案,成为法人团体,但没有固定社址。这些人大多在南京、上海的大学里任教。如邹澍文、邹秉文、过探先在南京高师农院任教,胡敦复、胡明复兄弟在上海大同大学任教。就将两所大学作为科学社办事员通信的地点。就在那年12月13日,科学社董事会借南京高师农院邹秉文家聚餐开会,欢送杨杏佛过皖赴萍乡。餐会中推定了钱崇澍为总编辑,胡步曾(先骕)、王季梁(琎)为副总编辑,主持《科学》的继续出版。当时北大校长蔡元培同意按月补助经费二百元,于是月刊有了一定的经费,可以按月出版了。

1919年,因社友王伯秋的倡议,经有力人士的赞助,江苏省官产处在南京成贤街文德里内一个荒芜的院落里有两座破旧的洋楼,拨归科学社借用六年,这才有了暂时固定的社址。杨杏佛后来回南京任教于河海工程学校和南京高师,于是又执行编辑的任务,一直到1930年。那时候的《科学》主要是灌输科学知识,是高级的普及刊物,但时有专著和译著作专深的报道。

1929年,上海社所成立了。那是由蔡元培、杨杏佛两人的奔走,内部人士的协助,南京国民政府拨给了科学社国库券(公债券)四十万元,又由任叔永的努力,从美国退还庚子赔款里也分到一份,于是在上海亚尔培路537号(今陕西南路235号)建立钢骨水泥三层楼的明复图书馆及馆前小洋房的社所。科学社总办公处及《科学》编辑部都移到这个新楼里经营日常事务了。江苏省国库项下,月拨二千元作为日常经费,这样,可以有专款聘请总编辑主持编务了。30年代初,杨杏佛专任中央研究院总干事,他忙不过来,总编辑的任务曾由王琎等承担过,1934年8月中国科学社的19次年会上通过竺可桢的提议,决定聘请专职总编辑。该年年底《科学》便由刘仲熙(咸)教授主编了。

刘教授主编的《科学》注重于科学教育与研究报道,学术空气较前浓厚。由于科学社又办起了中国科学图书仪器公司,兼营印刷,《科学》就由科学公司印行。他还主编了《科学的南京》、《中国科学二十年》、《科学的民族复兴》、《科学概论》、《地质学》、《数论》、《物理常数》等科学社丛书。当时《科学》每期第一篇文章叫做"社论"，评论当时文教科技界现状。大概在1933年前后，有篇文字遭到责难，而且辞连全社。自此以后，"社论"就改为"科学通论"，并由作者署名，以明文字由作者自负责任，与社无涉。

抗战期间，部分人员远走内地，科学社员推卢于道教授为总干事。他与中国文化服务社主持人刘百闵过从较密，就由他主编《科学》两年。抗战时期一切艰难，出版《科学》月刊更难得印刷发行的方便。1943年冬季，内地的科学社理事会通过议案，任张孟闻为总编辑。

我接手之后，首先是跑钱，在重庆找到了许多下江同乡，辗转介绍好些银行界和企业界的朋友，跑到了一注钱，又跑到了许多广告。这才有本钱来支付印刷费用。一下子交出去四期稿子。不幸中国文化服务社印刷厂失慎，无法印刷，犹幸原稿未烧毁，于是转请时代出版社印刷；又商请中华书局总编辑金兆梓同意由中华书局总经售。于1944年付印，等书出来已经是1945年秋季了。抗战既已胜利，沪渝通邮方便，从第二期起就交上海科学公司印行了。编好的28卷第2期是"青霉素专号"，那时青霉素正是新鲜的万应灵药，所以书一出版，立时售完。公司总经理杨允中为之兴奋异常，驰函告慰。以后就照常出版。28卷原本为季刊，因印刷方便，临时改为双月刊，那一卷共出了六期。29卷起又恢复为月刊了。

28卷第1期为科学社成立三十周年纪念刊，对科学社来说，就是三十年来的一个总结，所以这是很值得保存的一本纪念刊物。它记述了成都总会的详情，也刊载了浙大湄潭社友会三十周年纪念大会的概况。竺藕舫（可桢）校长第一次提出科学社以后应该朝向英美的科学促进协会方向前进。在和金兆梓接触中，我介绍了李四光著的《地质力学基础与方法》一书交中华书局出版。告诉他这本书也许蚀本，但学术价值极高。金接受了并予以出版。这是李仲揆先生的地质力学著作在中国的第一次出版，值得大家庆幸。28卷第5期为范旭东先生追悼专辑，对于国内杰出的化工实业家有此一辑，了解其奋斗成就的经过，颇得科学技术界的好评。

日本受了原子弹轰炸之后，科学家都感到科学成果与人类命运的密切关系，而且原子弹作战争的秘密武器，参与制造的科学家都被禁止发表与交流科学成果。于是起而护卫和平、护卫自由的斗争就从全世界各地兴起。

1947年的《科学》，特辟了"文献集萃"一栏，将各方重要的意见书汇刊了十五件，都要求科学家负起道义的责任，要求科学研究成果用之于增进文明、保卫和平，而不用于毁灭人类的祸害，并要求科学家有发表其研究成果的自由。国内抗战刚胜利，而内战又起，特务横行。继昆明闻一多、李公朴之后，重庆又有费巩教授失踪之谜，文教科技界要求民主者亦人人自危。许多科学工作者纷纷参加到同反动政府作政治与经济的斗争的行列之中，科学社实际上也已牵涉到政治了。其实1947年《科学》的第一篇通论"原子能与科学界的责任"已经提出科学家工作的社会责任，说明应用科学来领导政治而不是让科学去盲从政治。10月，中国科学社的外文社名改为中国科学家促进协会（Chinese Association for the Advancement of Science）。1948年5月，《科学》在"科学与政治"的标题下登载了三篇文章，连老成持重的任叔永社长也作"科学与社会"的通论，主张私立科学团体及研究机关有其重要的地位，因为可以保持一点自由空气，发展学术的天才。

《科学》在注意社会道义责任以外，仍然切实做着科学报道工作。每期有通论、专著、研究简报、论文提要、书报评介、专载、学术通讯、文献集萃、消息。据说最引人注意的是通论和消息，但编者记住中国科学社成立三十周年这个题目，专事征集三十年来中国各门科学进展的文稿。从1945年第5期载吴承洛撰《三十年来中国化学之进展》以后，陆续登载了黄汲清的《三十年来中国地质学》，李晓舫的《三十年来天文学之进步》，戴运轨、刘朝阳的《最近三十年之物理学》，张肇骞的《中国三十年来之植物学》，洪式闾的《三十年来中国人体寄生虫之鸟瞰》，陈遵妫的《三十年来之中国天文工作》，杨钟健的《三十年来之中国古生物学》，茅以升的《三十年来之中国工程》，涂长望的《三十年来长期天气预报之进步》，任美锷的《最近三十年来中国地理学之进步》，魏景超的《三十年来中国之真菌学》，李善邦的《三十年来我国地震研究》，卢于道的《三十年来国内的解剖学》，许世瑮的《三十年来之畜牧兽医》，伍献文的《三十年来之中国鱼类学》，吴襄的《三十年来国内生理学者之贡献》，张昌绍的《三十年来中药之科学研究》，朱洗的《三十年来中国的实验生理学》，严镜清的《最近三十年我国之公共卫生》，周培源、王竹溪的《中国近三十年来之理论物理》，倪尚达的《中国三十年来的无线电》，都是名家精心著述。原来想编一本《三十年来的中国科学》，却未竟全功。

由于这些努力的成就，李约瑟博士于1948年7月初在伦敦出版的《自然》（*Nature*）周刊称许《科学》为中国之主要科学期刊，可与伦敦《自然》周刊、美国《科学》周刊媲美，正如美英之科学促进协会，合中国科学社编为ABC科学促进协会，刊物亦同此相并，为科学期刊之ABC云。这对《科学》是个极大的鼓励。

（原载《科学》1985年第1期，作者20世纪四五十年代曾任《科学》主编）

《学艺》和《科学》扶持华罗庚典型个案研究

亢小玉　姚　远

著名数学家华罗庚

华罗庚(1910—1985),江苏金坛人。自幼家贫,父亲以开杂货铺为生。他从小因爱动脑思考问题过于专心,常被同伴称为"罗呆子"。初中毕业后,曾入上海中华职业学校就读,因交不上学费而中途退学。

此后,他开始顽强自学。他用5年时间学完了高中和大学低年级全部数学课程。1928年因患伤寒病使左腿残疾。1930年他的一篇数学论文发表于《科学》杂志而轰动数学界,被清华大学请去工作。此后,他用一年半的时间边工作边学习,学完了数学系全部课程。他自学了英文、法文和德文,在国外杂志上发表三篇论文后,被破格任用为助教。1936年夏被保送到英国剑桥大学进修,两年内攻克了许多数学难题。他的一篇关于高斯的论文为他在世界上赢得了荣誉。1938年回国后,任西南联大教授。1946年应邀到纽约普林斯顿大学讲学,并于1948年被美国伊利诺依大学聘为终身教授。

1949年华罗庚放弃在美国的优厚待遇返回祖国。1950年以后,曾先后任清华大学数学系主任、中科院数学研究所所长、中国科技大学副校长。1960年起,开始在工农业战线上推广统筹法和优选法,取得良好效果。1978年任中国科学院副院长。

70多年以前,有两种很有影响的期刊,一种是1917年创刊于日本的文理综合性中文学术期刊《学艺》,一种是1915年创刊于美国的中文科技学术期刊《科学》。前者于1926年发表了一篇有错误的数学论文,后者则于1929年发表了一位自学青年更正其错误的论文。这在今天看来很平常的事，却改变了一位自学成才者的命运，也由此成就了一位伟大的数学家，他就是华罗庚(1910—1985)。对此，无论从数学史角度还是科技期刊史角度，均尚未见有系统的研究报道。本文依据《学艺》和《科学》的原始文献，力图理清其来龙去脉，并以此为例，对五四运动时期科技期刊的识才和育才功能作初步剖析。

1 《学艺》发表的《代数的五次方程式之解法》

1.1 发表一篇谬误之作

《学艺》(*Wissen und Wissenschaft*)为典型的文理综合性学术期刊，1917年4月由丙辰学社创刊于日本东京。1920年10月，建立学艺社上海事务所，由东京改在上海出版。至1949年8月，开始单号为人文社会科学，双号为自然科学。与前期或同期的其他期刊相比，《学艺》已非译述过时的知识、普及科学常识，而是在学术层面深入地介入科学传播。《学艺》的撰著、评论、译丛、杂俎、通讯、来件、附录、文苑等栏目，在内容上显然偏重于撰著、评论和译丛等学术性栏目，即便通讯、来件也都是学术性的讨论。

1926年5月，苏家驹发表在《学艺》杂志第7卷第10期的《代数的五次方程式之解法》中认为："代数的普通五次方程式，为近世数学界认为不能解之问题，Abel曾于1816年，在 *Crill* 杂志上发表其不能解之证明。1831年，经E. Galois修整之，即现今教科书上之常见者也。余尝读此证明，虽无理由能驳其不确，然终不信代数的五次方程式绝对不能解。数年以来，潜思冥索，似得一可解之法。"苏家驹1926年5月完成的该篇论文，连他自己也尚感不成熟，除在前言中多有谦虚之词外，在该文结论中也有"上列解法，繁复异常，究竟行计算手续时，能否毫无他种困难发生，实不可定，余从事于此种计算已久，尚未成功，故此法究竟可能与否，尚有待计算结果之实证"。看来，苏家驹从前言到结论，既不信"代数的普通五次方程式绝对不能解"，又不敢贸然深信自己解法无误。对自己的解法"究竟可能与否""有待计算结果之实证"，并且希望"当世畸人，指其谬误，补其缺陷"，"有能助余作此种计算者，是余所翘企而望，不胜欢迎者也"。[1]

苏家驹的主要文献依据为狄克逊(Dickson)所著的《方程的基本理论》(*Elementary Theory of Equa-tion*)、霍尔与克瑞特(Hall, Kright)所著的《高等代数学》(*Higher Algebra*)。

1.2 发表华罗庚更正苏文的声明

1929年，19岁的华罗庚读过《学艺》上的苏文后，给《学艺》杂志社写信提出了自己的质疑。《学艺》于1929年5月出版的9卷7号登出简短声明[2]："前半均合理论，但自第三页第十五行'若将P_3写为二项式，令各项均为一个n_1, n_2, n_3, n_4之一次式之积，且令各项均等于零……'以下语意暧昧，显与次页下段矛盾，查此问题，早经阿柏(N.H.Abel)氏证明不能以代数的方法解之。仓促付印，未及详细审查。近承华罗庚君来函质疑，殊深感谢，特此声明。"

其中，阿柏氏今译为阿贝儿(Niels Henrik Abel, 1802—1829)，挪威数学家，克里斯丁亚那大学毕业，并在该校任教，复被聘为柏林大学教授，未到任即病逝。他最重要的工作是证明了五次代数方程一般不能用根式求解，由此引出可交换群(即"Abel群")的概念。他还研究了二项级数的性质、Abel积分、Abel函数，并与德国数学家雅可比(Carl Gustav Jacob Jacobi, 1804—1851)奠定了椭圆函数理论的基础。苏文正是对Abel"五次代数方程一般不能用根式求解"的理论提出了自己的怀疑，并在《学艺》所发表的论文中尝试用五次代数方程进行根式求解。《学艺》杂志社在收到华罗庚的质疑函后即发表了简短的更正声明。

这是近代期刊史涉及科技学术论文最早的一份更正声明，它表达了两层含义：一是据"华罗庚君来函质疑"的说法，表明华罗庚尚未就《苏家驹之代数的五次方程式解法不能成立之理由》形成完整的论文；二是《学艺》相比于之前《亚泉杂志》的勘误表，更能显示《学艺》杂志编辑们仅凭此"短函"即作出"未及详细审查"的检讨和对华罗庚感谢的声明，体现了敢于面对错误、纠正错误的胆识，足以表明《学艺》对华罗庚数学造诣的深度信任和认可。当然，对苏文谬误的彻底否定是一年后由华罗庚发表在《科学》杂志上的论文最后完成的。

2 《科学》发表华罗庚《苏家驹之代数的五次方程式解法不能成立之理由》

2.1 发表自学青年的成名之作

显然,《学艺》的更正声明过于简单,不足以表明华罗庚的思路。1930年,《科学》第15卷第2期"来件"专栏发表了华罗庚的《苏家驹之代数的五次方程式解法不能成立之理由》全文。该文相比于"声明",更为清晰而简洁地表述了华罗庚否定苏文的充足理由。华罗庚最初看到《学艺》杂志发表苏家驹的《代数的五次方程式之解法》后,于1929年冬天仿照苏文撰写了《代数的六次方程式之解法》,完成此文后,他"对此欣喜异常,意为果能成立,则于算学史中亦可占一席之地也";然而,Abel理论毕竟是非常成熟的理论,华罗庚也认为"若不将Abel言论驳倒",苏文和自己的《代数的六次方程式之解法》终不能成立,于是,他"沉思于Abel之论中",认为其"条例精严,无懈可击"。后经《科学》杂志社编辑的暗示和指导,遂转而从事于"苏君之解法确否之工作",终于在1930年6月找到了该解法不能成立的理由,并在整理成熟后于《科学》第15卷第2期发表了《苏家驹之代数的五次方程式解法不能成立之理由》一文[3]。

2.2 《科学》编辑的"暗示"和扶持

《科学》为综合性自然科学月刊,由中国科学社1915年1月创刊于美国(后转上海)。任鸿隽(1886—1961)、杨铨(杏佛)等为主要负责人。至1959年,共出41卷,历时27年。该刊"以阐发科学精义及其效用为主"[4]。其栏目有论著、杂俎、科学消息、国际消息、国内消息、图画等,第1卷至第41卷发表了3200余篇论文[5]。《科学》自创刊便积极介绍数学知识,中国最早的数学博士胡明复在创刊号上曾刊登《算学于科学中的地位》一文,之后一系列中国早期的数学名家周达、曾昭安、陈省身、柯召等相继发表了自己的最新研究成果,如《平面数学》(陈茂康,卷一)、《近世纯粹几何学》(胡明复,卷一)、《形学歧义》(姜立夫,卷二,首次介绍射影几何学)、《四进量数》(叶进柏,卷三)等。

20世纪30年代正是中国现代数学渐成气候的关键时期,华罗庚和苏家驹的工作正是在此背景下的工作之一。华罗庚在否定苏文中特别提到了他在论文的撰写中曾走了很大的弯路,甚至完全被苏文所误导,顺其思路撰写了《代数的六次方程式之解法》一文。那么,为什么转而走向否定苏文的相反方向呢？据华罗庚说是得到了《科学》"编辑员"之"暗示"。这一"暗示",到底是什么样的"暗示",显然不得而知;但是,它却对华罗庚走出迷雾起到了决定性的作用。

这位编辑员显然具备较高的数学修养,查证这一时期《科学》杂志的数学编辑,得知1930年8月以前的数学编辑是艾伟,继任者为著名数学家姜立夫(1890—1978,1930年担任中国数学会会长),这个"编辑员"只可能为此二人之一。由此看来,华罗庚是受到了高人指点。华罗庚读书和供职的金坛中学,其校长唐培经(1903—1988,1928年任金坛中学校长。1929—1934年任教于清华大学数学系),清华大学的数学系主任熊庆来(1893—1969)、理学院院长吴有训(1897—1977)等都是《科学》杂志主办单位——中国科学社的骨干,他们都关注《科学》,相信《科学》取稿的判断。因此,华罗庚在《科学》上的表现,并不是一个孤立事件,他所受到的《科学》杂志"编辑员暗示"和在金坛中学受到的良好教育都无疑是他被早期中国科学家们认同的一些充分条件[6]。

3 华罗庚借刊出道

当时华罗庚为江苏金坛中学庶务会计,其学历仅为金坛中学初中毕业和上海中华职业学校肄业,离开学校后在父亲的小杂货铺当学徒自学数学。1929年12月,华罗庚在《科学》杂志上发表了他的第一篇论文《Sturm氏定理之研究》,对求代数方程实根数的"Sturm定理"进行了简化,并定义了由已知函数及其导函数组成的所谓"Sturm函数"。而后,于1930年在《科学》杂志上发表了《苏家驹之代数的五次方程式解法不能成立之理由》,才更多地引起多方关注。这篇论文不但是对苏家驹《代数的五次方程式之解法》一文的否定,也是对他自己未发表的《代数的六次方程式之解法》的否定,他的这种追根究底的探索精神和诚恳求实的风格受到了当时清华大学数学系主任熊庆来的青睐。

熊庆来从《科学》杂志上发现了华罗庚的名字,随即到处打听其下落。碰巧华罗庚所供职的金坛中学原校长、此时的清华大学数学系教员唐培经,知华罗庚乃为一自学青年。熊庆来了解到他自学经历和数学方面的才华后,毅然打破常规托唐培经邀其到清华大学工作。唐培经拿着华罗庚的照片,到北京前门火车站去接华罗庚。这位年仅21岁的青年,就是这样拖着残腿、拄着拐杖于1931年走进清华园。起初,他在数学系当助理员,经管收发信函兼打字,并保管图书资料。他一边工作一边自学,只用了一年时间,就读完大学数学系的全部课程。1933年被破格提升为助教,1935年成为讲师。1936年,他经清华大学推荐,被派往英国剑桥大学留学。

他在剑桥的两年中,把全部精力用于研究数学理论中的难题,不愿为申请学位浪费时间。他的研究成果引起了国际数学界的注意。1938年回国,受聘为西南联合大学教授。1939—1941年,他在极端困难的条件下,写了20多篇论文,完成了他的第一部数学专著《堆垒数素论》。在闻一多先生的影响下,他还积极参加到当时如火如荼的抗日民族爱国运动之中。《堆垒数素论》后来成为数学经典名著,1947年在苏联出版俄文版,又先后在各国被翻译出版德文、英文、匈牙利文和中文版。

4 结 论

(一)《学艺》虽然发表了苏家驹完全错误的论文,但其勇于认错更正,在扶持华罗庚这件事上具有伯乐识才第一功。其可贵之处在于:一是《学艺》编辑并未见到华罗庚当时否定苏文结论的完整结果,而仅据146个字的简短质疑就认定苏文的谬误,表明了对19岁青年华罗庚的信任;二是在时隔三年之后,《学艺》的编辑并不认为时过境迁就可以含混过去,而是在华罗庚提出质疑后数月内即发表声明更正苏文错误,表明了其严谨的学风和治学态度;三是《学艺》发表苏家驹完全错误的论文显然是一个严重的编辑事故,但他们在更正声明中作出了"仓促付印,未及详细审查"的检讨,并对华罗庚的质疑"殊深感谢",表明其知错改错的严谨编辑工作作风。这虽然不过是发表了一份百余字的简短声明,但是它以《学艺》的检讨为代价,向科学界郑重推出了一名学生向老师较真的优秀自学青年。

（二）《科学》"编辑员"的高水平"暗示"，将处于苏家驹误导中的华罗庚引导至正确的道路，并且敢于全文发表一位年方20的自学青年否定一位教师的论文，还在以后连续发表其七八篇论文，从而奠定了华罗庚早期数论研究工作的基础；因此，《科学》既具有识才之功，又具有育才之功，特别难能可贵的是在做好"编辑员"的同时还具有指导作者正确使用科学方法、判别真伪和指点迷津的学识和修养，这是高水平的伯乐，也是高水平的编辑。这说明科技学术期刊编辑最起码应该具备编辑技能和科学修养这两种素养，尤其是后者，它可能是编辑人员在编辑实践中比作者更具有特殊的、俯瞰式观察点或者思考问题的起点，从而可以旁观者清的姿态暗示作者，实际上就是身处科学潮流之中通过编辑工作和期刊媒介引导科学潮流。这可能是真正意义上的最高编辑境界，也是我们所见我国期刊史上第一例高境界编辑发现作者、指导作者和培育作者的典型案例。

（三）华罗庚通过《学艺》和《科学》的推介，由金坛中学的庶务会计一步踏入清华园，成为清华大学数学系的一名助教。其缘由正是清华大学数学系主任熊庆来从期刊上看到华罗庚的这篇论文。这表明期刊通过大众传播所显示的另一种重要的社会功能——不仅可以识才还可以育才。同时，它也表明科学家的理论研究成果仅仅做出来、讲出来、写出来是难以为人所知的，只有借助于期刊这样的媒介进行大众传播才能为社会所承认。熊庆来、唐培经、杨武之等既是科学家也是学术期刊的读者，正是其慧眼，通过期刊发现了华罗庚，并将华罗庚引入条件更好的科学殿堂进行进一步的培养，深显老一辈科学家不拘一格提拔人才的独特育才方式。这在70余年后的今天来看，仍然给人以很多启示。

参考文献

[1]苏家驹.代数的五次方程式之解法[J].学艺,1926,7(10):1-5.

[2]本刊更正.学艺,1929,10(7):3.

[3]华罗庚.苏家驹之代数的五次方程式解法不能成立之理由[J].科学,1930,15(2):307-309.

[4] 任鸿隽.中国科学社社史简述[J].中国科技史料,1983(1):2.
[5] 吴熙敬.中国近现代技术史:下卷[M].北京:科学出版社,2000:1492-1498.
[6] 许康,黄伯尧.中国科学社与中国科学:以数学为例[J].自然辩证法研究,1995,11(12):41-47.

（原载《编辑学报》2009年第6期）

编者、作者、读者评论(摘编)

1914年6月,一批留学美国康奈尔大学的热血中国青年,看到世界大战爆发在即,议论如何为国效力时,杨杏佛和任鸿隽首先提出办一个向国内介绍科学的杂志。这一建议立即为在场留学生一致赞同。于是,大家分工准备。为了办刊,必须有一组织,他们姑且用"科学社"称之,并决定用每人出股投资的方法支持刊物长期出版。杨杏佛受众人委托,参加起草《科学社招股章程》。……杨杏佛有精干的组织才能,热心社会活动……被推举担任科学社编辑部长,主编《科学》月刊。……《科学》月刊自1915年1月开始发行,杨杏佛担任编辑部长直到1921年,前后7年,经他手主编了6卷69期月刊。除修改审阅他人文稿外,杨杏佛亲自撰写的文章有59篇……杨杏佛以其出色和卓有成效的工作,为《科学》月刊以后几十年坚持不衰奠定了良好的基础。

《科学》月刊创办之际,杨杏佛身居海外,目睹世界科学大国的迅猛发展,对比国内现状,无比感叹:"见防风雨侏儒失其长,现沧海而细流失其势。今以中国与他大国较,且将视侏儒细流有愧色矣。侏儒虽短,尺寸之长固在;细流虽微,涓滴之星犹存;反视中国何有乎?既落人后,犹不急起直追,则相去日益远,更安望有及人之时?"(《学会与科学》)他把办《科学》看作是当时自己唯一能够为拯救中国出力的途径,投入了无数心血……

据胡适回忆,1916年6月间,杨杏佛曾写信给在哈佛大学的胡明复,要他催促赵元任为月刊寄稿。信是以打油诗的形式写的:"自从老胡去,这城天气凉。新屋有风阁,清福过帝王。境闲心不闲,手忙脚更忙。为我告夫子(指赵元任),《科学》要文章。"赵元任不久也回赠杨杏佛一首诗:"自从老胡来,此地暖如汤。《科学》稿已去,'夫子'不敢当。才完就要做,忙的阎罗王。幸有辟克匿(picnic译音),那时波士顿肯白里奇(今译坎布里奇)的社友还可大大乐一场。"

(摘自许为民《杨杏佛和〈科学〉》,《科学》1990年第4期)

赵元任在自传中说，在初期(指《科学》创办之初)"试图节约我们微薄的收入，以便使中国科学社得以维持。我们一位康奈尔同学邓宗瀛发起了一个经济上的节食竞赛，一些时候是每天5角，另一些时候则是每天3角5分，很快我们俩人便都因感冒而病倒"。

胡明复说过："我们不幸生长在现在的中国，只可做点提倡和鼓吹科学研究的劳动，现在科学社的职员社员不过是开路的小工，哪里配称科学家。中国的科学将来早能与西方并驾齐驱，造福人类，便是今日努力科学社的一班无名小工的报酬。"

(摘自夏建白《中国最早的科学期刊——〈科学〉》，2009年2月9日《光明日报》)

由于我国传统的右起竖排活字排版，不便于西文和数理化公式的连接横排，所以在1915年《科学》杂志创刊时，所有的文章、目录、图注均左起横排，在它之后，才有少数书刊仿照横排。

中国文字的标点符号极少，古籍中很少有标点，最古只有"离经辨志"的方法，把每句隔开一二字写。到了汉代，始用"句读"。随着朝代更迭，符点符号没有采用，有的只是断句。到了"五四"前后，一些中国学者，开始提倡新式标点符号。作为刊物，实践最早的便是《科学》杂志。科学文章更注重准确性和严密性，采用新式标点，可避免读者理解上产生歧义和差错。《科学》杂志从创刊起便采用西方所用的标点符号，并增加西文所没有的两种，共计12种，在《科学》之后，《新青年》、《新潮》、上海的《东方杂志》等期刊也采用了新式标点符号。

(摘自赵春祥《现代科学的传播者——〈科学〉杂志——访40年代〈科学〉杂志主编张孟闻教授》，《出版史料》1987年第1期)

相关链接

* 章元善.回忆《科学》的创刊[J].科学,1985(1).
* 刘咸.我前后的几位《科学》主编[J].科学,1985(1).
* 王元.华罗庚与《科学》[J].科学,1985(1).
* 茅以升.科学社为什么能把《科学》办得这么好[J].科学,1986(1).
* 周培源.从华罗庚成才说起[J].科学,1986(1).
* 许康,艳芬.他从《科学》的基地起航[J].科学,1990(3).
* 宋子良.《科学》的科学史价值[J].科学,1993(6).
* 胡作玄.少读《科学》今有感[J].科学,1995(5).
* 熊秋思.回忆父亲熊正理与《科学》之二三事[J].科学,1995(5).
* 许康,黄伯尧.《科学》杂志:中国科学刊物的一个里程碑[J].编辑学刊,1995(6).
* 段韬.从整个根本入手,求真致用并重——试论《科学》杂志的科学传播理论[J].科学,2006(1).

刊比人长寿
——《中国青年》创刊八十五周年的光辉历程

宋应离

一位著名编辑家写过一本书,叫《书比人长寿》。的确,一本好书可以传之后世,生命不衰,远比人的寿命长。而一个优秀的刊物何尝不是呢?在中国近代期刊史上,《中国青年》就是刊比人长寿的一个特例。它从1923年创刊至今,跨越20、21世纪的85年。在80多年的腥风血雨中经受了历史的考验,而青春常驻,容颜不老,至今仍然健康茁壮地成长发展着。

《中国青年》是一面高扬宣传马克思列宁主义、指导中国青年运动的旗帜,它是指引中国青年投入革命斗争的一团火焰,它是向青年灌输一束束革命真理的光芒,它是一部永不衰竭的青春的史诗。它有过岁月峥嵘的昔日辉煌,有过取得新的业绩急剧变革的现在,还会有着跨越新世纪走向新辉煌的未来。它将永远保持着年轻旺盛的生命力。

著名学者梁启超认为,"历史的目的在将过去的真事实予以新意义或新价值,以供现代人活动之资鉴"。[1] 以历史唯物主义观点和当代人的眼光,审视、回顾、总结《中国青年》85年的辉煌历程及丰富的办刊实践经验,不仅是对曾经哺育它、关怀它的老一代共产党人的怀念与敬仰,也是《中国青年》自身发展与推动整个期刊事业发展的需要。

恽代英与早期《中国青年》

《中国青年》于1923年10月20日创刊于上海,周刊。杰出的共产党人恽代英是第一任主编。参加编辑工作的有萧楚女、邓中夏、张太雷、林育南、李求实等。

恽代英(1895—1931),生于湖北武昌,祖籍江苏武进县。1913年入武昌

《中国青年》创刊号封面

中华大学预科学习。1915年,他撰文反对袁世凯与日本帝国主义签订的"二十一条"卖国条约。五四时期,组织革命团体,在武汉领导爱国运动。1921年加入中国共产党,1923年任中国社会主义青年团中央宣传部长,1926年3月任黄埔军校总教官。1927年在党的第五次代表大会上当选为中央委员。大革命失败后,参加党领导的南昌起义、广州起义。1930年5月被国民党反动派逮捕,次年4月29日在南京监狱壮烈牺牲。

《中国青年》是在帝国主义加紧对中国侵略,封建军阀统治中国,政治黑暗腐败,国势衰微,民不聊生之时创刊的。恽代英为它写的发刊词一开头就发出这样的呐喊:"政治太黑暗了,教育太腐败了,衰老沉寂的中国像是不可救药了。"但他坚信"中国的唯一希望,仍要靠这些还勃勃有生气的青年"。他号召青年起来"只有强健能打倒一切魔鬼,为中国前途开一个新纪元"。希望青年从"志行薄弱的父兄,脑筋昏乱的师友"的蒙蔽与约束下解放出来,投身到革命斗争中去。《中国青年》横空出世,犹如在黑暗的中国点燃了一盏明灯,引导着中国青年和广大人民参加推翻旧世界的革命斗争。

革命斗争的实践,使恽代英认识到只有马克思列宁主义才能引导中国革命胜利。"要推倒一切掠夺阶级,要建造自由幸福的社会","我们决不想用我们的常识,去判断爱因斯坦的相对论,但是我们却相信马克思的唯物史观。"[2]基于此,《中国青年》创刊之始就把宣传马克思列宁主义作为首要任务,陆续出版了"十月革命号"、"列宁特号"、"苏俄纪念特刊"等。恽代英、任弼时还在刊物上发表了《苏俄与世界革命》、《列宁与十月革命》等文章。这对当时引导广大青年学习掌握马克思主义理论具有重要的启蒙作用。

反帝反封建,推翻旧世界是《中国青年》担负的另一重要任务。恽代英认为要解放受压迫的民众,必须首先唤醒民众,要了解群众的疾苦和需求,舆论工作者必须对社会进行调查。"欲改良社会,先调查社会恶势力","造公正之舆论,则小人不敢无忌惮"。[3]他在担任刊物主编期间为刊物撰写了一百多篇文章和大量与青年的通信。如《中国革命与世界革命》、《社会主义与劳工运动》、《革命势力与反革命势力》、《湖北黄陂农民生活》;其他如萧楚女写的《帝国主义侵略中国的实况》；邓中夏写的《中国工人状况及我们的运动方针》、《论农民运动》及刊发的各地有关农民生活状况的调查，都真实地反映了旧中国广大人民的苦难生活，揭露了封建军阀对中国人民的剥削与压迫，为唤醒群众起来革命产生了积极作用。

一个刊物要想在读者中产生广泛影响，重要的是编者要善于倾听读者呼声，了解读者需求，密切与读者关系。"须使杂志与读者产生一种极密之关系，愈密愈佳。"[4]面对当时青年中存在的上学、就业、婚姻诸多问题需要引导解决，《中国青年》开辟了"通信"与"读者之声"栏目，编者及时回答读者提问。如当时江湾复旦大学一位学生写信给恽代英，述说自己将走到厌世的道路上去，"人生愈觉变成灰色了"。恽代英在1925年5月《中国青年》第79期上回信说："人在恶劣环境之中，是不能无悲苦之感的，然亦只有坐着不去与恶劣环境奋斗的人才感觉这种悲苦。惊风骇浪中舟子总比坐客镇定，便因舟子要去应付这种风浪的缘故。所以你愿居这悲苦之境，不是去幻想那不可能的自杀，是要去设法应付它，去作一个改革社会国家与打倒帝国主义的人……你多找几个勇敢的同行的人，而且一路的呼应，便可以壮你的胆。你若能研究得到一种信念，知道国家社会一定是可以改造的，那譬如你在黑暗中间见了灯光，你的胆气自然更要大了。"这些语重心长、循循善诱的话语，对青年振奋精神，投入革命斗争是一种激励。

《中国青年》当时是在极端困难的条件下出版发行的。据陆定一回忆："共产主义青年团中央宣传部的秘密机关就是《中国青年》的编辑部。狭窄的房子，有一两个书架子的参考书，在那里开会，看书，写文章，编辑，有时还校对。夜里就在那里睡觉。为了避开敌人警察和特务的破坏，常常要搬家。印刷是在秘密印刷所里进行的。发行则有秘密的发行机关……在上海小北门有一个'上海书店'，是《向导》（党中央的机关杂志）和《中国青年》的公开发行机关，1926年1月该书店被封了。"[5] 由于大革命的失败，《中国青年》1927年10月30日出至7卷167期就停刊了，后另出8卷3号。

《中国青年》刚创刊时发行三千份，后来发行三万多份，在当时影响很大。其原因在于它以马克思列宁主义观点回答和解决当时青年运动中的许多迫切问题，它动员广大青年投入反帝反封建斗争，并关心指导青年解决了青年中的许多实际问题。另从办刊和编辑工作角度看，恽代英作为我党早期的报刊杰出编辑家，他很重视报刊的宣传艺术。他提出"传授以（一）浅近,(二)有条理,(三)真,(四)能动人为目的"。[6]他认为向受众"灌输时事之文字"要"能真诚浅近……较谈空疏统笼而枯寂的道德胜千万倍"。[7]

《中国青年》曾经影响过一代又一代人。据邓拓回忆:"那时候,不少年青人的衣袋中,常常藏着那样一薄本32开的周刊。""我曾见一位老先生,把代英同志的文章几乎每一篇都用红珠笔密密地圈点起来。"[8]

延安时期的《中国青年》

《中国青年》1927年停刊后,当年8月改名《无产青年》在上海秘密发行。翌年10月改名《列宁青年》,1930年被迫停刊。以后在中央苏区瑞金曾出版团中央机关报《青年实话》,1934年10月因红军长征停刊。

1939年4月,抗日战争进入第三个年头,为了适应新的形势,《中国青年》在延安复刊(月刊)。当时是作为"中国青年救国团体联合会"的机关刊。与此同时,还在山西省中兴县出版了晋西版。

冯文彬为《中国青年》的复刊写了发刊词,提出了"动员青年参加抗战,坚持统一战线";"在坚持抗战,坚持统一战线的任务下,促成全国青年统一战线的建立和发展";"发挥中国劳动青年,坚毅勇为牺牲奋斗的伟大精神与光荣传统"等5项任务。"希望重新出版的《中国青年》能够继承并发扬大革命前《中国青年》的光荣事业,像过去的《中国青年》推动了千百万中国青年投入到大革命浪潮一样,我们今天的《中国青年》要能够推动、组织更广大的青年到抗日战争中来"。

复刊后延安的《中国青年》受到党中央及毛泽东等的高度重视。毛泽东为它题写了刊名,并在第1卷第2期、第3期先后发表了为纪念五四运动20周年写的《五四运动》和《青年运动的方向》。党中央其他领导人周恩来、朱德、任弼时、洛甫、李富春都为它写过文章。当时《中国青年》的主编是青委宣传部长胡乔木,具体编辑人员有韦君宜、肖平等同志。在新的形势下,《中国青年》的任务一方面要指导青年运动,宣传组织抗日,而且还要关心青年的思想和学习。除了刊登重要理论文章外,还开辟了"小论坛"、"报告"、"问题与答复"等栏目,也发表些木刻作品。但刚开始对刊物的读者对象并不十分明确,过多地刊登一些与青年生活关系不大的文章。在实践中认识到在延安多登适应青年学习工作需要的文章，内容多样化，刊物才能有所改观。承东在一篇回忆文章中也谈到，作为一个青年刊物不仅要指导青年运动，还应该具体帮助青年学习掌握文化科学知识。关于"这一方针，从第2卷中期以后，就体现得更明确了，它发表了大批帮助青年学习各种知识的文章，有关政治、经济、历史、哲学思想、文艺音乐以至自然科学的各方面。它受到广大青年的热烈欢迎"。刊物要掌握"青年工作中心任务是学习"的精神，"《中国青年》的实际效果，也清楚地显示了这一方针的正确"。[9]

延安的《中国青年》由第1卷到第3卷共出了29期，1941年3月皖南事变发生，国民党反动派对革命根据地进行封锁而再次停刊。

《中国青年》十七年间的辉煌

随着人民解放战争的节节胜利，1948年12月20日《中国青年》在延安复刊。毛泽东为复刊写了刊名并题词。在延安出了3期，1949年初从第4期开始在北平出版。

1949年至1966年17年间，是我国进行社会主义改造和社会主义建设时期，虽然在前进的道路上出现了曲折，但成绩是主要的。作为历史的见证者，《中国青年》在这个时期出现了新的辉煌。

一、组织引导青年参加社会主义改造和社会主义建设

新中国建立初期，《中国青年》紧密围绕党的中心工作，如"土地改革"、"镇压反革命"、"抗美援朝"、"三反"与"五反"、"过渡时期总路线"、"农业、手工业和私营工商业的社会主义改造"等一系列运动，展开了大规模的宣传活动，在实际斗争中向青年进行爱国主义教育、革命前途教育、社会主义理想教育等。此时，刊物发表了许多有针对性的有说服力的好文章，如朱德的《中国青年当前的任务》，王惠德、于光远的《旧中国的死亡与新中国的成长》，陆定一的《向光明的社会主义社会前进》，邓子恢的《动员广大农民和农村青年为实现农业合作化而斗争》，廖盖隆的《对私营工商业的社会主义改造》以及开辟的"抗美援朝保家卫国通俗时事讲座"专栏等，颇受青年欢迎。

二、注重对青年进行人生观、世界观和革命传统教育

青年是人生观、世界观形成的关键时期。《中国青年》很注重对青年进行人生观、世界观革命传统教育。刊物有针对性地发表了徐特立的《思想修养漫谈》、谢觉哉的《青年人怎样锻炼自己》、吴玉章的《做革命的接班人》、陶铸的《理想·情操·精神生活》等文章。为了向青年进行革命传统教育，继承老一代革命家的革命精神，刊物还发表了萧三的《毛泽东同志的初期革命活动》、《李大钊同志的故事》、《杨靖宇的故事片段》、《王若飞在狱中》等。这些文章对青年富有感染力。

三、引导支持青年学习科学文化知识

青年人处在长身体、长知识阶段，精力旺盛，求知欲强。为了使青年学好科学文化知识，掌握建设社会主义的真本领，《中国青年》结合1956年党中央提出"向科学文化进军"的号召，组织了许多著名专家学者讲自己学科学、用科学的文章，如郭沫若的勉励青年奋发学习的《天才与勤奋》，周建人的《扩大知识面》、《论红与专的问题》，华罗庚的《聪明在于学习，天才由于积累》，钱伟长的《赶上世界先进科学水平》，钱三强的《人类进入了原子时代》等，对促进青年学习文化知识产生了强大激励作用。

《中国青年》还为青年在学习文化科学知识中排忧解难。1956年，中国科学院经济研究所团支部按照学院党委指示，组织团员青年学习了周总理《关于知识分子问题的报告》，联系实际，提出要向老科学家学习，学好专业知识和马克思主义经典著作。有的同志认为博士和副博士学位的设立是鼓励知识分子上进和刺激科学文化进步的一个重要方法，科学研究工作者应该争取学位等。团小组、团支部经过几次讨论，由团支部邬家培写了一个书面总结，交给党支部的一个负责同志。但没想到党支部的一位委员对青年提出的问题不但不支持，反而认为是"集中了团员中的落后思想"、"向党进攻"，给团支部扣上犯了"路线上的错误"等帽子，并责成邬家培对此进行检讨。面对此情，青年共产党员研究实习员吴敬琏，不满党支部负责人的错误做法，给中共中央宣传部负责同志写了一个书面意见；经济所的罗元铮同志向《中国青年》杂志反映了党支部负责人的错误做法，而党支部又给罗扣上了"无组织无纪律"，是"宗派，故意在外面挑拨，破坏党的威信"等帽子。这种雷厉风行的"检讨"和"批判"从3月8日开始，一直到4月上旬，中共科学院党委要去检查他们的工作时，才阻止了他们的这种做法。

作为反映青年呼声，维护青年权益的《中国青年》，针对压制打击青年学习科学文化知识的行为，很快派记者曹炎对事件真相做了60天的调查，于当年第13期刊出了《为什么打击青年向科学进军的积极性》，同期还配发了颜浩《要积极诱导青年前进》的专文，立即在科学院乃至全社会引起强烈反响。中国科学院党委领导采取措施制止和解决了经济研究所领导的错误做法。事隔36年，面对一批成长起来的吴敬琏、邬家培、张卓元等知名专家，时任经济管理研究院院长田夫感慨地说："《中国青年》真是做了一件大好事，你们为我们的国家和民族保护了一笔巨大的财富……如果当年这些同志背上了那些罪名，打右派时准跑不了，右派帽子一戴就是20年，他们还能干什么？《中国青年》实实在在地表现了对人才和知识的尊重，这在当时是很难得的啊。"[10]

四、抓典型，引导青年向先进人物学习

榜样的力量是无穷的。《中国青年》善于根据不同时期形势的变化，推出一批又一批先进人物。先进人物身上体现了时代精神，对青年人具有引航和激励作用。如在刊物上陆续报道了不怕苦、不怕牺牲的人民战士董存瑞、黄继光、罗盛教、邱少云、王杰、欧阳海、麦贤得；在工人中推出了吴运铎、王崇伦、王进喜；推出了新型农民典型侯隽、邢燕子、董加耕；在平凡岗位上做出不平凡业绩的雷锋。另外还宣传了外国文学作品如《钢铁是怎样炼成的》、《卓娅和舒拉的故事》、《牛虻》中的典型人物，这些人物的崇高形象和优秀品德，深深地影响着广大青年。在典型人物的宣传中，雷锋的宣传和影响更为广泛持久。

1963年2月初，首都几家大报先后刊登了雷锋日记摘抄。平凡的事迹，闪烁着共产主义的思想光辉。为了宣传雷锋事迹，《中国青年》考虑出版一期"学习雷锋同志专辑"，以扩大影响。编辑部决定请毛主席题词。经过努力争取，毛主席于1963年2月22日题写了"向雷锋同志学习"几个大字。《中国青年》1963年3月2日出版5、6期合刊"学习雷锋同志专辑"。"专辑"刊登了毛主席的题词，周恩来题写了"雷锋同志是劳动人民的好儿子，毛主席的好战士"；董必武写了《歌咏雷锋同志》；罗瑞卿写了《学习雷锋》的专文；谢觉哉写了《读雷锋同志的日记摘抄》和一首《学雷锋》的诗。同期还发表了社论和长篇通讯《共产主义战士——雷锋》、《雷锋日记摘抄》、歌唱雷锋的歌曲以及团中央关于在全国青少年中广泛开展"学习雷锋"的教育活动的通知。

一个向雷锋同志学习的活动在全国广泛展开。"尽管这期杂志加印了几百万份,仍不能满足广大青年的要求。有些青年买不到刊物,就互相传阅,或到图书馆借阅。不久,编辑部收到了一个炊事员同志寄来的一封信。信上说:到处奔走,买不到第5、6期《中国青年》,只好借来一本,手抄下来……编辑部还收到一份农村寄来的《中国青年》合订本。合订本用一块蓝布包着,作为封底和封面。这个青年在附言里说,他非常珍惜《中国青年》,为了好好保存,把省下来的一块蓝布派了这个用场。"[11]

《中国青年》自新中国成立至"文革"的前17年,一直处在一个发展成长的辉煌时期。它从新中国成立初期发行5万份,很快上升到15万份,1953年已达30万份,到"文革"前高达200万份。它的影响是同类刊物莫及的。从编辑的角度讲它积累了较丰富的经验。一是高举马列主义毛泽东思想的旗帜,抓住对青年政治思想教育这个根本,扎根青年,使它始终保持旺盛的生命力。二是了解青年、贴近青年、关心青年,反映青年的呼声和解决多种实际问题,做青年的良师益友,是刊物兴旺的基础。三是建立一支高水平的广泛作者队伍,是刊物的生命之源。四是采用集束式、连续式的宣传方式,强化某些宣传内容。

由于历史的原因,《中国青年》在这个时期还存在一些问题。一是受以阶级斗争为纲的影响,在对一些问题的宣传上和一些文章中打上了明显"左"的烙印,错误地批判了一些正确的东西,混淆了两种思想界限。二是在宣传中出现一些片面性简单化的倾向,尤其是对意识形态领域中的问题解决,存在要求过高过急的倾向。三是在宣传传播活动中单纯灌输式、说教式单向传播的文章较多,启发式、诱导式双向互动式的文章较少,在一定程度上削弱了它的影响力。

新时期、新任务、新探索

1978年9月,沉寂12年之久的《中国青年》复刊了。刊物面对新时期,肩负着光荣的新的使命,也将会在新时期、在新的起点上创造新的辉煌。

一、冲破"两个凡是",在拨乱反正激流中前进

复刊后的《中国青年》面临的是在思想战线上清除"四人帮"的流毒和

影响，在思想上进行拨乱反正。但当时"两个凡是"（凡是毛主席作出的决策，我们都要坚决拥护；凡是毛主席的指示，我们都要始终不渝地遵循）还在束缚着人们的头脑。如何冲破"两个凡是"的束缚，解放思想，开创新时期各项工作的新局面，广大读者在思考，《中国青年》的编者也在思考。作为思想前锋的《中国青年》在这关键时刻如何有新的作为是办刊人必须回答的问题。历史的责任感、使命感催促着编辑部同志在办刊思路上要有新的突破。本着"一切从实际出发"的方针，编辑部于当年5月，兵分七路前往十多个省市调查青年思想状况。调查表明，实现新时期的四个现代化，必须解放思想，拨乱反正，清除以阶级斗争为纲"左"的思想影响。在此认识基础上，复刊后的第1期旗帜鲜明地推出了本刊评论员文章《破除迷信，掌握科学》。文中引用毛主席1954年在讨论我国第一部宪法时讲的一个重要原则"我们除了科学以外，什么都不要相信。就是说，不要迷信。中国人也好，外国人也好，死人也好，活人也好，对的就是对的，不对的就是不对的，不然就叫做迷信"。与本文呼应的还有邢贲思的《"句句是真理"为什么是荒谬的》。这一期还报道了天安门事件中当事人韩志雄的事迹。复刊号出版，在北京引起强烈反响。但是却冒犯冲撞了"两个凡是"的禁区，受到了当时一位中央领导同志的严厉批评，并责令停止刊物发行。面对巨大压力，编辑部据理力争，后来领导部门终于同意了编辑部意见，印好的270万份刊物重新发行。

刊物要创新，就会有风险，就会有阻力，但看准了的事就坚定信心去干。正如杂志编辑部负责人说的："办刊物搞宣传也要坚持实事求是的思想路线，不惟上，不惟书，要惟实。这是刊物的生命力的源泉，是检验编辑党性的标尺。往前闯，可能触犯天条。保险的做法，是等上边有了说法再表态。采用这种办法明哲保身的不乏其人，这是一种不易为人觉察的、十足的对国家、对民族的不忠。"[12]复刊后的《中国青年》有力地推动了当时开展的真理标准的大讨论。

二、轰动一时的人生观大讨论

"文化大革命"不仅给我们国家民族带来深重灾难，也给广大青年留下了精神上的伤痛。正当我们思想战线经过拨乱反正，实现伟大历史转折进行四化建设之时，一个严肃的关乎人生意义的课题不可避免地在青年中又被提出来了。

1980年第5期《中国青年》发表了署名潘晓（是黄晓菊与潘祎的合名）的

来信,在信中倾诉了她曾信任和追求美好的生活,对未来充满信心和幻想,然而她经历生活中的一切均使她陷入彷徨、苦闷,对人生的意义找不到正确答案,竟然发出了"人生的路啊,怎么越走越窄"的悲叹。编辑部认为潘晓提出的问题有一定的代表性和针对性。为了使更多的青年在各自不同的人生道路上找到指引自己前进的路标,决定围绕"人生的路啊,怎么越走越窄"这个话题在青年中开展一次广泛的人生观大讨论。

由于这封信饱含着人生经历的痛苦和创伤,以惊人的坦率,把青年人对形势、社会、人生、前途、理想和看法,赤裸裸地如泣如诉和盘托出,震撼着许多青年人的心。讨论从1980年第5期开始至1981年第6期止,在短短一年之内,编辑部收到来稿来信6万余件。读者来稿来信每天数千件涌向编辑部。这次大讨论有几个特点:一是切入点好,讨论的话题真实性、针对性强。它所涉及的都是青年生活中最为关注的问题。正如有的读者说的,"真实,有时虽然是丑恶的,但它要比那些粉饰和虚伪的东西有力一百倍"。"一个诚实的人心声,能唤起一大群诚实人的共鸣","谢谢敢写的人和允许发表的人"。二是参与讨论的人广泛,除青年人外,还包括了社会的各个阶层、各个行业,在7期刊物上发表了一百多篇文章,约十七八万字,讨论期间刊物发行由原来的325万份上升到近400万份。三是引起中央领导人的重视。当时主管思想宣传工作的中央书记处书记胡乔木访问了《中国青年》编辑部,并对讨论发表了意见。他说:"青年们都想在一个适当的气氛中把自己的心掏出来,讲讲自己的经历、苦闷、失望和希望,寻求问题的答案……青年们伸出了手,难道能够把这伸出的手打回去吗?难道不应该把他们伸出的手紧紧地握住,然后再鼓励他们拿出勇气和信心继续前进吗?"[13]

针对青年中在一个时期内存在的热点问题开展大讨论是青年进行自我交流、自我教育的一个好办法,也是《中国青年》办刊的一个成功经验。这次人生观的大讨论是50年代什么是青年的幸福大讨论的继续,但它有着明显的80年代的时代特色。这次大讨论不仅对青年人如何对待人生有重大启迪意义,同时在某种意义上讲也是一次真正的思想解放,具有思想史价值。事隔20年以后,作家卢跃刚总结道:"'潘晓讨论'与其说是《中国青年》一枝独秀,不如说是中国新闻界自觉地进行的思想大讨论。这场讨论,以青年为主体,以民间社会为主体,全社会参与……没有空洞口号,是一场真正的思想解放运动,可谓'百花齐放'、'百家争鸣',具有真正的思想史价值。在我看来,中国改革的真正的思想启蒙,来自于'潘晓讨论'。因为这场讨论所涉及的哲学、伦理学、文化学等方面的问题,更具有启蒙的特征,更具有思想史的特征。"[14]。

三、为改革开放鼓与呼

80年代我国进入了四化建设改革开放的新时代。《中国青年》站在时代和思想的前沿,为改革开放鼓与呼,强化改革开放的宣传,澄清思想观念上的种种误区,把青年的热情引导到改革开放的洪流中。这个时期刊物开辟了"新青年新观念"、"新人·新论·新潮"、"开创新局面的年轻人"、"团的工作要为四化建设服务"等栏目,还刊发了《一切为了四个现代化》、《新时期青年的主课》和李瑞环的《和青年朋友谈谈四化的学习》一系列理论文章。为了使改革开放的宣传经常化,从1990年始,刊物每期开辟了"本刊言论"专栏,连续三年发表了30多篇有关解放思想改革开放的专文,还报道了经济战线上评选出的一批青年企业家,表彰了他们在改革开放中的突出贡献。

《中国青年》是党团组织联系青年的桥梁。它之所以能在社会深刻的变革中保持永久的生命力,就是它能与时代合拍,反映青年最关心的重大问题。如:在改革开放时期市场经济条件下,马克思主义还灵不灵?东欧剧变,苏联解体,社会主义还有无前途?"和平演变"的危险是否来自经济领域?发展商品经济会不会导致资本主义?对于这些青年普遍关心又敏感的问题,刊物及时组织了专文。如《中国青年》曾组织发表了《改革开放是防止"和平演变"的根本途径》的文章,文中"明确指出一些国家发生演变的原因,就是这些国家在取得社会主义胜利以后,在长达几十年的历程中,在政治、经济、文化领域未能使社会主义得到应有的发展,封闭、僵化的体制、模式及观念,窒息了社会主义的生命力,并列举中国改革开放推进社会发展和稳定的大量令人心服口服的事实,使人们认识到社会主义国家的改革开放与它的生存发展有着多么重要的关系。这篇文章发表后,受到广大读者的普遍关注……因为它从一个新的角度提出问题,读来很开思路"[15]。这说明刊物能不能产生影响,就在于能不能触及读者关心的敏感问题,对高深的理论做出有力的、通俗的解释。

四、为改革开放中的先进人物树碑立传

"奋斗改变命运,梦想让我们与众不同",这是《中国青年》提出的一个

口号。改革开放时代是一个英雄辈出的时代。改革开放中的先进人物是改革开放的先锋,是先进生产力的代表,是时代精神的标志。2000年第1期刊物推出了可能影响21世纪中国的100位青年人物,集中展示在改革开放中各条战线涌现出的先进人物的业绩。刊物还开设了"名人谈人生"专栏,先后推出了"身残志不残"的先进人物张海迪、遨游太空的航天英雄杨利伟、被人称为当代毕昇的中科院院士王选、"水稻杂交之父"袁隆平……报道了他们成长的业绩,揭示了他们事业成功的秘诀,无不对青年成长产生重要启示。

时代在发展,生活在多变。生活的丰富多彩,培育出的先进人物多种多样。21世纪的先进人物与20世纪的先进人物有许多共同的特点,但21世纪的先进人物有着鲜明的时代特征,那就是强烈的开放意识、锐意改革的进取意识和敢于争先的竞争意识。这几年,《中国青年》不时地向我们推出一些运动场上的运动健将,舞台上的影星歌星,新闻媒体上著名主持人,企业的经理、董事长,他们都有各自坎坷的成长之路,也都有自己独特的成就,为推动社会发展,满足人民的物质与文化生活作出了贡献,成为当代青年顶礼膜拜的偶像。先进人物类型的广泛与多样化是我们新时代的一个亮点。我们刊物有责任为他们树碑立传,激励人们为建设中国特色社会主义作贡献。

改革开放30年来,《中国青年》出现了新的辉煌。从编辑工作角度讲有几点是值得肯定的。一是重视抓典型问题,开展深入讨论,取得良好效果。二是抓思想,重视改革开放时代青年的思想变化,有针对性地组织栏目和文章,进行正面引导。三是抓调查研究,了解读者需求。1982年和1985年先后两次开展关于刊物读者的调查问卷,先后收到四千多封信件和七万多份问卷调查,反映了读者的多种要求,为编者进一步编好刊物提供了依据。另外还在刊物上开辟了"我与《中国青年》"、"假如我办《中国青年》"栏目,反映读者呼声。四是重视图片的作用。90年代后加大了图片的分量,有时每期刊物几乎页页有图片,做到图文并茂,增强了文章的可读性、直观性。

这个时期在编辑工作上存在一些问题。一是缺乏重点栏目。栏目设置较多,但变化较快,齐头并进,缺少内容相对稳定而富有特色的主打栏目。二是缺乏重头文章。任何一个刊物做到期期精品、篇篇佳作很难,但应尽力做到每期有两三篇耐看的重头文章,可惜这方面有明显欠缺。三是缺少团刊的特色,指导团的工作的文章大为减少,削弱了对团组织工作的指导作用。

五、进行新探索　迈上新台阶

改革开放的年代,我国的政治经济生活发生了诸多变化,一些习之已久的东西将会逐渐消失,一些新生的事物却逐渐涌现,在市场经济条件下,昔日辉煌的《中国青年》面临着新的严峻挑战。从80年代中期开始,曾经发行400万份的名牌期刊到1990年下跌至100万份,1994年陷入50万份以下的低谷。发行的下滑,经济效益的锐减,其刊物的影响力也相对下降。《中国青年》还能重振雄风出现昔日的辉煌吗?读者期盼着,编辑部焦急地思考着、探索着。

改革探索是一个不断发展的动态过程。《中国青年》创刊80多年来几代编辑人不正是在不断改革探索中前进的吗?经过反思、总结,《中国青年》的编者认为在市场经济条件下办机关刊,除了勇敢地接受市场的挑战,别无他道。遵循文化发展的内在规律,发挥市场机制的积极作用,是改革的唯一出路。

问题的解决从调查研究入手。社长石国雄、总编辑彭波亲自出动调查研究,确定了"贴近社会、贴近时代、贴近青年、贴近基层团组织"的改刊方针,对刊物内容进行了大改革。稿件以"是不是青年关心的问题,青年感不感兴趣"为取舍标准。策划了一批青年关注、为青年服务的专栏和文章。改版后的刊物风格定位为"理想主义+浪漫情怀"。理想主义就是强烈的社会责任感与国家民族同命运的使命感;浪漫情怀就是充满青春的活力及对美好幸福生活的追求。本着这一精神,几年来推出一些新栏目,确立了自己的市场形象。作为团中央的机关刊,机关化的体制与机制很不适应,为此必须对僵化的体制机制进行改革。经过几年的努力,刊物基本上遏制了下滑的趋势。[16]

青年类期刊包括《中国青年》,进入90年代后,"繁花似锦"的80年代最辉煌的时期已不存在。这当中原因主要是大环境变化剧烈,在市场经济条件下,媒体的多样化,读者分流,加以刊物内容缺乏时代特色,发行下滑是难免的。如何面对新形势,改变现状,是不少青年类期刊正在探讨的热门话题。2008年,传来了《中国青年》全面改版的消息,提出"先锋品格,栋梁气魄"的口号,在新的历史起点上,为构建和谐社会,全面落实科学发展观,以新的面貌出现在青年面前。从新出的几期《中国青年》来看,已出现了好势头。表现在栏目经过整合内容更集中了,重点文章突出了,文章可读性增强了,图文搭配更合理了。

老一辈无产阶级革命家与《中国青年》

《中国青年》从诞生起,就一直受到我党早期领导人的高度重视。杰出的中国共产党人恽代英是它的第一任主编,萧楚女是它的创办人之一,林育南、邓中夏、张太雷、李求实曾是它的主要撰稿人;任弼时同志从1927年起曾领导过《中国青年》;大革命时期的陆定一、抗日战争时期的胡乔木都当过它的主编。特别是毛泽东同志在1939年、1948年、1965年三次为《中国青年》题写刊名。1958年第4期刊登了北京实验中学高三学生王桂芹写的《暑假回乡日记》,记述了她1957年暑假回到家乡河北阜平县农村,日记里洋溢着对家乡、对人民、对社会主义的热爱之情,这份日记在一个偶然的机会被毛泽东发现,看了之后很赞赏,并在日记上批着,"每年暑假回乡一次,极为有益。此文写得很好。"还说:"住半月不够,最好住一个月。"在日记的另一页毛主席对自己的女儿李敏、李讷写道:"李讷要看两遍,退李敏,李敏也要看两遍。"[17]王桂芹的日记连同毛主席的批语发表后,在广大青年中产生了很大反响。

毛泽东主席三次为《中国青年》题写刊名手迹

周恩来同志在百忙中一向关心《中国青年》。1963年10月18日,《中国青年》组织了创刊40周年纪念会,并举办展览,陈列有关《中国青年》的历史文物和反映当时情况的各种资料图表。"晚上8点,周恩来总理在团中央领导的陪同下应邀前来,邢方群(当时的总编辑)陪同总理参观,并在一旁解说……看到陈列的手抄本学习雷锋专辑的读者用新蓝布精心包裹的《中国青年》合订本,周总理很感兴趣,回过头来对邢方群等人说:'广

胡耀邦为《中国青年》创刊六十五周年题词手迹

大青年包括农村的知识青年这样地欢迎《中国青年》，《中国青年》应该增加发行量，纸张不够我可以帮助解决。《中国青年》的内容，要照顾农村青年的需要。'"周总理还说："你们纪念《中国青年》杂志创刊40周年，应该考虑今后20年怎么办，要有计划，确定新的方针。"[18]这不仅是对《中国青年》编辑部的鼓舞，也体现了对中国青年一代的关怀。

从20世纪50年代到60年代，胡耀邦同志担任团中央第一书记14年之久。他对《中国青年》倾注了巨大心血，有着特殊的感情。他对《中国青年》工作的指导与关怀表现在以下几个方面：第一，明确《中国青年》刊物定位。他多次强调："《中国青年》是个政治思想教育的综合性刊物，那么它就应该有思想的权威。这就是我们杂志的个性。""《中国青年》杂志第一位的工作是抓思想"，"也就是搞那个时期的思潮问题"。[19]他指示报刊要注意抓青年的思想，帮助青年解决在国内外形势发生变化、党的重大方针政策的实践中所产生共同性的思想问题和要求，要联系实际，对青年进行教育。"要求每期刊物都要有两三篇非常切合当前广大青年在政治生活中的问题的文章，它好比工业中的156项，没有它，就压不住，杂志的分量就显得轻飘。""每期要有一篇挂帅文章，立大志，力争上游。文章要做到：不看，感到可惜。"[20]第二，倡导青年学习科学文化知识，钻研业务，他一再说："过去讲革命，讲打仗，现在要讲建设，讲学知识。"五六十年代刊登了一些知名科学家谈学科学的文章，得到了他的赞赏。青年报刊还要关心青年的生活，提出刊物要帮助青年处理好在日常生活中遇到的各种问题。第三，多发表些青年的来稿，特别是一些先进人物的稿件，培养造就青年作者。第四，刊物要重视文风。青年报刊的文章要做到深入浅出，形式生动活泼，内容丰富多彩，不能说空话、套话，不能板起面孔训人。第五，注意保护编辑人员的积极性。1983年底，距"潘晓讨论"结束三年之后，有个别单位写信向胡耀邦反映意见，认为那场讨论散布了大量的错误观点，《中国青年》搞精神污染，应当进行清理。胡耀邦在这封来信上批示，"这件事用不着再大肆折腾"，使《中国青年》得以摆脱了厄运。1962年，刘志丹烈士弟媳李建彤的小说《刘志丹》，先在《工人日报》登载，为了弘扬革命传统，《中国青年》也刊登了其中一章《星星之火》。不料在北戴河召开的八届八中全会上，康生在会上诬陷《刘志丹》是所谓"习仲勋反党集团"的一大"阴谋"，《中国青年》受到牵连，由于胡耀邦立即派人去北戴河，说明事实原委之后，向中央写了报告，主动承担责任。《中国青年》和编辑部人员逃过了一劫[21]，而工人日报社的总编辑却因此事件被康生整死。

在中国近代期刊史上，如此高度受到无产阶级革命家的关怀，只有《中国青年》，这是《中国青年》的幸运，也正是它一直健康成长，深受广大青年欢迎的一个重要原因。

参考文献

[1]梁启超.《中国历史研究法》[M].北京：东方出版社，1996：155.

[2][7]对于有志者的三个要求。恽代英文集（上）[M].北京：人民出版社，1984：364-365、97.

[3][4][6]恽代英日记[Z].北京：中共中央党校出版社，1981：368、263、560.

[5]陆定一同志在《中国青年》创刊三十周年纪念会上的讲话[J].中国青年，1953（22）.

[8]邓拓.《中国青年》和恽代英同志[J].中国青年，1949（23）.

[9]承东.延安的《中国青年》[J].中国青年，1949（22、23）.

[10]魏群.36年前，他们正年轻——著名经济学家们与《中国青年》的一段往事[J].中国青年，1993（2）.

[11]邢方群.《中国青年》杂志是青年的知心朋友[J].中国青年，1983（5）.

[12]《中国青年》编辑部.20年前的一次交锋[J].中国青年，1998（9）.

[13]胡乔木.关心人生意义的讨论[J].中国青年，1980（8）.

[14]卢跃刚.中国改革的思想启蒙[J].中国青年，2000（9）.

[15]魏群.思想的权威：我们杂志的个性——关于《中国青年》思想理论宣传的思考[J].中国青年，1993（7）.

[16]杨明.与市场共舞创时代辉煌——《中国青年》杂志的振兴之路[N].新闻出版报，1997-9-26.

[17]中国青年，1958（4）.

[18]李频.《大鹏一日同风起——访邢方群先生》[J].出版广角，1999（1）.

[19][20][21]彭明榜.胡耀邦与《中国青年》[J].中国青年，2005（24）.

（原载《出版史料》2008年第4期，略有改动）

忆延安的《中国青年》

韦君宜

著名编辑家韦君宜

韦君宜（1917—2002），湖北建始人，1917年10月26日出生于北京。1934年考入清华大学哲学系。在校期间曾任《清华周刊》编辑。1935年投身"一二·九"爱国学生运动，次年加入中国共产党。1937年"七七"事变后，回湖北从事党的地下工作。1939年到延安，任《中国青年》编辑。1947年随中央机关撤离延安，到晋察冀解放区工作。1949年初参与《中国青年》复刊筹备工作。

新中国成立后，担任共青团中央宣传部副部长，曾任《中国青年》总编辑。1954年调入中国作家协会，担任《文艺学习》主编，1959年任《人民文学》副主编。1960年至1987年，历任作家出版社总编辑，人民文学出版社社长、总编辑。

我是1939年初到延安的，分配到中央青委（对外名称叫西北青年救国会）。先是到安塞县和晋绥解放区去调查青年工作，夏天回延安，就在《中国青年》参加编辑工作。

那时候，我们《中国青年》的主编是青委宣传部长胡乔木，对外我们是中国青年社，对内是宣传部的一个科，叫中国青年科。实际工作是我们科里干。科长杜绍西同志（以前是丁浩川同志，这时刚换过），科员有我和萧平两个，后来又来了一个黄照。

记得刚到《中国青年》时，科长杜绍西嘱咐我的就是："看稿子你得公平对待。对于负责同志的稿子，该改的也得改。如果他有语句欠妥的地方你放过去，将来登出来，反而对这个负责同志影响不好。"我们组稿的范围就是各地来延安的干部,请他们写工作经验和通讯。记得登过刘秀峰、穆欣、黄华等人的稿件。我们自己也写。

刚开始对于青年刊物究竟该怎么办,心里实在没有谱。我只在学生时代"课余"编过刊物,那只能算是练习性的东西。对于如何研究读者的需要,实在不懂。那时的延安和各解放区交通十分困难,刊物发行范围仅限于陕甘宁边区,特别是延安。延安有从全国各地来的青年,他们抱着满腔热情来这里寻求革命真理,这些人才是刊物的主要读者。当时我们本来应当研究这些主要读者的要求,了解他们的思想状况,为他们办刊物,但我们却不大懂得这一点,我们以为自己是做青年群众组织工作的,眼睛应当看到基层。眼光就总是局限在青救会的工作,文章以短为尚,总登一些晋察冀的青抗先怎么样,晋冀鲁豫的农村青救会发展又如何。我记得我自己还打算就赴农村调查所得写一个连载的《青年工作十讲》,可是,只写了两讲就再怎么费劲也写不下去了。我们费力组织来的和自写的稿件都不很受读者欢迎,真没办法。

后来,大约是四〇年三八节,我写了一篇《新娜拉走后怎样》。这篇文章实在没费什么力气,只是把和我一样的延安女青年所感到的恋爱、婚姻、工作机会等问题摆了一摆,自称我们自己就是新的出走后的娜拉,还有许多问题得解决。没有想到,这篇并非重点的文章倒在延安一些学校里引起了一点注意,有些同志谈论到它。胡乔木同志也表示了首肯。后来,他对我们说:延安有很多各种各样的人物,他们从各种不同的角落汇聚到延安,把他们如何来到延安的道路写一写,是具有全国意义的。他曾亲笔写过一封组稿信,叫我带着去找何其芳同志。我忘记当时曾否找着何其芳(好像没找着),但是其芳同志这篇文章后来还是写出来了,发表在《中国青年》上,这就是现在已收入他的选集的《我怎样来到延安的》。我还曾受命去找当时中央医院的妇产科主任金茂岳大夫,我问他:是怎么思想转变来到延安的。金大夫回答:"我的思想没有什么转变问题啊。我是由红十字会医疗队派来延安,后来就留下没走了。"我挺失望,觉得这样未免缺乏一点儿有说服力的"转变过程",于是我的访问记也没有写成。其实呢,到延安的人本来是通过各种不同道路,抱着不同想法来的,这才是生活的真实;复杂而多彩的真实。但是那时的我,可全不懂得。

四〇年秋我去晋绥解放区,编《中国青年》晋西版。刊物既缺乏撰稿力量,自己又掌握不了办刊方针,这个刊物是没编好的,只出两三期就因日军扫荡而停刊了。但是,这时延安的《中国青年》却已蒸蒸日上,而且改变了面貌。不再大量刊用那些以发展农村青救会工作为主题的稿件,而是适合了当时延安青年们思想的情况和求知的要求。编者许立群在写一个连载《古中国的故事》(后出单行本,改名《中国史话》),还有董纯才、陈企霞等介绍伊林的科学文艺读物的文章,何其芳他们几位"来延安的道路"也都登出来了。还有些学习马克思主义的学习笔记,也有小说,也有知识分子味儿颇浓的杂文如《论土地之盐》等。文章也并不一律那么短了。我当时远在晋绥,可是一看就知道了,延安青年一定会欢迎它,因为我本人就是那样的一个延安青年。办一个刊物,光登自己硬着头皮写的东西,自己不爱看,怎么叫读者爱看呢?必须适合读者的正当要求,知道他们想什么,是一条办好青年刊物的主要经验。这时我好像才有一点悟到。

1941年初,我又回到延安。《中国青年》已经因为发行太困难停刊了。我也就改做了别的工作。直到七年以后,我在晋察冀解放区的平山县,才又参与了《中国青年》的复刊工作。这时候的人马是以杨述为领导,编辑部有我和江明、邢方群、黎力、杨慧琳等。在解放区办的三期,我们懂得了力求知识化,力求争取即将解放的国民党统治区的青年。记得有一篇《写作范例——一则新闻》,就是听了胡乔木同志对于毛主席所写的一则新闻进行讲解,由我整理成文发表的。我署上了一个笔名"听桥"。他说:"桥没法听。"于是改成了"听樵"。刚从国统区来到这里的文化人胡愈之、彭子冈等同志看了刊物,曾评论道:"没想到你们老解放区的人能办这么活泼的刊物。"但是,这时候我们实际上还未能更深刻理解如何抓住这些正在大变动时期的青年的心。到第四期,我们进了北京城。刊物由我负责。来了一批新的编辑。底下的回忆就该由他们写了。

(原载《中国青年》1983年第8期)

主编《中国青年》十年的杂忆

邢方群

著名编辑家邢方群

邢方群（1916—2006），山东蓬莱人。1935年12月，在天津南开中学参加"一二·九"学生运动。1938年秋，考入西南联合大学，曾担任过学校进步团体和学生自治会的领导。1941年3月，奉组织命离开大学，到外地隐蔽。抗战胜利后，先后在北平的《时代日报》、《道报》和《益世报》任编辑。1947年9月，被国民党特务逮捕，经营救出狱。随后去解放区，在河北省平山县参加土改和整党工作。

1949年1月，调中央青委，在中国青年杂志社任编辑。之后，先后任《中国青年报》副总编辑、《中国青年》杂志总编辑。1964—1966年，1978—1983年，两度任工人日报社社长兼总编辑，并任全国总工会党组成员、书记处书记。在《工人日报》因"文革"停刊期间，1975—1978年曾任哲学社会科学部主办的《思想战线》杂志领导小组副组长、中国社会科学院办公室主任。1984年离休。他曾是第三届全国人民代表大会代表。

1953年8月，我由中国青年报社调到中国青年杂志社任总编辑，一直工作到1963年9月，共10年。这期间，《中国青年》在党中央的关怀和团中央书记处的领导下，在革命长辈、作者和广大青年的帮助下，宣传工作取得了显著成绩，发行份数增加较快，由30多万份增长到约180万份，在青年和团的干部中有广泛的影响，而我自己也在编辑工作中得到了锻炼，现在回忆起来，许多往事仍然历历在目。兹特把一些印象较深的事记下来，作为对那段历史的纪念，同时借以感谢当时关怀、领导和帮助《中国青年》的同志们。

一、隆重的30周年纪念会

《中国青年》杂志于1923年10月20日创刊,到1953年10月20日,正是30周年。为了纪念这个光辉的日子,中国青年杂志社经团中央书记处批准,这天傍晚在中山公园来今雨轩举行纪念会。到会的有100多人,其中有不少宣传界、学术界、教育界、科学界、文艺界的负责同志和知名人士,如:陆定一、曾昭抡、周建人、丁玲、丁瓒、丁浩川、于光远、王任叔、王子野、王惠德、王朝闻、方成、田家英、艾青、李伟、李普、李庄、狄超白、周立波、林默涵、柯伯年、郭小川、胡韦德、侯金镜、袁翰青、宦乡、陈翰伯、陈原、韦君宜、高士其、冯雪峰、冯至、冯宾符、许立群、康濯、曾三、黄振良、温济泽、张光年、杨述、熊复、廖盖隆、赵沨、黎澍、钟灵、钟惦棐、魏巍、萧三、顾均正、严文井等。真是群贤毕至,盛况空前。团中央领导人胡耀邦、刘导生、罗毅、区棠亮出席了纪念会。会上中宣部部长陆定一同志讲了话,他说:"《中国青年》的创刊,是中国革命运动的一个重要事件。在这以前,马克思列宁主义虽然已经传播到中国来了,但像《中国青年》这样以马克思列宁主义教育青年的专门刊物,还是第一个。所以它一问世,就立即受到广大青年群众的欢迎,并在革命运动中发生重大作用。"他指出:"今天我们纪念《中国青年》创刊30周年,我希望《中国青年》继承过去的光荣传统,要在中国共产党的领导之下,结合当前的政治任务,针对与青年密切有关的问题,生动地宣传马克思列宁主义,教育青年为党的总路线、总任务而奋斗。"

作家冯雪峰、诗人萧三、中国青年杂志社前任社长杨述都讲了话。团中央第一书记胡耀邦同志最后讲话,他指出,《中国青年》所以获得巨大的成绩,主要是由于党的领导,由于各方面人士,特别是强大作者队伍的支持。他希望大家今后多多帮助《中国青年》,使它能更好地动员与教育广大青年在建设事业中作出更大的贡献。

这里值得提出的是,为什么有那么多的领导同志和各界知名人士来参加这个纪念会?这是因为,《中国青年》有光荣的历史,是我国革命报刊中历史最长的一家。到会的同志中,有的是在第一次革命战争时期参加过《中国青年》的领导工作和编辑工作,如陆定一同志;有的是在抗日战争时期参加过编辑工作，如许立群、丁浩川等同志；有的是在解放战争时期参加过编辑工作，如杨述、韦君宜同志；而更多的同志则是杂志的作者和读者，他们都认为这个杂志无论过去和现在，在教育青年的工作中肩负着重要使命，因此，一经杂志社的邀请，便欣然而来。

纪念会之后，杂志社把陆定一同志的讲话记录整理出来，送给他审阅，然后登在1953年第22期杂志上。杂志社的同志经过深入学习陆定一同志的讲话，进一步认识到《中国青年》的革命传统，自己应该以革命先烈、《中国青年》的早期主编恽代英、萧楚女等同志为榜样，努力办好这份杂志，以求无愧于先烈和当代青年。

二、宣传过渡时期总路线

1953年6月15日，毛主席在中央政治局会议上提出"一化三改"的过渡时期总路线，即：从中华人民共和国成立到社会主义改造基本完成，这是一个过渡时期。党在这个过渡时期的总路线和总任务，是要在一个相当长的时期内，基本上实现国家工业化和对农业、手工业、资本主义工商业的社会主义改造。

在当时，很多青年对过渡时期总路线缺乏认识，对总路线的内涵也不甚了了。《中国青年》一向有紧跟党中央的传统，于是从1953年下半年开始，直到1954年下半年，大力宣传总路线，前后发表了近30篇文章，分别对工业化及农业、手工业、资本主义工商业的改造几个方面，进行理论上、政策上的阐述，并联系青年的思想认识问题，发表谈修养的文章，动员各界青年为执行总路线而奋斗。还发表反映"一化三改"的文艺作品。当时，有一部分青年在学习总路线时，感到在总路线灯塔照耀下，国家前途光芒万丈，而个人天天做些平凡工作，前途则很渺茫。《中国青年》及时地开展了问题讨论，题目是"什么是我们的远大前途？"来稿上万件，由艾思奇同志作了总结。在这个宣传中，影响最大的是陆定一同志的文章，题为《向光明灿烂的社会主义社会前进》。这篇文章发表前，定一同志几经修改送给周总理审阅后，才交给中国青年杂志社。由于这篇文章分量重，水平高，加上作者陆定一同志在党内和舆论界的威望高，在《中国青年》(1954年第1期)一发表，就受到各界的重视，全国不少报纸转载。许多青年来信说，这篇文章帮助他们认识了中国革命两个阶段的性质和任务，以及中国社会主义工业化的美好前途，并明确了青年一代在国家工业化进程中所承担的责任。

《中国青年》系统地全面地宣传了总路线，并且紧密结合青年的思想实际进行思想教育，宣传方式也多样化，广大青年干部和青年争着阅读和购买，把杂志上发表的一些文章作为学习的主要参考资料。人们常常看到，在新华书店开门之前，购买者就排着长队，杂志一到书店，很快就卖光了。还有些青年每到《中国青年》出版时间，就打电话询问书店，杂志是否到了。

三、开展"什么是青年的幸福？"问题讨论

问题的提出是：玉门油矿的一位钻井技术员在来信中认为，自己把青春消磨在偏僻的角落里，饱经风霜，环境艰苦，而他的理想是做一名著名的工程师，住在现代化的工业城市里，有个美满的小家庭，那样的生活才是幸福。

还有一个在保险公司工作的青年，由于经常和商店老板打交道，认为吃得好、穿得好才是幸福。

另外，还有一些青年认为，能上大学读书才是青年人唯一的幸福，而自己没有考上大学，一生就完了。

《中国青年》就抓住"幸福"这个为广大青年所关注的问题，开展"什么是青年的幸福？"问题讨论。讨论几期之后，由著名作家魏巍写了《幸福之花为勇士而开（幸福随谈）》。他用诗一般的语言阐发了革命的哲理，指出什么是真正的幸福，并批评了流行于部分青年中的资产阶级幸福观。他响亮地提出："我们时代的青年，不是一般的青年，而是在漫长、艰难的道路上战斗过来的并取得了胜利的中国英雄们的后代，他们肩负的是前人从来没有做过的极其光荣伟大的事业。他们不应该是怕冷怕热的少爷小姐，他们应该是比他们的前辈更为出色的英雄豪杰，他们不应该是怕风怕雨的温室中的花草，他们应该是傲立在高山之巅与暴风雨为伍的苍松。他们不应该是抱着几项可怜的私欲、患得患失的小丑，他们应该是用全部生命、全部青春的热力向崇高目的扑上去的战士。他们不应该对那种封建的、资产阶级的、美

国式的幸福津津乐道,而应该和人民一同前进,为历经苦难的中国人民创造出历史上从未有过的幸福!"

魏巍的文章在《中国青年》(1954年第23期)刊出后,立即受到广大青年的欢迎。幸福之花为勇士而开,青年应该是勇士,成为当时青年们的共识。

每隔一定时期(大约半年),针对青年中带有比较普遍的思想问题开展讨论,是《中国青年》杂志的一条成功经验。有4次问题讨论,魏巍为之写了文章。除《幸福之花为勇士而开》之外,还就"这样是不是傻瓜?"的讨论写了《春天漫笔》,就"人生最大的快乐是什么?""青年应该有什么样的幸福观?"的讨论先后写了《夏日之题》、《弃燕雀之小志,慕鸿鹄而高翔——〈幸福之花为勇士而开〉续篇》。

最近,魏巍同志赠我一本《魏巍散文选》。该书序言里有这样一段话:"五六十年代,《中国青年》杂志常常依据青年的思想问题,组织一些有关人生观问题的讨论。这些讨论都搞得很热烈,很成功,往往来稿在万篇之上。讨论结束时,编辑部常来请我写篇'总结'文章。我写的第一篇,就是《幸福之花为勇士而开》。这篇文章青年们反映相当强烈,给我来了很多信,谈到他们得到的益处,并建议我多写这类文章……有的作家朋友认为我把相当一部分精力用在这些地方,似乎影响了艺术的创造。我则认为我们应当学习鲁迅精神,只要作品对群众有用处就是最大的安慰了。"

我认为,魏巍同志这段话足以证明他对广大青年的关怀,他是带着强烈的责任感写这些文章的。

四、发表《有这样一位班主任》引起的争论

《中国青年》1956年第13期刊登了记者写的《有这样一位班主任》,批评郑州第三高级中学一位班主任把学生管得过死,动不动就批评学生,而且不讲分寸和方式,逼学生做不适当的检讨。记者评论说:"这位班主任对学生实在是一片好心,而且工作确是辛辛苦苦、积极负责的,但他想出的教育学生的一些办法,是一些多糟糕、多有害成长的办法啊!"

文章发表后,引起不同的反响。北京师范大学12位教师给《人民日报》写信(信转到中国青年杂志社),反对《中国青年》登的这篇文章。他们认为,

对于愿意把工作做好,只是缺乏好的方法的人,应当从积极方面进行帮助,而不应冷嘲热讽。班主任工作难做,有些教师不愿担任班主任,而文章指名道姓地批评一位班主任,他今后如何再进行工作？杂志应该大力宣传尊师,批评教师工作中缺点的文章,最好登在教师报上或者在内部通报,而不应该在青年学生阅读的《中国青年》上刊登……

北京市第二中学教师曹克文,不赞成北京师大12位教师的意见。《中国青年》写了回复12位教师的信,提出应该正确对待报刊上的批评。杂志着重指出,在培养教育青年的事业中,存在着对青年干涉过多的问题。青年们正当的个人兴趣和爱好、直爽的性格、生动活泼的作风、独立的见解、独特的创造、远大的理想、革命的进取心……往往受到不应有的压抑,或者被当做错误的思想和行为而加以批判,而这位班主任的行动,就带有典型性。把此文发表出来,一方面是为了替青年们呼吁,另一方面也是为了促使教师们改进自己的工作。

两方面的意见都有一定道理。现在看来,在报刊上开展批评,确实应该慎重,更要讲究方式方法。对于班主任教育方法上的缺点(当然也不排斥有教育思想上的问题),应该热情相帮,告诉他正确的方法,给他以启迪。关键问题是不要点名(文章虽未指名道姓,但实际上与点名相差无几)。因为在团中央机关刊物上批评一个教师,它的分量是很重的。听说,这位班主任看了批评他的文章后,十分紧张,很多天抬不起头来,像害了一场大病。

五、邓小平同志谈教育青年的问题

《中国青年》1957年第12期,刊登我写的《一位领导同志谈教育青年的问题》。这位领导同志是谁呢？就是当时党中央总书记邓小平同志。1957年春,党中央为贯彻执行毛主席讲的《论十大关系》和《正确处理人民内部矛盾的问题》,由刘少奇同志带领一些同志到河北、河南、湖南、湖北、广东视察,邓小平同志带领一些同志到山西、陕西、甘肃、四川视察。小平同志是在1957年3月12日由北京出发的,随行人员有国务院有关部门的负责同志万里、刘秀峰、梁津等,中共中央办公厅的何均、章泽,全国总工会的洵泊、何守忠,团中央的杨海波和我,还有邓小平同志的秘书王瑞林同志。小平同志沿途听取当地负责人员的工作汇报,参观一些工厂和城市建设,同基层干部座谈,并派随行人员到基层了解情况。我在太原、西安、兰州12所大中学校调查学生和教员中的问题,包括学生闹事问题,及时向小平同志汇报。他在听取大家汇报和座谈时,随时插话,并作了重要指示。小平同志经过调查研究,在西安和兰州向省的高中级干部、民主党派人士和知识分子作了报告。4月17日,我们随小平同志由成都返回北京。我感到小平同志在沿途讲话中几次提到对青年的教育问题,这对青年团的工作关系重大,除了向团中央书记处汇报外,还要把它整理出来,拟在《中国青年》杂志上发表。但此文未送小平同志审,乃不提小平同志的名字,而用"一位领导",于是《一位领导同志谈教育青年的问题》在杂志上刊出。1989年我读《邓小平文选》,书中《今后的主要任务是搞建设》和《共产党要接受监督》,都是小平同志在1957年4月8日在西安干部会上所作的报告的一部分。于是我联想到我写的那篇《一位领导同志谈教育青年的问题》,可否把"一位领导同志"改成"小平同志"而重新发表呢?因为那篇文章记述小平同志讲的几个问题,不仅对那时的青年工作有重大意义,对现在的青年工作同样有重大意义。从文章的几个小标题看,如:"任何时候不能放松思想工作"、"要教育青年懂得艰苦"、"中小学训练什么人"、"要号召青年作傻瓜,带头吃苦",都是针对性很强的,我于是写了封信给王瑞林同志,并附上我改好的那篇文章,请他审阅或送领导审阅。他回信说,由我自己定,不需送审。这样,《中国青年报》在1989年10月12日发表了此文。

六、发表《暑假回乡日记》

《中国青年》1958年第4期,刊登了王桂芹写的《暑假回乡日记》。王桂芹是北京实验中学的学生。1957年暑假,她从北京回到家乡河北省阜平县农村,住了半个月,在村里接触农民,还参加劳动。日记里洋溢着她对家乡和祖国社会主义建设的歌颂,也表达了她对劳动和劳动人民的热爱。后来,这份日记被学校的同学们辗转传阅。当时毛主席的两个女儿李敏、李讷也在该校读书,她们把王桂芹的日记带回家,毛主席看到了这份日记,很赞赏,在日记本上写道:"每年暑假回乡一次,极为有益。此文写得很好。"又说:

"住半个月不够,最好住一个月。"在日记的另一页,毛主席还批示:"李讷要看两遍,退李敏,李敏也要看两遍。"还批,此文可在报刊上发表。学校的两个同学受全班的委托,把这份日记送交中国青年杂志社,希望发表。我们当然很高兴,当时考虑,毛主席写的"回乡一次,极为有益"那几句话未署名,最好请毛主席补签一个名字,然后把主席的几句话同日记一起发表。于是,便同毛主席的秘书田家英同志联系。他说:"不必请毛主席签名了,你们把那几句话的原笔迹制版登出来,大家一看就知道是毛主席写的。"于是,这本日记连同毛主席写的几句话一起登出来了。这期杂志很受学生欢迎。之后,杂志社指定编辑人员徐肃仪同志与王桂芹保持联系。一两年后,王桂芹将高中毕业,邀请徐肃仪去和她们几位同学座谈毕业后的打算,地址在李敏的家。李敏还拿出相册,让大家看她和生母贺子珍在上海的合影。

七、刊登青年积极分子自述体文章

《中国青年》1959年第21期刊登了两篇青年写的自述体文章。一篇题为《江南鲜花塞北开》,作者罗荣是四川省江津县人,初中毕业,于1957年同解放军某部军官陈文新结婚后,随军到广州。1958年1月响应党的号召,回到婆家河北省隆化县参加农业生产劳动。由于党的关怀和群众的热情帮助,她在生产和工作中做出了成绩。另一篇题为《我在农村安了家》,作者王培珍原是天津市女七中高中班的学生。1957年毕业后,积极响应党的号召,第一批走上了农业战线,在河北省静海县团泊洼人民公社当了第一代有文化的新式农民。她克服种种困难,在农村扎下了根,并和当地青年结了婚。这两篇文章原是作者在一次大会上的发言,胡耀邦同志看了后,便向《中国青年》杂志推荐,并写了封信给我。他在信中说:"我觉得写得极好,真是情文并茂,一口气可以读完。"他还说:"许久以来,我是极力主张我们的报刊适当地但又必须是认真地登载一些来自群众的稿件,特别是来自先进分子群众中那种自传性质的通讯、特写、发言和论文的稿件。我始终认为,这样的稿子对青年、对知识青年、对我们自己,都是很好的教材。"耀邦同志在信上列举了刊登这类稿件有5点好处,并指示我们要有计划地办。

耀邦同志所以这样做,一个重要原因是鉴于《中国青年》几年来没有重视刊登来自群众的稿件,每期刊物登载"大人物"的文章多,登载"小人物"的文章少。他的信,一是启发我们,二是含有批评之意。我至今仍然认为,我过去在中国青年杂志社工作期间,对刊物的群众性注意不够,这是一大缺点。这里附带提一下,《江南鲜花塞北开》作者罗荣的爱人陈文新,是解放军某部政治处副政治指导员。政治处很多人认识罗荣,他们从《中国青年》上看到罗荣的文章后,写信给杂志社,说这篇文章给该处军官及家属们教育鼓舞很大。他们写了报喜书和稿件,分别向上级领导机关报喜,向《解放军报》投稿。该部政委郝景秋还写了一篇读后感和一首诗,寄给中国青年杂志社。我们杂志社的同志由此也受到启发,进一步认识到,杂志注意刊登来自群众的富有思想感情和生活气息的文章,能增加杂志的感染力,加强杂志与广大群众的联系,这比发表一些内容空泛、语言枯燥的大文章,效果要好得多。

八、大规模宣传雷锋

宣传雷锋,《中国青年》作出了重大贡献。

雷锋是中国共产党党员、解放军沈阳部队工程兵某部运输连班长,他在工作岗位上,在社会活动中,做了大量有益于国家、社会和青少年的工作。1962年8月15日因公殉职,他的平凡而伟大的一生,感人至深。

1963年2月中旬,中国青年杂志社召开编委会,专门讨论如何宣传雷锋的问题。当时首都有的报纸已摘登了雷锋的日记。中国青年杂志社有个传统,每遇到一个重大事件或重大主题的宣传,能够赶在其他报刊前头的,则捷足先登,如果为刊期所限,不能赶在前面,则力求后来居上。我们对雷锋的宣传,计划在声势、规格和深度方面超过其他报刊,会上决定,请毛主席为雷锋题词,也请周总理和其他领导同志题词或写文章,并派人到辽宁进一步搜集雷锋的日记和他的先进事迹,出宣传雷锋专辑。

当时要请毛主席题词,是壮着胆子做的。因为毛主席很少题词,我们只见到他在解放战争时期为刘胡兰烈士题词,写下"生的伟大,死的光荣"。我们用毛笔在直行红格的信笺上恭恭敬敬地给毛主席写了信,派人送到中南海。过了几天,我们拨通了毛主席办公室的电话,小心翼翼地询问毛主席办公室的同志：毛主席看没看我们的信，肯不肯题词？回答说："信收到了，毛主席看过了，没有表示态度。"我们分析，没有表态，就意味着没有拒绝。再过两天，我们又打电话询问，回答是："主席已决定为你们题词。"我们非常兴奋，遂请毛主席办公室的同志报告毛主席，《中国青年》杂志准备3月1日出版，因为要有一周的印刷装订时间，请毛主席最好在2月25日前题好。2月22日下午，一阵响亮的电话铃声传来了特大喜讯，毛主席已把题词写好。我们急忙派人到中南海西门去取。当把毛主席写的"向雷锋同志学习"几个刚劲有力的大字拿到杂志社后，全社轰动了，团中央轰动了。杂志社的同志知道，毛主席题词固然是中国青年杂志社提出请求的，但题词是向全国人民和青年发出的号召，《中国青年》杂志不能垄断题词，于是团中央书记处请示党中央，经党中央书记处研究，由新华社将毛主席题词发通稿，各报要在3月2日刊出。后来因有一篇重要的反修文章要立即发表，乃决定各报在3月5日发表毛主席题词，《中国青年》可按原出版日期不变。以后，全国就把3月5日定为毛主席为雷锋题词的纪念日。

在毛主席为雷锋题词之前，周总理应中国青年杂志社之请，题写了"雷锋同志是劳动人民的好儿子，毛主席的好战士"。稍后，周总理知道毛主席已为雷锋题词，就让办公室的同志打电话问我们毛主席题词的内容。随后，总理翻看雷锋日记，经过沉思，又题了词，具体指出："向雷锋同志学习：憎爱分明的阶级立场，言行一致的革命精神，公而忘私的共产主义风格，奋不顾身的无产阶级斗志。"党中央其他常委也都为雷锋题词，在首都报纸上发表。《中国青年》还刊登了董必武、郭沫若、谢觉哉、罗瑞卿等同志写的诗文，谢老写的一篇散文和一首诗，是在病榻上阅读雷锋的事迹后写的。

1963年10月18日，周恩来总理（右三）参加《中国青年》杂志创刊40周年纪念会。（右二为共青团中央书记胡克实，右一为邢方群）

中国青年杂志社还派了一个采访组去辽宁，详细看了雷锋的日记本，将有的报纸已发表的日记加以补充，还约人写了一篇长篇通讯，一齐在杂志上刊登。

经过努力，《中国青年》"学习雷锋专辑"的内容很丰富。因此，专辑一出版，像一声春雷震撼了大地，在青年和群众中引起了极大的凡响。大家争购《中国青年》杂志，各级共青团组织纷纷动员团员和青年阅读《中国青年》,杂志的发行量猛增,一再重印,彩色封面来不及印,各地来电说,没有封面也可以。于是,这期杂志在北京和各地印刷总计不下800万份。有一位读者因为买不到这期《中国青年》,就向别人借了一本,自己把全文都抄下来。以后,他将手抄本寄给了中国青年杂志社,大家视其为"珍本"。专辑出版之后,《中国青年》杂志又连续做了宣传,声势之大,堪称空前。

在毛主席伟大号召下,在党中央的重视下,在各级团组织的推动下,通过各地报刊广泛宣传,一个全国性、全民性学习雷锋运动的高潮出现了。经过学习,涌现出不少雷锋式的人物,正像人们说的,一个雷锋倒下了,千万个"雷锋"在成长。

这里值得提及的是,关于雷锋的宣传还传到了国外。越南一位青年来信说:雷锋已经成为我的老师。一位毛里求斯的青年来信说,他要跟随雷锋的足迹前进。一位加纳的青年著文说,雷锋的言行和思想,不仅是中国人民学习的榜样,也是全世界人民特别是我们这样的年青一代学习的榜样。

九、周总理参加《中国青年》创刊40周年纪念会

1963年10月18日晚,中国青年杂志社为纪念创刊40周年举办晚会,并在团中央礼堂的一个会议室举办展览,陈列有关《中国青年》杂志历史的和现在的各种资料。我们夙知周总理关怀青年一代,特发请柬请总理和邓大姐前来参加纪念会。晚上7点多钟,总理果然来了,团中央领导和我亲自在礼堂门口迎接。总理来后,即到展览室参观。他看得很仔细,边看边问边发表意见,我在一旁为总理解说;杂志社不少同志聚集在一边,争睹总理风采,亲聆总理教导。当总理翻阅到1960年第21期《中国青年》,看到内容多是介绍《毛泽东选集》第四卷的长文章时,他说,《中国青年》的质量要提高,内容和形式也要改进。现在的文章太长了,和《红旗》差不多,青年看不完,我们老头子看也觉得多了。帮助青年读"毛选",最好一个问题讲一段,用一年时间把四卷讲完,最好用札记的形式。文章长了,当时学习也许有些心得,但是往往看不细,理解不深,过后还是忘了,短些的文章好。当看到一本手抄的《中国青年》(雷锋专辑)时,总理很有感触地说:"这证明你们刊物的份数

需要增加。"又说："你们还要把青年中这类动人的材料经常向我们反映,向各方面宣传。"总理绕着展览室参观一遍,就站在一张长桌子旁,针对《中国青年》的办刊方针向我们作了重要讲话,要我们着重照顾广大农村青年的需要。

第二天上午,邓颖超同志前来参观《中国青年》杂志展览室。她说："昨天晚上,本想同恩来同志一道来,因为太累了,没有来。今天早上看报纸,知道你们还有个展览室,觉得应该来看看,而且和黎勤同志(按:黎勤同志是杂志社的编委)约好要来看看你们,因此便来了。"邓大姐看到展览室陈列有毛主席阅批的王桂芹《暑假回乡日记》,说："我看过这本日记。你们现在与作者还有联系吗?有联系就好。像这样的投稿人,应该抓住不放,经常与她联系,除了把她作为刊物的作者,还要对她进行帮助,可以从中观察一个青年的进步成长。你们办刊物,要发挥宣传者、组织者的作用。"邓大姐在翻阅了《中国青年》之后,又说："青年人需要通俗的、短小的文章。要想做到通俗,就要求编辑人员提高语言修养……你们要好好学习语言,研究语言艺术。同样一句话,说法就不相同,有的说得很枯燥,有的便说得很生动。看起来,你们的工作是勤恳的,但是你们的思想和眼光,应该看着你们的读者对象,了解研究他们的情况,体验他们的思想感情。千万不要光坐在办公室,不去了解下面的情况。只有使文章同读者的感情和思想情况结合起来,他们看了才有兴趣,才能解决问题。"

周总理和邓大姐来参加《中国青年》创刊40周年纪念会,并作了十分重要的讲话,大家受到很大鼓舞和启发。这些讲话,不仅对《中国青年》杂志编辑部是至理名言,对其他报刊工作者也至为重要。

我以上的回忆是很零碎的,也很不全。《中国青年》当时是半月刊,从1953年初到1963年末,共出版了240期(其中有的是两期合并出版),在240期中,宣传的主题很多,发表的大小文章约5000篇,应该说,《中国青年》在那10年中继承和发扬了过去的传统,积累的经验是很丰富的。例如本文提到的关于过渡时期总路线的宣传,可以说它是对党的重大方针政策宣传最成功的一次;雷锋的宣传,则是对英雄模范人物宣传最有影响的一次;至于在一定时期举办问题讨论,则是党的群众路线在宣传工作上的应用,这个做法一直延续到现在。

《中国青年》在那10年中,宣传上也出现不少缺点和错误。有些"左"的宣传,是由于非杂志本身的原因,但杂志也起了推波助澜作用;有些缺点和错误则是杂志社自身的责任,特别是我的责任。

在那10年中,杂志社约有工作人员60人,其中绝大部分是做编辑工作的。大家当时理论水平并不高,宣传工作经历也短,但全体同志为了一个崇高的目的,亲密团结,紧紧跟着党,密切联系作者和群众,发扬拼搏进取精神(当时杂志社内称之为"小老虎"精神),宣传上不甘落后,力争上游;不甘平淡,力求创新,这样才取得了较为显著的成绩。回首10年,这种精神犹令人心向往之。

1992年1月30日 于北京

(原载《新闻与传播研究》1992年第2期)

青年是振兴中华的先锋

王 震

原国家副主席王震

王震(1908—1993),湖南浏阳人。13岁到长沙拉人力车,后当铁路搬道工、工人纠察队队长。青年时代投身中国共产党领导的革命运动,参加长沙暴动后,历任中共湘鄂赣边区特区区委书记、湘赣苏区红军独立一师政委、第八军代理政委、红六军团政委。1934年,作为红二方面军的领导人之一,参加举世闻名的二万五千里长征。

抗日战争爆发后,任八路军一二〇师三五九旅旅长兼政委。在抗日战争极端困难之时,带领三五九旅指战员,在南泥湾开展大生产运动。

解放战争时期任第一野战军第二纵队司令兼政委。新中国成立后任中共中央新疆分局书记、军区司令员兼政委。后任中国人民解放军副总参谋长,铁道兵司令员,农垦部部长。1975年后历任国务院副总理、国家副主席。1955年被授予上将军衔。

今年10月20日,是《中国青年》创刊60周年。中国青年杂志社的同志们约我写几句话,我是乐意的。这是因为,从20年代起,我就是《中国青年》的读者。1924年,我在长沙铁路上当工役,在我们工人纠察队和工人夜校中,争相传阅着由恽代英同志主编的创刊不久的《中国青年》。我这个文化不高,还不大会阅读书报的人,就在工人夜校受到良师益友——当时一些革命知识分子的教诲,开始懂得了什么叫压迫,什么叫剥削,知道了马克思、列宁和毛润芝等一些革命家的名字,一点一滴地知道了一些革命道理。可以说,《中国青年》是我青少年时代的启蒙老师。我对《中国青年》是怀有深厚感情的。

60年来，《中国青年》为宣传马列主义、毛泽东思想，为宣传党的各个时期的路线、方针和政策，鼓舞和教育一代又一代的青年，做出了出色的成绩。这里，我向曾在中国青年杂志社工作过和正在工作的同志们表示诚挚的敬意。

青年具有朝气蓬勃的青春力量，是我们祖国的希望所在。现在，趁《中国青年》创刊60周年的时候，我对我国的广大青年说说心里话。

党的十二大提出了全面开创社会主义现代化建设新局面的宏伟纲领，许多伟大的、创造性的事业等待着青年们去完成，振兴中华的重任已历史性地落在青年一代的身上。我殷切地期望我国的青年一代在这大有作为的年代里，争做振兴中华的先锋。

振兴中华，就是振兴社会主义的中国。这就必须坚持四项基本原则。邓小平同志早在1979年3月就明确提出："为了实现四个现代化，我们必须坚持社会主义道路，坚持无产阶级专政，坚持共产党的领导，坚持马列主义、毛泽东思想。"四项基本原则是我们建设社会主义大厦的坚强支柱，这是切不可损害、切不能动摇的。四项基本原则的核心，一个是党的领导，一个是社会主义道路。没有共产党就没有新中国；只有社会主义能够救中国。这是中国人民从五四运动到现在60多年来的革命实践中得出的基本经验。青年们在振兴中华的过程中，要牢牢记住四项基本原则，抵制和反对那些怀疑党的领导、怀疑社会主义道路的错误思潮。中国青年杂志社的编辑同志们，是青年一代的灵魂工程师，我也希望你们坚定不移地坚持和宣传四项基本原则，把《中国青年》办成坚持四项基本原则，宣传爱国主义、共产主义思想的坚强阵地，为引导青年一代在思想上、政治上健康成长，做出自己最大的努力。

振兴中华，就要刻苦学习和努力提高科学文化知识。现在，党和国家正在一步一步地为年青一代创造良好的学习条件，这是过去革命战争年代所无法相比的。革命战争年代里，许多革命青年没有条件上正规学校，不能受多种学科的教育，只能在战争的间隙学习，在马背上学，在战壕里学，有的在枪林弹雨中倒下去时，身上还带着学习本和半截铅笔。现在，我们国家有了一个长治久安的环境，青年有了一个好的学习条件，这是来之不易的，要珍惜啊！青年时期是学本领、长知识的黄金时代。我衷心期望广大青年充分

059

利用党和国家为你们创造的良好条件,惜时如金,勤奋学习,在知识的海洋里扬帆远航。青年要学习马列主义、毛泽东思想,坚定为人民、为共产主义事业奋斗的信念;要学习祖国光辉灿烂的历史,增强爱国主义观念和民族自信心;要学习现代科学技术知识和管理知识,增添为人民服务的本领。总之,我热切希望青年们用人类创造的全部知识财富武装自己的头脑,熟练掌握、不断提高振兴中华所需要的各种本领,做一个有理想、有道德、有文化、守纪律的新一代青年。我相信,在青年一代中,一定能产生一大批登上现代科学技术高峰的优秀人才。

振兴中华,就要有艰苦创业、开拓奋进的革命精神。我国地域辽阔,资源丰富,在祖国的领土上、领海中,以及中原大地,都蕴藏着丰富的宝藏。无论是东南、东北、西南、西北,都有许多地方有待我们去开发,这就十分需要艰苦创业、勇于开拓的精神。最近,我们的胡耀邦总书记和赵紫阳总理,代表党中央提出了开发大西北的战略设想,激发了广大青年革命和建设的豪情。我曾经参加过开发祖国西北边疆的战斗,现在仍然时刻惦念那些投身建设边疆、保卫边疆的英雄们,敬仰他们的光辉业绩。我对青年同志们多次谈过,我见马克思之后,要把我的骨灰撒在天山上,永远为中华民族站岗。我相信,祖国的大西北将会在党中央和国务院领导下,一天天改变面貌,日益繁荣和兴旺。我希望在当前这个变革中兴的年代里,青年们一定要发扬前辈们艰苦创业、开拓奋进的革命精神,把祖国需要你们的任何地方,都当成自己创业献身的场所;把人民需要你们的任何工作岗位,都当成自己创业献身的阵地,吃苦耐劳,不计名利,英姿勃勃地站在捍卫祖国安全和现代化建设的第一线,为振兴中华作出创造性的贡献。

(原载《中国青年》1983年第10期)

编者、作者、读者评论(摘编)

每一份杂志,都有自己的风格。对一家走向市场的杂志而言,风格就是自己进入市场的形象和个性,就是杂志展现在读者面前的风采、韵味和格调。

机关刊在走向市场的过程中,为适应市场的要求,其风格会有所调整,但走向市场决不意味着走向低俗。一份高格调的杂志,完全可以与市场共舞。通过几年的摸索,我们将《中国青年》的风格定为:理想主义+浪漫情怀。

什么是《中国青年》所表现和弘扬的理想主义?我的理解是:强烈的社会责任感,与国家和民族共命运,高扬思想的旗帜,勇为时代先声。这并不是我们这一代中青杂志人的创造;理想主义的光芒,贯穿于《中国青年》74年所走过的全部历程。

1923年10月20日,《中国青年》在上海淡水路66弄4号诞生。"政治太黑暗了,教育太腐败了,衰老沉寂的中国像是不可救药了……许多人都相信中国的唯一希望,便要靠这些还勃勃有生气的青年。"——《中国青年》创刊词,便是她矢志永恒的追求。《中国青年》的理想主义,在"文化大革命"刚结束的那段日子也表现得十分鲜明。她,率先为"四五运动"平反,率先为刘少奇等老一辈革命家平反,后又组织全国青年进行了一场规模空前的人生观大讨论。

时至今日,尽管物欲开始横流,拜金主义有些泛滥,理想主义依旧是《中国青年》最鲜明的特色。我们"重提解放思想""再悟实事求是";我们"注视台湾""注视国企""注视海洋";我们呼唤"中国需要一部阳光法""把人字写得更大"……一位读者来信说:"看了《中国青年》,我们感觉到一团火焰、一股正气和一种崇高!"

一本青年杂志,光有理想主义是不行的,这样会使整本杂志太沉重,读者看起来太累。浪漫情怀属于青年,也应属于青年杂志。在调整中,我们着力强化杂志中受青年喜爱的青春色彩,我们欢迎年轻人来到"青年广场",

共同开垦"金色蔷薇园",吹响"四季风铃",建设"我们的精神家园"。

理想主义+浪漫情怀,在市场上能行吗?我们看看这几年的进口大片,哪一部不是理想主义与浪漫情怀的结晶。它们能在市场上成功,为什么我们不能?

(摘自彭波《理想主义+浪漫情怀——〈中国青年〉走向市场的思路与尝试之三》,《中国青年》1997年第8期)

许多读者以自己的体验谈到了对复刊以来的《中国青年》的切身感受。辽宁省锦西县初池公社施鸣来信说:"每当我接到《中国青年》,就好像在迎接我的一个亲人。她循循善诱,她孜孜不倦,她给我带来欢乐,她使我增长知识,她总是那么牵动着我的感情。"甘肃省敦煌县尧沟公社于万祥在信中说:"正当生活中的不幸逼得我向死神一步步靠拢时,是《中国青年》杂志上一篇篇富于哲理的文章,宛如一双双温暖有力的手,把我从死神的身边拉了回来。现在,一看到她,一提起她,一想到她,我的心里总是充满了感激和敬佩之情。在'月宫',在'天国',在另外的世界上,是找不到这么好的朋友的。"江苏省东海县陆启静写道:"以前我对人生很轻视,有点不顺心的事就想到死,可自从看到了《中国青年》上的一些文章后,我逐渐懂得了人活着的意义,使我现在能够愉快地集中精力地投入学习。我,一个普通的中学生,向你们致以亲切的谢意!"

(摘自《中国青年》编辑部《让我们一起耕耘一起播种——回谢热切关心〈中国青年〉的读者同志们》,《中国青年》1982年第12期)

共青团安徽省怀宁县委高利萍动情地说:第一次遇到《中国青年》是在大学的阅览室里,渐渐地发现它蕴涵着丰富的内涵:短小优美的文章,平实通俗的语言,解读着深刻的哲理,带给我的是醍醐灌顶般的顿悟。篇篇短文撼动着青年的心,感召着人们向往和谐美好,传递着青春理想和激情。它为我的天空撑起了一片蔚蓝,当遭遇挫折失败,感到茫然不知所措的时候,它为我打开了另一扇窗,诠释着全新的人生。走上工作岗位,尤其是从事团的工作后,对《中国青年》越来越爱不释手,它是指导团的工作的具有思想性、综合性的刊物。为了让更多的青年汲取更多的精神食粮,在业余时间,我把《中国青年》杂志推荐给周围的青年朋友,闲谈之间越来越多的话题是《中国青年》杂志中的好文章。我们团县委每年在全县各级团组织中广泛宣传，《中国青年》得到了他们的认可和赞赏。

(摘自钟萱《忠实读者热议〈中国青年〉——〈中国青年〉宣传工作座谈会召开》，《中国青年》2006年第20期)

相关链接

※余修.大革命时期的《中国青年》是我的启蒙老师[J].1949(23).
※沈葆英等.学习恽代英同志的革命精神(5篇)[J].中国青年,1950,总38期.
※李伯钊.《中国青年》与萧楚女[J].中国青年,1950,总50期.
※任弼时.纪念《中国青年》创刊27周年[J].中国青年,1950,总50期.
※韦君宜.继承战斗的光荣传统[J].中国青年,1950,总50期.
※《中国青年》编辑部.任弼时同志与中国青年——纪念任弼时同志逝世一周年暨《中国青年》创刊28周年[J].中国青年,1951,总77期.
※曹炎.为什么打击青年向科学进军的积极性[J].中国青年,1956(13).
※龙文.《中国青年》创办者恽代英[J].中国青年,1978(2).
※中国青年社工作人员.周总理来到我们编辑部[J].中国青年,1979(3).
※潘晓.人生的路啊,怎么越走越窄[J].中国青年,1980(5).
※《中国青年》编辑部.献给人生意义的思考者(潘晓讨论总结)[J].中国青年,1981(6).
※张羽.《中国青年》第一任主编恽代英[J].中国青年,1983(2).
※王江云.历史总长新——回忆"学习雷锋专辑"的编辑出版[J].中国青年,1983(3).
※丁洪章.任弼时与《中国青年》[J].中国青年,1983(9).
※《中国青年》编辑部.做青年的忠实朋友.纪念中国青年创刊60周年[J].中国青年,1983(10).
※纪念《中国青年》创刊60周年[J].中国青年,1983(10).
※刘百文.陆定一寄语《中国青年》[J].中国青年,1983(10).
※关志豪.在拨乱反正的激流中——忆1978年《中国青年》复刊[J].中国青年,1983(7).
※徐江明.编辑生活回忆片断[J].中国青年,1983(4).
※邢方群.《中国青年》杂志是青年的知心朋友[J].中国青年,1983(5).
※丁磐石.难忘的第一课[J].中国青年,1983(5).

﹡中国青年社.《中国青年》60年概况[J].中国青年,1983(10).

﹡徐江明,丁磐石.中国青年明确办刊思想前后[J].新闻研究资料,1983,21辑.

﹡陈志尚,金可溪."主观为自己,客观为别人"错在哪里？[J].中国青年,1984(3).

﹡《中国青年》编辑部.透过七万份答卷……[J].中国青年,1985(9).

﹡肖东升.新时期的历史建树——纪念《中国青年》创刊65周年[J].中国青年,1988(10).

﹡钟青.让号角更响亮　让旗帜更鲜艳——《中国青年》办刊研讨会综述[J].中国青年,1991(9).

﹡魏群.留在《中国青年》的思念——写在为邓颖超同志送别之际[J].中国青年,1992(9).

﹡李克强.拥有历史的光荣　面向未来的辉煌——纪念《中国青年》杂志创刊70周年[J].中国青年,1993(10).

﹡刘百文.送敬爱的老总编辑远行——陆定一同志与早期《中国青年》[J].中国青年,1996(7).

﹡邢方群.邓小平与《中国青年》的一段情缘[J].中国青年,1997(3).

﹡瞿孝秋.读者心中有我们　我们心中有读者——李作林与《中国青年》45年的情缘[J].中国青年,1997(3).

﹡彭波.义无反顾解"猜想"——《中国青年》走向市场经济的思路与尝试之一至之五[J].中国青年,1997(6-10).

﹡石国雄.寻找读者(5篇)[J].中国青年,1998(2-6).

﹡《中国青年》编辑部.20年前的一次交锋[J].中国青年,1998(9).

﹡关志豪.坚持从实际出发的艰辛与欢愉——回顾《中国青年》复刊头五年难忘的洗礼[J].中国青年,1999(5).

﹡彭明榜.逃离陷阱——《中国青年》一段鲜为人知的往事[J].中国青年,2000(19).

﹡钟青.《中国青年》怎样将雷锋推向全国[J].中国青年,2003(5).

﹡晋雅芳．找准定位,《中国青年》止住下滑　[N].中国新闻出版报,2008-06-17.

﹡王跃春.同龄60:《中国青年》杂志里的共和国脚步[J].中国青年,2009(16).

﹡马立诚.讨论远没有结束[J].中国青年,2009(9).

中学生的良师益友——《中学生》

宋应离

《中学生》创刊号封面

在我国20世纪30年代，有一份在广大中学生中影响广泛的刊物，那就是闻名遐迩的《中学生》。它从创刊至今，已走过了80年的漫长之路，是我国现代期刊史上的一个老刊、名刊。

80年的光辉历程

《中学生》于1930年1月创刊于上海，月刊，开明书店出版。由我国著名编辑家夏丏尊主编。次年2月，由著名教育家、作家、编辑家叶圣陶接任主编。该刊以新思想、新知识武装教育了一代又一代广大青年。为什么创办《中学生》？这是时代的需要。30年代的旧中国，无数青年知识匮乏，青年学生失学失业，对未来前途陷入"彷徨于分叉的歧路，饥渴于寥廓的荒原"，"我们是有感于此而奋起的。愿藉本志对全国数十万的中学生诸君，有所贡献。本志的使命是：替中学生诸君补校课的不足；供给多方面的趣味与知识；指导前途；解答疑问；且作便利的发表机关"。[1]这表明《中学生》一创刊就把向广大青年"提供知识，指导前途"作为自己明确的办刊宗旨，这一宗旨一直贯彻到后来的办刊之中。

旧中国由于政治腐败、战争频繁，社会动荡不安，《中学生》屡遭停刊。1937年7月7日，因抗日战争爆发、上海的"八一三"事变，开明书店遭日寇炮火轰炸，损失惨重，《中学生》出76期后停刊。1939年，从上海辗转浙江、江西、湖南到广西桂林，于当年5月复刊，为半月刊，另加"战时半月刊"字样。

复刊后的《中学生》初印6000份，至1941年增至19000份，很受读者欢迎。这是因为它反映了抗战救国、共赴国难的时代精神。关于这一点，编者在

《复刊献辞》一文中作了具体的描述。"日本帝国主义不仅是我们民族的大仇,世界和平的公敌,而且也是人类文化和智慧的蟊贼……一个新的中国,从炮火中正在生长着……旧的炸毁了,新的建造起来。一千个一万个被战争毁灭了,十万个百万个都从瓦砾堆中重建起来。只怕信念不坚,不愁事业不成……"在西南抗战根据地复刊后的《中学生》表示:"用文化和智慧的光辉,消灭世界上野蛮与疯狂的侵略者";"民族利益超过一切。牺牲一切个人利益,时刻准备为救国救民而奋斗。"[2]这充分表现了在民族危急,大敌当前之时,我国革命的编辑工作者高尚无畏的革命精神。《献辞》可以说是声讨日本侵略者的檄文,也是鼓动中国人民团结起来战胜日本侵略者,迎接新中国的动员令,向新时代发出的最强音。

《中学生》1939年5月在桂林复刊,1944年因日寇逼近湘西而迁至重庆出版,1946年1月抗战胜利后迁回上海出版。这期间历时6年多,作为编者可以说困难重重,艰辛备尝。由于战事的影响,作者分散各地,印刷困难,编辑工作时续时停,杂志脱期。但经各方努力,仍然将各期杂志赶印出来,表现了编辑工作者克服困难对读者负责的事业心。

1946年1月《中学生》迁回上海。把战前与战时所出刊合并计算,总期数171期。上海解放时出至215期。1949年与开明书店创办的《进步青年》合并,改刊名为《进步青年》,在北京出版。1952年3月与开明书店出版的《开明少年》合并,恢复《中学生》刊名。1953年4月,作为共青团中央主办的刊物,由中国青年出版社出版。1956年6月改由中国少年儿童出版社出版,1960年停刊。1965年1月复刊,毛泽东为其题写刊名。1966年7月因"文革"停刊,1980年复刊。

《中学生》创刊80年来,由于种种原因,几次停刊,继之复刊,编辑人员也换了一代又一代,但在长达80年的历史长河中,始终不渝地坚持正确的办刊宗旨,积累了丰富的办刊经验,为后人提供了诸多启示。

做中学生的知心朋友

《中学生》一创刊,就受到广大中学生的欢迎。创刊号初版印2万册,很快售完,成为当时出版界少有的盛况。为什么《中学生》受到广大青年欢迎,

毛泽东为《中学生》复刊题写刊名

这主要是它的内容丰富,贴近青年生活,不断向青年提供有用的知识,并且指导其如何做人。

(一)栏目众多,内容丰富。针对中学生正在成长,渴望求知的愿望,本着"为中学生一切利益而努力"的编辑思想,开辟了适合青年学生特点的众多栏目,如"社会科学讲座"、"国际政治讲话"、"中学生与文艺笔会"、"中学生健康问题座谈会"、"通讯问答"、"文章病院"。在众多的栏目中,"文章病院"尤受欢迎。它"主要是批评文章中出现的语言不通的毛病。经常送到'文章病院'来'医治'的一些语言毛病往往是从政治上反动的文章中摘取的。'文章病院'通过批评语言上的错误来驳斥原文政治上的反动观点,成为揭露黑暗,宣传光明的阵地"。[3]

栏目的开设根据形势的发展,与时俱进,不断地调整变化。新中国成立后,《中学生》继承发扬了以前刊物的光荣传统,又根据新时代的特点,开辟了富有时代特点的新栏目。如"迈好中学生活第一步"、"校园热点论坛"、"知识快餐厅"、"少年法庭"、"科学·探索"、"每月谈"、"人生攀岩"等具有时代气息的新栏目。

为了扩大影响,坚持开门办刊,启发中学生写自己身边的人和事,吸引更多的中学生参与办刊活动。新时期举办了"可爱的家乡"、"八十年代的中学生"、"为中华之崛起"、"在迎接新世纪的日子里"、"我的老师"、"我感受的中国精神"等征文活动,吸引中学生广泛参与,既调动了中学生写作的积极性和实践能力的提高,又扩大了刊物的影响。如1985年和1987年举办的"我的老师"和"让每一个家庭充满爱"征文活动中,编辑部分别收到征文5万多篇和7万多篇。这些文章集中体现了中学生对"爱"和"美"的追求。编辑部从中选出优秀论文几百篇,配上专家的点评文章,汇辑出版,发行一百多万册,在广大中学生中产生强烈的影响。

(二)开辟第二课堂,引导青年自学。中学生获取知识,主要通过课堂讲授,但仅仅从课堂和课本上学到的知识是有限的,还需要通过课外阅读,获取课本上学不到的知识。从这个意义上讲,《中学生》是青年学生的第二课堂。叶圣陶曾引用夏丏尊先生的一个著名的见解:"'受教材'并不等于'受教育'。学校教育如果只能使学生'受教材',那是欠缺,如果连教材也受不到,当然更不成话。必须使教材像食物一样,在学生的身体里消化了,转化为血肉;学生就在'受教材'的当时得到补益受用,那才是'受教育'。"[4]《中学生》针对中学生学习的渴望,经常在刊物上举办名人讲座,开辟各科知识的辅导专栏,对开拓学生的视野,拓展学生的知识领域起了很大作用。如开辟的丰子恺的艺术讲话、林语堂的谈读书的艺术、夏丏尊的国文学习、徐调孚的中国文学名著讲座、胡愈之的世界情报、金仲华的国际知识讲座、叶圣陶的谈文字的修改、周建人的生物学和我们、贾祖璋的达尔文和少年时代、顾均正的原子能在医药上的应用等专题讲话。这些知名专家的讲座,由于思想进步、知识性强、趣味性浓厚,增强了学生学习的主动性、能动性,开阔了中学生的眼界,丰富了中学生的多种知识,还为处于苦闷彷徨中的青年指点迷津。北京大学教授侯仁之早在1932年就开始读《中学生》。他回忆说:"在我失学失业时期,心情十分苦闷。恰巧《中学生》有个'出了中学校门后'的特辑,我看到叶圣陶、茅盾(止敬)、章锡琛等先生为这个特辑撰稿……加上《中学生》不断发表提倡自学和介绍自学经验的文章,使我终于也能从苦闷彷徨、自暴自弃的情况中得到挽救。在我没有找到第一个糊口的职业以前,我每天到江苏省立图书馆去看书自学,现在回忆往事,我还衷心感激《中学生》的指引。"[5]

(三)贴近青年个性特点,帮助青年解疑释怀。《中学生》在编辑工作中非常重视青年读者的特点,在宣传内容上贴近青年需要,在宣传形式上重视正面引导,在对待青年态度上平等待人。

叶圣陶提出:"不要教训,要劝说;不要灌输,要启发;不要以教育者自居,要像对待朋友一样对待读者,了解他们的生活情况和学习情况,知道他们需要什么,喜爱什么,跟他们一起商量,一起探讨,解决一些他们面临的问题。"[6]由于编者与读者处于平等地位,不是高高在上,板起面孔训人,而是和读者站在一起对中学生循循善诱,润物细无声,编者以自己的爱心架起了一座与中学生沟通的桥梁。

中学阶段是一个人基本素质奠定的基础时期,处于长身体、长知识的阶段,可塑性大。正确的人生观、世界观尚未确定,对社会、对人生的看法存在许多困惑,如升学问题、就业问题、婚姻恋爱问题、对形势的看法等问题,均需要回答引导。如1937年"八一三事变"前,曾在刊物上组织了"中国现代中学生的出路"、"中学时代应否谈恋爱"、"中学生怎样从事反帝工作"的讨论等,这些讨论,扣紧了时代脉搏,又回答了青年中存在的种种困惑,提高了青年对一些问题的认识。新时期以来,刊物针对新时期青年的特点,又组织了有针对性的文章和问题讨论,受到青年欢迎,《中学生》真正办到青年人的心坎上,成为他们的知心朋友。下面是一位中学生李国娟写给《中学生》(2001年第7期)的一篇短文,表达了对刊物的喜爱之情:

《中学生》如一处静谧的风景,让人赏心悦目;《中学生》如一朵轻盈盈的雪花,那么意气风发;《中学生》如一位纯情的少女,让美丽和智慧同步是她的肺腑之言;《中学生》是一丝柔柔的风,吹皱我的心潮里的一池清水,激起无数个涟漪。

每每失落的日子,心如乱麻,朔风一路袭来,唯有《中学生》一路歌声温暖我的心房;与《中学生》相守的日子,天很蓝,风很轻,阳光很明媚……

《中学生》在我的生活中便成了密不可少的一部分。她是一个情感的渲泄口,一片能让心灵畅流的晴空,一方咱们中学生寻找共鸣与交情的净土。[7]

培育新人的肥沃苗圃

《中学生》既是中学生的良师益友,又是青年人成长的肥沃苗圃。在长达80年的办刊历程中,它哺育影响了几代人。许多当年的中学生正是在刊物上发表作品或长期阅读受到启发而走上革命道路成为革命者的;有的因在刊物上发表作品崭露头角而成为专家名人。诺贝尔奖获得者杨振宁在回忆受益于《中学生》时深情地说:"1933年我小学毕业进入崇德中学……崇德中学对我比较有影响的,是图书馆的书籍。譬如,当时有一本杂志叫《中学生》,每个月厚厚一本,我每期都看。从文学、历史、社会到自然科学,都有些文章。我记得特别清楚的,是有一篇文章讲排列与组合,我第一次接触到排列与组合这个概念,就是在这个杂志上。"[8]著名专家觉民在《我和〈中学生〉》一文回忆说:"记得我考入初中的时候,正是民国十九年(1930年——编者注)夏季。住在偏僻的县城里……无意中触到一本《中学生》……翻阅一遍,觉得它很符合我的口味。有些话语是我们老师没有说过而为我们急需知道的。随即将出版地址、价目若干记录下来,预备定一份做自己的课外读物……之后,《中学生》便是我的良友。它指导我怎样学习,怎样做人,怎样了解时事,怎样认识我们民族的危机和将来的努力途径。"[9]类似的事例还有很多。

积累了丰富的办刊经验

作为一个老刊、名刊,《中学生》在长期的办刊过程中积累了丰富的办刊经验,这些经验至今对办刊人仍有很大的启示意义。

(一)阵容强大的作者队伍的支撑。如果说读者是刊物的上帝,而作者则是刊物的生命之源。没有作者的支撑,提供优秀作品,刊物就成为无本之木、无源之水。作为《中学生》编辑人的夏丏尊、叶圣陶等,他们本身就是教育家、作家及学者,他们周围有一批志同道合的文人挚友,同他们具有一种天然的联系,无形之中就拉近了和当时一些知名进步作家和学者的联系。又由于编辑热情向身边好友约稿,这些好友也把给《中学生》撰稿当成义不容辞的任务。所以《中学生》创刊不久,就有遍布全国的许多热心的知名作者为《中学生》撰稿。这当中有人文社科专家蔡元培、朱自清、周谷城、朱光潜、吕叔湘、俞平伯、林语堂、赵景深、茅盾、巴金、郑振铎、徐懋庸、邵荃麟、李广田、臧克家、戈宝权、楼适夷、宋云彬、陈原、千家驹、周振甫等,另外有知名的科学家华罗庚、钱伟长、刘仙洲、周建人、高士其、严济慈、周培源等,都是该刊的撰稿人。多个学科领域的知名专家学者,都在不同的历史时期成为《中学生》的热心作者。大量丰富的优质稿源,为办好《中学生》提供了良好、有利的条件。

(二)高水平的编辑队伍是办好刊物的保证。作者是办好刊物的基础,而编者则是办好刊物的保证。有什么样的编辑就有什么样的刊物,刊物的编辑特别是刊物的主编对办好一个刊物具有决定意义。主编是刊物的主脑、是一刊之帅,在一定意义上他主宰刊物的命运;主编是刊物的影子,主编者本人的思想、学识、风格在刊物上总是通过各种形式表现出来。《中学生》的编者,从一开始就相继由著名教育家、作家夏丏尊、叶圣陶担任主编,早期参与编辑者的有章锡琛、丰子恺、顾均正,后陆续加入编辑工作的有金仲华、胡愈之、徐调孚、王鲁彦、宋云彬、傅彬然、唐锡光、张梓生等。新中国成立前后,张明养、叶至善、贾祖璋、庄之明、方蔚等知名专家学者相继担任《中学生》的主编。他们当中大都是各有关学科领域的专家学者,又有长期的编辑实践经验。由于保持著名编辑家担任主编的连续性和稳定性,使刊物永葆青春活力,一直在读者中产生稳定广泛而深远的影响。

(三)"以内容为王"的编辑思想。一个刊物能不能为读者接受,受不受读者欢迎,有无吸引力,关键是刊物的内容。内容是刊物的灵魂,内容为刊物之王。《中学生》创刊于20世纪30年代,当时国难当头,社会动荡,民不聊生,广大青年失学失业,前途渺茫。《中学生》一创刊就提出关心青年的"近况与前途","指导前途,解答疑问"。从后来刊物的实际内容看,其内容虽包罗万象,但又紧紧扣住指导青年学习,引导青年做人,关心国家前途命运这一主调。进步的思想内容,丰富的文化科学知识,始终在刊物中居于重要地位。著名编辑家陈原说:"《中学生》对于少年和青年时期的我,是一座知识的宝库。""往往诱导我朝着健康的路前进。""它可能成为每一个人的恳切而善良的教师、朋友和同志。当你不知不觉地从它那里学会了呼吸正义、诅咒黑暗的时候,才会惊骇于一种平淡的刊物竟也会在人的心中唤起一种力量来。"[10]

新时期以来,《中学生》围绕经济建设,面对改革开放的时代,以更开放的眼光,创新刊物内容,紧紧围绕为培养"有理想、有道德、有纪律、有文化"的"四有"新人积极开展编辑工作,在新的起点上又迈上了新的台阶。

(四)富于创新的编辑特色。同其他刊物相比,《中学生》在编辑工作中有许多鲜明突出的特点。

一是确立了一切为读者的办刊思想。办刊物的最终归宿是把刊物送到读者手中,满足读者的需要。以读者的需要为最高准则,竭诚为读者服务。叶圣陶经常提到"把读者诸君作为朋友"。他还说做出版工作:"我们有所为有所不为:有所为,就是出书出刊物,一定要考虑如何有益于读者;有所不为,明知对读者没有好处甚至有害的东西,我们一定不出。"[11]叶圣陶把编辑工作看做教育工作的一个组成部分,编辑工作就是教师们的工作。其任务就是培养有益于社会的人,所以他对出版物的内容首先是考虑有益于读者。为读者服务就要取信于读者,为读者提供方便。《中学生》在这方面做得极为突出,按期出版就是突出一例。《中学生》创刊之时,人手少,工作条件困难,但能保证按期出版。叶圣陶认为:"出一种杂志,标明是月刊,每月某一天出版,这就是与读者诸君订了契约。按月如期出版,那是守约,读者可以享受如期展读的快感。如果出版脱期,那就是失信,读者就将因盼望不到而失望。我们深知守约是人间的起码道德,使多数读者感到失望也是我们自己深切的痛苦,所以十几年来一直希望出版准期,甚至提早几天。"[12]这种高度对读者负责的精神,一直传为出版界的佳话。

二是编读互动,共促刊物发展。出版活动是一种双向传播过程。刊物不是为编者编的,而是要向读者传播,这种传播不是编者编什么读者被动读什么的单向传播,而是一个编读互动过程。《中学生》在编辑活动中,巧设栏目,不定期地举办征文活动,吸引读者广泛参与,读者既了解编者的编辑意图,参与编辑活动,编者也及时了解掌握读者的需要,编读相互沟通,使编辑工作处于主动地位。

三是编校严谨,高度重视质量。质量是出版物的生命。要保证刊物质量,严谨的编校工作是一个重要环节。《中学生》的编校工作一向是严谨的。在编校中任何一个疏忽,都会有损出版物的质量,因此必须严把文字编校关,减少差错,对编校提出严格的文字要求。叶圣陶认为:写家信有差错,害的人少,编书、写文章有差错,使读者受害,即便是小错,也成了大事。并说:我们的读者是青年学生,刊物出了差错会以讹传讹,贻误青年。这都体现了他对编辑工作严谨认真的负责精神。据曾在《中学生》担任过编辑工作的欧阳文彬回忆:"在中学生杂志社,叶老经常和编辑、校对一起看校样。凡是他经手编发的书稿,也都要亲自看校样。有一次《中学生》杂志出版后,我们把给作者的赠书一本本卷好,正要寄出时,发现了一个错字,叶老马上叫我们停下,一卷卷拆开,把错字改正后,再重新卷寄。"[13]正是这样的严要求,使《中学生》一直保持稳定的高质量。

80年来,《中学生》出版了近800期。当今的《中学生》为适应形势需要,分为青春阅读版、初中作文版、高中作文版三个版本。新的形势,向《中学生》提出了新的要求。如何根据新的形势的变化,继续发扬前辈办刊的历史传统,在新的起点上更进一步满足读者要求,是摆在《中学生》面前的一项光荣而艰巨的任务。在纪念《中学生》创刊55周年的大会上,时任共青团中央书记处书记的李源潮,高度评价了《中学生》以往"能给人以力量,给人以理想,给人以知识,给人以崇高情操",同时又殷切希望以后的"《中学生》办成现代中学生接受现代知识的传递者,心灵火花的交流者,中学生思想形成的辅导者"。这是在新的历史条件下,代表了广大中学生的期望。相信《中学生》一定不会辜负广大青年的厚望,把刊物办得越来越好。

(原载《出版史料》2010年第2期)

参考文献

[1]《中学生》发刊辞.
[2]彬然.从复刊到"复员"[J].中学生,1948(6),总200期.
[3]张志公.编辑家叶圣陶,叶圣陶编辑思想研究[M].北京:开明出版社,1999.
[4][12]叶圣陶.我们的宗旨与态度[J].中学生,1948(6),总第200期.
[5]侯仁之.饮水思源 写给《中学生》[J].中学生,1983(5).
[6]叶圣陶.祝《中学生》复刊[J].中学生,1980(1).
[7]李国娟.寄《中学生》[J].中学生,2001(7).
[8]杨振宁与上海大学生谈治学之道[N].文汇报,1995-07-22.
[9]觉民.我和《中学生》,中学生[J].1946(1),总第171期.
[10]陈原.我与开明书店,陈原出版文集[M].北京:中国书籍出版社,1995.
[11]叶圣陶.谈谈开明书店,叶圣陶出版文集[M].北京:中国书籍出版社,1996,57.
[13]欧阳文彬.叶圣陶的编辑思想[J].编辑学刊,1998(1).

浅谈叶圣陶办《中学生》杂志的编辑思想

林君雄

叶圣陶（1894—1988），名绍钧，江苏省苏州人。1912年中学毕业后，从事小学教育工作。1921年，与沈雁冰、郑振铎等发起组织文学研究会。1923年进商务印书馆做编辑，1931年进开明书店，主持编辑工作18年。以后曾先后创办、主持、参与编辑工作的报刊有《公理日报》、《小说月报》、《中学生》、《人民教育》、《中国语文》等十多种，尤其是他主编的《中学生》，在20世纪三四十年代深受广大青年欢迎，在社会上产生广泛影响。

著名编辑家叶圣陶

新中国成立后，先后担任出版总署副署长、教育部副部长兼人民教育出版社社长、总编辑。他曾是全国政协第一届、第五届常委和第六届副主席，中国民主促进会主席。

叶圣陶除编辑众多报刊外，还致力于中小学教科书的编辑工作。他是一位著名的教育家、文学家、出版家。他的编辑工作最突出的特点是态度十分诚恳、工作极端认真，处处为读者着想。

《中学生》杂志是开明书店于1930年1月由夏丏尊先生创办的。夏先生是位教育家、文学家、语言学家。夏先生创办《中学生》时，得到了好友的帮助，其中就有叶圣陶先生。1931年1月，夏先生干脆把叶先生从商务印书馆编辑部拉到开明书店来，主持《中学生》杂志的编辑工作。后来，夏先生就不大管《中学生》的事了。从1931年1月起，叶圣老就把精力倾注在《中学生》的编辑工作上……1937年"八一三事变"后，开明书店遭到日军轰炸，损失惨重，不得不内迁桂林。这时，叶圣老携家眷到四川乐山。1939年底，《中学生》

在桂林复刊,更名为《中学生战时半月刊》,由开明同人编辑,叶圣老被推为社长,把握大事,终审稿子。抗战胜利后《中学生》迁回上海,叶圣老又具体着手《中学生》的编辑事务,直至1947年下半年,国统区民主运动高涨,他忙于社会活动,把《中学生》交与傅彬然先生,只在定选题时出些主意,写些短文,终审些重要文章。

叶圣老为《中学生》倾注了近20年的心血,正是他36岁至55岁这一段大好年华。他进开明书店之前,长期当过教师,具有进步的教育思想,熟悉中学生的情况;曾编过《小说月报》、《妇女杂志》、《光明》半月刊,有编辑期刊的丰富经验;同时,他本身已出版了长篇小说《倪焕之》,奠定了他在文学界的地位;而且他在以往的编辑工作中,结识了知识界、教育界、文学艺术界的许多朋友,他们都是可以依靠的作者。所以,叶圣老接手《中学生》之后,不但遵循了他的挚友夏丏尊先生所确定的办刊方针,而且有所发展,有所创造,把《中学生》越办越好,使《中学生》杂志赢得了国民党统治区广大青年的喜爱,成为引导青年从黑暗走向光明的一把火炬。

许多老人回忆起解放前的《中学生》,莫不备加称赞;回忆起叶圣老在《中学生》的工作,莫不充满敬意。编辑出版家、语言学家陈原说:"《中学生》对于一般青年读者,也恰如对于中学生似的,它可能成为每一个人的恳切而善良的教师、朋友和同志。当你不知不觉地从它那里学会了呼吸正义、诅咒黑暗的时候,才会惊骇于一种平淡的刊物竟也会在人的心中唤起一种力量来。"

历史学家胡绳说:"那时《中学生》虽然不是直接鼓吹革命,宣传马克思主义,但是在促进青年思想进步,推动进步文化方面,确是起了积极的作用。在那艰苦的岁月里,叶圣老和其他几位先生为培植这个杂志花了很多心血,他们的功绩是不可埋没的。"

名记者徐盈说:叶圣老编的《中学生》"在当时出版物中也可说是属于'扛鼎'的水平。这个刊物诞生于30年代初期国难当头、民不聊生的时代,它的内容包罗万象,而又'有的放矢',不仅辅导学习,而且指点做人,教给青年读者在这个时代何以自处"。(《我与开明》,中国青年出版社,第92页)

在我初踏上编辑工作道路的时候,有幸在中学生杂志社工作了半年,听到同事谈到以前叶圣老是怎样办《中学生》的,又亲自感受叶圣老长子、当时《中学生》主编叶至善先生的言传身教。80年代,我也成了《中学生》的作者。最近有机会拜读《叶圣陶集》，当读到叶圣老为《中学生》写的81篇《编辑后记》，作为也当了10年杂志主编的我，两相对照，感触良深。于是，不揣浅陋，对叶圣老编《中学生》的编辑思想，加以探究。叶圣老怎么把《中学生》编得那么好？我想是不是有如下四个原因。

一、有一个正确的办刊宗旨

要办好一个刊物，要抓好几个环节，首先一环是办刊宗旨，这包括这个刊物办给谁看，宣传什么，怎么宣传。这三条属于办刊宗旨性的东西，抓对了，刊物才能办得有声有色，受读者欢迎。

（一）"为中学生的一切利益而努力！"

叶圣老在《中学生》1934年1月号的《编辑后记》中这样写道："这些从新旧读者寄来的鼓励语，使我们在工作中丝毫不感到寂寞。我们将守着4年来的一点信念，永远为中学生的一切利益而努力！"

"为中学生的一切利益而努力"这个指导思想，贯穿着叶圣老办《中学生》的全过程和多个方面。

1932年，他发起了"贡献给今日的青年"的征文。为此，他写了征文启事，其中写道："内观现象，不由得想到'焦烂'二字，外来的压迫，又给你当背心热辣辣的一鞭。这时候，谁都觉着已与一个非常的时代对面。……于是提出如下的问题，敬请诸家赐答：假如先生面前站着一个中学生，处此内忧外患的非常时代，将对他讲怎样的话，作努力的方针？"（《叶圣陶集》18卷，第129页）为此，他和书店内外朋友商量，请了52位名人，就此各抒己见，让读者自己思考选择。

1935年11月，《中学生》发表了陈衡哲女士的《救救中学生》的文章。这个呐喊，犹如巨石击水，引起波浪。12月，《中学生》杂志接着发表几篇文章，表示赞同，并对中学生身体羸弱的原因和解决办法提出看法。叶圣老归纳各方的意见，指出："目前中学课程的轻重不均，影响到学生的健康，已是无可讳言的事实；有了这事实，便须急切加以补救。补救不是以枝枝节节来的，应就根本的教育方针上着眼，即：不要偏重智育，应使智育、体育并重；不要以死的知识和形式的教育限制中学生的身心发展，而要以活的知识和教育方式解放中学生的身心。"

上面所引的三段话，叶圣老全心全意为青年服务的拳拳之心，不是跃然纸上了吗？正是这种拳拳之心，使得叶圣老把心扑在杂志上，不息地充实和改进它的内容，使它和中学生的关系密切起来，不但在沿海和内地拥有广大读者，甚至在边远省份也有热心的读者；不但在中学生中拥有广大读者，就是在中小学教师、在大学生、在社会青年中也拥有一批读者。这样，《中学生》杂志不仅成为当时中学生的唯一刊物，也成为一般人，特别是失学青年的重要参考或自修读物了。

关于失学青年这一点，有必要做些补充。《中学生》创办时，夏丏尊先生和叶圣陶等友人商讨这个刊物的对象时，就明确：虽然叫《中学生》，但偏重于高中生。而当时初中之后不能升高中和高中之后不能升大学的失学现象十分严重。偏重高中生，也就要兼顾在学和失学这两方面。正因为偏重于高中生，兼顾失学青年，刊物所谈的问题就可以谈得多些深些，好多社会问题就好涉及，刊物的篇幅也可以大些。初期的《中学生》为大32开，每年出10期，1月号和6月号为特大号，有320页，其他月为160页。这样，有了正确的言论，刊物在社会上影响便大了。适当地确定自己的读者群，不能不说是《中学生》杂志成功的原因之一。

（二）宣传新思想，引导青年前进。

《中学生》诞生于第一次国内大革命失败之后。蒋介石实行一党专政、反共剿共、压制民主、禁锢思想、敲诈百姓，把中国推进黑暗之中。在这种情况下，叶圣老通过《中学生》杂志巧妙地宣传新思想，引导青年前进，是很难能可贵的。这表现在如下五个方面：

第一，引导青年读者关心国内外大事。

青年关心国内外大事，才能跳出个人小天地，登高望远，开阔视野，宏大志气，为国家人民有所作为。《中学生》杂志在这方面做了大量的工作，花了很大的篇幅。翻阅解放前的《中学生》杂志，凡是当年发生的国内外大事，诸如俄国苏维埃的崛起、日寇对我国的侵略、水灾对人民的肆虐、我国民生的凋敝、我国西陲的事变、美国经济的恐慌、印度人民的反英、二次大战的胜利、东欧国家的新生、中外名人的逝世、风云人物的活动等等，都可以从《中学生》杂志上看到如实报道和准确分析。为了加强这方面的宣传，不但设有固定的栏目，每期必有这方面的文章，而且出时事方面的特辑，如《中国现时特辑》、《非常时期特辑》、《世界现势特辑》；不但具体报道时事，而且引导读者掌握怎样研究时事、怎样研究国际问题的门道。更可贵的是，《中学生》杂志对一些事情报道得十分及时。例如1935年12月9日北京发生"一二·九运动"，《中学生》杂志在1936年的2月号就有一篇《一二·九运动记》的长篇报道。有趣的是，对这样一篇重要的时事报道，这一期的《编辑后记》中没有提及，不事张扬。看得出来，这是编者不给反动政府新闻检查以把柄的保护措施。还更可贵的是，叶圣老对一些事情很有预见性。他在预告1937年6月号将出版《华北与国防》特辑时写道："我们分头接洽了许多专家，请他们把华北在政治上、经济上、军事上的种种情势扼要叙述，供给读者诸君作综合的参考。在最近期间，关于中日问题，表面上似乎'平静无事'，实际上却绝对不然。也许在不久的将来，敌人就会来一次猛烈的进攻。"（《叶圣陶集》18卷，第197页）果然不出所料，过了一个多月，日寇就炮击卢沟桥，向我国发起全面进攻。

第二，引导青年读者正确对待面临的实际问题。

中学毕业后的出路与就业问题，是广大高中生最关心的问题，叶圣老在这方面组织了很多文章。对于有可能上大学的，便请人撰文，介绍国内若干大学，供读者选择；对于大部分不可能上大学的，则请人写文章，分别介绍邮政、银行等行业，以便读者开阔就业的眼界。此外对于恋爱问题、师生关系问题都加以关注，组织文章，予以引导。在1932年2月号出版的第22期上，还发表了《性的生理》、《弗洛伊特说与性教育》、《从性病说到医学革命》等一组文章，帮助中学生对"性"有个正确的认识，这在30年代初期来说是很先进的。

第三，引导青年读者树立正确的人生观、世界观。

《中学生》不但注意引导青年正确对待自己面临的各种实际问题，而且注意引导青年掌握解决各种问题的根本观点和方法。翻看《中学生》杂志，我注意到1935年6月号，登了一篇巴金译的俄国作家屠格涅夫写的散文诗《门槛》。这篇散文诗以拟人化的笔法，描写一位女郎不顾艰难险阻，不顾个人荣辱，毅然走进革命的"门槛"——投身革命的过程。对于这篇文章，叶圣老在这一期的《编辑后记》中写道："巴金先生因为在旅途中，不及创作，所以译了屠格涅夫的一首散文诗来，这诗却是很富于启示的。"（《叶圣陶集》18卷，第172页）这寥寥数语，画龙点睛，反映出叶圣老对这篇散文诗的青睐。事实上,这首散文诗一经介绍到我国来,就在我国青年中产生很大的影响。蒋介石的顾问陈布雷的女儿陈琏高中时就参加了共产党,出生入死,一往无前。有一次她的一位战友问她,你这样一位千金小姐怎么投身革命呢?她没有正面回答,从箱子里找出一本笔记,翻开一页让战友看。这位战友一看,上头抄的是屠格涅夫的《门槛》,就全明白了她的心胸。(见邢方群著《温故集》,中国青年出版社版,第183页)《中学生》并非共产党的刊物,编者也不是共产党员,却把许多青年引向革命,有的加入了共产党,例如我的同事、作家和编辑吴小武(笔名萧也牧)就是其中的一个,就有这方面的感受。

《中学生》杂志还很重视刊登名人故事,用榜样去熏陶读者。几乎每一期都有这方面的文章,不但介绍他们的历史功绩,而且介绍他们青年时代是怎样刻苦自励的,使得青年读者不会感到他们高不可攀,而是可以学习的。

第四,引导青年学好中学各门功课。

不是重复中学教科书的内容,而是讲教科书上没有讲到的生活中蕴含的科学知识,既注意科学性,又注重趣味性。诸如转载伊林的《十万个为什么》,别莱利曼的《趣味物理学》,许莼舫的《趣味数学》,顾均正的《电子姑娘》、《化学奇谈》。这些文章别开生面、生动活泼,使许多人爱不释手,大受启迪。

第五,鼓励和帮助青年自学。

这是着眼于失学青年的,使他们能通过自学增长知识。《中学生》杂志在这方面,一是介绍一些中学里学不到的知识,诸如社会科学理论知识、经济金融知识、文学艺术知识等等。二是介绍一些学习方法,使之掌握打开知识大门的钥匙。诸如连载丰子恺有关音乐绘画方面的启蒙文章和《艺术科学学习法》,连载臻郊(即王伯祥)写的《学习地理的方法》。

(三)不摆教训人的架势,循循善诱。

有了正确的宣传思想,还要有正确的宣传态度。叶圣老在1949年1月写的《〈进步青年〉与〈中学生〉合并》中说:"我们编辑杂志,供给青年朋友阅读,算来有20年了。20年的时间不算短,这期间我国和国际的变化不算少,我们自信我们的态度是始终一贯的。我们一向处于青年们的朋友的地位,愿意与青年们共同学习,互相勉励,手牵着手齐步前进。我们时常在杂志里提出一些意见,这好比开会的时候与会者的自由发言,是期待与会朋友们赞成或者纠正的。我们决不愿也决不敢认为这些意见是对于青年朋友的教训。喜欢教训人家的人往往是不可为训的人,惟有切合实际的真理才有资格教训人家,我们很早就这么想,到现在还是这么想。"(《叶圣陶集》18卷,第249页)

积20年的编刊经验,叶圣老十分看重这一点:做青年的朋友,决不教训人。1979年《中学生》第二次复刊时,叶圣老写文章表示祝贺,把这点加以发挥。他说:"我和朋友们当时编《中学生》确有这样的想法:不要教训,要劝说;不要灌输,要启发;不要以教育者自居,要像对待朋友一样对待读者,了解他们的生活情况和学习情况,知道他们需要什么,喜爱什么,跟他们一起商量一起探讨,解决一些他们面临的问题。"(《叶圣陶集》2卷,第234页)

1936年1月号,《中学生》发表了一组谈研究和体验的文章,为此,叶圣老专门写了编辑说明,指出:"执笔者各就自己的研究范围作详细的叙述,体裁近于自传,读者诸君读了这个特辑,一定比听或看那'一、二、三、四'体的学习方法有益得多。第一,这些叙述没有把学习的复杂而又完整的特性忘掉;其次,里面差不多都是亲身尝到的甘苦,这对于鼓励人家、指导人家最有实效。我们希望读者诸君从这个特辑得到的益处不限于某一种科目,而能因此改进一切的学习方法,也就是改进诸君的整个生活。"(《叶圣陶集》18卷,第181页)

1937年5月号,《中学生》在"卷头言"中发表了几篇谈青年思想问题的文章,这是书店九位同人写的。叶圣老为此在《编辑后记》中写道:"我们希望担负启迪青年思想的责任的人,对于这一点意见虚心地考虑一下,更想一想,对于这个问题应该怎样应付,才可以使青年有益,才可以使社会国家有益。同时我们希望青年们加意阅读这几篇文字。思想是生活的根据,一切行动的指南针,决不能马马虎虎专待别人吩咐的。我们的一点意见固然未必完全周妥,然而至少可以警觉青年们,使青年们特别关心到这个最切身的思想问题。"

我想这两个事例,可以做"不摆教训人的架势,以朋友态度对待读者"的注脚。正因为叶圣老在《中学生》编辑工作中采取这种态度,才使广大读者觉得《中学生》像一位好朋友那样十分亲切,对《中学生》所宣传的听得进去,经久不能忘怀。

二、有一支强大的作者队伍

前面说到,办好刊物有几个环节,作者队伍便是环节之一。文章要靠作者写,作者水平的高低,决定刊物水平的高低。《中学生》办得好,原因之一便是有一支强大的作者队伍。

(一)努力组织进步的有学问的作者为青年写文章。

叶圣老本身是教育家、文学家、语言学家,曾参与编《中学生》的其他几位也是各有专长的作家。除夏丏尊先生外,金仲华先生是国际政论家,顾均正先生是文学家和科普作家,徐调孚先生是古文专家和文学活动家,贾祖璋先生是植物学家,这些先生著作都不少。由这些进步的学者、作家来当编辑,他们周围自然有一批志同道合的文人挚友,而叶圣老又十分热情地向身边好友约稿,使得这些好友把给《中学生》写作当成自己义不容辞的职责,再忙也得抽出时间来,即便远在欧美也及时寄来作品。因此,翻开解放前的《中学生》杂志,当时活跃在国统区的进步作家、学者和社会名流,莫不闪现其中。他们中间有冯玉祥、黄炎培、胡厥文、李烛尘,有蔡元培、朱自清、周谷城、杨钟健、朱光潜、吕叔湘、俞平伯、丰子恺、林语堂、赵景深,有茅盾、巴金、郑振铎、徐懋庸、邵荃麟、李广田,有臧克家、戈宝权、楼适夷,有宦乡、张明养,有宋云彬、冯宾符、刘薰宇、曹孚、陶宏,有徐盈、子冈,等等,还有一些人使用笔名,如周建人用"克士"、瞿秋白用"宋阳",这是外人不清楚的。上述之中的大部分人,是《中学生》的基本作者队伍,经常在《中学生》上发表文章。而夏丏尊、叶圣老、金仲华、顾均正、傅彬然、徐调孚、贾祖璋诸位也常在《中学生》上发表作品,为读者所熟知。有这样一大批名家为之撰稿,《中学生》刊物水平之上乘就自不待言,其深受欢迎也就是势所必然的了。

(二)引导作者为特定读者写好文章。

在《中学生》的作者队伍中,有的不大熟悉中学生。对于他们,叶圣老和他的同事很注意加以引导。一位文化界的老人回忆他40年代时给《中学生》写稿的情况时说道:当时他正在研究英语的学习规律,准备写一本《英文手册》。《中学生》的编辑了解到这种情况,就上门向他约稿,请他写"英语学习经验谈"。编辑再三说明这个刊物的主要读者对象是中学生,要求写文章时注意到一般中学生的水平和实际需要,加强文章的针对性,做到有的放矢。因此他在撰写"英语学习经验谈"时,行文力求轻松,举例力求有趣,提问题力求具体,解释力求明白,总之,尽可能使中学生读得懂、用得上。编辑还为他提供有关的资料。这样,他写的8篇文章,便符合刊物的需要,得以连载。此后,他还为《中学生》撰写一些分析国际时事问题的文章。(《我和开明》,第220—224页)

(三)对作者满腔热情,以诚相待。

收到作者的好文章,叶圣老为之高兴。他在1934年12月号写的《编辑后记》可为例证。他写道:"西谛先生为我们写了一篇《北平》的印象记,而且附有他手摄的照片,真是值得欣幸的事。这个古城在我国的历史和文化上占有极重要的地位,但是现在它已陷在灰色的命运中了;它的前途也许正象征着整个的我国的前途。为了这,我们特别要珍视这篇文字。贺昌群先生旅行'西岳',寄来《华山之游》一文,更附有富于画意的摄影,也使我们非常感激。"类似的文字,在叶圣老写的《编辑后记》中是不胜枚举的。

如果作者没有按期交来文稿,叶圣老也不生气。这方面也可以举一例。他在1936年1月号的《编辑后记》中这样写道:"有几位专家本已答应我们写文章了,可是实在忙不过来,到这一期印的时候还没有动手,都来信道歉。他们决不是寻常的失信,这一层我们和我们的读者都能够谅解,当然也无所谓'歉'。只希望他们以后多写文章交来,给我们帮助,也就是给我们读者帮助。"(《叶圣陶集》18卷,第179页)请看,这话说得多真诚啊,面对这样知心的编辑朋友,作者们哪能不尽力撰稿,支持办刊呢?

如果作者有困难,叶圣老会尽力帮助。对此,楼适夷同志是深有体会的。30年代,他被关在国民党南京监狱,在狱中他翻译了高尔基的《人间》。他托人把译稿送交鲁迅先生,黄源同志在鲁迅先生处见到这部译稿,又了解译者身陷囹圄,便主动提出把《中学生》杂志已经开始刊登他的高尔基这部译文停下,改登楼适夷的译文。这件事马上得到叶圣老的同意,给楼适夷取个笔名,叫做"封斗"。每月所得的稿费,不仅改善了楼适夷的狱中生活,还对楼适夷留在家乡的老母和妻女给了生活的帮助和很大的安慰。这个长篇后来很快在开明书店出版,连续印行,都定期按时由书店送版税给楼适夷家属,使得楼适夷在战时流浪中还能照顾一点家人。好多作家都对叶圣老和开明书店抱有同样的感激之情、难忘之情。

在帮助作者出书上，叶圣老也是一以贯之，十分重视的。在约请一些作者为《中学生》写长篇连载时，叶老就事先和作者说好，连载之后，可以结集出单行本；而有些作者并不是写长篇连载的，但为《中学生》写的文章多了，叶圣老便选其内容相近的文章结集出书。这两类书，因为都是给青年写的，都收入《开明青年丛书》，数量很不少。这样，作者的作品可以长期流传，又可得到经济上的助益。不能不说这也是叶圣老激发作者的积极性，办好《中学生》的一个具体办法。

三、把读者工作放到主要地位

不少办刊物的人，只是把读者看做消极被动的受众，不重视读者工作，把处理读者来信来稿当做累赘，让它堆积在办公室的旮旯里。叶圣老可不是这样。他把读者工作提到十分重要的地位，以至于主要的地位。在他看来，刊物是办给读者看的，唯有读者的好恶才是评判刊物好坏的唯一标准；不但要摸清读者的需求，而且要调动读者的积极性，让读者参与办刊。因此，他在读者工作上投入很大的精力，采取不少措施。

（一）用心抓住读者关心的问题。

他总是不断琢磨读者的需求，既从宏观方面去考察，又从微观方面去考察。所谓宏观方面，就是国内外形势的变化，必然对青年产生直接或间接的影响，使青年产生苦闷，陷入困惑。所谓微观方面，就是青年由于生理上、心理上的发育必然产生的种种矛盾，还有青年所处的家庭、学校、亲友的影响所产生的种种矛盾。宏观和微观两方面对青年的影响所产生的问题，便是青年需要出版物给予解决的。叶圣老在办《中学生》中对青年的需求作了全面的深入的了解，一步一步地帮助解决。翻开《中学生》杂志，作为办杂志的过来人，我深感它的针对性很强，每一期都抓准读者的需求，想读者之所想，急读者之所急。具体情况已在第二节第二点中作了叙述，这里就不重复了。

（二）认真回答读者的提问。

《中学生》创刊伊始，读者就大量来信，提出多种多样的问题。叶圣老不嫌麻烦地逐一作复,每条几十字,简而明,一期可以回答几十个问题,放在"答问栏"内。到了第20期,这个栏目撤了。叶圣老为此向读者作了如下说明:"当初设立《答问》一栏,原欲对读者诸君略致助力,凡有疑难见问,只要是我们知道的,便写下来奉答。但是两年来的经验告诉我们,这一栏没有多大的意义,与其敷衍为之,不如径直撤废,腾出杂志的篇幅与我们的精力来,多登一两篇可观的文字。"(《叶圣陶集》18卷,第126页)这不是说对读者提问置之不理,对于一些不是三言两语所能回答的问题,叶圣老说:"看哪一方面的问题较多,即请专家特撰一文,对这问题详细论述一番,作个总答复。因问及梦的很不少,便请高觉敷先生作《说梦》一文;因问及文学的非常多,便请好几位先生同作《致文学青年》一题,都是今年已做的事情。又因问题中提起性知识的不在少数,决定于明年1月号中刊布关于这方面的文字;而明年每期有一篇介绍各科学书籍的文字,便是'应读何书'、'如何阅读'那些问题的大规模的总答复。我们觉得这条路走得不错,杂志本当应读者的需求而服务的。"(《叶圣陶集》18卷,第127—128页)叶圣老这种既有对读者的热情,又讲求效果的态度,当然取得读者的谅解和信任。

(三)大量发表读者的文章。

叶圣老和那些编辑老爷不同,他不是瞧不上青年读者的投稿,而是认真地审阅青年读者的投稿,沙里淘金,尽可能地把那些虽然幼稚但有闪光点的文章加以删改,予以发表,提携后进、培养新人。他还鼓励"生手"敢于提笔作文。他在为1937年1月特辑《青年与文艺》征文作宣传时,这样写道:"即使平时不常写文艺作品的,自问确有什么东西可写的时候,也不妨提起笔来尝试一下。'生手'的成就,有时候比'熟手'还要高明,诸君或许已经看见过了茅盾先生主编的《中国的一日》那部书,其中执笔的大部分是向来不干文艺工作的人,然而他们都写出了很好的东西。"(《叶圣陶集》18卷,第189—190页)叶圣老鼓励青年写作,但又不降格以求,滥竽充数。后来在这个《青年与文艺》特辑里,就没有选上诗歌。叶圣老为此坦诚相告:"因为寄来的多量的诗歌中间实在选不出一首比较可读的诗歌来,他们写的无非极平凡的印象,极浮泛的情感,语句又那样地不加琢磨,音节又那样地拙劣少致。"(《叶圣陶集》18卷,第192页)这种热情又严格的态度,才是对青年的真正爱护。

叶圣老主编的《中学生》杂志,在发表读者作品方面,采取好几个办法:

第一，设"读者之页"栏，后改为"青年论坛"，每一期都发表好几篇文章。

第二，搞文艺竞赛。发表读者的文艺作品，每期必有。

第三，搞美术竞赛。发表读者的美术作品，也是每期必有。

第四，有时还搞读者特辑，如1935年1月号，就是《读者特辑》。发表读者的数十篇文字，把各项科目、各种体裁的文字都包括了，其中光是写地方印象记的作品就有21篇。有不少读者作品还留待下一期刊发。叶圣老在这期特辑的《编辑后记》中对读者文章给予很高的评价："几篇关于教育的和政治经济的论文，见解都很精辟；科学文的内容都很充实；关于《国文程度的讨论》和《学习英文的经验》的各篇，尤可显出中学生诸君对于自己的学习问题的认真；而最富于生动的趣味的，大概是那许多篇《地方印象记》，《天下第一关》的游记和《一段特殊的教书经历》中所写一个青年在'伪国'教书所经历的故事了。"（《叶圣陶集》18卷，第164页）

第五，一年出一本《中学生文艺》。从1935年起，改为季刊，大大增加发表青年文艺作品的机会。

正因为《中学生》杂志这样重视发表中学生的作品，在发表时仔细加工润色，便大大地鼓励了中学生学习写作的积极性，找到了学习写作的门道，这样有些青年便逐渐入门上道了，后来成为有名的作家、记者、画家了，如胡绳、彭子冈、徐盈、莫志恒（芷痕）、沈振黄等。

（四）以友相待，和读者交心。

前面说到，编辑部约到什么好文章，叶圣老就高兴地告诉读者；编辑部有什么改进，他就及时地告诉读者；编辑部发现自己工作上有什么缺点错误，他就坦诚地告诉读者。例如在第39期的《编辑后记》中说明上一期有两幅画颠倒了：一幅在总页码49，另一幅在总页码142。在一些人看来，这种小小不言的事，不值得一提。然而《中学生》杂志却郑重其事地说"校雠疏忽，愧与歉并"，这是多么感人的认真的负责任的态度啊！

（五）给读者以优惠。

《中学生》杂志从创刊开始，就搞对读者的奖励，每千人选一人，奖金足以付学杂费。

此外，还不时地让利于读者。如叶圣老在第60期的《编辑后记》中就宣告："在明年2月15日以前定阅明年本志的，每份一律赠送开明书店书券一元及洁本小说《红楼梦》、《水浒》、《三国志》的半价优待券一张。"(《叶圣陶集》18卷，第179页)《中学生》杂志定价本来偏低，又这样优惠读者，我原先很不理解，后来看了叶至善先生的解释才有所醒悟。他说："开明书店办刊物是为了宣传自己的主张，表现自己的态度；为了团结作者，联系读者；为了积攒和征集书稿；还为了推销自己的出版物。并不着眼于刊物本身能不能赚钱。"(《我是编辑》，中国少年儿童出版社出版，第166页)这是明智的经营之道。

四、求实的作风，巧妙的方法

叶圣老办《中学生》的态度和作风也是非常可取的，这也是他办好刊物的另一个重要原因。在这方面，我以为有如下几点：

(一)坚持调查研究。

做一切工作，都要从实际出发，实事求是。调查研究便是达到实事求是的必由之路。叶圣老在办《中学生》中很注重调查研究。例如，1931年底，他向作者和读者发出102封信，征求办刊意见，收回52封。他认真分析各方面意见，摸清读者的需求，提出改进的意见。

(二)坚持不断改进。

《中学生》虽然受到读者和社会各方面的好评，但叶圣老没有自满，他保持着清醒的头脑，看到自己的不足，以不断改进而自励。1933年11月号，发表了13篇文章，专门讨论"本志应该怎样改观"。为此叶圣老撰文说："我们十二分感谢热忱的投稿诸君，对于我们的疏忽与缺失不惮逐一指摘，更提出怎样去弥补的意见。我们愿意接受这许多意见，在尽可能的范围，规定本志的新模式。"(《叶圣陶集》18卷，第146页)1936年12月号上叶圣老写了一篇《明年的〈中学生〉》。一开头这样写道："《中学生》出版以来，到明年是第7年了。承蒙读者诸君的爱护和各位作家的帮助，它在杂志界占有相当的地位，得到很好的名誉。地位和名誉并不是什么稀罕的东西，最要紧的是它本身确有意义，能使读者受到真实的益处。为了这一点，我们不敢不更加奋勉，让它永远在生长的道路上前进。"(《叶圣陶集》18卷，第177页)接着他详细报告明年将做哪些改进。1936年底，叶圣老认真总结一年工作，又做了一番改进。为此,他在1937年1月号的《编辑后记》中写道:"这一期新年号编辑完成了。自己看看,觉得比较过去的本志充实一点。增设的各栏都在这一期中露了脸,这些文章,对于现在中学生诸君有切实的用处。但我们不敢就自认为满足,还得请读者加以批评,只要批评的话说得有理,我们无不依从,再想法向更完善的方面改进。"(《叶圣陶集》18卷,第191页)从1933年、1936年、1937年这三年叶圣老给读者写的话里,我们可以看出这是怎样一种谦虚谨慎、不骄不躁、精益求精的精神啊!

(三)把针对性和系统性相结合。

前面说到《中学生》杂志的针对性很强。但这种针对性不是东抓一下,西抓一下,零敲碎打。对于读者的基本需求,《中学生》力求把针对性化为系统性,有计划地长期连载。翻看新中国成立前的《中学生》杂志,里头有好多长期连载的,诸如祝伯英写的《社会科学讲话》、张明养写的《国际政治讲话》、孙祖基写的《法律讲话》、宋云彬写的《历史讲话》、金仲华写的《文化的故事》、朱自清写的《欧游杂记》、徐懋庸写的《世界思想名著提要》、夏丏尊、叶圣陶写的《文心》和《文章病院》、丰子恺写的《美术讲话》、刘薰宇写的《数学讲话》、顾均正写的《化学讲话》、胡伯恳写的《生理学讲话》,等等。后来,这些连载都出了单行本。这样,又形成出刊和出书相结合,既有益于读者,也有利于作者,双方都高兴。

(四)把固定栏目和出特辑相结合。

《中学生》如同其他杂志,设有不少栏目,分门别类地刊登文章。但叶圣老和他的同事们不以此为满足,也不拘泥于这些栏目,而是根据形势的变化和读者的需要,不时地出特辑,突出某一方面内容。这样一来,刊物的针对性更强了,也显得富有变化,生动活泼。在1937年"八一三事变"以前,这个刊物就出了好多特辑,计有《中国现时特辑》、《升学与就业特辑》、《读者特辑》、《非常时期特辑》、《世界现势特辑》、《文艺特辑》、《研究与体验特辑》、《青年和文艺特辑》、《大学生特辑》、《华北与国防特辑》。

(五)让群众自己教育自己。

前面在说到叶圣老的办刊宗旨时,曾说到叶圣老坚决反对教训人。为了体现这个办刊宗旨,叶圣老在主持《中学生》杂志的编辑工作中,就把问题讨论作为刊物的重要内容之一,经常组织。这也是他让读者参与办刊,调动读者办刊积极性的具体办法之一。1937年"八一三事变"以前,曾组织过如下14次讨论:"中国现代中学生的出路","中学生时代应否谈恋爱","中学生需要怎样的课外读物","怎样使所习学科与实际生活发生关系","怎样利用我们的暑假","失学和措资入学的得失","中学生亟须有性的知识","中学生怎样从事反帝工作","青年宜认何人为模范人物","怎样使用我们的一双手","本志应怎样改进","怎样看报纸","学生为民众工作有什么具体的办法","中学生与政治"。我之所以不厌其烦地抄录讨论题,因为这可以清楚地看到叶圣老主编的《中学生》是怎样紧扣着时代的脉搏,是怎样适应着读者的需求,是怎样张扬着自己的个性,怎不令人叫好,怎不令人仰慕!

文章写得不短了,但讲得对不对,实在没把握。便想到老领导、老师长叶至善先生,请他看一下。老先生今年80高龄了,社会活动还不少,但他仍然拨冗仔细地看了全文,写了2000多字的修改意见,又跟我面谈了一个多小时。从他身上我感受到叶圣老热情对待晚辈、热情提携后进的精神,很是感动,在此附带一笔,以表谢忱。

1998年1月18日

(选自《叶圣陶编辑思想研究》,开明出版社,1999年,作者系中国青年出版社原副总编,编审)

我和叶圣陶老人与《中学生》

胡 绳

著名学者胡绳

胡绳（1918—2000），祖籍浙江钱塘，生于江苏苏州。马克思主义理论家、史学家、哲学家。1934—1935年北京大学哲学系肄业。1935年下半年起在上海一面自学，一面写作。1938年加入中国共产党。以后几年中，先后在武汉、襄樊、重庆、香港从事文化工作并主编和编辑多种报刊。1942年又到重庆，在新华日报社工作。1946年至1948年，先后在上海、香港工作。1948年10月进入河北省平山县解放区，在中央宣传部工作。1949年作为社会科学界代表团成员参加第一届人民政协。

新中国成立后，先后在政务院出版总署、中共中央宣传部、中共中央党校、中共中央政治研究室工作，并担任《学习》杂志主编、《红旗》副总编辑、人民出版社社长等。1985年起担任中国社会科学院院长。他是中共十二届中央委员，第七、八届全国政协副主席。出版有《胡绳全书》7卷10册。

《中学生》杂志创刊在1930年。那时我是个初中三年级学生，我对《中学生》的印象很深。它创刊时，我就是它的读者。50多年前它的创刊号封面，我还记得。我很早就在《中学生》上投稿。那时《中学生》上有"读者之页"的栏目，我在那个栏目里投过稿，写的什么题目、用的什么名字，记不起来了。

《中学生》是我的老师。我从《中学生》上学到了不少东西，有文化的知识，又有生活的知识。最近有位老同志写了一首诗给我，其中有两句："最难法国公园夜，织女牛郎共举杯。"他注释说：1937年，在上海法租界的一个公园里，我和他一起看天上的星座，我教他认识了牛郎星和织女星。我认识这两个星，就是在初中时候从《中学生》上学来的。那时《中学生》上每期有一篇教人认识星象的文章，记不起是哪位作者写的了。我和几个同学按这些文章的指点，认识了大熊星座、小熊星座、牛郎星、织女星等等。

因为给《中学生》杂志投稿，我认识了叶圣老。1943年叶圣老50岁时，我在《新华日报》上发表过一篇祝圣老50寿辰的文章，讲到他教我写文章，给我改文章。

抗日战争爆发以后，《中学生》杂志从上海搬到内地，先后在桂林、重庆出版，也起了很大影响。我在上面写了一组讲历史的文章。1946年，开明书店给我出版了一本书，叫《二千年间》，就是由这些文章编成的。最近，我读到叶圣老的《我与四川》这本书，书中有他抗战时期在重庆、桂林时写的日记，那时我也在重庆、桂林。这使我回想起许多事情。圣老在重庆，曾由我陪同到曾家岩中共办事处，恩来同志和董老同他进行了亲切的谈话。抗战结束后，圣老到了上海，《中学生》又在上海出版。1946年内战爆发，恩来同志安排上海的工作，他要我把出版界和杂志分成第一线、第二线、第三线三类。第一线像《文萃》那样的杂志，是很快就会被国民党查禁的。第二线是一些还可以维持一个时期，到了某种时期，也有被禁止的危险的一些杂志。《中学生》和开明书店属于第三线，应该尽可能存在下去。总理的这个安排我和圣老谈过，请他尽力维持开明书店，维持《中学生》；在国民党统治越来越严酷的情况下，《中学生》多登些学习文化科学知识的文章，还是可以在青年中起促使他们进步的作用。后来《中学生》一直维持到上海解放，在这最困难的时候，给了青年有益的教育。

1947年到1948年，我去香港，仍然同在上海的圣老有联系。我写了一组谈思想方法的文章，陆续寄给圣老，他给发表在《中学生》上。后来出了单行本，叫《怎样搞通思想方法》。

回顾起来，我和《中学生》的关系可说很深，它既是我的启蒙的老师，又曾给我机会，让我为它做了些工作。

新中国成立以前，各个时期都有很多青年学生受过《中学生》的教益，《中学生》给了他们许多着着实实的有益的知识。那时《中学生》虽然不是直接鼓吹革命，宣传马克思主义，但是在促进青年思想进步，推动进步文化方面,确是起了积极的作用。在那艰苦的岁月里,叶圣老和其他几位先生为培植这个杂志花了很多心血,他们的功绩是不可埋没的。

(原载《读书》1985年第11期)

饮水思源　写给《中学生》

侯仁之

著名学者侯仁之

侯仁之(1911—),生于河北省枣强县(祖籍山东恩县)。1936年毕业于北平燕京大学历史系,留校当研究生兼任助教,1940年获文硕士学位。1946年赴英国进修,1949年获英国利物浦大学哲学博士学位,回国任教。先后任燕京大学教授兼清华大学建筑系教授,1952年院系调整转为北京大学教授。历任北京大学副教务长,地质地理系、地理系主任,兼任北京市都市计划委员会委员、中国地理学会副理事长兼历史地理专业委员会主任及沙漠分会名誉理事长、《地理学报》主编、中国建筑学会城市规划学术委员会副主任、国务院学位委员会第一届学科评议组成员、全国政协三至七届委员,国际地理学会联合会(IGU)及国际科学史与科学哲学联合会(IUHPS)所属地理学思想史专业工作委员会常任委员等职。主要论著有《历史地理学的理论与实践》、《奋蹄集》等。任主编的书有《中国古代地理学简史》、《北京历史地图集》等。80年代以来八次应美、加等国高校与科研机构邀请任客座教授讲学或作专门研究,是一位国际著名学者。1980年当选中国科学院院士,1984年7月英国利物浦大学授予他荣誉科学博士,1985年10月中国科学院授予他"从事科学工作五十年荣誉奖状"。

(一)

半夜里忽然起大风,楼门和窗子都被震得格格作响。而今和青年时代不一样了,一旦惊醒就再难入睡。于是,前一天《中学生》杂志嘱我写稿的事,又立即涌上心头。

从《中学生》创刊号起,我就是一个热心的读者了。她曾伴随我从初中进入高中,又从高中进入大学,在自己发育成长的过程中,有多少心灵深处的感受不是来自这个亲密的"伴侣"呢?有多少基本知识和技能不是她所传授给我的呢?我沉浸在对过去的回忆中,心情激动,思绪翻腾,想为她写点什么。

一刹那间,几十年前的往事,犹如飞舞的彩蝶、缤纷的落英,一齐涌现在我的眼前。

(二)

1932年2月,正是学校的寒假期间。我,一个高中三年级的学生,因为天寒地冻,有家难归,继续留在学校的宿舍里,好不寂寞。但是更加难忍的是我心灵深处的寂寞。那时震撼了祖国大地的"九一八"事变刚刚过去不到五个月,淞沪之战的灰烬还在燃烧。在这期间,青年学生奋起抗日,挽救祖国危亡的浪潮也曾一时席卷了我所在的学校,我也毫无例外地和同学们一起组织起来,上街下乡宣传抗日。我还曾代表我的学校参加全城中学生的抗日演讲竞赛。我们还自动组织了学生军,请来一位义务军事教官,接受正规的军事训练。后来,不知道为什么,这位义务教官不见了。不久,其他的抗日宣传活动也都停顿下来。一阵轰轰烈烈的爱国学生运动,正如某些人所嘲笑的那样:"五分钟的热度",又烟消云散了。正是因为这个原因,这个寒假我留在学校里,心情上就觉得格外寂寞、凄凉,甚至是痛苦。

这样下去怎么办呢?强敌压境,国土沦丧,战区人民流离失所,下一步怎么走?我感到迷惘,感到彷徨。

我的学校在通州,当时叫做潞河中学(现在的通县一中)。学校校园的南墙之外,便是一条铁路向西直通北平城内前门车站,长约五十里。一个寒风凛冽的清晨,我决定沿着这条铁路南奔北平城,目的只有一个,就是到前门外杨梅竹斜街的开明书店,去买刚出版的1932年1月号的《中学生》。往返一日,行程百里,值得吗?

值得还是不值得,我当时连想都没想过。后来呢?请看下文。

(三)

携回这册《中学生》,好像在无限寂寞中重逢故友,自然高兴。这一期《中学生》封面设计图案和色彩,虽然已历五十寒暑,至今却依然鲜明地印在我的脑海里。然而使我更加难以忘怀的,乃是由几十位知名的学者、作家分别执笔写成的一组革命性、战斗性的稿件,这是难能可贵的。当时的《中学生》受到广大青年读者欢迎,这是主要原因。创刊初期就刊登过介绍马克思、恩格斯、列宁、高尔基的文稿(后来还连载过高尔基的长篇小说《人间》)。"九一八"事变之后,刊物注意国际、国内形势的报道分析。"一二·九"运动爆发后,《中学生》坚决同爱国学生一起投入救亡斗争。抗战期间和抗战胜利后的《中学生》,思想内容的进步性又增强了一些。在当时文化、教育、思想方面进步同反动的斗争中,《中学生》经常站在进步的一边。例如反对读经,反对提倡用文言文写作,反对控制束缚学生的毕业会考,批判胡适等等,都给青年同学很好的影响。

我没有能把中学读完,原因之一是交不起学费。在旧社会失学失业的青少年成千上万。1931年,《中学生》上发表过夏丏尊先生写的《悼一个自杀的中学生》。这个中学生是因毕业后走投无路自杀的。到1948年,《中学生》上又有傅彬然先生为一个交不起学费愤恨社会黑暗而自杀的中学生写了评论。此外,叶圣陶(郢生)先生还因一个中学生的父亲交不起学费而自杀写过文章。今天,新中国的中学生不会想到为了交不起学费竟然会有使学生或学生的家长自杀的事。然而在旧社会确实发生过,而且决不是只有少数几起。《中学生》非常重视当时广大中学生失学失业的社会问题,从创刊到上海解放前夕停刊,不断向失学失业青少年予以指引和鼓励,后来甚至有一篇文章题名为《失学算什么!》鼓励青少年迎着困难上。

在我失学失业的时期,心情十分苦闷。恰巧《中学生》有个"出了中学校门后"的特辑,看到叶圣陶、茅盾(止敬)、章锡琛等先生为这个特辑撰稿,他们都只读了中学或大学预科,以后全凭自学各自取得成就,给我很大鼓舞,加上《中学生》不断发表提倡自学和介绍自学经验的文章,使我终于也能从苦闷彷徨、自暴自弃的情况中得到挽救。在我没有找到第一个糊口的职业以前,我每天到江苏省立图书馆去看书自学。现在回忆往事,我还衷心感激《中学生》的指引。

在自学的过程中,《中学生》刊登的中学各门课程的文章,给我很大帮助。《中学生》主要撰稿作家:夏丏尊、叶圣陶、朱自清、朱光潜、周予同、丰子恺、傅彬然、吕叔湘、顾均正、贾祖璋、刘薰宇……诸先生都当过中学教师,他们都学有专长,所以都能写出适宜中学生阅读的深入浅出的好文章。他们又都有文学修养,有几位原是研究文学艺术的,谈文学艺术固然当行出色;另外几位写社会科学、自然科学方面的文章也都写得有文采,生动活泼,引人入胜。因而同类刊物如商务的《学生杂志》和北新的《青年界》都赶不上《中学生》受欢迎。这个经验是办好现在的《中学生》可以吸取的。

(原载《中学生》1983年第5期,作者简介选自《北京大学学报》1995年第6期)

编者、作者、读者评论(摘编)

提起《中学生》,它从诞生到现在,差不多有十五六年的历史了。中间只因"八一三"事变停刊过二十个月,此外一直继续下去。这一点在国内杂志界是难能可贵的。更可贵的,还在它始终如一的内容充实,指导青年往正确途径发展。我不是故意恭维《中学生》,实在它有这种优点,只要是和《中学生》接触的人,都会感到。

记得我考入初中的时候,正是民国十九年夏季。住在偏僻的县城里,和一般刊物,大概是隔膜的。尤其是一切幼稚,不懂得选读课外书报。……无意中触到一本《中学生》,现在也记不起是哪一期了,翻阅一过,觉得它很合我的口味。有些话语是我们老师没有说过而为我们急需知道的。随即将出版地址、价目若干,记录下来,预备定一份作自己的课外读物。

不久学校放假了。在放假的前夕,邮差给我送来了一期特大号的《中学生》,记得是十一期。里面的特辑便是"出了中学校门后",作者都是些中学毕业或未毕业而自学有成的人。他们叙述他们在离开学校以后,怎样埋头苦读,怎样潜心自修,虽然他们并不炫耀自己,但字里行间,对于无力升学的青年,有一股诱导的热力。

之后,《中学生》便是我的良友。它指导我怎样学习,怎样做人,怎样了解时事,怎样认识我们民族的危机和将来努力的途径。

(民国)二十年"九一八"事变发生,它指导我们在这民族国家空前危难的时候,怎样善尽我们的义务。它在(民国)二十一年的一月号发刊了一个特辑,约请国内各专家分析日本帝国主义侵略我国的远因近因并指导我们如何应付这次事变。它在这个特辑之前对各专家说:"先生,假如在你面前站着一个中学生,在这国家危急存亡的时候,你将对他说些什么?"(大意如此,原文记不清了。)这是多么亲切的口吻,多么设身处地的指导青年呀!鲁迅先生说:"生活在这世界上,应该敢说,敢笑,敢哭,敢怒,敢骂……"便是由这次特辑中告诉我们的处世态度。

(摘自觉民《我和〈中学生〉》,《中学生》1946年1月号)

我在中学时代，同时上过两所学校，一所是正规的中学，每天按时上课、下课、做作业；一所就是《中学生》杂志，课外阅读，使我废寝忘食，爱不释手。大凡学校里的课程，《中学生》里几乎都辟有专栏。这里的老师们虽然没有见过面，文章都写得亲切生动，引人入胜。我本来感到枯燥的数理、生物，读了刘薰宇、顾均正、贾祖璋的文章，只觉得趣味盎然。我本来比较喜欢的语文、艺术，读了叶圣陶、夏丏尊、丰子恺的文章，更觉得美不胜收。《中学生》独创的"文章病院"，专门收治有弊病的文章，分析解剖，指出错误，使读者举一反三，知所纠正。对于当时像我这样初习作文的学生，非但起了预防疾病的作用，而且上了端正写作态度的一课。

《中学生》的老师们为我们打开一扇扇明亮的窗户，让我们看到知识海洋的广阔和瑰丽，还领着我们涉猎，教给我们正确的学习方法，反对在中学生中提倡读经、宣扬复古，反对记诵教育、食而不化，主张联系实际，在实践中求得真长进。这种学习经验的传授，使青年读者受用无穷。

[摘自欧阳文彬（编辑家、作家）《〈中学生〉忆旧》，《读书》1979年第9期]

相关链接

* 徐调孚.《中学生》点滴[J].中学生,1946(1),总171期.
* 金仲华.我与《中学生》[J].中学生,1946(1),总171期.
* 孙源.《中学生》这是一本成功的刊物[J].中学生,1946(1),总171期.
* 徐调孚.《中学生》200期回顾[J].中学生,1948(6),总200期.
* 鲲西.忆《中学生》[J].中学生,读书,1979(9).
* 向锦江.《中学生》给我的教育和帮助[J].中学生,1982(6).
* 庄之明.做《中学生》的知心朋友[J].中国出版年鉴,1986.
* 庄之明.《中学生》杂志60年[J].编辑学刊,1990(4).
* 顾均正.《中学生》是怎样创刊的[J].编辑学刊,1990(4).
* 叶至善.我编《中学生》的那些年[J].编辑学刊,1990(4).
* 张明养.我和《中学生》[J].编辑学刊,1990(4).
* 方蔚.《中学生》的生命力[J].编辑学刊,1990(4).
* 余心言.更好地帮助中学生扩大眼界[J].编辑学刊,1990(4).
* 庄之明,刘希亮.中学生知识的宝库——《中学生》杂志60年[J].中国出版,1996(6).
* 王金泰.把美奉献给中学生朋友——叶圣陶、丰子恺与《中学生》杂志[N].光明日报,2000-01-13.
* 向华树.难忘《中学生》杂志[J].民主,2003(12).
* 蔡东彩.办刊育人的光辉楷模——论开明版《中学生》杂志的先进性[J].新闻爱好者,2007(1).
* 蔡东彩.叶圣陶与《中学生》杂志[J].编辑学刊,2008(1).
* 路玉美.感悟大师如何做主编[N].中国新闻出版报,2009-08-04.

观世界变幻　测环球风云
——《世界知识》七十六年的光辉历程

宋应离

《世界知识》创刊号封面

在中国现代期刊史上，林林总总的期刊中，《世界知识》是新中国成立前，唯一一份国际政治经济时事报道评论性刊物。它创刊于1934年，至今已走过了76年的光辉历程。著名社会活动家赵朴初为《世界知识》创刊60周年题词时赞美道："沟通中外，放眼世界，甲子一周，业绩遒劲，老树新苑，灿目明霞，继往开来，春色无涯。"恰当地概括了《世界知识》的办刊宗旨、刊物功能及走过的辉煌道路。

光辉的历史　艰难的历程

《世界知识》是在国际国内各种矛盾错综交织复杂的历史条件下创办的。1934年，德国纳粹法西斯反动势力猖獗，帝国主义与帝国主义之间、殖民主义国家与殖民地之间的矛盾加剧；在国内，日本帝国主义步步逼近侵略我国，国民党反动政府采取"攘外必先安内"的政策，对革命力量进行军事围剿和政治围剿，与此同时，人民群众要求停止内战，一致抗日。在这历史的转折关头和严峻的形势下，中国向何处去，世界向何处去，是关系着中华民族和全人类生命攸关的问题。据曾担任《世界知识》前期主编的钱俊瑞回忆，当时"一群革命的进步的知识分子在上海组织了'苏联之友社'，目的是研究和宣传苏联，批判资本主义旧世界。1933年的一个严冬晚上，这个团体的一部分社员胡愈之、金仲华、钱亦石、曹亮、张仲实、沈志远、毕云程、张明养、王纪元、章乃器和我等10多人，聚在一间银行的会客室里，当晚，我们商定办一个刊物，用马列主义观点描述和分析世界政治经济形势，用具体事实说明资本帝国主义的溃烂必然坍倒，被压迫民族奋起反抗及其前途，说明社会主义苏联的物质文化建设突飞猛进，远超帝国主义，今后条条道路通往社会主义"。"经过几个月的筹备，到1934年9月《世界知识》呱呱坠地。"[1]另据夏衍回忆，当胡愈之筹备出版《世界知识》时，胡曾单独对夏衍说："希特勒的纳粹党在德国登台之后，国际形势瞬息万变，现在急需一本专门介绍和评论国际局势的杂志。缺乏这方面的知识，就不可能正确地认识当前的形势。"[2]可见胡愈之创办《世界知识》是为了适应当时国际形势斗争的需要。

胡愈之为《世界知识》写了一篇传播国际知识，认识世界改造世界，提醒国人认清形势的发刊词："中国是'世界的中国'了。"但近代的世界却出现了一个怪物，"资本帝国主义——用了本国和殖民地内整千整万平民的血汗和枯骨作基础，建造起一座大厦，这就称作'文明世界'。'文明世界'的外表原是光辉灿烂的，可是内面和底层却充满了丑恶、肮脏、黑暗和崎岖不平。因此这大厦建造得不到几时，现在却已在整座儿动摇着了"。"这'文明世界'的大厦，会整座儿坍倒下来吗？那是断没有疑问的。"随着被压迫人民的觉醒，资本帝国主义"最后倒坍的日期，是更加迫近了"。当时中国正处于一个雷霆将要震撼沉寂、旭日将冲破阴霾的年代。胡愈之预言："我们的后面是坟墓，我们的前面是整个世界。怎样走上这世界光明的大道去，这需要勇气，需要毅力，——但尤其需要知识。""《世界知识》却在这个时候呱呱坠地了。这绝不是偶然的。""祝福这小东西罢！它将帮助你认识世界！在走向'世界的中国'的途程上，它将尽一点小小的力量。"发刊词阐明了在当时错综复杂的国际形势下，唤醒全国人民认识中国革命斗争同全世界人民革命斗争紧密相连，同全世界人民团结，一定能战胜腐朽势力，建立一个自由、民主、平等的新世界。发刊词像划破乌云的一道闪电，惊醒了亿万被禁锢封锁的苦闷中的中国人。

《世界知识》创刊76年来，始终不渝地坚持创刊宗旨，坚持向中国介绍世界，让世界了解中国，增强中国人民与世界人民的革命友谊，组成反帝斗争大同盟。从创刊到抗日战争期间，作为我党对群众进行国际形势教育的一个重要阵地，它对推动抗日救亡和发展国际反法西斯统一战线斗争起到了重大作用。它突破国民党政府的文化专制和新闻封锁，向读者报道事实真相，宣传社会主义新世界，揭露旧世界，声援各国人民的斗争，在广大读者中有广泛影响。

新中国成立后，《世界知识》坚持以马克思列宁主义思想为指导，以党和国家的对外政策作为评论报道的指针，它在宣传党和国家的对外政策以及新中国的外交成就，普及国际形势教育和国际知识方面发挥了重要作用。改革开放以来，坚持解放思想、实事求是，对于国际局势中复杂的国际现象以及许多新情况新问题给予迅速地反映，特别是关于当前世界和平与发展两大主题、国际重大事件、中国对外交流等方面作出了迅速准确的报道，对增强中国的国力，树立中国在国际上的良好形象做出了重大贡献，受到中央领导同志的表扬。

《世界知识》在艰难的条件下创刊，在曲折中前进。由于历史原因，它从创刊至今，在前进道路上几经风雨，历尽磨难，时办时停，死而复生。1938年日军侵入上海，上海沦陷，被迫停刊，迁至武汉出版。后因日本侵略军逼近武汉，1938年7月又转移到广州，短暂停留后，因形势危急迁至香港出版。1941年12月，日本发动太平洋战争，日寇占领香港，它被迫辗转桂林，二次停刊。1945年又回到上海复刊。1949年3月，被国民党政府社会局以"有碍社会治安"为名勒令永久停刊。1949年5月上海解放，《世界知识》于1949年6月17日在上海复刊。1950年5月，迁至北京出版。1966年因"文化大革命"再次停刊，直到1979年1月1日再次复刊。

《世界知识》创刊70余年来，虽屡次停刊，但它在曲折前进道路上显示了它强大的生命力，这是因为始终坚持办刊宗旨，以宣传国际形势和时事知识为重点向广大读者普及国际政治、经济、文化知识，帮助读者正确认识世界，成为人们"观世界变幻，测环球风云"，评说天下大事的一个窗口和瞭望台。

老一辈无产阶级革命家与《世界知识》

《世界知识》自创刊之日起，就接受中国共产党的领导。用胡愈之的话说就是党叫他办《世界知识》的。《世界知识》在发展的历程中，一直受到党和老一辈无产阶级革命家毛泽东、周恩来、陈毅等同志的关怀与支持。早在

1939年6月10日，毛泽东在延安一次高级干部会议上做了一个报告，13日又做了一个结论。为这两次演说，他写了一个长达2万多字的提纲，即《反投降提纲——1939年6月10日毛泽东同志在延安高级干部会议上的报告及结论提纲》，提纲一开始，就引用了《世界知识》上的有关内容。"1958年，为配合国内外斗争的需要，《世界知识》编辑部把毛泽东历来论述'帝国主义和一切反动派都是纸老虎'的文章、讲演和谈话辑录在一起，并于当年第20期予以发表。毛泽东随即在致吴冷西的信中建议《人民日报》加以转载。毛泽东写道：'这篇文章可以转载。这个问题，在世界范围内都是一个大问题，永远有许多人总是不得解决。《世界知识》编辑部将我各个时期阐述这个观点的文章收集起来放在一起。看起来好像竟成一篇新文，似不妨予以转载，并予广播……《世界知识》的编者按语，或者照登，或者另写一段，由你酌定。'同年10月31日，《人民日报》以"毛泽东同志论帝国主义和一切反动派都是纸老虎"为题全文转载，并加了按语。按语说：'《世界知识》编辑部把毛泽东同志历来阐述"帝国主义和一切反动派都是纸老虎"的文章、讲演和谈话辑录在一起发表，这是一件有重大政治意义的工作。'"[3]"1959年1月19日，毛泽东在张闻天就《世界知识》开辟'外论介绍'栏目一事向中央所写的报告上，批示了'可以试行'几个字。这份珍贵的手迹，反映了毛泽东对了解国外情况的重视。从1957年起，《世界知识》就开始试办'外论介绍'栏目，刊登了不少国外有影响的国际问题评论家对各种国际事件和问题的评论。毛泽东也曾对刊登外论做过许多批示。"[4]

作为长期从事外交活动的周恩来，一向重视关心《世界知识》的出版。"1940—1946年，我来到重庆人民路办事处做保卫工作。那时周恩来同志把办事处全体人员分编为甲、乙、丙三个学习班，我任丙班班长。我记得在制订1941年度学习计划时，周恩来同志指示我们，除了阅读《新华日报》外，还要学习《世界知识》；组织有阅读能力的同志向文化水平低的同志选读《世界知识》上的有关国际时事方面的文章。"[5]1950年第1期，《世界知识》为庆祝创刊15周年特出了纪念特辑，周恩来特为《世界知识》题词："世界知识创刊十五周年纪念号。"从1958年第1期起，《世界知识》刊名采用了周恩来的题字，一直延续至今。

陈毅同志早在抗战时期就高度评价《世界知识》。据钱俊瑞回忆："1941年我在苏北和新四军代军长陈毅同志见面时，他说：'你们的《世界知识》是我们了解国际形势的重要来源,我们常派专人出去采购呢!'"1964年《世界知识》创刊30周年之际,陈毅同志出席庆祝创刊30周年纪念会,并发表了热情洋溢的讲话,称赞"《世界知识》杂志创办了三十年。它也反映了中国从民主革命到社会主义革命三十年……当时这个刊物还是很受群众欢迎的。当时在国民党统治下,不可能公开读到共产党的文章。这个小小刊物在夹缝中宣传了世界革命形势,反法西斯阵线,宣传和促进了国际无产阶级革命的高涨,为抗日高潮起了准备作用,反映了当时我党的正确观点。这些都是很有历史意义的,是应该作为主要点来肯定的"。陈毅同志在肯定刊物取得巨大成就的同时,还殷切希望"这个刊物需要用马克思列宁主义、毛泽东思想来丰富它的内容,但形式要多样化……希望这个刊物能办得更活泼,形式更多样,在宣传马克思列宁主义、毛泽东思想中可以起更好的教育作用"。[7]

读者心目中的《世界知识》

一本刊物办得如何,读者是最权威的鉴定人。《世界知识》创刊之始,不论是处在黑暗时代的旧中国或是在解放后的新中国,它都有一个庞大的读者群,受到读者的赞扬,不少读者从阅读《世界知识》中受到教育,增长了知识。

知名人士吴耀宗在纪念《世界知识》创刊15周年之际,撰文深情地说,"抗战时期,我始终是《世界知识》的忠实读者。《世界知识》使我们了解国际问题的联系性,使我们看清楚帝国主义的真面目,使我们认识了弱小民族和一切被压迫者革命斗争的途径。《世界知识》里面的图表、漫画和比较轻松的文字更增加了读者的兴趣,使这个期刊变成抗日战争和解放战争时期中的一个不可缺少的读物。我不知道中国有哪一个带有政治性的期刊,能像《世界知识》那样,维持到十五年之久。"[8]曾任《世界知识》编辑工作的郑森禹回忆说:"我爱《世界知识》,因为它在新文化的斗争上,是一支有历史的铁军。也像一个革命的老战士一样,它曾经经历着长期磨难和颠沛流离……但是始终维持着出版,坚守岗位,为抗日反帝而作战……为维护世界正义而战。""我热爱《世界知识》,因为它是我十五年的老朋友。它诞生于

1934年秋,那时我遭受反动派的迫逼,正流亡于东京,我从报纸上见到了它出版的广告,就设法从国内弄到了一本,一口气把它读完。回国以后,我是它的经常读者,使我增长了不少关于国际问题的正确知识。"[9]

《世界知识》不仅向广大读者正确宣传国际形势,介绍国际政治、经济、文化知识,使广大读者获取有益的知识,而且还在民族处于危难之时,在革命战争年代,传播马克思列宁主义,播撒革命种子,引导青年走向革命之路。著名学者廖盖隆讲了自己的亲身体会。"我差不多从这个杂志一开始创刊,就是它的一个忠实读者。1934年是我开始接受马克思主义影响的一年(那时我还在初中读书),也是我开始系统地关心国内国际大事的一年。我要感谢……《世界知识》等进步刊物给了我以丰富的精神食粮,增长了对国家大事和世界大事的知识。"[10]《世界知识》早期的同人王纪元回顾了1940年冬在新加坡看到《世界知识》在当地的广泛影响。"《世界知识》上发表的重要文章,青年们纷纷传阅,并组织讨论,这对南洋各地广大华侨的爱国抗日反帝反法西斯斗争是有推动力的。一本有进步群众作基础的杂志,就是一大把会生根发芽的种子,只要有适宜的土壤和气候,就会不断繁殖的。《世界知识》就是这样一本枝繁叶茂的杂志,二次大战后,东南亚各国纷纷宣告独立,并同帝国主义、殖民主义者进行了不屈不挠的斗争,其中就有《世界知识》播下的种子在开花,在结果。我作为'天各一方'的《世界知识》同人之一,亲眼看到这种情况是十分高兴的,我自己也同当地人民一道,投身在火热的战斗中。"[11]

改革开放以来,随着中国融入世界的脚步加快,随着国门的进一步打开,人们看世界、了解世界的需求更加扩大,刊物根据新的形势开辟了许多新的栏目,尤其是关于国际问题的内容更加丰富,受到广大读者的欢迎。为了听取读者意见,又开辟了"编创往来"栏目,刊登了大量反映读者心声的文章和来信,从这些来信中可以看到《世界知识》更切合了读者需要。天津的读者徐继祖在给该刊的来信中说:"《世界知识》之所以能够站立于洋洋报刊之林而长期备受读者喜爱,我认为最重要的原因在于它高屋建瓴、举重若轻、深入浅出地把握和演绎环球风云变幻的风格和特色,那一篇篇或气度恢弘、纵论全局,或冷眼旁观、独具视角,或棱角分明、活泼睿智的文章,读后使人感到获取知识和启迪的满足。每一期上围绕一两个'看点'(往往是'封面论题',特别重大问题会跨越数期)所提供的系列文章,在深度和广度上似乎让人感到更为'解渴'。"[12]安徽的中学教师张磊在给该刊的信中说,他本人非常喜欢这本刊物,还经常作为课外读物推荐给学生。"很多学生把零花钱省下来,合伙订阅贵刊。每当拿到新一期的《世界知识》,他们就欢呼雀跃、争相阅读、爱不释手……学生们特别爱阅读有关我国周边邻国的文章。他们说:'我国正在进行社会主义现代化建设,需要一个安定的国际环境,尤其需要一个安宁的周边环境。这样,我们对于周边邻国的情况就应该多了解一些。'同学们对刊物上发表的有关国际问题的文章尤为喜欢。有的同学把其中的一些观点抄录在笔记本上,有的同学把文中的精彩段落刊登在黑板报上,有的同学针对文中的观点各抒己见,展开热烈的讨论。在阅读和讨论中,他们的思维活跃了,思路开阔了,口才提高了,知识面拓宽了,课外生活也丰富多彩。同学们说:'这都归功于《世界知识》啊!'同时,《世界知识》对于我的教学工作也大有益处。"[13]

《世界知识》办刊的成功经验

《世界知识》创刊已76年,1949—1952年为周刊,自1953年起改为半月刊,截至2009年,已出1523期,是什么样的力量支撑它走过漫长的岁月而在期刊之中永葆青春呢?这当中的一些经验值得总结。

一是刊物的创办切合了时代的需要。76年之前,日寇疯狂侵略我国,国际法西斯势力猖獗,国内政治黑暗,一片白色恐怖,中国人民要求抗日的怒潮势不可挡,作为一个国际政治、经济、文化半月刊的《世界知识》,是迎接着当时抗日反侵略反法西斯的激流而诞生的。作为"中国已经是世界的中国了",要认识中国必须认识世界,要认识世界也必须认识中国,要把中国的命运和世界的命运连在一起。中国人民更需要了解有关国际各方面的知识,需要有正确的观点来分析世界形势的发展,需要有及时对许多国际时事的了解。创刊之后,虽在反动势力重压之下它坚持说真话,并以介绍国外情况为主要内容,成为广大中国人民了解世界的一个窗口。新中国成立后成为国人了解世界,特别是一些外交人员及中高级领导干部进行国际问题调研的重要参考资料。改革开放以后,随着我国国际地位的提高、国际交流的进一步扩大,它不但在涉外工作领域传播我国的对外政策,而且在开拓广大群众的国际视野上发挥着越来越重要的作用。可以说，人们关心的国际上的重大问题，都能在刊物上得到及时反映。正是它切合了当今国际国内形势的需要，贴近现实生活，才使它具有长久的生命力。

二是有一支忠于职守、乐于奉献的忧国忧民、为民族和国家命运舍生忘死的高水平的编辑队伍。编辑队伍特别是刊物的主编是办好一个刊物的组织保证。翻开刊物创办之初的主编名单，可以发现位列其中的，均是我国现代政治活动和报刊活动中的杰出人物，他们当中有首任实际主编的政治家、社会活动家、出版家胡愈之，有国际问题专家张仲实、毕云程、钱亦石、钱俊瑞、金仲华、张明养、郑森禹、冯宾符、吴景崧等。正是他们为刊物的创办和发展开辟了前进的道路。之后的历任主编和社长李连庆、朱烈、王明修、萧扬等人，在继承发扬刊物光荣革命传统的基础上，在新的起点上又将办刊水平推进到一个新的阶段。

三是庞大的高水平作者队伍的支撑。《世界知识》创刊之后，就荟萃了一批高水平的作者队伍。《世界知识》有一个切实负责的编委会，并且还聘请特级撰稿人。他们当中有戈公振、王纪元、艾寒松、邵守汉、吴清友、沈志远、金仲华、周伯棣、周建人、马星野、胡愈之、胡仲持、姜君辰、俞颂华、徐懋庸、章进、冯和法、张仲实、张明养、项远村、邹韬奋、杨青田、叶作舟、樊仲云、顾帛若、陈翰笙等。上述人员大多是从事国际问题研究的专家、社会科学家及报刊名编辑，其中包括进步的也团结少数中间或偏右的作者。据张明养回忆，编委会和特约撰稿人当时两星期举行一次聚餐会，是切实的编辑工作机构，不仅讨论当时的国际形势，而且讨论决定下期的选题计划，分配撰写任务，限期交稿。众多知名专家的撰稿，为办好刊物提供了丰富的稿源。随着时间的推移，作者队伍逐步扩大，夏衍、刘尊棋、姜椿芳、陈翰伯、姚溱、于友等也经常为刊物撰稿。

四是栏目众多，图文并茂。刊物的栏目设置是编辑意图的体现，也是读者关心的焦点和了解信息的窗口。为了多方面地反映刊物内容，适合读者的需要，《世界知识》创刊初期，曾开辟了"瞭望台"，其内容为评述半月内发生的一些重大国际问题；"讲座"一栏，主要讲述国际基础知识；"风云志"主要介绍世界各国及民族社会的政治、经济、文化发展情况及风俗人情；"看图识字"，用图表的形式宣传国际形势。随着形势的发展，栏目的设置也随形势而发生变化。新中国成立后，60年代开辟的重要栏目有"外论介绍"，专门刊登外国作者的文章。改革开放以后,随着外交活动的频繁和国际交往的增多,又开辟了"时事点评"、"大家谈"、"环球舆论"、"外交回忆录"、"漫谈外交"、"外交舞台"等栏目。进入21世纪,又开辟了"中国周边视点"、"世界态势"、"台海关系"、"泛读地带"、"读书世界"、"博士点击"、"中国与世界"等栏目。众多栏目的开设,包容的内容更广泛丰富,满足了不同层次读者的需要。

《世界知识》在编辑工作中注意版面活泼,重视发挥图片的作用,增强宣传效果。特别是金仲华同志在1936年至1941年担任主编期间,"他非常重视图片和国际漫画的选登,竭力做到图文并茂。他还首倡国际形势图解,配合文章,或以图解来说明某一国际事件发生的经过和发展趋向,深受读者欢迎。这是他编辑《世界知识》首创的特色之一"。[14]

五是开门办刊,广泛听取读者意见。办好刊物首先要有编者的努力,又要有作者的支持,还要广泛听取读者意见,不断改进刊物的编辑工作。进入新时期以来,《世界知识》在刊物上开辟了"读编往来"栏目,用相当篇幅刊登读者来信,广泛听取读者对办刊的意见;与此同时还采取随刊发送"读者调查表",向读者征询意见,编辑部每天都会收到大量的反馈意见,有力地促进了编读互动,既密切了编者与读者的关系,也促使编辑工作不断改进。

《世界知识》已走过了76年的光辉历程。它有着昔日的辉煌,也有过艰难的曲折。历史地看,成绩巨大,但在前进的道路上也有教训,读者也对刊物提出了有益的批评和建议。作为一个国际时事性评论刊物,对国际热点问题的报道还不及时,时效性不够强;尖锐性的评论文章较少,长文章显得多了一点;涉及国际问题的知识性文章较少;栏目虽多,但精品栏目较少,应精心培育打造。上述问题,我们相信编者在今后的编辑工作中会加以改进,在新的起点上迈出新的更加辉煌的一步。

参考文献

[1][6]钱俊瑞.回顾与前瞻[J].世界知识,1984(16).
[2]于友.胡愈之传[M].北京:新华出版社,1993:131.

[3]葛军.毛泽东与《世界知识》的故事[N].中华读书报,2004-02-25.

[4]史之.毛泽东与《世界知识》点滴[J].世界知识,2006(18).

[5]梁隆泰.周总理指示我们学《世知》[J].世界知识,1984(17).

[7]陈毅.掌握正确的方向前进——在《世界知识》创刊30周年纪念会上的讲话[J].世界知识,1964(17).

[8]吴耀宗.《世界知识》对中国革命的贡献[J].世界知识,1950(1).

[9]郑森禹.我爱《世界知识》[J].世界知识,1950(1).

[10]廖盖隆.面向世界　面向未来[J].世界知识,1984(18).

[11]王纪元.在不平凡的年代中茁壮成长[J].世界知识,1984(18).

[12]我与《世界知识》的故事.读者来信摘登.之四[J].世界知识,2003(1).

[13]我与《世界知识》的故事.读者来信摘登.之五[J].世界知识,2003(2).

[14]张明养.怀念三位老编辑——金仲华　冯宾符　吴景崧[J].世界知识,1984(13).

一个人、一本杂志和一个时代
——"世知人"张明养事迹片段

史 之

著名编辑家张明养

张明养（1906—1991），浙江宁海人。1929年毕业于上海复旦大学政治系。1930年考入商务印书馆，参加《东方杂志》和《学生杂志》的编辑工作。1934年任《世界知识》编委。抗日战争爆发后，《东方杂志》迁到香港，主编《学生杂志》。1949年初，接任《中学生》杂志主编。

新中国成立后，曾担任复旦大学政治系主任。1952年应胡愈之邀请，从上海到北京，主持《世界知识》的编辑工作。后历任世界知识出版社副社长、总编辑，人民出版社副总编辑，《世界知识》主编。

张明养是一位长期从事报刊编辑工作的著名编辑家，又是一位著名教授和国际问题研究专家。他主持编辑的《世界知识》和《世界知识手册》，在出版界产生过重大影响。

在"世知"70多年的历程中，许多前辈"世知人"的故事，至今读来仍然感人至深，催人奋进。

今年是前辈"世知人"张明养诞辰100周年。说来惭愧，对这位"世知"创办人之一，过去我们只有一些模糊的认识，直到近期为纪念他的百年诞辰而走访他的家人，才对他的经历和事迹有了比较全面的了解。

最早的"世知人"之一

1906年3月15日,张明养出生在浙江省宁海县里岙村。1930年初,从复旦大学毕业的张明养考入了商务印书馆编译所,任《东方杂志》编辑。当时的商务印书馆编译所是知识分子汇集的地方,进馆不久他就认识了从法国留学回国的胡愈之。胡愈之在工作、治学和政治上,都对他产生了重要影响。在胡愈之领导下,张明养成了杂志实际上的具体负责人,而且他还经常亲自写稿,仅在1930年当年就写了国际问题论文及短文59篇。他努力贯彻胡愈之的编辑思想,大登宣传抗日和揭露帝国主义实质的文章,大力介绍苏联的建设成就。当时的上海是白色恐怖统治下"文化围剿"的中心,在胡愈之的领导下,该杂志"广泛地团结一批爱国的中间的进步作家",使杂志在"文化围剿"中仍能起着进步作用,成为一个影响很大的刊物。

张明养1925年在南京上中学时参加了共产主义青年团。1926年在上海法政大学转为中共党员。1927年"四一二"反革命政变后他失去了党的组织关系,但他仍坚定地跟着共产党走,积极参加进步文化活动和民主运动(此后直到1958年才重新回到党的组织)。当时,上海的环境很是险恶,国民党政府到处搜捕共产党人。有一次深夜,法国巡捕(警察)突然包围了张明养的家。三个巡捕闯入家中,把家人从床上叫起来,逼到房角不许动,进行突击搜查。因没搜到什么"罪证"而作罢。而书架底下正好有几本禁书,幸亏未被发现。

1934年正是上海白色恐怖最严重时期,这时也正是抗战前风紧云急的岁月,各种斗争紧张尖锐。胡愈之在党的领导下,和一批国际问题专家一起倡议筹办《世界知识》,其中就有张明养。最初筹划创办《世界知识》时,他们就曾在张明养的住处商议。那时,张明养新租了上海法租界吕班路万宜坊的寓所,家具还未摆放,胡愈之、郑森禹等人就坐在地板上计议。胡愈之本要张明养辞去《东方杂志》编辑职务,去负责《世界知识》编务,但因他同"商务"订有聘约关系,未能如愿。但他作为创办人之一以及25个特约撰稿人之一,一直积极支持《世界知识》的编辑出版工作,几乎每期都撰写一篇专论。他协助胡愈之团结了一批国际问题研究方面的专家,如胡仲持、张仲实、钱亦石、钱俊瑞、郑森禹、邵宗汉、金仲华等。他们经常举行聚餐会，一般两星期一次，不仅讨论当时的国际形势和问题，也交换关于国内政治和外交问题的意见，拟订论文题目，并当场分配各特约撰稿人下期写稿任务。这种聚餐会实际上是《世界知识》的编委会。每年一本的《世界知识手册》，中国部分也总是张明养写的。他还为《世界知识》写了几个系列的讲座。很快，《世界知识》在国内外产生了广泛深远的影响，张明养的文章也为海外的读者及文化新闻工作者所熟知。

30年代，张明养还写了许多著作，其中《世界知识读本》这一长篇连载，被编为"世界知识丛书"之一种，曾再版数次。

在党的领导下奋斗

1937年"八一三"上海抗战开始，《东方杂志》一度迁往长沙。1938年8月又迁至香港。张明养一直没有离开《东方杂志》的编辑工作。在那样困难的条件下，几乎每一期都有他撰写的文章。1939年10月商务印书馆又任命张明养为《学生杂志》(1914年创刊)编辑兼发行人，直到1941年底太平洋战争爆发，日军占领香港，《东方杂志》出到第38卷终，《学生杂志》出到第21卷第9号，都被迫停刊。

自1938年随商务印书馆《东方杂志》到香港后，张明养便积极投入了党领导下的对外宣传工作。他参加了党领导下创办国际新闻社的工作，也是主要负责人之一。国新社和《新华日报》成了党在国统区两个主要的革命新闻宣传机关。1941年"皖南事变"爆发后，邹韬奋、金仲华、范长江、乔冠华、羊枣(杨潮)、张明养、胡仲持和夏衍等人在廖承志领导下创办了统一战线性质的《华商报》，宣传中国共产党的方针政策，揭露帝国主义玩弄的"东方慕尼黑"阴谋。1941年12月太平洋战争爆发，日寇炮火波及香港。《华商报》、《世界知识》、《东方杂志》等相继停刊。香港被日军占领后，全家生活很困难。张明养拒绝了让他为日本人办报的说客，宁可饿死，也决不当汉奸，表现了崇高的气节和品质。

在周恩来的关心和廖承志、潘汉年等人的安排及东江纵队的努力下，所有和党直接或间接有联系的爱国民主人士和文化工作者，都陆续安全地撤离了香港。这就是有名的"秘密大营救"。张明养在12月下旬和他们一起坐小艇经澳门、桂林,辗转来到重庆。

1942年,张明养到重庆后就离开了商务印书馆,接受了已迁到重庆北碚的母校复旦大学的教务长陈望道、法学院院长张志让的邀请,任政治系教授。抗战胜利后,1946年秋,张明养随复旦大学从重庆迁回上海。他授课之余,仍为《世界知识》杂志撰稿。

他积极参加进步文化运动和民主运动,支持青年学生的各种爱国运动。他发起组织"上海大学民主教授联谊会"(简称"大教联",1946年冬成立),在上海地下党的领导下进行活动。其主要任务是开展争民主、反独裁、反饥饿、反内战等爱国革命运动。他被选为理事。这期间,他不断写文章,发言和演讲,讨论国际政治,评论国内政局。

重回《世界知识》

1949年5月27日上海解放,接着上海军事管制委员会接管复旦大学,宣布张志让、陈望道为校务委员会正、副主任委员,张明养被任命为复旦大学校务委员会委员、政治学系主任。1950年4月,中央人民政府任命张明养为华东军政委员会文化教育委员会委员,他还被选为上海市人民代表。

早在1950年,北京方面邀请张明养来京工作,但因复旦大学校长坚留而未能成行。1951年春,由于已出任国家出版总署署长的胡愈之的敦促,他毅然辞去复旦大学政治系主任职务,到北京参加《世界知识》和人民出版社的工作。

1950年《世界知识》迁京后,一度由中国人民外交学会领导,外交学会会长张奚若任董事长,副会长乔冠华为公方代理人,副会长胡愈之兼任世界知识出版社社长,张明养被任命为世界知识出版社副社长兼总编辑,冯宾符任副社长兼秘书长。

1952年9月《世界知识》改为国营,合并到人民出版社,张明养担任世界知识编辑室主任。1955年2月,张明养担任人民出版社副总编辑,仍兼任世界知识编辑室主任。这段时间,他除了管一些国际问题图书的选题和定稿外,主要工作是主编《世界知识》杂志和每年一册的大型工具书《世界知识年鉴》。此外，世界知识编辑室还要为中国人民外交学会编译的《国际问题译丛》杂志做校订和发稿工作。

当时，《世界知识》是周刊，而且是中华人民共和国唯一的国际问题杂志，已完全不同于昔日在上海办的那份民营刊物了。1953年《世界知识》改为半月刊。张明养深感责任重大。他坚持参加每一期杂志从选题、组稿、审稿、加工、校对，直到下厂付印的全过程，从而不断提高质量，又保证了它准时出版、从不脱期的好传统。他主动承担一些难度大、时间紧的题目的写作任务。在很长一段时期里，"半月谈"一栏就是他一人"承包"的。以世界知识出版社的名义，年年还编印一部专业性工具书《世界知识手册》，所有的规划设计、组稿定稿，都由他总负责。其中"各国概况"的"中国"一篇，也由他执笔。他经常伏案写作，有时彻夜不眠写作到凌晨。

张明养除了担任主编等领导组织工作，还像过去支持和呵护《世界知识》那样，继续不断为《世界知识》撰稿。据初步统计，从1934年这个"新生儿"诞生起，到1941年底香港沦陷《世界知识》停刊，他发表了105篇文章。计1934年4篇，1935年13篇，1936年19篇，1937年25篇，1938年8篇，1939年14篇，1940年16篇，1941年6篇。抗日战争胜利后，《世界知识》复刊。他从1946年开始又接着每年都给《世界知识》撰稿七八篇，1951年是10篇，1952年写了11篇。60年代以后，他写得就少了。

1957年初，他被组织上调到外交部国际关系研究所（现为中国国际问题研究所）任研究员、党组成员，负责开展中国外交史的研究；同时还主编《国际问题研究》。1957年7月《世界知识》杂志从人民出版社分出来，改建为专业出版社，直属外交部领导。当时主要领导人刘思慕、冯宾符等都另有任务。张明养又被调回世界知识出版社担任代理总编辑职务，一年后才又回到研究所去。但他一直是《世界知识》编委，定期出席编委会议。

在"文化大革命"中，他被单位"造反派"揪去批斗、集中学习，不让回家，写"交代材料"近三个月。《世界知识》被横加卖国主义莫须有的罪名。由于他同《世界知识》有着悠久的密切的历史关系，在批斗胡愈之时，也常常把他带去陪斗。1969年11月他被下放到湖南茶陵外交部"五七干校"劳动，期间健康受到很大损害。

1973年1月外交部决定恢复国际问题研究所，调张明养等五人参加筹建领导小组。1977年改为领导小组，张明养任领导小组成员、党组成员、研究员,1979年9月任副所长至1983年3月,后为研究所顾问。这期间他参加了研究所的筹建和日常工作,分管过编译室、图书馆,组织编写、讨论大量有关国际形势的分析、调研报告和供外交部领导、联合国有关会议、新华社等部门需求的背景参考资料等。

领导《世界知识》再次复刊

"文革"结束后,1978年中央批准恢复世界知识出版社。1月,外交部仲曦东副部长召开恢复世界知识出版社座谈会,宣布由郑森禹、张映吾、许文益、张明养成立复社筹建小组。他们很快研究了《世界知识》的编辑方针、主导思想、基本内容,并明确《世界知识》杂志将是一个时事性、知识性、通俗性、理论性的国际问题刊物。1979年1月,《世界知识》再次与读者见面。

他自1954年开始担任第二届全国政协委员,又历任第三、四、五届全国委员会委员。期间他担任了全国政协国际问题组副组长。

1983年6月他当选为第六届全国政协常委,1988年再次当选为第七届全国政协常委。期间他是外事工作委员会委员。

他自1951年起就是中国人民外交学会理事,1951年至1966年任中国人民保卫世界和平委员会委员,1952年至1966年为中印人民友好协会理事和中巴人民友好协会理事,1959年至1966年为中国政法学会理事。20世纪80年代他被选为中国政治学会顾问、中国翻译工作者协会理事和中国统一战线理论研究会理事。

1955年他参加中国民主促进会,历任民进第四、五、六、七届中央常委、宣传部长、中央参议委员会常务副主席等职。

要把张明养前辈一生丰富的阅历和贡献讲清,不是这短短的几千字能够完成的。这篇文章记叙的主要是他与《世界知识》有关的片段,尽管这些片段横跨了半个多世纪,但《世界知识》是他一生丰富经历中的一个重要方面。他对《世界知识》有很深厚的感情。在他领导下一起工作过的同志都亲切地称他"张明老"。1991年7月4日,在与癌症进行了将近十年的顽强斗争后,张明养阒然长逝。其实在这十年中,他的工作一直没有停止,不管是研究著述还是各种社会工作。

张明养是知名的国际问题专家，他知识渊博，治学严谨，除著作、译著外，发表了千余篇政论；他又是有丰富经验的政治学教授，为国家培养了一批人才；作为老编辑家，他勤勤恳恳、兢兢业业，为发展文化出版事业倾注了大量心血。

这就是一个老"世知人"的一生，他的一生是平凡的，又是不平凡的。"世知人"将永远铭记和怀念他。

（作者注：张明养先生长女张之一女士为本文提供了大量素材及照片，谨致深切感谢）

（原载《世界知识》2006年第13期）

感激与怀念
——纪念《世界知识》创刊五十周年

陈 原

著名出版家陈原

陈原（1918—2004），广东新会县人。1938年毕业于中山大学工学院土木工程系。1939年初，参加新知书店编辑部工作。历任新知书店、生活书店、三联书店、世界知识出版社、人民出版社、中华书局、商务印书馆、国际书店的业务领导。1957年任文化部出版局副局长，中国出版工作者协会第一、二届副主席。80年代后致力于语言文字规范化工作。先后任中国文字改革委员会副主任、国家语言文字工作委员会主任。主要著作有《语言与社会生活》、《社会语言学》、《语言和人》、《记胡愈之》。另出版有《陈原出版文集》等。

《世界知识》创刊的时候，中华民族正处在生死存亡未卜的危急关头。当我们这一代年轻人在沉重的压抑下寻找一条途径，去认识我们的祖国和民族的命运时，正是《世界知识》这个杂志，在我们面前展示出一个动乱的现实世界——新的同旧的在搏斗，正义同野蛮的搏斗，被压迫者同侵略者在搏斗的世界图景。我永远不能忘记，当我和我的年轻伙伴们得到这份新杂志时那种激动的心情；如今的读者——即使是最富于感情、容易激动的年轻读者，在接触到这份杂志时，很难想象会产生那样的心情。因为当代的年轻人生活在一个充满着希望的时代，或者说生活在一个随时可以看见阳光的时代，因为他们生活在这样的一个国土——生活在随便什么人（不论是东洋人还是西洋人，不论是王侯将相还是大腹便便的资产者）对它都不敢稍加蔑视的国土里。这一代的年轻人是幸福的，他们展读《世界知识》时更多的是寻求"知识",因为他们已经大抵认清从哪里可以到达新世界,他们明白知识即是力量的意义;可我们那一代的年轻人却要寻找一条路,——这当然也是知识,但它毕竟是一条路——一条求生的路,一条拯救自己民族的路,一条弄清我们国家在现实世界中的地位的路,一条追求充满曙光和真理的新世界的路。也许,对我们这一代年轻人来说,从这个杂志得到的不仅仅是知识,而是一条路,生活在斗争的路。50年过去了,我还依稀记得我和我的伙伴们那种激动的心情——因为我们这一代靠着它(当然不只它)指引的路走过来了,向着年轻人所盼望的目标,一步一步地走过来了。

从《世界知识》创刊时开始,我几乎没有间断地读着这个教人认识世界与中国的杂志。我常常折服于它的一些精辟的(虽则在那时候几乎都是"伊索寓言"式的)论断,我常常被这上面描绘的各国人民生活的图景所吸引;自然,那里转载的许多时事漫画都使我得到很多启发。就是创刊时的封底刻印的8种语言的刊名——也给我们这一代年轻读者打开了眼界:它冲破了旧时代英语(它是随着旧中国半殖民地化过程而取得自己的地位的)和日语(它是随着"九一八"侵略者的屠刀笼罩着东北三省的)的"垄断",给读者指出,瞧,这世界还有很多同样有价值的交际工具呀——在这当中,它居然标出俄语和世界语,而任何人都知道在那样的时代里俄语是新世界的象征("赤化"的象征!),世界语是进步与和平的象征("希望者"的语言!)。我至今还神往于那富有启发意义的8种语言构成的图景,也许我们现时代可以印上不止8种语言作为第三世界崛起的时代的象征。

在整个战争时期(从抗日战争到人民解放战争),我,作为那样轰轰烈烈的大时代的一个热诚的读者,从这个刊物和它的创办者及先行者们身上学到了很多很多。正是在战争中我有机会接触他们——他们的目标鲜明,立场坚定;他们的思路清新,文笔犀利;他们的献身精神、认真态度和无我境界,处处感染了我,教育了我。我感谢他们。直到今天,我每次接近健在的先行者们时,都仍然感到我从他们那里又得到了知识和力量。我常常怀念逝去的人们——其中有我熟知的金公(仲华)、仲足(冯宾符)、景老(吴景崧)和王"老板"(德鹏)。我怀念他们:金公以无可辩驳的逻辑时常给我分析形势;宾符以他热情而率真的语调使你不能推辞他分配给你的任务;景崧在我的斗室中,慷慨激昂地抨击黑暗势力;而"老板"不写文章,他那时只是千方百计为这个杂志渡过一个又一个经济难关,"晓得了",他没有二话就执行了党的任务。正是他们(还有别的先行者)用他们全部心血和汗水浇灌了这小小的园地,同时以无声的榜样教会我们这样的年轻读者该怎样生活、怎样工作、怎样斗争。有一段时期,我甚至跟他们在一起工作,虽则比起来是微不足道的,但我至今还引以自豪。无疑地,这个杂志将在新时代吸引更多的年轻读者去认识中国和世界。

(原载《世界知识》1984年第3期)

编者、作者、读者评论(摘编)

它(指《世界知识》——编者注)刚刚创刊,我就在图书馆杂志架上看到了它。后来按期零买,以后又成为它的订户。我每次出席时事座谈会,总要综合介绍它最近几期的内容。我发言的本钱就是从《世界知识》来的……每当它出版的时候,我总是它的忠实读者……"这真是50年如一日!"

解放战争时期,当金仲华、冯宾符两位同志主持编务时,我这个写写国际问题文章的练习生,也应命为《世界知识》写了一些文章,这时,我已成为一名不足道的作者。

还有一个时期,我按党的指派,和该刊编辑部的几个党员发生联系。有时传达些党对国内外形势的看法,也有时共同拟定写某些文章的题目,我还帮助他们约稿——这样,我又成为一个没有担任名义的编者。

话说至此,读者、作者、编者,我一身三任焉!当然,读者这个身份还是最主要的,订交50年,实在就是当了50年的读者。

[摘自陈翰伯(著名出版家)《订交50年》,《世界知识》1984年第14期]

相关链接

*《世界知识》同人.共同学习　相互教育——代复刊词[J].世界知识,1949(1).

*金仲华.《世界知识》十五年[J].世界知识,1950(1).

*胡愈之.人民中国在世界的地位——为纪念《世界知识》创刊十五年而作[J].世界知识,1950(1).

*《世界知识》创刊二十周年(报道)[J].世界知识,1954(18).

*复刊词[J].世界知识,1979(1).

*胡愈之.从长征到我的长征路上[J].世界知识,1979(1).

*杨学纯.面向世界的光明希望和未来——《世界知识》创刊五十周年庆祝会[J].世界知识,1984(20).

*郑森禹.《世界知识》的斗争历程[J].世界知识,1984(15).

*张明养.《世界知识》创刊初期的战斗历程——祝《世界知识》创刊55周年[J].世界知识,1989(18).

*李一氓等.贺《世界知识》创刊50周年[J].世界知识,1984(18).

*朱烈,萧扬.改革开放中的《世界知识》[J].世界知识,1994(20).

*郑森禹.关于《世界知识》的若干史料[J].世界知识,1994(18).

*文琳.帮助你认识世界——记《世界知识》半月刊[J].中国出版,1996(7).

*萧扬.《世界知识》50年历程[J].报刊管理,1999(10).

*严励.年逾花甲春还在——评新千年改版的《世界知识》[J].世界知识,2000(8).

*杨东纯.抗日烽火中的《世界知识》——纪念《世界知识》创刊七十周年[J].世界知识,2004(18).

*罗洁.世界知识七十年[N].光明日报,2004-07-29.

*萧扬.复刊初期二三事[J].世界知识,2004(19).

*姚东桥.沉闷中的呼号　开放中的实践中国是"世界的中国"了[J].世界知识,2004(18).

*戴文葆.胡愈之　邹韬奋合力创"世知"[J].世界知识,2006(18).

*范庆华.坚守住平实理性和深刻的内涵——挖掘《世界知识》的生命力[N].中国新闻出版报,2008-11-25.

*萧扬等.国际新闻,如何有我们的声音——写在《世界知识》创刊75周年之际[J].世界知识,2009(18).

记录中国当代妇女解放与成长的历史
——祝《中国妇女》创刊七十周年

宋应离　安　静

《中国妇女》创刊号（1939年6月）封面

中国的妇女期刊有着光荣悠久的历史。据目前所见资料，中国历史上最早的妇女期刊是戊戌变法时期1889年7月创办于上海的《女学报》。由于戊戌变法运动的影响，从戊戌变法到五四运动之前，先后创刊的妇女期刊约有五十多种。这些早期妇女期刊的主要内容是提倡女学、争取女权、反对男尊女卑、反对缠足穿耳等封建陋习，着重对妇女进行思想启蒙教育。随着民族民主革命运动的发展，有些刊物进一步把妇女运动与反清反帝斗争结合起来，鼓吹妇女解放要同争取国家与民族解放结合起来。"五四"时期又新创办了一些妇女刊物，其中的一些刊物在内容上提出了"婚姻自主"、"妇女经济独立"、"男女教育平等"、"妇女参政"等口号。这些涉及反对封建礼教的旧制度问题，具有进步意义，但未能从根本上触及对旧政治制度的改革，在思想上还没有摆脱资产阶级改良主义的范畴，离开了劳动群众解放，孤立地谈妇女问题，因此也就不能指出妇女解放的社会根源与正确途径。

妇女运动是整个人类解放事业的重要组成部分，妇女的命运同国家民族运动紧密相连。只有在中国共产党领导下，妇女才能在政治、经济上获得真正的自由平等和自身的解放。中国共产党一贯把宣传妇女解放和做好妇女工作视为一项极其重要的任务。早在抗日战争时期，在延安创办的《中国妇女》期刊就是一个突出的范例。

延安时期的《中国妇女》

1939年,正值抗战两周年之际,为了更广泛地发动妇女参加抗战,中共中央书记处于1939年2月20日发出《关于开展妇女工作的决定》,强调要用多种方式,宣传动员妇女在抗战中发挥作用,其中一项重要举措就是创办《中国妇女》。中共中央妇女运动委员会主办的第一份《中国妇女》于1939年6月1日在延安诞生了。

《中国妇女》发刊词阐明了刊物的任务和内容,"就是企图对于动员和组织二万万二千五百万妇女大众积极参加抗战建国大业工作尽一分绵薄的力量"。使它"成为全国女同胞的喉舌,成为一切妇女先进和热心妇运的男同志们的共同栽培的园地"。《中国妇女》的创刊受到毛泽东的关注与重视,他亲笔题写了刊名,并在创刊号上题诗一首:"妇女解放,突起异军,两万万众,奋发为雄。男女并驾,如日方东,以此制敌,何敌不倾。到之之法,艰苦斗争,世无难事,有志竟成。有妇人焉,如旱望云,此编之作,伫看风行。"形象生动地表达了刊物的指导思想:鼓舞妇女奋发图强,与男子一起,战胜敌人,才有光明前途。创刊号的

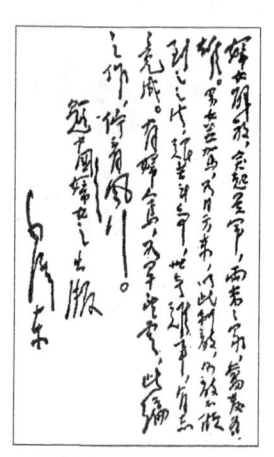

一九三九年六月一日毛泽东为延安《中国妇女》杂志创刊号题

版式设计新颖活泼,插图引人入胜。美术家江丰特为封面创作了生动的木刻画。

研究妇女运动,探讨妇女解放是刊物的一个重要内容。创刊之初,先后发表了王明的《妇女解放问题》、洛甫的《对于妇女干部的几点希望》、邓颖超的《抗日民族统一战线中的妇女运动》、蔡畅的《持久抗战中的中国妇女》、朱德的《十月革命与妇女》等。为了表彰历史上杰出妇女人物对妇女运动的贡献,刊物还开辟了田家英撰写的《中国妇女生活史话》、亚苏的《中国妇女在近代历史上参与政治运动的研讨》专题讲座,分别讲述了太平天国、戊戌变法、辛亥革命、"五四"时期妇女参与政治运动求解放的历史事实,从

历史发展的角度肯定了妇女在推动社会前进中的作用。

在长达几千年的封建社会里，社会生活中男权居于主导地位，中国的广大妇女挣扎在社会的最底层，备受压迫凌辱，对妇女的歧视渗透到社会的各个层面。她们不仅受帝、官、封三座大山的压迫，还受到政权、族权、神权的支配。"至于女子，除受上述三种权力的支配外，还受男子的支配（夫权）。"[1]广大妇女政治上无地位，经济上不独立，人格上没自由，沦为男子生儿育女繁衍后代的工具，成为男子的玩物与家庭奴隶。为了揭露、根除这种压迫、残害妇女的丑恶现象，《中国妇女》在第1卷第3期和第5、6期，先后刊登了慰冰等采写的兴县通讯《旧社会——一个角里的婚姻地狱》、《兴县的妇女生活和买卖婚姻》、《敌骑蹂躏下的冀东妇女》调查报告等，以具体事实揭露了山西吕梁一些地区妇女的悲惨遭遇。如兴县只有九万人口，95%的婚姻属于买卖婚姻，其方式直接以货币、耕牛、窑洞作交易（以物换媳妇）。当地早婚现象十分严重，女孩十五岁嫁人居多，最小的十一岁嫁人，七八岁做童养媳的很普遍。与此同时，刊物还对比性地发表了《获得民主权利的陕甘宁边区妇女》、《抗战两年来的华北妇女工作》、《论新女性的恋爱观》等歌颂革命根据地妇女获得自由解放的文章。

毛泽东在延安女子大学开学贺词里说"全国妇女起来之日，即抗战胜利之时"，高度重视妇女参加政治斗争的作用。妇女要获得政治上、经济上、人格上的解放与独立，必须从狭小的、烦琐的窒息妇女生机的家庭桎梏中解放出来，参加社会生产劳动和民主运动为妇女解放开辟了一个新途径。《中国妇女》当时发表了魏巍写的晋察冀通讯《唐县妇女自卫队的检阅》、范瑾写的《走向解放的冀西妇女》以及《陕甘宁边区妇女的生产运动通讯》，生动地描述了抗日根据地及延安地区八个县十万妇女摆脱了"缝衣补烂、烧锅煮饭、养儿抱蛋"的狭小天地，走向开荒种地、纺花织布，参加边区大生产的经济建设支援抗日活动，表现了翻身后的广大妇女崭新的精神风貌。刊登在第10、11期的《女大检阅日——"三八"插曲之一》的一首诗就是一个生动的写照："号音响亮，步子在歌唱，曾踏过几层关山的脚，如今行进在延河岸旁。休提起花木兰梁红玉，这千百个中也有旧时的姑娘……这就是女儿兵将，谁说'女子无才便是德'？去吧！关不住了，在那闺阁厨房，再不学擦脂粉香，再不学说细语柔腔！巨变作铁的伙伴了，她们的脸，只会笑傲太阳，口边唧紧仇恨，手搬动亲爱的枪机，在岗上，林外，欢叫着在血的战场之上，为民族吐气增光……看呵！'三八'辉耀的旗帜！导引她们到明天——胜利了，——妇女呵！站起来了，在史篇上！"这是对一支从狭小天地里走向战场的英姿飒爽的女战士的赞歌，表现了中华儿女英勇自信的伟大力量。

《中国妇女》还报道了国际重大时事，介绍了革命根据地一批妇女生产劳动模范的事迹和国统区及国外妇女生产劳动模范的事迹和国统区及国外妇运动态，开辟了"妇女工作经验介绍"、"妇女卫生知识"等栏目。

《中国妇女》自1939年6月1日创刊，到1941年3月共出版发行两卷二十二期。1941年5月，延安《解放日报》创刊，为精简机构，《中国妇女》同《中国青年》、《中国工人》一起，改为《解放日报》副刊，每两周出版一期。

《中国妇女》虽创办时间不长，但在党中央的直接领导和老一辈革命家的关怀下，始终坚持正确的办刊方针，动员革命根据地广大妇女参加抗日斗争，成为抗战中的一支号角。它在宣传妇女解放，提高妇女政治、经济地位方面发挥了推动作用。尤其是在极端艰苦的条件下，编辑工作者作出了突出贡献。"开始都是一个人包了全部的编辑工作，从订计划、约稿、改稿、写稿，到送审、编排、校对，全部一个人都承担了。"据罗琼、沙平等同志回忆，"延安当时夜里没有路灯，但印刷厂在清凉山，编辑部在杨家岭，为了发排，她们往往在山沟沟里走夜路，有时在万籁俱寂的黑夜里有狼向她们嗥叫、在身后尾随，使她们毛骨悚然。但当她们拐过山脚，见到毛主席窑洞里的煤油灯光还在闪亮，她们便不怕了"。[2]

时间已过去了七十年，延安时期的《中国妇女》对后人的影响还是深远的。时过五十年后，陈慕华回忆说："那时，在延安工作、学习的许多年青女干部，都很喜欢这本杂志，每次得到它都争相阅读，那上面登载的中央领导同志对时局的分析，对妇女工作的指导，对妇女理论问题的探讨，以及报社对各地妇运情况、妇女生活的生动报道，大家留下了难忘的教育和记忆。"[3]

前进中的十七年

1949年4月，正当中国人民在政治上、军事上取得节节胜利，新中国即将诞生前夕，中国妇女第一次全国代表大会召开。大会一致提议"要办一个全国性的妇女刊物"。根据大会的提议，当年7月20日，新中国第一个以妇女问题为中心内容的综合性月刊《新中国妇女》(1956年起恢复为《中国妇女》)在北京创刊。毛泽东为刊物题词:"团结起来,参加生产和政治运动,改善妇女的经济地位和政治地位。"创刊后刊物的任务,正如创刊号编者在《见面话》中所说的:新中国的妇女和新中国的人民在一起,努力实现革命在全国范围内的完全胜利,动员妇女参加新中国工农业建设。"帮助读者学习如何运用马列主义、毛泽东思想分析中国当前的妇女问题及妇女解放的途径……同时也将更进一步帮助读者了解妇女生活和妇女工作情况,交流妇女工作经验,供给妇女工作材料,指导妇女运动的发展。"在以后相当长的时期,刊物是遵循这一指导思想的。

一、动员广大妇女投入社会主义建设

新中国成立后,摆在全国人民面前的艰巨任务是继续实现民主革命在全国范围内的全面胜利,同时又不失时机地进行社会主义改造和社会主义经济建设。这是一个伟大的群众运动。动员全国人民包括占总人口一半的妇女投入社会主义经济建设是全党的中心任务,也是刊物宣传的重大主题。刊物围绕这一问题,刊发了区梦觉的《怎样做一个新社会妇女》、帅光的《肃清封建思想才能提高自己》、徐特立的《中国妇女的历史任务》、蔡畅的《关于妇女工作的几个问题》、宋庆龄的《"三八"纪念与家庭妇女生产建设》、邓颖超的《对女青年的希望》等。文章从不同的角度阐明妇女参加社会主义改造和社会主义建设的必要性、重要性,强调妇女是推动社会前进的强大动力,为妇女的解放提供了思想武器。与此同时,刊物还报道了在土地改革、抗美援朝、"三反"、"五反"以及贯彻社会主义总路线过程中,妇女参加工农业生产出现的新人物、新气象的动人事迹。如《天津中纺二厂的女工发动起来了》、《新疆妇女的新生》、《土地改革后的豫中农村妇女》,这些报道从各个侧面反映了获得解放的妇女参加社会建设精神面貌的深刻变化,她们意气风发、扬眉吐气,真正充当了"半边天"的角色,真正掌握了自己的命运。

二、宣传婚姻法,实现男女平等

新中国建立后,为了解放妇女,实现男女的自由平等,1950年5月1日,中央人民政府公布了《中华人民共和国婚姻法》。这是一部废除旧的包办强迫封建主义婚姻家庭制度,实行男女权利平等、婚姻自由、一夫一妻制,保护妇女和子女合法利益的社会主义婚姻家庭制度的法律。与此同时,中共中央发出关于保证执行婚姻法给全党的通知。作为全国性的妇女刊物，宣传贯彻婚姻法，实现男女平等责无旁贷。刊物在这个时期有针对性地发表了一批权威性的宣传婚姻法的文章，如安子文的《宣传婚姻法与肃清封建思想残余》、刘子久的《清除清规戒律，保障妇女特殊利益》、史良的《对婚姻法中一些问题的解答》与《关于中华人民共和国婚姻法的报告》、帅孟奇的《坚决清除封建思想及资产阶级腐朽思想才能彻底贯彻婚姻法》、谢觉哉的《男女平等的意义》与《学习婚姻法与实行婚姻法》等，形成了全社会贯彻婚姻法的强势舆论氛围。典型事例是最具有说服力的，在大规模地开展思想理论宣传的同时，刊物还介绍和报道了全国各地贯彻婚姻法的好典型及出现的新气象。中央贯彻婚姻法联合办公室撰写的《河南鲁山县贯彻"婚姻法"的成就与经验》、《云南呈贡县贯彻婚姻法运动的经验》，长篇通讯《婚姻法帮助我们改造了家庭》、《婚姻法把旧家庭变成了新家庭》、《几年不和的婆媳关系搞好了》等，反映了贯彻婚姻法之后在社会和家庭生活中发生的深刻可喜变化。鉴于封建思想的影响，歧视妇女、残害妇女现象在当时时有发生，对此，刊物刊登了《罗安氏惨死事件告诉了我们些什么——罗安氏惨死案件始末》，揭露了河南省睢县一个恶婆同一个恶夫用残忍手段谋杀媳妇的事件；江苏淮安县妇联主任虐待保姆受到撤职处分的案件，在当时起到了一定的警示作用。

三、继承先贤遗志，表彰时代新人

向广大妇女进行革命传统教育是《中国妇女》的一个优良传统。中国近现代革命史上，涌现出了一批女豪杰、女英雄，在她们身上体现了中华民族的爱国主义精神和献身精神，发扬革命传统，弘扬革命先贤的崇高革命精神，对鼓舞当代妇女投入社会主义建设有很大的激励作用。刊物曾陆续介绍了女革命家秋瑾、革命先烈向警予的英勇事迹，还发表了《回忆抗战女英雄赵一曼》、《刘胡兰鼓舞着我们》、《记陈铁军烈士》和黄钢撰写的长篇传记文学《革命母亲夏娘娘》等一系列反映革命先贤英勇行为的文章，在读者中产生了强烈反响和巨大的震撼力。

社会主义的新中国是英雄人物辈出的时代。无论是社会主义改造还是社会主义建设时期，在各条战线上都涌现出了一批先进模范人物，在他们身上体现了新的时代精神，成为推动社会前进的动力、人们学习的典范。刊物以较大篇幅报道了劳动模范王秀鸾、新中国第一位女拖拉机手梁军、第一位女将军李贞、新时代的花木兰人民特等战斗英雄郭俊卿、治淮一等功臣李秀英、模范军属申纪兰、富于改革创新精神的纺织女工郝建秀和赵梦桃、农村知识青年的好榜样徐建春、植棉能手第一位农民出身的女研究员张秋香、山沟里的"女秀才"黄顺玉、舍己为人的向秀丽与徐学惠以及德艺双馨的爱国艺人常香玉，这些灿若群星的先进模范人物家喻户晓，成为广大妇女学习的楷模，鼓舞着她们在新的长征路上前进。

谱写新时期的光辉乐章

《中国妇女》因"文革"爆发，出至1966年12月第238期停刊，时隔12年，于1978年7月复刊。复刊后的《中国妇女》面临的是新时期、新形势、新任务。新时期最鲜明的特点是改革开放。党带领人民进行改革开放的目的是解放和发展社会生产力，实现国家现代化，让中国人民富起来，实现中华民族的伟大复兴。为了实现这一宏伟目标，作为全国性的妇女刊物，肩负的任务是自觉宣传动员广大妇女投入改革开放的大潮中，发挥广大妇女在社会主义建设中的独特优势，把妇女工作的作用、影响和社会价值表现出来，把新时期妇女的伟大贡献、优秀品质和精神风貌展示出来，同时要扫清妇女在参加现代化建设中的种种障碍，为广大妇女贡献自己的聪明才智创造良好的社会环境。正如复刊号《致读者》所说的：新时期要结合妇女的实际和特点，宣传改革开放中各条战线的先进妇女人物，保障妇女的合法权利，反映妇女的意见和要求，批判一切剥削阶级的旧思想、旧传统、旧风俗、旧习惯，树立社会主义的新道德、新风尚，团结和教育广大妇女在三大革命中发挥妇女"半边天"的作用。

一、塑新时代女性形象，展示新女性风貌

社会主义革命胜利后，男女法律上的平等为妇女政治上、经济上和自身的解放提供了前提条件，但妇女的真正解放，还有赖于妇女自身素质的提高，这是提高妇女政治、经济地位的基本保证。妇女自身要做到"四自"，即自尊、自信、自主、自强，自觉投入政治经济建设中，通过参政和国家管理真正得以实现。列宁曾指出："法律上的平等还不是实际生活中的平等。我们要使女工不但在法律上而且在实际生活中都能同男工平等。要做到这一

点,就要使女工愈来愈多地参加公有企业的管理和国家的管理。"[4]中国的广大妇女在改革开放的新时代,清醒自觉地投入改革开放的洪流,献出了自己的智慧和才能,各条战线涌现出了一批先进模范人物。像身残志不残的张海迪、人民的好警察任长霞、模范法官宋鱼水、建设乡村都市的刘志华、著名企业家关广梅、科技战线上的谢希德与韦钰、医疗战线上的标兵冯理达,以及以敬一丹、李瑞英、宋祖英为代表的众多影视明星、歌星等,她们的先进事迹、改革创新精神、优秀高尚的思想品德在《中国妇女》上频频出现。新时期,许多妇女优秀人物走入政坛,管理国家。刊物还报道了一批上至担任国务院副总理、省委书记、省长,下至基层的妇女干部参政的典型,展示了她们高超的管理才能。可以说,新时代妇女英雄人物辈出,充分显示了新时代新女性掌握了自己的命运当家做主人的精神风貌。

身残志坚的张海迪

从社会学的角度看,作为一个社会占人口一半的女性形象总是既反映出这个社会中的妇女地位、社会发展水平,又能反映出这个社会占主流统治地位的价值观念和社会心理。从《中国妇女》对新时期新女性的宣传报道看,与过去相比,出现了一些新的变化。从职业形象看,20世纪五六十年代占主导地位的先进典型人物主要集中在工农业战线,而20世纪80至90年代的典型人物中,科技、医疗战线知识女性的比重明显增加。这种变化反映出我国广大职业女性的文化素质和政治地位在不断提高,社会在不断进步以及中国社会自身现代化进程和整个社会历史的巨大变迁。

二、肃清封建残余,维护妇女权益

传统习惯势力是一种最可怕的势力。中国是一个长期处于封建社会的国家,旧社会遗留下的男尊女卑、歧视虐待妇女的丑恶现象在新形势下依然存在。社会历史的发展离不开人类自身的延续生育,女性为此作出了特殊贡献,然而却成了受歧视的种种借口,社会生活中虐待妇女、性别歧视、暴力侵犯时有发生。为此,维护妇女的正当权益,揭露、抨击迫害妇女的行为,为妇女的健康成长创造一个良好的社会环境是妇女刊物的神圣职责。

1978年,针对河北邢台地区农村女青年高彦芳为摆脱不幸的买卖婚姻,竟被夫家人野蛮毒打严重致残一事,《中国妇女》发表了《残害妇女,国法不容》的长篇报道,并在刊物上开展讨论,使高彦芳的问题得到妥善处理。继高彦芳事件之后,1984年第11期刊登了陕西绥德姑娘阎爱芝的来信,申诉她十二年来被诬陷打击、家破人亡的悲惨遭遇。十二年来,她冲破种种困难,坚持申诉上告,并说她的问题在1978年王任重同志多次过问,并批示有关单位处理,但问题一直未得到解决。当王任重同志得知这一情况,当即给陕西省委书记白纪年写信催促,根据王任重的意见,白纪年虽然很快作出了处理意见,但后来仍未落实。后王任重得知这一情况后,给《中国妇女》和陕西《法制周报》写信,力促问题的解决。王任重同志在信中说:"从阎爱芝同志冤案可以看出,我们有的国家干部仗势欺人,无法无天。他们认为迫害一个小干部或者老百姓是可以不受任何惩罚的,这样怎么能发扬社会主义民主、健全社会主义法制呢?怎么能'彻底否定文化大革命'并彻底肃清它的遗毒呢?假如你们抓住这个问题不放,促使有关方面彻底解决(当然依照事实和法律),就不仅是为阎爱芝同志个人彻底平反昭雪,还可以作为典型案例,对广大干部群众进行法制教育的好教材,会产生很大的积极作用。"[5]王任重同志还在信中表扬了《中国妇女》在处理阎爱芝事件中表现出的认真负责精神。在王任重、白纪年同志的关心下,阎爱芝的问题终于得到妥善解决。

　　刊物和编辑虽然不是法官,不承担直接处理某一案件的责任和权力,但可以通过舆论的力量促使某些问题的解决,这种力量是无形的,也是巨大的。《中国妇女》在这方面是有特殊贡献的。

　　"父母之命,媒妁之言"被一些家长视作天经地义的真理,像一个紧箍咒长期限制、窒息着青年男女的婚姻自由,这种情况在旧社会极为普遍,但在新时期并未绝迹。《中国妇女》1980年第10期刊登了陕西省宝鸡市园林路灯管理处女工孙静给《中国妇女》的来信《希望你们救救我》。信中倾诉了她与一位家庭出身不好的男青年相爱结婚,而没有服从父亲——一位文教局长共产党员的意见,遭受种种打击迫害而被置之死地的悲惨处境。《中国妇女》在刊登这封来信的同时,刊登了《文教局长粗暴干涉女儿婚姻的调查报告》,并为此发表了《孙静的遭遇说明了什么?》的编者按。认为"当前,包办、干涉,甚至粗暴干涉子女婚姻的现象,各地都有发生,这是违犯婚姻法的。这不仅是关系到广大妇女,而且是关系到千家万户、男女老少的社会问题。希望读者对这个问题发表自己的意见和看法"。《中国妇女》于1980年第

131

11期、1981年第1期和第2期连续刊登了宝鸡市和其他地区读者参加讨论撰写的《肃清封建思想遗毒,正确处理子女婚姻》的文章十多篇,文章对孙静的不幸遭遇给予同情,对限制男女婚姻自由的旧思想给予谴责,起到了很好的教育警示作用。由于这些问题涉及妇女的切身利益和整个社会问题,引起了社会的广泛关注,使刊物内容拉近了与读者的距离,这个时期的刊物发行由过去的100万份猛增至170多万份。

三、抓住热点、难点、焦点,组织广泛讨论

一个刊物要生存、发展,扩大影响,在很大程度上取决于敢于及时反映读者关心的社会热点、难点、焦点问题。根据形势的发展,适时地开展震撼人心的有关问题的讨论是《中国妇女》编辑工作的一个亮点。早在上世纪五六十年代就曾组织了"杨云为什么自杀"、"我们夫妇关系为什么破裂"、"选择爱人的标准是什么"、"女人活着为什么"等问题的讨论,在当时产生了广泛的影响。在改革开放的新时期,社会的急速发展,关系妇女切身利益和实际生活中的一些新问题、新情况层出不穷,正确认识对待并解决这些问题,有利于调动广大妇女参加经济建设的积极性,也有利于推动妇女工作前进。《中国妇女》精心策划,先后组织了"应当树立什么样的婚姻道德观"、"独生子女教育"、"大龄青年婚姻"、"下岗再就业"、"关于女人出路"、"吃青春饭"、"妇女与我国当代社会生活方式"、"妇女参政"等问题的讨论。这些问题,由于贴近妇女生活实际,贴近群众,广大读者参与讨论,发表了许多不同意见,起到了相互交流、提高认识、统一思想的作用,是群众自我教育的好方法,也是编者与读者相互交流思想,双向互动的好形式,既增强了刊物的吸引力,又扩大了刊物的影响。

经验与启示

《中国妇女》自1939年6月1日创刊至今,已走过了70年的光辉历程,出版了770期。它凝结着几代编辑人的心血,积累了许多成功的编辑经验,给办刊人提供了有益的启示。概括起来有以下几点。

一是服务大局,紧紧围绕党在各个历史时期的总任务开展宣传工作。刊物始终结合妇女运动和妇女工作的特点,关注女性历史命运,记录女性成长轨迹，以妇女解放、提高妇女素质为主要内容，以妇女先进人物为榜样，创造性地多侧面、全方位地反映中国妇女投身革命和建设，在各个历史时期各条战线上的突出贡献，展示妇女高尚的精神风貌。这是《中国妇女》成功的一个根本原因。

二是抓好重点文章，扩大刊物的影响力。一般来说，一个刊物实现期期精彩、篇篇佳作是难以做到的。为了突出刊物的个性特色，在编辑指导思想上宁可局部突出，以精取胜，也不可整体平庸，贪多求全。编者的重心是在每期推出几篇重点文章即好文章。刊物上的好文章就是一刊之帅，就是一个刊物的旗帜和标志。好文章具有创新思想、观点新颖、内容深刻并有文采。《中国妇女》在改革开放时期精心策划推出的卷首语和名家撰写的扉页上的短文及新的一年的开篇文章，如《寄语女干部》、《关于妇女参政问题的提出》、《中国需要成千上万杰出女性》、《性别歧视：教育的叹息》、《我们需要重建——90年代开篇》等，就是其中的代表性文章，这些文章立意有高度、思想有深度、影响有力度。文章以散文的体裁，抒情的笔法，透射出深刻的思想哲理，而且文笔生动、语言清新流畅，对读者有很大的感染力与吸引力。

三是贴近妇女生活实际，指导性强。刊物始终围绕妇女运动、妇女工作为中心。在文章内容和栏目设置安排上，反映的是广大妇女切身关心的问题。向社会宣传妇女，向妇女宣传社会，反映妇女心声，成为亿万妇女的知音、千万家庭生活的参谋、解决妇女关心问题的论坛。许多读者称刊物是自己的良师益友，维护妇女权益的公正法官。有的称它为"前进的路标，思想的明灯"，"精神的食粮，战斗的武器，学习的教科书"，从而产生很强的指导作用。

四是运用多种编辑手段，扩大刊物影响。首先是针对重要人物和重大事件的宣传，采用连续式集束式的报道。如对革命烈士张志新、工人模范赵梦桃的革命事迹及婚姻法的宣传，在刊物上连续几期刊登系列文章，造成强大声势，产生很好的宣传效果。其次是重视编者与读者互动，扩大刊物影响力。曾先后开展了"中国妇女知识竞赛"、"评选年度海内外最有影响的几位华人时代女性人物"、"中国女知识青年的足迹征文"、"我与《中国妇女》征文"等活动，引导广大妇女积极参与这些活动。形成了信息互动反馈机制，沟通编者与读者交流，缩短了编者与读者距离，刊物拥有一批稳定的读者群和老订户。其三,重视连环画、图片的运用,增强宣传效果。新中国建立之初,限于广大妇女文化水平较低,刊物在封二、封三或内文中插入一些宣传先进模范人物事迹的连环画与照片,图文并茂、生动直观,颇受读者欢迎。其四是印制高雅精美又独具女性特色的封面。封面是刊物的"脸面",也是留给读者的第一印象。《中国妇女》的封面不是袒胸露脐、挤眉弄眼的美人画,而是展示中国新时代女性,充满正气、举止大方的各条战线上的顶尖人物。既适应市场化需要,也适应了大众文化的消费需求。

参考文献

[1]《毛泽东选集》第1卷[M].北京:人民出版社,1991:31.
[2]顾兰英.创刊初期的艰苦时光[J].中国妇女,1998(2).
[3]陈慕华.贺《中国妇女》五十周年[J].中国妇女,1989(6).
[4]《列宁全集》第38卷[M].北京:人民出版社,1992:170、171.
[5]《王任重同志为一件冤案给本刊编辑部的来信》[J],中国妇女,1989(2).

(原载《出版史料》2009年第2期)

关注妇女命运 伴随妇女前行
——《中国妇女》杂志七十年回顾

尚绍华

《中国妇女》总编尚绍华

尚绍华（1952—），编审，中国民主同盟中央委员，中国民主同盟中央妇女委员会主任。第十、十一届全国政协委员，全国政协民族宗教委员会委员，全国妇联执委，现为《中国妇女》杂志总编辑兼《悦己》杂志社长。曾主办过《世界妇女博览》杂志，获好评。

1968年上山下乡到黑龙江生产建设兵团。1978年调《中国妇女》杂志当记者，后任编辑部主任。此间写了大量反映妇女问题的报道，其中有20余篇获奖，并出版了《中国婚恋特写》、《一个女人一条路》等四本专著。其中《女性的中国》一书还被翻译成日文于1996年在日本出版。

2000年，被评为第三届全国百佳出版工作者，并享受国务院政府特殊津贴。2008年被国家新闻出版总署评为首批国家新闻出版领军人才。

从1939年到2009年，从革命圣地延安到北京，从抗日的烽火中到改革开放的新世纪，我们《中国妇女》杂志走过了她波澜壮阔的征程，迎来了创刊70周年的纪念日。70年来，《中国妇女》与祖国同呼吸、共命运，经历了抗战的艰苦考验，经历了历次政治运动的动荡和洗礼，经历了"文革"的停刊和复刊，也经历了大发展和激烈竞争的挑战。但，不管遇到什么样的时代变迁，她始终坚持弘扬妇女解放、自立自尊的精神，坚持女性的主流价值观，不忘记自己的使命，关注妇女命运，伴随妇女前行。

在延安创刊,曾是引领妇女投身抗战的一支号角

翻开《中国妇女》杂志的历史,我们能深深感受到,这本杂志不是一本普通的杂志,她是在艰苦的抗战时期,在中国共产党和毛泽东主席的直接关怀下创刊的。作为中共中央妇女运动委员会创办的第一本全国妇女刊物,她在延安一创刊就承担起组织妇女、发动妇女投身抗战的任务。正因此,我们敬爱的毛泽东主席为《中国妇女》杂志题写了刊名,并为其赋词一首《四言诗·题中国妇女之出版》。"妇女解放,突起异军。两万万众,奋发为雄。男女并驾,如日方东。以此克敌,何敌不倾?"这是多么豪迈的诗句!这首后来收入《毛泽东诗词选》的诗句,以其对妇女作用和力量的肯定与赞美,以其对革命胜利的信心和豪情,当时鼓舞了广大妇女投身抗战、投身革命,也激励了当时《中国妇女》杂志第一代办刊人。

据老同志回忆,杂志创办之初非常艰苦,编辑们在窑洞里、在煤油灯下编刊。编辑部在杨家岭,印刷厂却在清凉山,为了发排,编辑们常要在山沟沟里走夜路,常和野狼相遇,但当她们拐过山脚,远远地望见毛主席窑洞里的灯光时,她们就有了前进的勇气。在创刊号中,女作家丁玲参与了版式设计,著名版画家江丰也制作了木刻插图。后人评价说,解放区的木刻版画艺术在中国现代美术史中有着不可动摇的地位,《中国妇女》中的多幅独特的木刻作品留下的就是一份珍贵的艺术史料。《中国妇女》出版后,不仅面向妇女,也成为中国共产党在抗战时期的重要的宣传工具。杂志发表过很多中国共产党中央委员会关于抗战的重要宣言。如《中国共产党中央委员会为抗战两周年对时局宣言》、《中国共产党中央委员会为抗战三周年纪念对时局宣言》等。毛泽东主席还有两篇重要文章在《中国妇女》杂志上发表,一篇是《当前时局的最大危机》,还有一篇是《团结到底》,这些文章都表明了中国共产党坚持抗战的决心。

新中国成立后,党中央和毛主席依然非常关心《中国妇女》杂志,1956年毛主席专为《中国妇女》杂志题词:"团结起来,参加生产和政治活动,改善妇女的经济地位和政治地位。"1966年8月20日,毛主席再次为杂志题写刊名,并延用至今。

今天，我们翻开当年的杂志，可以看到作者名单中有毛泽东、朱德、吴玉章、张闻天、邓颖超、蔡畅、康克清、张琴秋、艾青、王明等。可以说，《中国妇女》杂志的诞生和发展凝聚了老一辈无产阶级革命家的心血，也标志着党领导下的中国妇女运动有了自己重要的舆论阵地。

大讨论"红花"盛开　迎来了第一个大发展

1949年4月3日，中华全国民主妇女联合会在北京成立，《中国妇女》杂志被全国妇联确定为机关刊，并于7月20日在北京重新出刊。当时，正是新中国成立前夕，伴随着建国的喜悦，新中国的概念深入人心，重新出刊的杂志更名为《新中国妇女》。在国家进入社会主义革命和建设的新时期后，1956年1月刊名又改回《中国妇女》。

新中国成立初期，《中国妇女》杂志的定位是："全国妇联主办的政治性、思想性、群众性妇女月刊。"因全国只有一份妇女杂志，发行量有1万份。在办刊过程中，杂志社领导班子感到，20世纪50年代，妇女文化低的人很多，杂志上甚至还登识字课本，这个定位的概念太大，有点找不准读者。对于读者对象的问题，大家摸索了好久，最后确定为："具有初中以上文化程度的各族各界女职工、女干部和妇女群众。"

当时的编辑们常说，我们每期杂志的内容既要有红花也要有绿叶，就是既要有思想性，也要有知识性、趣味性。五六十年代杂志的"红花"就是开展问题讨论。在《中国妇女》开展的几次大讨论中，最著名的有"杨云为什么自杀"、"我们夫妻感情为什么破裂"、"女人活着为什么"、"选择爱人的标准是什么"等等。

"我们夫妻感情为什么破裂"这个讨论来自一封读者来信，北京22中教师刘乐群写信控诉丈夫喜新厌旧，非法和第三者同居，强迫刘乐群离婚。新中国成立后不久，有一部分干部进城后产生喜新厌旧的思想，被称为"骑驴找马"，杂志认为这封信反映的问题有普遍性、有代表性，便克服了很多阻力就这个问题开展讨论。因为是真人真事，反响特别强烈。那时《中国妇女》杂志由新华书店发行，杂志在新华书店一抢而空，参与讨论的读者来信达到上万封。当时外贸部党委书记谢学恭同志、最高人民法院院长谢觉哉同志都写文章参加讨论。

"女人活着为什么"的讨论，是杂志通过众多读者来信，看到很多女性头脑中存在依赖思想，针对一些女性依靠丈夫，自己不想奋发图强思想提出来的。1963年4月杂志发表了广东省委书记区梦觉大姐的文章《谈革命妇女的人生观》和记者的综述文章，提出问题：一个女人活着究竟为什么？这场讨论声势浩大，深入到千万个家庭，仿佛是一次成千上万人的座谈会。不料，陈伯达在1964年10月突然组织人在《红旗》杂志上刊登文章，批判这个大讨论"抹煞阶级斗争，宣扬资产阶级人性论"。当时的总编辑董边同志挺身而出，给予坚决抵制。

这些大讨论引发了读者浓厚的兴趣，那种平等对话、各抒己见、思想活跃，使杂志在社会上和妇女读者中树立了威信。杂志的发行量不断增长，从1949年的1万份到1967年最高发行量达90余万份。这一时期是《中国妇女》杂志大发展的一个时期，杂志成为全国四大刊物之一（当时的四大刊物是《红旗》、《中国青年》、《中国妇女》、《人民文学》）。

从1956年起，杂志社由行政单位改为事业单位，经济上实行独立核算、自负盈亏。由于杂志的发行量不断增加，不仅每年上交国家财政部利润，杂志社还成为北京东城区交税的模范大户。因此中国妇女杂志社曾被评为"全国三八红旗集体"。

不断发出自己的声音　在时代变迁中坚守办刊理念

1978年7月，随着"文革"的结束，停刊11年的《中国妇女》杂志复刊。许多人是从干校回到编辑部的，世事沧桑，但大家对杂志的深厚感情没有变。当时，正要召开第四次全国妇女代表大会，编辑部迅速投入到复刊和报道"文革"后的第一次妇女代表大会的工作中。

国家拨乱反正，带来文化复兴，也把《中国妇女》带入新时代。杂志1979年第7期发表了在"文革"中坚持真理和信仰的张志新烈士的事迹，并以张志新的黑白照片作封面，使杂志有很强的震撼力；在采访和披露"高彦芳反对包办买卖婚姻被毒打致残"案中，杂志派记者跟踪报道，维护妇女合法权益，鼓励妇女与封建势力抗争，使杂志有鲜明的责任感；配合新婚姻法的颁布,杂志出版增刊对新婚姻法有关问题请专家解答,凸显了杂志的权威性。因此杂志发行量迅速上升,突破100万份,到1983年发行量最高时达到170多万份。

然而形势也在这时悄然发生了变化。20世纪80年代以前,中国期刊数量屈指可数,《中国妇女》在女性期刊中一枝独秀,进入80年代,各地都创办女性杂志,读者迅速分流。《中国妇女》办刊人认识到,要自立于报刊之林,必须突出特色,要有自己的声音,要跟上时代的脚步。

1984年,《中国妇女》发表"三八"社论《愿我们有一个新的妇女观》,提出建立一个摆脱了愚昧和偏见、符合时代发展、科学文明的妇女观。

1986年,杂志历时8个月开展大讨论,题目是"女性的理想与理想的女性"。引发了对"今日的中国社会应当怎样要求女性?今日的中国女性应当怎样塑造自己?"等一系列问题的思考。全国妇联宣传部就"讨论"发出《通知》,号召全国妇女参加,不仅大中城市的妇女积极参与,有229位农民也踊跃参加"讨论"。对当代中国职业妇女面临理想的冲突,进行了反思和探讨。

1988年,针对工矿企业实行"优化组合"在女职工中引起的动荡,杂志组织了"1988——女人的出路"问题讨论,呼吁社会为女性创造平等的竞争环境。

1990年发表了《我们需要重建》的编辑部文章,提出在新时期要重新创建民族精神,确立时代道德标准。

1991年发表《献给您一份考卷——请您回答》一文,就"全社会都要树立马克思主义妇女观"向各省市区领导提问。13位省委书记撰写文章在杂志上发表,有力地宣传了马克思主义妇女观,影响深远。

杂志除了认真办刊,还开展各项活动,以扩大自己的社会影响。值得一提的是,在期刊上刊登征婚启事,《中国妇女》杂志是第一家。在1984年,党中央下发了关于全社会都来关心大龄青年的婚姻问题的文件后,《中国妇女》首先开辟征婚栏目。江苏省赣榆县大岭乡100位农村小伙子向城里姑娘的征婚信在杂志上发表,《大龄青年婚姻专号》增刊的发行,都在社会上产生很大影响。

1985年举办全国"首届妇女知识大奖赛",向全社会普及妇女知识。同时,杂志社还在中央电视台举办了"全国首届妇女知识大奖赛",向社会宣传妇女,邓颖超大姐称赞是"建国以后全国妇联成立以来的一个新的创举"。

应对新时期的挑战　开拓更广阔的发展空间

20世纪90年代后期,网络迅猛发展,数字化阅读进入人们的生活,这使杂志面临的挑战更为严酷。

中国妇女杂志社在改革开放的新时期,与时俱进,大胆探索,既不固守以往的成就,也不盲目追求浮躁的东西,面对期刊市场的激烈竞争,不等不靠,不抱怨不气馁,在社会主义市场经济的大潮中坚韧地探索自己的发展之路。最后确定出以《中国妇女》为旗舰,以期刊为主业,以本土女性文化原创力为核心竞争力,以出版资源多媒体化为主要发散经营模式,构筑女性文化生活品牌杂志期刊群和广告链的科学发展思路。

首先,改老刊、创新刊,突破单一市场,实现了自费、公费、广告三足鼎立。

1999年,《中国妇女》改为半月刊,下半月的法律帮助专刊,定位于个人自费市场。

2000年,投资创办《好主妇》杂志,坚持本土原创,倡导健康的生活方式,成为中国妇女杂志社市场化转型的探索。

2003年,《中国妇女》结束了印制的黑白时代,改为全彩印刷杂志。改版后的《中国妇女》实现了主流读者的换代,广告档次得到提升,收益模式由发行收入主导型向发行广告收入并举的转型,经济总量越做越大。

2005年,创办《爱女生》杂志,既为中国妇女杂志社增加了新的媒体资源,又搭建了促进海峡两岸青年女性交流的平台。

2007年,杂志社将1993年创办的《世界妇女博览》杂志更名为《悦己SELF》,并与美国康泰纳仕集团版权合作。《悦己SELF》不仅成为一本帮助读者实现身心健康的杂志,而且为我国文化"走出去"作出了贡献。《悦己SELF》以中文繁体字编辑的三期专刊,发行到台湾、香港及欧洲、北美等地,总数达24万册。

进入新世纪以来,杂志顺应时代脚步,引领时代潮流,焕发时代激情,彰显时代精神。从2001年开始,开展"海内外有影响力的《中国妇女》时代人物"评选活动,首届评选中,吴仪以4万多张读者选票名列榜首。这项评选活动已连续开展了8年,在社会上尤其在广大妇女中产生了很大的影响。

同时,中国妇女杂志社突破平面媒体局限,开始探索跨媒体、信息化发展之路。

1998年成立了华坤影视中心,成为探索影视发展的第一步。中心投拍了电影《情义两重天》,拍摄制作了两部40集的《中国母亲》专题片,承办了三届"女性风采优秀电视作品评选"等活动。

2002年起杂志与法国欧莱雅(中国)、新浪三方合作,共同打造"伊人风采"女性频道,开创了跨界、跨国、跨媒体强强合作,成为优势互补、三方共赢的成功案例。

2002年,杂志注册成立了华坤女性生活调查中心,拓展女性生活信息服务新领域。中心承担了很多有关妇女生活的社会调查,每年发布的《中国女性生活质量报告》具有一定的权威性,逐渐在形成品牌。

2005年,华坤女性消费指导中心挂牌。当年,就举办了"首届中国女性消费高层论坛"。此后每年都举办中国女性消费高层论坛,发布年度《中国城市女性消费报告》。同时出版年度《女性生活蓝皮书》,成为女性消费和女性生活质量研讨的重要平台。《女性生活蓝皮书》的出版,还填补了国家一项空白。

中国妇女杂志社始终坚持用科学发展观指导工作,对自身在期刊资源、资金实力、市场经验和经营能力等方面的不足冷静分析认识,谨慎操作,实事求是,量力而行。要求全社踏实地经营好已经启动的每个项目,走内涵式扩大之路,狠抓质量和效益。

在文化事业体制改革正深入发展的今天,我们深深感到,只要按照党的科学发展观来思索、来探索、来开拓,一本杂志的事业也会有广阔的前景。

《中国妇女》杂志能发展到今天,凝聚了几代办刊人的努力和奉献。回顾这不平凡的70年,人们不禁怀念起杂志早期的领导人沈滋久、董边等同志,她们不光是杰出的办刊人,也是妇女运动的先驱。几代领导班子、编辑记者和员工们在杂志社里工作、学习、进步,为杂志的发展,贡献了青春和才情。在她们中间成长出杰出的领导者、记者、作家、画家、摄影家。也正是由于几代办刊人的努力和坚持,才使这本杂志有思想、有理想、有梦想。在时代的变化中,永葆青春活力,一直受到广大妇女读者的喜爱。杂志两度获得国家期刊大奖,成为期刊百花园中的一棵常青树。

《中国妇女》承载着历史,肩负着使命,她本身就是妇女解放的标志和见证。面向未来,《中国妇女》将会不辱使命,永远关注妇女发展,伴中国妇女前行。

引领中国妇女七十年人生之路

张抗抗

著名作家张抗抗

张抗抗（1950—），生于杭州市，1966年初中毕业，1969年上山下乡赴北大荒农场，在农场劳动、工作8年。1977年考入黑龙江省艺术学校编剧专业，1979年毕业后，调入黑龙江省作家协会，从事专业文学创作至今。现为一级作家，黑龙江省作家协会副主席，第七届中国作家协会副主席，第十届、十一届全国政协委员。2009年被聘为国务院参事。

已发表小说、散文共计600余万字，出版各类文学专集60余种。代表作：长篇小说《隐形伴侣》、《赤彤丹朱》、《情爱画廊》、《作女》、《张抗抗自选集》5卷等。曾获"全国优秀短篇小说奖"、"优秀中篇小说奖"、"第二届全国鲁迅文学奖"，三次蝉联"中国女性文学奖"、"庄重文文学奖"，多次获"东北文学奖"、"黑龙江省文艺大奖"、"精品工程奖"，曾获"黑龙江省德艺双馨奖"、"第十二届中国人口文化小说金奖"、"第二届蒲松龄短篇小说奖"等。

有多部作品被翻译成英、法、德、日、俄文并在海外出版。

曾出访南斯拉夫、德国、法国、美国、加拿大、俄罗斯、马来西亚、日本、印度，进行文学交流活动。

今天，我们大家在一起庆祝《中国妇女》杂志创刊70周年，我作为读者和作者双重身份的代表发言，感到很荣幸。首先，让我代表多年来为《中国妇女》杂志撰稿的作者，代表《中国妇女》杂志的广大女性读者，向全国妇女联合会，向中国妇女杂志社，表示真诚和热烈的祝贺！《中国妇女》自1939年在延安创刊，从幼稚到成熟，从单薄到丰富，经历了大半个世纪的风雨。如今她已创刊70年，仍然朝气蓬勃充满生命活力，这是中国女性的骄傲，也是广大读者的福分。

70年的杂志如果一期一期摞起来可以说是"著作等身"了。我母亲那一代追求进步的知识女性，在新中国成立之初就是《中国妇女》杂志的忠实读者。记得我还在念小学的时候，就开始阅读这本刊物了。直到现在，我还是每期必读。很多青年人也喜爱这本杂志。《中国妇女》伴随了中国几代女性的成长，引领了中国妇女70年的人生之路。

《中国妇女》杂志以促进妇女健康发展、推动男女平等、维护妇女合法权益、传递女性心声为办刊宗旨。多年来，她用各种富有创意的栏目，生动的事例，亲切的话语，多样化的选题与女性读者对话。把"自尊、自信、自立、自强"的精神营养，以润物细无声的方式传导给读者。她报道杰出妇女，树立女性榜样，注重描述她们从起步到成功创业过程中，战胜困难的智慧和勇气，给读者激励和鼓舞。她关注妇女热点问题和生存状态，文章充满深切的同情理解，给人以贴心的慰藉和帮助。特别是改革开放以来中国妇女的生活发生了很大的变化，就业、发展、婚姻、情感、生育、教育、健康、心理等方面，都出现了很多新问题。面对时代发展的新趋势，《中国妇女》杂志反应敏锐，及时调研，为读者提供了许多切实可行的解决方案。进入新世纪后，面对千千万万女性不同的命运、不同的生活方式，她努力呼唤女性自立自强的精神，鼓励女性勇于克服自身的弱点，启发女性的聪明才智和潜能，寻找自己的人生价值。《中国妇女》杂志关心女性的心灵成长，更关心女性的快乐和幸福。这本杂志对广大妇女读者来说，像师长、像姐妹、像亲人、像朋友；而我作为一名专业写作者，阅读《中国妇女》杂志，从中得到温暖与力量，而为《中国妇女》杂志撰稿，更是一件能够进一步提升女性自我意识的愉悦之事。

具有70年光荣历史的《中国妇女》杂志，始终拥有自己高质量的作者群。从延安到北京，从过去到今天，我们能看到一些显赫的名字，毛泽东、朱德、张闻天、邓颖超、蔡畅、康克清、张琴秋、艾青、王明、冰心、魏巍等，这些作者中有革命领袖、妇女运动先驱，也有文化艺术界泰斗。同时，杂志的作者还有来自祖国五湖四海、各行各业的工作者、劳动者。《中国妇女》杂志上刊登过很多普通妇女的来稿来信。近年来，为了与读者进行更为深入的交流,杂志开辟了"询问作家"专栏,读者提问,作家回答——全国有上百位作家参加了这项读者作者互动栏目。我很高兴能有机会多次为《中国妇女》杂志写稿,也为女性读者解答过疑问,在与女性读者共同分析矛盾、打开重重心结的过程中,使我能够更充分地了解中国女性的生存状况,更准确地剖析现代女性的心理,更深入地走进中国女性的婚姻家庭和内心世界,从而更生动地塑造女性人物形象。所以,我要感谢《中国妇女》,她们培养了自己的读者群,也培育了自己的作者队伍。

《中国妇女》杂志进入新世纪后改为半月刊,加强了对女性心理健康、心灵抚慰的关注,加强普及法律知识,为女性提供无偿的法律帮助,使得杂志更贴近读者,质量进一步提高。看到《中国妇女》杂志的领导班子和全体采编人员,为这本杂志的发展竭尽心力、辛苦努力、不倦探索,那种敬业精神使我深受感动。一本好杂志一定有一支优秀的编辑队伍,《中国妇女》杂志在培育作者和读者的同时,也成功地完成了刊物的自身建设。让我们再一次衷心地祝贺她们。

创刊70周年的《中国妇女》杂志,将迎来她新的生命和新的起点。今天,我们大家在这里为她庆祝生日,也为她祝福——祝愿她永葆青春、祝愿她美颜常驻。祝愿她每一期都有新的创意,祝愿她拥有更多热爱她的读者。我们的祝愿像女人的笑容一样美好,因为,《中国妇女》杂志属于我们所有的中国现代女性,她将和中国妇女一起,创造未来,创造幸福。

(这是作者在纪念《中国妇女》创刊70周年大会上的讲话,原载《中国妇女》2009年8月上半月)

编者、作者、读者评论（摘编）

接过这份有60年厚度的《中国妇女》，肩上总有一种沉重的感觉。如何改革创新，追求卓越，不辱使命，正是我们现在办刊人要认真思索和力行的要义。

我想，我们首先要进一步明确使命感，把坚持正确导向、弘扬主旋律作为第一职责。办刊人要有责任意识和大局意识。我们的作品、我们的言论，一定要符合马克思主义妇女观，注意性别意识，切切不得违反。我们的版面，一定要展示当代杰出女性的优美风姿和高尚追求。我们的刊物，一定要履行关心妇女命运、关注妇女人生、开阔妇女视角、维护妇女权益的宗旨，为妇女进步和发展酿造良好的环境氛围，为她们在改革开放和现代化建设中大展宏图扬起风帆。

〔摘自王孟兰（《中国妇女》原总编辑、社长）《改革创新　不辱使命》，《中国妇女》1999年第6期〕

1955年第11期《中国妇女》推出了"我们夫妻关系为什么破裂"的问题讨论。当时新华书店的一位营业员得到信息后，就主动到杂志社买上1000多本杂志，用自行车驮到繁华的王府井百货大楼门前，高声吆喝宣传："本期《中国妇女》登有北京市22中教员刘乐群控诉丈夫——外贸部部长助理罗抱一进城喜新厌旧、移情别恋的事情，请大家来讨论此事……"结果引起围观者的关注，一上午千余本杂志就被抢购一空。自然这次讨论震动很大，连当时的外贸部党委书记解学恭也亲自写文章参加这次讨论。

（摘自顾兰英《震撼社会的几次问题讨论》，《中国妇女》1998年第7期）

可以说，《中国妇女》是我的益友。因为我从她那里获得了许多帮助。《中国妇女》在指导妇女工作方面有很大的权威性。我作为市委书记，领导着全市五百万人口，包括"半边天"二百五十万妇女，有许多妇女工作要做，有许多妇女问题要考虑，特别是在这个伟大的时代面前，怎样发挥我市广大妇女的巨大潜能和无穷智慧,以推动改革开放,去创造两个文明?去美化福州这座开放的城市?去建设福州各级的民主政治?这些问题经常浮现和缠绕在我脑海里。我常常带着这些问题求教于《中国妇女》,《中国妇女》也常常给我有益的回答和启示。在这些回答和启示帮助下,我们福州市这几年在全市妇女中普遍开展了"四有四自"教育活动,教育妇女做自尊、自爱、自重、自强的一代新人;普遍开展了"在改革开放中建功立业"活动,激励妇女为加快福州各方面建设作贡献;普遍开展了"摆女能人谱"活动,从各行各业中评选出一百个女能人,并把她们的事迹编印成《强者之路》等小册子,及时地发现和宣传了妇女中的先进典型;普遍开展了"与女能人谈苦与乐"活动,为女能人创造一个施展本领的良好舆论环境;普遍开展了"妇女为榕城添温暖"活动,让妇女在"温暖的榕城"系列活动中,为精神文明建设作出独特的成绩。这些活动都取得了较好的效果,使我市妇女工作有了较大进步。

[摘自袁启彤(中共福建省委常委、福州市委书记)《我的益友——〈中国妇女〉》,《中国妇女》1988年第4期]

如果没有《中国妇女》,我的命运将会是什么样?

我是一个为了丈夫事业不惜伴君走天下的女人,我跟着丈夫南下海南苦苦奋斗了十多个年头,可就在他事业有所成之际,他竟急不可耐地要背弃夫妻信义……他为了彻底摆脱我,1995年春节期间,我竟被丈夫送进精神病院,被当成精神病人治疗了20多天。我经历了一个正常人、一个妻子难以想象的痛苦、绝望和摧残。……

就在我欲哭无泪、欲罢不能、处于绝望的时候,我想起了一度被我疏远了的亲人——《中国妇女》。于是我将自己的悲惨遭遇写成了一本厚厚的书——《向良知呼吁,向法律控诉》,然后我把它寄给了中国妇女杂志社。很快,中国妇女杂志社就派记者来海南进行了采访调查。一篇《无罪的"囚徒"》在《中国妇女/法律帮助》1999年第1期刊登后,马上被各种报刊争相转载……

没料到,文章刚发表,中国妇女杂志社就被我前夫告上法庭,中国妇女杂志等新闻单位由此而卷入了一场长达2年,被索赔120万元之巨的官司之中。1999年9月,贵社为了给我这样一个普通妇女伸张正义,中国妇女杂志

147

社的领导带领专业律师、记者等赴海南,迎战了这场官司。我作为这场官司的证人,在法庭上勇敢地说明事实真相……这场官司以中国妇女杂志社的胜诉而告终。听到这个消息,我觉得自己就是一个受过长时间屈辱的孩子,第一次真真正正地哭了,笑了!拨开乌云见青天,我多想插上翅膀飞到北京,握着你们的手深深地鞠一躬……

《中国妇女》是您用爱心阻止了我所有的悲伤的延续,给了金玲母女第二次生命,使我们有了一个崭新的幸福今天。

[摘自于金玲(海南师范学院教工)《〈中国妇女〉我的亲人》,《中国妇女》2001年1月下半月]

相关链接

*陕甘宁边区妇联宣传部.对《新中国妇女》的意见[J].新中国妇女,1950（11）.

*新中国妇女社.《新中国妇女》月刊一年总结[J].新中国妇女,1950(13).

*吴昊.《中国妇女》长命百岁![J].中国妇女,1989(1).

*《中国妇女》思想理论部.中国改革与女人出路——关于女人出路问题[J].中国妇女,1989(5).

*风笑天.变迁中的女性形象——对中国妇女杂志中女性人物的分析[J].中国妇女,1992(7).

*《中国妇女》编辑部.毛泽东与《中国妇女》的五次交往[J].中国妇女,1993（12）.

*罗琼等.中国妇女的足迹与心音[J].中国妇女,1994(6).

*白峰溪.她们是我创作道路上的良师益友[J].中国妇女,1994(6).

*邵焱.雅俗共赏 曲高和众——《中国妇女》办刊特色[J].中国出版,1995（9）.

*宋云玲.我爱读《中国妇女》[J].中国妇女,1996(5).

*吴仪.寄语女干部[J].中国妇女,1997(10).

*顾兰英.系列文章:《中国妇女》在延安窑洞中诞生等12篇[J].中国妇女,1998(1-12).

*彭佩云.以创刊60周年为新起点迎接新世纪的挑战[J].中国妇女,1999（6）.

*李选清.《中国妇女》拯救了我们[J].中国妇女,2001(1)上半月.

*侯荻.人不一定伟大但可以高尚——深切怀念董边同志[J].中国妇女,2001(12).

*张抗抗.智慧女伴[N].光明日报,2003-01-30.

*南化文.红杏一枝出墙来[J].报刊之友,2003(6).

*韩湘景.2004:我的回想和展望[N].光明日报,2004-01-08.

*苏容.《中国妇女》:抗战中的一支号角[J].中国妇女,2005(7)上半月.

*曹亚宁.关心妇女命运 伴随妇女前行——《中国妇女》杂志70年回顾[N].中国新闻出版报,2009-06-30.

*黄晴宜.风雨历程奏凯歌 与时俱进铸辉煌[J].中国妇女,2009(6)上半月.

*梁民.励志奋进永葆特色——专访全国妇联副主席洪天慧[J].中国妇女,2009(6)上半月.

*《中国妇女》编辑部.中国妇女与中国女性70年[J].中国妇女,2009(6)上半月.

*《中国妇女》编辑部.《中国妇女》喜贺创刊70周年华诞[J].中国妇女,2009(8)上半月.

*陈至立.为妇女儿童事业营造良好的舆论环境[J].中国妇女,2009(8)上半月.

*韩湘景.改革创新,迎接新时代的挑战[J].中国妇女,2009(8)上半月.

*石峰.《中国妇女》的地位和作用无可替代[J].中国妇女,2009(8)上半月.

*刘群英.我们都喜爱《中国妇女》[J].中国妇女,2009(8)上半月.

*王卫国.《中国妇女》任重道远[J].中国妇女,2009(8)上半月.

与新中国同时共生的《人民文学》
——献给《人民文学》创刊六十周年

王 伟

2009年10月25日是《人民文学》创刊60周年纪念日。60年中，除1966年6月至1975年12月期间停刊外，《人民文学》总计出版602期，其中，1949年10月至1966年5月，出版198期；1976年1月至2009年10月，出刊404期。这个与共和国同岁的文学月刊是中国当代文学史上公认的最为重要、最为突出也最具权威性和代表性的文学刊物。1949年10月金秋，当共和国开国大典的礼炮声还在空中回荡时，《人民文学》宣布创刊，毛泽东主席为《人民文学》创刊所写的题词卓然刊于卷首——"希望有更多好作品出世"。

《人民文学》创刊号封面

作为新中国第一家全国性文学月刊和中国作家协会的机关刊物，《人民文学》为新中国文学事业的繁荣与发展作出了不可磨灭的贡献。她是体现与展示我国文学创作最高水平、最新成果的殿堂，是哺育与推举我国文学园地新生力量、新锐篇章的摇篮，是映现与折射我国社会生活阴晴圆缺、喜怒哀乐的窗口，是谱写与记载我国文学历程进退兴衰、曲折嬗变的史册。

《人民文学》与新中国同时掀开历史，可谓时代的产物，肩负着时代所赋予的神圣使命，六十年来，她遵照党的文艺方针政策，广泛团结全国各地、各民族、各类风格的老中青作家，及时发现并大力扶持卓有特色与潜力的文学新人，荟萃各个时期、各种体裁文学佳作，满足了读者的精神需求。《人民文学》已经成为一

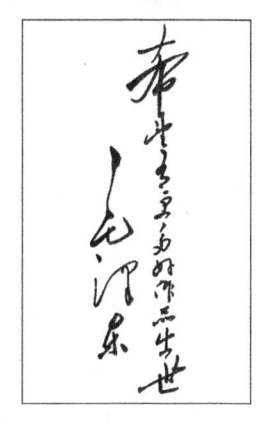

1949年11月，毛泽东主席为《人民文学》创刊号题词

批又一批作家施展才华的用武之地,成为一代又一代读者美不胜收的精神家园,中国当代文学工作者的汗水足迹、歌哭甘苦,都在这里留下了清晰深远的印记。

由于《人民文学》是与新中国同时共生的国家最高文学刊物,所以从它创刊第一期开始就被赋予了代表新中国文艺最高政治文化使命的神圣职责。茅盾、邵荃麟、严文井、张天翼、张光年、李季、王蒙、刘心武等文学大家曾先后担任主编。作为《人民文学》,半个多世纪辉煌的历程,无数名家的处女作、成名作,使它积累了一些宝贵的编辑经验。无论是创刊至"文革"前17年间(1949—1966)的198期,还是1976年复刊至今的400余期,虽然时代不同、主编各异,但《人民文学》在编辑经验上存在着内在的一致性与承续性,值得研究。

一、突出主旋律,反映时代风云变幻

《人民文学》作为与新中国同时共生的国家最高文学刊物,新中国成立伊始,就责无旁贷地承担着在文艺领域践行党的文艺方针政策的神圣使命。茅盾在发刊词中指出《人民文学》的任务是"通过各种文学形式,反映新中国的成长,表现和赞扬人民大众在革命斗争和生产建设中的伟大业绩,创造富有思想内容和艺术价值,为人民大众所喜闻乐见的人民文学,以发挥其教育人民的伟大效能"。[1]《人民文学》编辑部在1952年全国文联发起的文艺整风学习运动中公开发表了《文艺整风和我们的编辑工作》一文,总结过去三年的编辑工作。文中,编辑部以自问自答的形式对文艺刊物的中心任务作了明确界定:"什么是正确的文艺刊物?目前中国的文艺刊物应该是什么样的文艺刊物?""正确的文艺刊物,目前中国需要的文艺刊物,应该是毛泽东的文艺路线的忠实的实践者,应该是准确地实现工人阶级的文艺政策的有力的工具,它应该保证自己的一切工作都受工人阶级思想的领导,一分钟也不应该离开工人阶级思想的领导,一分钟也不应该忘记以工人阶级思想来教育读者,以工人阶级的思想面貌来改造其他阶级的思想面貌。"[2]

从中不难看到,新中国成立初期,《人民文学》"是发布文艺政策,推动文艺运动,举荐示范作品的重要'阵地'"[3]。因此,当时的作家们纷纷响应党的号召,用符合主流意识形态的话语方式来言说新的时代内容,创作了一大批弘扬时代主旋律的文学作品,《人民文学》编辑部也以同样的标准择取、编辑诗歌、散文、报告文学、小说等的形式发表在《人民文学》上,作为一面面旗帜,标示着新中国文学的典范。

最具代表性的是发表在1949年创刊号上的何其芳的长诗《我们最伟大的节日》,全诗以共和国成立这一重大事件为基点,通过对开国大典盛况的描写,纵情欢呼伟大的节日和人民的领袖,通过对共和国诞生前中国人民几十年艰难历程的深情回顾,揭示出没有共产党就没有新中国的历史真理。

抗美援朝、保家卫国是1951年中国人民的社会生活主题。这一时期的文学创作皆以反对美帝国主义、捍卫正义、呼唤和平为主题。当时很多作家纷纷奔赴朝鲜战场,冒着熊熊燃烧的战火,实地进行考察和采访,写下了大量战地通讯。《人民文学》也集中刊发了一大批这样的作品,如巴金的散文、魏巍的报告文学等,这些作品真实生动地叙写了中国人民志愿军英勇抗击美国侵略者的战斗场面,讴歌了战斗英雄的悲壮业绩,表达了人民呼唤和平的心声。

新中国成立初期,中国人民刚从长期艰苦卓绝的革命战争年代走过来,因此,诉说革命战争的艰难困苦,歌颂来之不易的革命胜利,不仅是论证新政权合理性、合法性的需要,也是向民众进行革命传统教育的需要。因此,反映革命战争、塑造英雄形象的作品在《人民文学》上比比皆是,如发表在1949年创刊号上的刘白羽的《火光在前》和1952年第10期上杨朔的《三千里江山》,它们都是描写中国人民解放军的英勇历史和辉煌战绩的长篇小说,塑造了人民军人这一英雄群像,歌颂了党的领导和无产阶级的革命斗争,具有政治教化功能。

反映时事、赞扬建设也是《人民文学》践行党的文艺方针政策的重要组成部分。1955年,一场影响深远、变革深入的农业合作化运动在广大农村蓬勃兴起成为当时中国人民的头等大事。为帮助农村完成"社会主义改造"的历史伟业,一批反映农村新人、新貌和农村变革中出现的新问题的中、短、长篇小说如雨后春笋般涌现出来。《人民文学》1955年第1、2、3、4期连载的赵树理的《三里湾》就是这样一部反映农村变革的长篇小说。作品围绕三里湾合作社秋收、扩社、整社、开渠等工作,通过对村里四户人家两种思想、两条道路和两种生活方式的矛盾和变化的具体描写,揭示出合作化运动的发展趋势和这场变革的历史意义,以及它对农村经济、政治和人的思想精神诸方面的巨大影响。赵树理这种从生活本来面貌出发反映现实、强调文学的社会功能和有指导现实意义的小说成为了当时"为农民"写作的表率与榜样。另外,新中国成立初期大建设时代的沸腾生活和激越氛围使一批作家满怀激情,纷纷深入社会主义建设的最基层,在草原、沙漠、油田、丛林,在铁道线上、炼钢炉旁,写下了一首首献给建设者的赞歌。这一时期正是工人阶级地位极高的年代,一切都向工人阶级学习,反映工人阶级生活,赞扬工业战线建设场面的作品遍布《人民文学》。为推动反映工业建设的创作活动的开展,《人民文学》还在1953年3月发起"在工业战线上"征文启事,广泛征集反映工业建设的作品。这些作品勾画出祖国各地工人建设者们热火朝天的工作场面,真实地反映了如火如荼的社会主义建设风貌和工人阶级生活。

1976年《人民文学》复刊后,发表的作品绝大多数都是传统的现实主义作品,这些作品往往能深刻揭示现实社会的重大矛盾,通过对人民生活的真实描绘,表达广大群众的思想、情感、愿望和要求。"提倡扎根生活、扎根群众,与群众同呼吸、共命运。而那些一味沉醉于自我表现、自我扩张,从思想感情上冷淡、疏远了人民群众的,那就理所当然地受到群众的冷落和疏远。"[4]周扬也曾指出,"近年来,关于文艺真实性的问题,议论得很多。强调重视文艺的真实性,强调要恢复和发扬现实主义传统,这是完全正确的。这就纠正和弥补了我们过去在这个问题上的过失、偏颇和不足"。[5]这些理论宣言表明,《人民文学》主要推崇的仍然是从创刊初期就一贯坚持的反映主旋律的作品。因此,这些理论诉求在具体的编辑过程中也得以付诸实践:《人民文学》于1977年11月在小说专号头条位置发表了刘心武的短篇小说《班主任》,取得轰动效应,开启了中国当代文学史上"伤痕文学"的先河。作品率先从"四人帮"鼓吹的"假、大、空"和"高、大、全"桎梏中挣脱出来,第一个打出了恢复和发扬革命现实主义传统的旗帜。许多读者来信指出,小说所揭示的心灵内伤问题,起着振聋发聩的启蒙作用。此外,《乔厂长上任记》密切关注国企的命运,讴歌了新一代的改革先锋;《围墙》通过一位默默工作的实干家,辛辣地讽刺了只说不干的官僚主义者;《万元户》以戏谑而又沉重的笔调,揭露了令人痛心的形式主义作风。

报告文学是新时期产生的一种特殊文学体式，它本身的性质决定了反映时代风向的使命。新时期产生了大量反映时代风云变幻的报告文学精品，如理由的《香港心态录》、黄宗英的《八面来风》、鲁光的《敬你一杯酒》、徐迟的《雷电颂》等。

二、依靠名家支持，扶持文学新人

《人民文学》特别重视名家的创作，同时也积极关心、扶持青年作者和业余作者。首任主编茅盾认为，《人民文学》一定要以专业作家为依托，但同时也得积极扶持文学新人。"我们认为，像《人民文学》这样全国性的文学刊物，它应该积极扶持初学的青年作者，但首先应该依靠专业的作家，没有人数众多的专业作家经常撰稿来，就不能使中国的创作由沉寂衰退而转变到活跃和繁荣。那么，要办好这样的一个刊物，要使这个刊物成为真正能够代表中国的刊物，是不可能的。"[6]

《人民文学》发表了很多名家的文学精品，如小说：《正月新春》（康濯），《山间铃响马帮来》（白桦），《铁木前传》（孙犁），《燕赵悲歌》（蒋子龙），《围墙》（陆文夫），《高原的风》（王蒙）；诗歌：《我们最伟大的节日》（何其芳），《漳河水》（阮章竞）；散文：《长江三日》（刘白羽），《生活在英雄们中间》（巴金），《剥落"蒙面大盗"的面具》（茅盾）；话剧剧本：《战斗里成长》（集体创作，胡可改作）；电影文学剧本：《葡萄熟了的时候》（孙谦）；儿童剧本：《蓉生在家里》（张天翼）；报告文学：《哥德巴赫猜想》（徐迟）等。这些作品以饱满的热情，展示了时代的风云变幻，反映了广大人民建设美好家园的昂扬情绪，表达了中国人民强烈的民族自尊心与自豪感。

名家还为《人民文学》提供了不少有关写作经验、写作体会及文学理论、文学研究方面的作品，和《人民文学》一起，为培育文学新人、促进文学的发展繁荣作出了贡献。

《人民文学》对青年作者和业余作者非常认真、负责："给本刊投稿的大部分是初学写作者，他们热情地希望我们给予创作上的帮助，我们是尽力做了。在本刊发表的作品，大部分是这些青年作者写的。即或不用，也告诉他比较详细的意见，还有许多读者，来信提出各种文艺上的问题，我们也尽量给了解答。"[7]

编辑部接到有"文学新人"的佳作时,茅盾总要亲自走访一番,茹志鹃就是茅盾独具慧眼发现的这样一位"文学新人"。让茹志鹃脱颖而出的是短篇小说《百合花》,这篇小说原本发表在当时影响力较小的文学刊物《延河》上,从题材上看,这是一篇通常意义上的革命历史题材小说,但却没有用常见的慷慨激昂笔调,这也是茹志鹃小说创作的独有风格。茅盾发现了这一点,大力举荐,1958年6月,《人民文学》从《延河》上转载了《百合花》。之后,茹志鹃接连在《人民文学》上发表了一系列新作,很快成为知名作家。[8]

女作家柳溪把《人民文学》称为"我的文学摇篮"。1950年,年仅26岁的柳溪从解放区调到保定《河北文艺》做一名普通编辑,在繁忙的工作之余,创作了处女作《喜事》。小说寄给《人民文学》后,很快发表了,并收到了主管编辑部具体业务的秦兆阳同志的回复,秦兆阳在信中热情鼓励柳溪:"茅盾同志看后,反响绝佳。"

1956年,柳溪被牵连到一个莫须有的"反党集团"中,在隔离审查的状态下,写下了中篇小说《在先进地区》,这是一篇农村题材作品,反映农业战线上"瞎指挥"的作风,由于作品内容的敏感性,作者化名"耿简"寄给《人民文学》。只几天后,编辑部就派出一位编辑亲自上门拜访这位笔名"耿简"的新人。原来,编辑部接到这篇署名耿简的"新人"的作品后,不知道是作家柳溪的化名,认为又发现了一位才华横溢的文学新人,于是马上派人亲自上门拜访。1956年5月,耿简这位"新人"的作品《爬在旗杆上的人》赫然发表在刊物栏目的头条上。(原标题《在先进地区》略显平淡,被编辑部独具匠心地修改成《爬在旗杆上的人》)柳溪拿到刊物时,热泪盈眶,"《人民文学》不仅是我的文学摇篮,而且在我命运困厄时,还是我的救星!"

不幸的是,1957年,柳溪又被卷入政治漩涡中,在"冷宫"中蹲了20多年。1978年8月,《人民文学》发表了柳溪的短篇小说《双喜临门》,使这个20多年没有发表作品的被遗忘的人,"在全国做到了政治亮相",虽不是新人,但大力举荐的积极作用,才使得上海《文汇报》刊出《女作家重登文坛》一文之后,才有敢发表柳溪作品的其他刊物。柳溪感慨:"《人民文学》在我生死攸关的时刻,第二次又成了我的救星。"可见,《人民文学》不仅是很多文学新人的摇篮,还是他们在政治风潮中坚定的后盾。

新时期,在扶持培育新人方面,《人民文学》依然是不遗余力。无论是张光年、王蒙,还是刘心武,他们都为文学新人的成长作出了巨大贡献。这一时期所发表的作品,几乎都出自青年作者、文学新人之手。吕雷的《眩目的海》、刘学强的报告文学《腾飞时代的明白人》,尽管艺术上有粗疏之处……但在这样的编辑理念的指引下,很多青年作者有机会在《人民文学》上发表作品,有的甚至有机会在排头出现。如王滋润的《内当家》、张炜的《海边的雪》、刘索拉的《你别无选择》、韩少功的《西望茅草地》等,他们中的许多人得到迅速成长,很快成为风格独具的名家,成为新中国文学的中坚力量,这不能不说是《人民文学》对中国当代文学的一大贡献。在20世纪50年代至60年代,《人民文学》呈现出生机勃勃时期,当时可谓"名家如林,佳作如云"。

三、关注读者需求,沟通三方交流

《人民文学》十分注意与读者的沟通与联系,积极充当读者、作者之间的桥梁。从1950年开始,《人民文学》不定期刊出"编后"或"编后记",编辑部直陈编辑理念,虽字数不多,但语气亲切,涉及面广,从对某一种创作现象的分析到作者来稿的基本情况,从编辑意图到重点推荐作品,从对作品的要求到反映读者的意见,开诚布公,收效甚好。新时期的《人民文学》从1983年3期开始推出"作者·读者·编者"专栏。编者指出,"我们开辟这一栏目,意在沟通作者、读者、编者三者的联系,以利文学创作的繁荣发展,并有助于本刊工作的不断改进。为此,希望得到广大读者、作者的热情支持"。于是,在1983年8期江苏江都读者的来信中提出"小说要短些再短些"之后,在第9期"编者的话"中就重点探讨了这一话题,并且及时奉献给读者一组短小的短篇小说,其中排头小说是苏叔阳的《幽框》一篇5000字左右的短篇小说。

《人民文学》曾向读者发布调查表,用"邮资总付"的形式鼓励读者把对刊物的意见反馈回编辑部,以不断改进编辑工作,进一步满足读者需要。也曾开设"读者中来"、"讨论·批评"等栏目,欢迎读者对刊物作品及编辑工作提出批评。《人民文学》还曾刊登过一些作者给编辑部的来信,其中有些来信还是作者应编辑部之约写的,这些信有助于读者了解作者的创作心态和意图,有助于加深读者对作品的理解,有助于文学爱好者的文学写作。

《人民文学》还通过作品评选的形式,来及时了解读者的需求,尽可能满足读者的需要。在历次评选的读者喜爱的作品中,报告文学占了很大的比重,这就推动了编辑人员对报告文学的重视,使得很多期的刊物中都有报告文学的版面。刘心武曾指出,"《人民文学》的读者一贯期望着翻开刊物后能有扑面而来的时代气息,作者和编者都应该尊重并满足他们的这一审美要求。为此本刊将力争平均每期至少有一篇直接反映时代风貌的报告文学登场……"[9]编辑部还经常应读者要求组织一些文学理论和评论方面的文章,如读者要求刊登关于怎样写小说、怎样写诗一类的指导初学写作的文章,《人民文学》便登了《记生活手册的几点经验》,还曾发表过几组"写作漫谈"一类的文章。

为了成为读者和作者之间的桥梁,在注重与读者交流的同时,《人民文学》从未忘记与作者之间的沟通。编辑部曾以"编者信箱"、"作家书简"、"创作通信"等形式来促进这种交流。徐迟在《让反映四化建设的作品多起来》中以一个作家的身份指出,"第十期全看完了。我喜欢的有……但是,也该来个'但是'了,究竟哪一篇作品是正面描写或侧面描写现代农业、现代工业、现代科技和现代国防的呢……"[10]刊登了徐迟的来信之后,一批反映现代工业、现代农业的作品开始出现在刊物中,如《雷电颂》、《燕赵悲歌》等。

客观地说,重视读者的意见有助于刊物的繁荣发展,也是一份刊物是否受到读者器重的一个重要标志,但并不是所有的意见和批评都要接受。"一般读者的批评常常写得不大周密,以至有时写得不大恰当……对批评得对的地方应该毫无保留地接受,并且根据它来修改自己的作品,或者用它来作以后的写作的参考。对批评得不对的地方,应该公开说明自己的不同的意见。"[11]

四、勇于开拓,追求多元化的艺术特色

围绕主旋律编辑刊物的同时,《人民文学》并不排斥以其他艺术手法创作的文学作品。1953年7月,文艺理论家邵荃麟出任主编,作家严文井任副主编。他们在"编者的话"中表示要"更自由和更深刻地反映出我们这个时

代丰富多彩的生活","提倡作品主题的广阔性和文学题材、体裁与风格的多样性","鼓励各种不同的文学样式和不同的文学风格在读者中的自由竞赛"。[12]可以说,这一时期的编辑思想,为处于历史新起跑线上的作家们创造了施展才华的舞台,文坛显现出一派生机盎然的繁荣局面。《人民文学》适时刊发了李準的小说《不能走那条路》、路翎的《洼地上的"战役"》等佳作。

从1956年1月起,刊物开辟专栏,陆续刊发了唐挚的《必须干预生活》、茅盾的《从"找主题"说起》、秋耘的《不要在人民的疾苦面前闭上眼睛》等文学短论。9月,秦兆阳署名何直发表了著名的《现实主义——广阔的道路》一文,抨击造成文学违背自身规律的教条主义。这些理论文章,活跃了文坛思想,尤其是"双百"方针贯彻落实以后,文学创作立竿见影。《人民文学》率先发表了触及时弊的警世篇章:王蒙的《组织部新来的青年人》。思想的解放开拓了作家观察与表现生活的深度和广度。一方面,日常生活的诗情画意,更多地进入了小说题材,如王蒙的《冬雨》,轻灵温馨;另一方面,揭示生活的不良倾向,更多地成为作品的主旨,如耿龙祥的《明镜台》,凝重深沉。最能体现"双百"方针成效的,是1957年7月革新特大号。正如"编后记"中所说:这一期"比过去更多地体现了风格、题材以及表现手法上多样化的特点。多少年来一直没有动过笔或很少发表作品的老作家,在这期上出现得比较多,特别是诗歌和散文部分,这个特点就表现得更为明显了"[13]。如老作家丰村的小说《美丽》,文学新人李国文的《改选》、宗璞的《红豆》,这些作品,多姿多彩、可喜可叹,体现了《人民文学》在择取稿件方面的包容性。

到了新时期,《人民文学》继承并发扬了这种开拓精神,显示出更大的包容性。王蒙任主编后,曾以编辑部的名义指出,"在艺术方法上,我们欢迎一切对于革命现实主义文学传统的继承和发扬,并支持和鼓励一切能使我们的文学表现手段更加丰富和新颖的尝试"。在那期"编者的话"中有这样一段表述,"本刊有意突破自己的无形框子久矣:青春的锐气,活泼的生命,正是我们的向往!于是本刊编者斗胆把年轻的女作者刘索拉的第一部中篇小说《你别无选择》放在排头"。刘心武任主编后,也曾发表《更自由的煽动文学的翅膀》一文:我们既需要"切近现实,感时抚事的佳作",也应该突出"兼收并蓄、百花纷呈的版面",包括那些"远离政治和经济,远离社会和大多数读者,可大体上被称为追求唯美,或被称为'前锋文学'的'小圈子'里的精心或漫不经心的结撰"。因此,在《人民文学》的作品中,除了占主流地位反映主旋律的文学作品外,也还有《你别无选择》、《少年chen女》、《种包谷的老人》、《秋雪湖之恋》、《惊涛》、《红高粱》、《白牙》一类超越传统现实主义规范、具有开拓意义的小说,题材的拓展、情节的生动、格调的新颖等艺术创新都十分引人注目,这就有力地促进了文学多元化的发展,为文学的生态平衡作出了重要的贡献。

《人民文学》并不满足于具体作品选择上的开拓性,它每一期的设计也尽量特色化,刊物曾出版过许多有特色的"专刊"或"专栏",如1951年2期"抗美援朝"专栏,1953年4期"斯大林永垂不朽"专栏,1982年3期"小说专刊",类似的还有"散文专号"、"多品种专号",还有集中展现女作家创作风采和创作实绩的"女作家特刊",以军人创作为主反映军人生活的专号,等等。1984年2期"编者的话"强调,"题材广泛、天涯海角、过去现在、深林小镇、大陆台湾,读来俱收眼底。我们希望能以题材、人物的独特性与多样化引起读者的兴趣……""设使读者、作者阅过这一期,能有这样的印象:《人民文学》所发作品还是具有特色的;能有这样的意愿:要把自己富有特色的新作交付《人民文学》,则本刊幸甚"。《人民文学》勇于开拓、追求多元化艺术特色的创新意识由此可见一斑。

当然,《人民文学》的编辑情况是非常复杂的,由于其地位特殊,所以编辑工作受到多方面的制约和影响,除了文学本身的因素以外,还有来自政治、经济、文化等许多外在因素的制约,尤其是政治的影响,有些纯粹的文学作品或文艺批评在《人民文学》上发表,也可能会逐步升级为严厉的思想批判。可以说,每一期《人民文学》的编辑出版都是多种力量合力作用的结果。

1949年至1953年,作家茅盾担任《人民文学》的首任主编。由于办刊宗旨明确,主编有丰富的办刊经验,《人民文学》作为新中国第一份大型文学期刊,在反映当代文学成就、体现时代精神、培养文学新人等方面作出了历史性、开创性的成就。"然而由于党在历史上'左'倾错误的泛滥,文学工作中某些非文学因素的影响,文学艺术自身的特殊规律和发展轨迹常常被扼杀,对某些作品的评价和判断往往超出了一般的文艺批评,而以某种不可阻挡之势变化为批判运动,如由《我们夫妇之间》而引发的对'萧也牧创作倾向'的过火批判等。""茅盾主编的《人民文学》在执行正确编辑方针的同时,也难免要受到特定社会思潮的影响。《人民文学》也以此不断在各种政治形势的变化中经受磨炼","作为新中国第一个全国性大型文学期刊的首任主编,茅盾做了许多具有开创性意义的工作,其中有成绩、有经验,但也有其时代的局限与教训,而无论是经验还是教训,都是一笔宝贵的财富。"[14]

参考文献

[1]茅盾.《人民文学》创刊号发刊词[J].人民文学,1949(1).

[2]《人民文学》编辑部.文艺整风学习和我们的编辑工作[J].文艺报,1952(2).

[3]洪子诚.中国当代文学史[M].北京:北京大学出版社,1999(2).

[4]张辉.1980年全国优秀短篇小说评选发奖大会开幕词[J].人民文学,1981(4).

[5]周扬.文学要给人民以力量[J].人民文学,1981(4).

[6]《人民文学》.编后记[J].人民文学,1953(2).

[7]《人民文学》编辑部.改进我们的工作[J].人民文学,1950(2).

[8]崔道怡.合订本作证——《人民文学》40年[J].人民文学,1989(10).

[9]刘心武.时代·开拓·交流[J].人民文学,1989(1).

[10]徐迟.让反映四化建设的作品多起来[J].人民文学,1984(1).

[11][13]《人民文学》.编后记[J].人民文学,1957(7).

[12]《人民文学》.编者的话[J].人民文学,1953(7).

[14]李琳.茅盾主编《人民文学》的编辑思想[J].编辑之友,1997(5).

我与《人民文学》

崔道怡

著名编辑家崔道怡

崔道怡（1934—），1956年北京大学中文系毕业，到《人民文学》杂志任编辑，至1998年冬在副主编岗位上退休。1988年获全国文学期刊优秀编辑奖。1996年获全国百佳出版工作奖。1983年起历任全国优秀短篇小说奖、中篇小说奖、儿童文学奖、鲁迅文学奖、宋庆龄文学奖、老舍文学奖、中宣部"五个一工程"奖等评奖委员会委员。享受政府特殊津贴。中国作家协会全国委员会名誉会员。

学术著作有：《创作技巧谈》、《大话小说》、《水流云在》、《方苹果》等。文学作品有：短篇小说《关于一个鸡蛋的讲用》、中篇小说《未名秋雨》等。

《人民文学》，文学"国刊"，与人民共和国同龄，与人民共和国的命运休戚相关。我1956年毕业于北京大学中文系，被分配到隶属于中国作家协会的文学创作期刊《人民文学》担当编辑，历任小说组长、编辑部副主任、杂志社副主编，1998年在常务副主编岗位上退休。从22岁青春之身迈进《人民文学》编辑部，到65岁顶着一头白发离开，43年间，我是在聚会各路精英作家和文学新秀的中央级殿堂里，在中国作家进行交流的全国性平台上，在展示我国文学创作之最高水平、最新成果的园地中度过的。我的大半生，与《人民文学》的也就是与人民共和国的命运休戚相关。回首经历，春风秋雨，歌哭嬗变，感慨万千。

"双百"和"阳谋"

1949年秋,应第一任主编茅盾之请,毛泽东主席为《人民文学》创刊题词:"希望有更多好作品出世。"这是领袖的鼓舞和勉励,是《人民文学》编辑人员的工作职责和奋斗目标。茅盾在《发刊词》里将之归结为六项任务,主要体现在两个方面:一要"创造富有思想内容和艺术价值、为人民大众所喜闻乐见的人民文学,以发挥其教育人民的伟大效应";二要"培养群众中新的文学力量"。但是,对"好作品"的认定,编辑的作为与领袖的希望存在着根本分歧。

1950年1月,《人民文学》发表萧也牧的小说《我们夫妇之间》,日常生活第一次进入新中国文学的主题,声誉鹊起。而一年后,在批判电影《武训传》的政治氛围中,这篇作品被指责为"低级趣味"。萧也牧从此搁笔,"文革"浩劫期间饱受摧残,1970年被活活打死在河南"五七干校"。《人民文学》当初发表《我们夫妇之间》,自然认为它是能够回应领袖"希望"的好作品,不料竟成为了新中国三十年"文学为政治服务"的第一个牺牲品。

1956年春,毛泽东主席提出了"百花齐放,百家争鸣"方针,为文学艺术符合自身规律的繁荣与发展提供了有力的保障和广阔的天地。我就是在这样宽松祥和的政治环境中来到《人民文学》的。记得我上班一个多月之后,刊物9月号发表了副主编秦兆阳的专论《现实主义——广阔的道路》,推出了王蒙的小说《组织部新来的青年人》,我被同事戏称为"编辑部新来的青年人"。当时,我为能够分配到唯一国家级的文学创作园地上来充当"园丁",深感幸运与荣幸。

在校期间,埋头学业,我对政治缺乏认知。工作以后,我心目中的政治素质,无非就是利国利民与忧国忧民的情愫,这也正是当时一批文学作品的主旨意蕴。作为责任编辑,我的职责是从自然来稿里挑选可用之作。凡并非编辑部主动约来之稿,都属自然来稿,数量巨大,质量悬殊。因而,这项业务诚然可谓沙里淘金。1957年5月间,我从自然来稿里发现了无名作者李国文的一组短篇小说,其中题为《改选》那篇,文笔精美,触及时弊,令我眼前一亮,怦然心动。

在工会委员的改选会上,现任主席为争取连任,提出样板化的要求,而委员老郝,只想为过世的老工人选一副"好板子"……老郝全票当选,但他却在掌声中静静死去。读这篇小说,如置身会场,跟工人一样,"脑海波澜起伏",受到了一股感人警世的情与理的冲击和启迪。这不正是当前"整风"所需要的作品意旨,这不就是千淘万滤所期盼的出色篇章么!我的初审意见得到复审、终审逐级肯定,编辑部主任李清泉和我一起接待了李国文,告以六篇小说全部留用。

1957年7月号的《人民文学》,是刊物按照"双百"方针革新面貌的第一期,也是"双百"方针促成文学繁荣的最后一期。该期小说头条作品,就是文学新人李国文的《改选》,同为新人之宗璞的《红豆》列第二,第三篇是老作家丰村的《美丽》。且不说内容,仅只看题目,在5月15日毛泽东宣布《事情正在起变化》后,《红豆》和《美丽》也已经犯忌。7月1日毛泽东再次通过社论表示:"有人说,这是阴谋。我们说,这是阳谋……'言者无罪'对他们不适用。"

五十多万知识分子,包括《人民文学》的副主编秦兆阳、编辑部主任李清泉,以及刚刚在《人民文学》发出第一篇小说的文学新人李国文,都被打下了深渊。《改选》只有六千多字,李国文被强制劳动改造长达22年。一个文学创作富有雄厚实力潜力的青年,只因一篇小说而获罪,不得不在折磨之中熬过青春和壮年。幸而他熬过了人生的"冬天",1979年复出,1981年即以《冬天里的春天》获得首届茅盾文学奖。我也万幸,虽责编了"毒草",却没被划"右派"。

唯一的《一天》

1966年6月,开始"横扫一切牛鬼蛇神",《人民文学》随即停刊,中国作家协会被"砸烂"。1968年秋,包括"牛鬼蛇神"在内,所有工作人员统统发配到湖北咸宁"五七干校"劳动改造。1972年春,"五七战士"陆续回京,我被调到隶属于国家出版总署的人民文学出版社。《人民文学》原副主编李季曾想筹备杂志复刊,未能如愿。1975年夏,邓小平复出,进行全面整顿,毛泽东批示指出:"党的文艺政策应当调整"。因而,《人民文学》复刊被提上了日程。

"四人帮"中有关人士以文化部名义拟订了个"创办"《人民文学》的报告,邓小平表示"赞成",但又指出:"现在这个文化部领导办好这个刊物,不容易。"张春桥在这个批件上写下他的"指示":"可以先设在出版局,如果不方便,将来再说。"《人民文学》的刊名,原系郭沫若书写,这一次编辑部上书毛泽东,请准许用他1962年为《词六首》发表而给《人民文学》写的信中之手迹。他在请示上批示:"可以。"如此说来,《人民文学》复刊,也是经毛泽东认可的。

我在出版社期间,曾经广泛阅读当时仍在出版的文学杂志,发现《天津文艺》所发工人作家蒋子龙的作品比较出色。1975年秋,我参与《人民文学》复刊工作,筹备第一期的小说,就想到他,便赴天津当面约稿。他正有中篇小说《机电局长》在《天津文艺》连载。我建议他把这部中篇压缩为短篇,希望他能像他笔下作品的主人公霍大道搞建设那样大刀阔斧,把最足以表现性格的事件聚拢于"一天"的"战斗历程",突出表现一位工业战线领导人为促生产奋不顾身的精神。

蒋子龙欣然应允,很快就写成了《机电局长的一天》。作品塑造一名领导干部形象,为实现"把国民经济搞上去"拼搏在第一线。为显主旨,我为小说加上导言:"工业学大庆,领导干部必须做铁人。这是和平年代的战争,是新的长征。"久违的小说重新出现于1976年1月《人民文学》复刊号的醒目位置,即刻被当做政治的"晴雨表",引起了众多读者热烈反响。《一天》表达的是人民渴望生活恢复正常的心声,为"新长征"开拓大道的霍大道,成为了邓小平的化身。

1976年4月5日,爆发了"天安门事件"。风云突变,邓小平被打为"右倾翻案"的"罪魁祸首"。"四人帮"喉舌针对邓小平关于《人民文学》复刊的批示,咒骂"党内那个不肯改悔的走资派,抡起整顿的大棒,诬蔑文艺界的领导班子,这也不行,那也不行,连个文艺刊物也办不好"。由《人民文学》原编辑组织并加工发出的小说《机电局长的一天》,顷刻间转变为利用文学鼓吹"右倾翻案风的黑样板",这篇作品成为了"给邓小平等老干部树碑立传"的"大毒草"。

"文革"文艺讲求所谓"三突出",一要突出表现"小将"和"女将",二要突出神化了的"英雄人物",三要突出斗争所谓"阶级敌人"。而这篇《一天》,赞扬一个在领导岗位"促生产的老头子",显然是在歌颂邓小平。于是,编辑部被责令"检查"。挂名副主编的文化部领导之一,指示召开"批判"会要请读者参加。当时正有两名文学青年参与编辑实习,被安排为读者代表。其中一女青年悄悄给我传递过来一张纸条,向我这个《一天》的责任编辑倾吐心声——"如果说霍大道推行的是邓小平路线,干的是修正主义,那么我尊重、崇拜霍大道,我还拥护邓小平!要是我们国家多有几个霍大道,该是怎样有起色……"看到这张纸条,我的心里一热,既欣慰又感激,却又担心她忍不住要在会上发言惹火烧身,就赶忙也写了一张纸条悄悄回复过去:"切不要说,现在不是说的时候!"当时我想,将来总有说的时候,便收藏下这张纸条,却没有想到1976年可以说是中国改天换地之年,"四人帮"已恶贯满盈,三个月后就垮台了。

1976年10月,粉碎"四人帮"。1978年12月,党的十一届三中全会召开,历史掀开崭新的一页。《机电局长的一天》从此进入各种文学选本,被列为《中国新文学大系》所选"文革"十年期间唯一的短篇小说。蒋子龙是在"文革"中涌现的工人作家,只因歌颂邓小平那样的领导干部,"四人帮"就对他也狠下毒手。蒋子龙所经受的折磨,几乎是浓缩于"一天"里。"一天"之中大起大落,一位作家如此蒙难的情状,在我国当代文学史上,绝无仅有,也是唯一的。

第一朵报春花

1976年10月,"四人帮"垮台,但他们那套理论基础和思想支柱并没有随之送进坟墓。文艺事业仍然被所谓的"黑线专政论"左右着,严冬虽过乍暖还寒。在这最难将息时刻,人们内心深处暗自而又殷切期待真正的春天及早到来。冰冻三尺,非一日之寒,积习根深蒂固,解冻谈何容易。需要思想和实践上,具备并付出敏锐而又强劲的胆识与魄力。在我国文坛尚未解冻时刻,为精神饥渴的人们捧献出显示历史转折之第一朵报春花的,是刘心武的短篇小说《班主任》。

刘心武那时已卓显文学创作才华。1977年春,我曾向他约稿,他寄给我一篇,写得不甚理想。9月21日,在一堆自然来稿中,发现刘心武又直接寄给了我一篇小说,随稿附有他于9月18日给我的信:"那篇《光荣》未能改好,主要还是因为我写的是工人而我却并不熟悉工人。《班主任》写的是我所熟悉的生活和人物,写它时我自己是颇感动的,希望这篇小说能使读者感奋起来。"我当即阅读刘心武这篇新作,随后便给他写了回信,表达我对作品肯定的态度。

按照编辑程序,我这样的回复既违规又犯忌。责任编辑先表达肯定态度,万一复审或终审通不过,自己会很被动。但我自信能通过,就先说明了我个人的观感。刘心武9月25日又给我寄来一封信,表示:"感谢您对《班主任》的扶植。我写时的想法,是要严格地从生活出发,揭示出某些别人似尚未予以揭示的真谛……既然'题材很好,有现实意义',当然希望能在您们帮助下修改好,争取能同广大读者见面。"不料,该稿在终审环节上经历了一段曲折过程。

当时,主持刊物版面的副主编把这篇小说交给包括评论组在内的编辑传阅,引发不同意见。正方认为塑造了张老师的正面形象,作为揭批"四人帮"的小说,应该发表。反方觉得似属暴露文学,恐怕不宜发表。那位副主编仍"把握不定",提请主编裁决。10月7日,张光年把有关编辑召集到他家里,讲述了他的观感:"这篇小说很有修改基础:题材抓得好,不仅是个教育问题,而且是个社会问题……写矛盾尖锐好,不疼不痒不好。不要怕尖锐,但是要准确……"

张光年的意见,解除了"怕尖锐"的编辑的顾虑,充实了"盼尖锐"的编辑的信心。其实,对《班主任》之所以"把握不定",觉得"不宜发表",并非认为艺术上不够格,而是担心政治上捅娄子。长期"运动"造成畏惧心理,唯恐发表尖锐之作会给杂志和作者带来不良后果。而那位副主编是有权决定退稿的,如果他让退稿,我也得去执行。但他并未轻率从事,不惜为此惊动主编,这还是很忠于职责的,可谓之从反方向促成了这篇小说的及时问世。

1977年11月号《人民文学》,以头条地位推出了《班主任》,随即引发出了空前绝后的巨大社会反响。在我四十三年编辑生涯中,小说引发如此轰动者,仅有这一次。编辑部选发了一组来信刊于1978年2月号,读者表示:《班主任》说出了我们想说的话,提出了发人深省的社会课题,是一篇别开生面的好作品。当文学复归正常轨道,即便小说仍不失其思想启蒙作用,也将不再那样直白浅露,也将不再等同于政治激情了。然而在当时,小说几乎就等同于政治。

1978年1月，《人民文学》推出徐迟的报告文学《哥德巴赫猜想》。这是又一振聋发聩之作，各报立即转载，为3月召开的全国科学大会提供了文学的报告。1978年8月，《文汇报》发表卢新华的小说《伤痕》，引起广泛反响，因其题目直接切合题旨，遂被引为这一类型作品的代称。事实上，开"伤痕文学"先河之作，是早于《伤痕》发出前十个月就已面世的《班主任》。从《班主任》的社会影响生发的启蒙作用来看，可以说它乃是思想解放的艺术先声。

1978年6月，中国作家协会恢复。张光年出任党组和书记处书记，李季接任《人民文学》主编。他有感于短篇小说创作在思想解放运动中所起的重要作用，提出了评奖的动议。经请示张光年同意，又取得茅盾支持，李季决定就由《人民文学》主办，对短篇小说创作中涌现出来的优秀作品进行全国性评奖。此前，对文学作品从未有过评奖；此后，各种各样的文学评奖由此滥觞。标志文学复苏的第一朵报春花——《班主任》，获得1978年首届全国优秀短篇小说奖冠军。

中国文学的丝路花雨

从1956年到1976年这二十年间，除掉"文革"浩劫荒废的十年，我在《人民文学》从事编辑工作只有十年。这十年我经历的，与其说是文学进程，毋宁说是政治风雨。文学在风雨中举步维艰，其"兴"也政治，其"亡"也政治。经我之手在《人民文学》第一次面世之李国文的《改选》、蒋子龙的《机电局长的一天》、刘心武的《班主任》，便是例证。所以，回忆我与《人民文学》，就以这三篇作品为例。这既是我个人的经历，又可以说更是我国文学进程中具有典型意义的事例。

在这十年里，尽管经受政治的风雨，我对于文学的认知，始终"本性难移"。虽然那时关于作品之好与不好的评判受着严格的政治界定，我仍然基本上坚守了文学是人学与美学的鉴定准则，并且是以其不失国家水平的尺度来遴选稿件的。例如：1958年，周立波写出《山那面人家》却自觉未合时宜，是经我动员才肯拿出来发表的。1962年，我从自然来稿里发现汪曾祺的《羊舍一夕——四个孩子和一个夜晚》，及时上报主编，并请黄永玉插图重点推出的……

当然,作为意识形态的表现之一,文学不应该也不可能脱离政治,关键在于什么样的政治。依我看来,建国三十年间,基本上是"以神为本,以斗为纲"的政治;改革开放以后,才逐渐实现"以人为本,以和为纲"的政治。这两种政治方针,对社会生活和文学事业所起的作用,天差地别。前者,压抑乃至扼杀人性和美感;后者,适应并促进文学的繁荣与发展。六十多年来,我国文学工作者的汗水足迹、歌哭甘苦,都在《人民文学》这里留下了难以忘怀的印记。

新中国的文学史,以不再提"为政治服务"为界,进入了一个崭新的阶段。当创作的多元化伊始,《人民文学》得风气之先,领风骚于前,所发作品在素质的提高、探索的锐进上,多能出类拔萃,使人刮目相看,曾令诸多读者和作者在审美与创美的取向上,唯此期刊马首是瞻。有许多作者以能在《人民文学》发上作品为荣,有众多读者把《人民文学》当做加强自身文学修养的课本。我有幸赶上了这一能够得以施展业务专长、发挥编辑创造能力的转折、兴旺时期。

就在这一时期,我由责任编辑走上复审岗位,从1984年起,出任副主编担当终审职责。此后,直接接触作家和作品的机会比以前减少,负责拍板的文体与课题比以前增多。因而,对诸多佳作问世过程的回忆,反倒不甚具体清晰了。但无论担任何种职务,编辑工作总是经由集体来完成的。《人民文学》历届各个岗位上的编辑,大都具备相应能力,无不勤恳敬业、恪尽职守。正是他们,不辱使命,保障并提升着《人民文学》作为文学"国刊"的地位与作用。

也正是在这一时期,诗人艾青为《人民文学》1986年2月号题写了卷首语:"蚕在吐丝的时候,没想到会吐出一条丝绸之路。"艾青曾任刊物的第一任副主编,对《人民文学》的地位与作用,对编辑工作的性质与贡献,有过切身体会。他的这句题词,应是深有所感:历经春风秋雨,几度春华秋实,《人民文学》走过的历程、创下的业绩,的确有如一条丝绸之路;《人民文学》的编辑们,也确实如蚕一般劳作,为编织好每一束花环,含辛茹苦,殚精竭虑。

回顾来程,可以看到,在《人民文学》这一条"丝绸之路"上,名家如林,佳作如云,似花香艳,若雨缤纷。在这一条路上,我曾经如蚕吐丝,尽心尽力。作为刊物的编审,我识花赏花;作为评奖的委员,我鉴花品花。那一种使命感、成就感、愉悦感,其情殷殷,其乐融融。我把心血倾吐在文字编织的生活图景上,奉献于文学抒发的理想境界中,促使其能铺展成为一条最艳丽、最温暖、最华贵、最绵长的"丝绸之路"。每一念及,幸运感与幸福感,油然而生……

编辑与我

李国文

著名作家李国文

李国文(1930—),生于上海,著名作家。念过戏剧学校,当过文工团员,去过朝鲜战场,做过文艺编辑;1957年因写小说《改选》,曾被划过"右派"。1979年又写小说《月食》,重新回到文坛。此后出版过长篇小说《冬天里的春天》、《花园街五号》、《危楼记事》和中短篇小说集,作品多次获奖。并著有《中国文人的非正常死亡》、《中国文人的活法》、《李国文说唐》、《李国文楼外谈红》以及《李国文新评〈三国演义〉》等书。

编辑,或者说编辑工作,是一门理应获得许多人(尤其是作家)尊敬的职业。然而,很多从事这项工作的同志,却并未得到理所应有的尊敬。

编辑的劳动,是一种付出代价,但成果却并不属于自己的劳动,是一种为他人作嫁衣裳的劳动。正是由于编辑的劳动,才得以保证使作家的劳动不致付之东流。而到作品问世,读者见到的名字,只是作家。不会有人去关心、去追问、去打听谁是这篇或这部作品的编辑。

于是我想起那很不正常年头里的一件往事,一件似可以说明这样现状的,多少属于酸苦的回忆。

那时,一年一度准许我离开劳动改造的工地回家探亲,却别扭地、惩罚性地不准许我在家和妻子儿女一块过个团圆年。因此,挨到无可再挨的时刻,乘火车,坐汽车,然后再步行,必须在年三十夜赶回在深山里修筑铁路的营地。否则的话,将会有什么样的灾难降临到右派的头上,谁都可以估计出来。

一切设想得非常周全,到了年三十,火车、汽车倒相反地并不拥挤了,很顺利地到在天将擦黑的时候,到达离营地不远的渡口。隔河相望,山坳里的灯火,闪闪烁烁。那里,正是我用劳动和汗水去赎莫须有罪名的地方。然而,宽阔的河面上,却没有渡船的影子。这是我绝对想不到,完完全全给疏忽了的事情。人家艄公是个能够享受过年权利的自由人啊!而在这大年三十晚上,在荒山僻野渺无人烟的地方,还会有谁不在家过年,偏要忙着赶路呢!

眼看着天色渐渐浓黑,再也不能拖延了。

渡船人大概住在离渡口不远的地方,于是顺着河沿去寻找。当时的心情(我想,这恐怕也是所有在文学道路上跋涉过的人,都能体验到的心情),倘若有位好心的艄公渡我过河,岂止是千恩万谢,而且会暗暗立下誓愿,永志不忘的。

等我找到有人家的地方,却没有可以渡河的船只;等我找到有船只的地方,愿意为我摆渡的人又难寻难觅。自由人是难以体会不自由人的苦痛,人们都莫名其妙地瞧着我有苦难言的模样,偏偏在这合家团圆的美好时刻,要为我解缆驾舟,干吗放着好好的年不过呢?

这世界上终究还是善良的、能够同情别人的人占多数。当我坦诚地讲述了我的处境,和我必须限期赶回的状况以后,一位乡亲便招呼我上船,竹篙一点,顺流而下。为了节省我的时间,还特意多送了一程。这样,他逆流回到自己的村落,准是大年初一的清晨了。

我不知该怎么谢他才好?

这位摆渡人笑笑:"你快上岸赶你的路吧!谢什么?别误你事就好!"

我要他告诉我名字,无论如何找机会回报人家这番情谊。也许这样的事,对他来讲,经历得太多了。他说:"告诉你也白搭,记不住的。古往今来,不管谁,过河就把摆渡人扔脑勺后头了!"

这个在年三十夜晚,从一个普通人嘴里说出来的警句,至今还在我耳边响着。

其实,编辑对于作者来说,也正是这样的摆渡人。他把你渡过了河以后,人们只知道你的作品和你的名字。但是没有摆渡人的努力,也许你永远站在河边踟蹰,而到达不了成功的彼岸。读者不去注意谁是作品的责任编辑,也许是情有可原的。如果作者在过河以后,把摆渡人扔在脑勺后头的话，就不免欠妥了。我接触过不少编辑，他们都比较宽厚——或许，编辑的职业习惯，使得他们学会容忍和懒于计较，对此（也就是作家把他们的劳动抹杀或者忘却）常常是一笑置之的。

这种无所谓的一笑，这种根本不当一回事的一笑，这种似乎认定受到怠慢是天生合理的一笑，使我想起我平生结识的第一位文学编辑。道怡的脸上，总是这样温和地笑着。

道怡是从五十年代开始他的编辑生涯的。他偶尔也写写小说，譬如《关于一个鸡蛋的讲用》，是他在干校的所见所闻、所感所触，但他主要编《人民文学》杂志。我相信，但不是绝对准确的统计，至少在中国作家这支队伍中，半数以上的人，都程度或深或浅地和他有过交往。我算是其中的一个，而且他还是我走上文学道路的第一个摆渡人。

若不是他（那时，他也就二十多岁吧？）从案头堆积如山的自发来稿中发现我寄去的两篇很短的短篇小说，恐怕我这一生，又该是另外一种样子了。人的命运很难用一种固定的模式将其框住，不知什么时候、什么原因、什么机遇、什么浪潮，会使你整个生活产生出急遽的、无可预料的变化。甚至一念之差，随之出现天壤之别的歧变。朝为座上客，暮为阶下囚，再也比不上一九五七年，在我个人经历中所发生的戏剧性的效果更为强烈了。我决无半点嗟怨道怡的意思。俗话说得好，脚上的泡是自己走出来的。假如，那一天道怡在处理我的那两篇短篇小说时，塞进字纸篓，或者夹张铅印退稿信寄还给我。那样，也许会一笔勾销我的文学之梦，去做一个安分守己的小员司或者是循规蹈矩的干部之类的人。因之，也就不会出现生活的巨大跌宕，人生的一百八十度的转折，甚至，整个世界在我眼中都颠倒过来的政治波澜。哦！那难忘的一九五七年啊……

然而，我却收到了一封信，通知我来稿经研究后决定要用。文学这座宫殿的大门，第一次为我打开。当时，对我来讲，实在有点出乎意料之外。文学事业是迷人的事业，对于青年人来讲，格外充满了诱惑力。就拿今天各地举办的有关文学创作的讲座、函授、辅导班如雨后春笋般出现，范围之广、影响之深、吸收人数之多，而且像浪潮一样，涌向各文学期刊编辑部的自发来稿，历久不衰的声势等现象来看，文学确实是一座有吸引力的竞技场。渴望一试的人，多到千千万万。我自然也属于其中的一员。那时虽是五十年代，但对于文学的爱慕之心，其热烈程度并不亚于现在的文学青年。有些人和我一样，年过半百，须发花白，虽历经坎坷，仍不变初衷地热爱文学。即使一直不成功，或者不太成功，或者压根儿不可能成功，而始终如一，爱好到癖嗜的程度，足以说明在文学这条单行道（大家都朝着同一方向奔去）为什么如此拥挤而有无数失败者的原因了。

有的人爱对编辑发出种种责难，作品碰壁回来，最初的愤怒总是发泄在也许不谋一面的编辑头上。其实，这里面很大程度是错怪了好人。有编辑失误，而产生明珠暗投的可能。但道怡告诉过我，一旦在来稿中发现一个好作者、一篇好作品，整个编辑部都会欢腾起来。

所以，一个真正的编辑，他的任务就是发现。道怡就是这样一个发现者。不过，他为人谦谨，总不愿意谈这方面的事情罢了。但我知道，一些赫赫有名的作者，一些脍炙人口的作品，都和他的发现分不开的。因此，发现是道怡的快乐。偶尔听他讲起这种发现时的快乐，和我们写完作品最后一个字的心情，是完全相同的。

但是，一个真正的编辑，他的成熟，还不仅仅表现在发现好作品，而应该更善于发现具有创作力的人。这就需要编辑敏锐睿智的眼力，能够透过作者还不算成熟的作品，观察到作者可能具备的创作潜力。快三十年前的事情了，恐怕道怡也记不得了，当时怎么会从我的两个极短的短篇小说看出希望的原因了。我记得他很快写来了另一封信，署上了他的名字崔道怡，约我到编辑部去谈谈，那热忱至今也难忘却。

他是好心好意地渡我过河，也许他在我作品里看出来我是可以写写东西的。因为开端的顺利，接二连三地又寄给他几篇作品，他都表示许可，并给予好评。就这样，我兴冲冲地去了。我记得那是一九五七年的四五月间，也许还要早一点。北京春天多风，但到了晚春初夏之交的季节，就风和日丽、温暖宜人了。可当时的政治气候，却越来越恶劣。所以，他努力地划船，将我送到了彼岸，没想到（不仅我，还包括道怡，包括编辑部，都未能估计到的）一个右派的陷阱已经在等待着，才一登岸，便跌进深渊里去了。

在我重新提笔写作，挤进新时期文学大军的队伍以前，和我文学上的摆渡人只有那次编辑部会见的一面之缘。道怡给我留下的印象，除了他那瘦高的个子，思索型的面容，以及谦谨的风格，和那种急于把全部意思一口气讲出来的谈话方式外。最深刻的，莫过于让我能贴切感受到的，他希望我成功的炽热的心。

希望别人成功,帮助别人成功,这是一个真正的编辑无与伦比的美德,道怡就是这样的人。

其实,那时我是一个无名小卒,而且还是向文学刊物第一次投寄作品。现在,回过头去看当时的作品(因为反右的缘故,除《改选》外均未发表,但由于供批判用而印发,倒得以保存下来),稚嫩是不必说的了。不过,也许我写了一点真情实感,写了一点我眼睛所见到的现实,写了一点那种年轻人的愤懑。因此,道怡是那样热烈而鲜明地支持我写下去,而且甚至给了我这样的希望,只要继续不断地写,就会有获得成功的可能。

因此,在我为一篇小说而获罪,以致二十多年颠沛流离,堪称苦难历程的漫长岁月里,从来也不曾埋怨过,为此怪罪道怡,认为他应该为我的不走运而负部分责任。我没有这样想,他却为之内疚,岂止如此,为发表我这篇被称之为"大毒草"的作品,他也差点儿坠入右派深渊。当时的编辑室主任李清泉同志,不就因为发表类似《改选》等许多"毒草",而遭受到和我同样的命运吗?我所以从未产生对道怡的怨怼情绪,相反,倒念念不忘他对我的发现,因为他证实了我的确是可以写写东西的。所以我暗暗地感激我的第一个摆渡人。

我们第二次见面,却是二十多年以后了,在一次短篇小说发奖会上。他在编获奖作品集,其中有我的自《改选》沉寂以后再度问世的《月食》。两人相遇,满头华发,似乎有许多话要讲,然而彼此又觉得,似乎又不必多讲。因为这不是任何个人的奇特经历,而是属于时代的命运悲剧。但是并不平静的心,却在胸膛里砰砰撞击。在那三月的春夜,在京西宾馆静寂的房间里,这不能沉静下来的心的跳动,对道怡来讲,从他漫长的编辑生涯里,我恐怕不是他唯一的例子,证明他的眼力、他的判断,以及他对作者未来的信任是正确的,同时也是准确的。虽然他要为此付出代价,但历史总是公平地作出判断。

但对我来讲:虽九死而不悔地追奔文学,历经人间艰辛,终于从右派深渊跃出,重新在文学的彼岸起步前进,却是不该忘记这位最初渡我过河的人。

一部文学史,上面刻满了诗人的名字、作家的名字、文艺批评家的名字、领导文艺运动的人的名字,独独没有编辑——为我们摆渡过河的人的名字,这当然是不公平然而又被视为正常的事。但具体到一个作者来讲,这种不会忘却、不该忘却的感情,又是很浓的。

正因为这样,写出了这篇《编辑与我》,是为之一。

(李国文同志写的《编辑与我》(之一),原载《小说评论》1985年第3期)

编者、作者、读者评论(摘编)

作为新中国第一家全国性文学月刊,《人民文学》是有资格代表新中国的文学业绩参与50年庆典检阅的。毛泽东的题词,确定了她权威的历史地位和神圣的社会职责。她是体现与展示我国文学创作最高水平、最新成果的殿堂;她是哺育与推举我国文学园地新生力量、新锐篇章的摇篮;她是映现与折射我国社会生活阴晴圆缺、喜怒哀乐的窗口;她是谱写与记载我国文学历程进退兴衰、曲折嬗变的史册。半个世纪以来,我国文学工作者的汗水足迹、歌哭甘苦,都在这里留下了难以忘怀、清新深远的印记。

(摘自《人民文学》编辑部《丝路花雨岁月流金——〈人民文学〉50周年》,《人民文学》1999年第10期)

当时我在《人民文学》杂志社做责任编辑,刘心武那时还是业余作者……1977年春,我曾向他约稿,他寄来一篇,但不理想。9月份,他又寄来一篇小说,随稿附有他的一封信:"这回寄上我上月写成的短篇小说《班主任》,写的是我所熟悉的生活和我所熟悉的人物。……"

我立即读了,随即被感动……我自信发表没有问题,就立刻给刘心武写了一封回信,提出不尽满意之处,同时告知作者已送复审。

孰料《班主任》在终审时……引发了不同意见。正方认为:塑造了张老师正面形象,作为揭批"四人帮"的小说,应该发表。反方觉得,似属暴露文学,恐怕不宜发表……于是提请主编裁决。

粉碎"四人帮"后,《人民文学》的第一任主编是张光年。10月7日,他把有关编辑召集到他家里,讲述了他对《班主任》的意见:

这篇小说很有修改基础:题材抓得好,不仅是个教育问题,而且是个社会问题,抓到了有普遍意义的东西。如果处理得更尖锐,会引起人们的注意,以文学促进关于教育问题的讨论。

我的意见:写矛盾尖锐好,不疼不痒不好。不要怕尖锐,但是要准确。这篇其实还不够尖锐,抓住了有普遍意义的社会问题,但没有通过故事情节尖锐地展开,没有把造成这个矛盾的背景、原因充分地写出来。写现象多,深入开掘不够。议论过多,要大加压缩,要把人物写得更生动些。那些话,你不写,读者也会为你补充。不要使作者为难,在现有基础上改,采取生活本身的东西说话。把麻雀解剖得准确、鲜明、生动,读者会产生广泛的联想。

刘心武汲取张光年的意见,对作品进行了细致修改……最终,1977年11月号《人民文学》以头条位置推出了《班主任》。

《班主任》横空出世,引发出了"空前绝后"的巨大社会反响,读者来信多得天天得用麻袋装……1979年举行的全国首届小说评奖中,《人民文学》共收到读者来信100751件,评选意见表200838份。评奖活动共推荐小说1285篇,《班主任》不仅名列第一,而且票数比名列第二的多出了一倍。

(摘自崔道怡《〈班主任〉何以引发巨大社会反响》,2008年10月13日《光明日报》,韩小蕙采访整理)

相关链接

* 《人民文学》编辑部.《人民文学》复刊的一场斗争[J]. 人民日报, 1977-08-18.
* 刘心武.秋收时节念春播[J].人民文学,1984(10).
* 玛拉沁夫.在那一片沃土上——为《人民文学》而作[J].人民文学,1984(10).
* 柳溪.我的文学摇篮[J].人民文学,1984(9).
* 王汶石.常忆常新——祝贺《人民文学》创刊35周年[J].人民文学,1984(9).
* 徐迟.宏伟的重任在肩[J].人民文学,1984(9).
* 李国文.失去的蒙太奇[J].人民文学,1984(9).
* 刘心武.改革开放与繁荣文学创作[J].人民文学,1988(5).
* 《人民文学》编辑部.严重的错误 沉痛的教训[J].人民文学,1987(3).
* 郭晓力. 文学期刊的生存与出路——'98全国文学期刊主编研讨会侧记[J].人民文学,1998(10).
* 王燕枫.海以容纳百川——记《人民文学》的发展轨迹[N].新闻出版报,1998-10-08.
* 崔道怡.他是一棵常青树——我心目中的李国文[M].陈思和、虞静主编.艺海双桨.济南:山东画报出版社,1999.
* 李清泉.颠沛的编辑生涯[M].陈思和、虞静主编.艺海双桨.济南:山东画报出版社,1999.
* 李国文.作者与编辑的缘分[M].陈思和、虞静主编.艺海双桨.济南:山东画报出版社,1999.
* 涂光群.郭沫若与《人民文学》[J].炎黄春秋,2001(11).
* 崔道怡.《人民文学》复刊前后[N].中国新闻出版报,2001-06-29.
* 胡德培.文坛长老——怀念茅盾先生[J].人物,2002(6).
* 蒋子龙.镜子的灾难与灾难的镜子[J].人民文学,2004(8).
* 吴俊.《人民文学》的创刊[N].中华读书报,2004-11-03.

*与人民同行与中国当代文学同行——《人民文学》创刊55周年系列报道（图文专刊）[J].人民文学,2004(1-12).

*李国文.过河勿忘摆渡人[J].中国编辑,2006(1).

*崔道怡.喜为他人作嫁衣——文学编辑工作杂谈[J].中国编辑,2006(4).

*孙晶岩.四大名编的故事[N].文汇报,2007-02-25.

*刘心武.《班主任》的前前后后.天涯,2008(3).

*舒晋瑜.历史回顾与学理反思——《人民文学》十七年[N].中华读书报,2009-11-25.

《史学月刊》的办刊理念与六十年来之发展

殷 铭

《史学月刊》是新中国创办的最早的史学专业期刊之一,已经有将近60年的办刊历史。该刊将近60年发展史上所做出的辉煌成就,它为新中国史学发展所作出的巨大贡献,在中国史学界获得了广泛赞誉,有着史学大刊、名刊之美称。总结《史学月刊》60年来的发展道路,对我国学术期刊的未来发展,可以提供不少有益的借鉴。

《新史学通讯》创刊号封面

一、《史学月刊》六十年历史的三个阶段

《史学月刊》原名《新史学通讯》,由中国历史学会河南分会主办,河南大学校长嵇文甫先生、郭晓棠先生和史地系主任黄元起先生于1951年1月共同发起创办。1957年改名《史学月刊》。该刊将近60年的发展可以大致分为三个阶段。

第一阶段,从1951年1月至1956年12月,为《新史学通讯》时期。该时期,该刊为新中国马克思主义史学的确立和发展作出了贡献。解放初期,如何用马克思主义唯物史观指导历史研究,是史学界需要解决的突出问题。《新史学通讯》的创办者——嵇文甫、郭晓棠、黄元起都有早年参加革命的经历,较早地接受马克思主义理论,所以,他们就以《新史学通讯》为阵地,肩负起了在新中国史学界普及马克思主义的庄严使命。青年学者张越曾经撰写过《〈新史学通讯〉与中国马克思主义史学》的专题论文,他说:"《新史学通讯》对于中国马克思主义史学的贡献,进一步促进了马克思主义史学的主导地位的确立和发展。《新史学通讯》所取得的成就和反映的特点,从一个侧面为十七年的史学研究打下了一个良好的基础。《新史学通讯》在新中国建立初期影响和教育了一大批渴望学习马克思主义理论的史学工作者。"

第二阶段,1957年1月至1966年9月,这是改名《史学月刊》后的初期阶段。1956年下半年,随着社会主义改造运动的完成和第二个五年建设计划的开始,《新史学通讯》编辑部的同仁们,深受社会形势的鼓舞,根据编委孙海波教授的动议,决定把刊名改为《史学月刊》,以便扩大版面,丰富内容,更好地担负起繁荣社会主义史学的任务。刊名的改变,意味着刊物编辑宗旨的变化。在《新史学通讯》时期,普及马克思主义唯物史观,交流历史学习和历史教学的经验和体会,解决历史教学中的疑难问题,是刊物的宗旨;改名《史学月刊》意在加强刊物的学术性,要办成真正的专业学术期刊,使之成为繁荣历史科学的一个重要阵地。

改名后《史学月刊》封面

这一时期,特别是20世纪50年代末和60年代初,刊物办得很活跃,组织了不少重大问题的讨论,表现了刊物主办者的学术敏锐感和洞察力。譬如60年代中国史学界关于历史主义的论战,一般人认为是发端于翦伯赞1962年的《目前史学研究中存在的几个问题》。其实,《史学月刊》早在1960年就组织了关于历史主义问题的专题讨论。该刊1960年第7期发表了4篇专栏文章,专题讨论历史主义问题,并配发"编者按"说:"历史主义问题,我们认为是历史科学工作中一个重要问题。而讨论现在刚刚开始,因此本刊决定把开封师院讨论中不同的论点选择几个发表出来,目的在于抛砖引玉,把这个讨论广泛地展开。通过讨论,清除在这个问题上的糊涂看法、错误观点,把历史科学工作质量推进一步。"同年第9期,又发表了中国人民大学、哈尔滨师范学院、武汉师范学院三位作者的关于历史主义问题的专栏文章,把讨论引向深入。蒋大椿先生在《历史主义与阶级观点研究》一书中评论说:"50年代末和60年代初,河南历史学界最先提出了马克思主义历史主义和阶级观点相结合,并组织了关于历史主义问题的专栏讨论,对马克思主义历史主义和阶级观点的研究作出了贡献。"

这一时期的《史学月刊》,为培养当代马克思主义史学研究队伍,起到了很大作用。当今不少史学名家,青年时期都在《史学月刊》发表过文章,也有不少学者的处女作发表于《史学月刊》。原贵州大学校长吴雁南先生在80年代曾撰文谈《史学月刊》对他的影响："我从事中国史的研究,很大程度上取决于来自它的鼓舞。几年之间,先后发表拙著十篇。这对于一个刚刚踏入史学门槛的青年人来说,自然是很有力的鼓舞。我想,现在中年的史学家,在50年代,一定有不少同志和我一样,是从《史学月刊》吸取营养、受到鼓舞的。"

第三阶段,即1980年复刊至今,将近30年的历史。这一时期,是《史学月刊》发展史上的最好时期。1978年中国共产党十一届三中全会之后,学术界迎来了科学的春天;《史学月刊》也终于在停刊14个年头之后获得了新生,于1980年7月正式复刊。当时由于经费的原因,该刊暂定为双月刊。复刊后的近30年,是《史学月刊》自创刊以来最为稳定的发展时期。第一阶段中,1952年曾因主办者下乡参加土地改革运动而短暂停刊;第二阶段中,因大跃进之后的政治形势冲击,从1960年10月至1964年6月,停刊三年零九个月,办刊的道路异常曲折。在改革开放的新时代,《史学月刊》获得了稳定而快速的飞跃式发展。

复刊以来,根据国内历史科学发展的需要,刊物版面和发稿量逐渐增加、扩大,页码由96页改为120页,再改为大开本152页,直至2002年恢复月刊,现在每年出版12期,每期136页,年发文量300万字,成为国内史学界发稿量最大的专业学术期刊。

1997年,《史学月刊》的办刊宗旨作了新的调整,确立了向史学大刊和史学名刊迈进的工作思路。1980年复刊时,《史学月刊》确立的办刊宗旨和编辑方针是:坚持原有的"立足河南,面向全国"的特点,把《史学月刊》办成一个历史专业的学术性刊物;进行爱国主义和共产主义教育,为实现我国四个现代化,为繁荣和发展历史科学,为培养青年史学工作者服务;贯彻"百花齐放,百家争鸣"的方针,各抒己见,自由讨论,探求真理,活跃学术空气。1997年,该刊改变了原来"立足河南,面向全国"的办刊思路,提出要把《史学月刊》办成名副其实的全国性学术刊物的目标。根据这一目标,该刊提出了广泛加强与学术界的联系,争取一流作者;重视重大选题,放开文章字数限制;追踪学术发展,创设学术栏目,按栏目上文章;抛弃地方刊物观念,确立真正面向全国、完全以学术水平定取舍的无偏见选稿原则等工作思路,并根据建设全国性学术刊物的目标,改善编辑部的工作规范和编辑技术规范，使编辑部的各项工作有了新的起色。办刊方向调整之后的12年来，《史学月刊》学术水平与学界的影响力有了明显的提升，完全实现了将《史学月刊》由一个地方性刊物，提升为一个学术界广泛认可的、有自己办刊风格和特色的大型学术刊物，成为国内史学的一方重镇。

二、《史学月刊》的办刊理念

2001年《中国新闻出版报》曾发表一篇评论《史学月刊》办刊理念的文章，将该刊的办刊理念归纳为"诠释历史的求是精神"、"追随时代的求新精神"、"培养新人的责任意识"、"打造名牌的品牌意识"四句话，它大体上反映了该刊对自身发展的理性诉求。根据笔者对该刊的了解和观察，发现该刊有几个方面是他们几十年来持之以恒的不懈追求，或者说就是他们的办刊理念。

1. 在处理学术刊物与学术发展的关系问题上，主张学术刊物应当承担引领学术发展的责任，要有强烈的历史责任感和使命感。

2. 在选题原则上，坚持贴近现实、服务于当代社会的学术取向。

3. 在选稿原则上，坚持解放思想、鼓励争鸣，重视原创性、思想性，以稿件自身价值为唯一依据的基本理念。

4. 在作者队伍的选择和培养上，坚持扶持史学青年是其自创刊以来一以贯之的办刊思想。

关于《史学月刊》办刊理念的这四点总结，也可以在他们自己的言辞中得到求证。在该刊的工作笔记扉页所载"《史学月刊》简介"中，他们对自己的办刊宗旨有这样的说明：

在今后的办刊实践中，我们将坚持如下宗旨：

以繁荣学术为己任的高品位价值追求

以培养青年为目标的前瞻性战略眼光

以学术水平定取舍的无偏见选题原则

以有益社会为宗旨的大效益办刊方针

一个刊物的办刊方针或办刊宗旨，就是他们的办刊理念的集中表述。以上这四句话，与我们对《史学月刊》办刊理念的总结，是完全一致的。

三、《史学月刊》的名刊之"名"

《史学月刊》已经走过了将近60年的历史,而以改革开放30年来的历史最为辉煌,特别是最近10多年,是该刊历史上最为繁荣和鼎盛的阶段。学界同仁给予该刊至高评价,也往往以"名刊"誉之。如果要求证《史学月刊》的名刊之"名",笔者觉得有四个方面可以总结。

1.《史学月刊》是国内发稿量最大的历史学专业期刊,因重而名

1980年刊物恢复发行的时候,该刊由于经济上的原因,暂定为双月出版。2002年,在高校扩张性发展的背景条件下,在学校保障有充裕的资金支持的前提下,该刊在暂定双月发行20年之后,恢复了月刊。目前,《史学月刊》是国内唯一的按月发行的历史学学术研究性刊物,而且,每期136页,25万字,全年发稿量300万字,是发文量最大的史学专业刊物,自然成为历史学界的一方重镇。

发文量的增大,使该刊有条件发表一些重大的学术选题而不受字数限制。目前该刊的稿件,没有在字数方面对作者进行刻意限制,完全根据选题的需要,有话则长。在近几年发表的文章中,最长的四五万字,二万字的稿件已最为常见。如2009年第1期上同时登载的张国刚的《改革开放以来唐史研究若干热点问题述评》一文,45000字;李剑鸣的《改革开放以来的中国美国史研究》一文,36000字;沈志华的《美国中央情报局眼中的中国》一文,36000字。这些文章很有分量,都产生了很好的影响。李剑鸣的文章,已经被美国研究所选定,作为向国际史学界介绍新时期中国的美国史研究的代表性文章译成英文。大问题、大文章,提升了刊物的学术质量。在有了学术质量之后,最近几年该刊的复印率、引用率也一直保持了国内同类刊物的领先水平,在北京大学和北京市图书馆联合会搞的"全国中文核心期刊"的统计数据中,在南京大学的"中文社会科学引文索引来源期刊(CSSCI)"统计数据中,《史学月刊》的引用率都名列前茅。

2. 形成了稳定的高水平的作者队伍和合理的作者结构,因人而名

由于刊物的学术影响,刊物学术质量被国内学术界广泛认可,所以稿源相当丰富。从最近几年的情况看,该刊的稿件采用率大都稳定在8%—

10%之间(扣除约稿、自组稿件因素,自然来稿的采用率大概在5%),而且稿源相对集中。根据该刊2006年在"在京顾问编委座谈会"上发布的数据,从2001年到2005年五年间,共有176个学术单位的作者在该刊发表论文,其中发稿最多的前15名高校或科研单位是:北京师范大学、南开大学、南京大学、复旦大学、中国社会科学院、北京大学、中国人民大学、华中师范大学、首都师范大学、山东大学、武汉大学、华东师范大学、陕西师范大学、河南大学、郑州大学。这15所高校或科研单位,在《史学月刊》的发稿量占到总发稿量的60.4%。这15所大学基本上也是国内历史学科的优势单位,他们构成了该刊强大而稳定的作者群体。这是他们办好刊物的最坚实的基础。

所刊发稿件的作者结构统计:

按年龄结构统计,35岁以下占25.4%;36—45岁占36.5%;46—55岁占22.8%;56岁以上占15.3%。

按学历结构统计,博士占32.9%;在读博士生占18.9%;硕士占3.9%;在读硕士占3.3%;其他占41%。

按职称结构统计,教授(含研究员、编审)占45.8%;副教授(含副研究员、副编审)占25.5%;讲师(含助理研究员、馆员)占10.8%;其他占17.9%。

统计情况说明,该刊作者中,年轻学者(45岁以下)的文章已经占到将近三分之二,是作者队伍的主体。具有博士学位或在读的博士已占到50%以上,作者的学历层次也比以前有所提高。副教授以上具有高级职称的作者占到了71.3%以上,标志着本刊的作者,大部分是学术思想比较成熟的学者,这是刊物学术水平的基本保障。

可以说,刊物之名是来自于他的作者,没有高水平的作者队伍,就没有高水平的学术作品,就没有刊物的影响力。《史学月刊》之"名"是由名校名家和稳定的高水平作者群体来奠定的,所以是"因人而名"。

3. 颇具特色的栏目设计和学术风格,造就了别样之名

"文革"后复刊的《史学月刊》,承继"文革"前严谨、朴实之文风,编排简单,因发稿量小也无栏目设计。后来逐渐标注栏目,但没有按文章的学术属性分类,简单地分为中国古代史、中国近代史、中国现代史、世界历史等几大块,有时增加历史人物、地方史志、青年论坛、教学研究、教学参考等栏目,文章篇幅限定在8000字左右。

1997年开始,该刊实行按栏目上文章,根据学术发展的实际情况,设定了一些常设栏目。基本的栏目有：史学理论与史学史、史学评论、专题研究、社会经济史研究、城市史研究、乡村史研究、电脑与史学应用、新资料发掘与研究、学术史研究、当代史学家研究、学者访谈录等。

《史学月刊》的征稿启事"敬告作者和读者"中说"尤其欢迎史学理论、史学评论、社会史、城市史、乡村史、生态环境史、文化史、学术史、电脑与史学应用、新资料的发掘与研究等方面的稿件"，而这些方面的选题，也就构成了该刊的基本风格。在稿件筛选的过程中，他们主要看重论文的原创性、选题的意义和分量、论文的方法论特色等几个方面。

从栏目设计到文章风格，该刊有自己的追求。理论性、现实性、原创性构成了《史学月刊》论文的选题特色；厚重性与实证性，是谓该刊论文的文风特色。任何一家期刊，都是要由别具一格的风格或特色而树立自己的旗帜的，《史学月刊》的名刊之"名"，也由此来，是谓别样之名。

4. 因强大的学术影响力而扬名

刊物的名，最终是由他的影响力来决定的。最近10多年来，该刊一直保持较高的复印率和影响力。兹介绍有关的统计数据：

根据中南财经政法大学图书馆期刊信息检索中心的统计：2003年以来，在全国两三千种被转载期刊中，《史学月刊》的转载量一般排前20名之内；最高的2006年，排名第7位。

中国人民大学复印报刊资料的复印量排名，2002年以来，《史学月刊》在历史地理类刊物中一直名列第一。

北京大学图书馆和北京高校图书馆期刊工作研究会共同主持的"中文核心期刊"评审，按发文量、复印量、复印率、引用率、影响因子等多重要素评定、筛选，《史学月刊》在历史学类核心期刊的排名，2000年排第7名，2004年第5名，2008年第4名，位次逐年递升。

中国社会科学院文献计量与科学评价研究中心评定的中国人文社会科学核心期刊，2004年《史学月刊》位列历史学类第7名，2008年位列历史学类第6名。

目前国内流行有五花八门的核心期刊的评定，《史学月刊》都填列其中。这也说明，无论按什么指标进行测算或评定，《史学月刊》的学术水平都是可以得到认可的。也正因为如此，目前全国各高校历史系，大都把在《史学月刊》发表论文纳入了他们职称评定和工作量考核的评价体系。

2005年，在全国期刊评奖中，《史学月刊》荣获国家新闻出版总署颁发的"第三届国家期刊奖百种重点期刊"，这是它第二次蝉联国家期刊奖百种重点期刊。这标志着《史学月刊》在国内期刊界的影响和地位。

《史学月刊》60年的历史，是一个不平凡的里程。改革开放30年，是中国近代以来最好的时期，也是《史学月刊》创刊以来最好的时期。凭借改革开放的大好形势，《史学月刊》也取得了较大的进步和发展，获得了不少荣誉，得到了学术界的普遍认可，成为国内史学界名副其实的名刊、大刊。我们衷心地祝愿《史学月刊》的明天更美好，祝愿其名刊之"名"更明、更亮、更靓丽！

承担起繁荣学术的社会责任
——主编《史学月刊》的几点感受

李振宏

《史学月刊》主编李振宏

李振宏（1952—），河南省偃师市人。《史学月刊》主编，河南大学特聘教授，博士生导师，河南省优秀专家。主要从事史学理论、中国古代史、中国文化史方面的教学和研究。曾出版《历史学的理论与方法》、《圣人箴言录——〈论语〉与中国文化》、《居延汉简人名编年》、《居延汉简与汉代社会》、《历史与思想》等著作，在《历史研究》、《中国史研究》、《史学理论研究》、《求是》、《人民日报》、《光明日报》等报刊发表学术论文90余篇，主编《元典文化丛书》（30种）、《国学新读本丛书》（15种），在学术界有广泛影响。现兼任中国秦汉史研究会副会长、中国农民战争史研究会副理事长、中国史学会史学理论分会常务理事、河南省史学会副会长等职。

我从1996年11月开始主编《史学月刊》，至今已经15个年头了。15年来，在编辑部同仁的共同努力和积极配合下，本刊的学术水平和在学术界、期刊界的影响力，都有了不同程度的提高，获得了较为广泛的赞誉。虽说有了十几年的从业经历，但一旦要来谈及如何做学术刊物主编这个话题，也还是免不了有些惶恐，自己的一些零星的体会或认识，实不敢以经验自恃。若勉强来谈些感受或体会的话，我想谈以下三个方面的问题。

一、主编最重大的职责是关于办刊方针的确立或选择

一个学术性刊物的主编,其责任不是单纯地对稿件质量的把关和负责问题,不能只是被动地工作,而是应该以强烈的主动性去对刊物的发展做出建设性的思考和规划,应该是一种高度的创造性工作。我以为,主编对于一份期刊来说,肩负使之生、使之死的重大责任。他应该是办刊方针的制定者,选题思路的提供者,刊物特色的设计者,栏目设置的策划者。他应该是刊物的灵魂,刊物因他而活跃、飞动。出于这样的理解和认识,在接手《史学月刊》主编的最初一段时间里,我把主要精力用于对刊物发展方针、办刊思想、特色设计等重大问题上。经过一段时间的思考,我对《史学月刊》的办刊宗旨作出了一个四句话定位:

以繁荣学术为己任的高品位价值追求
以培养青年为目标的前瞻性战略眼光
以学术水平定取舍的无偏见选题原则
以有益社会为宗旨的大效益办刊方针

这第一句话,是从刊物的性质出发所提出的要求。作为一个专业学术刊物,繁荣学术是我们的终极使命,因此,刊物务必把高品位的价值追求,即纯学术价值的追求,作为自己的唯一目标。由此出发,在此后我们制定的审稿要点中,就特别注重稿件的学术质量问题,即特别注重学术的创新性、思想性、原创性,也更加注重学术的规范性。我们制定的审稿要点中相关条文如下:

(三)主要关注点在于学术创新方面,文章的基本观点必须是作者独到的学术创新,在基本观点上与他人雷同的不予采用。

(四)关注选题自身价值,主要把握原创性选题、重大选题、争鸣性选题几个原则。

(五)注意解决问题的完整性。

(六)注意论文的材料基础,新材料的占有与资料的丰富性。

(七)注意学术规范方面的问题,包括研究规范(问题意识、相关研究状况的把握、解决问题的思路与方法等)和写作规范(包括

学术史内容与注释规范等)两个方面。

（八）注意论文所反映的学术道德问题，是否存在抄袭，商榷性文章是否对商榷对象有足够的人格尊重，是否是在学术的层面与对方展开讨论。

我们的审稿要点只有九条，以上六条都是在表述学术质量方面的要求，这就很好地体现了我们追求高品位学术的办刊理念。

之所以提出高品位的价值追求，也与我们对近些年来学术界和期刊界的现实状况有关，毋宁说，"以繁荣学术为己任的高品位价值追求"，也就是针对学术界不正之风越来越严重的现实提出来的。期刊界已经普遍感受到了功利与金钱对学术的腐蚀，拿钱发文的流行做法，以及行政权力无限泛滥对学术期刊的侵扰，已经严重威胁到学术期刊的学术质量和价值追求，在选稿问题上也渗透进来多种学术以外的因素。我们感到，只有坚持"以繁荣学术为己任的高品位价值追求"这样的办刊理念，在选稿中不考虑学术以外的其他因素，以学术性作为选稿的根本标准，才能保障刊物的学术质量。我们选定这样的方针或理念，也实践了这样的方针或理念，于是收到了良好的办刊效果。据中南财经政法大学图书馆期刊信息检索中心的统计，近10年来本刊转摘量连续位于国内史学类期刊第一名；中国人民大学复印报刊资料的复印量排名，近10年来本刊连续在历史地理类刊物中名列第一。

第二句话"以培养青年为目标的前瞻性战略眼光"，这是我们刊物的一个优良传统，同时也是考虑到我们刊物的定位问题而作出的选择。本刊在《新史学通讯》阶段(1951—1956)，创办者嵇文甫先生称它是"四小刊物"。所谓"四小"，就是小刊物、小文章、小问题和小人物。1957年改名《史学月刊》之后，虽然刊物宗旨有所变化，已经改办成纯粹的专业学术刊物，文章也不再是小文章，不再是小问题，但从某种程度上说也还是小刊物，因为按照社会上流行的"官本位"的刊物分层法，我们是属于地方性刊物或省级刊物；作者队伍中还有相当一部分是小人物。可以说，从我们这个刊物中走出来的史学新人是比较多的，培养史学新人是我们多年来的基本理念。和国内的几个史学大刊比起来，青年作者多，富有锐气和朝气，对于普通读者具有亲和力，是我们这个刊物的特色之一。根据对本刊2001—2005年发稿情况的统计，45岁以下作者的发文量占61.6%；在读博士生的论文占发文总数的18.9%，将近五分之一；甚至在读硕士生的文章，也占到3.3%。这些数据说明,我们严格执行了自己制定的办刊方针,在选稿中不存在对青年学者的歧视或无视,并特别重视对青年学人的扶持。上海华东师大的青年学者李孝迁,读博期间,就在我刊2003年、2004年连续发表两篇文章。至今,短短几年时间,我们发表了李孝迁的4篇论文。这些都是以其稿子的质量为基础,不掺杂有任何其他因素。李孝迁在我刊发第一篇文章时26岁,我们没有因其年轻而不予重视,并且连续几年采用他的稿件。这给了年轻人的成长以极大的鼓舞和激励,也为本刊赢得了声誉。

第三句话"以学术水平定取舍的无偏见选题原则",这实际上是针对现时代社会风气之腐败做出的强调,以保证学术公平和公正,为普通学人提供公平的学术竞争机会。公信度也是一个期刊得以立足的重要保障,学术期刊要取得广大学者的信任,使得他们愿意、乐意把自己最好的稿件交给你,你就要保障在选稿方面的公平和公正,就需要有一个客观公正的选稿原则;而这个客观公正的唯一取向,就是以稿件的学术水平为依据。所以,我们也把保障公平公正的问题,作为重要的办刊理念来加以强调。

第四句话"以有益社会为宗旨的大效益办刊方针",是我们办刊物的总的指导思想,这句话是根据"为人民服务"和"为社会主义服务"的"两为"方针提出来的。我们把"两为"方针具体化为服务于现实社会发展这个更具体的目标,"有益社会"既是"两为"方针的具体化,也是历史学研究实现自身功能的体现。

我们以为,史学和任何学科一样,都有一个如何体现社会功能和发挥社会作用的问题。毛泽东曾倡导要研究中国的历史和现状,"从其中引出其固有的而不是臆造的规律性,即找出周围事变的内部联系,作为我们的行动的向导"。胡乔木也曾发表过类似的见解:"历史科学满足政治需要的正确理解应当是,历史向社会也向政治提供新的科学研究的成果,而社会和政治则利用这种成果作为自己活动的向导。"我们的历史研究不是发思古之幽情,而是为着现实人类提供历史活动的资鉴。所以,我们的稿件选题,应该贴近现实,服务于现实,当然绝不是影射现实。

本着这样的理念,我们这些年在刊物的栏目设计上,稿件的采集上,很好地突出了历史科学的现实感。我们最近一些年所设立的"笔谈"栏目,选定的笔谈题目都是和现实社会或当代学术热点紧密相关的问题。比如,我们近些年所设置的《20世纪中国社会转型笔谈》栏目,至今已出版四期,发表了彭明、魏宏运、张晋藩、王桧林、郭德宏、王建朗、李良玉、朱汉国等15位著名学者的文章,研究20世纪中国的社会转型,为今天的社会转型提供了很好的历史借鉴,在学术界也产生了良好的社会影响。2006年第六、七期连发的两组"中国近代史上的民族主义"笔谈,发表了李文海、耿云志、李喜所、郑大华、宋志明、史革新、李翔海、胡伟希、马勇、王先明、郭双林、张昭军等12位学者的文章;2008年第3期发表的"封建译名与中国封建社会"笔谈,发表了冯天瑜、李根蟠、吴承明、瞿林东、郭世佑、黄敏兰等学者的文章。这些讨论话题,都非常贴近当代社会现实,既有很强的现实感,也有很强的学术性和思想性。

2008年是改革开放30周年,为了总结30年史学的成就和发展,我们策划实施了对30年史学进行系统总结的重大选题,在固有的史学评论栏目里,发表关于30年史学的系列评论文章,约请国内各史学研究领域的一线学者,对30年史学进行总结和反思。现在已经发表了沈长云、李喜所、张国刚、李剑鸣、朱汉国、侯甬坚、王先明、孟广林、王晓德、彭南生等一批优秀的中年学者所撰写的评论文章。这个评论计划持续到2010年,用两年多的时间,发表三四十篇论文,以100多万字的篇幅、规模,系统而全面地总结了改革开放30年来中国史学的深刻发展、巨大变化和空前繁荣,并为今后的史学发展提供理论、方法和研究思路方面的有益借鉴。服务社会,贴近社会,既使史学研究发挥了强大的社会功能,也使我们的刊物显得富有生机和活力。

正是有了一个比较明确的指导思想和办刊方针,使刊物有了恰当的定位,有了明晰的思路和发展方向,所以,《史学月刊》才在十多年来的发展中,取得了良好的发展势头,赢得了学界的认可和好评。回顾自己十几年的主编经历,我感到,作为主编首先要把握大方向,思考大问题,特别是对刊物的发展方针、办刊宗旨、刊物定位等重大问题,有清醒的思考和认识,这样才能为刊物的发展奠定坚实的基础。

二、学术刊物的主编,要有强烈的历史责任感和使命感,力争使自己的刊物承担引领学术发展的责任

学术期刊不仅仅是发表学术成果的阵地,不是被动地发表文章,而应

该有一种主动的历史担当,那就是要承担起引领学术发展的历史责任。2002年,我刊发起并主办了《史学期刊发展研讨会》,集中讨论史学期刊在社会转型时期的历史使命及其在历史科学发展中的作用问题。在这个会议上,我提出在当今社会转型的大变革时期,中国史学期刊除了正常刊出历史科学研究的新成果之外,应义不容辞地承担起三大任务,发挥引导、规范和推动历史科学发展的积极作用。在当时条件下,我们提出的三大任务是:促成并加快史学范式的转变,建设与新的历史时代相适应的新史学;培育并确立历史学科领域中的科学的学术规范;在历史科学学界倡导并树立健康的学术风气。完成这三大任务,是我们史学专业期刊应该承担的历史责任。这些观点,得到了与会学者和期刊老总们的广泛认同。

我们深知,编辑不可能比学者更高明,刊物主办者不能对学术指手画脚,但是,就学术发展的状态说,单个人的研究,总是处于散在的状态中,而众多研究成果的集散地,则毫无疑问会呈现一种风气;而这种风气会在学术传播的同时,影响着整个学术群体。所以,刊物的主办者,在引导学术风气、规范学术秩序、形成学术趋向等方面,具有义不容辞的责任。其实,也就是当你承担起这份历史责任的时候,你才能实现期刊的社会价值,也才能赢得学界的认可和尊重。当你的期刊能够反映或代表了学术潮流、引领学术发展趋势的时候,那些真正站在学术前沿的学术大家,才可能把他最重要的研究成果托付给你。

实际上,我们前边提到的对改革开放30年历史学发展状况的系列评论,就是一个企图引领学术发展的重大选题,这个选题就产生了强大的学术影响力。最近《光明日报》的一篇文章中谈到这一问题:

> 仅史部的专门刊物,如《历史研究》、《近代史研究》、《史学理论研究》、《史学月刊》等,就刊发了相关综述十数篇。其中就史学理论、史学史,以及国学史部研究的整体方面,有卢钟锋《新时期中国历史学的回顾与思考——以中国历史的发展道路研究为线索》(《历史研究》第4期)、瞿林东《历史学的理论成就与中国史学史研究的发展》(《历史研究》第5期)、乔治忠《改革开放以来的中国史学史研究》(《史学月刊》第7期)、周祥森《新时期历史认识客观性研究及其思考》(《史学月刊》第9期)等。就古代史方面,有张国刚《改革开放以来唐史研究若干热点问题述评》(《史学月刊》第1期)

等。就近代史研究方面,有张海鹏《六十年来中国近代史学科的确立与发展》(《历史研究》第5期)、李喜所《改革开放以来的中国近代史发展主线研究》(《史学月刊》第3期)等。专门史方面,第3期《中国边疆史地研究》约请了厉声、贾建飞等专家,分别围绕边疆研究、多民族国家历史疆域研究、中国边疆与周边地区研究等基本状况进行总结和展望。中国文化史,有何晓明发表的《改革开放以来的中国文化史研究》(《史学月刊》第5期)……(向燕南、张国文:《〈年度国学2009〉之史学报告:面对历史的学术自觉》,《光明日报》2010年2月1日)

在《光明日报》的这段文字中,《史学月刊》的相关论文被反复提及。事实证明,学术期刊只有承担起引领学术发展的历史责任的时候,坚定地站在学术发展的前沿阵地的时候,你才可能为学界所注目,引起强烈的反响和关注,也才可能奠定期刊在学界的稳固地位,真正成为学界的一方重镇。

在当前学风比较浮躁的情况下,学术期刊在强化学术规范、净化学术空气、加强学风建设方面的引领作用,更是不可低估。真正能肩负这样的历史责任并做出示范和贡献的期刊,是可以赢得学界的尊重的。作为一个学术期刊的主编,需要在这些方面多用些心思和力气。这是我们的责任,也是我们的职业道德和社会良心。

三、重视学术刊物的编辑学者化建设

学术刊物展现的是学界的成果,但反映的则是我们编辑者的眼光,是编辑对学术发展状况、趋势和方向的理解,你选择什么样的稿件、什么思想倾向的稿件、什么学术风格的稿件,是与你自己的学术思想、学术风格、学术个性、胸怀气度相联系的,特别是与自己对整体学术走向的看法密切相关的。所以,编辑者的学术素质,决定着刊物的学术水平、学术质量。这样,不仅主编要有较高的学术素养,而且我们的每一个编辑,都应该具有学者素质。因此,我就提出一个编辑学者化的培养方向,支持、要求我们的编辑从事学术研究,向学者化的方向发展。自己不成为学者,不具备学者的素质和眼光,是不可能去发现稿件的学术价值,是无法对稿件的学术含量作出判断的。编辑学者化,是我们对编辑队伍建设提出的一个高标准要求。

经过十几年的努力,《史学月刊》编辑部的六名专职编辑,基本上都实现了编辑学者化的要求。目前的六位编辑,教授三人,编审三人,其中二人为博士生导师,三人为硕士生导师,都是正高级职称。还有两人是河南大学的特聘教授,承担重要的科研任务。编辑部人员每年的科研成果,在河南大学各个教学科研单位的比较中,一直名列前茅。正是有这样一支具有较高科研素质的编辑队伍,才保障了所选稿件的学术水平。对于要不要走编辑队伍学者化的道路,在期刊界有不同看法。但根据我的体会,对于学术期刊来说,这是一个不容置疑的发展方向。学术期刊的主编,务必要把推进编辑队伍的学者化建设,放到一个重要的发展战略的高度来认识。

做了十几年《史学月刊》主编,有不少心得体会,诸如刊物的栏目设置,刊物特色的设计,如何处理刊物与学术界的关系,如何处理编辑与作者、读者的关系等问题,都有一些做法或想法可以总结。但仔细想来,以上三点,则是最为根本或最为重要的,愿以此认识与期刊界的同仁交流,并听取批评和教诲。

感谢《史学月刊》对我的帮助和鼓励

牛致功

牛致功(1927—),河南偃师市人。陕西师范大学历史文化学院教授、陕西省文史研究馆馆员,享受政府特殊津贴专家。

1952年,在中国人民解放军第一步兵学校学习,后奉命转到西北大学师范学院(现陕西师大)历史系学习。毕业后,留校任教,曾任历史系主任,并兼任西安唐代文化史学会会长、中国唐史学会副会长。主要著作有:《李渊建唐史略》、《唐代的史学与通鉴》、《唐高祖传》等6部,与人合著与参编论著多部,发表史学论文90余篇。

著名学者牛致功

当《史学月刊》创刊40周年的时候,我离开河南故乡也整整40年了。正是这个偶然的巧合,再加上我学习历史专业,使我对《新史学通讯》的原貌至今还记忆犹新。

我知道《新史学通讯》是在1951年创刊。1952年,我从部队转到西北大学师范学院(陕西师大前身)历史系读书。从阅览室看到《新史学通讯》,很有兴趣,始知她是在我离开老家时创刊的。那时候,大家都刚开始学习马列主义,有了一些辩证唯物主义与历史唯物主义的知识,对各种事物都有了新的认识。于是,出现了很多冠以"新"字的词语,如"新中国"、"新社会"、"新思想"、"新观点"等等。"新史学"就是这种形势下的产物。《新史学通讯》的"新",在于她开始运用马列主义的立场、观点和方法研究历史。正当大家如饥似渴地学习马列主义,对以往的历史进行重新认识的时候,办起这样的刊物,必然受到欢迎,起到促进史学发展的作用。

当时,学习历史困难较多,可读的参考书很少,专业杂志仅一两种,所以，同学们无不是《新史学通讯》的读者。为了看到从创刊号到1952年的全部内容，遂托河南大学数学系的一位高中同学给我买全了已出的各期。我用解放前自己手工订本子的办法，用纸绳将其合订起来，以便随时阅读。这个土法自制的合订本，虽无封面，也未裁整齐，但至今还保存完好。毋庸置疑，在当时的历史条件下，她对初学历史的青年们是有很大帮助的。

随着全国各项建设事业的发展，《新史学通讯》也改名《史学月刊》。这意味着她进入了更高的层次。我也由一个读者跻进了读者兼作者的行列。二十多年来，先后在《史学月刊》发表了7篇文章。和先进者相比，7篇文章微不足道；但就我自己来说，在全国十几家报刊总共才发表过60多篇，7篇在其中的比例是不小的。当我的第一篇文章在《史学月刊》发表时，内心的喜悦，笔墨难以形容。这对我是莫大的鼓励与鞭策。当时是青年教师，党和国家的要求，不允许你止步不前，事业心的向往，必须不断有所进取。既然在学术道路上有一线希望，就应当勇往直前，争取更好的成绩。这就是说，《史学月刊》对我的鼓励和鞭策顺应了时代的要求，使我有了在学术道路上继续前进的信心，也使我更加勤奋。如果说我在史学研究的道路上还不断有所缓慢的前进，是和《史学月刊》在我起步时给我的鼓励和鞭策分不开的。在《史学月刊》走完她40年的历程的时候，我不能不感谢她对我的帮助和鼓励。

（原载《史学月刊》1991年第1期）

编者、作者、读者评论（摘编）

新中国成立之初，史学刊物较少，《新史学通讯》（后改名为《史学月刊》——编者注）是其中之一……我要学习，要教学，要写论文，就必须经常反复仔细地阅读它，从中得到借鉴，受到启发，这个刊物在50年代几乎成为我经常置之案头的必读物之一……我觉得我和《史学月刊》有一种亲切的感情，它既是我的朋友，还是我的导师，我在年轻时代成长的过程中，它曾经培养了我，我之所以能够成为一名历史专业工作者，并终生以历史科学为职业，这是与《史学月刊》对我的帮助和培养分不开的，像今日和我年龄不相上下、均在60岁左右的一些已经很有成就的历史学家，恐怕都或多或少受到过《史学月刊》的提拔与栽培的，我觉得用栽培这个词来形容这个刊物对于中国史学界的贡献，是一个适当的名词。

[摘自：江地（山西大学历史系教授）《继续前进，为发展中国的历史科学而奋斗》，《史学月刊》1985年第1期]

相关链接

* 吴雁南.发扬马克思主义史学的开拓精神[J].史学月刊,1985(1).
* 苏双碧.继续努力培养年轻的史学工作者——祝《史学月刊》创刊40周年[J].史学月刊,1991(1).
* 赵希鼎.继往开来　任重而道远[J].史学月刊,1991(1).
* 孙心一.嵇文甫先生与《史学月刊》[J].史学月刊,1995(6).
* 彭明.实事求是开拓创新——祝《史学月刊》创刊50周年[J].史学月刊,2001(1).
* 安作璋.祝贺《史学月刊》创刊50周年[J].史学月刊,2001(1).
* 朱绍侯.回忆《新史学通讯》[J].史学月刊,2001(1).
* 何晓明.坚守立场　提升品位——贺《史学月刊》50周年[J].史学月刊,2001(1).
* 《史学月刊》编辑部.总结过去,开辟未来,为建设21世纪新史学而奋斗[J].史学月刊,2001(1).
* 汪维真.期刊史视野下的《新史学通讯》[J].河南大学学报,2008(4).
* 汪维真.以服务读者为旨归,乃期刊生存之本——以20世纪50年代《新史学通讯》运营为例[J].西南大学学报,2009(1).

开展"百家争鸣"的前驱 扶植学术新人的摇篮
——《文史哲》的办刊特色

宋应离

《文史哲》创刊号封面

著名作家梁晓声在评价《新华文摘》时说:"一个国家总得有一份刊物值得保留,起码一份,一份没有,对这个国家来说不啻是一种悲哀。"[1]当然,就我们国家整个期刊来说,值得保留的期刊还有不少。仅就学术期刊来说,山东大学创办的《文史哲》就是值得保留的一份。大凡20世纪50年代读大学的人,可以说没有人不知道《文史哲》这个影响深远的刊物。本人也正是《文史哲》从创刊至今的一个老读者。

享誉海内外学术界的《文史哲》

《文史哲》创刊于1951年5月,稍晚于1950年10月1日创刊的《新建设》,是新中国成立之后创刊最早的一家大学文科学报,也是创刊最早的综合性学术刊物之一。它开始是由山东大学文学院和历史语文研究所一些教师创办的一份同人刊物。1953年之后成为山东大学的学报之一。创刊时由山东大学校长、著名学者华岗任社长,知名学者陆侃如、吴富恒任副社长,历史学家杨向奎任主编,几位教师担任编委。《文史哲》创刊号的编者明确提出:"我们的宗旨是刊登新文史哲的学习和研究文字,通过写作的实践,来提高我们的理论水平,并借以推进文史哲三方面的学习和研究。"当时正是新中国成立不久,大学教育处于恢复发展阶段,广大教师以极高的政治热情如饥似渴学习马克思列宁主义、毛泽东思想,力图运用马克思列宁主义来指导自己的教学和科学研究,加之当时的山东大学文史哲教师队伍阵容强

201

大,是文史哲研究的重镇,刊物的创办可谓适逢其时,应运而生。所以创刊伊始,就受到上级领导、山东大学师生及全国学术界的重视。据当时在山东大学工作的知名学者罗竹风回忆:"《文史哲》出版后,曾受到陈毅同志的称赞。他直截了当地说:'大学就是要通过教学的研究,为国家多培养合格而又对路的有用人才,而学报正是检验这种成就的标尺。山东大学创办《文史哲》,是开风气之先,继续办下去,一定可以引起全国各大学的重视,群起仿效。'这些话,是华岗同志1951年暑假到上海,陈毅同志在一次便宴上亲自对他说的。"[2]

《文史哲》创刊后,其内容以山东大学文史哲为主,坚持"严肃认真,求是求实,繁荣学术,扶植新人"的办刊方针,推进当代中国人文科学事业薪火相传,取得了举世公认的成就。由于它起步早,以创新为生命,不断发表新的选题,开展学术争鸣,受到国内外读者赞扬,迎来好评如潮。学界泰斗季羡林曾这样评价《文史哲》:"全国有关人文社会科学的杂志为数极多,但真正享有盛誉者颇不多见。山大《文史哲》系其中之一。在上面发表一篇文章,颇有一登龙门之感。"[3]著名学者蔡尚思说:"《文史哲》创刊伊始,我就十分喜欢它……在五十年代和六十年代初期以及当前这个时期,刊物办得颇有生气。三门学科的文章各有特色,又互相补充、互相渗透,对繁荣祖国的学术起了积极作用……我可以毫不夸张地说:《文史哲》在全国高校文科学报的地位上,是名列前茅的;在全国哲学社会科学期刊的地位上,是具有较长的历史并有重大贡献的。"[4]国家新闻出版署原署长于友先称《文史哲》是"求是求真的学术名刊"。长时间以来,它一直被评为核心期刊。1998年,《文史哲》被《新华文摘》转载的文章居同类刊物第一名,1999年居第二名,2000年《新华文摘》转载该刊文章18篇。另据《南京大学学报》统计,《文史哲》文章的引用率在全国高校文科学报中占第4名。由于它在国内具有广泛影响,其发行量自创刊之后,一直持续上升。早在1954年印数已超过13000册,1955年猛增至27000册,1973年邮局订数已达70万册(因纸张供应困难,限发行24万册,是时欲订《文史哲》需有相当一级的革命委员会的介绍信)。"文革"结束后,发行量长期平稳维持在3万—4万册。目前的发行量仍居全国同类期刊前列。《文史哲》在国外也有其广泛影响,已发行世界30多个国家和地区。

《文史哲》的办刊思想及特色

在期刊如林、竞争激烈的当今,一个刊物如果没有自己独具的思想及个性特色是难以生存的。早年邹韬奋在总结自己的办刊经验时曾说:"刊物内容如果只是'人云亦云',格式如果只是'亦步亦趋',那是刊物的尾巴主义。这种尾巴主义的刊物便无所谓个性或特色;没有个性或特色的刊物,生存已成问题,发展更没有希望了。"[5]作为综合性的学术刊物,《文史哲》具有一般学术刊物的共性,但它在刊物的内容和编辑思想上却有着鲜明的个性特色,这正是它能永葆刊物生命的原因。

一、宣传马克思主义的阵地

《文史哲》创刊于新中国成立之初,当时经济建设和文化建设蓬勃发展,在广大知识分子中正在进行普及马克思主义教育及思想改造运动,如何运用马克思主义的理论武装广大知识分子,确立正确的人生观与世界观是广大知识分子面临的一个迫切问题。《文史哲》的编者当时就明确自觉地担当起宣传马克思主义的光荣任务。创刊号上具有发刊词性质的社论《〈实践论〉——思想方法的最高准则》,明确提出"《实践论》是中国人民解放运动的经验总结和理论结晶,是马列主义及中国哲学思想的巨大发展,是我们学习和工作的指南,是我们开辟学术研究的正确方向和最高准则"。"一切革命工作者,一切科学工作者,一切文学艺术工作者、教育工作者都应该从这里得到重大启示,改进自己的思想方法和工作方法。"根据这样的指导思想,创刊之始,刊物就陆续发表了杨向奎的《学习〈实践论〉——一个史学工作者的体会》、华岗的《学习〈实践论〉和改进教学工作》、石父的《学习〈矛盾论〉,推进思想改造》、童书业的《学习〈论马克思主义在语言学中的问题〉》及《批判〈经济史观〉》、孙昌熙、刘泮溪的《学习〈矛盾论〉——对新现实主义创作方法的体会》等。上述文章,有的正确分析阐述了马克思主义经典作家著作的丰富内容和深刻含意;有的结合自己思想畅谈了学习马列著作的收获;有的结合自己的教学和科研实践谈了马列主义对指导自己教学和科研实践的真切感受。这些文章在当时对于宣传扩大马列主义及毛泽东思想的影响、推动社会主义改造及教学科研工作起到了积极的指导作用。

《文史哲》创刊50多年来,一直把宣传马克思主义思想作为一项重要内容。新时期以来,结合改革开放,《文史哲》发表了一系列研究宣传马克思主义、毛泽东思想及邓小平理论的文章,成为宣传马克思主义思想的阵地。

二、学术研究的殿堂

学术性是学术刊物的基本属性,失去学术性,学术刊物就失去了存在的价值。以学术为本,坚持学术研究,坚持学术性是《文史哲》一贯坚持的办刊原则。据不完全统计,从创刊到第10期《文史哲》共刊发文章118篇,其中学术论文占76篇,在这些文章中有华岗的《鲁迅思想的逻辑发展》和《鲁迅论中国历史》、顾颉刚的《穆天子传及著作时代》、赵俪生的《爱国主义思想家顾炎武的反清斗争》、杨向奎的《从〈周礼〉推论中国古代社会发展的不平衡性》、童书业的《〈古史辨派〉的阶级本质》、冯沅君的《季布骂阵词文补校》、殷焕先的《新旧文字与声调》、萧涤非的《学习人民语言的诗人——杜甫》等。上述论文涵盖了文史哲各个学科,并从中可以看出新中国成立之初,由于党组织在知识分子中进行广泛的马克思主义的宣传教育,知识分子已初步掌握了马克思主义的基本观点和方法,并在学术研究中加以运用。上述不少文章一般能做到论点鲜明、材料丰富、论证深入,具有较高的学术价值,对于推动当时全国学术界对文史哲领域的研究起了良好作用。

新时期以来,《文史哲》一如继往,又开辟了许多既重视传统学科领域又密切关注富有时代特点的新的学科领域的研究,并开辟一些新栏目和讲座,如中国近代史基本线索座谈、人文学科世纪回顾展望、国学研究、审美文化研究以及儒学是否宗教笔谈等,引起学术界广泛关注,使刊物的学术性更浓,成为学术园地的一棵常青树。

三、百家争鸣的园地

没有学术刊物,谈不上学术的繁荣,但有了刊物,不开展学术上的自由讨论,不开展百家争鸣,同样不会有学术上的勃勃生机,也不会有真正的学术繁荣。《文史哲》创刊之时,党的"百花齐放、百家争鸣"的方针尚未正式提出。但编者根据自身的学术实践,从自己亲身体验中,认识到一个学术刊物要办得有活力、有生气,推动学术研究,没有不断求知、不断探索的勇气,没有不同意见和不同学术观点相互讨论与争鸣,是不能产生重大影响的。所以在创刊之始,刊物陆续开展了关于中国古代史分期问题的讨论、亚细亚生产方式的讨论、资本主义萌芽问题的讨论、土地制度问题的讨论、农民战争问题的讨论、社会主义经济法制问题的讨论等。这些讨论引导了中国学术主潮，凸现了当代中国学术历次转型的轨迹。为了使这些讨论影响深入，1954年11月间，山东大学历史系中国史教研室曾两次举行古代史分期讨论会。历史学家杨向奎、杨宽、童书业、王仲荦等都写了专文，各抒己见，充分发表了各自的不同观点。讨论刚开始，有的学者还有顾虑，因为知道校长华岗同志在其《中国历史的翻案》一书中坚持中国封建社会起始于西周（有的学者认为封建社会起始于春秋或起始于魏晋），不敢大胆发表意见。华岗同志不但不排斥别人的不同意见，反对异端定为一尊，反而鼓励不同意见大胆发表，并在他主持《文史哲》编辑工作期间，发表了不少赞成春秋论、魏晋论的文章，把这场讨论引向深入，在全国学术界产生了良好影响。

另一次在全国引起轰动的学术讨论是关于《红楼梦》研究的大讨论。1954年第9期《文史哲》刊登了李希凡、蓝翎的关于针对俞平伯的《红楼梦》研究的《关于〈红楼梦简论〉及其他》一文，文章发表后，立即引起了毛泽东的注意。1954年10月16日，他在写给中共中央政治局同志《关于红楼梦研究问题的信》中指出："这是三十多年以来向所谓红楼梦研究权威作家的错误观点的第一次认真的开火"，"事情是两个'小人物'做起来的，而'大人物'往往不注意，并往往加以阻拦，他们同资产阶级作家在唯心论方面讲统一战线，甘心作资产阶级的俘虏。"毛泽东对两个"小人物"的勇敢精神给予了高度赞扬。1954年11月间，山东大学先后组织了五次关于《红楼梦》研究的讨论会及座谈会。《文史哲》1955年第1期出版了《红楼梦研究讨论专辑》，发表了陆侃如、吴富恒等人的17篇文章，从不同角度分析评价《红楼梦》，有的作者对前期发表的文章提出了不同看法，当时的讨论自由气氛是好的。但毛泽东的信发表后，在全国文艺界、学术界引发了一场声势浩大的对俞平伯的《红楼梦》研究的批判运动，造成了严重的后果。这是由当时的社会环境和政治形势造成的。

如何历史地、正确地评价这次批判运动，有的学者认为："李希凡、蓝翎的文章提出了一个用马克思历史唯物主义观点研究《红楼梦》和评价以往的'红学'研究的新问题、新任务，如果说，'红学'史上的第一次飞跃是二十年代的胡适、俞平伯为代表的考证派'新红学'的建立，那么，'红学'史上的第二次飞跃，应该说是五十年代以李、蓝为开端的用马克思主义历史唯物主义观点来研究《红楼梦》的'新红学'的建立"，"但是，学术批判搞成了政治运动、声势压人代替了说理论争,这就不利于对以前的'红学'作全面的、有分析的历史评价。这个历史教训是需要认真汲取的。"[6]

实践是检验真理的唯一标准。随着历史的发展,人们对这场批判运动有了更冷静的客观评价。陆定一于1956年5月26日在中南海怀仁堂作的题为《百花齐放,百家争鸣》的报告中说:"俞平伯先生,他政治上是好人,只是犯了在文艺工作中学术思想上的错误。对他在学术思想上的错误加以批判是必要的,当时确有一些批判俞先生的文章是写得好的。但是有一些文章写得差一些,缺乏充分的说服力量,语调也过分激烈了一些。至于有人说他把古籍垄断起来,则是无根据的说法。这种情况,我要在这里解释清楚。"《红楼梦》问题的讨论向我们提出,在进行学术研究中,一定要严格区分学术问题和政治问题的界限,决不可把学术问题上的不同意见当做政治问题,无限上纲,进行人身围攻。

四、培养人才的摇篮

学术刊物是繁荣学术的园地和殿堂,也是培养人才的摇篮。它是一所没有围墙的大学,也是青年人自学的良师。没有刊物,研究成果无处发表,得不到学界评价支持,成果也得不到检验机会。《北京大学学报》原主编龙协涛教授在评价《文史哲》时说:"办好一本刊物,就是举起了一面旗帜,它可以弘扬一种精神,推动一种社会思潮,倡导一种学风,团结和造就一批学人。"[7]《文史哲》创刊之始,编者就自觉地认识到学术刊物在培养学术新人的作用。原主编杨向奎认为:"一个刊物的编者应当起着伯乐的作用,以发现人才、培养人才为己任。对于文科来说,刊物有如理科的实验室、工科的实验工厂。没有刊物的文科,青年学者将无用武之地,经纶满腹止于满腹而已!我们设想,假使'五四'时代,北大没有《新青年》,会是什么样子?会有那样'伟大的创举'?会有我们的新文化?"[8]实际上《文史哲》创刊开始,就确定一个原则,当时担任杂志社社长的华岗就提出:"尽量使每一期刊物上出现一个新作者。"他曾说,对待青年人的文章,不要求全责备,只要文章有一得之见,有好的苗头,要给予热情的帮助和扶植。他不仅给老年作者出主意改文章,而尤其热心鼓励青年写作。据20世纪50年代山东大学历史系刚毕业的葛懋春回忆,他的毕业论文《从昌潍土改工作中看封建剥削》,是由赵俪生教授推荐,经过华岗审定,在《文史哲》一卷三期登出来的。

要发现扶植新人,就必须打破在学术研究上的论资排辈的传统思想。

《文史哲》编者既重视老专家学者的作用，又不迷信权威，注意爱护扶植中青年知识分子，做到以质论稿，不单以名取稿。敢于发表有见地的青年之作。1954年刚从山东大学中文系毕业不久的李希凡、蓝翎合写了一篇批评俞平伯《红楼梦》研究思想的文章《关于〈红楼梦〉简论及其他》。他们写信向《文艺报》希求发表，《文艺报》没有答复。他们又写信给母校老师，得到支持。当时主持《文史哲》编辑工作的有远见卓识的华岗，将该文发表在《文史哲》1954年第9期上。当时香港的某些报刊说《文史哲》发表这篇文章是作者奉命写作、编者奉命刊登的。实际上这是解放初期山东大学师生联系学术界实际，批判唯心史观，学习马克思主义的必然产物。"《文史哲》常务编委会发表这篇文章根本没有接到任何上级的指示，当时也不可能预见到后来在思想界产生多大的影响。文章发表后，连《人民日报》编辑部都不知道作者的通信地址，《文史哲》编辑在接到该报长途电话询问作者通信处时，还不知什么原因。这说明《文史哲》发表这篇文章没有经过什么精巧安排。但是应该承认它和华岗同志领导下的《文史哲》，比较重视批判胡适实用主义哲学，比较重视刊登不知名的年轻人的文章是有关系的。"[9]

创刊几十年来，《文史哲》在发现培养学术新人上做了大量的工作，取得了显著成就，把一个个青年作者推到学术研究的前沿。许多当年在《文史哲》发表过文章的青年，如今都已成为知名学者。像前面提到文学评论家李希凡、蓝翎，另外还有李泽厚、钟肇鹏、庞朴、张传玺、郦纯、汤志钧等，他们成长的足迹伴随《文史哲》的历程。他们分别在古代史、近代史、美学研究上都取得了突出成绩。新时期以来，《文史哲》继续发扬过去繁荣学术扶植新人的办刊思想，把一些学术新秀推到各个学科的前沿。如陈炎的美学研究、谭好哲的文艺学研究、高旭东的比较文学研究、盛玉琪的汉字信息处理研究、王平的古典文学研究、杜泽逊的四库全书研究等。这些中青年学者均借助《文史哲》这块园地迅速成长起来，分别在各自的学科中占有一席之地。

《文史哲》办刊思想对当今办刊人的启示

《文史哲》创刊近60年的历程中，取得的成就是辉煌的，积累的办刊经验是十分丰富的。这当中既有顺利成功的喜悦，也经历过艰辛与曲折，其中的一些历史教训也应记取。同其他刊物一样，也曾遇到过"左"倾思想的影响。在一段时期内，发表过一些带有"左"倾思想的文章。在"文革"中过分强调阶级斗争和突出政治，刊发了一些配合政治运动的文章，刊物失去了学术性。1973年复刊后，刊物受"左"的影响，发表了不少大批判的文章，影射史学、阴谋文艺、唯心史观、神化个人的论著连篇累牍，散布了许多流毒，造成了很坏的影响。这个沉痛的历史教训是应该记取的。但从总体看，《文史哲》的办刊思想对当今如何办好学术期刊提供了不少有益启示。

第一，走专家学者办刊之路。办好一个刊物特别是学术刊物，如学报，实践证明，由专家学者办刊是保证学术刊物发展的一条重要经验。现当代期刊发展的历史表明，不论是"五四"前后的《北京大学月刊》、《燕京学报》，或是新中国成立之后新创办的《历史研究》、《中国社会科学》、《北京大学学报》、《北京师范大学学报》、《南京大学学报》、《武汉大学学报》、《厦门大学学报》、《复旦大学学报》的主编、编辑人员，无不是由著名的专家学者担任。由于这些学者本身具有较高的学术功底和远大深邃的学术眼光，才保证了刊物的学术品位，把刊物的质量提上去。《文史哲》正是有了以华岗为首的强大的高水平的社长主编和编委，他们是各有关学科领域的领军人物，才保证了刊物的高质量。学者办刊已作为一种传统在《文史哲》保留下来。不论是50年代华岗、杨向奎等专家担任社长主编，以至后来的刘光裕、丁冠之、韩凌轩、蔡德贵等几代主编人，他们都在自身的研究领域有所成就，又深懂编辑工作，热爱编辑工作，这是刊物高质量的组织保证。

第二，建立庞大的作者群体。刊物编辑部好比一个来料加工厂，办刊必须有丰富的稿源。山东大学本身有一支庞大的作者队伍，如华岗、陆侃如、冯沅君、杨向奎、高亨、萧涤非、赵俪生、王仲荦、童书业、张维华、郑鹤声、卢振华、孙思白、黄云眉、车载、吴大琨、殷孟伦、殷焕先、孙昌熙、刘泮溪、吕荧等，他们活跃在文史哲经法教各个学科研究领域，为刊物提供了丰富的稿源。同时还得到校外国内知名学者季羡林、张岱年、任继愈、王亚南、吕振羽、顾颉刚、周谷城、罗尔纲、黄药眠、陈子展、杨宽、齐思和、严北溟、周汝昌、程千帆、王汝弼、谭丕谟、孙作云、傅振伦、阴法鲁、何兹全等的支持。他们当中有的多次把自己的得意之作投寄《文史哲》，这些论著为刊物增添了光彩。庞大的作者群体为刊物提供了质量保证。

第三，坚持"三个结合"。一是刊物编辑工作与学科建设结合。《文史哲》

创刊之时,山东大学的历史系刚从中文系独立出来,虽为初创,但有一批以杨向奎为首的知名学者,《文史哲》初创当年,历史系发起亚细亚生产方式的讨论、古代史分期的讨论,使历史系一跃而成为史学界著名的魏晋隋唐史研究基地之一,"中国农民战争史研究"是山东大学历史系所开辟的一个新学科,这个学科以后成为一个"显学",是《文史哲》推动的结果。"列举上述事例,仅想说明这样一个事实:几乎没有历史的山大历史系在50年代的繁荣鼎盛、声被学林,堪与一些名牌历史系媲美,可以说完全是《文史哲》之所赐。杂志与学科建设的关系,于此可以得到充分的说明。"[10]二是刊物的编辑工作与科学研究结合。科学研究的成果可以借助刊物发表,刊物为科研提供阵地;而刊物要办出特色,提高质量,扩大影响,也必须依靠科研的支持,二者互动。50年代陆侃如、冯沅君的《中国诗史》、《中国文学史简编》,其后来的改写稿,曾在《文史哲》上连载了18期,在此基础上又作了修订,从而确定了山东大学文学史研究的重镇;萧涤非的《杜甫研究》上下卷,该书上卷出版前,也曾在1955年的《文史哲》上连载,在听取学术界意见后,加以提高,使山东大学成为研究杜甫的基地。三是校内校外结合。《文史哲》创刊后,决不限于山大一隅,坚持开门办刊,它不仅是山东大学的一块学术阵地,而是全国性的一个学术阵地。在发稿问题上从来不考虑是以内稿为主还是以外稿为主,在用稿标准上不囿于内稿、外稿,只坚持质量面前人人平等。这就能在全国范围内广泛纳稿,从中择优,保证了刊物的高质量。

参考文献

[1]《新华文摘》[J],1994(3).

[2]罗竹风.悼念华岗同志[J].柳泉,1980(2).

[3]《文史哲》之眼界气象[N].光明日报,2009-04-14.

[4]蔡尚思.感想和希望[J].文史哲,1986(5).

[5]邹韬奋.几个原则,韬奋文集(第3卷)[M].北京:三联书店,1955.

[6]龚育之,逢先知,石仲泉.毛泽东的读书生活[M].北京:三联书店,1986:229-230.

[7]龙协涛.我所认识的《文史哲》[N].光明日报,2003-09-25.

[8]杨向奎.发现人才 培养人才[J].文史哲,1986(5).

[9]葛懋春.回忆早期《文史哲》杂志社社长华岗同志[J].文史哲,1981(4).

[10]徐显明.《文史哲》与山东大学文科建设——《文史哲》创刊50周年献辞[J].文史哲,2001（3）.

华岗与《文史哲》

刘光裕

著名学者华岗

华岗(1903—1972),浙江衢县人。1925年加入中国共产党,以后历任中共湖北省委宣传部长、中共满洲特委书记、《新华日报》总编辑、中共南方局宣传部长等职。1945年,国共重庆谈判时任中共代表团顾问,参加谈判工作;1946年,随中共代表团从重庆迁南京,并任上海工委书记。1948年,秘密从解放区赴香港治病,并做统战工作。1949年,从香港赴北京参加全国政协会议,途中因健康原因滞留青岛,又因中共山东分局向中央请求而暂留青岛工作。1950年,当选为山东大学校委会主任委员;1951年,任山东大学校长兼党委书记;1955年蒙冤被捕入狱。1980年,中共中央为华岗平反昭雪,恢复名誉。华岗在解放前的著作有:《1925—1927年中国大革命史》、《中国民族解放运动史》、《社会发展史纲》等。华岗被捕入狱后的著作有:《规律论》、《美学论要》、《列宁表述"辩证法十六要素"试释》、《自然科学发展史略》、《科学的分类》、《老子哲学的伟大成就及其消极面和局限性》等。

《文史哲》创刊于1951年5月,到今天已有半个多世纪。创办《文史哲》的关键人物是华岗。华岗(1903—1972),浙江省衢县人,1925年加入中国共产党,历任党内宣传部门高级职务。抗战初期,因公开指斥王明错误而被王明撤掉《新华日报》总编辑之职;此后历任中共中央南方局宣传部长、中共上海工作委员会书记等职,并任云南大学社会学教授。1949年9月,华岗应召从香港赴北京参加政协会议,途中因健康原因滞留青岛,经中共山东分局向中央请求暂留青岛工作。接着,担任山东大学校长、党委书记,直至1955年蒙冤入狱。他任山大校长之前,有重要著作如《1925—1927年中国大革命史》、《中国民族解放运动史》、《社会发展史纲》等,都早为国人熟知。林默涵在1982年著文说:"中年以上的人对华岗同志是很熟悉的,许多人跟他一起工作过,更多的人读过他的著作。他是一个革命活动家,又是著名的史学家、哲学家。"[1]华岗既是党的高级干部,又是著名学者。他任山东大学校长的五六年间,成为山东大学历史上最辉煌的时期。创办并主持《文史哲》,是华岗对山大的重要贡献之一。

从同人刊物到山东大学学报之一

《文史哲》自1951年5月创刊,到1953年第2期以前,共11期,一直是山东大学历史系与历史语文研究所部分教师的同人刊物。1951年,山东大学部分教师发起成立文史哲杂志社,共同推举校长华岗为社长,副校长陆侃如教授、文学院院长吴富恒教授为副社长,又邀历史系著名学者杨向奎教授任杂志主编;以杨向奎为首组成编辑委员会,负责日常工作。因为是同人刊物,《文史哲》具有"自治"性质,办刊方针及其他事务由杂志社同人自己研究确定。当年商定的办刊宗旨是,通过刊载应用新观点、新见解的研究文章,提高自己的理论水平与学术水平,推进学校文科的教学与科研。办刊经费主要靠同人自筹;参加办刊的教师都拿了钱,其中以华岗个人支持经费较多。学校也曾从科研经费中给点资助,数量不多。编辑部的后勤工作,由历史系与历史语文研究所的两个工友兼做。编委会中没有一个专职人员,主编杨向奎是兼任,具体做编辑工作的编委成员也都是兼任。早期编委如童书业、王仲荦、赵俪生、殷焕先、卢振华、孙思白、孙昌熙、刘泮溪等,后来都是著名学者,当时还很年轻,他们大多跑过印刷厂,做过校对。从组稿审稿,到校对印刷,到刊物发行,这些工作都是教师兼做的,没有报酬。本校教师发表文章包括华岗校长的文章都不给稿费,当时也没有人想拿稿费。校外的稿子给少量稿费,最早是一千字三万元新币,即三元。1952年夏天以后,葛懋春从历史系毕业留校做助教,他成为《文史哲》第一个专职编辑。专职编辑只有葛懋春一人,忙不过来,许多编辑工作仍由教师兼做。刊物开办时，没有在邮局或书店发行。主编杨向奎回忆说："热心的同志们都不懂出版发行业务。第一期出版了，既然没有邮局或新华书店发行，我们如何发行把它们卖出去？只好采用原始的办法，给全国各大学的朋友们寄出，请他们代售。这当然不是办法，连累了朋友，许多是他们自己拿钱买下，把钱给我们寄来。我记得郑鹤声先生对我说，这不是办法，他的朋友来信说这办法太原始了。"[2]刊物销路没有打开，不可能不赔钱。大学教师办刊物，最大问题不是稿源，而是资金。刊物不断赔钱，教师工资菲薄，财力有限，所以创刊一年后到1952年，出现严重亏损局面。实在支持不下去了，华岗校长不得不亲自到山东省委统战部和青岛市委请求支持二千万元新币，即二千元，才渡过难关。从1953年第2期（总12期）开始，《文史哲》确定为山东大学学报之一，经费从此由学校负责，不再需要教师个人支援。不过，从1953年开始，刊物销路也打开了，经费困难实际上已不复存在。到1955年，国内外订户大增，刊物经费自给有余，还积累了上万元资金。

20世纪50年代初期，全国学术刊物只有两家，就是《新建设》与《文史哲》。《新建设》在北京，《文史哲》在青岛。到1957年，上海创办《学术月刊》，学术刊物便形成三足鼎立之势。1951年，正值新政权建立之初，数年内战的腥风血雨之后。这时候，山东大学文科教师为什么创办同人刊物——《文史哲》呢？这件事当然与华岗有关，不过细究起来原因大概有二。

原因之一是，当年山东大学聚集了一批率先拥护新政权的著名学者与青年学者。这一点，主要应归功于华岗以前的山大校长赵太侔。1945年抗战胜利后，国立山东大学在青岛复校，校长便是戏剧家赵太侔。赵太侔，山东籍同盟会会员，国民党元老；民国后，弃政而到美国留学，专攻舞台灯光。在新文学家杨振声教授做青岛大学第一任校长时，赵太侔任教务长。他长期担任山大领导，学术界名气不大，然而作风稳重，为人正派，在政治动荡中能保持自己的清白与正直，校内外口碑颇佳。在办学方面，赵太侔崇尚教育家蔡元培兼收并蓄的办学思想，故而山大颇有学术自由的宽松氛围，不拘一格招揽人才，再加青岛环境幽美，交通便利，气候宜人，这些因素促使一批学者在抗战胜利后纷纷投奔山大。例如，大后方的著名红色教授赵纪彬、杨向奎，还有因为同情学生运动而上过当局黑名单的陆侃如教授、冯沅君教授，还有对现实甚为不满的青年学者赵俪生、徐中玉、孙思白等，他们都乐意到山东大学工作。抗战胜利后，随着东南沿海各地大学陆续复校，学者教授也纷纷选择自己乐意工作的大学。山东大学借1945年复校的机会，聚集了一大批国内学术精英，文科、理科都是如此。在这方面，校长赵太侔起了重要作用。1951年初，山东大学与华东大学合并。华东大学是山东解放区办的大学，学生为革命青年，教师都是参加革命较早的知识分子。与华东大学合并后，校内的革命气氛立即高涨起来。上世纪50年代初期，当全国多数大学的教师惊魂未定、犹豫狐疑之际，山大许多教师已经成为新政权的衷心拥护者，思想包袱较少，工作积极主动，热情高涨。山大这样一批教师与华岗出任校长这两方面因素结合起来，就具备了办刊物的条件与勇气，结果就在1951年创办了同人刊物——《文史哲》。

原因之二便是，校长华岗的领导才能与个人魅力。华岗是中共山东分局三人领导成员之一，是著名的马克思主义理论家、史学家，又办过报纸刊物。他的地位，他的经验，他的个性，足以做《文史哲》的强大后盾。《文史哲》之所以能在1951年创刊，而且越办越好，华岗校长是不可或缺的关键人物。华岗对早期《文史哲》的贡献可从两方面去看，一为领导山大师生学习马列主义，二为亲自领导办刊物。

华岗办大学，始终将教学与科研置于首位。1951年任山大党组副书记（华岗是党组书记）与教务长的余修回忆说："他（华岗）主持校政，把山大办得生气勃勃，上下一体，培育英才而英才辈出，改革教育而能推陈出新。"[3]余修后来是山东师范学院院长、山东省副省长。华岗坚持"以教学为中心"，要求政治思想工作和总务后勤工作都围绕教学这个中心。与此同时，他又把学习马列主义作为改造大学与提高教学科研的关键来抓。新中国成立后，华岗是最早领导全校师生系统学习马列主义的大学校长。他定期在全校做时事报告，亲自做系统讲解马列主义的报告。这类报告的地址，一般在学校广播站前的露天阶梯广场；台下听讲的，有全校师生，从副校长童第周教授、陆侃如教授到普通学生，还有青岛市委、北海舰队司令部的领导与干部。华岗学识渊博，思维敏捷，见解深刻犀利，再兼口才好，所以每一次做报告，都是人山人海，像赶集一般热闹。经数十年至今天，山大还有人津津有味地讲说华岗当年做报告的精彩与热闹。他凭自己的经验与能力，使学习马列显得不那么枯燥与沉重，变得有人情味，生动活泼。因此，学习马列很快成为山大教师的一种时尚。像先秦史学者童书业教授可以背诵《家庭、私有制与国家的起源》，可以背诵《联共（布）党史》"四章二节"，校园里无人不知,可见学习热情之高。前面谈到,山大聚集了一批率先拥护新政权的著名学者与年轻学者,现在他们又掌握了马列这个武器,进而想写文章、办刊物,就是合乎逻辑的事。从社会环境看,当时正处于新、旧潮流的剧烈变革之中。山大文科在上世纪50年代出现一批应用新观点的科研成果,表明山大文科居于新时代学术潮流的前沿地带,暂时取得了符合时代潮流的一种学术优势。凭借这优势,《文史哲》充当了弄潮儿的角色,影响或引领全国学术潮流,从而使偏居青岛的一家大学学报,在全国如日中天,独领风骚,创造了一段令人难忘的历史。就刊物本身而言,成功的关键在于能否影响或引领学术潮流。时代潮流后浪推前浪,总是不断演变、不断进步。刊物一旦在时代演变中失去学术优势,不再影响或引领学术潮流,辉煌不再怎能避免?此一时,彼一时,不必同日而语。

在1951年那个特殊的年代,除了华岗敢办《文史哲》,全国大概没有人想办什么同人刊物。华岗是《文史哲》第一任社长。他坚持的办刊方针是将马克思主义渗透到各个领域。每一期文稿,都由主编杨向奎送到他那里做终审。1952年开始做专职编辑的葛懋春回忆说:"每期文章他都亲自审定,通读一遍。每次开常务编委会前,都听取我们对稿件初审的汇报,同时他对送审的稿件提出修改意见;为了赶上出版时间,他往往连夜突击改稿。"[4]审定《文史哲》的文稿,不只要有广博的学识,还要有丰富的审稿经验与一丝不苟的负责精神。华岗一天到晚很忙。他是校长,是党组书记,还是山大教授。他做山大教授不是靠手中权力,而是靠自己讲课。他为山大学生讲的都是当时大学里的新课,如中国近现代史、中共党史、鲁迅研究等。他一面讲课,一面培养年轻教师。山大中文系研究鲁迅的老师、历史系研究近现代史的老师,最早多是听华岗讲课而渐渐成长起来的。所以,华岗真的非常忙。可是,他再忙也坚持为《文史哲》终审,此为尽职,此为敬业。如今,兼任学报主编或编委主任的大学领导,大概已很少像华岗那样亲自终审文稿了。作为大学领导的华岗,颇具个人魅力。对他心悦诚服者,不仅有学生,更有同事与教授,全校上下几乎有一种崇拜心理(后来,果然有人批判华岗在山大的所谓"个人崇拜")。开始时,人们对写文章顾虑较多。华岗带头写稿,成为解除人们顾虑的好方法。从1951年到1955年蒙冤被捕以前,他在《文史哲》发表文章四十多篇,几乎每一期都有他的文章。他鼓励人们用马列新观点从事科研,经常动员教师写文章,著书立说。山大文科很快出现应用新观点的风气,不断为《文史哲》提供具有新意的文稿。华岗做《文史哲》社长,不是挂名的社长,而是脚踏实地做事的社长。诚然,办《文史哲》并非华岗一人之功,但他起了关键作用却是不可否认的事实。

提倡学术讨论,反对定于一尊

《文史哲》创刊后给国人的一个突出印象是非常活跃,不断开展学术讨论,不断提出新观点、新见解。《文史哲》早期的重要学术讨论,历史领域有中国古代史分期、中国土地制度、古代农民战争、资本主义萌芽等,文学领域有韩愈柳宗元评论、《红楼梦》评论、鲁迅研究以及典型问题等。

《文史哲》是学术刊物。华岗是革命家,他办《文史哲》始终坚持宣传马克思主义。他认为马克思主义与学术的关系,是前者指导后者,而不是代替后者。用马克思主义指导学术研究,出现不同的理解或不同的见解是完全正常的事,也是难以避免的事。解决这类不同意见的分歧,只能通过充分的与自由的讨论,此外没有别的好办法。在他看来,坚定的马克思主义立场与以客观态度尊重学术,两者没有矛盾。在史学领域,华岗并不同意"古史辨"派的观点。众所周知,"古史辨"派并不是马克思主义学派。但是,华岗屡次鼓励原为"古史辨"派的童书业教授搞自己的专业,说"古史辨"作为学派具有自己的价值。相信自己不同意的学派具有学术价值,这样的态度可算是客观尊重学术。充分尊重学术,提倡自由讨论,使《文史哲》在"双百"方针提出之前的学术讨论搞得风风火火,有声有色。这成为《文史哲》举世公认的一大亮点。

在刊物上开展学术讨论,说起来容易,做起来并不容易。真正的学术讨论,必须是也必定是自由的讨论。自由讨论中参与各方都是平等的,彼此可以各抒己见,可以畅所欲言;否则,就不是自由的讨论。从刊物领导方面看,对不同意见必须一视同仁,一碗水端平,特别要注意善待异己,避免一边倒。容忍异己,善待异己,任何时候都是一种雅量、一种风度,也是一种民主作风。以《文史哲》讨论古史分期为例。华岗本人对古史分期所持观点为西周封建说,党内一位著名史学家也持西周封建说。可是,山大校内对西周封建说存在许多不同意见。古史分期能否在山大讨论起来,华岗本人是否乐见不同意见,这一点非常重要。对此,葛懋春回忆说:"华岗同志在领导《文史哲》工作中,十分重视组织学术上不同意见的争论。中国古史分期是中国史学界的一个老大难问题。当时,有些教授不明确学术与政治问题的界限,不敢同持西周封建论的人争鸣,总想听听他的意见。其实,他在《中国历史翻案》一书中是持西周封建论的,但他总是鼓励持不同意见的人写文章。他多次鼓励童书业教授破除顾虑,发表自己的看法。在他领导《文史哲》杂志时,战国封建论、魏晋封建论的文章登了不少。这是《文史哲》能够较早在全国开展奴隶制和封建制分期讨论的重要原因。"[5]当年山大历史系,童书业持战国封建说,韩连琪持两汉封建说,王仲荦持魏晋封建说,皆不以华岗校长的西周封建说为意。古史分期的讨论肇始于山大校内,接着反映到《文史哲》。在讨论中,各种意见畅所欲言,针锋相对,激烈争辩。出现这样的自由讨论,华岗具有善待异己的雅量是不可或缺的重要因素。

华岗是马克思主义者。他认为马克思主义是真理,宣传真理只能靠说服,不能靠压服,强迫人接受马克思主义是没有用的。说服人们接受马克思主义的最好方法与途径是讨论或辩论。他在山大师生中讲授马克思主义哲学时,经常有不同意见的讨论。有一次,物理系束星北教授对华岗所讲量变与质变的哲学观点公开提意见,说运动员跳高时一厘米一厘米地加高,哪是质变?哪是量变?有人认为,这是故意抬杠。华岗听说后,亲自到办公室找束星北,听取意见,交换看法,进一步讨论量变、质变等哲学问题。这件事,至今仍是华岗留在山大校园里的美谈之一。华岗与我国许多早期马克思主义学者一样,认为马克思主义与民主是完全一致的;认为马克思主义与民主是对立的,水火不相容,无非是反动派的恶意宣传而已。故而他满腔热情地宣传马克思主义,又在宣传中坚持平等的态度,坚持讨论的方法,坚持以理服人。后来任山大社会学系主任的徐经泽教授,年轻时跟随华岗从事马列主义教学工作。有一次,徐经泽根据自己在人民大学研修班听苏联专家讲课的内容,向校长华岗请教联共(布)党史与国际共运史的关系,请教《联共(布)党史》第四章第二节所讲哲学。这次华岗明确地对他说,马克思主义也不能"定于一尊"。另一次,华岗还对徐经泽说,斯大林也是有错误的。如今徐经泽年届八十,不久前与我讲起华岗这两件事,感慨万分,唏嘘不已。马克思主义不能"定于一尊",大致代表华岗的真理观。如果真理"定于一尊",这真理就变成了黑格尔的"绝对理念"。从政治上看,黑格尔的"绝对理念"是非常可怕的。既然不能"定于一尊",所以马克思主义本身也需要讨论,也需要辩论。马克思主义者不可自以为掌握了一切真理,目空一切,拒绝讨论与辩论。鉴于这样的真理观,他在学术研究中善待异己学派,提倡自由讨论;在政治上,注意平等待人,坚持民主作风。

出于历史方面的复杂原因,当年我国革命队伍中许多人都反对著名学者胡适的思想观点,华岗为其中之一。所以,华岗主持下的《文史哲》,在1955年全国批判胡适之前,早就刊登过许多批判胡适的文章,1952年刊出文学史家陆侃如教授的《纪念五四,批判胡适》为其中之一。不过,华岗领导山大师生批判胡适,是一种思想批判、一种学术批判,至多是教师的一种自我思想改造。以陆侃如为例,他深受胡适学术思想影响,但照样提拔做山大副校长,有职有权。《文史哲》从1954年开始连载陆侃如、冯沅君的《中国古代文学史稿》,这是1949年后第一部文学史专著,立刻声震学术界。1955年以前山大师生批判胡适学术思想,大致是民国以来我国文化界两种对立势力的长期论战在新形势下的继续,它与后来出现的政治批判运动性质完全不同。了解这样的背景,可以进而了解《文史哲》1954年第7期为何刊载李希凡、蓝翎所撰《红楼梦》研究文章。这篇文章不久便轰动全国,作者也以"两个小人物"闻名于世。从思想渊源看,这篇文章的出现,与两位作者曾是山大中文系学生有关。他们读书时,恰逢华岗领导师生学习马克思主义、批判胡适学术思想。他们的思想受此影响,故而有文章中的进一步思考。不过,《文史哲》刊发这篇文章,就像它在1952年刊发陆侃如的《纪念五四,批判胡适》一样,无非是站在马克思主义立场,针对他们认为一种错误学术观点进行批判。这种批判,限于学术范围或思想范围,并不是政治批判。关于这件事,当事人葛懋春回忆说:"《文史哲》常务编委会发表这篇文章根本没有接到任何上级的指示,当时也不可能预见到它后来在思想界产生多大的影响。文章发表后,连《人民日报》编辑部都不知道作者的通信地址,《文史哲》编辑在接到该报长途电话询问作者通信处时,还不知什么原因。"[6]作者李希凡也说:"当时,党的'百家争鸣'的方针尚未明确提出,但在华岗同志领导下的《文史哲》,一直坚持学术上的互相商榷探讨的学风,各种意见都可发表,还希望被批评的参加讨论,进行答辩。当然,有时也由于我执拗、偏激,坚持错误意见,致使有的文章产生坏的影响,但责任不在编辑部,而在我自己。"[7]说《文史哲》上"各种意见都可以发表,还希望被批评的参加讨论,进行答辩",此为事实,查刊物可证。以后出现的政治批判,是"一言堂",是一边倒的模式,不准有不同意见的讨论或辩论。所以,无论编辑部还是文章作者,他们的初衷都是批判胡适学术思想的影响,都不是也不可能是发起一场政治批判运动。诚然,学术批判也有差错,特别是当年的学术批判,少心平气和,多出言不逊,但与政治批判的性质不一样,后果也不一样。不幸的是,李希凡、蓝翎那篇文章发表后,后来演变成为一场政治批判运动,冤案无数。出现这样的演变,是由当年的政治环境与政治斗争造成的。

从学术讨论本身看,其中存在组织领导、方法步骤等一系列具体问题。但归根结底说,学术讨论关乎学术民主,关乎民主作风。有民主,才有真正的学术讨论;没有民主,就不能有真正的学术讨论。华岗在《文史哲》提倡自由讨论,说到底是民主作风的一种表现。他在工作中,对待同事、对待不同意见,颇具民主作风。1980年华岗追悼会所致悼词中,特别肯定他"作风民主"。当年在山大担任党组副书记的余修回忆说:"记得那时两位副校长童第周、陆侃如先生都是非党人士,华岗同志很尊重他们的职权,很重视他们的学识和能力。凡学校的重大兴革事项,都召集在一起商量,共同作出决定,由各方分工去办,从不个人包办,从不搞'一言堂'。华岗同志的民主合作的作风,深得广大党外教职工的信服,他给我们做出良好的榜样,因之他的威信在校内是极高的。"[8]政治上不搞"一言堂",表现在学术领域就是发扬学术民主,提倡自由讨论。也就是李希凡在回忆中所说:"各种意见都可以发表,还希望被批评的参加讨论,进行答辩。"有学术民主,才有自由的讨论;没有学术民主,就不可能有自由的讨论。在此,容忍异己学派,善等异己学派,最具关键意义。

华岗主持《文史哲》从1951年至1955年,凡四年。《文史哲》在这四年进行的学术讨论,影响之深远非常惊人;像古史分期、农民战争、《红楼梦》问题、典型问题等,一直到改革开放以前的二三十年间,始终是全国学术界热烈谈论的重要话题。华岗办《文史哲》短短四年,结果影响了或掌控了学术界数十年的话语权,可谓期刊史上一个奇迹。这样的辉煌史迄今无法复制,令人羡慕不已。

综上所述,华岗办《文史哲》的经验主要有两点:一是有胆有识,二是发扬民主。当年《文史哲》获得成功的原因,大致也是如此。

华岗其人

我这篇文章,本是应宋应离教授编辑《名校与学报》一书之约的命题作文,写到这里似乎可以结束了。可是,又想到《文史哲》创刊后,既锋芒毕露,又生动活泼,风风火火,这些都与华岗的个性关系最大。我想,如果当时换了别人做社长,或许难以呈现如此景象。因此在下面,再引用华岗战友回忆录中一些评论,简单介绍华岗其人。

熊复说:"我认识华岗同志,是在一九三九年四月我进入《新华日报》做编辑工作之后。那时他是《新华日报》总编辑。他给我的印象是一个学问渊博、文思敏捷的学者。他讲起话来,口若悬河,滔滔不绝;而写作评论文章,如社论,真是'下笔千言,立等可待'。他对待同志和蔼可亲,平易近人,从没有见过他有疾言厉色的时候。但他对待政治上的原则问题却十分认真,从不苟同,也不轻易放弃自己的意见。这一切引起我对他的尊敬,把他当做自己的导师。"[9]

朱语今在纪念文章中转引一位老同志对华岗的评论说:"老华这个人有胆识、有魄力,看问题很敏捷,也很尖锐。但是太骄傲,有些近于狂妄,好像什么人都看不在眼里。"而青年时与华岗一起工作的朱语今自己则觉得,他"在一个青年人面前,一点儿也不傲慢,态度是很谦和的"[10]。

林默涵说:"华岗同志不但在学术上勇于发表不同的意见,在政治上,他也从不隐蔽自己的观点。他在很早以前就公开指斥过王明的错误,以致遭到王明的打击,被撤销了《新华日报》总编辑的职务。……我在和他的交往中,深感华岗同志是一个非常亲切而平易近人的长者,一点也没有领导人和学者的架子。大概一个人只要敢于说不同的意见,甚至只要敢于有自己的意见而不肯投合世情,随声附和,就往往被目为'骄傲'而遭到忌恨。'今天天气哈哈……',还是一种便当的处世法。直言招憎,积毁销骨,华岗同志也难逃这种际遇。"[11]

在山东大学任华岗第一副手的余修说:"我和他在山大建校初期(即在山东大学与华东大学合并以后)的一段共事过程中,觉得他平易近人,刻苦好学,谦逊待人,从不盛气凌人。纵然有时对某些具体问题的处理上,我们意见不尽一致,他也能耐心说服,善于等待;当他发现自己的见解有不尽符合实际时,能从谏如流,虚心采纳不同意见。"[12]

从上面战友的回忆,可知华岗办《文史哲》有胆有识,发扬民主,大都与他独特个性密切相关。一家刊物的风格,往往是主持人风格的投影,谓"刊如其人"可也。在此,我想起古人所谓"傲公卿而善待士卒"这句话,或许可以作为华岗个性的写照。在全国无人敢办同人刊物时华岗办《文史哲》,最能表现他的胆量,他的敢想敢做。敢想敢做的人,无不自信。过于自信可能流于骄傲,而自信者往往被别人视为骄傲。再从华岗方面看,他做《新华日报》总编辑时的同事或下属、做山大校长时的同事或学生,都不觉得他有什么骄傲,相反认为他"和蔼可亲"、"平易近人"、"很谦和"、"从谏如流",如此为"善待士卒"之类。他在抗战初期公开指责王明的错误,又很早就说斯大林也有错误,如此为"傲公卿"之类。在古代,士大夫最欣赏"傲公卿而善待士卒"这种气度与名节,因而成为士大夫特有的一种价值取向与性格特征。"傲公卿而善待士卒",说明毕生信仰马克思主义的华岗,血管里流淌着古代士大夫的血,头脑深处藏有士大夫情结。这可能是他最终不得不陷于困境的一个原因。

华岗于1955年被捕入狱,1972年含冤逝世,享年69岁。1980年,党中央批准为他平反昭雪,林默涵慨叹说:"直言招憎,积毁销骨。"1955年被捕时,他年仅52岁,正是年富力强、大有作为的时候。华岗是骏马、是雄鹰,本应驰骋疆场、翱翔蓝天。然而命运不济,他解放后坐牢的时间,比解放前要多。就个人命运而言,这无疑是一个悲剧。我因为在上世纪七十年代到八十年代做过几年《文史哲》主编,所以经常想起第一任社长——华岗。每当想起他,心里总是非常复杂,有敬仰,有惋惜,更有十二分的沉重。在1980年华岗追悼会上,山东大学校长吴富恒宣读的悼词中说:"华岗同志生活俭朴,平易近人,作风民主,刚直不阿。"华岗的老战友,都知道他"刚直不阿";我所知道的山大老员工,无不赞扬他"刚直不阿"。华岗的悲剧,是否与他"刚直不阿"的性格有关系呢?或者是"刚直不阿"造成了他的悲剧吗?我曾这样问过别人,别人也曾这样问过我。呜呼,天不佑人,我之不昌。谨借此文,遥寄对故人的思念与敬仰。

2006年6月于山东大学望云斋

参考文献

[1][11] 林默涵.美学论要·序言[M].华岗.美学论要.北京:人民出版社,1981.
[2] 杨向奎.早期《文史哲》[J].文史哲,1981(4).
[3][8][12] 余修.深切怀念华岗同志[J].文史哲,1980(4).
[4][5][6] 葛懋春.回忆早期《文史哲》杂志社社长华岗同志[J].文史哲,1981(4).
[7] 李希凡.《文史哲》培养了我[J].文史哲,1981(4).
[9] 熊复.时代的哲学思索[M].华岗.规律论.北京:人民出版社,1982.
[10] 朱语今.九泉闻讯亦欣然[J].读书1980(11).

(本文作者为《文史哲》原主编,华岗生平由本文作者撰写。原载《出版史料》2006年第4期)

《文史哲》培养了我

李希凡

著名学者李希凡

李希凡(1927—),祖籍浙江绍兴,久居北京通县。1953年毕业于山东大学中文系,1955年肄业于中国人民大学哲学研究生班。1955—1986年在人民日报社工作,历任编辑、评论组长、副主任、常务副主任。1986年9月—1996年10月,调中国艺术研究院,任常务副院长、研究员,《红楼梦学刊》主编。曾先后当选第四届全国人大代表,第二届、第八届全国政协委员,中国作家协会第二届、第四届、第五届理事和全国委员。已出版评论、研究著作与散文集二十本。主要代表作有:《红楼梦评论集》(与蓝翎合著)、《〈呐喊〉、〈彷徨〉的思想与艺术》、《一个伟大寻求者的心声》、《毛泽东文艺思想的贡献》、《京门剧谈》、《冬草》等。

今年五月,是《文史哲》创刊三十周年。三十年前的当时,我还是山东大学中文系一年级的学生。我们这些建国初期在校的老校友,都把那时称做山大的"黄金时代",山东大学刚刚与华东大学合并,就我们中文系来说,合并来的还有齐鲁大学的同学。号称五院十八个系,一片蓬勃发展的景象。校长是享有盛名的近代史家、马列主义理论家华岗同志,两位副校长童第周先生、陆侃如先生,也都是国内外文理科方面的著名学者和教授。

解放前的一九四七年到一九四九年初,我曾在山大中文系旁听过,后来才去济南投考了华东大学,并校时我是重回山大,因而,感受也要比别的同学深切一些。我觉得,比起白色恐怖笼罩山大的那些年月,那时的山大校园充满了解放的喜悦,又因为正在开展轰轰烈烈的抗美援朝运动,处处感到那种"中国人民站起来"的豪迈气概。我们的华校长和余教务长（余修同志）都非常善于做宣传鼓动工作，他们经常在六二广场（原青岛山大校内广场）上大课，讲形势，宣传马列主义、毛泽东思想，无论是政治学习或学术研究，空气都非常活跃。《文史哲》正是在这样的历史背景下诞生的。对《文史哲》的创刊经过，我不太熟悉，只知道是在华校长倡议下创办的，他还亲自担任了社长。

文科同学当时虽然也很注意《文史哲》的诞生，读师长们的学术论文，并没有想过自己去投稿，但一九五一年创刊后的第四期，却发表了我的一篇题名《典型人物的创造》的文章。不过，这不是我的投稿，而是文艺学课程的一篇作业。当时，我是文艺学的课代表，教授文艺学的师长，是中文系的系主任，国内知名的文学评论家和文学翻译家吕荧先生。记得是因为他要去北京参加第二次全国文代会，文艺学需要停一段时间的课，课程正讲到典型问题。他临行前给同学们留了作业，让大家学习运用马克思主义观点分析、解剖一个文学上的典型，写出自己的学习心得。虽然吕先生布置时，并没有要求每个同学都必须完成这个作业，但我觉得，自己是课代表，应当起带头作用。同时，自己也的确积累了一点材料，有一些看法，就结合着对课程的体会，写了一篇学习心得的报告。等吕先生从北京回来，就把它和其他几位同学的学习心得一起交了去。后来吕先生告诉我，他觉得这篇学习心得写得很认真，也有见解，他已稍作修改，推荐给《文史哲》发表，并说华校长已看过，也很称赞。自然，实事求是地讲，那不过是一篇学生的作业。我想，华校长和吕先生当时所以要发表它，用意不过是在鼓励学生学习运用马克思主义观点分析问题，培养学生的独立思考能力。这大概是《文史哲》较早发表的学生写的文章。

其后，吕先生虽然因故离开山大，我也在五三年毕业，分配到北京中国人民大学教师研究班哲学班做研究生。因为离开喜爱的专业改学哲学，在一段时间里，自己思想情绪上很有些苦闷、波动，但《文史哲》编辑部并没有忘记帮助我这已离校的校友作者。我现在已记不清当时编辑部还有谁，只记得始终和我有联系的是葛懋春同志。我到北京后，一直还和葛懋春同志通信，很可惜，他给我的信，都在"文化大革命"中散失了。我在一九五三、五四年和他通信中，曾诉说过自己失掉专业的苦闷和彷徨，也从他那里得到过不少帮助和支持。他鼓励我课余写作，不要放下笔；还主动来信问起，在写什么,在考虑什么问题,有文章可寄给《文史哲》。正是在他的热情鼓励下,我修改了在校时写的旧作《略谈〈水浒〉评价问题》(载《文史哲》一九五四年第四期);也正是在他的热情鼓励下,我和蓝翎同志商量,将当时找不到园地发表的我们合写的那篇《关于〈红楼梦简论〉及其他》(载《文史哲》一九五四年第九期),寄给他寻求《文史哲》的支持。葛懋春同志还经常把编委会或师长、读者的意见转达给我们。

当时,党的"百家争鸣"的方针虽尚未明确提出,但在华岗同志领导下的《文史哲》,一直坚持学术上的互相商榷探讨的学风,各种意见都可发表,还希望被批评的参加讨论,进行答辩。

当然,有时也由于我执拗、偏激,坚持错误意见,致使有的文章产生坏的影响,但责任不在编辑部,而在我自己。

翻看着《文史哲》创刊以来的目录,不禁心潮汹涌,想起刊物创始人,我们的老校长华岗同志,虽然他早在一九五六年就被人诬陷为"骗子学者"、"反革命",被投进监狱,终致含冤而死,但愿他洒下心血浇灌起来的《文史哲》的良好学风,能得到继承和发扬,这也是对他的永恒的纪念。

无论是作为读者、校友,还是作为一直受到《文史哲》关心、培养的作者,我都衷心地祝愿《文史哲》,为了促进伟大祖国的四个现代化,努力贯彻党的三中全会以来的学术路线,努力贯彻党的"百花齐放、百家争鸣"的方针,把《文史哲》办得更好。

一九八一年五月十五日于北京

(原载《文史哲》1981年第4期)

我与《文史哲》

庞　朴

　　非常荣幸有机会被邀请参加《文史哲》创刊50周年的庆祝活动。我与《文史哲》有着渊源深厚的关系。在《文史哲》50年的历史里，前25年我一直整天在编辑部旁边上班，后25年我离开了山东大学，但仍然认真阅读了每一期《文史哲》。因此，我对《文史哲》有非常深厚的感情。在参加这个纪念活动的时候，我难免有很多感想，其中最大的感想，就是叫做应该感谢。首先应该感谢的是《文史哲》对我的教育和培养。我想了一下，《文史哲》与我的关系是一个教育和受教育的关系。我自己没有上过任何正规大学，没有任何毕业文凭，我的一些文学知识、历史知识、哲学知识，可以说全是从《文史哲》接受过来的。我从50年代开始在山东大学工作，那时是一个干事，没有什么知识，每一期《文史哲》的出版，我都可以有机会先睹为快，比其他读者抢先一步，这是我应该感谢《文史哲》的。第二个应该感谢的，就是我自己后来陆续尝试着写了一些小东西，其中有些在《文史哲》上发表。尽管现在年纪大了，但年轻时候在《文史哲》上发表文章的那种感觉到现在还记忆犹新。自己的一点努力得到承认，那是对我最大的培养，它鼓励我继续前进，向前探索。特别值得一提的是我1974年发表在《文史哲》上的文章，当时我的政治状况很不好，这个情况《文史哲》当然知道，别的地方也知道，因此我的有些文章在别的地方不能发表，而就是在1974年那样的时候，我的一篇学术文章居然在《文史哲》上发表了。过后，吴富恒校长还跟我说：你不错，好好写。当时我非常感动，且不说别的地方能否发表文章，就连我的生存都成问题的时候，《文史哲》居然发表了我的文章。这是我应该感谢的第二个方面。第三个方面，其他许多人可能没有机会，而我却有一个机会，我曾经当过《文史哲》的编委，"文化大革命"以前的60年代，我当了5年左右的《文史哲》编委。在每次编委会讨论方针、讨论计划、讨论稿子时，我所受到的教育是非常具体、非常生动的。当时讨论稿子，每篇都留有记录，审稿单写得非常详细,提出了很具体的修改意见。我自己的一些审稿单就是在这样的鼓舞下而放言高论,写了许多评论,从中得到教育,受到培养,使我自己知道应该如何写文章,应该如何做人。在庆祝《文史哲》创刊50周年的时候,我的这种感谢之情油然而生。

许多朋友都觉得《文史哲》最近几年好像比较艰难。对此,我们应该全面看待。以前学术刊物很少,《文史哲》是第一家由高等学校创办的面向社会的刊物,而现在人文学科的刊物很多,当然有个竞争的问题,会影响刊物的征订额。昨天晚上我读了山东大学副校长徐显明教授发表在《文史哲》2001年第3期上的文章,里面除了列举《文史哲》过去的许多成就外,特别是在文章的最后对《文史哲》的未来,对山东大学人文学科建设的未来发表了一些看法,我从中受到鼓舞。我希望在未来的年代里,《文史哲》真正能够随着山东大学以及全国学术事业的发展而一起发展。谢谢!

(这是《文史哲》顾问、中国社会科学院研究员庞朴先生在庆祝《文史哲》创刊50周年会上的致辞,题目为本书编者所加,原载《文史哲》2001年第4期)

编者、作者、读者评论(摘编)

　　华岗校长十分重视发扬学术民主,鼓励学术争鸣。……在中国古史分期问题的讨论中,正是华岗校长让童书业、王仲荦教授消除了顾虑,大胆发表自己的见解并受到史学界的重视。赵俪生教授1951年在《历史教学》发表了论述斯大林《马克思主义与语言学问题》的文章,被山西大学赵宗复校长批评为有右倾错误,他去请教华岗校长。华校长仔细阅读之后,认为赵先生的文章犯了粗疏的毛病,但还说不上是右倾错误,而批评他的文章却带有"左"倾虚无主义的毛病。双方各有精彩和失误……建议赵俪生先生平心静气地写一篇答辩文章。赵俪生先生照此办理,批评文章和答辩文章同时刊出,争论遂告解决。对此,赵俪生先生十分佩服,认为华岗校长确实是"政治争论和学术争论中的一名老资格的舵手"。……

　　《文史哲》的每期稿件他都要亲自审定。他还亲自帮助老教授和青年教师修改文章,历史系老教授郑鹤声写了一篇《试论孙中山思想的发展道路》的长文,是解放后较早地研究孙中山的文章,郑先生对运用马克思主义观点正确评价孙中山没有把握,就去找华岗校长,华校长热情地肯定了文章材料丰富,同时又指出观点不够明确、重点不够突出,然后亲自帮他从观点到写法作了较大修改后发表在《文史哲》上,该文后来被民革中央的刊物转载,作为民革成员的学习材料。

(摘自乔幼梅《华岗与山东大学以文史见长》,《文史哲》2003年第3期)

　　我只能作为一个《文史哲》的老编辑,谈谈我在《文史哲》工作10年期间的一点感受。……

　　《文史哲》经过了50年的风雨历程,我自己体会有这么几点,或者叫一个中心或者一个基点三项保证……

　　一个中心就是以学术为中心,以学术为本位。我想这恐怕是《文史哲》之所以历久不衰的关键所在……我认为,《文史哲》这个接力棒不管传到谁手里都不能丢下以学术为中心、以学术为本位这一个基本点,这是第一点。

第二点就是编辑队伍应该学者化，或者叫教授办刊，学者办刊、用现在通俗的一个说法就是"编辑学者化"……只有编辑学者化，或者是教授办刊、学者办刊，才能提高刊物的品位，才能有这种眼界把刊物的质量提上去。……现在这个编辑队伍有6位教授、4位副教授，其中有2位博士生导师。他们都在各自的领域里头有所成就……要说保证的话，这是第一条。第二条就是全国学术界的广泛支持。……就是说这是一个面向全国的开放性的刊物，不是仅处于山大一隅……所以我说我们《文史哲》从来不考虑或者不讨论什么内稿为主、外稿为主……全国学术界的朋友在向《文史哲》投稿的时候，不用担心因为是外稿而受到歧视，在质量面前人人平等。这是第二层保证。第三层保证就是学校的支持……创刊之初是非常清楚的，校长亲自担任社长……学校领导支持是多方面的，人力的、物力的、财力的。另外对《文史哲》的工作是重视的，他们都认为《文史哲》是山大的一个窗口，是山大的一块金字招牌，不能玷污它……另外还有一条我觉得是历届的学校领导，对《文史哲》的工作不干预，特别是用稿方面……编辑部实际上是个小单位，在这个中层的班子当中是最没实力、最没有力量的一个单位，但是有一条它权很大，就是你的稿子，你校长的稿子或你校长推荐的文章，他们都要求我们由《文史哲》来裁决……有的就直接顶回去，我想也没有遭到任何的报复，或者穿小鞋，我在这十年期间，没有这种感受……这就保证了《文史哲》真正能独立办刊，真正能用学术的标准来衡量文章，因此才保证《文史哲》的品位和档次，及其文章有一定的质量。

（摘自丁冠之（原《文史哲》主编）在《文史哲》创刊50周年庆祝会上的发言，原载《文史哲》2001年第4期）

相关链接

*吴富恒. 努力把《文史哲》办好[J]. 文史哲, 1981(4).
*杨向奎. 早期《文史哲》[J]. 文史哲, 1981(4).
*吴大琨. 回忆《文史哲》[J]. 文史哲, 1981(4).
*吴富恒. 回顾与前瞻[J]. 文史哲, 1986(5).
*陈之安. 几点希望[J]. 文史哲, 1986(5).
*萧涤非. 总结经验 继续前进[J]. 文史哲, 1986(5).
*罗竹风. 回顾以往 激励未来[J]. 文史哲, 1986(5).
*吴大琨. 回忆《文史哲》初期的王仲荦教授[J]. 文史哲, 1986(5).
*殷焕先. 祝《文史哲》精神发扬光大[J]. 文史哲, 1986(5).
*臧乐源. 高品位的学术刊物——评山东大学《文史哲》四个鲜明特色[N]. 新闻出版报, 1998-12-14.
*姜春云. 在"人文精神与现代学术研讨会暨《文史哲》创刊50年庆祝活动"上的讲话[J]. 文史哲, 2001(4).
*宋安明. 学术期刊的常青树[N]. 新闻出版报, 2000-07-17.
*吴富恒.《文史哲》的创刊与发展[J]. 文史哲, 2001(3).
*朱正昌, 季羡林, 张岱年, 李希凡, 庞朴等15人. 在《文史哲》创刊50周年会上的发言[J]. 文史哲, 2001(4).
*王树人. 一块常青的学术园地[N]. 光明日报, 2002-08-29.
*林默涵. 纪念华岗百年诞辰[J]. 文史哲, 2003(3).
*李希凡. 华岗校长与"百家争鸣"[J]. 文史哲, 2003(3).
*史若平. 为真理而献身的英勇战士[J]. 文史哲, 2003(3).
*孔繁. 我所知道的《文史哲》[N]. 光明日报, 2004-04-08.
*刘京希. 个性决定期刊竞争力[N]. 光明日报, 2004-09-03.

《历史研究》:新中国历史学发展的缩影

宋德金

《历史研究》第1期封面

《历史研究》是新中国最早创办的学术期刊之一,它同新中国历史学一道成长,成为新中国历史学发展的缩影,同时,它的历程也从一个侧面折射出了共和国的政治风云。

一

《历史研究》创刊于1954年。

1953年秋天,正当新中国革故鼎新、百废待兴之际,经中共中央批准,决定设立中国历史问题研究委员会,创办《历史研究》杂志,并组成由郭沫若为召集人的编辑委员会,具体工作由刘大年和尹达负责。编委会成员还有:白寿彝、向达、吕振羽、杜国庠、吴晗、季羡林、侯外庐、胡绳、范文澜、陈垣、陈寅恪、夏鼐、嵇文甫、汤用彤、翦伯赞。

关于《历史研究》的办刊方针,据刘大年回忆,陈伯达(时任中共中央宣传部副部长兼中国科学院副院长)向他和尹达传达毛泽东的指示说:办刊物必须"百家争鸣",这是一个方针问题。刊物要照这个方针去办。因此"百家争鸣"方针,实际上是毛泽东对创办《历史研究》杂志的指示。[1]

关于"百家争鸣"方针的提出和《历史研究》的创刊,黎澍回忆说:

我大约是在1953年或1952年就获知毛泽东主张对有争议的历史问题取"百家争鸣"的办法来解决……毛的指示说:"中国历史很长,建议在中国科学院设立三个研究所,把中国史分作三段来研究:第一所研究古代,止于汉;第二所研究魏晋到鸦片战争前;第三所研究鸦片战争以来的近代史。三个历史研究所合办一个杂志,定名为《历史研究》，方针是百家争鸣。[2]

《历史研究》作为一个学术期刊，最初由中共中央决定创办，并由毛泽东亲自为之命名确定办刊方针，这在期刊史上是不多见的。

《历史研究》自创刊以来，至今已有56年的历史，走过了不平坦的道路。

从1954年2月创刊到1966年5月停刊，是新中国历史学取得巨大成就的时期，也是《历史研究》的辉煌年代。

在这个时期里，中国历史学界先后就中国古代史分期、中国封建土地所有制形式、中国古代农民战争、汉民族形成、中国资本主义萌芽等问题进行热烈讨论和争鸣，被称为历史学界的"五朵金花"。与此同时，还就"亚细亚生产方式"、中国封建社会长期延续原因、阶级观点与历史主义、历史人物评价、中国近代史分期等问题开展讨论。《历史研究》就是开展学术争鸣的一个重要园地。上述问题的讨论，有的是《历史研究》首先发起的，有的则是由《历史研究》的介入而开展起来的。这些讨论，促进了历史学者自觉地掌握和运用马克思主义唯物史观研究历史，并进而为建立和发展新中国历史科学奠定了基础。《历史研究》在这一过程中发挥了重要作用。毋庸讳言，在这个时期里，我国历史学者对马克思主义的掌握和运用，难免出现教条主义和简单化的倾向，有那个时代"左"的痕迹，这也必然在《历史研究》中有所反映。尽管如此，《历史研究》在新中国历史学发展史上的地位是众所公认的。[3]

1965年，"文化大革命"前夕，已呈山雨欲来之势，历史学界则成为一个首当其冲的领域。

是年11月10日，上海《文汇报》发表姚文元的《评新编历史剧〈海瑞罢官〉》一文，对吴晗的《海瑞罢官》进行点名批判，此文是经毛泽东批准发表的。之后，全国报纸先后转载，成为"文化大革命"的前奏和序幕。同年12月，《红旗》杂志发表戚本禹的《为革命而研究历史》，对翦伯赞的历史观点进行批判。1966年5月16日，中共中央政治局扩大会议通过由毛泽东主持制定的中共中央通知（简称"五一六通知"），标志"文化大革命"正式开始。

随后，《历史研究》及其主编黎澍受到《人民日报》的点名批判。同年6月3日，《人民日报》发表题为《夺回资产阶级霸占的史学阵地》的社论，指出："资产阶级代表人物，把史学当做他们反党反社会主义的一个重要阵地。"同时发表《假批判真包庇》一文，矛头指向黎澍及其主编的《历史研究》。按语说:"自一九六一年来了一个新主编,《历史研究》便成了资产阶级霸占的阵地,发表了一系列大毒草。"10月23日《人民日报》发表《〈历史研究〉是资产阶级史学的反动堡垒》的文章,编者按说:"在这次无产阶级文化大革命中,史学界已经揭发出一小撮反党反社会主义的右派分子和反动学术'权威'。今天本报揭露的《历史研究》杂志,就是被他们长期霸占的一个反动堡垒。自从反革命分子周扬指派他的爪牙黎澍充当这家杂志的主编以来,他们就利用'历史研究'作掩护,极力维护和散布剥削阶级的旧思想、旧文化、旧风俗、旧习惯。流毒甚广,害人不浅。"显然,《历史研究》已很难生存下去了。1967年,《历史研究》出刊至第3期后被迫停刊。

关于《历史研究》的停刊,黎澍后来回忆说:

> 第2期和第3期几乎全部篇幅集中批评吴晗。第3期5月15日出版,载有《评吴晗胡适通信》。6月3日《人民日报》突然在第1版最显著地位发表社论《夺回被资产阶级霸占的史学阵地》,第2版整版以《吴晗投靠胡适的铁证》为题对《历史研究》发表的《评吴晗胡适通信》重新加以评注,对原来评注痛加批评,文前按语严词指摘《历史研究》对吴晗的"假斗争,真包庇",如此等等,气焰嚣张。由于产生了如此严重的事件,当时已经发稿的第4期只得停印。对读者连一句话的交代都没有,就中断了出版。这一期正是《历史研究》总编号的第100期。[4]

《历史研究》就这样被迫停刊了。

"文革"开始后,其他学术期刊和《历史研究》也遭遇同样命运,中国科学院哲学社会科学部(今中国社会科学院)的期刊除《考古》外,全部停刊了。

二

到了1973年,毛泽东大约觉得这样下去不好,不能长期没有学术刊物,于4月24日对姚文元说:

> 有些刊物为什么不恢复?像《哲学研究》、《历史研究》。还有些学报,不要只是内部,可以公开。无非是两种:一是正确的,一是错

误的。刊物一办,就有斗争,不可怕。

1973年5月19日驻学部军宣队传达了毛泽东关于恢复一些刊物的指示。学部军宣队和业务行政领导小组提出由原主编负责筹备恢复《历史研究》的工作,并向国务院科教组作了关于恢复《历史研究》的请示报告,并转报中共中央。这个报告呈报上去后,不见批复。1974年8月1日,主管此事的国务院科教组向姚文元呈报《关于出版〈历史研究〉杂志的请示报告》,经姚文元批示同意后,科教组下发(74)科教办字220号文件《关于出版〈历史研究〉杂志的通知》。通知说:"遵照中央领导同志的指示,为适应批林批孔和国内外阶级斗争的需要,在斗争中加强马克思主义史学理论队伍的建设,用马克思主义、毛泽东思想占领史学阵地,决定出版《历史研究》杂志。"[5]然而,筹备《历史研究》的复刊工作,却抛开学部和原编辑部,由科教组主管教育部工作的迟群主持。

1974年12月20日,在先行内部出版,试刊号几经修改后,正式公开出版《历史研究》复刊后的第1期。直到1975年四届人大召开组成新一届政府,据新任教育部长提议,经中央政治局委员会批准,《历史研究》不再由国务院科教组主管,重归学部主办,由黎澍任主编。

当时,《历史研究》是为了所谓"适应批林批孔和国内外阶级斗争的需要"而复刊的,从复刊到粉碎"四人帮"的近两年时间里,它同许多刊物一样,无例外地打上了那个时代的印记。不过,就是在那样恶劣的形势下,偶尔也发表过与当时"大批判"迥异的带有几分学术味道的文章,体现了编者所具有的可贵良知。

以粉碎"四人帮"为标志的"十年动乱"的结束,特别是中共十一届三中全会的召开,迎来了我国社会科学的春天,《历史研究》也进入了一个新时期。

在头两年多的时间里,《历史研究》为在政治上、思想上、理论上彻底清算和批判"四人帮"及"十年动乱"给我国历史学造成的危害,发挥了积极作用。主编黎澍先后在《历史研究》上发表《"四人帮"对中国历史学的大破坏》、《评"四人帮"的封建专制主义》、《消灭封建残余影响是中国现代化的重要条件》等文,引起了强烈的反响。在泛政治化、泛意识形态化的大背景下,一如过去人们并不把历史研究领域的批判看做仅仅是历史研究领域的事情,当时人们也不把这些文章看做是历史学界内部的辩论,而是对于极左思潮的清算。因此,这些文章的影响远远超出历史学界。

正因为如此,学界对《历史研究》在这段时间里所发挥的积极作用给予了高度评价。如有学者说,黎澍"连续写出一系列震动论坛的文章,成为开思想解放新风尚的一位先行者;他所主持的《历史研究》也成为当时从理论上清算'四人帮'言行,有力地推行'实事求是、解放思想'路线的一块重要舆论阵地"[6]。"《历史研究》一时成为最具战斗性的学术刊物,解放思想,冲破禁区。"[7]

从1979年起,随着党的工作重心向经济建设的转移,《历史研究》也开始实现向学术刊物的回归。与此同时,根据中国社会科学院的决定,在《历史研究》杂志社基础上,筹建中国社会科学杂志社,创办《中国社会科学》,并于1980年1月创刊。《历史研究》从1980年起,由月刊改为双月刊,奠定了后来比较稳定的风格。

在新时期的三十多年里,《历史研究》为繁荣学术、培育史家做了许多努力。以下结合我的亲历,谈几点体验:

一是鼓励学术争鸣,召开学术会议。

《历史研究》经过一段对"文革"和"四人帮"的清算后,遵循当年毛泽东为《历史研究》制定的"百家争鸣"方针,推动开展历史学研究的自由讨论。1978年10月,《历史研究》和《社会科学战线》两家杂志编辑部联合发起,在长春召开中国古代史分期问题学术讨论会,就20世纪五六十年代我国历史学界讨论最为热烈的问题开展争鸣,一时在海内外学术界产生很大影响。尽管会上关于这个问题的探讨,并未取得突破性的进展,然而会议一改"文革"十年间文化禁锢、学者噤若寒蝉的万马齐喑景象,学者得以各抒己见、畅所欲言,这种久违了的正常学术氛围的回归,对于推动当时的学术争鸣具有重大意义。可以说,会议回归正常学术讨论会风的作用超出了所讨论问题的本身。此后,《历史研究》又陆续发表持不同观点学者的文章,使得各说观点得到充分阐述和发挥。《历史研究》还就五六十年代历史学界热烈争论的问题,如关于中国封建社会长期延续的原因、中国封建土地所有制形式问题、农民战争问题、资本主义萌芽问题,以及中国近代史基本线索、洋务运动等问题发表文章,反映了关于这些问题研究的新进展。

二是开拓研究领域,倡导社会史研究。

20世纪80年代,随着改革开放和思想解放的进程,学术界眼界渐开,历史学界开始对以往历史学研究进行反思,加之对外国若干史学流派的关注和借鉴,开展社会史研究成了当时历史学界的一个趋势。

新中国成立以来,我国史学工作者以马克思主义的历史唯物主义理论为指导研究历史,在政治史、经济史、军事史以及史学理论研究等方面都有进展。尽管在这些研究中不乏教条主义和"左"的影响,但是毕竟取得很大成绩。然而,对社会史、文化史等专史研究,却视为禁区,成果不多。在新形势下,为了推动中国社会史研究的开展,1986年10月,《历史研究》杂志社和南开大学、天津人民出版社联合主持召开中国社会史研讨会。与会者就中国社会史的研究对象、范畴、社会史与其他学科的关系,开展社会史研究的意义以及若干相关具体问题进行了热烈的讨论,并对以后如何开展社会史研究提出许多切实可行的设想。此后,在《历史研究》编辑部的参与下,成立了中国社会史学会,定期召开年会。《历史研究》还连续多年用较多篇幅刊登社会史研究文章及学术综述,为整合我国社会史研究队伍,发表研究成果,推动社会史研究作出了很大贡献。

1990年代末,我同朋友周积明、郭莹集聚当时活跃在中国社会史研究界的数十位著名学者,主持编撰《中国社会史论》两卷,2000年由湖北教育出版社出版,于2002年荣获第13届中国图书奖。此书出版后,得到社会史学界的高度赞扬,甚至被誉为"一部继往开来的跨世纪学术著作"。[8]《中国社会史论》出版近10年来,已成为海内外许多中国社会史专业硕士、博士考试和在读的必读参考书,并已再版。本书编撰成功的原因,除了它适应了刚刚复兴的中国社会史研究需要之外,还在于《历史研究》的影响力,才得以会聚国内16个省市的近50位专家,"组成了堪称一流的作者阵容",[9]正是由于他们参与撰写,才保证了此书所具有的学术水平。

三是推动对历史理论和史学理论、方法的探讨。

改革开放后,国门大开,思想解放,历史学界对马克思主义历史观的研究和对西方史学理论、方法的评价与研究,都出现了前所未有的活跃局面。《历史研究》发表了许多产生很大影响的文章,为新时期历史学的反思与探讨提供了一个重要园地。特别是20世纪80年代中后期,史学界对于历史认识论中主客体关系问题的讨论十分热烈。通过讨论,完成了与20世纪上半叶被打断的史学理论发展过程的接续,也达到了与现代世界历史学发展水平的对话和接轨。[10]在这一过程中,《历史研究》为推动这个问题的研究和讨论发挥了作用。

四是全面总结、回顾20世纪中国历史学的发展。

当历史进入20世纪最后几年的时间里,全面总结、回顾百年来中国历史学所走过的历程,总结其经验教训,对于开创21世纪中国历史学新局面,无疑具有十分重要的意义。编辑部经过充分地酝酿和准备,《历史研究》从1996年第2期起,开辟"20世纪中国历史学回顾"专栏。专栏一经刊出,便受到历史学界、特别是高校历史系教师的欢迎和鼓励。经过8年的经营,到2004年《历史研究》创刊50周年之际,已结集出版厚厚3册,约百万字。[11]这一专栏的开辟及结集出版,不仅给历史学的研究和教学提供了方便,而且为研究、编著20世纪中国学术史积累了资料。

三

以下想就笔者所知,谈谈上层对《历史研究》的关注以及有关《历史研究》的几件琐事。

长期以来,由于国际政治等复杂因素的制约,中国东北史研究一直受到影响。1982年5月29日,时任中共中央政治局委员、中国社会科学院院长的胡乔木给《历史研究》主编黎澍的信函中说:"关于这个题目,能否组织一篇或几篇有分量的科学论文,既主要从正面论证,也连带对一些反动谬论予以指名或不指名的痛驳?"这段话是胡乔木对国家文物局编印的一份简报所作的批示。简报题目为《日本、苏联、美国、南朝鲜一些历史学家对研究我国东北历史提出的反动论点》,此简报系摘自吉林省文物局《文物工作简讯》。简报简要地介绍了日、美、苏、韩等国历史学家有关历史上中国东北领土主权及辽、金、元、清史研究中的一些观点。此外,还包括有的国家学者把唐代东北的渤海国说成是高丽人建立的国家,是高丽的北国。甚至还有人主张把古朝鲜的疆域推到中国山西境内桑干河一带。

《历史研究》编辑部为落实胡乔木的批示,派我就此问题专程赴东北组稿,同行者还有中国社会科学出版社的一位编辑。我们先到中共吉林省委,宣传部批示由吉林省社会科学院接待。吉林省社会科学院对此事非常重视,召集全院研究人员开会,由我们向大家传达了胡乔木的批示,希望他们撰写有关论文和专著，相关学者都很兴奋，表示一定要加强这方面的研究。[12]

《历史研究》1983年第2期，发表了吉林省社会科学院刘永智《幽州刺史墓考略》一文，可视为落实胡乔木批示的一个响应。不料，该文的发表却引起了风波。

此墓于1976年发现于朝鲜平安南道大安市德兴里，因墓中有"节东夷校尉幽州刺史镇"的文字，故称为幽州刺史墓。当时对此墓主的族属即有两种不同意见。朝鲜学者认为，幽州刺史墓是高句丽墓葬，镇出生于信都县（今朝鲜平安北道博川和冈地区），并认为镇的官职都是高句丽授予的，高句丽在公元370年前后曾统治了幽州地区（今华北、东北等地）。韩国学者则认为信都县是中国的冀县，因而墓主是中国人。日本学者也认为，镇是亡命高句丽的大陆人，他的名字和高句丽人的名字不同，这个幽州决不是高句丽的。刘永智认为：墓志明确记载，此墓主人是燕的幽州刺史，墓制反映了魏晋时期的特点，是中原地区固有的形式。高句丽至5世纪以后，才吸收中原的墓葬形式，采取封土墓。墓志中所载的官职与高句丽不同，而与晋朝完全一致。刘文并用具体史实反驳了高句丽于370年至376年间曾占有幽州及设幽州刺史之说。

韩、日、中的许多学者都认为幽州刺史墓主不是高句丽人，高句丽未曾占据过幽州。如无偏见，关于这个问题的孰是孰非，本来是很明确的。退一步说，这也是一个可以讨论的学术问题。然而，朝方却通过其驻华使馆向我们提出责难，后经杂志社领导解释、说明，此事才不了了之。

还有一件事，是关于西路军的研究。《历史研究》1987年第2期刊登陈铁健《论西路军——读徐向前〈历史的回顾〉札记》一文，引起上层关注。当时，关于西路军还是一个敏感话题。正如文章副题及导语中所表明的，本文是作者读徐向前元帅长篇回忆录《历史的回顾》的札记，特别是回忆录中"血战河西走廊"一章，"从战略总方针、战场指挥到具体作战行动，全面地、深刻地论述了西路军史，从而使这一历史疑案大白于天下。在西路军评价的肯定与否定分歧中，我赞成《历史的回顾》中之所论。写下这篇札记，为肯定西路军者更赞一辞"。[13]此文发表后，引起了党内高层的反应。为此，胡绳同志在院里召开一个小会，宣读了中央几位领导同志此前关于西路军问题的批示。还说，研究无禁区，作者在研究中没有犯什么错，这类问题中央已经有了意见，我没有向你们传达，责任不在你们。胡绳院长把责任揽了下来。

不过,《历史研究》在此后很长一段时间里,就很少再登载关于中共党史、现代史的文章了,免得招惹麻烦。20世纪90年代以后,西路军的历史真相才逐渐为史学界与社会上所承认和接受。

上述两件事,虽然性质不同,但是却都反映了在学术上坚持正确观点、实事求是并非易事,往往会受到来自各方的干扰。同时,也体现了《历史研究》与政治的某种无可奈何的关联。

再谈几点有关《历史研究》的琐事。

我到《历史研究》后,作为一名普通编辑,同黎澍接触很少。然而,我们那一代人年轻时,大都读过他在上个世纪60年代为《光明日报》撰写的评论员文章《让青春放出光芒》。此文曾激励了当时青年一代立志成才的决心,在社会上引起强烈反响。然而,由此也给黎澍带来很大麻烦,被批判成是鼓吹"白专道路"、"成名成家"、"个人奋斗"。黎澍曾对所谓"反对成名成家"、"反对白专道路"、"反对个人奋斗"进行了反批评,并一直坚持自己的观点。记得我到《历史研究》后不久,一次黎澍来到编辑室,他说,你们编稿子,后面要署名。并鼓励大家有能力和时间,要尽量做些研究。不然,当你们跟学者打交道时,和人家握手,人家没听说过你的名字,那会很尴尬的。据我所知,学术期刊登载文章,后面署责任编辑的首创者,就是《历史研究》。尽管当时有的老编辑并不太愿意这么做,但还是坚持下来了,并且相继为其他刊物效法,至今已成惯例。这一制度,对激励编辑责任心和保证刊物质量是有益的。

在众多学术期刊中,《历史研究》一直非常重视编辑规范和学术规范,这是学界所公认的。我们根据有关规定,结合本刊具体情况,几度制订、修改、完善编辑规范,形成了较稳定、规范的风格,并为许多学术期刊和著作编辑所采用。

近年来,《历史研究》又同《中国社会科学》等期刊,率先实行匿名审稿这一在国外通行的制度,也在期刊界产生影响。多年前,我在同海外学者接触时,有人说,你们的杂志不实行匿名审稿,有随意性。我说,我们有严格的三审制度,即责任编辑、室主任、主编三级审查,才能通过,审稿质量是有保证的。多数编辑既能编稿子,又是学有专长的学者,不像国外某些刊物的编辑,只管汇总、送审稿件,不必有很深的专业修养。何况匿名审稿制度也有其弊端,比如对于观点争议较大的稿件,持不同观点的审读者,就会得出相反的判断。话虽这么说,但期刊实行匿名审稿,可能已是大势所趋。

《历史研究》自创刊以来,便同新中国历史学一道成长,二者彼此依存,互相促进。《历史研究》成了新中国历史学发展的缩影。20世纪五六十年代史学界关于若干重要理论问题的研究和讨论,对于史学工作者力图以马克思主义理论为指导研究历史,促进史学发展,培养中青年史学家具有重要意义。其中,中国近代史研究、世界史研究的开展和加强,更是20世纪50年代以前所无法企及的。新时期以来,对马克思主义理论的深入理解和认识及纠正过去学习、运用马克思主义理论出现的偏差,历史研究领域的拓宽,中国近现代史研究和世界史研究,都取得很大进展。

《历史研究》不仅是新中国历史学发展的缩影,还在一定程度上折射了共和国的政治风云。当年,《历史研究》的创刊、停刊及复刊,都与党和国家政治生活息息相关。《历史研究》大约是毛泽东最为关注的学术期刊了,这不仅反映在《历史研究》的创刊和复刊都是毛泽东决定的,而且他经常翻阅此刊。许多瞻仰过中南海毛泽东故居的人,大都会记得在床上杂陈的书刊中,就有《历史研究》。另据有人回忆,毛泽东故居中有一本《历史研究》1965年第1期,其中刊登一篇关于所谓研究"四史"的文章,毛泽东在上面画了许多曲线和直线,[14]也说明毛泽东经常阅读此刊。

传统中国历史学的一个重要功能就是"资治"。毛泽东对《历史研究》的关注,是同他对中国历史的熟谙和浓厚兴趣相一致的。其实,也许这就是20世纪后半期中国历史学、《历史研究》同政治有着紧密联系,并在某种程度上折射出共和国政治风云的原因之一吧!

参考文献

[1]刘大年.《历史研究》的创刊与"百家争鸣"方针的提出[J].历史研究,1986(4).
[2]徐宗勉,黄春生.黎澍集外集[M].北京:社会科学文献出版社,2003:139-140.
[3]宋德金.《历史研究》四十年[J].历史研究,1994(1).
[4]记《历史研究》杂志.黎澍集外集[M].北京:社会科学文献出版社,2003:139-140.
[5]徐宗勉,黄春生.黎澍集外集[M].之黎澍先生编年;王和.《历史研究》复刊前后[N].南方

周末,2009-02-25.
[6]丁伟志.要为真理而斗争——重读《再思集》怀黎澍同志[J].中国社会科学,1989(2).
[7]李锐.黎澍十年祭[M].黎澍纪念文集编辑组编,北京:中国社会科学出版社,1998:30.
[8][9]中华读书报[N].2001-04-04.
[10]王和.《历史研究》五十年论文选之《理论与方法·上》序言[M].北京:社会科学文献出版社,2005.
[11]王和.《历史研究》五十年论文选之《20世纪中国历史学回顾》[M].北京:社会科学文献出版社,2005.
[12]宋德金.构建理论体系提高研究水平——重读胡乔木致黎澍的联想[J].东北史地,2004（4）.
[13]陈铁健.论西路军——读徐向前《〈历史的回顾〉札记》[J].历史研究,1987(2).
[14]张贻玖.毛泽东读史[M].北京:中国友谊出版公司,1991:15、37.关于"四史",该书原注：个人史、家史、村史、厂史,但一般多称"四史"是指家史、村史、公社史、厂(企业史).

记《历史研究》杂志(节录)

黎 澍

著名学者黎澍

黎澍（1912—1988），湖南省澧陵县人。1935年在北平大学法商学院读书时，积极参加"一二·九"运动，1936年加入中国共产党。1938至1945年，先后在长沙、桂林、香港、上海创办多种进步报刊。1947年任香港新华通讯社总编辑，兼《华商报》编辑。1949年初任北平新华社国内部编辑。

新中国成立后，任新闻总署研究室主任。1950年至1955年，先后任中共中央宣传部秘书室主任、出版处处长等。1955年后，主要致力于历史学研究，先后担任中共中央政治研究室历史组组长、《历史研究》主编、《中国社会科学》总编辑等。主要著作有《辛亥革命前后的中国政治》、《论历史的创造及其他》等。

《历史研究》原系中国科学院主办的学术杂志，创刊于1954年，初为双月刊，每期约20万字。主编尹达，副主编刘大年。编委名单如下：

郭沫若（召集人）、尹达、白寿彝、向达、吕振羽、杜国庠、吴晗、季羡林、侯外庐、胡绳、范文澜、陈垣、陈寅恪、夏鼐、嵇文甫、汤用彤、刘大年、翦伯赞。

1961年又补充了田家英和黎澍。但是编委各有工作，不能兼顾。在开过几次会以后，也就形同虚设了。

郭沫若在第1期发表了以《开展历史研究，迎接文化建设高潮》为题的发刊词，论述了用马克思主义观点研究汉民族、少数民族、亚洲各民族和世界史的必要性和迫切性。接着说："但是，我们并不想在目前就提出过高过急的要求。有这样的朋友，对于马克思列宁主义的应用已经相当有把握，能够'根据详细的材料'加以具体的分析而产生出'理论性的结论'来，那样的朋友和他的作品，在我们当然十分欢迎，但假使一时还得不出'理论性的结论'，只要能够'根据详细的材料加以具体的分析'，甚至只要能够提供出'详细的材料'或新出的材料，也都是我们所一律欢迎的。任何研究，首先是占有尽可能接触的材料，其次是具体分析，其次是得出结论。只要是认真能够实事求是地做到这其中的任何一步，都是有价值的工作。认真能够实事求是的人，他的立场、观点和方法，必然会逐渐地和马克思列宁主义接近而终于合辙，这就是列宁所说的'经过在自己那一门科学方面所达到的实际成果'来承认共产主义。"

"我们就是根据这个方针来编辑和刊行这个刊物的。我们取名为《历史研究》，用意也就在把范围放宽一些，以展开历史研究的工作，提倡用科学的历史观点，研究和解释历史（《共同纲领》第四十四条），这就是我们所遵守的原则，但只要所进行的'研究和解释'不违背'科学的历史观点'，也就有可能逐渐获得这样的观点，因而我们的范围虽然比较宽畅，但也并不是无批判地兼收并蓄。"

"这是一个新的开端。凡是抱着诚恳的态度，有心认真学习和研究的朋友们都请来参加这项工作吧。"

《历史研究》杂志的创刊确是中国历史学的一个新的开端。因为它是我国第一个宣布要用马克思主义观点研究历史的刊物，但是也不要求过高过急，仅仅要求不违背这种观点，能够做到逐渐接近而终于合辙就行了。历史学家受到了鼓舞，思想大大活跃起来。在大约两年的时间内，围绕古代分期问题、汉民族形成问题、资本主义萌芽问题等重大历史问题展开了热烈的讨论，发表了不少有学术价值的论文。由于学术讨论引起了人们的兴趣，《历史研究》从1956年起改为月出一册，篇幅甚至有时还有所增加。但到1960年，显然开始受到政治运动，特别是"拔白旗"和知识分子下放劳动的影响，稿源减少，月刊在未经宣布的情况下，改成了双月刊。整个1960年，《历史研究》虽然注明为月刊，实际上只出版了六本。从内容到纸张印刷，质量显著下降。两位主编向中央宣传部提出由我担任主编。经过好几位同志的劝说，我在犹豫了近一年的时间以后，错误地认为学术刊物无非是发表些研究工作者的论文，内容说来说去，总在学术范围以内，可以各说各的，事务简单,终于同意从1961年第1期起接手担任主编。

当时编辑部人手很少,连我在内共五人。其他四人为:丁守和、张允侯、俞旦初、胡柏立。丁守和是实际上的主编,杂志内容全由他管,我只看了几篇主要的稿子。

由于历史学界的支持,杂志内容较有起色,发行数量略有增加,但始终停留在一万四千至二万之间。我个人在解放前到解放初期一直从事新闻工作。1950年起在中宣部工作,也没有同新闻界脱离关系。1955年7月以后在中共中央政治研究室工作,才开始逐渐转移到历史的研究工作中来。到1961年担任《历史研究》主编,就正式算是历史学界的一员了。这时我才开始体会到,事情不像我所想的那么简单。在我接手的时候,有同志出主意说,开学术讨论会可能是组织稿件的办法。我认为这个办法很好。1961年1月是太平天国起义110周年,3月是巴黎公社90周年,10月是辛亥革命50周年,在征得中国史学会副会长吴玉章同志和范文澜同志的同意以后,我们决定举行这三个重大历史事件的学术讨论会。太平天国讨论会和巴黎公社讨论会由中国史学会和北京市史学会联合举行,辛亥革命讨论会由中国史学会和湖北省社联联合举行,其中巴黎公社讨论会在3月17日和4月7日开了两次。3月17日讨论会上,范文澜同志最后发言,题为《反对放空炮》。他的发言稿经过反复修改删节,发表于1961年《历史研究》第3期。其主旨是要求历史研究工作者认真研究史料,不要光说空话。当然,他的话不是无所指的。只是在经过修改删节以后,已不明显,甚至也近于放空炮了。可是居然引起一场风波,《历史研究》办公地点竟被勒令迁到了近代史研究所,最后还被告到中央;范文澜反对放空炮,被认为是反对马克思主义的另一个说法。这场风波,一直到1966年"文化大革命"爆发,还是一桩重大的公案。

(选自《〈历史研究〉四十年》,《历史研究》编辑部编,历史研究杂志社出版,1994年)

我与《历史研究》

罗尔纲

罗尔纲（1901—1997），广西贵港市人。1930年毕业于上海中国公学，随即跟从校长胡适学考证。1932年从辨伪考信走上研究太平天国史的道路。1934年入北京大学文科所考古室整理艺风堂金石拓本。1937年入中央研究院社会科学研究所研究清代兵制。1954年由该所调至中国社会科学院近代史研究所，任一级研究员，1997年5月25日逝世。罗尔纲一生主要研究太平天国史，卓有贡献，被尊称为"一代宗师"。曾任中国太平天国史学会名誉会长。主要著作有《太平天国史》、《李秀成自述原稿注》、《湘军兵志》、《绿营兵志》、《水浒传原本和著者研究》以及《〈金石萃编〉校补》等40余种，近一千万字。

太平天国史专家罗尔纲

我是《历史研究》的一个热心读者，也是一个受益很深的读者。

回想起来，是40年前的事了。那时国务院把我调到历史第三所（即今天的近代史研究所），范文澜所长乘刘大年副所长因公赴沪之便，诚挚而热情地写了一封欢迎信，请他经南京时交给我。大年同志下榻南京史料整理处，我得讯，先去见他。见面后，我急不容待地问他："今后还要不要考证？"我为什么有此问呢？那是前两年我到北京学习，有一位朋友对我说："新中国成立，从万里海外投奔归来，不料对我过去做的考证工作却狠狠批判，把我当做犯了什么罪行似的。"他边诉说边哭。大年同志听了，严肃地说："谁说不要考证！你写考证文章来，我给你发表。"大年的话解开了我心里的疙瘩。当时他担任《历史研究》编辑，给我发表了考证的文章，《历史研究》也就成为我热爱的读物。

几十年来，《历史研究》给我以指导，贻我以新知，是难以枚举的。总之，我在历史学上找到方向，获得新知，《历史研究》是一个大来源，我是铭感不尽的。

我与《历史研究》还有过一件值得追怀的往事。当时史学界权威深信回民起义领袖杜文秀是个"卖国"者。这个荒谬的说法，起于一张所谓"回教国"的传单和所谓"大理使臣"这两件勾当。前者是外国侵略者的捏造，后者则为刘道衡这个卖国败类个人干的骗局。《历史研究》发表田汝康同志《有关杜文秀对外关系的几个问题》一文。我对田汝康同志搜集到的大量外文资料作了充分肯定，但也对某些看法和判断提出了商榷，写了一篇《杜文秀"卖国"说辟谬》，刊于1980年《学术月刊》第4期，该刊编者梁友尧同志并把该文提要刊于1980年4月25日的《人民日报》上，于是取得了学术界普遍的同意，扫除了谬说。田汝康同志看了，来信表示十分欢喜，从而结下一段作者与读者相得益彰的佳话。

（原载《历史研究》1994年第1期）

《历史研究》鼓舞了我的中国海关史研究

陈诗启

陈诗启（1915— ），福建德化赤水苏岭人。毕业于厦门大学历史系。中国当代著名历史学家，中国近代海关史研究专家，厦门大学历史系教授，中国海关史研究中心主任、名誉主任，中国海关学会理事，是著名的研究海关史专家。

代表著作有《中国近代海关史问题初探》、《中国近代海关史》等多部。发表有关海关史研究的论文多篇。

海关史专家陈诗启

1954年《历史研究》创刊以后，我的研究工作几乎和它结了不解之缘。

在《历史研究》创刊的第二年，我青年时期的习作《明代的工匠制度》得到它的采用，刊登于1955年第6期。这篇文章标志着我研究明代经济史的开端。1959年，我的研究方向由明代经济史转入近代经济史，当年的《历史研究》第2期发表了我的《甲午战前中国农村手工棉纺织业的变化和资本主义生产的生长》，这是我研究中国近代经济史的开端。《历史研究》对我的研究成果的发表，鼓舞推动了我每一阶段的研究工作。

从1954到1959年是我研究的春天。其后，阶级斗争一天天地加紧，全国呈现着风雨欲来风满楼的凄煞景象，紧接着，十年浩劫的"文化大革命"爆发了。

1972年冬，一阵狂风骤雨突然把我打进暗无天日的深渊，看来永无翻身之日。眼看着大好时光受到无情的摧残，而篡改历史的文化专制逆流到处泛滥，不胜愤激。我不甘心宝贵年华淹没于滚滚黑流，决心咬紧牙根，在条件许可范围内，力争继续我的研究工作。当时，我无法估量我的厄运将持续到何时,我得搞个内容广泛、难度较大的研究课题,以便持久奋斗。我在中国近代史的教学中,模糊地体会到中国近代海关问题内容庞杂,影响和作用很大;在学术领域中是一片荒漠,很有开拓的必要。我确定以中国近代海关史作为我持久的研究课题。

课题确定之后,我立即率同全家大小,根据各自的能力,选摘、抄写、校对、翻译有关资料。经过六七年的默默工作,虽然遇到无法言宣的艰难险阻,终于把多年积累的资料加以整理,集成《中国近代海关史资料》一册,并在这个基础上开始撰写论文。1980年春,我写出了《中国近代海关行政的几个特点》,寄给《历史研究》编辑部。编辑部审阅了我的文章之后,当即给我写了回信。回信极大鼓舞了我的研究,成为我研究中国近代海关史的动力,我至今还珍藏着它。由于我的研究受到重视和热情支持,而且明确表示有意提倡,因而增强了我的研究信心,我决心把毕业生精力贡献给中国近代海关史研究。但是,按照我当时的水平,我确实写不出信中所要求的文章;过了一段时间,我却写出了中国近代海关一篇阶段性的文章,即《论清末税务处的设立和海关隶属关系的改变》。这篇论文刊载于《历史研究》1987年第2期。

1985年,我在深入接触海关档案之后,感到海关的历史涉及关税史、对外贸易史、内债史、外债史、金融史、港务史、航政史、邮政史、军事史、教育史、外交史以至对外关系史等。海关史的内容如此庞杂,海关档案又浩如烟海,要完成这项研究任务,绝非个人能力所能办到的。为了进行分工合作和综合系统地研究,我觉得非设立研究机构不可,因而倡议中国海关学会和厦门大学合办"中国海关史研究中心"。研究中心终于1985年11月成立,经费和人员问题大致解决。中心工作开始蓬勃发展起来了。

鉴于近代海关是英国控制下的国际官厅,它和各国特别是英国的对华政策以及政治、经济、文化等领域都有密切关系;各国外交部都保存了大量有关海关的档案资料,回国的海关外籍人员也有许多有关海关问题的记录、信件、文件;而各国学者研究中国海关问题的也不乏其人,有必要在国际范围内交流有关资料、研究成果和不同观点,因而有举办国际学术研讨会的想法。1988年我们倡议香港大学举办首次中国海关史国际学术研讨会。王赓武校长欣然俯诺。我曾就举办首次研讨会问题征求《历史研究》编辑部的意见,很快编辑部就回了信,并提了宝贵意见。这封信不但坚定了我举办国际研讨会的信心,而且加深了我对中国近代海关史和中国近代史密切关系的认识,对我的研究工作有很大的启发。

1989年12月上旬,《历史研究》编辑部的几位同志赴汕头筹备第四届洋务运动史讨论会,途经厦门,看望了我。我希望借着《历史研究》的火车头作用,带动海关史的研究,建议他们和研究中心联合举办第二次中国海关史国际学术研讨会,得到他们的热情支持,当即达成合办协议。1990年8月第二次国际学术讨论会在厦门大学举办。由《历史研究》编辑部、《近代史研究》编辑部、中山大学历史系、广东社会科学院历史研究所和研究中心联合主办,在厦门大学举行。

编辑部为了提倡海关史的研究,在1991年第2期的《历史研究》上,特发表了一组有关中国海关史的文章,其中包括我的《从总税务司职位的斗争看中国近代海关的作用》和《近代史研究》主编夏良才的《海关与中国近代化的关系》两文,还附了薛鹏志的《中国海关史第二次国际学术研讨会概述》。这期《历史研究》突出了中国海关史研究的重要地位,尽了倡导的责任。

从上述一系列的事实看来,我的近代海关史研究和《历史研究》编辑部的鼓舞和指引是分不开的。我殷切希望编辑部继续不断地带动新的研究的开拓,推动学术争鸣,把历史研究推向更高的台阶。

(原载《历史研究》1994年第1期)

编者、作者、读者评论(摘编)

《历史研究》是全国性大型刊物,它的影响大,责任也大。编辑部同志要我说一些对它的期望,我想:

第一,它应当放开一些,我只是说就文章的字数放开一些。现在刊物都限制字数,一般不超过一万字。我不赞成这种限制,当然我不是说故意写长文,该一千字,硬是敷衍成两三千。我只是说该长则长,不能"削足适履"。一个大学学报编辑同志要我的文章,只要一万字以内,我说只有两三万字的,没有一万字的,他要我删,我删不来,文章要有论有证,删掉哪一部分也不行。

在过去,本世纪30年代,最有名的学术刊物,是《北京大学国学季刊》、《清华大学学报》及《燕京大学学报》。这三个学报都是敢于刊载长文的。30年代初顾颉刚先生发表他那不朽的大作《五德终始下的政治和历史》一文,十几万字,在清华学报一期刊出,几乎同时钱穆先生的《刘向歆父子年谱》一文,与顾先生之说针锋相对,也是在一期的燕京学报上刊出。这两篇文章对当时的学术界都起过无比的作用。而胡适先生的《说儒》也是一期在《历史语言研究所集刊》刊完。董作宾先生的《甲骨学断代研究》一长文,也是在该集刊一期刊完。这些大著或名著,人们至今记忆犹新,而往往记得是发表在哪一种刊物哪一期上。

我们现在为什么不登长文?限于篇幅?其实一期只发表一篇值得重视的文章也值得。

第二,发掘新生力量。刊物是培养新生力量的园地,编者是伯乐,撰稿者是"群马",要在这里发现千里马。顾颉刚先生是最喜欢办刊物而当主编的人,在他主编的刊物上,他发现和培养了许多专门人才和名师大家。即以中国近现代的历史地理学而论,70岁以上的专家,几乎都是顾先生的学生或朋友,我们不妨数一数,谭其骧先生、史念海先生、侯仁之先生(我是按他们的年龄排列的),都是顾先生的学生,也是《禹贡半月刊》的主编(谭)及写稿者。从学生时代起,我就是顾先生编刊物的助手,所以我也喜欢办刊物、当编辑。在山东大学教书时,我作过《文史哲》的编辑,当我从来稿中发现好稿时,不看著者的名字,只论内容,就推荐给编委会,讨论通过。现在他们有些已经是国际知名的学者,我总觉得他们不应当忘掉当时挥汗如雨的编者。

(摘自杨向奎《对〈历史研究〉的希望》,《历史研究》1989年第4期)

在我早年印象中,《历史研究》仿佛是一座史学殿堂,从第一期开始就以严谨的学风与极高的水准出现,刊物上经常出现众多名家名文,确实具有大家气象。

但是这个殿堂并非高不可攀,它通过学术讨论把各个年龄段的优良成果都吸引进来,特别是注意提携出道未久的年轻学者。现今被许多人认为是不屑一顾的史学讨论的"五朵金花",虽然存在着历史条件和认知水平的局限,然而当时确实活跃了学术氛围,形成了自由讨论风气。即以中国近代史分期问题讨论而言,尽管已有范文澜、胡绳等名家撰文在先,但同时也刊登了当时尚属年轻的戴逸的长篇的争鸣文章,就连我们这些远离京师的小人物的一孔之见也都给以刊布。特别是在争论中直来直去,丝毫不讲客套,给我留下极为美好的印象。

但是,就历史学科建设的长远效应而言,更为重要的恐怕还是优良学风的示范与倡导。黎澍接手主编以后,特别发表范老《反对放空炮》一文,提倡切切实实研究,纠正空谈浮夸之风,确实起了拨乱反正的作用。《历史研究》发表的文章绝大多数都言之成理,持之有故。五十年来,编辑部人员虽然换了好多茬,但这一优良传统始终得到保持。特别是近些年纠正浮躁学风,《历史研究》更为明显地起了表率作用。

刊物与其所从属的学科一样,生命活力全在于勇于创新。《历史研究》貌似持重求稳,然而在关键时刻却也敢于直面重大问题,刊发观点鲜明的争论文章,"文革"前如历史主义与阶级观点之争,"文革"后如近代史线索之争、洋务运动之争,特别是黎澍发动的历史动力之争等,无疑都不断推动了史学的持续发展。

创新还表现为大胆发现新人,大胆起用新人,包括尽管备受争议而确有真才实学、真知灼见的新人及其新作。在这方面黎澍已经为我们树立了良好榜样,希望今后的主政者也能继承与发扬,这样,刊物才能永葆青春并洋溢活力。

(摘自章开沅《笔墨缘结五十年——寄语〈历史研究〉》,2004年4月1日《光明日报》)

相关链接

*田居俭.史苑春报第一枝——《历史研究》介绍[J].中国出版年鉴,1986.
*蔡美彪.学习黎澍治学的独特精神[J].历史研究,1989(2).
*丁守和.回忆黎澍二三事[J].历史研究,1989(2).
*刘大年.怀念黎澍同志[J].近代史研究,1989(2).
*季羡林.三十五年祝辞[J].历史研究,1989(4).
*蔡美彪.坚持马克思主义 推动百家争鸣[J].历史研究,1989(4).
*林甘泉.重读《历史研究》发刊词[J].历史研究,1989(4).
*丁守和.在历史研究中坚持实事求是[J].历史研究,1989(4).
*戴逸.历史学家的过去与现在[J].历史研究,1989(4).
*李侃.祝愿与断想[J].历史研究,1989(4).
*齐世荣.加强世界通史的研究[J].历史研究,1989(4).
*章开沅.献身甘作万矢的 论著求为百世师[J].历史研究,1989(4).
*田居俭.《历史研究》的历史行程[J].历史研究,1989(4).
*刘大年.郭沫若关于《历史研究》的六封信[J].历史研究,1989(4).
*张磊.《历史研究》——我的良师益友[J].历史研究,1989(4).
*彭明.祝贺与希望[J].历史研究,1989(4).
*隗瀛涛.创新扶青是《历史研究》的两大特色[J].历史研究,1989(4).
*何兹全.历史知识的提高和普及——贺《历史研究》创刊40周年[J].历史研究,1989(4).
*张芝联.坚守阵地 必有收获[J].历史研究,1989(4).
*陈锡祺.《历史研究》杂志与孙中山研究[J].历史研究,1989(4).
*胡厚宣.学习《历史研究》注意质量问题[J].历史研究,1989(4).
*金冲及.当代人应该写当代史[J].历史研究,1989(4).
*夏元.谈历史学与现实[J].历史研究,1989(4).
*庞卓恒.历史学需要与发展学结合[J].历史研究,1989(4).
*罗荣渠.展望21世纪史学的一点浮想[J].历史研究,1989(4).
*宋德金.《历史研究》40年[J].历史研究,1994(1).

引领学术创新的先锋　学报园地的一面旗帜
——《北京大学学报》办刊经验简析

宋应离

《北京大学学报》封面

在中国近现代史特别是教育史上，一提起"北京大学"这个美好又响亮的名字，人们就肃然起敬，内心充满敬仰与羡慕之情。作为有百余年历史文化背景的北京大学，它与中国近现代史革命史有一种特殊关系，特别是作为五四运动时期传播马克思主义和民主科学的发祥地，从而奠定了它在我国现代史上特殊的不可替代的历史地位。而北京大学创办的《北京大学学报》，由于得天独厚的种种优势，使其成为引领学术创新的先锋、全国学报园地的一面旗帜，被专家学者誉为"书册课堂"、"铅字老师"、培养学子的"新转型教科书"。

继承光荣传统，走学术创新之路

《北京大学学报》创刊于1955年。1954年底，时任北大校长马寅初就作出了《关于出版〈北京大学学报〉的决定》，《决定》明确写道："为了传播我校科学研究的成果，交流学术思想，开展学术上的自由论辩以推动科学研究工作，特决定出版《北京大学学报》。"[1]《北京大学学报》创刊号于1955年第三季度创刊出版。马寅初校长在为学报写的发刊词中强调"应该把我们的科学研究工作和教学工作紧密地结合起来"，并对如何培养青年问题提出了希望。

《北京大学学报》创刊50多年来，走出了一条不平坦的道路，也是一条不断创新、锐意进取之路。它已连续三届获得国家级期刊奖,2003年进入教育部启动的名刊工程。特别是1994年改版以来,所发论文的文摘转载率达85%,居全国高校文科学报之首。它发行世界50多个国家和地区,并与海外200多个大学图书馆和研究机构建立了交换关系。这些成绩的获得不是偶然的,其中继承光荣传统,走学术创新之路是一个重要原因。

历史的长河延绵前行,以往的传统不可割断。任何一个事物的创新与发展,不可没有继承,只有继承才能创新。《北京大学学报》50多年的发展历程,说明它是在继承原有的北京大学光荣历史和学术研究中严谨、求实、创新传统的基础上走向辉煌的。

从政治、文化背景上说,北京大学是我国近现代第一所综合性国立大学。建校伊始,尤其是作为五四运动的发祥地,北大人在学习、引荐西方发展观念方面走在了时代的前面。他们较早摒弃了旧有的落后的政治、思想、经济、文化观念及教育制度等。这种曾在历史上起过先锋作用的先哲们的思想元素,不可能不影响到后来办刊者。

从刊物自身的发展规律看,1915年由陈独秀、李大钊创办的《新青年》(当时叫《青年杂志》)以锐意创新的革命精神,猛烈地抨击旧的封建礼教,旗帜鲜明地倡导科学民主精神。1919年由北京大学校长蔡元培创办的《北京大学月刊》,1923年胡适创办的《国学季刊》,均以严谨求实、重视学术研究对后世期刊产生较大影响。尤其是《北京大学月刊》对后人办学术刊物影响尤大。

蔡元培任北京大学校长之后,对北大进行了一系列的改革,一扫以往学校死气沉沉的空气,开创学术自由研究之风。为了改变我国科学研究落后的旧局面,把学术研究提到一个重要地位加以重视,他感到"一个民族或国家要在世界上立得住脚——而且要光荣地立住——是要以学术为基础的。尤其在这竞争激烈的二十世纪,更要依靠学术"。[2]他多次提到中国人在世界上是很有贡献的,只是"经过两千年专制的锢蔽,学术遂致落伍","我们以后要想雪去被人轻视的耻辱,恢复我们固有的光荣,只有从学术努力"。[3]以学术立国正是他创办《北京大学月刊》的目的。《北京大学月刊》成为北大学术研究的园地,在其创刊宗旨中明确提出其取材"以有关学术思想之论文记载为本体",因而成为"承载、传播学术,为中国大学学报之滥觞,奠基新文化学术刊物之事业,在近世中国学术发展史、期刊史以及学报编辑史上独树一帜,无它可以替代"。[4]蔡元培创办《北京大学月刊》是历史上的一个创举,其影响深远。"建国初期,为适应经济和文化建设的需要,与《月刊》有着一脉相承历史与文化关系的《北京大学学报》社科版和自然科学版(由郭沫若题署刊名),于1955年7月创办,至今已有42年的历史。它发表学术研究成果,进行学术交流,培养和发现人才,开展百家争鸣,推动科学研究,塑造着当代学术;它不断冲破《月刊》的历史局限性,在新的社会经济条件和学术环境中,逐步形成大学学报由论文汇编形式到期刊化,编辑工作步入职业化、专门化和制度化……这是蔡元培办《月刊》所开创的优良的学术传统在新的历史条件下结出的丰硕的学术果实。"[5]

衡量一个学术刊物办得如何,首先看它是不是具有学术性,而学术性的核心是学术创新。《北京大学学报》创刊50多年来,一贯重视学术创新,并且在学术界起着先锋引领作用。早在20世纪50年代,学报就开设了《历史研究中的几个问题——北京大学"历史讲座"》,先后由著名史学家范文澜、刘大年主讲,用马克思主义的观点,探讨历史研究中的一些新问题,在史学界产生广泛影响。改革开放初期,为适应新形势的需要,学报适时开展了"关于传统与现代化问题"、"人学问题"、"现代科学发展的哲学思考"、"现代化问题探讨"、"人权问题"等这些带有前沿性、引导性问题的探讨,这些问题的研究与探讨起步早,对学术界都具有启示意义。

坚持"双百"方针,开展学术争鸣

学术研究是一个不断探讨真理、相互共同切磋的过程。由于对同一个事物,人们之间的认识存在差异,在一定时期内不可能取得一致的认识,只有进行自由讨论才可能达到认识的一致或接近一致。"百花齐放、百家争鸣"的方针正是符合这一客观要求而提出的。学术上的问题只有经过讨论才能有所前进。因为"这种讨论对于从事这些不同学科的人说,都有扩大眼界的作用。通过这种讨论,可以互相吸收正确的意见,取长补短,可以使由于某一学科的局部范围而有时难免形成的某种片面性得到克服,并且使问题得到比较全面的解决"。[6]1956年毛泽东提出这一方针后,学术界一度出现了"百花齐放、百家争鸣"的大好局面。早在20世纪50年代,北京大学在众多学科和研究领域,就呈现了百家争鸣的活跃局面,而学报及时报道和发表了有关论著。当时的讨论涉及众多领域,如"古典文学中的共鸣问题"、"山水诗有无阶级性问题"、"曹操评价问题"、"李自成问题"、"《创业史》中梁生宝形象问题"、"无产阶级艺术标准问题"等大讨论。这些讨论接续不断,不仅吸引了本校师生参加,也为其他高校广泛关注。学报为这些讨论提供了阵地,也丰富了学报的内容,扩大了刊物的影响。

发挥人才优势,推出优秀成果

作者是办好刊物的重要依靠力量。在北京大学这块驰誉海内外的学术圣地上,造就汇集了一大批学有专长、知名度很高的学术精英。正是依托这些丰厚的人文资源优势,学报不断推出一批又一批的优秀成果。在强大的作者阵营中,校内外老一代和正在成长的一大批中青年学者不断为学报提供优质稿件。他们当中有季羡林、任继愈、张岱年、费孝通、冯友兰、翦伯赞、刘大年、向达、周一良、朱光潜、蔡仪、冯至、杨晦、林庚、魏建功、邓广铭、程千帆、李赋宁、侯仁之、黄楠森、王瑶等大批学术上的高端人物,为学报提供了源源不断的稿源,使学报大为增色,也提升了学报的知名度。

依靠有识编辑,打造名牌刊物

办好一个刊物,作者是基础,但编者是刊物质量的保证。一个名栏目、一个名刊的背后,必定有一支优秀的编辑队伍特别是名编在支撑打造。

《北京大学学报》创刊以来,一直坚持学术创新,走学者专家办刊之路。这也是100余年以来学报的一个传统。《北京大学学报》创刊之始,由著名史学家翦伯赞出任主编,并由知名学者向达、季羡林、陈宁一、冯至及游国恩、魏建功组成编委会。1956年之后,又新增编委蔡仪、冯友兰。1957年之后,又有朱光潜、郑昕、杨晦任副主编。1985年之后,由著名语言学家朱德熙任主编;1992年之后由著名哲学家黄楠森任主编。之后,相继由著名的中年学者任主编。学者型的人物担任主编,善于从学术的眼光组织处理稿件,把握刊物的方向与水准,自觉提升学术品位。关于这一点著名学者周汝昌有这样一段回忆:"在很多因素与条件中,办好学报的一个非常重要的前提就是主编的'心胸手眼'的博大与高明。主编掌握和引导着刊物的方向与水准,质量与品格,这是一点也不能取巧、侥幸、凑合、敷衍的大事情。在主编的得人上,我对北大学报的观感印象,感受的不同一般,那是太深刻了。"[7]

随着时代的发展,不断调整自己的办刊思路。1997年之后《北京大学学报》提出:坚持正确人文导向,贯彻"双百"方针,继承北大光荣学术传统,走理论联系实际、学术结合时代之路,追踪社会思潮、理论前沿和学术热点;在重大理论问题上反映北大的声音,在学术探索和创新上体现北大的水平,在编校质量、编排规范上坚持北大严谨的学风;立足校内学术力量,但不囿于学府高墙。开放办刊的路子越走越宽,近几年,《北京大学学报》的编者不断地更新观念,打造名牌,在抓精品和质量方面有了新的举措。

在当前社会风气不好、学术浮躁之风盛行的情况下,坚持学术品位、杜绝平庸之作是对编辑工作者的一个考验。为了打造精品,现任《北京大学学报》主编程郁缀曾坦言:"我们北大学报近期抓了几件事:一是抓北大一流学者,诚请他们每人每年给我们学报一篇自己满意的好文章。二是逐步实现双向匿名审稿制。先是责任编辑初审,认为可以的再送相关专业的校内外专家匿名评审。三是坚决抵制低质量的人情稿。学术水平至高无上,质量面前人人平等。领导权威也好,学术权威也好,都不能高过质量权威。我们应该敢于喊出这样一句话,即:宁可得罪少数有名作者,也决不得罪广大无名读者!"[8]这是一种多么可贵的对学术质量负责的坚守精神。要真正做到这一点,倒是真需要一股学术勇气的。

前进的道路是不平坦的。《北京大学学报》50多年来走的是一条不断成长、不断成熟、不断前进的道路。但由于历史的原因也曾走过一段弯路。20世纪50年代曾在学报上开展了对马寅初经济思想和新人口论的错误批判,造成了严重后果;"文化大革命"期间,曾一度为"四人帮"把持,成为"四人帮"篡党夺权的工具。这些在粉碎"四人帮"之后,编者和作者经过拨乱反正,思想已得到澄清,从历史的教训中加以反思,成为历史陈迹中的一页而过去了。当今的《北京大学学报》,在创建世界第一流的大学中,将发挥着越来越重要的作用。

参考文献

[1] 见1954年11月16日北京大学校刊.

[2][3] 现代学生的三个基本条件[J].西北师范学院学报,1986(4).

[4][5] 宋月红,真漫亚.蔡元培与《北京大学月刊》——兼论蔡元培对北京大学的学术革新[J].北京大学学报,1997(6).

[6] 胡绳.在学术研究中坚持百花齐放百家争鸣的方针.胡绳全书二卷[M].北京:人民出版社,1998:408.

[7] 周汝昌.北大学报四十周年座谈会抒感与祝愿(书面)[J].北京大学学报,1996(1).

[8] 程郁缀.树立精品意识[J].北京大学学报,2005(2).

十年磨剑更磨人
——我当《北京大学学报》主编十年的体会

龙协涛

《北京大学学报》原主编龙协涛

龙协涛（1945— ），中国作家协会会员，《北京大学学报》原主编，中国人文社会科学报学会原会长，教授，编审，荣获新闻出版总署"全国百佳出版工作者"称号。有著作《文学阅读学》等6本，选编的书有金克木散文精选《华梵灵妙》等7本。著名学者季羡林为他的著作撰写序文，说读他的书"简直是一种享受"，让季先生想到几十年前在清华大学听朱光潜先生讲课的情景，"心中怡悦之情真难以形诸楮墨"（见《季羡林文集》第14卷，53—56页）。发表学术论文、书评、序、散文、赋、诗歌、歌词等200余篇。散文入选人民教育出版社出版的中学语文课本同步阅读。曾创作《燕园赋》，被誉为"当代《滕王阁序》"，"写了北大百年，可流传千年"。为2003年中央电视台春节联欢晚会创作《国土赋》，由倪萍主持，赵忠祥朗诵；获2008北京奥运会征歌歌词、歌曲两项大奖并创作《国球赋》；为岳阳楼等国内名胜景点撰联写赋获好评。2009年被中国期刊协会评为"新中国60年有影响力的期刊人"。

十年岁月，在历史的长河中不过是短暂的一瞬，然而对一个人的一生，虽算不上是刻骨铭心，也应是一段挥之不去的难忘记忆。我当了十年北大学报的专职主编，谈不上有作为、有贡献，自我评价是尽职尽责，无怨无悔；如履薄冰，如烹小鲜。人们常讲十年磨剑，北大学报是马寅初创办的，还可追溯到蔡元培，它是学术界的一个品牌，是干将莫邪，本身就是银光锃亮，锋利无比,何用我们后生去磨它?我们应做的工作就是继承历任主编开创的好传统,用心勤拂拭而已,一定别使它蒙尘生锈。然而这十年倒是磨了人,磨炼了我,冷暖自知,甘苦备尝。我常对朋友讲,一个人当一辈子编辑是要吃亏的,可能碌碌无为;如他有一段当编辑的经历则大有裨益,可能是做学问的宝贵财富,可能是人生成长的一个阶梯。我记得著名语言学家吕叔湘先生讲过,当好一个编辑不见得比当好一个教授容易一些,从某种意义上说还更困难些。我常想,教授讲课讲砸了,愧对的是二三十个、四五十个学生,编辑如果发表了不好的文章,或工作中出了差错,受影响的则是千千万万的读者。而杂志主编的责任就更大了。所以,编辑的素质要求,眼光和学识要博大如海,而对文字的推敲校核,则须心细如发。

我琢磨着,编辑难当也好当,无外乎三个层次,三种境界。一个层次是收获型编辑,守株待兔,来什么稿编什么稿,编辑可以兼做几种杂志的编辑,主编可以兼做几种杂志的主编,优哉游哉,游刃有余。另一个层次是耕耘型编辑,编辑对来稿要再加工,再创造,正如我在《学报赋》中讲的,"伏案审校,焚膏继晷,几多寻寻觅觅;援笔润饰,嚼字咬文,尽在圈圈点点"。一位作者在某个刊物上发表的文章在社会上获得好评,这军功章里也应记上编辑的一份。再一个层次是播种型编辑,这样的编辑本身应是学者,具有很高的学术素养,洞悉学术发展的前沿,熟悉学术界方方面面的骨干精英,他能审时度势出题目、出点子、出思想,请作者写出重要论文。这样的编辑是作者的良师益友,是学术成果的催生者和引领者,对期刊的发展、学术的贡献和思想的解放,功莫大焉。这三个层次体现三种境界。第一个层次是职业境界,第二个层次是敬业境界,第三个层次则是事业境界,是编辑家、出版家的境界。

十年编辑生涯产生以上感触,"行虽不能至,但心向往之"。

一、创办与世界一流大学相匹配的精品刊物

北大人喜欢称之为老校长的蔡元培说过:"大学者,囊括大典、网罗众家之学府也。"大学担负着认识世界、传承文明、创新理论、培育人才的重任,它是一个国家的文化摇篮,一个民族的精神家园,在人类社会的发展中

越来越彰显其重要作用。而北京大学作为驰誉中外的研究型大学,她不仅是传授知识,更要担当民族的精神创造。大学,固然要有大楼,更要有大师,尤其要有大气象。所谓大气象,是从思想精神层面说的,寻之无踪无影,感之则无处不在,著名的大学应该具备思想的恢弘包容和精神的云蒸霞蔚。

大学的人文社会科学学报,既是展示学校学术阵容和学术水平的窗口,又是塑造学校形象、打造学校品牌的重要传媒。无怪乎著名教育家、原厦门大学校长王亚南先生讲过,看一所大学主要看三个东西就可以了:一是看教师队伍,二是看图书馆,三是看学报。学报成了检测大学学术水准的标识之一,可见大学的学报具有多么重要的地位和作用。

北大有很多传统,爱国进步的传统,民主科学的传统,鲁迅还说过北大有常为新的传统、敢为人先的传统,蔡元培提倡思想自由、兼容并包的传统,外界还评论北大有学者大器、学术厚重、学风严谨的传统,等等。而我认为,重视舆论、创办社会科学名刊也应是她的好传统之一。当年,蔡元培办《北京大学月刊》,胡适办《国学季刊》,陈独秀、李大钊办《新青年》,开当代学术研究的新生面,影响深远。《新青年》杂志在五四新文化运动中影响是很大的,《新青年》杂志的大本营就在北京大学,这本杂志的编辑同仁大都是北大的知名教授。有人说,没有《新青年》杂志就没有五四新文化运动;如果说五四新文化运动是中国思想界、精神界一次辉煌的日出,那么《新青年》杂志则是托起这轮朝阳的托举者、催生者。今天,把北大学报办成社科名刊、学术精品,既是弘扬北大优良学术传统的重要内容,又是在新的历史时期创建世界一流大学之需求。北大学报既要发扬《北京大学月刊》、《国学季刊》探求学术的求实和严谨学风,又要发扬《新青年》感应时代风云的敏锐和创新之精神,使之同北大历史上的学术名刊一脉相承,使之成为中国最有影响的学术刊物之一。现在北大上上下下同心同德要在本世纪初期建成世界一流大学,作为世界一流大学的北大,自然不仅是享誉中国的百年名校,而且也应是享誉全球的世界名校。衡量是不是名校,自然也有各种各样的评价指标,但我想最基本的指标应该是有一批名师,还应有出自名师之手的名著,接下来自然是应有反映名校强大学术阵容和高水平学术成果的名刊。名校——名师——名著——名刊,形成了一个相关联的学术链条,这是当前高校改革发展中合乎逻辑、顺理成章的事情。

所以,刊物的定位上,一定要体现北大的历史传统和现实发展要求。

《北京大学学报》（哲学社会科学版）坚持人文社会科学的正确导向，贯彻"双百"方针，走理论联系实际、学术结合时代之路，追踪社会思潮、理论前沿和学术热点，在重大理论问题上反映北大的声音，在学术探索和创新上体现北大的水平，在编校质量、编排规范上坚持北大严谨的学风。既尊重名家名作，又注意发现和扶植具有开拓创新精神的新人新作；在保持文史优势的同时，大力加强理论学科、应用学科、新兴学科和交叉学科的研究。

二、北大学报在三个转变中不断提高学术质量

1994年初我主持北大学报工作后，一种强烈的责任感促使我下决心使北大学报有一个新面貌。按一般办刊惯例，一个刊物的改革是从一年的第一期开始。然而，一万年太久，必须只争朝夕。有些办刊的惯例是可以打破的。我并没有等到从1995年第1期起贯彻我的主张和办法，而是从当年的第3期起，北大学报从封面设计，到栏目划分，到发文风格，迥然大变。这在期刊史上也许是少见的。然而这一异乎寻常的举动在学术界的反映是好的。校内外的学者们看到新上任的主编是在想做点事情，而且很认真，很执著。例如，以前编辑部发稿为了搞平衡，有个不成文的规定，校内作者一般是一年发一篇论文。我觉得这一规定有可能把一些有实力的北大老师的好文章人为地推到校外刊物上去了。当时我看到北大哲学系的年轻教授王东关注现实重大问题，勤于思考，敏于探索，写的文章社会反映很好，于是我一年中在北大学报上发了他的三篇论文，而且这三篇论文无间隔，是连续三期接着发表的。我不怕校内别的老师议论，因为王东的三篇论文都被《新华文摘》转载了，说明这些文章在社会上的反映是好的，我作为主编并没有看走眼，更没有徇私情。尤其是王东2004年在北大学报第4期上发表的《创建中国特色的现代化新理论——兼论孙中山、毛泽东、邓小平的思想轨迹》，这在党的十五大政治报告之前，提出影响中国近现代史的三位巨人和他们的三面理论旗帜，即孙中山与三民主义旗帜、毛泽东与新民主主义旗帜、邓小平与建设中国特色社会主义旗帜。文章产生很大反响。《新华文摘》有转载，《福建日报》办的《每周文摘》以敏锐的政治眼光和学术眼光，头版头条以大字标题《三位巨人和三面旗帜》予以转摘。反响不仅是在校内、在国内，思想

溅起浪花由黄河、长江传导到海峡对岸。当时任台湾逸仙文教基金会理事长、曾任国民党中常委的马树礼先生给我来信，表示完全同意王东的观点，肯定北大学报敢于发这一类文章，说明大陆的确思想很解放，有助于海峡两岸和平统一。大刊要有大文，名刊要有名文。大文不是大块文章、长篇文章，而是从历史长河中概括出来的、产生重大影响的、能够流传久远的文章（时下一些刊物为了人为提高刊物的影响而刻意发长文、甚至把作者的书稿几章几部分往刊物上堆是很不足取的）。王东的这篇文章发表于党的十五大政治报告之前，而基本观点同十五大政治报告第一部分的思想内容相吻合，这是很难得的，无疑应该算大文、名文。

从1994年第3期起，我还开办了"北大学人"这个栏目，每期介绍两位北大学者。考虑到北大是百年老校，大师云集，新人辈出，这二位学者一位选德高望重的老先生，一位选传承北大薪火、为学界新锐的年轻学者。"北大学人"首期介绍的就是季羡林先生和陈来教授。

我从1994年第3期起改版重新设计的封面也很有特色。以一中式竖格红色信封为底色，套上鲁迅设计的"北大"二字圆形徽标的一半，如同从风风雨雨中碾过来的历史车轮，显得古朴沧桑。刊名沿用当年翦伯赞先生请郭沫若题写的六个标准的简体字，丰腴苍劲。刊物封面设计很重要，尤其是学术期刊的封面设计，一般很难设计出特色。但这一设计有创意，北大特色鲜明，果然它获得新闻出版署颁发的封面设计奖，这在高校学报中是唯一的。

北大学报应和着北大创办世界一流大学的前进步伐，实现了三个转变：

一是从论文汇编式变为贯彻编辑主体意识、策划意识的学术期刊，组织发表了一系列具有理论创新意义、社会反响热烈的重头文章。

例如刘守芬《制度反腐败论》（2000年）、晏智杰《经济学价值理论新解——重新认识价值概念、价值源泉及价值实现条件》（2001年）等，这些文章属于学术界和社会上关注的前沿理论问题，为党和政府在重大问题上的决策提供了理论支持和咨询。

最突出的一个例子是关于股份制的研究。股份制问题是建立社会主义市场经济的一个具有突破性意义的重大理论问题。1985年第1期，北大学报发表了我校光华管理学院学术骨干曹凤岐的《试论社会主义条件下的股份制度》，在当时该文引起不少非议。因为作者当时发表了这样一篇有点惊世骇俗味道的文章,当年他评职称的时候受到委屈。辽宁教育出版社出版过一部关于股份制研究的论文集,所收国内经济学家的论文按发表时间早晚的顺序排列,曹文列在第一篇。这说明,在股份制研究方面,曹凤岐是第一个吃螃蟹的人;而敢于发表股份制创新性研究论文的首刊者,当属于北大学报。由于北大学报重视理论创新,此后作者随着改革开放的深入,就这一问题所写二论、三论、四论乃至十论的重要文章,分别陆续发表在北大学报1989年第1期、1993年第3期、1996年第2期……从1985年到2005年,悠悠20年岁月,一位作者就同一课题,矢志不移打磨出10篇论文。这些论文,都交同一家刊物发表,最后作者把这10篇论文结集出版了一本书。一本刊物和一位作者建立了如此亲密的诚信合作关系,对作者是一段难忘的学术经历,对北大学报是一份珍贵的学术缘分,这大概也是不多见的。

二是随着北大争创世界一流大学的步伐加快,北大学报由专门发校内作者论文的刊物,变为吸纳校内外、海内外部分作者优秀论文的开放式办刊的刊物。

北大虽然有很强的科研实力和学术阵容,但要办好一本刊物,必须走出学府的深院高墙。近年来,北大学报除继续刊发校内著名学者季羡林、费孝通、袁行霈、厉以宁、叶朗、林毅夫、张维迎、葛晓音、赵敦华、阎步克、王邦维、申丹、陈平原、夏晓虹、赵家祥、赵宝煦、王浦劬、萧琛等人的名篇佳作外,还积极向校外作者约稿,发表了周汝昌、曹道衡、龚育之、高放、钱中文、冷溶、李忠杰、胡鞍钢、邹东涛等知名学者的文章,港澳台和外国学者,如兴膳宏、清水凯夫、金耀基、周策纵、饶宗颐、李亦园、马树礼等也在北大学报上发表过重要文章。比较典型的例子是北大学报组织的一场关于"社会主义价值观核心理念是什么"的学术讨论,三位作者都是校外的。改革开放30多年来,中国社会在转型中发生了深刻变化,然而中国社会价值观的核心理念是什么?这引起了理论界、学术界的关注和思考。1996年,北大学报发表中共中央党校哲学部主任韩庆祥的论文《能力本位论与21世纪中国的发展》(1996年第5期),引起强烈反响。但学术界存在不同看法,有人认为只提"能力本位"最终还是要导致"个人本位"。2000年,学报发表了校外作者张维祥针对韩文的文章《能力本位是社会主义价值观的核心理念吗?》,鲜明地提出"社会本位",强调人的社会责任意识。真理越辩越明,讨论越来越深入。到2001年,北大学报又发表了一位校友的重要文章《能力本位·社会本位·发展本位——关于社会主义价值观核心理念的思考与对话》的文章,该文既不完全同意韩文的观点,也不完全同意张文的观点,根据邓小平提出的和平与发展是我们时代的主题的观点,主张提"发展本位论",认为发展既是时代的主题,也是实现个人价值、实现人的全面发展的需要;提"发展本位论",既可以避免"能力本位论"导致个人本位的嫌疑,又能避免"社会本位论"回归传统的陈旧感,从而具有鲜明的时代特色和较高的社会认同度。这样有价值、有分量的争鸣,活跃了学术空气,促进了学者深入钻研,引起了社会广泛关注。

刊物的文摘率,是衡量一个刊物社会影响的重要标志之一。以具有权威性的《新华文摘》为例(当时它为月刊,与现在半月刊相比文摘量少得多),1994年之前,北大学报每年被《新华文摘》摘登数只有2篇左右,以后逐年大幅度上升,由每年八九篇上升到每年十五六篇。1998年第6期中竟有6篇论文被《新华文摘》选用,这在学术理论刊物中也许是绝无仅有的现象……

三是由按一般编排体例编辑的期刊,变为适应现代信息社会需要,便于快捷实现学术文献信息统计、评估、传播的有严格编辑体例和编排规范的现代学术期刊。

中国的学术期刊,自然科学类学术期刊一直有严格规范,而社会科学类学术期刊的编辑体例和学术规范长期以来五花八门,一直未得到统一。20世纪末,一些部门尝试制订社会科学类学术期刊统一的编辑规范,我认为这是与时俱进的好事情,有利于规范学术研究和推动学术期刊的发展。21世纪初,关于学术期刊文末参考文献的格式和要求,有关部门制定了涵盖自然科学类学术期刊和社会科学类学术期刊的规范细则,并作为国家标准予以颁布。这个作为国家标准的"文献著录"要求,其方向和思路是对的,基本技术指标的设计也是有道理的,但对人文社会科学学术期刊的特点考虑不够,有许多亟待完善和补充的地方。北大学报执行了符合国家标准的编辑规范,这既是对编辑的约束,也是对作者的约束,要求二者都按学术规范办事。编辑体例和文献著录当然属技术层面的问题,但绝不是无所谓的雕虫小技,它和学术研究的严谨学风相关联。北大以学风严谨著称,我主持北大学报的工作,自然应该努力贯彻北大的严谨学风。

十年岁月,可以浓缩为一首有血有肉的诗,也可以浓缩为一串枯燥乏味的数字。在我任期内,北大学报连续三届获新闻出版总署中国期刊奖,这在高校学报中是唯一的；以评分第一名的成绩入选教育部哲学社会科学名刊；所发论文获中宣部"五个一工程"论文奖；刊物的封面设计获新闻出版总署评定的封面设计奖；一期中竟有6篇文章被《新华文摘》选用；在当年办刊经费严重不足的情况下，我还争取到一位香港实业家对北大学报100万元的赞助款……我本人2000年被新闻出版署评为"全国百佳出版工作者"，2009年被中国期刊协会评为"新中国60年有影响力的期刊人"，担任过两届中国人文社科学报学会理事长。这是我对工作、对人生交出的一份用汗水书写的还算及格的答卷。

  中国的大学学报已走过百年历程。中国最早的大学学报，是1906年东吴大学办的学报，叫《学桴》，这名称非常有深意。"桴"字有两个意思，一个是渡船，另一个是鼓槌。"渡船"和"鼓槌"，这两个意象、两个比喻，我以为很好地概括了学术期刊的功能和学报编辑的作用。作为"渡船"，学报担负着培养人才的任务，它要发现人才，扶植人才；许多有杰出成就的学者第一篇处女作就是在自己学校的学报上发表的，他们是从自己学校的学报走向全国，走向世界，学报真的像一条船，学报编辑就是撑船人，主编就是掌舵人。学报又是"鼓槌"，它是一个学术理论的媒体，它要为改革开放、全面建设和谐社会摇鼓助威造舆论。十年主编生涯，我脑子里永远留住"渡船"和"鼓槌"两个美好意象，激励我克服为人作嫁的案牍劳形之苦，寻找到甘当伯乐、勇为人梯的无穷快乐和巨大的精神安慰。但愿北大学报这柄学术界的干将莫邪宝刀不老，永葆学术青春。

2010年6月10日

走进这块圣洁的园地
——我与《北京大学学报》

孙玉石

孙玉石（1935— ），著名学者，辽宁海城人，1960年北京大学中文系毕业，1964年北京大学研究生毕业，后留校任教至今。现为北京大学中文系教授。曾任北京大学中文系主任。主要从事中国现代文学史、鲁迅与五四文化以及中国现当代诗歌研究。著有《〈野草〉研究》、《中国初期象征派诗歌研究》、《中国现代诗歌艺术》、《中国现代主义诗潮史论》等。

著名学者孙玉石

《北京大学学报》开始创办的1955年秋天里，我进入北京大学中文系学习。我很喜欢学报这块崭新的学术园地。每当新的一期学报出版，我几乎都在文史楼三楼长长的鸽子笼式的文科阅览室里，或鸦雀无声的大图书馆旧式书桌的拉链式开关的昏黄灯晕下，轻轻翻阅这本杂志里的目录，选读自己喜欢的文章，关于中国文学的、外国文学的，关于美学和文学理论的……虽然那些高深莫测的学术文章，离自己还是那么地遥远。

1958年《北京大学学报》第2期上发表了林庚先生著名的《盛唐气象》一文，因为正在听林庚先生精彩地讲授唐诗研究课程，我和许多同学一样，便怀着浓厚的兴趣去借学报阅读，非常欣赏那里面的深刻簇新的观点、浓郁的诗人气质与充满青春活力的理论气势。1960年秋天，留校作研究生之后，导师王瑶先生在学报上先后发表的《论鲁迅的〈野草〉》(1961年第5期)、《五四时期散文的发展及其特点》(1964年第1期) 等闪烁着真知灼见和大家气魄的学术论文，都是我必须阅读的"教材"和学术训练时的楷模，而反复认真拜读过,并对我后来的研究产生了终身的影响。那里的每一棵蓊郁的树木,都散发着学院气息的芬芳。我曾梦想自己所写的文字,什么时候也能走近这块圣洁的园地。

1960年秋天,作为研究生留校后,导师王瑶先生开了一个必读的书目,指定我们读的第一个作家,是鲁迅。也许由于个人兴趣的契合,我认真阅读了《鲁迅全集》之后,一个重要的感觉就是:鲁迅不仅是一个伟大的作家,而且是一个伟大的诗人。他对于新诗创作和新诗运动的许多真知灼见,深深地吸引了我。我一边读一边作了细致的摘录卡片。在此基础上,我写了自己作为研究生后第一份比较像样的读书报告,题目是《鲁迅对于中国新诗运动的贡献》,交给了王瑶先生。他阅后,没有告诉我,就直接推荐给《北京大学学报》,并于1963年第1期上发表了。我写的这份第一篇学术性的论文,就是"脚踏两只船":鲁迅与新诗。它成了我后来走入学术道路的一种象征。1959年,我参与《中国新诗发展概况》抗战诗歌部分写作,并发表于1959年第4期的《诗刊》杂志。1964年,我完成了自己的研究生论文并通过答辩,题目是《鲁迅改造国民性思想的考察》,从另一个侧面,进入鲁迅纯学术世界的探索。我多年里学术研究的选择始终是:徜徉于鲁迅研究与新诗艺术探索之间。它的起点,就是从《北京大学学报》开始的。

关于这篇论文的发表,有两个细节,我至今还记忆犹新。一个是,编辑部的李盐女士送清样给我,我认真校对以后,即到编辑部还给他们。当时见到编辑部的负责人苏治中。我文章中把"窠臼"的"窠"字,写成了宝盖头下一个"巢"字了,他告诉我,应该是"穴"盖下一个"果"字,读"窠(kē)臼"。当时我很惭愧。但这个"一字之师"的指点,和对我以后教学中严于文字的启示,是我永远没有忘怀的。虽然后来与我成为熟悉朋友的苏治中今天可能早已忘记了。另一个是,过团组织生活的时候,有人因此文章批评我说:你这根本不是一份读书报告的样子,是你有意当做要发表的论文来写的,你是否应该认真检查一下自己,这里有没有名利思想在作怪?听了以后,我没有说什么辩解的话,心里却总有一种说不清的难过、压抑的滋味。

灾难性的十年过去之后,我重新进入鲁迅研究的一篇带有某种特殊性质的论文,又与刚刚获得新生的《北京大学学报》发生了密切的联系。1978年,为了讲授"五四"一段"中国现代文学史"课程教学的需要,充实教学内容的历史感与鲜活性,我几乎天天到北大图书馆旧期刊阅览室里泛览查阅那时的一些新文化刊物。在李大钊、胡适等编的《每周评论》杂志上，偶然发现了鲁迅署名"庚言"的《美术杂志第一期》、《随感录（三则）》等四篇重要佚文。而"庚言"又是当时刚刚被发现的鲁迅一封给钱玄同信里用过的笔名。我怀着兴奋的心情，到鲁迅博物馆阅读周作人日记手稿等资料，经过日夜兼程认真地考证、注释，写成了文章，又请著名鲁迅研究专家唐弢、李何林、王瑶等先生作了鉴定，确认是鲁迅佚文无疑。我便将自己的文章与佚文一起送给了北大学报编辑部，很快以《介绍鲁迅五四时期的四篇佚文》为题，在《北京大学学报》复刊后的1978年第2期上发表了。为此，新华社记者徐民和（北大校友）还特别写成一条消息，作为新闻通稿向全国广播了，全国各大报纸都予以转载。一夜之间，新复刊的《北京大学学报》与鲁迅佚文的发现，成了一个走进千家万户的"新闻"，我也因此得到了另外一些令我终生难忘的收获。

之一是：我的一个在吉林大学任教的自小学至中学毕业的挚友，"文革"十多年里，久已失去联系。他因病重躺在辽西小城朝阳一个医院的病床上，从每天陪伴他的收音机里突然听到新华社广播的这条消息，知道了我还在北大任教，便兴奋不已地给我写了封信……从此我们又开始了密切的往来。是北大学报的文字桥梁，让我们的友谊得到了复原。

之二是：佚文《美术杂志第一期》，是鲁迅对于刘海粟1918年创办的《美术》杂志的一份重要书评，文中给予杂志的出版以很高的评价。在这篇只有330多个字的短文中，鲁迅批评了自民国以来，许多时髦人物对于美术，往往"只是说的多，实做的却少"，"连小说杂志上的插图家，还极难得，何况说是能够创作的大手笔。所以翻印点旧画，有如败家子弟，偶然有几张破烂旧契的人，都算了美术界的人物了"。他从历史意义的眼光出发，竭力肯定"这一年两期的《美术》杂志第一期，便当这寂寞糊涂时光，在上海图画美术学校中产出"。鲁迅简要地介绍了杂志所设许多有益的栏目、内容、绘画所占的比例，也批评了一些文章里面偶有"令人吃惊"的观点，然后便写出自己对这份新"美术的萌芽"的赞美和更大的期待："但开创之初，自然不能便望纯一。就大体着眼，总是有益的事居多，其余记述，也可以看出主持者如何热心经营，以及推广的劳苦的痕迹。""这么大的中国，这么多的人民，又是在这个时候，却只看到这一点的美术的萌芽，真可谓寂寥之至了。但开美花的，不必定是块根。我希望从此能够引出许多创造的天才，结得极好的果实。"刘海粟于1911年19岁时创办上海图画美术学校,为中国现代美术教育之父。因实行美术教育用裸体女模特事,被军阀孙传芳与旧势力骂为"艺术叛徒",诉诸法律历十年而获胜,后来被誉为"艺术叛徒胆量大,兴来往往作奇画"(郭沫若《〈九溪十八涧〉题诗》,1926年)的"东方艺术之狮",多年来却一直遭受许多不公正的待遇。鲁迅的佚文和我的考证发表后,我将一份《北京大学学报》,并问及关于《美术》杂志的一些历史疑难的信,寄给了上海市政协,请他们转给刘海粟先生。约两个多月后,我喜出望外地收到了刘海粟先生自北京友谊宾馆寄来的一封亲笔复信。信里说:

> 孙玉石先生:今天由上海转来惠书,欣慰之至。我来北京已两月,未能及时答复,愿谅之。北大学报发表鲁迅佚文《美术杂志第一期》一篇,系前上海图画美术学院出版美术杂志的评论,鲁迅对这本杂志的评价甚高,另外一篇你写的对佚文考证也极好。鲁迅此文实为近代中国美术史的重要文献,弟对中国美术运动亦可由此而概见了。惠书所及有关事情及一些问题,就记忆所及,极愿与您谈谈,如有余暇能过我一叙否。临暑　唯珍重不宣
>
> 　　　　　　　　　弟刘海粟顿首　一九七八年七月十四日

接到这封信后,我按照信上所书电话和地址,如约往友谊宾馆南工字楼4205房间,拜会了先生,目睹了这位20年代就被称为"东方艺术之狮"的艺术大师的风采,并向先生请教了关于上海图画美术学校及《美术杂志》的一些问题。先生和夫人一起,还带我参观了一个他正在作一幅巨幅红松国画的画室。整整二十七年过去了,这封用随便的一块长方形边角不整的宣纸,以十分潇洒的行草,率意写成的弥足珍贵的信,我一直珍藏,至今放在镜框里,挂在进门后客厅的墙上。它是刘海粟先生对于鲁迅《美术杂志第一期》一文高度评价的见证,也是我与复刊后的北大学报发生密切联系开端的一份永远的纪念。

以后,我常常将自己认真写成的自认为比较坚实的纯学术性的稿子,送给《北京大学学报》发表。学报给了我开拓和陈述自己学术思考的园地,我也通过自己论文对于资料的发现、对于问题的探讨,通过学报这个渠道,送出一些可供人们参阅的学术思考。无论是有重要价值的史料的发现、是理论问题富有创意和深度的思考,还是对于传统研究课题带有重新整合性的阐释,我都愿意通过北大学报这个精神园地,吸引哪怕是些微的学术关

注的目光,与那些或近或远的同行们进行无言的学术交流与对话。

1980年,方锡德同志在1919年的《国民公报》上,首先发现了鲁迅的七篇散文诗《自言自语》和四篇随感录《寸铁》等重要佚文,我与他一起参与考证和介绍。这些发现,不仅有益于鲁迅重要作品的补遗,揭开了鲁迅自述用过"神飞"笔名而从未见作品的存疑,而且改变了文学史既成的叙述:将鲁迅散文诗创作的时间由《野草》发表的1924年整整提前了五年,同时有些趋于成熟的作品出现,也更加丰富了中国现代散文诗发生期的历史论述。我们一起在考证与注释的基础上,撰写了《介绍新发现的鲁迅十一篇佚文》、《锋锐的〈寸铁〉光辉永在——读新发现的鲁迅四篇佚文》等论文,分别在《鲁迅研究》与《北京大学学报》上发表了,成为1980年代初期鲁迅作品最有价值的一次发现。唐弢先生还在《人民日报》以《花团锦簇》为题,介绍了这些佚文。1981年新出版的《鲁迅全集》也将这些佚文全部收入。为纪念五四运动60周年,我应约为学报写的《鲁迅与〈新青年〉》一篇论文发表以后,王瑶先生曾经对我说,这篇文章写得很扎实,有新意,资料也翻阅不少,以后作学问,按照这个路子就可以了。这些认可,也强化了我此后学术追求的自觉意识。除了上述谈到的几篇以外,在近27年的时间里,先后在北大学报上,我还发表了《郭沫若浪漫主义新诗本体观探论》、《中国现代诗国里的哲人——论20年代冯至诗作的哲理构成》、《〈正红旗下〉悲剧心理探寻》、《朱光潜关于解诗与欣赏思想的阐释》等十余篇论文。

自一代代优秀的学生接受知识熔铸智慧的课堂,教师们兢兢业业地传授知识和培养学生的辛勤劳动,到他们倾注心血不断创造出的一份份厚重的学术果实,这些有形的和无形的心与心的碰撞、契合与运转,构成了一个以崇尚学术为灵魂的北京大学闪光的"精神链"。北京大学拥有由这个"精神链"铸就的上百年的学术资源和优良传统。北大学报就是这个"精神链"中的一块生生不息的学术园地。这个园地里发表的许多文章,曾经给我和许多人以知识营养和精神世界的哺育。许多学术大家的治学精神与风范,从这里发散和辐射着智慧的光辉。我只是在这样精神哺育和智慧光辉照耀下的一株小小的树苗,在无数株大树的庇荫下,由幼稚的学步而走进了岁月的沧桑。我们已经走近了另一片风景。如果说逝去的时光里,还有什么东西像我们的前一辈老师们所给予我们的一切那样,已经成为抹不去的记忆融入了我生命的年轮的话,那就是:永远的燕园,永远的北大图书馆,永远的北大学报。在恭祝学报"知天命"之年的时候,我从心底里要说:走进这块圣洁的园地是北大人的幸福!

2005年7月13日写于京郊蓝旗营
(原载《北京大学学报》(哲学社会科学版)2005年第5期)

培养青年学者的园地

葛晓音

著名学者葛晓音

葛晓音(1946—),生于上海市。1982年获北京大学文学硕士学位,留中文系任教。1985年任副教授,1989年任教授,1993年任博士生导师。主要著作有《八代诗史》、《唐宋散文》、《山水田园诗派研究》,论文集《汉唐文学的嬗变》,文集《古诗艺术探微》。另主编论文集二本,注释《资治通鉴》一册,发表古典文学研究论文多篇。

1984年至1993年,曾先后在我国澳门东亚大学、香港树仁学院讲学,并在美国加州旧金山文化中心、日本东京大学讲学。现兼任中国唐代文学学会、中国杜甫研究会等学会的常务理事、英国剑桥人物传记中心顾问。

从1981年第一次投稿算起,迄今24年间,我在北大学报上一共只发表过8篇论文(不计书评类文章),在我全部的论文中所占比重不大。但是这8篇论文却能从不同角度反映出我所走过的学术道路的阶段性,特别是早期几篇论文的发表过程,在我的学术生涯中留下了难忘的记忆。《北京大学学报》,作为培养本校青年学者的园地,始终是我投稿选择的最重要的学术期刊之一。

我于1963年考取北京大学中文系。在校五年,赶上一年"四清"、两年"文化大革命",只念了两年基础课。又熬过十年没有书看的动乱时光,知识功底的薄弱成了我们这代学者的先天性缺陷。70年代末,我考上了北大中文系古典文学研究生。为了弥补失去的时间,我们这批已经年过三十的老学生个个豁出命去发愤学习。我有幸投师唐诗专家陈贻焮先生门下,他对研究生的训练极其严格,要求每两周便交一篇读书报告。因此我们读书既多,产出也快。每到寒暑假,我就把陈先生认为比较好的报告改写成论文,投给学术期刊。三年硕士生期间,我写了大约四十余万字的读书笔记,投出去十篇论文稿。其中有一篇就是给北大学报的,题目是《李白一朝去京国以后》,主要内容是探索李白被唐玄宗赐放还山以后到南下之前十年间的行踪和思想。80年代初,学术思想开始解放,古典文学的研究虽然还是集中在重要作家上,但是思考已经比较自由。在导师的鼓励下,我们努力学习在阅读原始材料的过程中发现问题。我在通读李白全集时,注意到李白在离开长安后为什么"十年客梁园"的问题一直没有学者论及,而这一时期又正是李白创作的高峰期,所以有必要搞清楚。在反复细读了他这一时期的全部作品后,发现原因是他始终没有放弃重回长安的幻想。由此对李白这一时期的思想及其变化有了更深刻的理解。以现在的眼光看,这篇论文的题目似乎小了一些,分量不够厚重。但当时敝帚自珍,觉得颇有新见。北大学报的编辑对这篇论文曾有不同看法,先是搁置了一段时间,或许是为了鼓励学生身份的新作者吧,最后还是发表了。后来《新华文摘》把这篇论文列入了选文目录中,这对我固然是个鼓舞,不过我也感觉到北大学报对稿件质量的要求之高。决心要等写出更好的论文以后,才向学报投稿。

我给北大学报的第二篇稿件是《欧阳修排抑太学体新探》,论文只有5000字。但我自己十分看重这篇文章。这是我1982年留校之初,为教宋元明清基础课,在备课时发现的一个问题。北宋诗文革新是宋代文学史上的一个重要现象,但是革新的对象是什么,五六十年代乃至更早的许多权威性文学史教材都没有说清楚,以为欧阳修所反对的太学体和西昆体、五代体是同类的文风。我在查阅了许多原始资料以后,基本上搞清了太学体是古文,而西昆体是时文,并深入考证了太学体的流行时间、代表人物、内容和文风的特征,进而对欧阳修的文学思想提出了新的解释。当我把这篇5000字的论文交给北大学报编辑部时,编辑陈明燕女士十分肯定此文的价值。但过了不久她又告诉我:四川大学曾枣庄先生已经发表过一篇关于北宋古文运动的论文,里面也谈到太学体是古文,要我看看我的意见是否同他重复。经她提醒,我赶快找来曾先生的文章,一看果然曾文已经指出太学体是古文,不过幸好我考证的主要内容在曾文中都没有提及。于是我对论文作了进一步修改,把自己文章中与曾文意见一致的部分都归属于曾先生的发现,同时也强化了对自己考证成果的论述。后来我又在此基础上撰写了关于北宋诗文革新运动发展过程的长篇论文。经过20多年时间的检验,这些观点基本上已为学术界所接受。但是每当回想起这篇论文从投稿到发表前前后后的过程,我依旧有点后怕,也非常佩服陈编辑的敬业精神。当时由于我自己的专业在汉魏六朝隋唐段,对宋代文学的已有成果不太熟悉。在发现问题的冲动之下,没有来得及仔细地查阅前人全部的成果,就急忙把文章交出去,是很不慎重的。如果没有编辑的提醒,论文中就会有小部分内容发生无意中掠他人之美的问题。这件事给了我难忘的教训,也养成了我后来在撰写论文之前尽可能多读前人相关论著,力求在最大程度上避免与他人重复的习惯。

我在汉魏六朝诗歌研究中影响较大的一篇论文《论齐梁文人对晋宋诗风的革新》,也是发表在北大学报上的。80年代上半期,我倾力研究八代诗史,注意到历来的文学史研究因受传统观念的影响,对于齐梁文学始终持批判态度,一般的文学史论著给予的篇幅也很少。这样就使六朝文学研究出现了一个断层,唐代诗歌的许多问题也得不到切实的解释。我在全面阅读齐梁诗歌以及有关史料的基础上,指出齐梁文人在文学史上的两点贡献应予充分肯定:一是他们在晋宋诗歌走到生涩僵滞的绝境时,通过学习乐府古诗和南北朝乐府民歌,懂得了必须从当代口语中提炼新的语言才能使诗歌获得新生的规律,大力提倡流畅自然的诗风,促使诗歌完成了由难至易、由深至浅、由古至近的变革;二是他们批评晋宋诗过于典正、酷不入情的弊病,强调文学吟咏情性的特点,在理论上提出了文笔之辨的重大问题,在创作上则使日常生活普遍诗化。这是我国诗歌史上第一次自觉的革新之举,只是与淫靡的宫廷文学搅在一起,不容易作出恰当的评价,因此需要对此现象进行实事求是的辨析。这篇论文交给编辑部以后,得到编辑龙协涛先生的好评,很快在1985年第3期上刊出。又因为此文带有给齐梁文学翻案的性质,发表之后在同行中引起了相当大的反响。有一次我到《中国社会科学》杂志社去,老编辑周孟瑜先生告诉我,他们收到了几十篇响应我的论文。但编辑部认为"葛晓音在她的论文中已经把问题谈得非常透彻,观点也很辩证,所以这些论文都没有发表的必要了"。所以把论文都退了回去。尽管如此,后来我在其他刊物上还是看到不少进一步给齐梁文学翻案的论文,有些走得更远,与我当初写此论文的初衷已完全不符了。但无论大家的观点是否一致,北大学报发表的这篇论文对齐梁文学研究的开拓还是有所贡献的。90年代初,北大学报编辑部首度评选1980—1990年度的论文,这篇论文有幸获得优秀论文奖,我非常感谢学报和诸位评委老先生们给我的鼓励。

以上所说的三篇论文都是在1981—1985年期间发表的,短短四年间,我已经由粗疏走向成熟。这几年也是我从修读硕士研究生到留校任教之初的人生转折阶段。因为"文化大革命"荒废了十年,我们这批人的学术年龄都比我们的实际年龄小十岁,所以在北大可说是真正的小字辈。但是北大学报编辑部并不以名气取文,而是细致认真地发掘每篇稿件的价值,帮助作者把研究做得更完善。我相信不少和我同时代的北大学者都有过和我类似的经历,或许这只是学报编辑应做的日常工作,但正是在他们长期的默默的奉献中,一批又一批的青年学者逐渐成长起来,成为北大的学术骨干。回顾以前走过的学术道路,我深深体会到:一家最好的学术刊物,应该是善于发现人才、培养人才的刊物。知名学者总是从无名小辈开始的。当此北大学报五十庆典之时,我不禁又想到:在时下这个浮躁的环境中,不知还有几家刊物能够保持上世纪80年代的踏实作风?我深深期望北大学报能够延续当年的优良传统,将北大严谨、创新、求实的学风通过这块园地传送给每位北大学子,在培植学术人才方面成为全国学术刊物的表率。

(原载《北京大学学报》2005年第5期)

编者、作者、读者评论(摘编)

《北京大学学报》是北大人学术思想面貌的一面镜子,也是整个中国知识界、学术界、思想界的一面镜子。从《北京大学学报》50年的生涯中,必可窥见中国知识分子50年来在风横雨狂中所走过的足迹。《北京大学学报》对于我们如何反思中国现当代思想文化史,必有很重要的启发意义。

  (摘自张世英(著名学者)《北大人学术思想的一面镜子》,《北京大学学报》2005年第5期)

创新是科学研究的内在要求和本质特点。科学的发展是在不断创新,尤其是在原创的基础上不断前进的。学术精品的样式不应该、也不可能是千篇一律的,而应该是丰富多彩的;但是有一点应该是必不可少、基本相同的,那就是在充分总结和吸收前人研究成果的基础上,对某一个学术问题做出有意义的创新与突破。我们坚持认为:在通往真理的大道上每向前迈进一步的价值,比在前人已经开辟的大道上来回重复走一千步的价值,还要高千百倍。……因此,我们北大人应该发扬科学的怀疑精神、批判精神、探索精神和开拓精神,通过独立思考和刻苦钻研,敢于发前人之所未发,集众家之长,成一家之言;多出代表中华民族先进文化的传世之作,多出具有学术前瞻性的创新之作和能够填补学术空白的奠基之作……虽然"十年磨一剑",不一定绝对是上乘宝剑;但如果"一年磨十剑",则恐怕很难会是精品宝剑。

  (摘自程郁缀(《北京大学学报》主编)《树立精品意识》,《北京大学学报》2005年第2期)

相关链接

※ 中共北京大学委员会.论梁效[J].北京大学学报,1998(1).
※ 北大学报编辑部.揭批"四人帮"利用原北大学报篡党夺权的罪行[J].京大学学报,1978(1).
※ 为了人文社会科学的繁荣——本刊扩版首期编后记[J].北京大学学报,1997(1).
※ 郑良勤.反映北大内外的声音[N].光明日报,2002-11-28.
※ 黄楠森.同呼吸共命运的50年[J].北京大学学报,2005(5).
※ 袁行霈.显示个性[J].北京大学学报,2005(5).
※ 王义道.祝贺、检讨和希望[J].北京大学学报,2005(5).
※ 梁柱.学报与北大相映辉[J].北京大学学报,2005(5).
※ 许智宏,刘建生,徐维凡,张泽青,张伯海等.在《北京大学学报》创刊50周年庆典会上的致辞[J].北京大学学报,2005(5).
※ 龙协涛.学报改革发展的三个关系的思考[J].北京大学学报,2006(2).

学术为本，反映时代精神

符学博

《复旦学报》封面

2008年是中国改革开放30周年，也是《复旦学报》（社科版）复刊30周年。30年前，中国处在历史的转折关头，这一年的中共十一届三中全会点燃了"解放思想"的火炬。《复旦学报》（社科版）就是在这把火炬照耀下复刊的。时任党委书记夏征农同志不仅亲自主持了复刊工作，担任复刊后的学报编委会主任，而且在复刊后的第1期上发表了振聋发聩的文章：《没有民主就没有社会主义》。复刊伊始，《复旦学报》立即投入到关于真理标准问题的大讨论中，得到胡耀邦同志的好评。他在一份批示中写道："今天收到这本刊物（指《复旦学报》），翻了一下，觉得敢于接触实际问题，内容多采，文风也比较好。现在，意识形态领域的空气仍很沉闷，哼哼哈哈的东西很多，相比之下，就感到这个刊物可爱。"他要求中央党校主办的《理论动态》转载《复旦学报》刊发的哲学系教师林永民的文章《理论由实践赋予活力》。复刊30年来，《复旦学报》（社科版）遵循"学术为本，反映时代精神"这一办刊方针，以深厚的学术底蕴和鲜明的时代特色立足于我国人文社会科学学术领域，在学校党政领导的指引下，在更为良好的学术环境中，《复旦学报》前进的步伐更加迅速而稳健，并于2003年成为教育部名刊工程建设首批入选单位。

《复旦学报》（社科版）从1978年复刊至2007年年底总共出版176期，发表论文3613篇。学报编辑部一直希望能有机会选择有代表性的论文结集出版，在复刊30周年之际我们的愿望得到了实现。在学校领导和有关部门、复旦出版社以及专家学者的支持下，我们按五大类学科分五卷出版了《光华文存》，选出的论文占学报30年发表论文总量的不到百分之七。这五卷文集在一定程度上反映了30年来我国学者在人文社科领域内的成就。

《复旦学报》(社科版)是一份历史悠久的学术期刊,扎根于深厚的学术土壤,在学报上发表的论文都必须具有学术性,这是基础、底蕴。有的文章着重基础理论或考证辩驳,学术性较强,与现实的关系并不是直接的明显的;有的文章则针对现实生活各个领域中的实际问题,时代气息比较浓厚。这两类文章大致体现了《复旦学报》的办刊方针,在我们汇集出版的《光华文存》中也体现了这个特点。作为依托于高校的学术期刊,学报与高校的发展息息相关,特别是"211"工程开展以来,《复旦学报》积极配合学校的学科建设,促进各门学科的教学和研究,学报与各院系各学科建立了密切联系,形成了良性的互动关系。中国古代文学研究中心主任章培恒教授从2001年年初开始率先在《复旦学报》相继开设并主持专题栏目《中国文学史分期问题研究》、《中国文学古今演变研究》、《中国文学实证研究》;2004年,又在此基础上将上述栏目综合成为《中国文学演变与实证研究》,作为《复旦学报》名刊工程建设中的特色栏目之一,章先生和陈思和教授共同担任这个栏目的主持人。难能可贵的是,章先生主持专题栏目长达七年多时间,至今一直保持着可持续发展的态势,总共发表63篇论文,其中作为名刊工程建设的栏目迄今共发表25篇论文。法学类文章过去在《复旦学报》上发表很少,近十年来情况大为改观,文章数量和质量均有大幅度提高,与法学学科建设的发展、人才的成长和引进形成相互促进的态势。1997年至2007年,《复旦学报》刊发法学类文章64篇,大致达到平均每期都有法学类论文。国家创新基地复旦大学文史研究院自2007年初刚一成立,葛兆光院长就在《复旦学报》开设并主持专题栏目《从周边看中国》,一年来刊发论文8篇,被各类刊物转载多篇,虽然时间不长,已经引起学术界的关注。

办好学术期刊要有三个群体:读者、作者、编者。读者群体是期刊创办出版的依据,是期刊得以生存的立足之地,没有这个群体期刊将失去生命。作者群体为期刊提供稿源,没有这个群体,期刊就成了无源之水、无本之木,办好学术期刊说到底就是要有高质量的学术论文。编者群体即编辑是期刊加工制作者,他把作者与读者连结起来,因而是办刊的核心。要办好期刊必须使这三个群体之间的关系密切起来,互动互惠。为此我们曾不断地采取各种方式。例如:1996年至1998年,《复旦学报》曾与复旦大学出版社及相关院系举办20多次学术沙龙,论题都为现实性较强的学术前沿问题,诸如"南怀瑾与中国传统文化"、"现代化与思想、道德、文化建设"、"全球化的理论与现实"、"科学技术与人文科学的融通"、"企业文化与企业伦理"、"环境保护的社会和经济机制","世界贸易组织与中国市场经济法律体制"等等,《复旦学报》以笔谈、论文和综述的形式发表研讨成果,其中有相当一部分被《新华文摘》所转载。

复刊30年来,《复旦学报》(社科版)凝聚了几代学人,形成了一个作者群体,其中有饱经沧桑的老一辈学者,有这30年间在各学科领域中成熟起来的大批学者,有不断成长着的青年学者,他们为学报提供了丰富的稿源,成为《复旦学报》办刊的依托。这里提供一些实例:章培恒教授从复刊以来的30年间在《复旦学报》上发表了25篇论文(包括合作2篇)。朱维铮教授在复刊的30年间在《复旦学报》上发表论文26篇(包括合作2篇),2004年至2006年他在《复旦学报》主持栏目《中国史学的发展历程》,他在该栏目发表的5篇论文全部被转载。朱先生的深厚、严谨、踏实、锐利的风格为《复旦学报》增添了特色,并不断促进学报编辑部改进工作。30年间成长起来的学者群更是《复旦学报》作者的主力军,俞吾金教授是其中的典型。他从1981年至2007年在《复旦学报》上共发表论文41篇(其中合作5篇、笔谈2篇、个人著撰34篇),这些论文伴随着俞吾金从本科生到博士生,从青年教师到教授、长江特聘教授的成长历程,见证了他的学术道路。复旦大学6名文科长江特聘教授(俞吾金、陈思和、姜波克、吴晓明、袁志刚、林尚立)都与《复旦学报》休戚相关,他们是学报的作者、读者,也是评审专家、栏目主持人,吴晓明从本科生时期起,迄今在《复旦学报》上发表21篇论文。一代代学者通过学报走上学术舞台几乎成了普遍现象。学报是培育学者的摇篮,学者推动学报的发展,这种双向互动在《复旦学报》复刊30年间显现得非常突出。

《复旦学报》并不局限于复旦校园,它是面向全国乃至世界的学术期刊。30年间学报发表了大批校外乃至海外学者涉及不同学科领域的论文。这些论文往往在观点或材料方面有独到之处。2000年《复旦学报》发表汪子嵩、王太庆的长达3万字的论文《关于存在和是》,这篇论文在哲学界引起强烈反响,围绕该文观点而发表在各种学术期刊上的讨论文章有几十篇,"清华哲学研究系列"为此编辑出版了长达101万字的论文集。这次结集出版的《光华文存》中也包含了一些校外和海外学者在学报上发表的文章。据统计,自1997年至2007年,《复旦学报》各期所发校外稿共350篇,占学报同期发文量的百分之二十六,其中海外学者发表27篇,他们之中有当代学术大师哈贝马斯,还有一些汉学家以及来复旦访问讲学的教授等等,他们的文章也有许多被各类文摘期刊所转载。

我们在办刊过程中深切体会到,编辑是一份崇高的职业,也是一种独特的专业。时代和社会的发展向编辑提出了越来越高的要求,当务之急是要大力提高编辑的职业素养,提高编辑部的职业化、规范化程度,使编辑通过学习和实践具有强烈的专业意识和职业意识。复刊初期由夏征农书记和蒋学模教授组建的编辑群体为学报编辑工作奠定了基础,树立了榜样。实施名刊工程以来,我们逐步建立和完善学报编辑部的管理体制和运行机制,其中包括匿名审稿制度,栏目主持人制度,严格编辑工作规范和操作流程,提高编辑业务水平、相关专业水平和协调组织学术活动能力的各项措施,建立编辑部数据库,等等。

在近年来的教育部名刊工程建设中,经过三年多的努力奋斗,我们又创办了人文社会科学的英文刊。从2004年10月12日校长办公会议(党政联席会议)决定出版《复旦学报》(社科版)英文刊,截至2007年年底,英文刊共出版9期,刊发论文110篇(其中文学类12篇,语言类11篇,艺术类2篇,历史类14篇,哲学宗教类19篇,经济类25篇,政治、国际关系类13篇,法学类10篇,社会学类4篇),书评6篇。办好刊物是件难事,办好英文刊特别是人文社会科学方面的英文刊就难上加难了。实践证明,每前进一步都需要付出代价。2004年、2005年我们缺乏经验,完全是在摸索中行进。2006年,我们认真总结了前两年的经验,学习了国外出版的学术期刊,尝试按季刊模式运行,整顿并加强编辑工作,扩大稿源,英文刊从内容到形式,质量有较大提高。在此基础上启动了申请英文刊刊号的工作,2007年7月初获国家新闻出版署批准,取得刊号。2008年3月出版了创刊号。概而言之,英文刊已积累了10期的工作经验,初步理清了工作思路,形成了一个编辑群体,联络了一批作者,正设法开通国外发行渠道。当然,我们清醒地认识到,英文刊还只是一株幼苗,要使它茁壮成长必须加倍努力,精心培育。要使英文刊真正成为国际学术期刊还有很长很长的路要走,现在仅仅是开始而已,这是一项需要长期艰苦奋斗的事业。创办英文刊是在全球化的大背景下,顺应我国经济社会发展、文化走出去战略和创建世界一流大学的需要。校领导坚定不移的办刊决心,广大教师的积极支持,编辑部的坚持不懈、踏实奋进,是办好英文刊的根本保证。

  《复旦学报》(社科版)作为复旦大学创办世界一流大学进程中的一个元素,必须坚定不移地朝向一流学术期刊的目标努力。复刊30年来,《复旦学报》得益于广大读者和作者的支持和厚爱,不断成长壮大。我们衷心感谢广大读者和作者对学报的支持和帮助,并且真诚地希望继续得到这种支持和帮助。我们也得益于兄弟院校学报和各地学术期刊的成就和经验,特别是教育部名刊工程建设开展以来,通过交流介绍,我们学到了许多宝贵的经验、办法、措施。我们也得益于《新华文摘》、《中国社会科学文摘》、《高校文科学术文摘》、《中国人民大学书报资料中心复印资料》等转载期刊的厚爱和支持,这30年间《复旦学报》(社科版)有一大批文章被转载、转引。借此机会,我们也向各高校学报、学术期刊和各转载期刊表示衷心感谢。在今后的岁月里我们将继续教育部名刊工程建设,把《复旦学报》(社科版)和英文刊办得更好更出色,为繁荣发展我国的哲学社会科学事业作出贡献。

  (本文系作者在纪念《复旦学报》复刊30周年庆祝会上的讲话)

学术期刊与学术事业共生共存
——十五年办刊生涯感言

黄颂杰

《复旦学报》主编黄颂杰

黄颂杰（1938— ），上海市人。1965年复旦大学哲学系研究生毕业，师从全增嘏先生。复旦大学哲学学院教授，博士生导师。曾任复旦大学哲学系副主任、主任（1986—1995），《复旦学报》（社科版）主编（1995年起迄今）。先后赴美国、英国、加拿大、意大利等国大学进行学术访问。

长期从事西方哲学教学与科研，发表论著150余万字。合作论著《西方哲学史》、《萨特其人及其人学》、《当代西方学术思潮》、《西方哲学多维透视》、《古希腊哲学》等。主编译著《弗洛姆著作精选》、《新哲学词典》、《二十世纪欧洲大陆哲学经典文本》等。发表在《中国社会科学》、《哲学研究》、《复旦学报》、《学术月刊》、《文汇报》等核心报刊上的学术论文百余篇。《辞海》（1999版、2009版）和《大辞海》外国哲学分科主编，《哲学大辞典》常务编委，《外国哲学辞典》副主编。

工欲成其事，必须下工夫

我原本是一个活动能力很弱、一心做学问的普通教师，但历史的发展常常把个人的生活方式打乱。20世纪80年代起，复旦大学开始实行系主任

（正、副）选举制，从1986年春至1995年夏，我连续10年担任哲学系副主任、主任，经历了哲学系办系最困难的时期。1994年，经过激烈竞争和严格评审，复旦哲学系获准成为教育部首批"文科教学科研基地"之一，我仿佛感到自己的使命已经完成。1995年复旦校党委决定让更年轻的学者担任院系领导，我欣然赞同，并且盘算起卸任后自己的科研蓝图。不料，1995年10月复旦大学任命我担任《复旦学报》（社科版）主编，当时我刚从哲学系主任岗位上卸任下来，打算避开一切行政事务，全身心投入到教学和研究中，对于学报主编工作没有任何思想准备。但命运不允许我违抗，让我承担起另一项重任。从那时起我又走上了漫长而曲折的办刊之路，迄今已有15个年头。

《复旦学报》是一份历史悠久、积淀深厚的学术期刊，它的确凿有据的历史始于1935年，曾因战争和社会政局变动而中断。1955年《复旦学报》在陈望道校长主持下复刊，发表了大批学术前辈的华章，直至1966年因"文革"浩劫而被阻断十余年。1978年在夏征农书记领导下《复旦学报》再度复刊，在"实践是检验真理的唯一标准"问题的讨论中大放异彩，吸引了国家高层领导和大批作者、读者的关注。《复旦学报》在学术的地基上增添了时代的色彩，经过多年培育，确立了"学术为本，反映时代精神"的办刊方针。

1995年秋我踏进《复旦学报》编辑部时，学报的状态由于种种原因正处于低谷，学报编辑部仿佛是学校里的一个"孤岛"，硬件、软件都不佳。在最初的3年，我除了努力改善学报的硬件（如提高办刊经费）之外，着力于加强学报与学科建设和学者的联系，同时也改进与兄弟学校学报及全国高校学报研究会之间的关系。其间最突出的是我们邀请校内外学者举办了20多次学术沙龙，刊发了一系列的笔谈和讨论，在校内外引起人们的关注，产生了较大影响，许多次学术沙龙成果被《新华文摘》转载。这些沙龙的论题和内容都涉及经济社会发展和学术研究学科建设中的热点问题，诸如全球化方面的，经济发展方式方面的，可持续发展方面的，经济伦理方面的，传统文化方面的，文理交叉和融通方面的，等等。这些论题即使在当前依然是人们关注的焦点，在20世纪90年代就更加前沿了。经过近3年的努力，《复旦学报》逐渐走出低谷，在校内外重新确立了它应有的地位。

然而，办刊之路并不平坦。就我个人而言，在当主编的同时，依然还是哲学系的教师，还要上课，带博士生，无法舍弃我的教学情结和研究情结。

当主编与当教师之间在时间和精力上常常发生矛盾。1998年，我得到英国皇家学术院的奖教金，在英国利兹大学做了半年的客座研究员。回校后就一心想着继续做研究，放松了学报工作。2000年，《复旦学报》因一篇有关政治民主方面的文章遭到严厉批评。我在办刊路上面临严峻的考验。令我感动的是，学校领导并未因此将我一棍子打死，而是在认真研究分析情况和错误的基础上，要求我继续办好学报，而且要把学报提升到国内学报的前列。在随后的两年里，我和编辑部同仁们不断反思，吸取教训，仔细研究分析编辑工作中的各个环节，在政治上和学术上严格评审稿件。2002年7月教育部召开的全国高校学报工作会议是全国高校学报发展中的大事，也开启了《复旦学报》工作的重要起点。在2003年启动的教育部名刊工程中，《复旦学报》得到了专家学者们的肯定，获准进入首批名刊工程行列。名刊工程建设的这七年是我学报工作的新阶段，虽然我没有割舍教学和科研情结，但为学报工作付出的时间和精力的确是大大地增加了。有辛勤的耕耘，才能有丰满的收获。这种因果关系几乎是一条铁律，因而一直是我践行的信条。在《复旦学报》的名刊建设中我感到有几件事比较突出，花的力气也特别大。首先是确定名栏目和邀请主持人，凸显高质量论文；第二是在名栏文章基础上举办全校性学术讲座，吸引更多读者，扩展学报影响力；第三是创办英文刊，推动中国学术国际化。在这些方面还是做成功了一些事。做任何事，只要真投入，肯努力，下工夫，就总会有收获；反之，则不仅成不了事，甚至还会出错。当系主任，当主编，都一样。概而言之，"工欲成其事，必须下工夫"。

编者、作者与读者：办刊三群体

我认为，办好学术期刊要有三个群体：编者、作者、读者，按构成人数依次是小、中、大。当然，这个区分也是相对的，尤其是作者与读者，是互换的。编者群体即编辑部，是办刊的核心，期刊的制作者，期刊成败优劣的关键。作者群体为期刊提供稿源，是办好期刊的基础，没有这个群体，期刊就成了无源之水、无本之木。读者群体是期刊创办制作的依据，是期刊的立足之地。如果把期刊比做一棵树，那么编者就应该是园丁，作者、读者是土壤。如果打个粗浅的比喻,编者是做饭的,作者就是提供大米原料的,读者就是吃饭的。没有编者,大米原料不会自动变成饭;但是,"巧妇难为无米之炊",没有作者,编者再强再能干也是做不出好饭的;没有读者,饭做得再好,也是白做。这三者应该是相辅相成、互动互助的。

考量一份期刊办得怎么样,应该着眼于考察这三个群体,无论从质还是从量考察,制定指标,都应该与这三个群体有关。我们现在惯于用各种量化指标来衡量期刊的质量。其实,期刊的质量最终取决于是否为读者所欢迎、喜爱和需要。而要为读者所喜爱,就必定要有高水平的作者写出高质量的文章,要有一个好的编辑部把好文章组织、编辑好。所以,搞名刊工程,应该着力于这三个群体的建设,各种举措都应当与此相关。

学报处在高校环境之中,按说作者和读者似乎都不成问题。其实不然。目前,各校各院系对教师的考核、奖励都把在中国社科院系统学术期刊上发表的论文列为最高等级,学者们的优质稿件自然地朝向那里。这对学报的作者群构成很大威胁。现在许多学报都想方设法搞名栏建设,其中的重要目的之一就是想要稳住一批作者。我认为,学术期刊要建设好一个作者群,其一,要有一个动态观点,不要把作者群凝固化,因为一方面总是不断有新人涌现,另一方面一个优秀的作者不可能只为一家期刊写稿;其二,更重要的是要了解高校"211"、"985"等工程开展情况,密切关注并熟悉文科院系和各个学科点的学科建设和相应的教师队伍,尤其要抓住那些科研写作能力强又有发展潜力的中青年学者。青年作者可以说是学报生命力之源,因为他们不仅给当前的学报增添活力、创造力,而且为学报日后的发展增强了后劲。环顾学术界,当今许多学术顶尖学者、中坚学者当年都是从学报登上学术舞台的,对学报保留着一份无法割舍的情结。这是学报在政策导向不利情况下还能不断有著名学者优质稿件的根本原因。《复旦学报》2008年在复刊30周年总结时把这一点看做一条宝贵的经验,因为我们的情况就是如此。当今我校在学术界有影响力的学者当年都是从《复旦学报》起步的,他们至今依然有着一份学报情结,不断提供他们的研究成果。学报由此还能得到校外学者的优质来稿。

高校师生是学术期刊的主要读者,尤其是数量庞大的本科生、研究生群体。我们主办学术讲座就是为了巩固和扩大读者群。但是,在这方面我们现在面临着新的情况。随着电子技术和网络的快速发展以及高校办学条件的改善,学生群体几乎都通过电脑从网上阅读论文,教师群体也越来越多通过网络阅读,纸质学术期刊越来越被冷落。尽管网络阅读之源还是纸质期刊,但是由于网络是按专业、作者、题目分类编制的,而读者通过网络阅读总是按自己的专业、课题或兴趣的需要进行的,因此,这种阅读方式就大大降低了读者对期刊总体的了解,削弱了对期刊的关注度,淡化了期刊的形象和影响。网络阅读方便了读者,扩大了论文的学术影响力,它不能割断学术期刊与读者的关系,却疏离了读者与学术期刊的关系。期刊与读者之间显然必须确立新型的关系。这种新型关系究竟应该是怎样的关系?如何建立这种新型关系?这也是摆在学术期刊面前的重要问题。

编者是把作者与读者连接沟通的桥梁或纽带,学术期刊要成为学术交流与讨论的平台、展示学术成果的窗口,关键就在于编辑部能否发挥好这种中介作用,而编辑部功能的发挥则取决于主编和责任编辑。有一个好的编辑部才能有一份好的期刊。一般认为,加强编辑部建设就是要强化制度和规章的建设,这当然是对的。但我认为,规章制度是由人来制定、贯彻、落实的,因此,最重要的还是要提高编辑部成员的素质、品格、能力、水平。要招聘编辑或者当一名编辑并不难,但要培养成为一名出色的、优秀的编辑确实不容易。为什么呢?因为一个好编辑首先要有做编辑工作的志向、兴趣和理想,需要具有编辑特有的能力和本领,需要具有高尚的品质和素养。这是要通过长期的编辑实践才能造就的,仅在理论上懂道理是不行的。我们现在最缺少的是什么?是作为编辑的职业精神和职业素养。

编辑:学者化和职业化

20世纪90年代中后期,我在学报界经常听到"编辑学者化",这个话语很受编辑欢迎。到21世纪初,我在期刊界又经常听到另一个话语:"编辑职业化"。这两个话语从道理上讲都很好,但真要达到两全其美并非易事,因为在实践中两者在时间和精力上是矛盾的。在学术期刊界尤其是高校学报编辑部,许多主编、责编都是一面编刊物,一面搞自己的专业,其中主编更是如此,因为许多主编原本就是专业教师,既有研究课题,也有研究生要带,甚至还有本科生的课要上。十几年来,我自己就处在这种情况之中,一面当主编,一面当博导。为此,经常在时间、精力方面发生矛盾、冲突,由此产生烦恼、痛苦。然而,要我割舍研究情结或教学情结实在难以做到。但是,在我真正进入主编这个角色或者说工作到位之后,我深深体会到,要办好一份刊物必须要有一个职业化的编辑群体。对于编辑而言,职业化是第一位的,但学者化也是不可缺少的。那么,编辑的"职业化"和"学者化"的含义究竟是什么呢?我认为,编辑的学者化主要不是指编辑要懂编辑学,因为编辑学方面的要求应归属于编辑的职业化方面的内容。作为学术期刊主编或编辑的学者化是指在某学科领域内有所专长,并具有较广博的知识和良好的学者素养。但是,编辑的学者化除了与教师、研究人员有共同之处外,应还有其特殊性,这种特殊性与编辑的专业化和职业化有关。我认为,编辑的职业化首先要求编辑具有明确的专业意识和职业意识,而更重要的是,要通过编辑实践,形成特有的能力、品质和素养。那么,编辑的专业意识和职业意识是什么?编辑特有的能力、品质和素养又是什么呢?

在这里我不是从学科分类和专业设置角度而是从办刊实践的视角谈论编辑的专业化和职业化。我认为,编辑应具有不同于一般专业学者的特殊本领和能力。如出谋划策,即会出主意出点子,能设计栏目,凸现亮点;又如广泛涉猎,即涉足广泛的知识领域,具有广博的知识面;再如信息灵通,熟悉学术情报和发展动向;还如具有协调组织学术活动的能力;等等。当然,编辑作为一种专业的内涵是十分丰富的,上述只是稍作列举。我想强调的是,编辑具有的专业特长是一种实践智慧。所谓实践智慧是指一个人在实践活动中作出判断、抉择,应对事物、事件,解决矛盾、问题的能力,也是审察事物、感悟事理、洞识真相的能力。这些能力与人的认知、学养、思辨、理论有关,但并不一样,它们是人在实践活动中形成发展起来的。实践智慧当然不是编辑所专有的,各行各业的人都具有实践智慧,但不同的工作岗位、不同的职业生涯,有着不同的实践智慧。编辑所需要的实践智慧有它的特殊性。如灵敏的学术文化嗅觉,特殊的判断能力、估价能力,形成对各种文本进行审察、估计、衡量的尺度和标准,即心中有杆"秤"。编辑的职业化同样有着丰富的内涵,这里只提出两点。一是献身精神,即为学术研究做好服务工作,为他人作品增添光彩,不与他人争名夺利;服务和奉献不是迎合恭维和媚俗,而是指向崇高、公正、美好、优良。二是高度的责任心和负责精神,包括政治上和学术上,体现在稿件的评判录用以及编辑加工校勘等方面。对编校事务是否熟练,能否专心致志和高度负责,是衡量编辑的职业精神和是否敬业的重要标志。编辑的职业素养、能力、品质同样也是在实践中逐步形成的。而且,在实践中编辑的专业和职业是不能分离的,两者是相互包容和重合的,编辑的职业化广义地说包括编辑的专业素养和能力。

那么,除了具有作为编辑所特有的专业、职业素养和能力之外,编辑是否还需要某一个或多个学科领域的专业知识呢?我的看法是肯定的,尤其是学术期刊的编辑和主编,更需要不断学习、研究和增进学科专业的知识和水平,也就是努力使自己学者化。事实上,如果离开学科专业,上述编辑特有的能力和素养将会是非常有限的,更不可能持续进步发展。试问,编辑如果缺乏学科专业的功底和一定的水平,如何形成自己的审察、评判、估价能力?又如何能出谋划策?即令奉献精神和责任心的发挥也要大打折扣。反之,编辑学者化,不断增强自己的专业水准,无疑会提高编辑的职业素养和能力。但是,在实践中,编辑的学者化和职业化在时间、精力方面的确会发生矛盾和冲突。主编或编辑由于专注于专业研究而削弱编辑业务进而影响期刊质量的情况时有发生。但我认为,这个矛盾只能通过控制、调节和合理安排予以解决,而不应当用"割舍""研究情结"和"学者化"来解决。"割舍"的办法也许在短期内表面上有效,而从长远看、从根本上说,将导致编辑的专业水平不能与时俱进,也阻抑编辑职业素养和能力的进步,从而影响期刊的质量。因此,如果说"学者化"与"职业化"是一对矛盾的话,那么不应采取"割舍"一方的办法予以解决。我倒是认为,这对矛盾的双方不是一方吃掉另一方的关系,而是互动的关系,即相互促进的关系,用更为时尚的话语,主编和编辑应该是学者化和职业化的"双赢"。当然,"互动"和"双赢"都不是自然而然地成就的,必须通过艰苦努力和不断调控乃至付出代价而达到的。事实上,人类生存境况中的矛盾并不都是用非此即彼的一方"消灭"、"打倒"、"克服"另一方的手段来解决的,在许多情况下,通过双方的"协调"、"互动"、"统一"、"和谐"等途径才更是妥善、正确、有效的解决方法。

"看得见的手"与"看不见的手"

我曾把学术、管理、市场看做人文社科期刊生存发展必须依靠、接受和面对的三个方面或"三重合力"。我常常觉得,这三重合力既像是"看得见的手",又像是"看不见的手"。人文社科期刊编辑部就是在这三重合力下运作的。问题是这三重合力并不是完美结合好的既定模式,人文社科期刊必须懂得如何依靠、应对、协调这既"看得见"又"看不见"的手。

"学术为本"是人文社科期刊的办刊方针。期刊的学术内容是由学者提供的,学术期刊必须扎根于学者群体之中,舍此必失去生存之根基。但是,学者们对期刊的想法、看法、要求,与期刊的管理制度、规则,与市场经济并不都是一致的。学者们一般都按照学科建设、研究课题的情况以及个人的旨趣来要求期刊的。期刊由于自身的局限或受制于管理制度、规则,往往不能满足学者们的要求。目前高校以书代刊大量涌现,并呈发展态势,其重要原因就是我们的期刊不能满足或符合各门学科建设发展的要求。学科建设是一项外延广阔、内涵深厚极其错综复杂的事业,不同的学科各有不同的具体情况、特点和问题。大体而言,老学科的建设着重于改造或突破老的体系,增添新的内容和思想观点;新学科的建设则是从无到有,逐步丰富完善建构完整体系;基础理论性学科底蕴深厚思想深邃;应用性实用性强的学科更贴近现实切近实践。不同的特点形成不同的问题体系,不同的切入点,不同的焦点、热点和冷点。然而,学科建设的发展态势并不是显而易见的,尤其是在全球化和现代化两大潮流的驱动下,世界各国的经济和社会发展变化万千,各门学科呈现不同派别、不同观点、不同发展态势。学术的发展既有看得见的东西,更有看不见的东西。而期刊在形成一个运作模式以后,办刊人很容易形成一种思维定势,依靠惯性运转,不注意环境、背景、形势的变化,这其实是有危险的,如果不及时纠正,极有可能产生不良后果。期刊的上升或下滑都有一个过程,有一个周期,努力或懈怠都不会立竿见影。因此,办刊人要保持清醒的头脑,善于反思和分析;要密切联系专家学者,及时倾听管理部门的意见、把握情况、审时度势、与时俱进,奋发向上,期刊才能不断强大。

期刊必须接受各方行政管理部门的领导、指导,必须懂得期刊管理制度、法规,否则将失去生存之地。期刊的管理不是抽象空洞的,而必须是实在的可操作的。对期刊的管理当前主要是依靠量化指标体系进行的,其中包括期刊论文转载量和转载率的数据以及期刊征引检索数据。我国人文社科类四大转载期刊(《新华文摘》、《中国社会科学文摘》、《高校文科学术文摘》、《中国人民大学书报资料中心复印资料》)都办得非常出色,且各有特点,个性鲜明,它们的转载数据在客观上的确具有评价意义。事实上每份期刊在客观上都有一定的评价意义,因为期刊上刊发的文章都是经过筛选和评审的。转载期刊刊发的文章是经过再筛选和评审的,其质量当然应该更好,它所具有的评价意义和作用当然要更大。所以,用论文转载量和转载率来评价期刊是有一定道理的。但是,像任何期刊一样,转载期刊也有其自身的局限,包括篇幅的限制,定位和视角的限制,编辑能力水平的限制,等等。因此,转载期刊不可能穷尽学术期刊上的所有优秀论文,而被转载的论文也并不意味着每篇都必定比未被转载的同类论文优秀。所以,转载期刊转载量、转载率的评价功能是有局限性的。迄今为止,世界上还没有哪一份转载期刊可以凌驾于同类期刊之上作为评价标准,将来也不会有这样的期刊。征引索引(国际上的IC系统)数据即论文的引用量和引用率,比转载量和转载率更具客观性,用来评价期刊质量同样也有一定道理。但引用量或引用率的高低是显示文章的反响和影响,不能简单地与文章的优劣画等号,以引用量或引用率来评判期刊质量高低也是有一定局限性的。以固定的量化指标为标准的评估体系对于人文社科期刊既有一定的推动促进作用,又在一定程度上束缚办刊的创造性,给办刊人带来担忧和焦虑。这是当前各期刊编辑部的生存处境中一个凸显的问题。当量化指标数据排序公布时,无论好或坏、喜或忧,都会对期刊形成巨大冲击力和压力。这是一只"看得见的手"。但是,当期刊运作时,这只手又是看不见的,因为编辑们无法确定他所编发的文章能否被转载或引用。如果他想方设法去捉摸、看清这只"手",那就会走向歪路。

必须指出,运用征引索引数据管理人文社科研究和期刊是从美国引进的新方法,这种方法是与市场经济相关的。各种征引索引数据由公司出版,是带有商业性质的,主要是供研究人员进行学术研究的工具而不是评价标准。用数据制作的排行榜更具有商业化和市场的意义。当然,我们并不否定市场对学术研究和期刊的推动作用,期刊就生存在市场经济的大环境中,包括人文社科在内的学术研究要为经济和社会发展服务当然要涉及市场。但是,学术研究和期刊与市场经济毕竟是两件不同性质的事,它们各有自身的特点和规律,市场经济的游戏规则不能简单随意地搬用于学术研究和期刊。当前,人文社科期刊还面临着另一种市场力量的冲击,那就是期刊的数字化、网络化问题。早在十几年前,大多数人文社科期刊已经被网络公司纳入了它们的运营轨道。网络扩大了期刊的影响,也为公司带来了丰厚的利润,同时也切断了期刊扩大发行销售的路。当前,相当多的读者是通过网络而不是通过纸质版本阅读期刊的,这一趋势还将进一步扩展。期刊的数字化、网络化是一个不可抗拒的必然趋势。社会的发展迫使人文社科期刊直面市场,学会在市场化的社会中运作。

学术期刊与学术事业"共在"

近年来,关于网络电子期刊对纸质期刊的冲击成了一个热门话题。在这里我并不是要对该话题作评论,而是想指出:学术期刊是整个学术事业不可或缺的组成部分,学术则是一个国家、社会、民族生存发展必不可少的事业,尤其在当今,它越来越具有基础或核心的作用,而只要有学术事业就必定要有学术期刊;因此,当前的紧迫问题不是去预测纸质期刊是否会被淘汰,而应当是如何使期刊适应学术发展的需要,从而适应社会历史发展的要求,纸质期刊是否会被淘汰将取决于它是否能适应学术和社会发展的要求。

学术是整个社会的有机组成部分,要学会在市场化的社会中运作,但学术应该有不同于社会其他事业的独特的品格。譬如:求真求是,不依附权势;造福人类,造福社会,而不崇尚财富,不迷恋金钱。学术是实实在在的事业,决不能弄虚作假;学术是真真切切的工作,容不得忽悠欺骗。学术是坚韧有力的,不媚上,也不欺下凌弱。学术崇尚真实性、客观性、神圣性。学术将独立、自由看做自身发展的前提。学术的品格也应是学术期刊的品格。毫无疑问,学术期刊必须讲究政治,受制于意识形态,必须直面市场化的社会。但是,作为一份具有独立品格的人文社科学术期刊,不能沉沦于市场化的社会,而应当挺立于高处,仗义执言,追求真理,主持正义。

改革开放30年来的经济社会发展,为我们学术事业的发展提供了比以往优越得多的物质条件,也为学术发展创造了比以往宽松自由得多的环境氛围以及无数个良好的机遇。当代经济社会的发展无论是从国际还是国内来看,无论是对自然科学还是对人文社会科学来讲,都提出了无数的问题要我们去研究思考。但是,市场经济在某种意义上是"利"字当头的。功利主义的泛滥,严重地腐蚀了学术的神圣性,给学术发展产生了不利的影响,阻碍了学术的正常发展。学术的进步发展有其自身特有的规律。学术不可能隔绝于社会,但学术期刊的运作应当力戒急功近利、浮躁盲动,不应趋时尚、赶潮流。学术和期刊的发展要有组织有管理,但不可过度地行政化,规章制度和评价机制是否合理恰当对于学术和期刊的发展至关重要。就目前的状况而言,在这方面大有改进的必要。

学术的发展要有一种内在的动力,这个内在动力就是我们学者的使命感、责任感。一个真心诚意从事学术事业的人,必须把学术当做自己的生命,当做自己的生活方式,而不能刻意追求功名利禄。只有这样,我们才能理解在学术史上,在最困难的条件下,还能出那么多的大学者和大的学术成果。从事学术事业的学者需要有献身精神,这是学术发展必不可少的内驱力。学术期刊要借助于这种内驱力,办刊人也要有这种献身精神,与学术事业共生共存。

《复旦学报》：青年理论工作者的摇篮

俞吾金

著名学者俞吾金

俞吾金（1948—　），浙江萧山人。1977年考入复旦大学哲学系，1988年—1990年在德国法兰克福大学留学，1991年获复旦大学博士学位，现为博士生导师，复旦大学现代哲学研究所所长，复旦大学当代国外马克思主义研究中心主任。

1999年之后，曾先后赴台湾辅仁大学、台湾大学讲学；2000年赴美国夏威夷等7所大学讲学。此外还担任北京大学、清华大学等院校兼职教授。

俞吾金教授长期从事哲学研究，出版专著多部。

《复旦学报》作为复旦学人辛勤耕耘的学术园地，素以思想活跃、戛戛独造、不逐时流、不骛时尚见重于海内外学术界。记得访美期间，我在哈佛大学、哥伦比亚大学等图书馆里都见到过它。事实上，只要踏进美国任何一所大学的文科阅览室，我总会自觉不自觉地追寻它的芳踪。每当我从书架上捧起它时，一种特别亲切的感觉就会油然而生，难忘的记忆就会像潮水般地涌来……

1978年初，当我作为高考招生制度恢复后的第一届大学生走进复旦校园时，刚刚复刊的《复旦学报》对于我们来说还是一个高不可攀的学术殿堂。三年级时，我试着写哲学论文，处女作是《"蜡块说"小考》。在西方哲学史研究中，一般认为是亚里士多德最早在认识论上提出了"蜡块说"的比喻。我在阅读柏拉图的《泰阿泰德篇》时，发现这个比喻已经出现，因而写了一篇4000字左右的考证性的论文。当时我还是一个默默无闻的青年学生，生怕自己的文章不受重视，复写了两份，连原稿在内分别寄给了《哲学研究》、《国内哲学动态》和《复旦学报》编辑部,想试试自己的运气。结果《国内哲学动态》最早复信给我,表示愿意发表此文。谁知不久后,另外两家刊物也都来信表示了同样的意思。我连忙给《哲学研究》去信,说明我的论文已被其他刊物接受;同时也到《复旦学报》编辑部去表示歉意。当时接待我的老师都说没有关系,并鼓励我继续写一些有新意的论文。

不久,我就写了一篇短论文,题目是《克拉底鲁是智者派哲学家吗?》,发表在《复旦学报》1981年第2期上。以后便一发而不可收,20年中在《复旦学报》上发表了24篇论文,还有幸成了《复旦学报》的编委。除了积极为《复旦学报》撰稿外,有时也参与一些新栏目的策划。如近年来由《复旦学报》、复旦出版社和复旦发展研究院联合策划并举行的系列性的学术研讨会就在学术界产生了一定的反响。

回顾20年来的学思历程,我深深地感到,我们的理论生命正是从《复旦学报》开始的。每当我有新的想法,而这些想法又有充分的理据时,《复旦学报》编辑部的老师们总是热情地鼓励我把它们写出来,在《复旦学报》上发表。这种循循善诱、奖掖后学的古道热肠正是20年来推动我不断地进行理论探索的巨大力量。愿《复旦学报》在新世纪里成为更多的青年理论工作者的领路人,为理论学术的繁荣贡献更大的力量!

(原载《复旦学报》1998年第6期)

编者、作者、读者评论(摘编)

在夏老(指夏征农同志)带头下,本来就对"文革"中的倒行逆施憋足了一肚子气的复旦大学教师,积极参与在理论上的拨乱反正,写出了有影响的论文。我当时也在学报复刊第1期上写了一篇《谈谈无产阶级绝对贫困化问题》的论文,对于几十年来由苏联一些经济学家和苏联《政治经济学教科书》阐述的无产阶级绝对贫困化规律提出异议。我指出,硬说资本主义国家里的"工人阶级的收入一年比一年减少"、"工人阶级的生活水平越来越低",是不符合实际的。无产阶级绝对贫困化不是规律,只是在经济危机和战乱期间有时出现的经济现象。其实,我的这种观点并没有什么高明之处……但在"左"的思潮占统治地位的期间,谁都不敢说,说了马上就会有"资产阶级辩护士"、"右派"的帽子飞上来。

复刊的学报得到了社会的好评。当时任中共中央组织部长的胡耀邦在一次中组部召开的会议上表扬了《复旦学报》,说学报发表了夏征农的文章《没有民主就没有社会主义》,很好嘛。复旦党委组织部长回来作了传达,使编辑部同仁兴奋不已。我那篇关于无产阶级绝对贫困化的论文,由于是在这个问题上第一篇纠"左"的文章,获得了第一届孙冶方经济论文奖。可以说,在"文革"后理论战线上的拨乱反正的斗争中,《复旦学报》是勇往直前,充当了思想解放的排头兵的。

(摘自蒋学模(著名经济学家)《永远当思想解放的排头兵》,《复旦学报》1998年第6期)

相关链接

*程天权.团结奋斗　再攀新高[J].复旦学报,1998(6).
*章培恒.学术性与探索性[J].复旦学报,1998(6).
*蒋孔阳.我的祝愿[J].复旦学报,1998(6).
*陆德明.三点参考意见[J].复旦学报,1998(6).
*周振鹤.努力提高学报的学术水平[J].复旦学报,1998(6).
*林尚立.为科学发展提供了学术空间[J].复旦学报,1998(6).
*黄颂杰.编辑:独特的专业,高尚的职业[N].文汇报,2005-07-10.
*黄颂杰.学术、管理、市场三重合力下的人文社科期刊[J].新华文摘,2010(1).

重视质量　突出特色　彰显功能　打造名刊
——《北京师范大学学报》（社会科学版）的办刊之路

习　文

《北京师范大学学报》封面

《北京师范大学学报》（社会科学版）（以下简称《北师大学报》）自1956年创刊以来，始终坚持的办刊宗旨是：重视质量，突出特色，彰显功能，打造名刊。在这一宗旨的导引下，经过数十年的风雨洗礼，几代编辑的努力，《北师大学报》的学术品位不断提升，现已成为教育部名刊工程首批入选期刊，在学术界占有一席之地。

一、切实提高学术质量

学报首任主编、著名历史学家陈垣老先生在亲自撰写的《发刊词》里强调，学报反映学术成果，要切实注重学术质量。这是一个重要的办刊宗旨。几十年里，北师大学报人始终坚持这一宗旨不动摇。为提升学术质量，编辑部强调严格把好三关。

一是严把选题关。编辑部要求编辑人员按照学科栏目和专题栏目，每期围绕一个主题进行精心选题、组稿。为做到这一点，学科责任编辑不能坐等来稿，必须深入各院、系、所，了解教师的教学科研动态，搜集有关信息，提出学科的年度选题。经集体讨论，将那些研究领域新、具有前瞻性、学术价值高的课题列入选题计划，而后有针对性地约稿。这样做，不但可以使某个问题讨论更加深入，还能从源头上保证选题的质量，可谓一举两得。

二是严把审读关。编辑部制定的《编辑手册》，根据《发刊词》里关于什么是优质学术文章的界定，明确提出"审稿标准"：学术性和理论性突出，学术功底扎实，在学风和学术规范上体现北师大严谨求实的学风。为切实达到这一要求，各学科责任编辑在审稿时，必须认真做好审读记录，将稿件中的立论、观点、论据、论证以及语言文字方面的问题——笔录在案。先对稿件质量作总体评估，如确定刊用，便根据审读记录，再向作者提出具体的修改意见。比如，蒋重跃编审照此要求操作，就取得了非常好的效果。他在审读一位博士后作者的一篇稿件时觉得选题和内容都不错，但在论证和语言文字方面存在一些不足。他边审读边做记录，总共提出二十多条意见，供作者修改时参考。经过四易其稿，最终达到了发表的水平。这位博士后作者深有感慨地说，我在其他学术刊物上发表过几篇文章，但像《北师大学报》编辑这样要求严格并提出如此详尽的意见，还真是我的第一次幸运经历。

为了把好审读关，学报编辑部不断完善稿件三审制和双向匿名审稿制，坚决拒绝关系稿、人情稿和条子稿，坚持以文取稿，而不以人取稿。也就是说，不论作者是谁，不论来头如何，只要不合要求，就不采用。要做到这一点确实很难，但无论怎么难，原则必须坚持，绝不能为照顾一个作者，而得罪千千万万个读者。曾有这样一件难忘的事情：编辑部的一位史学编辑在审读本校知名历史学家、年近八旬的赵光贤老先生的一篇稿件时，觉得文中的一些观点过于陈旧，很难采用。但要退稿又怕赵先生不高兴，甚至生气。后经编辑部讨论，还是将稿退还了赵先生。出乎大家的意料，事后，赵先生拿着退稿对他的一位留校任教的博士说，学报就该这个样子，不要管谁的稿子，不可用就不用，用不着怕得罪人。学报退稿子给我，我十分感谢学报认真的精神，有了这种精神才能办好学报哇。赵先生这种大家气度，着实感动了学报的每一位编辑，也进一步鼓舞了编辑严格把好审读关的信心。

三是严把编辑加工、校对关。编辑加工、校对，对于优化文章的学术质量至关重要。编辑部要求在把好选题关和审读关的基础上，进一步以精益求精的精神把好编辑加工、校对关，认真对待文中的每一个细微之处。按照这一要求，编辑们都兢兢业业，一丝不苟，不敢稍有疏忽。例如，有的编辑在修改时，发现对文中的某一提法拿捏不准，就去讨教有关专家；有的编辑在校对中，为弄清一个关键字的正误，不惜花费时间到图书馆查找资料，直到搞清楚为止。最能反映这种认真精神的是王炳照教授的一个事例。有一次，他为了核实一篇文章中引用的一条毛主席语录：究竟是"建立新中国"，还是"建立新的中国"，虽只有一字之不同，但他从夜里11点到次日凌晨4点，翻遍了四卷《毛泽东选集》，最后终于查清，这两条语录都没有错，都有原文依据，这才放了心。这一事例曾在校内外传为美谈。

　　由于编辑人员以慎微严谨的认真精神，严格把好上述三关，《北师大学报》所刊发的文章虽不是篇篇出彩，但瞩目前沿、观点新颖、资料翔实、论证严密的高水平论文占有相当的比重，其中不乏颇有影响的力作。如白寿彝先生的《关于中国民族关系史上的几个问题》、顾明远等先生的《学习型社会：以学习求发展》、袁贵仁先生的《人的理论：马克思的回答》等，由于学术视野独到，新见迭出，获得了专家们的称赞。又如刘家和先生的《关于历史发展的连续性与统一性问题——对黑格尔曲解中国历史的驳论》、赵光贤先生的《裴炎谋反说辨诬》、顾诚先生的《李岩质疑》等，由于推翻了陈说，提出了己见，引起了史学界的高度关注。再如俞敏先生的《汉藏人和话同源探索》、启功先生的《说八股》、郭预衡先生的《精神解放和文章的变迁》，由于对历史上某种特定的文化现象探微索疑，分析透辟，深受读者的好评。还有龚书铎先生的《甲午战争期间的社会舆论》、何继善等先生的《产业群的生态学模型及生态平衡分析》诸文，因拓展了学科的研究范围，提供了新思路和新材料，受到了同行专家重视。文章质量是学报质量的内核，是其生命力之所在。不断提高学报的学术品位，实现其最大的价值，是北师大学报人的不懈追求。

二、着力突出学报特色

　　《北师大学报》要办出自己的特色，这是学报《发刊词》里确定的又一重要办刊宗旨。经过编辑人员的艰难探索，《北师大学报》现已形成了自己鲜明的特色。这主要凸显在以下三个方面。

　　一是总体特色。从内容结构看，就是"突出教育心理特色，发挥人文学科优势，关注重大社会问题，探索学术发展方向"。这一内容结构是建立在本校学科建设基础上的，也是和本校办学特色紧密相连的。长期以来，特别是新时期以来，编辑人员自觉地按照这一内容结构精心策划栏目、选题，认真组稿、选稿，避免了那种无特色、无重点的论文大拼盘似的状况，从而取得了良好的效果。从文章风格看，就是严谨扎实。这一风格体现了本校办学的优良传统,也是和本校的校风紧密相连的。陈垣老先生在《发刊词》里就说,学报论文"要持之有故,言之成理","那些不用思考,信口开河,空洞武断,冗长无物,或生硬地引文不加阐发,或者盲从附会不加分析的文章,不属于学术研究,与学报精神不符"。在实际工作中,编辑人员一直严格按照这一标准选文,推出了不少具有原创性、严谨扎实的优秀之作。《北师大学报》这一与本校实际紧密相连的内容结构和文章风格所构成的总体特色,从根本上区别于其他高校学报,形成了独特的"这一个"。

二是学科特色。按照内容结构,结合本校的实际,学报着重反映教育心理以及文史哲等优势学科的研究成果,特别是重点突出教育、心理学科特色。具体做法是,在篇幅上,确保平均每期占到1/4的版面,也就是说,在保证文章质量的前提下,要比其他学科有相对多的文章数量。同时做到:栏目固定化,研究主题深入化。所谓栏目固定化,即保证教育、心理学科栏目每期都不缺位,以保持连续性;所谓研究主题深入化,即在一段时间内围绕一个重大主题组织稿件,从不同角度和不同层面探讨同一个问题,以求讨论的深入。仅新时期以来,学报就对有关教育哲学问题、教育现代化问题、教育经济问题、素质教育问题、课程改革问题、心理学发展问题等,进行了深入的理论探讨。其代表性的论文有:黄济先生的《关于教育哲学研究中的几个问题》、王策三先生的《教育主体哲学刍议》、顾明远先生的《新的科技革命与教育现代化》、王善迈先生的《论高等教育的学费》、赖德胜先生的《高等教育投资的风险与防范》、苏君阳先生的《素质教育认识论的误区及超越》,以及朱智贤先生的《关于思维心理研究中的几个基本问题》、俞国良先生的《论教师心理健康及其促进》等。这一特色学科所探讨的问题,为教育改革的深化、教育理论的发展和教育事业的兴旺,做出了应有的贡献,也获得了广泛的赞誉。

三是专题栏目特色。《北师大学报》除了设置优势学科栏目外,还重视专题特色栏目的建设。近20年来,就先后开设了"可持续发展战略研究"、"价值与文化研究"、"北京文化发展研究"等专题特色栏目。其中"可持续发展战略研究"栏目最受专家学者和读者的青睐。这一栏目是根据国家经济社会发展的需要,依靠本校的学术资源,于20世纪90年代中期创办的。自创办以来,以其显著的成果,成为学报的一个新的学术增长点,以其独有的魅力,吸引了一批著名的专家学者。该栏目刊登的徐匡迪院士的《工程师——

从物质财富的创造者到可持续发展的实践者》、刘福森先生的《发展合理性的追寻——发展伦理学的理论与价值》、李晓西等先生的《质量理念的新拓展》、王静爱等先生的《中国城市水灾危险性与可持续发展》、李育冬先生的《生态城市建设与中国西北地区的可持续发展》、曲晓茹等先生的《碳排放权交易的环境效应及对策研究》等论文，紧紧抓住经济社会可持续发展中的重要问题，多角度切入，从学理层面进行了详尽的剖析、阐发，极富启迪性。其中有些论文被多家重要文摘报刊同时转载，有些文章中的观点被研究者大量引用，从而得以广为传播，产生了很好的社会效益。

三、注重彰显学报的功能

《北师大学报》作为学校一份综合性的人文社会科学学术期刊，承担着很重的任务，要实现多方面的功能。长期以来，学报编辑部苦心经营，在彰显学报三大主要功能上花费了很多力气，取得了较好的效果。

一是发挥学报的"窗口"展示功能。学报是一种编辑产品，承载和展示的是学校的教学科研成果。《北师大学报》自创刊至今，共有54年的时间，其间因故停刊8年，实际出版学报只有46年，在这46年里，共出版学报249期，发表学术论文4100多篇，计4500多万字。最近十多年来，随着学校科研的加强，成果的增多，学报曾两次扩大版面，增加容量，并每年出版一至二期增刊。这些丰硕的学术成果，既显示了学校雄厚的科研力量，同时还反映出北师大人辛勤耕耘的奋斗精神。随着时间的延伸，《北师大学报》必会展示数量越来越多、质量越来越高的学术科研成果，成为一个最耀眼的"窗口"。

二是发挥学报推动教学科研的功能。学报不是被动地反映和展示学校的教学科研成果，还要发挥推动教学科研的功能。学报的具体做法是，通过"六个倡导"，从导向上引领学校的教学科研。其一，倡导问题意识。学报要求学术论文一定要提出问题、解决问题，要有鲜明的针对性，有自己的主张；凡是漫无目的、无病呻吟、泛泛地谈背景、说过程、没有主题的文章，一篇都不刊登。翻阅《北师大学报》对这一点会有深刻的印象。其二，倡导学术创新。没有创新就没有学术的发展。学报最看重那些或是研究新课题、或是提出新理论和新观点、或是提供了新资料的学术论文。例如，刘继岳先生的

《哲学的起点与终点》、何兹全先生的《佛教经律关于僧尼私有财产的规定》、贾珺等先生的《从历史视角看现代高科技战争的生态环境灾难》诸文中的内容、观点,就给人耳目一新之感。其三,倡导学术争鸣。学术争鸣的根本目的是发展、繁荣学术。《北师大学报》从创刊始,就非常重视贯彻这一方针。20世纪五六十年代曾发表过一批颇有分量的争鸣文章。新时期以来,就教育主体、教育产业化、中国传统文化与教育等问题展开了深入讨论。不同观点的作者既有交锋,又互相借鉴,产生了很好的影响。其四,倡导关注现实。学报编辑部认为,学报不应远离现实,而应贴近社会,拥抱现实,服务现实,在研究现实问题中发现新的项目课题。为此,学报特意开设了"可持续发展战略研究"专栏,在教育、心理、经济、管理、环境、法学等学科领域一直坚持组织、发表研究现实重大问题的学术论文,使学报充满时代气息和新的活力。其五,倡导学科研究。学科建设是高校最基本的建设。因此,学报特别重视组发学科研究的论文。在这类论文中,有对学科史的研究,有对学科性质、体系的探讨,有对建立新兴学科的思考。陈元晖先生的《中国教育学七十年》、瞿林东先生的《中国史学史:20世纪的发展道路》、钟敬文先生的《关于民俗学结构体系的设想》、武提法先生的《网络课程的学科目标取向和实践教学设计》等,就是这方面代表性的论作。其六,倡导严谨扎实的文风。这在前面已有涉及,不再赘言。

  现在大部分来稿的选题、内容、学术性和学术规范,比以前着实有了可喜的变化。这表明,学报上所展示的学术成果,对于充实、丰富教学内容,为科研提供参考,有着重要的作用,而通过"六个倡导",从导向上引领、推动学校的教学科研,则有着更为重要的作用。

  三是发挥学报培养学术新人的功能。培养学术新人,是《北师大学报》重要的办刊宗旨。陈垣老先生在《发刊词》里就明确提出:"为了鼓励青年迅速提高研究能力,积极向科学进军,我们也选择青年教师、进修教师和研究生的论文,及由各系推荐本科生的优秀论文。"为使这一办刊宗旨落到实处,学报编辑部采取了多种措施。首先是在保证学术质量的前提下,为青年作者的论文提供足够的版面。据统计,20世纪80年代中期以来,学报刊登青年作者的论文已占到学报文章总量的30%以上。其次是与学校研究生院共建"研究生学术论坛"专栏。研究生的论文经研究生院筛选后送学报,学报再从中选优,以确保文章的质量。再次是和研究生学生会共同主办讲座,由学报资深编辑讲授如何写作学术论文，介绍学报选稿的基本标准等，以帮助青年学子提高研究能力。最后是编辑们以热情、平等的态度与青年作者一起切磋文章的优长与不足，共同商量修改意见，以提升论文的学术品位。20世纪八九十年代，编辑部主任潘国琪为了发掘青年教师的优秀学术研究成果，频繁往来于编辑部和青年教师宿舍之间，广交朋友，了解动态，捕捉亮点，发现人才，为学报开辟了优质稿源，也为编辑们带了个好头。通过这些努力，一批学术新人迅速成长。他们在回顾自己走过的治学道路时，总是不忘表达对学报的感情。著名文学理论家童庆炳先生在《光明日报》上发表《我们从这里起步》的文章，深情而朴实地讲述了学报是怎样引领他走上了一条治学之路。知名教育家劳凯声教授在《我与〈北京师范大学学报〉》一文中，深有感慨地说："从我进入学术之门起，就一直受到学报的教诲、启迪和滋养……在《学报》上发表文章，从这里走向更广阔的世界。因此，《学报》于我如同良师益友。"现任教育部部长袁贵仁同志在回忆《北师大学报》发表他的第一篇论文的情景时，充满了对学报的感激。长江学者石仲英、经济学教授赖德胜等，每当见到学报的编辑时总是说，学报培养了我。这类事例不胜枚举。这群学术新人，而今正在各条战线上拼搏，发挥着顶梁柱的作用。充分彰显学报培养人才的功能，让新人辈出，永远是《北师大学报》追求的目标。

四、不断扩大学报的影响

《北师大学报》编辑部由于严格按照办刊宗旨，努力拼搏，认认真真地办刊，因而学报能以自身的独特魅力，不断扩大着影响。

首先，从发行与传播看影响的广度。据统计，学报自创刊至今，纸质本累计出版发行85万多册，近些年来，学报电子版期刊在"中国知网"的年平均机构用户达3000户以上。国内发行遍及32个省、市、自治区及港、澳特区。用户覆盖高等院校、科研单位、公共图书馆、党政机关、医院、部队和企业。国外远销北美、西欧、澳洲、中东、东南亚地区以及日、韩等国，用户多为高等院校、科研院所和公共图书馆等。由此可见影响之广泛。

其次，从信息反馈数据看影响的深度。这里说的信息反馈，主要指学报论文被转载和被引用的情况。据最近10年的统计，学报论文被《新华文摘》、《中国社会科学文摘》、《高等学校文科学术文摘》以及《中国人民大学书报资料中心复印资料》四大信息刊物摘转达710多篇，年平均摘转率一直保持在60%上下，稳居全国高校社科学报的前列。特别是近几年来被作为重点转载的文章逐渐增多，仅2009年就有5篇论文被《新华文摘》作为转载文章的重中之重，标题列于醒目的封面。这样的盛况以前从未有过。又据中国科学文献计量评价研究中心统计，近10年来，《北师大学报》各项计量指标逐年提高。如2008年总被引频次2070次，5年影响因子为1.314，即年下载率为76.8%。这些指标不只是在高等师范院校学报中独占鳌头，在综合大学学报的排名也位居第三。最令人注目的是，学报一部分单篇论文被引用的频次很是可观。据上述同一单位统计，1998—2008年，学报被引用30次以上的论文有68篇，被引用100次以上的有8篇，其中俞国良等先生的《论教师心理健康及其促进》、林崇德先生的《培养和造就高素质的人才》，分别被引用268次和211次。这些数据表明，《北师大学报》已成为科研工作者的重要参考文献，其影响之深度可见一斑。

再次，从服务社会看影响的效度。《北师大学报》一贯鼓励从学术上、理论上探讨现实社会生活中的一些重大问题，以服务于社会。如前面提到的教育、心理、经济、管理、法律等学科的一部分研究论文，为相关部门制定政策提供了参考。特别是"可持续发展战略研究"专栏的论文，绝大多数是研究经济社会发展中的理论和实践问题。如有关西部大开发问题、生态建设产业化问题、资源管理和环境保护立法问题、低碳经济问题、粮食安全问题等等。该栏目的有关论文从理论和实践的结合上对上述问题进行了深入探讨。其中提出的某些理论、理念和具体主张，不仅在学术界引起了反响，而且受到政府有关单位的高度重视。如国家开发计划部门采纳了西部划分范围的建议，国家环保部门参考了《生态建设产业化》一文中的若干意见。《光明日报》曾刊登潘国琪编审的《"综合"出作为》一文，介绍了这一专栏的特色和所发挥的作用。就服务社会而言，《北师大学报》的影响确有颇高的效度。

最后，从各方评价看影响的公信度。《北师大学报》连续多年入选各类核心期刊，2003年首批进入教育部名刊工程，2005年又荣获第三届国家期刊奖提名奖。要入选核心期刊、进入名刊行列、获得国家期刊奖，都必须具备相应的条件,必须经过众多专家的慎重评审,必须公示,得到各方人士和读者的认可。《北师大学报》能获得上述各类荣誉称号,说明其影响的公信度是比较高的。

  《北师大学报》的影响之所以有如此的广度、深度、效度和公信度,是由于它有着丰富的内涵。正如董晓萍教授在《大学圈中的学报效应》一文中所说:"现在人们查阅北师大文科学报,能找到众多大师级先哲的文章,发现他们披露某种学术思想的最早时间和最初构想;能找到大批后来产生重大学科意义和社会影响的文章,发现其中对传统与继承的深刻理解;能找到许多科研团队起飞的学术规划和系列文章,发现里面老中青人才的结构和学科后劲;还能找到源源不断的国际国内项目课题,发现北师大人文社科学者与社会天地和世界学坛的广泛联系。"这段朴实的文字,对《北师大学报》作了充分肯定、高度概括的评价,话虽不长,却值得深思。

缘结学报三十年

潘国琪

《北京师范大学学报》（社科版）原编辑部主任潘国琪

潘国琪（1937—　），湖南望城县人。中共党员，编审。1964年毕业于北京师范大学历史系，留校任教学科研管理工作。1973年至1999年，任职于《北京师范大学学报》（社会科学版），先后担任编辑部副主任、主任。曾任全国高校文科学报研究会理事长，期刊协会常务理事，《中国学术期刊综合引证报告》编委会编委。在三十多年的编辑生涯中，始终践行重视质量、瞩目前沿、突出特色、彰显功能、打造名刊的办刊理念，和编辑同仁一道拼搏，使《北京师范大学学报》的政治质量、学术质量和编校出版质量全面提升，连续多年入选多种核心期刊，2003年首批进入教育部名刊工程，2005年荣获第三届国家期刊奖提名奖。

主要学术成果有：独自或与他人合作撰写出版了《历代四季风景诗选》、《近代爱国诗选》、《近代爱国诗词选注》、《近代咏台诗选》、《文史英华·诗卷》和《华夏诗魂——爱国诗歌与传统文化》等；主编《润物细无声——社科学报编辑家耕耘录》；发表历史学和编辑学论文近三十篇。

1993年荣获国务院颁发的为高等教育事业做出突出贡献者证书，享受政府特殊津贴；2000年被评为第三届全国百佳出版工作者；2009年被评为"新中国60年有影响力的期刊人"。

《北京师范大学学报》（社会科学版）经历了50年的风风雨雨。为庆祝她的五十华诞，蒋重跃副主编嘱我写点纪念文字。我在学报这一园地耕耘了整整30年,要说的话自然很多,但一时又觉得无从下笔。思来想去,最后确定写一篇自由式的杂谈。显然,这种文章不可能有多少理论色彩,凸显的是情感的抒发和心路历程的记述。我想,透过这种抒发和记述,也足可以看到学报对我有着怎样的滋养,足可以洞见我的精神世界,足可以知晓我情归何处。

初入学报园地的感动

1973年4月24日深夜,毛泽东主席找姚文元谈话,指示说:"有些刊物为什么不恢复?像《哲学研究》、《历史研究》。还有些学报,不要只是内部,可以公开。无非是两种:一是正确的,一是错误的。刊物一办就有斗争,不可怕。"[1]遵照这一指示,《北师大学报》于当年9月即着手恢复。我当时闲着没事,领导就派我到学报做编辑工作。在那打打砸砸的混乱年代,有件正事干,我很兴奋,很激动,同时又有几分担心,因为对我来说,编辑工作完全是一项陌生的工作,害怕难以胜任。但我很幸运,在最初的几年里,我遇到了几位很有学识、很具人格魅力的领导和同事。他们的嘉言懿行,令我深为感动,受益终生。

武静寰同志是一位资深编辑,也是一位认真做人、做事的老党员,人称"老武"。学报复刊,他是负责人,我是唯一的兵。两个人(何况当时我还是一个不怎么顶用的人)在那文化荒芜的年月,要把学报恢复起来,谈何容易!但老武是一个从不向困难低头的人,他带领着我在一条布满荆棘的路上艰难地行进。

在艰难的行进中,老武的言行,给了我深刻的教育和启迪。老武的话不多,更不喜爱说教,他只是有时不经意地说说自己做编辑工作的体会。记得有一次在一同回家的路上,我们谈起了某家学报出的问题,就此话题,老武说:"小潘,编辑工作确实是一项难度很大的工作,编辑不仅政治上要敏锐,做事还要特别仔细,一点也不能马虎,一旦出了错,白纸黑字,用斧头砍也砍不掉。出了原则上的错误,会造成不好的政治影响;出了科学性的错误,会误人子弟。所以,决不能掉以轻心。"这听似平平淡淡的寥寥数语,却深深地印在了我的脑子里,在几十年的工作中,我一直时时以此提醒自己:认真些,再认真些!谨慎些,再谨慎些!

最让我感动的,是老武的敬业精神。说到这一点,我搜索枯肠也找不出最恰当的语言来表达我的感受,只好回放深藏在我记忆中的一些事实片断:老武只有上班的概念而没有下班的概念,一天上午、下午和晚上三个单元连轴转,星期日和节假日从不休息,这是他的工作惯例。他常常是过了下班时间还在忙碌,家里人等他回去吃饭,饭菜凉了热,热了凉,还不见他的踪影。有时孩子急了,跑到办公室三催四请,他嘴里说着就走,就走,却不动窝。当年学报在校内印刷厂排版,但要运到校外的印刷厂印刷。每次我们要把每盘几十斤重的近百盘铅版小心翼翼地一盘一盘地搬上车。我看到年近半百的老武越搬越吃力,累得气喘吁吁,脸上汗水直流。我劝他歇歇,他总是说:"不要紧。"见到此情此景,我只好噙住眼泪,加快速度,想尽量多搬点。老武反而说:"小潘,慢点,慢点,别太累了!"记得是1974年第4期学报,只差核红最后一道工序就要付印了,恰好这时老武要去市里开几天会,他就把核红的工作交给我完成。临走前,他一再叮嘱我千万要仔细些。他走后第二天的晚上,天下着瓢泼大雨,我正在办公室全神贯注地核红,忽然老武进来了,只见他身上从上到下都在滴水,嘴里却关切地问:"小潘,怎么样了?"顿时,我惊呆了,半天憋出一句话:"这么大的雨,您怎么回来了?"话是这么问,但我心里明白,他是怕我经验不足出纰漏,所以放心不下。常言道:"榜样的力量是无穷的。"老武同志这些无言的身教,深深地感动着我,催我奋发,催我努力追赶他的脚步!

方铭同志是位老革命,从"牛棚"里出来后,到学报主持工作。她思想敏锐,做事干练,也是一位"工作狂",除了审读稿件和商讨工作外,她还经常深入到教师当中了解情况,搜集信息,约写文章,一天到晚忙个不停。她善于调动每个人的积极性,在她手下工作不会有闲着的时候。我记得,每到星期六(那时只休星期日)她就拿来一篇稿件要我看,星期一向她谈审阅后的意见。显然,星期日我不仅不能休息,还得加班加点才行。她给我看的稿件,既有我稍微懂一点的史学方面的文章,也有我不懂的哲学、文学和经济学等学科的文章。当时,我感到压力很大,没办法,只有找一些相关文献争分夺秒地阅读,以作比较。对方铭同志的这种做法,我没有丝毫的怨言,因为她比手下的人干得更多更累。因为她的这种"逼",使我多看了一些东西,拓宽了我的学术视野,并养成了勤查文献资料的习惯,更加夯实了我的编辑基本功。方铭同志虽已作古,但我会长久地珍惜她留下的精神财富。

纵瑞棠教授也是从"牛棚"里出来后来到学报的,他和方铭同志共同主持学报工作,我们都叫他"老纵"。老纵学识渊博,为人随和,处事沉稳,工作张弛有度。他审读稿件,首先注重从整体上、宏观上判断稿件的学术价值或理论意义,如能采用,再去处理某些微观问题。所以,每次谈审稿意见时,他总是能抓住要害,用最简洁的语言把问题说得明明白白。他的这种审稿方法,对我和其他同仁都颇有启发。老纵还特别讲究语言文字的简明畅达。我们在一起修改稿件时,我见他有时能把几句话浓缩成一句话而不伤原意,有时改动一个字而大大地增强了表达的准确度。我曾问他这种文字功夫是如何修得的,他说是看《聊斋》看的,他劝我也多看看《聊斋》,并说:"小潘,当编辑文字功夫不深不行,你年轻,得多学多练呀!"几十年来,我一直牢记着这语重心长的教诲,并不断地践行着,文字能力虽有提高,但提高得很慢。

编辑部里让我感动的人和事还很多。应该说,我们学报的一些好的传统,都凝结着他们的心血和智慧,是弥足珍贵的精神财富。

《北师大学报》是在那个特殊的年代复刊的,自然深深地留下了那个年代的特殊烙印,也留下了许许多多令人深思的问题。

20世纪70年代中期,席卷全国各地长达10年之久的政治风暴停息后,历史进入一个新的时期。此时,《北师大学报》自然也在变化:端正了方向,找准了定位,人员也进行了调整,几位领导相继调离,另就高职,同时补充了新鲜血液,我被迫挑起重担,在白寿彝主编的指导下,全面负责学报工作。从此,我和学报更是结下了不解之缘,全身心地扑入她的怀抱。为了为学报增光添彩,我和学报同仁共同奋力打拼、搏击。在此过程中,经过汗水和心血的淬炼,我的办刊思路也逐渐显豁和明晰。

学报魅力全在于上乘的内在质量

作为社科学术期刊的学报,毫无疑问,既应该讲究外在质量,又应该讲究内在质量,但在我看来,内在质量更为重要,它是刊物的本质所在,魅力之所在,所以必须分层面地予以把握。

一是把握好导向。大家知道，社科学术期刊具有物质产品和精神产品双重属性，但其本质属性是精神产品，而精神产品一个最显著的特征是意识形态色彩浓烈。这就要求办刊人必须具有鲜明的政治意识，必须在政治原则、学术方针等方面严格把关，坚持"双为"方向，使所办刊物始终和社会的主流意识形态保持一致，这就是导向问题。如果导向错误，刊物就不仅失去了价值，而且还会造成负面影响。正如袁贵仁副部长在一次学报工作会议上所说，刊物的导向至关重要，一旦出了偏差，就是灾难性的。对此，在编辑实践中，我深有体会，特别是学报复刊的头些年，教训很深刻。所以，在导向问题上，我是慎之又慎，真像是履薄冰、烹小鲜那样小心翼翼。在编校稿件时总是字斟句酌、反复推敲，有时对某一拿不准的问题，常常是魂牵梦绕，费尽思量，不敢轻易作出决断。正因为如此，在我的任期内，《北师大学报》排除了各种错误思潮的干扰，导向上未有过闪失，从而发挥了应有的社会功能。这是我深感欣慰的一件事。

二是把握好学术品位。多年的编辑实践，使我逐渐认识到，学报姓学，学术品位是其内在质量的核心，是其价值所在，是其生命力之体现。因之，在办刊中，我一直死死抓住学术品位这个永恒的主题不放。那么究竟什么是高学术品位呢？我们学报第一任主编陈垣老校长在创刊号《发刊词》中指出，学报论文要"持之有故，言之成理"，"那些不用思考，信口开河，空洞武断，冗长无物，或者生硬地引文不加阐发，或者盲从附会不加分析的文章，不属于学术研究，与'学报'精神不符"[2]。在这里老校长从正反两个方面，对学报学术品位的标准作了界定，很精辟。在编辑工作中，我和我的同事一直本此标准，不浮不躁，兢兢业业，扎扎实实苦干，以一个"文化传承者"的责任感，精心策划，精心组稿，对稿件严格把关，优中选优，并精雕细刻，务去陈言，力避平庸，尽其所能向读者多推出一些有原创性、有理论穿透力的优秀之作。一分耕耘，一分收获，而今，《北师大学报》在学术界争得了一席之地，学术影响日益扩大。我们为她的辉煌而兴奋不已！

三是把握好个性特色。个性特色是学报内在质量的本质特征，是区别于其他刊物的显在标志，只有个性特色鲜明，学报才能成为长久吸引读者眼球的"这一个"。这是我在多年编辑实践中获得的一点理性认识。基于这一理性认识，根据学校的办学特点和学科实际，我们全编辑部的同仁都刻意强化和突出师范特色，不仅增加了教育心理学科论文的数量，而且取精用宏，着力追求质量。与此同时，我们还利用学校已有的学术资源，于1997年在学报上开辟了"可持续发展战略研究"专栏，这是一个跨学科综合研究问题的专栏，在当时其他刊物上尚未见到，算是个创造吧！我在开栏的"编者按"中写道："人类处于历史发展的关键时刻，我国也处于一个历史性的转变时期。如何改变传统的不可持续发展模式，转向可持续发展模式，这是全球关注的迫切问题，也是21世纪的重要议程。研究可持续发展这个战略性的问题，是功在当代、惠及子孙的伟大工程，是争取我国美好未来的伟大工程。哲学社会科学理当为此做出应有的贡献。基于这样的认识，本刊特开辟'可持续发展战略研究'专栏，发表专家最新研究成果，以期为党和政府的有关决策服务。"这是我们开办这一专栏的背景、初衷和宗旨。经过10年的苦心经营，这个栏目的影响日益扩大，既得到了如徐匡迪、李晓西等著名学者的支持，也获得了众多读者和媒体的好评，特别是受到了政府有关决策部门的关注，并采纳了其中某些建议。这一栏目已成为我们学报一个极具特色的栏目。事实反复证明：一个刊物没有个性特色，就会没有亮点、看点和卖点，就会流于俗气和俗套，就会丧失核心竞争力，就会危及生存和发展。由于办刊思路明确，我们《北师大学报》能破除守旧，摆脱趋同，彰显自己的个性，从而具有一种独特的魅力。

摆正在编辑活动三维结构中的位置

编辑活动是由编者、作者和读者彼此互动而共同进行的，业内人称之为编辑活动三维结构。长期的编辑实践让我懂得，作为编者，要做好编辑工作，就一定要摆正在三维结构中的位置，换句话说，编者一定要正确处理好和作者、读者的关系。

编者要尊重作者，依靠作者

在编辑活动三维结构中，作者处于前端的位置，没有他们，学报就没有源头，没有依靠。有了这样的理念，我在编辑工作中，从不因自己握有发稿权而傲视作者，而是十分尊重作者，紧紧依靠作者。

对于老先生，我视他们为学报最坚实的支柱，最高水平的作者群。因此，我总是怀着一颗忠诚的心向他们约稿，用行动取得他们的信任，比如，他们校对的清样、赠送的样刊和付给的稿酬,我从不让他们到编辑部取,而是亲自送上门去。久而久之,我和一些老先生的友情日益深厚,有空就到他们家里聊聊天。他们的言谈高雅,启人心智,他们的为人,更让我深受教益。比如,我国民俗学泰斗钟敬文先生,他学富五车却十分谦和虚心。我是他家的"常客",有事没事都去陪他老人家说说话,听他谈学术,忆往事,无拘无束,他也从不烦我。有时我从编辑的角度,对他的大作斗胆谈些想法。他觉得不对的,就耐心详加解释,认为有道理的,就点头称是,即作修改,显示出大家风范。著名史学家龚书铎先生,是学报的热心作者,也是我经常请教的先生之一。龚先生从不摆专家的架子,我也就变得随便起来,到他家推门就进,有时一谈就是一两个小时。他常给我讲学术动态,提醒我需要注意些什么问题,诚恳坦率。对我、对学报真可说是关爱有加。刘家和先生学识高迈,名贯中外,为人极其谦逊。我对他的文章,有时如实说些赞叹的话,他却从不爱听,硬是逼着我说其不足。有次我指出他文章中一点小小的疏漏(或许是笔误),他高兴得不得了,连连夸奖我工作认真细致。我每次离开他家告辞时,他总是要把我这个"后生"、晚辈从三楼一直送到一楼门口,怎么也挡不住。这在先生看来是一件很平常的事,而我却深为感动,常萦心怀。当然,也有的老先生比较自信。记得有位搞语文教学法的老先生给我一篇稿,他说:"我写这篇文章是下了工夫的,你一字也不能改。"我满口答应。但在拜阅中,我觉得有个小标题中的一个字必须改动一下才好。于是用铅笔改后送老先生过目。他琢磨了好一阵子后,忽然跷起大拇指说:"改得好,你是我的'一字之师'!"我从"一字不能改"到"一字之师"这一事实,一是觉得这位老先生非常可敬;一是悟到,编者尊重作者,不等于一切都顺从作者,该说的要说,该改的要改,否则就是失职。当然,这样做的时候,一定要彬彬有礼,注意方法。

对中青年作者,同样应该尊重,同样应该以诚相待,因为他们也是学报依靠的支柱,因为学报有着培养新人的责任。在这种理念的支配下,我总是本着一种负责的精神,认真而慎重地对待中青年朋友的稿件。对那些基础较好的稿件,我充分肯定其中的亮点,也诚恳地指出其中的不足,并尽可能地帮他们将文章修改到能发表的水平。对那些确实难以采用的稿件,我也向他们如实讲明问题之所在,并叮嘱他们不要气馁,继续努力。这样做,即使退稿,他们也不会有挫折感,不会和编者产生隔阂。稿件方面的问题,需要和作者商量的,有时也不妨亲自登门与之切磋。这样做便于拉近彼此的距离,甚至交为朋友。几年前,袁贵仁副部长在一次学会工作汇报会上,谈到了这样一件事,他当研究生发表第一篇论文时,是潘老师到宿舍找他看校样、核对引文,至今印象还很深刻。话语中流露出一种对编辑的尊敬之情。直到现在,也还常听到一些青年朋友对我谈起类似的事情,讲述中充满着感激之意。其实,这样的事我早就不记得了,因为当时我这样做完全是不经意的,只是我的工作习惯而已。由此,我进一步认识到,编者一定要摆正自己的位置,绝不能有"编辑老爷"的架子,否则,就会疏远作者,失去作者。

　　当然,对某些青年作者身上的某些毛病也不能一味地迁就,要给予提醒,但要讲究方法。我曾遇到这样一位青年作者。一次,他给我打电话,说他写了一篇文章,要我去取,并告诉了他的住址。我听了很不舒服,心想,年纪轻轻的,怎么就这样狂气呢?我真想说他几句,但我控制住了自己的情绪,转而心平气和地说:"我这就去取,我虽然五十好几了,但腿脚还利索,再说,爬五楼对我也是个锻炼。"大概他听出了我的话外之音,连忙表示他自己送来。由于我没有对他说太刺激的话,后来这位青年和我的关系还不错,见了面也很有礼貌。

　　另外,对青年作者要求一定要严格,对其稿件该提意见的就得提,该退的就得退。这样做,并不是编者摆错了位置,恰恰相反,而是坚守了职责,也维护了作者。聪明的作者对编者的这种做法也是完全能够理解的。比如,江苏如皋中学有位叫陈根生的青年教师,多次给我们学报投稿,对他的每一篇稿件我都认真拜读,并给他写了几封退稿信。一封信里是这样写的:

　　　　……应该说,你的分析有一方面的道理,但也有不那么周密的一面。你有几次来稿,都是驳某一种观点的,这对于活跃学术空气,无疑是有益的。但我觉得,你在驳一种片面性时,常带有另一种片面性,不是那么辩证。这样似乎难以使论敌和读者心悦诚服。[3](P156)

在另一封退稿信中,我写得更加直率:

　　　　……同时,也恕我谈点另外的感受。坦率地说,你的有些文章中的见解也未免有些偏颇。本来你的见解有对的一面,但往往把别人的见解完全予以抹杀或否定,这就恐怕不那么客观了。另外,在行文中,也有咄咄逼人之处,显得不那么谦和,我以为《〈孔乙己〉主题新探》一文也同样存在这些不足。我的这些话可能是错误的,请

你批评……[3](P156)

陈根生老师收到这些信后,颇有感慨。后来他写了一篇题为《感谢退稿》的文章,收在他的《乡恋》一书中。他在这篇文章中写道:"这是多么剀切的批评;这是多么诚恳的忠告!我每次读着读着,总感到有如与他围炉夜话,促膝谈心,领略别人难以体味,惟独自己心知的温馨和鼓舞。"[3](P156)文中还特意说,我"把潘老师的几封退稿信,用玻璃纸包着珍藏起来,一直非常宝爱"[3](P155)。就这样,我和这位根生老师成了很要好的朋友,自然,学报也刊载过他的几篇精彩之作。

无数事实教育我,编者只要摆正了自己的位置,对作者以诚相待,敬之、爱之,学报就会赢得他们的关注与支持!自己也会赢得友谊与快乐!

编者要想着读者,服务读者

读者在编辑活动三维结构中处于终端,既是学报这一精神产品的消费者,又是这一精神产品的检验者。没有他们的消费,学报就没有存在的价值,没有他们的检验,学报质量就无从提高。因此,我一直认为,编者一定要有强烈的读者意识,要以读者为本,要奉读者为至尊、为上帝,事事想着读者,处处服务读者。事事想着读者,就是在编发每一篇稿件时,要想想这篇文章对读者有没有启迪作用,能不能给读者一点新鲜的东西,换句话说,是不是为读者提供了优质的精神食粮;事事想着读者,还应考虑在版面编排、字号选择和参考文献著录等方面,是不是方便了读者,体现了人文关怀。处处服务读者,应包括很多方面,比如,刊物应按时出版,不能延误读者使用;读者想邮购学报,要问清详细地址,及时而准确地寄出;读者咨询事情,要耐心解说,不能待理不理,冷冰冰的;读者指出了刊物的差错,要虚心接受,并当面或致函感谢;等等。办刊人一定要想着读刊人,一定要服务读刊人,这是我在办刊中信奉的一个理念,践行的一条原则。

总括上面所说,便不难看出,在学报编辑活动三维结构中,编者处于作者和读者的连接部位,有着至关重要的作用。50年来,我们学报一茬又一茬编辑对此有着共同的认识,并努力付诸行动,赢得了作者的支持和读者的青睐,因而,我们《北师大学报》获得了健康发展,呈现出一派生机勃勃的景象!

难以割舍的情缘

我在学报工作了整整30年。30年的风霜,将我的青丝染成了白发;30年的耕耘,我付出了不一般的辛劳,但我无怨无悔。因为,30年来,我与学报一路同行,喜忧常伴,结下了难以割舍的情缘。

在学报这一园地里,我经历了太多的风雨,太多的变化,得到了也许在其他岗位上难以得到的锤炼,因而政治上变得比较成熟,心胸变得比较开阔。我为之而喜!

在学报这一园地里,我在和众多的作者与读者的交往中,从他们身上学到了很多东西,懂得了一个人应该怎样为人,怎样做事。我为之而喜!

在学报这一园地里,除了前面提到的方铭、老纵、老武同志外,我还先后和文永涛、叶善蓬、杨梦骥、杨智翰、王炳照、徐鸿武、黄安年、潜明滋、张棪、吴宝琪、林邦钧、厉亚芬、胡敏中、薛振恺、连铗、蒋重跃和刘伟等同仁亲密合作,共同拼搏,打造精品,为学报赢得了多种荣誉。我更为之而喜!

当然,学报园地里,不都是欢乐,忧愁也常常向我袭来。当因编校不慎,学报上出现差错的时候,我心里就堵得慌,很不是滋味;当学报文章的转载率或影响因子有下滑趋势时,我就着急、上火,心头布满愁云;当因技术原因,我们学报而未能入围第二届国家期刊奖时,我几乎倒下,一个多月寝不安,食无味,心里充满了愧疚……

就这样,30年我与学报相依相伴,结下情缘。30年里,学报给了我太多的雨露,太多的滋养!我在学报园地耕耘虽然很投入,但仍留下了诸多的不足和遗憾;我虽然做到了为学报殚精竭虑终不悔,但还远未达到"为伊消得人憔悴"的境界。2004年,我怀着深深的眷恋,离开了学报。当时,我真是心潮翻滚,感慨万千,随之写下了这样几句俚语:

    耕耘三十载,常伴喜和忧。
    名利非吾愿,品高惟所求!

我卸任后,林邦钧主编和蒋重跃副主编审时度势,创新办刊理念,和编辑部全体同仁努力探索新的办刊路径,确定了"突出教育心理特色,发挥文史学科优势,关注重大现实问题,探索学术发展走向"的办刊思路,强化了

"立足本校,面向国内外学界,吸引名人,依靠骨干,培养新秀"的办刊意识,加强了编辑部的组织建设、思想建设和制度建设。因之,几年之内,学报质量上了一个新的台阶,获得了许多新的荣誉,同时,也创造了不少新的办刊经验。这实在令人欣慰和鼓舞!

《北师大学报》的50年,是坎坷的50年,更是辉煌的50年!我深信,在当今良好的政治生态环境里,有校领导的关爱,有众多作者和读者的支持,有编辑部全体人员的精诚合作,继承传统,努力打拼,我们的学报必定会越办越好,必定会永续辉煌!

参考文献

[1]宋应离,吴珂,李频.1949-2000年期刊出版记事[J].中国期刊年鉴,2002(创刊号).
[2]陈垣.发刊词[J].北京师范大学学报(社会科学版),1956(1).
[3]陈根生.感谢退稿[A].乡恋[M].乌鲁木齐:新疆大学出版社,1993.

我们从这里起步

童庆炳

童庆炳(1936—),福建人。著名文艺理论家。北京师范大学文艺学研究中心教授,博士生导师。长期从事中国古代诗学、文艺心理学、美学方面的研究。主要著作有《文学概论》(上下卷)、《文学活动的美学阐释》、《艺术创作与审美心理》、《中国古代诗学与美学》、《文体与文体的创造》、《文学审美特征论》等十多部。主编的作品有《文学理论教程》、《中西比较诗学体系》、《现代心理美学》等。

著名学者童庆炳

《北京师范大学学报》(人文社科版)诞生于1956年,是新中国最早的高校学报之一。它的办刊宗旨在我们的老校长著名历史学家陈垣的《发刊词》中说得很清楚,那就是为了"百家争鸣"、"发展学术"和"繁荣文化"。

在作者队伍方面,陈校长又特别鼓励青年教师,他动情地说:"年老的教授可以鸣,年轻的教师也可以鸣。""为了鼓励青年人迅速提高研究能力,积极向科学进军,我们也选择刊载青年教师、进修教师和研究生的论文,及由各系推荐的本科学生的优秀论文。"《北京师范大学学报》的主编已经更换了几茬,但以其园地培养学术新人的初衷不变,据统计,到20世纪80年代以后,学报刊登青年作者的文章,已经占到学报文章总量的80%以上。这是一个惊人的比例,一个有魄力的比例,一个极有见识的比例。

这里,我想表达我对《北京师范大学学报》的一点感激之情。1958年我本科毕业留校任教。但是不久我就被调到社会科学处当职员,理由是说我的业务不行。我便发愤读书,终于在60年代初写出了《高鹗续红楼梦的功过》的论文。文章是写出来了,投寄成为一个难题。《新建设》、《文艺报》连想都不敢想,想来想去只能投给《北京师范大学学报》。当时学报的编辑武静寰同志也是一个"红学"迷,他看了我的文章觉得不错,就先后请中文系五位教授审读,这五位教授写了批语,一致认为我的文章文字与内容皆好,《北京师范大学学报》接受了它。我看见那些批语,听到要发表的消息,高兴得心都要跳出来了。《北京师范大学学报》在曹雪芹逝世200周年的1963年第3期编了一个"红楼梦研究专号",我的文章也变成了一个一个结结实实的铅字,夹在老教授的"红学"论文旁边。学报不胫而走,我的命运几乎在一夜之间发生了逆转,我又回到系里,变成了一个很有业务能力的青年学者。《北京师范大学学报》就这样把我从业务危机中"拯救"出来。我对学报真有一种说不尽的感激之情。可以这样说,要是没有《北京师范大学学报》刊登我那第一篇论文,我以后的学术之旅能不能进行下去,还是很难说的。人的一生起步是最重要的,无论对于做事,还是做学问。

我敢说,有我上述经历的不单是我一个,对学报怀着感激之情的也不止我一个。《北京师范大学学报》从一开始就发表青年人的文章,以宏阔的视野致力于培养学术新人,尤其是帮助他们起步。20世纪的80年代中期,学报更把"研究生学术论坛"列为一个专栏,几乎每期都有质量相当不错的研究生论文发表出来,受学报沾溉的人就更多了。很多年轻的学者在《北京师范大学学报》发表第一篇文章,从这里开始学术之旅,然后走出一条开阔的学术之路,登上他所属的那个学术领域的高峰,为祖国和人民创造了精神财富。现任教育部副部长袁贵仁教授曾深情地回忆,当年他在《北师大学报》上发表的第一篇研究生论文,其时的编辑部主任潘国琪同志亲自到他宿舍同他商量文章的情景。反过来说,学报也受这些年轻人的"恩惠",因为常常是这些青年学者的优秀论文,为学报赢得了声誉和成功。学报与青年同时开花,同时结果,同时枝繁叶茂果实累累,同时为祖国和人民的学术事业作出贡献。

没有一个学者会不珍惜自己的处女作!多少人会记住《北京师范大学学报》给过他的欣喜、愉快和最初的成功。如果学术也是思想的太阳的话,那么太阳每天都是新的。

(原载2002年12月26日《光明日报》)

编者、作者、读者评论(摘编)

在这一期(1977年第4期——编者注)学报排印过程中,出现了一场虚惊。一天夜里11点多钟了,我接到紧急通知,说发排的稿件引用的毛主席语录有错误,已印了近半停下了,要赶快处理。当时一听,头都懵了。毛主席语录引错了没发现,印出来,发出去,可是政治性大错误,叫做篡改"最高指示",罪大恶极啊。连夜跑到办公室进行核对。原来是董纯才在审阅最后一次清样时,发现文中用黑体排出的"建设新的中国",多了一个"的"字。找出原稿一看,原稿上就是"建设新的中国",并注明引自《毛泽东选集》,但未注卷数和页码。我很清楚地记得,当时依据原稿核对过,是没有错的。凡是用黑体排出的都是马、恩、列、斯、毛的著作或毛主席的最新指示,校对时特别精心,一点都不敢马虎。董纯才指出,根据《毛泽东选集》中的《论联合政府》应是"建设新中国"不是"建设新的中国",必须改过来。我只好重新查阅《毛泽东选集》,从夜间12点直到凌晨4点,终于在《毛泽东选集》中的《论持久战》里面找到"建设新的中国"的提法,证明"建设新的中国"没有错,同样有根据。当时不管"建设新中国"还是"建设新的中国"思想内涵有无区别,只要文字上没有错,都是毛主席说的,都在《毛泽东选集》中能找到依据就行了。于是通知印刷厂,不必修改,继续开印。

这场虚惊,给我留下深刻印象。抛开当时的政治环境、社会氛围,仅从编辑工作的角度看,也是一个深刻的启示。做编辑,处理任何稿件,都来不得半点马虎。字斟句酌,甚至咬文嚼字,是编辑的基本功。无错不成书,无错不成文,毕竟不是正常现象,而是编辑的失职。

(摘自王炳照《我做学报编辑十七年》,《北京师范大学学报》2006年第5期)

民俗学学科点与北师大文科学报的联系,是由"中国民俗学之父"钟敬文教授建立的。

他生前在北师大工作长达半个多世纪,一直兼有学科泰斗和学报作者两个身份……

1988年,民俗学学科点被评为国家级重点学科,几乎同时作出第一反应的就是文科学报。不久,北师大文科学报开辟了"重点学科专栏",坚持到现在……1996年,民俗学学科点进入"211一期工程",在评审会上,钟老特意用绸带把8年的学报捆在一起,展示集体成果,同时也介绍了学报……

站在钟老和学报之间,钟门弟子承受了太多的幸运和呵护,学报也成了培养他们的家园。……钟老就告诫我们:"学报是大学的'脸',文章是自己的'脸',脸是读书人的研究心得和社会责任,要懂得自己去爱护。"其实他又最爱才,发现弟子有好文章,就不遗余力地向文科学报推荐。文科学报跟钟老的配合也十分默契。主编往往亲自出面谈话,有时还到年轻人的家里去辅导。总之,经过学报的又一道加工,提升了年轻人阐述民俗学研究成果的能力,也让他们经受了不同学科理论阵容的较量和磨炼,学会了展示本学科的前沿优势。通过如此锻炼,民俗学的后学大都成了学报上的"新秀"……

(摘自董晓萍《学报学科学人》,2005年5月12日《光明日报》)

相关链接

* 姚贞.把握趋势 再创辉煌——访全国高校文科学报研究会理事长潘国琪[N].新闻出版报,1999-12-06.
* 姚贞.关注现实 服务现实——访《北京师范大学学报》编辑部主任林邦钧[N].新闻出版报,1999-12-06.
* 潘国琪.向徐匡迪约稿有感[N].光明日报,2005-01-31.
* 晁福林.学报与学风[J].北京师范大学学报,2006(5).
* 董晓萍.大学圈中的学报效应——《北京师范大学学报》在中国民俗学发展中的作用[J].北京师范大学学报,2006(5).

写在《诗刊》创刊五十周年之际

龙汉山

《诗刊》创刊号封面

1975年10月16日，我随李季同志和葛洛同志一起，从人民文学出版社出来，执行筹备《诗刊》复刊的任务。在国家出版局小院内的一间10平方米的平房里，召开了复刊的第一次会议。至今已30多年。我在《诗刊》做编辑、编务和行政工作几十年，经历了很多事，学到了很多专业知识和做人的道理。我衷心感谢《诗刊》历届的领导和同志们几十年来对我工作的帮助、支持、理解和信任。我对《诗刊》在新诗成长发展中的历史地位和现实作用的认识也是逐渐加深的。在迎接《诗刊》创刊50周年之际，谈一点对它的肤浅认识，是我责无旁贷的义务。

《诗刊》从1957年创刊以来，在中国作家协会的领导下，走过了50年的不平凡历程。《诗刊》是我国新诗第一本期刊《诗》1922年问世以来的84年中，出版期数最多、享受待遇最高、发行量最大的新诗期刊。半个世纪以来，它享受过创刊初期短暂的辉煌，走过了成长过程中受"左"倾错误思想干扰的艰难岁月，经受过1976年复刊时与"四人帮"委蛇周旋的斗争考验，沐浴着党的十一届三中全会以后的灿烂阳光，同时迎来了新时期深化文化体制改革而面临的激烈竞争和严峻挑战。以历届主编为代表的130多位来自全国各地的诗人、诗评家和文学工作者在《诗刊》工作过或正在工作着。在十分拥挤、简陋和七易办公地点的艰苦条件下，大家为了一个共同的心愿，团结一致、艰苦奋斗、不为名利、默默耕耘，贡献着各自的聪明才智和青春年华，甚至毕生的心血，使《诗刊》成为新诗发展的中流砥柱。它的开本从25开变为大32开，后又变为16开；刊期由月刊变为半月刊；容量不断扩大，质量不断提高。我为同事们的无私奉献精神和崇高的职业道德感到自豪和敬佩。

在此，我要向参加1957年到1964年的《诗刊》创办并使之成长的同事们致敬！要向1975年冬到1976年参加《诗刊》复刊，在特殊的历史条件下和"四人帮"进行斗争，在粉碎"四人帮"之后又积极开创新诗创作新局面的同事们致敬！要向在党的十一届三中全会以后进行拨乱反正和新时期以来在纷纭繁杂的新诗创作和新诗理论面前，在激烈的期刊市场竞争中，进行思考、分辨、探索、创新的同事们致敬！还要向离休退休的老同志们表示敬意和问候！向已经去世的臧克家、艾青、李季、严辰、徐迟、葛洛、邹荻帆、沙鸥、丁力、王春、王谷林、邢逸梅、逯斐、叶然、王可伊、张振华、周国卿、赵甫恩、石含晋等领导和同事们表示深深的怀念！

《诗刊》从创刊开始就一直得到党和国家领导人毛泽东、周恩来、朱德、陈毅、王震、叶剑英、胡耀邦、邓颖超等的重视和鼓励，他们把他们的诗词作品送给《诗刊》发表，他们在百忙中参加《诗刊》主办的诗歌座谈会、诗歌朗诵演唱会等各种活动。使《诗刊》有着"国刊"的声誉，在《诗刊》工作的每个同志受到极大的鼓舞，成为他们始终保持旺盛的工作精力的力量源泉。所以，《诗刊》始终忠实地履行自己的职责，认真组织全国的广大诗人为众人之事的管理而呼号和呐喊，旗帜鲜明地用诗歌的文学样式努力反映半个世纪以来时代的最强音和我国政治、经济、文化等丰富多彩的社会生活，谱写出了一曲曲歌颂党、歌颂人民、歌颂社会主义现代化建设的壮丽凯歌。诗歌创作队伍不断壮大，著名诗人和成熟诗人精神焕发、创作旺盛，尤其是众所周知的原因，一度被剥夺了发表诗作权利的有才华的诗人重归诗坛，纷纷在《诗刊》亮相，给《诗刊》增加了光彩和分量；青年诗人如雨后春笋般地成长起来，使中国新诗创作在探索中不断发展。

《诗刊》到目前为止，除休刊的11年外，共编辑出版491期。在诗歌作品方面，发表了各种题材、各种体裁、各种风格、各种流派的诗歌221万多行。通过"名家经典"、"好诗共享"、"中国诗人××卷"、"当代诗人群像"、"诗人相册"等栏目，充分展示了我国新诗创作的历史和成就。通过"好诗力荐"、"组诗精粹"、"新世纪诗坛"、"组诗部落"、"中国新诗选刊"等栏目，向广大读者重点推荐我国诗坛著名诗人和成熟诗人新诗创作的最高水平。通过"青春诗会专辑"、"新鲜的歌者"、"年轻的星"、"每月诗星"、"诗坛新人"、"青春方阵"、"新诗人聚焦"、"原创新作展示"等栏目，突出一个"新"字，全面呈现我国青年诗歌作者迅速成长的风貌。在诗歌理论方面，50年来没有停止过思考和探索。在"百家争鸣"方针的指引下,《诗刊》通过"诗人论"、"诗艺漫谈"、"诗人谈创作"、"百家诗论"、"理论争鸣"、"问题讨论"、"我观今日诗坛"、"新诗论坛"等栏目,发表了213万多字的理论文章,共同思考和探索新诗发展的各种问题。主要讨论的问题有:关于新诗如何在民歌和古典的基础上发展,关于新诗创作与时代、与人民的关系,关于新诗创作与政治的关系,关于朦胧诗问题的讨论,关于新诗的形式韵律问题,关于好诗的标准的讨论,关于新诗如何继承传统、不断创新的问题,关于诗歌创作的源泉问题,等等。这些讨论,对指导新诗创作和新诗理论建设具有重要的现实意义和深远的影响,为丰富诗歌理论的宝库作出了贡献。

《诗刊》除了在版面上全面反映新诗创作的实践和理论成果以外,还努力通过开展各种诗歌活动,加强诗歌信息的交流,推动新诗创作的普及和提高,丰富广大人民群众的文化生活。比如,中国作家协会主办、《诗刊》承办的不定期的国家级评奖活动,从1983年到2004年进行了6次,54人次获奖。比如,举行全国性的诗歌创作和理论座谈会,从1960年到1998年共举行10次。比如,从1980年开始举办的"青春诗会",至2005年已举办了21届,293位实力青年诗人参加了学习,他们已成为活跃在中国诗坛的主力军。比如,诗刊社诗歌艺术培训中心,从1984年开办以来,20多年来没有间断,已有12万多人次参加了学习,有300多人迅速成长,为《诗刊》创作队伍的不断壮大提供着源源不断的后备军。比如,编辑出版"诗刊文库",为无名诗歌作者出版诗集提供便利。比如,一直坚持开展的诗歌朗诵活动,从1963年开始,《诗刊》就十分重视这一活动,在刊物上不断报道各地诗歌朗诵活动的消息。《诗刊》社自己组织的诗歌朗诵活动,据不完全统计,从1964年至1990年,共举办了44次大型的、专业水平很高的诗歌朗诵演唱会,在20世纪70年代末和80年代,达到了高潮。新时期以来,在重大的纪念日和重大活动中继续举办这一活动。《诗刊》从2002年开始举办一年一次的"春天送你一首诗"的全国大型诗歌朗诵公益活动,规模更大、范围更广、受众更多,这种形式是落实"三贴近"要求的重要举措,也是诗歌朗诵活动的延伸和发展。这对于提高《诗刊》的知名度,丰富广大人民群众的文化生活,普及诗歌创作活动都起着很好的促进作用。比如,《诗刊》还积极参加与世界各国进行的诗歌创作交流活动,使《诗刊》成为世界了解中国诗歌创作的窗口。

《诗刊》几十年来一直坚持"二为"方向和"双百"方针,坚持内部的团结友爱和艰苦奋斗,坚持争取社会各界的理解和支持,坚持与广大诗歌作者和读者保持最密切的联系,并且形成了自己在办刊过程中敢为人先、雷厉风行、认真踏实的工作作风,那就是"有条件要上,没有条件也要上"、"月刊当成日报办"、"为求一字稳,耐得半宵寒"。这些都是《诗刊》的优良传统,应该保持和发扬。

在充满着机遇和挑战、激情和希望的21世纪,我衷心祝愿《诗刊》坚持中国先进文化的前进方向,深化文化体制改革,努力将刊物的政治质量、艺术质量、学术质量和印刷装帧质量提高到一个新的水平,为我国的诗歌事业做出更大的贡献。

2006年2月11日北京建国门

(原载《诗刊》2006年6月上半月)

我与《诗刊》

臧克家

臧克家（1905—2004），山东诸城人，现代著名诗人。1930年至1934年，在国立山东大学读书期间，开始从事文学创作，1933年第一本诗集《烙印》出版。1935年与老舍、王统照等人编辑文艺周刊《避暑录话》。1946年先后在重庆、上海主编《侨声报》文艺副刊《星河》和《学诗》。1947年与曹辛之编辑出版《诗创造》月刊，并主编了一套《创造诗丛》共12种。

著名诗人、编辑家臧克家

新中国成立后，曾编《新华月报》"文艺栏"，曾任《新华月报》编辑室编审前后达七年之久。1957年，创办并主编《诗刊》，成为新中国成立后第一个专门发表诗作诗评的刊物，受到毛泽东的称赞与支持。

臧克家在中国现代文学史上被称为"诗坛泰斗"，2003年荣获国际诗人笔会颁发的"中国当代诗魂金奖"。

五十年来，大约有十五个年头，我参加了刊物和报纸副刊的编辑工作，大都是个人主编，也有的是和朋友们合作的。

1935年夏，许多文艺界的朋友聚集青岛海滨，我们搞了一个小小刊物《避暑录话》，所谓"避暑"，"避国民党老爷们的炎威"之谓也。参加人有老舍、王统照、洪深、吴伯箫、赵少侯、孟超、王亚平、杜宇、刘西蒙、王余杞、李同愈和我。没有出版几期，暑期一过，刊物也就随着人的散去而告终了，可是在当时的文艺界还是产生了影响的。前年，吴伯箫同志去世之前，曾寄给我一份复制品，刊头的四个大字，是我的手笔。

抗战胜利第二年夏,我到了上海。由于陈流沙同志的介绍,我为《侨声报》编了题名《星河》的文艺副刊(每月出《学诗》诗专号一次),文坛上老中青作家都有作品在上面发表,不到半年时间,报纸停刊了。我和友人曹辛之(杭约赫)、林宏,为星群出版社编辑出版了一个诗歌刊物《诗创造》,团结了许多写诗的同志,起过进步作用。同时,我主编了《创造诗丛》,一共十二本,并为每位诗人的集子写了序言。它们的作者是:方平、青勃、田地、康定、唐湜、杭约赫、黎先耀、苏金伞、吴越、李抟程、沈明、索开。

1947年夏,老友白寿彝同志,把他负责的《文讯》月刊让给我主编,解决了我的饭碗问题,使进步文艺多了一个阵地。到第二年年底,我在上海不能立脚,潜往香港,刊物也就停了。

以上谈的是解放以前的情况。关于《避暑录话》和《星河》,关于《文讯》的编辑经过,我已经在人民日报社的《大地》月刊上和三联书店出版的《读书》杂志上分别写了专文,不再多谈了。

大家都知道,解放以后,我主编过《诗刊》,至今还挂着顾问和编委名义。

《诗刊》,是中国作家协会的机关刊物之一,销路十万左右,是有影响的一个诗歌刊物。我愿意谈谈它的诞生过程和编辑情况。

1956年,在京的许多老中青诗友们不时聚在一起谈谈。那时徐迟同志在外文出版社工作,有一天,好几位青年诗人在他的宿舍里碰头了。大家都说,诗歌需要一个阵地,应该搞个刊物才好。我心里想,已经有个综合刊物《人民文学》了,再搞个专业性质的刊物恐怕不成。同时,我接到读者的来信,也表示了和大家同样的意愿。大家怂恿我争取一下试试,因为我已调到作协书记处工作了。我把这些情况向党组负责人刘白羽同志谈了,希望他向领导同志反映一下。不久,白羽同志到我笔管胡同的宿舍来了,说:领导上已经同意诗刊出版了。我听了,自然十分高兴,真有点出乎意料!于是,我们商讨了编委、主编、副主编以及编辑同志的人选等问题,请他拿到党组去研究、决定。这样,解放后第一个全国性的诗歌刊物《诗刊》就诞生了。

我和严辰、徐迟同志分任主编、副主编,整个编辑部,只有沙鸥、吕剑、吴视、唐祈、白婉清、丁力、刘钦贤、楼秋芳几位同志,后来有些同志离开了,又调来了尹一之、沈季平、许敏歧、吴灌、吴家瑾等几位同志。

那时,我生病在家休养,严辰同志是兼职,不常来,主要是由徐迟同志在管,我每周到办公室去两次,和同志们一道商谈问题,决定大计。徐迟同志经常到我家里来商谈事情。那时,纸张很紧张,为了《诗刊》的印数问题,我俩去找老朋友黄洛峰同志,他负责文化部办公厅。原以为熟人好说话,结果,各道困难,互不相让,争来争去,面红耳赤。只能印一万份,不能再多!真是乘兴而去,败兴而返。

我们忙着组织稿件,还有编辑后记、征稿条例种种事情,移花接木,创始者难啊。徐迟同志脑子灵活,认识人多,也能跑。有一次,他把从各处搜集到的毛主席诗词八首拿来和我商议,我认为很好,立即联名给毛主席写了信,恳请他老人家改正传抄之误后,交《诗刊》发表。

1957年1月12日,我们就收到了毛主席的诗词十八首和给主编及编委们的一封信。这十八首诗词,就是把我们抄去的和他老人家自己加上的十首合在一起了。这封信很重要,毛主席认为:"诗当然应以新诗为主体,旧诗可以写一些,但是不宜在青年中提倡,因为这种体裁束缚思想,又不易学。"同时,祝贺《诗刊》诞生,他老人家热情地在信上说:"《诗刊》出版,很好,祝它成长发展。"

1月14日,毛主席要袁水拍同志陪我去中南海颐年堂谈谈。心境像雪后天气一样的晴朗而美好。在交谈中,我向毛主席谈了作家协会要创办《诗刊》的事,也诉说了印数太少的问题。毛主席问我:"你看印多少合适?"我回答:"五万。"并且加以解释说:"《人民文学》同样是作家协会的机关刊物,印二十万,《诗刊》照顾纸张太紧张,我觉得印五万比较合理。"毛主席把头一仰,说:我答应你们,"五万"。我说:"请主席给黄洛峰同志打个招呼。"水拍含笑连忙说:"不用了,不用了。"

《诗刊》在1957年1月25日出版,因为有毛主席的诗词十八首,又将毛主席信件的手迹用道林纸同期刊出,轰动一时。《诗刊》创办时,正在春节前夕,大街上排了长队,不是买年货而是买《诗刊》,这件盛事,成为文坛佳话。

《诗刊》所追求的目的,从下面创刊号编后记的一段话中可以窥见:

"我们完全了解,读者要求读到好诗,要求读到歌唱和反映生活的诗,精练的诗。我们希望今后能够团结、鼓舞全国的诗人们来创作出优秀的作品,以满足读者的渴望。"

为了反映现实生活,为了诗歌的群众化,为鼓动工农兵的创作热情,《诗刊》先后发表了工人、解放军诗歌一百首,也刊登了大量的民歌,受到领导同志的赞许和广大读者的欢迎。

在题材方面,表现艺术方面,是多样化的。团结是广泛的。朱德同志曾约我去谈诗,并将纪念辛亥革命的诗作交给《诗刊》发表了。陈毅同志,更是大力支持。他的名作《冬夜杂咏》在《诗刊》发表后,产生很大的影响。陈毅同志以平等态度待人,诗人气质浓重。有一次,我们向他索稿,他正要出国,从飞机场给我们发来稿子,在信上,热情而诚挚地说:我愿居中流,最怕上头条。他还说:我心中有不少诗料,可惜无时间整理,诸公定有同感。信的末尾缀上了四个字:"陈毅倚装。"《诗刊》创刊时,是道林纸印的,两种装订,其中一种是毛边的,这是徐迟同志出的主意,倒也别致。后来陈毅同志听说我们道林纸缺少,他批了条子从外交部拨调了一些支援。因为纸张太困难,有一段时间《诗刊》改出双月刊。陈毅同志从国外归来,在会场上相遇,他力主恢复成月刊,结果照办了。

每当全国人大、政协开会,诗人们聚集于北京期间,陈毅同志总是主动向我们打招呼,让我们主持召开一个诗歌座谈会。一次是1959年4月,在南河沿文化俱乐部,陈毅同志参加。另一次是1962年4月19日在人大会堂福建厅,朱总、陈总、郭老,文化部、文联负责同志以及几十位诗友全出席了。朱总、陈总、郭老都讲了话,热情而又充满了诗趣。这是一次既十分隆重又活泼生动的大会。一道谈诗,一道会餐,一道摄影。盛哉此会!美哉此会!《诗刊》发了题为《诗座谈纪盛》的文章,以志盛况。

我们把团结问题看得很重,尽可能请搁笔已久的老诗人重新歌唱起来,同时也想大力发现新生力量。创刊号上,既有艾青、冯至、萧三这样的老诗人,也有严阵、周良沛、孙静轩这些新名字。

关于鼓动老诗人,我举一个例子。陈梦家同志,是新月派的后起之秀,20世纪30年代在国立青岛大学,我们结成诗友。《诗刊》诞生时,他在考古研究所工作,久矣夫告别新诗了。我去找了他,他很高兴。在《诗刊》2月号上,便写了《谈谈徐志摩的诗》,在5月号上又发表了《纪游三首》。那时湖南古墓里挖出了一千多年前的莲子,在新的气候里,它又开了花!梦家在一次座谈会上说:我好比那古墓里的莲子,又被挖掘了出来。

我体弱多病,1959年病势严重,住院八九个月之久。副主编严辰、徐迟、阮章竞同志先后调走了,葛洛同志实际在负责。他工作仔细,严格认真,我们相处得很好。

《诗刊》刚创刊时，编辑部只有两间房子，有问题大家商量，立即解决，虽然有副主编、编辑部主任、各组组长，职责分明，但无层层批示，延误时间的现象。有重大问题，就向党组分管《诗刊》工作的副书记郭小川同志请教。这样，对原则性问题有党的领导，一般编务有自主权，发扬了民主精神。郭小川同志是诗人，与我和徐迟同志以及编辑部所有的同志，相处融洽，关系亲切。有问题共同研究，意见一时不能统一时，互相辩论。今天回忆那一段共同工作的情况，还有点留留恋恋的亲切之感。我们一方面尊重他是党的领导；另一方面，又觉得他是可以交心的朋友。那时候，他在《诗刊》上发表了《白雪的赞歌》，我写了评论文章，提出了对其中人物处理的不同看法，无所顾忌，小川也有容纳别人意见的胸怀。同志加朋友，情况是动人的，也是感人的。

《诗刊》1957年创刊，1964年后休刊，它一共有八年的生命。在团结诗人、发现新作者，在鼓励创作、推进诗歌运动这两方面，都起了不小的作用，销路最佳时，达到十二万份。这些成绩的获得，主要由于领导同志关怀、鼓励，同时，也是编辑部同志们共同努力的结果。特别是徐迟、葛洛两位同志，出力多，贡献大，我呢，实际上没有参加多少工作，挂个"主编"名义，有名无实，觉得愧怍。在我提笔写这篇回忆文章时，心中还有点不安的感觉。

1984年6月19日
1994年3月修订

（选自《臧克家回忆录》，工人出版社2004年）

诗歌，给了我追求真善美的力量

郭曰方

郭曰方（1941— ），河南原阳人。1964年毕业于郑州大学中文系。历任中国驻索马里大使馆外交官、方毅副总理的秘书、中国科学报社总编辑、中国作家协会会员，高级编辑。

1981年1月胃癌手术后，他以顽强的毅力从事文艺和科普创作，先后出版诗集、散文集、人物传记、电视文献、文化思想、政治理论等各类著作60余部。中国科普作家代表大会曾先后授予他建国40年来有突出成就的科普作家、中国科普作家协会四大以来有突出贡献的科普作家称号。多次荣获国家科委、中国科学院模范共产党员、优秀共产党员、优秀党务工作者、中国科学院先进工作者、"金辉老人"、北京市抗癌明星等称号。享受国务院政府特殊津贴。

诗人郭曰方

50年来，我一直与《诗刊》同行。1957年我考上开封市第一中学，在学校阅览室里第一次看到《诗刊》，便爱不释手。从那个时候起我养成了摘抄诗歌的习惯，日积月累，数十本诗歌笔记成了我学习诗歌写作的最好老师，其中，有很多好诗、好句子都是从《诗刊》摘录下来的。这种习惯一直延续到我大学中文系毕业。参加工作后，有了工资收入，我便开始订阅《诗刊》，虽然工作多次变动，多次搬家，每一期《诗刊》我都精心保存着。读诗、写诗已经成为我生活的重要组成部分。但是，由于种种原因，从《诗刊》1957年诞生那天起，一直到1981年初，差不多25年时间里，我都没有敢给《诗刊》投稿。在我心目中，《诗刊》是一座神圣的诗歌殿堂，那么多令人仰慕的诗神端坐其中，他们头上放射着耀眼的光芒，可望而不可及，我只能站在远处顶礼膜拜。当然,我很期望有一天走近他们,当面聆听诗人的教诲指点,并取得真经。至于何日才能"修成正果",能在《诗刊》发表几句小诗,也只能是一种梦想而已。

没有想到,1981年1月,我的命运发生了重大转折。当时,我正在中央首长身边做秘书工作,突然身患胃癌,在北京医院做了胃大部切除手术,接着便是为期5年的化疗。我被迫离开了秘书工作岗位。在我得知不幸患上癌症的最初那些日子里,焦虑、消沉、烦躁、失望,真是一筹莫展、痛不欲生。一想到死亡随时都可能降临到我的头上,一切美好的东西都将离我而去,爱情、诗歌、理想、希望,转瞬间就要化为泡影,仿佛天崩地裂、山呼海啸般把我投向万丈深渊。面对癌症疯狂的魔爪,我该怎么办呢?怎么办呢?

那是一个寒冷的冬天。我躺在医院的病房里,独自想着自己的心事,突然看到窗外的枯树枝上摇曳着一片树叶,它在寒风中颤抖着、旋转着,任凭狂风呼啸,百般摧残,却顽强而执著地依附着树枝,傲视苍天,以优美的舞姿和窃窃私语面对凶残,似乎在期盼着春天的来临。我想,它一定是在痴恋着那哺育它成长的大树,和眼前这明媚的天空,它一定是听到了春天的脚步声,和闻到了花草的芳香,所以,才这样坚强而勇敢地面对冰天雪地,无所畏惧地瞩望明天。顿时,我的心灵被深深地震撼了。也许,正是这种诗意的奇妙启示,给了我与疾病斗争的勇气和力量,我的心胸豁然开朗起来,进入了"山穷水复疑无路,柳暗花明又一村"的境地。我才39岁,不能这样轻易地被癌症击倒,我必须在有限的时间里用我喜爱的诗歌,去充实我的精神家园。诗歌,能够净化心灵,诗歌,可以陶冶性情。生活是这样美好,这样值得珍惜,这样叫人依恋。生命是有限的,在有限的时间里能够多做一些事情,就等于延长了生命。于是,我又一次萌发了写诗的冲动。就在这时,我从《诗刊》上看到一则关于诗歌学员培训中心招收学员的消息,便报名参加了《诗刊》学员培训中心,在老师的指点下,我的写作水平有了明显提高。学习结束后,我鼓足勇气给《诗刊》寄去了两首习作《游子吟》、《我回来了》,没有想到竟得到诗人寇宗鄂的赏识,在1981年11月号《诗刊》发表后不久,又看到诗歌理论家吴思敬先生在一篇诗歌综述文章中,对拙作给予了热情的赞美。他们的鼓励,给了我极大的信心和力量,我相信,只要用心,我是可以写出好诗的。随后,在诗刊社举办的全国诗歌征文比赛中,我的一首题为《中国的知识分子,你好》的习作,又获得优秀作品奖,进一步增强了我写诗的信心。从此，一发而不可收。令我十分感动的是，当时《诗刊》副主编雷抒雁还专门光临寒舍探望，鼓励我同疾病斗争，写出更多更好的诗歌。周恩来总理、邓小平百年诞辰时，李小雨副主编还特地约我创作歌颂周总理、邓小平的诗篇，在社会上产生了很好的反响。2004年4月，《诗刊》常务副主编叶延滨、副主编李小雨，诗歌评论家朱先树亲自出席我的作品研讨会，对我的诗歌创作思想与艺术给予很多的鼓励，我一直铭记在心。《诗刊》主编高洪波在来信中说，我与郑培明创作的《科学精神颂》"具有思想的深度和情感的力度，用诗意光芒和充满激情阐释了真正意义上的科学精神"。使我感到特别欣慰的是，我最近出版的诗集《精彩人生——人民科学家颂》，正是由于他们的鞭策和鼓励，填补了用诗歌演绎科学家精彩人生的一项空白。北京的20多位艺术家在清华大学、航空航天大学等高等院校举办了"人民科学家颂"专场诗歌朗诵演唱会，全部选用了我的作品，在科技、教育及文化艺术界，反响热烈，近百家媒体作了报道。

回想25年来我写诗的道路，我很庆幸，我终于用诗歌撞开了《诗刊》的大门，并有机会结识了诗刊社的许多诗人，与他们近距离亲密接触，并在以后25年的交往中建立了深厚的友谊。面对死神的威胁，是诗歌给了我生活的欢乐和美丽。在走进诗歌、走近诗人的同时，我也用自己的作品证实了生命的价值，体味到人生的意义。25年来，我出版了17本诗集、3本散文集、10余本文学及理论著作，不仅战胜了疾病，而且，还能以微薄的奉献报效自己深深爱着的祖国和人民，我应该知足了。

与《诗刊》同行，与诗友并肩，还有什么困难不能战胜呢？我期待着新的收获。

2006年2月15日于北京南沙沟寓所

（原载《诗刊》2006年7月上半月）

编者、作者、读者评论(摘编)

是1956年10月的一天,编委们在讨论《诗刊》设想,徐迟足智多谋,提出给毛主席写一封信,不敢提约稿,只是将传抄的毛主席诗词8首,请他过目校正、同意发表……公推克家同志执笔,用宣纸写了一封信,并告诉他老人家《诗刊》将在1957年1月创刊,克家带头签名,接着是两位副主编徐迟、严辰和五位编委……依次签名。这封信立即送到了中南海毛主席秘书田家英手中……直到12月的一天,当我从电话里听到了中南海的回音……连忙喊徐迟来接,只听到:"我是田家英,主席问《诗刊》是什么时候发稿。"徐迟毫不犹豫地回答:"我们在等主席的诗稿。"又急切地问:"主席什么时候给我们?"田说:"不知道。"电话就挂上了……1957年1月12日上午,田家英终于传来了振奋人心的好消息,全国文联总收发室打来了电话,说有急件,要派人去取。记得那天当我捧着一个牛皮纸大信封兴致勃勃地跨进编辑部门槛的时候,大家都一齐拥了进来,目光全都集中到信上。交给徐迟后,他轻轻地拆开信封,望着信封中央偏上部分毛主席草书三个醒目大字:"诗刊社"。……接着抽出来一叠字迹清秀抄写的毛主席校正的十八首诗词和一封信。徐迟的手微微颤抖着,他说:"这太意外,连想也没有想过毛主席会给这么多!"……此时《诗刊》编辑部如临春风……争着看毛主席手迹,争着读毛主席诗词,议论声、欢笑声……充满了办公室,震动了整个文联大楼。很快克家赶来了,作协党组副书记郭小川赶来了……把小小的编辑部挤得水泄不通。等大家走后,克家坐在沙发上,手捧毛主席的信……激动地连说:"这是毛主席对一个文学刊物的支持,这是毛主席对诗人们的支持和关怀。"

1957年1月25日《诗刊》创刊号如期出版……消息传开,外电纷纷向世界作了报道……当天各地的新华书店,读者排着长队购买《诗刊》,大大突破了原来印数,以后又再版一次,成了中国文学报刊发行史上的一段佳话。

(摘自刘钦贤《一切美丽都从诗开始——回忆〈诗刊〉初创二三事》,《诗刊》1997年第4期)

在我结识的诗人中,常常把《诗刊》称之为"中国诗歌的国刊"。新中国成立后的几代优秀诗人,每一位的成长与成熟,都与《诗刊》有着不解的渊源,每位诗人都有着很浓重的《诗刊》情结,就是说,《诗刊》是诗人的灵魂、诗人的骨骼、诗人的心灵归宿和精神栖息地,是中国诗歌的制高点。作为新中国创刊最早的诗歌刊物之一,她是新中国50年社会、历史和文化的缩影,她见证和创造了半个世纪以来中国诗歌艺术的发展和繁荣,发现和培养了几代杰出的诗人,发表了大量的经典作品。我们的每一位诗人,既得到了她深厚根系的滋养,同时也为她的茁壮和繁茂奉献着自己的绿意。50年来,《诗刊》一直在展示着诗坛最具实力的和最具活力的优秀诗人和作品,她是最具创造力和恒久感的诗歌刊物;她包容、激情、权威、经典,成为中国诗歌的一面旗帜;她延续着伟大的中国诗歌传统,又融会着优秀的外来诗歌文化,塑造了中国诗歌和诗人的境界、品质、高度和尊严。我想说,中国的诗歌是伟大的,中国的诗人是伟大的,中国的《诗刊》同样是伟大的。

(摘自郁葱《中国诗歌的一部博大诗篇——〈诗刊〉创刊50周年》,《诗刊》2007年2月下半月)

相关链接

*孙继国.在编辑岗位上的臧克家[J].牡丹江师院学报,1989(4).
*丁国成.《诗刊》的不惑之年[J].诗刊,1997(1).
*萧犊.忽如一夜春风来——纪念《诗刊》创刊40周年座谈会侧记[J].诗刊,
　1997(3).
*达摩.一份有使命感的刊物[N].光明日报,2002-03-28.
*臧克家.在《诗刊》编委座谈会上的发言,克家全集,第12卷[M].北京:时
　代文艺出版社,2002年.
*舒晋瑜.众人印象中的臧克家[N].中华读书报,2004-02-18.
*翟泰丰.恸哭无尽——怀念克家老人[N].光明日报,2004-02-18.
*樊希安.悼臧老[N].中国新闻出版报,2004-02-25.
*王国钦.送别臧老结诗缘[N].大河报2004-03-02.
*贾金利.臧克家与《诗刊》[J].出版史料,2004(3).
*悼念臧克家先生笔会(七篇)[J].潍坊学院学报,2004(3).
*郑曼.哭克家[N].文艺报,2004-10-12.
*徐庆全.从一封未刊信跋看臧克家与《诗刊》初创 [N].中华读书报,
　2005-05-25.
*龙汉山.编辑家的典范——怀念克家同志 [N].中国新闻出版报,
　2005-12-23.
*孟伟哉.在《诗刊》读稿的快乐[J].诗刊,2006(4)上半月.
*宗鄂.《诗刊》的一份简报[J].诗刊,2006(3)上半月.
*王春.我在诗刊社的日子[J].诗刊,2006(3)上半月.
*王燕生.心怀敬畏[J].诗刊,2006(2)上半月.
*雷霆.风气是一种刊物的灵魂——诗刊社亲历印象[J].诗刊,2006(2)上
　半月.
*朱先树.我在《诗刊》当编辑二三事[J].诗刊2006(1)上半月.
*安琪.我在《诗刊》发表的第一首诗[J].诗刊2006(1)下半月.
*石英.我与《诗刊》的缘分[J].诗刊,2006(4)上半月.

＊黎焕颐.《诗刊》我青春的喷射口[J].诗刊,2006(5)下半月.

＊严红卫.《诗刊》发表第一首诗以后[J].诗刊,2006(5)月下半月.

＊白婉清.难忘在《诗刊》的日子[J].诗刊,2006(8)上半月.

＊金炳华.谱写新时代的华彩篇章——在《诗刊》创刊50周年纪念座谈会上的讲话[J].诗刊,2007(2)上半月.

＊臧小平.父亲的字——追忆父亲臧克家[J].新一代,2007(2).

＊陈爱仪.我在《诗刊》工作的岁月[J].诗刊,2007(2)下半月.

＊孙轶青.祝新诗体更加繁荣——贺《诗刊》创刊50周年[J].诗刊,2007(2)下半月.

＊屠岸.人类不灭,诗人不亡——贺《诗刊》创刊50周年[J].诗刊,2007(2)下半月.

＊闻山.《诗刊》忆旧[J].诗刊,2007(3)上半月.

＊田禾等(6篇).贺《诗刊》创刊50周年[J].诗刊,2007(1)下半月.

＊李苏卿.《诗刊》我的良师益友[J].诗刊,2006(8)上半月.

＊宫玺.《诗刊》心中的刊[J].诗刊,2006(6)上半月.

＊叶延滨.《诗刊》中国梦的家园——我与《诗刊》十四年[J].编辑学刊,2009(6).

＊俞晓兰."人民诗人"深情如许——缅怀人民诗翁臧克家和夫人郑曼[N].中华读书报,2010-02-12.

＊杨建民.是谁一句话打动毛泽东——《诗刊》致毛泽东的征诗稿函是如何形成的[N].中华读书报,2010-07-07.

永远的巴金　永远的《收获》

张俊鹏

　　1957年7月24日,《收获》在上海诞生,主编是巴金和靳以,这是新中国最早创办的大型纯文学期刊之一。

　　《收获》已走过了五十多年的风雨历程,它见证了中国大地五十多年的历史风云,印证了中国文学五十多年的悲欢聚散。五十多年来,它以坚持纯文学立场、摒弃刊登广告为世人所瞩目,以不趋时、不媚俗、不跟风的独立品格为文人所敬仰。五十多年来,它坚持"多出人,多出作品"的办刊宗旨,坚持文学的纯粹性;尊重作者,把心交给读者。虽然经历了两度停刊复刊的风云变幻,经历了市场化浪潮的强烈冲击,但《收获》的风格和品位从没改变,对作品品质的要求从没改变,不重作者名气、只重作品质量的选稿方针也从来没有改变。如今,《收获》已是中国最具水准的一本文学杂志,被誉为"中国当代文学的当然的简写本"。[1]

《收获》创刊号封面

三个《收获》

　　在五十多年的发展历程中,《收获》经历了两次停刊、两次复刊。停刊时间累计长达十五年。

　　第一次停刊是1960年,由于三年自然灾害,纸张供应紧张,中国作家协会决定停办《收获》。1964年,《收获》复刊,主办单位是上海作家协会。巴金在文章中曾写道:"1964年1月《收获》在上海重现。人们称它为'新收获',或者'小收获',它不是原来的《收获》,中国作协也没有复刊的计划。为了满足读者的需要,上海作协分会将别的杂志停刊,改出《新收获》。"[2]

1966年,"文革"开始,《收获》再次停刊。1979年1月,《收获》正式复刊,仍为上海作家协会主办。第一个《收获》出版了18期,第二个《收获》出版了14期,第三个《收获》承接了第二个《收获》的期号,从总第15期开始。1987年,《收获》为创刊30周年举办了隆重的庆祝活动,许多作家都写来贺信,"1957年创刊",又将三个《收获》融为一个整体。

尽管三个《收获》的主办单位和期号不尽相同,但在编辑风格和编辑人员上都有一定的延续性。更重要的是三个《收获》的主编都是巴金。20世纪90年代后期,巴金辞掉了包括《上海文学》主编在内的很多职务,《收获》主编却一直保留至去世,成为他永远的头衔。

巴金与《收获》

《收获》是新中国成立以来全国第一本大型文学双月刊。创办人之一的靳以于1959年病逝,之后的四十多年,《收获》的主编始终是巴金。

巴金对20世纪文化的贡献是多方面的,他不仅是一位伟大的作家和翻译家,更是一位伟大的编辑出版家。香港史学家司马长风曾由衷地赞叹道:"巴金以文名太高,掩盖了他在出版事业方面的贡献,其实后者对新文学的贡献远比前者重大。"[3]而办《收获》就是巴金最大的出版成就之一。

作为几代人的文学图腾,《收获》的成功是与巴金分不开的。《收获》的办刊特色来源于巴金独特的出版思想,《收获》的独立个性来源于巴金伟大的人文品格。著名作家张辛欣曾感叹道:一个人和一本杂志的关系,原来"这么的潜藏,这么的要紧,这么的个人"[4]。

一、稳定的办刊思想

拥有稳定的办刊思想,是《收获》永葆青春的重要砝码。

《收获》创刊号上有靳以执笔、巴金共同署名的发刊词:"《收获》的诞生,具体实现了'百花齐放'的政策。《收获》是一朵花,希望它成为一朵香花——有利于社会主义祖国,是人民的有益的精神食粮。"发刊词用了相当多的篇幅写到了毛泽东提出的六大标准,同时指出:"在这个明确的政治标准之下,作家可以选择不同的风格、不同的体裁、不同的形式,甚至不同的流派。"

1987年,巴金在《〈收获〉创刊30年》一文中再次提出对《收获》的希望是"团结作者为读者服务",几十年来,《收获》始终坚持这一办刊宗旨,坚守纯文学的精神家园。

著名作家谌容曾说:"《收获》的成功,当然有很多原因,我以为其中很重要的一条,就是稳定。""这首先表现在贯彻执行'双百'方针上,《收获》是稳定的。""《收获》的风格也是稳定的,这就是兼容百家。""《收获》的质量也是稳定的,每一期都能读到几篇引人的作品,让读者觉得欣慰。"[5]

在稳定的办刊思想的指导下,《收获》不应时,不应景,不流俗;不唯名家,不薄新人,只认作品。

在刚摆脱"十年动乱"的20世纪七八十年代,巴金重任《收获》主编。《大墙下的红玉兰》以最快的速度在头条位置上发表了! 这部"大墙文学"的开山之作,痛述了知识分子的备受屈辱,遭到了很多人的批评和质疑。在沉重的压力之下,年近八旬的巴金不仅与《收获》同仁共受五更之寒,而且要求《收获》"百无禁忌,更进一步"。作者从维熙曾深情地回忆道:"'两个凡是'正在与'实事求是'殊死一搏的日子,面对我寄来的这部描写监狱生活的小说,如果没有巴老坚决的支持,在那个特定的政治环境下,怕是难以问世的——正是巴老义无反顾,编辑部才把它以最快的速度和头题的位置发表出来。当时,我就曾设想,如果我的这部中篇小说,不是投胎于巴老主持的《收获》,而是寄给了别家刊物,这篇大墙文学的命运,能不能问世,我能不能复出于新时期的中国文坛,真是一个数学中未知数X。"[6]

同样是"大墙文学",从维熙的中篇小说《远去的折帆》,被某编辑部以"敏感"、"严酷"为由否定了。巴金拿到稿子后,连夜审读完毕,激动地对女儿小林说:"小说展开了历史的严酷,在严酷的主题中,展示了生活在最底层的人性美,不管别的刊物什么态度,我们需要这样的作品,回去我们发表它。"[7]

《犯人李铜钟的故事》是以三年经济困难时期河南"信阳事件"为背景的小说。作者张一弓在创作这部作品的时候,国家政治形势还处于敏感时期,"左"的思想远未平息,写这样一个组织饥民"抢皇粮"的题材,无疑是在"揭疮疤"。但张一弓掂量再三,最终选择了向《收获》投稿。然而正当编辑部准备发表时,却传来了有关方面的反对意见。巴金顶住压力,毅然拍板,将其刊登在1980年《收获》的第1期上,引起了读者的强烈反响。随着时间的推移,张一弓的《犯人李铜钟的故事》被公认为新时期文学的代表作之一。

用作品发表表达自己的文学主张,使得一批著名作家的处女作、成名作、最重要的作品与《收获》结缘:谌容的《人到中年》,路遥的《人生》,冯骥才的《铺花的歧路》《啊!》和后来的《三寸金莲》,邓友梅的《烟壶》,陆文夫的《美食家》,王安忆、张抗抗、王小鹰等人,都是从走进《收获》开始为文坛所关注。

20世纪80年代以来,《收获》奉行"海纳百川,有容乃大"的宗旨,力争汇集各种风格流派的顶尖作品。现已成为文坛中坚力量的著名作家余华、苏童、格非、马原、孙甘露等人,就是先在《收获》上亮相,然后在全国崭露头角的。除小说外,散文专栏的视野也在《收获》得到开拓。最负盛名的是余秋雨的《文化苦旅》《山居笔记》等,这些文化大散文将历史文化意识和理性思辨色彩融会在一起,开启了散文创作的新天地。所以有人说,《收获》是几代作家共同成长的地方,是海内外了解中国文坛发展态势的窗口。

二、严谨的编辑理念

巴金曾这样谈到编辑工作:"编辑是作家与读者之间的桥梁,作家无法把作品直接送到读者的手里,要靠编辑的介绍和推荐,没有这个助力,作品不一定能出来。"[8]他还一直认为,编辑的成绩不在于发表名人的作品,而在于发现新的作家,推荐新的创作。

《收获》创办初期,巴金等人就制定了严格的工作方针:要发或者要退的稿子,需要经过两个以上的编辑同意;提倡挖掘新人;强调作家有自己的风格,编辑不要轻易改动作家作品等。在这一编辑理念的指引下,《收获》始终保持着严谨认真的编辑作风。

在《收获》的编辑工作中,"来稿处理力求迅速认真,有的稿件甚至经过编辑部半数以上的工作同志仔细阅读,相互研究讨论,才做出最后决定的。"[9]这样的做法,不会因为一个编辑的主观因素而错失好稿,也不会因为一个编辑的疏忽大意而错发劣稿,进而影响刊物的质量和声誉。

巴金提倡要尽力保持文章所蕴涵的作家的创作风格。谈到他自己的经验时说:"有权不必滥用,修改别人的文章不论大删小改,总得征求作者同意。"[10]为此,《收获》的编辑在对待来稿时总是很慎重。"准备刊用而有些意见的稿件,我们都轻轻地做下了记号,提出编辑部的参考意见,连同原稿寄还原作者自己斟酌去考虑修改。就是文句间有不妥之处,我们也注明行数、字数和作者商讨,经作者同意才代为改正。"[11]

1980年,还在中央戏剧学院读书的水运宪,创作了生平第一部小说《祸起萧墙》,并把稿子寄给了《收获》。很快,他就接到了《收获》编辑部的电话,说稿子不错准备采用,但还需作些修改,因为发稿的时间紧,希望能尽快到上海一趟。在到上海和《收获》的责编商谈如何修改这部小说期间,他见到了巴金,诉说了自己的生活经历和这篇作品的创作过程,并说自己完全是凭感觉写的,写作功力还不够,正在按编辑部的意见修改。巴金听后说:"你自己觉得要不要改嘛?如果你觉得不必改,那就不要改。各人有各人的体会,不可能都一致的。还是作者自己来把握,改多了就没有自己的个性了。"[12]

对作家创作风格的尊重,并不意味着对作品质量标准的降低。巴金曾说:作品是刊物的生命。[13]只有为读者奉送出高质量的作品,刊物才能获得持久的生命力。因此,《收获》一直承接着"以质衡文"的择稿标准,为读者浇灌出鲜艳的文学花朵。正如吴泰昌所说:"编者衡量艺术风格和艺术表现的尺度宽泛,对作品思想、艺术质地的要求却是严格的。"[14]

在《收获》发表作品,一直都要经过严格的四审,编辑还会认真和作者沟通,修改和完善作品,这是《收获》老一辈编者留下的传统。《收获》对待作者一视同仁,会有不留情面的批评,也会有发自内心的赞许,稿子几经修改时而有之。有不少获奖或获好评的作品,都是做过很大修改的。莫言曾说过:"我在《收获》发表过《球状闪电》和《红蝗》,都修改过三次。修改后的定稿较之原稿提高很多。这是《收获》编辑部诸位老师们耐心启发诱导的结果。《收获》高度尊重作家又不迁就,《收获》认真负责,每一步都一丝不苟。"[15]

对待新人,《收获》同样如此。发表一位新人的作品,编辑可能需要加倍地付出。在新人可进可退的当口,遇到一个能给他一些点拨、助他一臂之力的编辑是至关重要的。巴金常说:"作为编辑工作者,你们应当把自己看做这个园地的园丁,你们做的不仅是介绍、展览的工作,你们还有将'萌芽'培养成树木的责任。"[16]因此,《收获》从不把帮助新人看做是无趣的事,而是把它当做是自己重要的职责,对他们循循善诱,耐心启发,不遗余力。余华的第一部长篇小说《在细雨中呼喊》,便是在听了编辑的意见之后做过大量修改才成型的,用余华的话说:后三分之一部分几乎重写。

三、尊重和爱护作者

"应该团结更多的作家"是《收获》在发刊词中对自己工作的要求,也是对作者热情的召唤。在巴金长期的编辑生涯中,他一直强调编者和作者应站在平等的位置,编辑同作家应当成为密切合作的朋友。这种出版理念的存在,使得《收获》汇集了一大批优秀的、具有独特个性的作家,从而成就了《收获》的好口碑和凝聚力。正如黄裳所说:"在《收获》周围,围绕着一大批有勇气、有才华,充满着对社会主义祖国热爱的青年、中年作家,自然也包括老一代的作者。这是一个象征着文学界团结、进取的战斗集体。"[17]

《收获》对作者的尊重是众所周知的。这种尊重,除了体现在对作者作品的修改中,同样体现在对作者作品的珍惜中。巴金自己是作家,所以深知创作的不易。因此,五十多年来,《收获》始终坚持这样一个惯例:退还作家的手稿。手稿是作家心血的凝结,也记录了作家的创作历程,对于作家来讲意义重大。余华曾说:今天,能留下来的手稿,都是在《收获》上发表的。因为,只有他们,在稿件用完后,整整齐齐地将原稿退给作者。正是这些点滴小事,感染了我们、震撼了我们。

《收获》对作者的爱护也是有目共睹的。巴金曾说:真正爱护作家的是好的编辑,同样,好的编辑也受到作家的爱护。[18]他是这样说的,也是这样践行的。许多作家都曾在作品受到非议时得到巴金的支持和保护。提到自己的成名作《人到中年》,谌容永远不会忘记巴金和《收获》。小说主人公陆文婷的形象感人至深,被认为是当时中国知识分子的缩影;但因作品真实揭示了陆文婷的凄惨遭遇,一度遭到激烈批评,使她陷入了深深的苦闷和迷惘之中。这时,已八旬高龄的巴金认真读完了发表在《收获》上的《人到中年》,表示支持这位不相识的女作家。他说:"……我喜欢这部小说。我有一种愿望,想使自己变得善良些、纯洁些,对别人有用。"[19]巴金对《人到中年》及陆文婷的形象给予了充分肯定,同时还特意委托女儿小林专程去谌容的家,探望因写作过度疲劳而病倒并受到中伤的谌容。谌容的遭遇,使巴金感触颇深,他以《人到中年》为题写下了他的第五十篇"随想":"……文学事业也是这样,一部作品的最好裁判员是大多数的读者,而不是一两位长官。作者在作品里究竟是说真话还是贩卖谎言,读者们最清楚。"[20]巴金的支持给了谌容最大的宽慰,她最终因《人到中年》而蜚声文坛。

在巴金果断的决断之下，张一弓的《犯人李铜钟的故事》终于刊登在1980年《收获》第1期上。但在第二年首届全国优秀中篇小说评奖中，又有人提出异议，巴金则坚持《犯人李铜钟的故事》不仅可以获奖，而且还应放在一等奖的首篇。巴金还对当时遭受批评的张辛欣说："在中国作家中我大概是挨骂最多的一个，我从写作到现在，经常挨骂，我还是活到了现在……不要紧，不要有包袱，你还很年轻，你有才华，有生活，要多写，写自己熟悉的东西。"[21]这语重心长且充满着激励关爱的话语，巴金不知给多少中青年作家说过。

冯骥才说自己的"文学之路是从《收获》开始的"。他的作品《啊！》等也曾一度遭到抨击。但他是幸运的，"在春寒犹烈的新时期文学解冻期，《收获》听到我那部批判性的作品受到困扰时立即伸出援手，给我以决定性的支持。由此，我感受到这个刊物纯正的思想立场和文学立场，它决不只是一个美丽又扎眼的大舞台，它有自己性格化的标准，我知道，这标准来自它的主编巴金的精神和良心"[22]。

对青年作家的培养和扶持，是《收获》对作家最大的尊重和爱护。发刊词中"盼望有生气勃勃、新鲜活泼的新人的作品"是《收获》实现未来希望的途径，也是《收获》永远充满活力的秘诀。1979年，巴金在访问法国、回答法国记者提问时曾说，《收获》是向青年作家开放的，已经发表过一些青年作家的作品，还要发表青年作家的处女作。他认为："新作者的'处女作'常常超过成名作家的一般作品。"[23]因此，《收获》从不把年龄、名气作为作品能否发表的判定标准。格非在《收获》上发表作品时只有20多岁。"80后"的张悦然也在《收获》上发表过作品。19岁的笛安在《收获》头条刊发了处女作《姐姐的丛林》，曾引起广泛关注。《收获》认为，青年作者对生活、对自我并不一定缺乏独特看法；相反，很可能将来更长久地为人所知的作品，恰是在他们还很年轻时完成的。

四、纯真的文学追求

《收获》对文学纯真的追求体现在为读者的纯文学坚守上。"把心交给读者"，是巴金创作的精神理念，也是巴金从事编辑出版的精神原则。他曾说："古今中外的文学名著靠谁保存下来的呢？还不是读者，也只能是读者。"[24]"我们的文章，是不是让读者看了以后受到一种启示，得到一种支持，有了勇气和希望，同时又是一种美的享受。"[25]因此，为读者奉献出高品位的纯文学作品,让人们在浮华背后体味到内心深处的感动,触摸到灵魂深处的宁静,是《收获》在这个充满诱惑的年代恪守不变的追求。几十年来,"不管文坛如何风雨多变,这家刊物自身如何在风雨中飘摇,她都牢牢地按照文学自己的规律、按照编辑部同仁对文学纯真的执著追求有节奏地从事着创作性的劳动"[26]。

为了保持这份纯真,《收获》从不刊登商业广告,不搞有偿报告文学,不制造纷繁口号,在市场经济浪潮的冲击下,坚持着自己独树一帜的文学风格。1986年,《收获》开始自负盈亏,是国内最早与市场接轨的文学期刊。读者的支持,使《收获》拥有了稳定的发行量。但在20世纪90年代初,商业经济的大潮冲击着这块热土,纯文学的处境变得十分艰难,不少刊物为了生存,不得不改变办刊宗旨,纷纷转型。此时,《收获》也陷入了窘境。巴金知道后,说了一句话:"《收获》是大有希望的!"他身体力行,率先捐出一笔刚从海外寄来的稿费,并建议设立《收获》发展基金。这一举动赢得了社会的广泛响应,萧乾、水运宪、黄运基、周颖南等海内外作家及香港作家联谊会纷纷解囊相助,有的作家甚至还提出了不要稿酬的倡议。一些读者也汇款给编辑部,希望能尽自己的一点力,有的竟连姓名也没留下。

巴金常说:"文学事业是建设精神文明的事业,办这个事业要有高尚的精神,绝不能把文学事业办成一个单纯赚钱的事业!如果只想怎样赚钱,这个事业就要被毁掉。"[27]为此,《收获》抹去浮躁和功利,坚守着文学的一份寂寞。在众多期刊都在广告上支尽招数、费尽苦心,且把此视为与市场挂钩的行为之一的时候,《收获》却背道而驰,坚持纯文学立场,摒弃广告手段。

如今的《收获》,仍然承受着市场和时代的压力。文学的日渐边缘,生产成本的迅速上涨,大众购买力的不断下降,使得《收获》依然在布满荆棘的文学之路上蹒跚前行。但一个民族不能没有文学,一个国家不能没有文化。《收获》就是在对这种崇高理想的追求中走到了今天。它在巴金精神的感召下,在文艺的百花园中辛勤地修剪、浇灌、耕耘,在人生的道路上奉献、进取、奋发。

如果说《收获》是一艘行驶在大海上的船,那么巴金就是这艘船扬帆远行的指南针。他用那坚毅的品格、饱满的热情、无限的深情指引着《收获》的前进方向;用他那人性的光辉、人格的魅力、人文的关怀激励着《收获》的勇往直前。

巴金是中国人的一面旗帜,是中国文坛的一面旗帜,也是《收获》的一面旗帜。他对文学理想一如既往的追求都不会改变,从这个意义上说,巴老留给我们的精神财富是永恒的,《收获》将会秉承着巴金对文学纯真的坚定、对人民深沉的爱恋,在纷繁喧闹中守住心灵的一方净土,在乘风破浪中坚守纯文学的精神家园。

参考文献

[1]陈标.《收获》创刊30周年贺词[J].收获,1988(1).

[2]巴金.《收获》创刊30年[J],收获,1987(6).

[3]司马长风.中国新文学史(中卷)[M].香港:昭明出版社,1980.

[4]张辛欣.给《收获》创刊50周年的贺信[J].收获,2007(5).

[5]谌容.给《收获》创刊50周年的贺信[J].收获,2007(5).

[6][7]从维熙.巴金箴言伴我行——贺巴金九九重阳[N].北京娱乐信报,2002-11-25.

[8][10][13][18][24]巴金.致《十月》[J].十月,1981(6).

[9][11]编后记[J].收获,1998(11).

[12][19][21]陆正伟.巴金重任《收获》主编之后[J].上海滩,2003(1).

[14]吴泰昌.《收获》创刊30周年贺词[J].收获,1988(1).

[15]莫言.《收获》创刊30周年贺词[J].收获,1988(1).

[16][23]巴金.祝青年文学创作的发展和繁荣——《萌芽》创刊致词[J].萌芽创刊号.

[17]黄裳.《收获》创刊30周年贺词[J].收获,1988(1).

[20]巴金.人到中年.随想录[M].北京:三联书店,1987.

[22]冯骥才.给《收获》创刊50周年的贺信[J].收获,2007(5).

[25][27]吴泰昌.《收获》在京座谈会,我亲历的巴金往事[M].上海:文汇出版社,2003.

[26]吴泰昌.《收获》创刊30周年贺词[J].收获,1988(1).

求真向善　革故鼎新
——《收获》三代主编论

蔡兴水　郭恋东

著名作家、编辑家巴金

巴金（1904—2005），四川成都人，原名李尧棠，字芾甘。

1909年进私塾识字，16岁进入成都外国语专门学校。

1921年至1928年在法国留学，创作了第一部小说《灭亡》。1931年发表其代表作《家》，与后来创作的《春》、《秋》构成激流三部曲。20世纪30年代还创作了爱情三部曲——《雾》、《雨》、《电》。1937年3月，与靳以合编文学月刊《文丛》。抗战期间与茅盾等人创办抗战周刊《呐喊》。上海沦陷后，在广州、桂林、重庆、成都等地创办上海文化生活出版社分社。主编《文化生活丛刊》、《译文丛书》等。

新中国成立后，1952年至1953年两次赴抗美援朝战场采访，发表了《我们会见了彭德怀司令员》等通讯。1957年创办大型文学刊物《收获》，担任主编近50年。其晚年的主要作品有《随想录》、《再思录》等。

巴金曾历任中国文联副主席、中国作家协会第一副主席。1981年当选为中国作家协会主席。他是第一、二、三届全国人大代表，第五届全国人大常委，第六、七、八、九届全国政协副主席。1982年之后，曾多次获国际文化文学特别荣誉奖。

《收获》自1957年创刊迄今刊龄已逾不惑，由于物质匮乏和时势所迫，形成了三个不同阶段[1]，既一脉相承，又各具特色。《收获》是一个相对稳定的刊物，从编者角度看，它的制作人员变动小，这就使得刊物能够前呼后应，贯彻同一的主张，形成同一的风格，在原有的基础上不断攀高、超越。四十多年来，前后介入、参与《收获》编辑工作的主编、副主编、主持人有巴金、靳以、罗荪、以群、魏金枝、萧岱、吴强、李小林、肖元敏、程永新等，这一主持人群体基本上形成三代：巴金和靳以为第一代负责人，是《收获》蓝图的描绘者和确立者；萧岱参与刊物最初的创刊，是第一、二两个阶段的编辑部主任，进入第三个阶段，他又担当起引导和培养新人的重任，恰是承前启后的第二代；李小林适逢新的历史时期，参与新时期《收获》的开拓工作，成为第三代当家人，为《收获》的发展打开了新局面。三代主持人共同的地方是，都对刊物十分痴情、倾心、高度负责，只讲奉献，不计酬劳；都有比较明确的文化使命感，注重刊物的分量、内涵，凸显知识分子的战斗、抗争精神，不畏权贵，不忌讳触及敏感话题，勇于承担风险和面对危机；都有较为鲜明的人格魅力和人性光彩，追求真善美的和谐与统一，体现了刊物外观有美感，内文求真向善的基本倾向；都能团结作者，激发作者，感染读者，吸引读者，是读者与作者之间的优质桥梁；都希望保持较多的个人的探索并取自由、独立的处世原则，保持较多的民主思想、开放思想、包容思想；既崇尚高雅优质，又具有平民姿态，主张走向民间，回到读者中间，探求知识分子与平民、大众的沟通，相互了解，把刊物办得充满美感而且朴素大方，格调清新，有韵味，有历史感、时代感。当然，不同时代、不同主持人也有各自的个性风采、编辑特色，这又使刊物赋予了不同的人性魅力和多维立体的层面，增添了刊物的美质，正是几代人的相互延续又不断发展的编辑思想和个性魅力丰富和扩展了《收获》的精神内涵，使得《收获》成为新中国文学史上重要的文学期刊，确立并稳固了它在文学期刊中的重要地位、深远影响。

一、巴金：旗帜与舵手

新文学史上有许多作家都先后在出版编辑工作上做出过很大贡献。其中，巴金在编辑出版上的成绩更是一般人所难以企及的。1957年巴金与靳以共同主编的《收获》的出版，是他们二人继1930年代合编《文季月刊》等刊物之后的再度合作，然而这回巴金作为《收获》的主编，并非主动的自觉的承担,是勉强应友人靳以的好意相邀应允的。

如果我们考察《收获》办刊前后的形势和作家所处的语境,清楚巴金这个主编身心的羁绊,就会发现各种束缚使他难以施展和发挥更大的作用。其一,各种政治运动及社会活动缠身,深陷其中,使巴金难以自拔。其二,政治批判对作家的压制和刊物内部的派系之争,限制了巴金对《收获》的影响力。身为主编的巴金,个人尚且不容于现实,更遑论分出余力去应对《收获》的日常事务,有时甚至无权过问刊物的编辑运作。其三,精力不济和身心疲惫都限制了他对《收获》的直接介入,他要在有生之年里完成更多的创作。其四,清醒独立的自我意识,使他对办刊采取无为而为的策略。巴金是一位个性相当顽强的人,尽管他给人的印象似乎很低调,不喜欢公众场合的表演,也不太善于言说,但他骨子里、内心里实际上一直深藏着比较清醒独立的意识,一直执著、持久地保留着自我,这种个人化极为强烈的思想虽然也曾在建国初期有过迷失、困扰,但很快就穿透环境顽强而不顾一切地显露出来了,这就是他在"双百"方针鼓舞下的1956、1957年,竟大胆直言:文艺应该交给人民,不能由少数领导同志根据自己的好恶干涉上演或出版[2],他主张文艺要回到人民中间。此后,在中共中央调整"左"倾失误、政治气候有所宽松的1962年,他又不失时机地在上海作协第二次文代会上慷慨陈词,呼吁"作家的勇气和责任心"[3],提出作家的责任感,这都是他的本性使然,抑制不住地要涌现出来,明确地表示了自己的清醒的认识和对文艺界的关切。他还坚决地谢绝冯雪峰一度受人委托要他担任人民文学出版社社长一职。清醒而独立的意识不仅使得巴金斗胆仗义执言,而且也使他认识到政治强权社会里办刊物缺乏自主权和决定权,无法充分展现自己的编辑意图和刊物个性的弊端,所以,他不再主动地要在编辑、出版上有所作为。或许巴金更愿意当一名作家,依靠自己的写作来生存,毕竟手中的笔某种程度上还可以由自己主宰着,因为他是那样一位有着叛逆性格,渴望自由,不喜欢受到束缚的反封建战士。

我们已经认识到,是严峻的现实制约了巴金曾经可能对《收获》发挥更大的作用。事实上,巴金对《收获》的影响和作用是深远的,是不容低估的。

巴金是《收获》创刊至今健在的主编,历经《收获》的几起几落。我们无法否认《收获》始终得到巴金的护卫和培育,而长大了的《收获》到九十年代后期在封面上赫然刊出巴金头像,以显要的位置凸显"巴金主编"的字样,巴金已然成为一面坚持新文学发展方向的旗帜，他像一株参天大树遮挡着风雨，以便《收获》刊物连同一茬茬文学幼苗健康成长。

自从答应靳以合作主编《收获》以后，巴金从来都不是《收获》的局外人。我们知道，巴金从未宣布放弃《收获》主编的称呼。他甚至卸去上海文联主席、上海作协主席、《上海文学》主编等职位，在晚年只保留了中国作协主席和《收获》主编这两个职位。正如第一个阶段的《收获》的编辑彭新琪所说的，巴金从来没有说，我不管《收获》了，你们自己看着办。可见，他心目中还是看重《收获》主编这一名号的。他在《收获》的日常运作及陷入困境时，在每个紧要关头，总是以自己的具体言行来帮助《收获》渡过难关。五十年代靳以负责主编的具体事务时期，靳以执笔写下的许多《编者的话》，还有《发刊词》、《写在〈收获〉创刊的时候》等文章都是与巴金商量后确定下来，并且联合署名发表。五六十年代，巴金的许多文章都刊登在《收获》杂志上，他先后在《收获》上刊发了散文、报告文学、创作谈等各类文章达十六篇之多，算得上是前两个时期《收获》中名字出现频率最高的一位。作为刊物的主编、名作家，他的供稿是对《收获》的扶助与支持，是一份答应靳以参与《收获》主编的责任感的维系。他带头在《收获》上刊发作品，可以带动更多的老作者奉献好稿子，可以吸引团结更年轻的一代代作者，共同加入其中，以各自的创作融入《收获》的前进历程，扩大《收获》的知名度和影响力。特别是六十年代，当时文坛已经十分萧条，大部分作家都已经罢笔停止创作，《收获》的稿源紧缺。巴金在自身难保、压力沉重的情境下，依然执笔写作接济、援助《收获》，这对《收获》无疑是雪中送炭，对以群、魏金枝等人的支持是强有力的。新时期复刊不久，"文革"遗风犹存，编辑、读者与理论界的思想还未得到解放，巴金就开始以自己的思考和探索精神贯彻于《收获》的编辑之中，使《收获》率先刊发了许多清算"左"的思潮、抨击陈旧观念的优秀作品，如《大墙下的红玉兰》、《啊！》、《人到中年》、《犯人李铜钟的故事》等，这些作品在当时发表后赢得很大的声誉，但同时编辑部也承受很大的压力。当《收获》遭受政治困扰和读者误解时，又是巴金以自己的清醒认识和崇高威望，肯定了触及时弊的作品，排除各方面的压力。他关心、鼓励承受压力的作家们，还带着病痛亲自撰文及时对《人到中年》等作品加以肯定和赞赏，令人感动不已，《收获》面对类似的压力肯定不止一次、两次，而巴金也肯定不是偶尔一次、两次才支持青年作者的创作，他对《收获》的支撑是坚定而有力的,他的声援不仅对青年作家是极大的鼓舞,发挥了新文学史上老作家扶助文学新人的精神传统,也表明了他对《收获》的公开支持,某种程度上也对"左"的思潮、对权势的欺压形成牵制和反干扰,显示从"五四"过来的老作家对政治意识形态压制的解围和突破,有助于新时期文学的健康顺利发展。作为与二十世纪同龄的老一辈作家,以他的胆识和智慧扶助新生力量,巴金是走在前面的,他的确成了一面捍卫民主、自由,追求真理、正义的旗帜。1980年代中期以后,《收获》杂志社从上海文艺出版社接管过来,自己负责刊物的出版、发行,不久却遭受了纯文学滑坡的逆境,遭逢全国性的纸张提价、刊物普遍涨价的风潮,《收获》和其他纯文学刊物一样,读者数大幅度下降。巴金又出面了,他以自己的地位捍卫《收获》的生存,他多方进行呼吁积极筹措资金,并在1993年9月间发出设立《收获》发展基金的倡议,把自己刚刚获得的一笔海外寄来的稿费捐献出来,此举赢得社会的广泛响应,帮助《收获》度过一劫。1990年代以来,影视文学、网络文学等向以文字、纸张为主要物质材料的纸面文学发起挑战,许多纯文学刊物为了适应市场转型,纷纷转型、改版,做了某些相应的调整或与市场妥协联合的行动,有的利用媒介进行有偿的广告业务的炒作来赢得读者,有的刊物甚至降低水准满足某些读者的庸俗趣味,以非文学的手段来迎合读者、吸引读者,而巴金一直坚持走纯文学发展的道路,绝不放弃《收获》的人文追求,绝不降低刊物的文化品位,巴老明确表示《收获》不刊登任何广告,包括不刊登与文学业务有关的出版信息。并充满信心地鼓励编辑部的工作人员,说《收获》靠读者养活,大有希望。《收获》决绝的态度,使得一部分人不能理解,而实际上,巴金正是以这一特立独行的做法体现了抵抗世俗的鲜明态度,反映出一个世纪老人不为时局所动,坚持文学的纯粹性,坚持反抗庸俗、反抗沉沦的精神风范。巴老的这些行为实际上正是继续发扬"五四"的文化传统,继承现代知识分子坚守信念的实际体现。新时期以来,巴金重新找到了"独立思考"的武器,他已不再忌讳权威、权势,不再害怕任何压制与专政。他虽然无力兼顾《收获》的具体工作,但是萧岱、李小林有不少事情都是请示、请教了他才做出决定的。八十年代前期,巴老还能自己阅读《收获》的作品,他不是每篇必读,但是主要的、有争议、有影响的作品,他都是要读的,即使在身体已衰弱到不能自己阅读的情形下,他还要请人读给他听。他不时地关心着《收获》的进步和发展,从来没有放弃自己作为主编的职责,总是给予它尽可能多一点的关爱。正是巴金等老作家的存在和发挥关键作用，以自己的人格力量吸引和团结着各个时代的作家，使他们围绕在《收获》的周围，不断地写出对人民、对人类有益的作品。在我们这样政治功利色彩浓厚，社会意识形态往往凌驾于文学艺术之上的国度，文学伸展的空间往往相当有限，巴金在某种程度上代表了一种抵抗意识形态压制的精神力量，他的历史贡献、文化尊严成为卫护《收获》进行一定程度的探索的重要的保护伞。巴金几乎是我们现有体制下唯一可以与政治权势、与长官意志、与封建专制抗争的重要力量，他虽老迈但强大有力，这是延续了鲁迅的民主、自由的旗帜的象征。

　　巴金对《收获》的作用与影响，除了精神上的援助，基本方向的把握外，还体现在刊物留下他的编辑理念和思想印记。巴金有过编辑出版的实践体验，所以他十分强调读者对刊物的重要性。他一直强调把心掏出来给读者，把读者当成朋友，当成作品最好的评判者，他真切地指出："刊物是为读者服务的。"巴金尊重读者，而且尊重作者，强调"作品是刊物的生命"，只有尊重作者的精神劳动，赢得他们的信任，才能使刊物得到作者的高质量作品。他明确表示"编辑是作家与读者之间的桥梁"[4]，重要的是在两者之间起沟通作用。他的讲真话的思想，他的虽历经劫难而精神中仍不失"高贵与骄傲"[5]，都渗透在《收获》的字里行间，成了《收获》的精神底色，这是巴金对《收获》的精神滋养，是一种更为深刻、内在的渗透与影响。巴金告诉人们要说真话，要以自己的思考来判断事物的正误，使得《收获》保持独立的姿态，不跟潮，不摇摆，不看风向，不屈从权贵，而是保持文学的探索，坚持刊物的品格风貌，昭示着巴金的影响。

　　巴金在"文革"结束后，依然以他的编辑和创作都双双出色的成绩，衔接了他在现代时期融入新文学潮流之中在这两方面的巨大创获，为当代知识分子在编辑出版岗位上做出了榜样。我们完全可以把他晚年的编辑和创作看成是合二而一的事情，是履行知识分子的人生使命和维护知识分子的精神道统，某种意义上，他的编辑工作正是他的文学创作的补充，二者是互补相通的胜业，几近完美地自我塑造了一个知识分子在言论难以充分自由表达、文学力量或许已然有限的多维人生的人格形象。

二、靳以：创办人与奠基者

　　作为一个在新文学史上做出一定贡献、积极要求进步的作家，1953年靳以被调入中国作协华东文联，先后担任华东文联创作研究部主任，后又兼代秘书长，华东作家协会副主席，后改为中国作协上海分会任副主席。这些升迁给他提供了体制中所给予的便利，更具有决定意义的是他又可以在自己感兴趣的文学岗位上工作了。最让靳以兴奋的是，1956年春他在北京参加中国作协理事扩大会议时，邵荃麟、刘白羽等向他传达了中宣部、中国作协的意见，希望他在建国前创办、出版过不下十余个报刊、文丛的基点上，为新中国创办一份大型文学刊物。对再次主编文学刊物，他掩饰不住的喜悦之情，我们可以从当年冬天他赶在出国访苏之前兴致勃勃地到冰心等老友家中约稿中看出[6]。

　　靳以是新中国大型文学期刊最早的奠基者，《收获》是他一手创办起来的。没有靳以，便没有《收获》杂志。他在《收获》所做的工作对今天文学期刊的发展仍具有深远的意义。

　　1956年3月，北京中国作协理事扩大会议一结束，靳以就开始筹划，并给新的刊物取名叫《收获》。由于靳以不愿到北京，所以刊物虽隶属中国作协，但编辑部却设在上海。在靳以的严肃邀请下（没有材料可以直接论证得到组织的审批，但是这肯定是必须得到组织上的认可的），解放前在编辑工作上的黄金搭档巴金和靳以再次走到一起，于是新中国第一个大型全国性文学期刊《收获》在1957年7月24日正式创刊，主编是文坛上富有经验的编辑家、著名作家，还组成了包括正、副主编在内的十三人编委（大多是聚集在京沪两地的全国著名作家、诗人、剧作家）的强大阵容，至此《收获》编辑部正式成立并正常运转，除了困难时期的停刊和"文革"爆发不得已中断，《收获》至今已走过四十余个春秋。

　　《收获》的创办凝聚了编辑家靳以的心血。虽然是双主编，但巴金不参加具体的事务性工作，因而从编辑部的组建、人员的调动、文稿的催请、邀约，都在靳以的实际领导下才能有条不紊地进行。我们所看到的《收获》创刊号，可以领略到这是相当讲究艺术性、文学性的成熟刊物，绝对是出自内行人创办的。它的封面典雅、大方,颇为别致,三四十年代曾经与巴金、靳以多次合作过的装帧设计者钱君匋介绍道,该刊的封面"采用了'收获'两个极大极大的宋体字作为素材,占去了杂志封面的绝大部分地位,书面的底色从杂志顶端以极浓的暗红色开始,愈到下端愈淡,淡到不能再淡而告终"。(我们所看到的创刊号封面,底色从上到下均衡、一致,钱君匋的设想似乎没有完全落实,但这样的效果看起来已经很悦目了。抑或是钱记忆的不确切?)权且不说封面是否完全如同设计者所说的那样,这个大巧若拙的大胆设计得到巴金和靳以的拍手称好,一直沿用了很久[7]。除了封面的设计,封三的编者(委)名单、出版时间、发行单位的标明,甚至于目录中栏目的设置,老作家、知名作家或大作家成为主打力量的"预设",都为后来几十年的《收获》奠定了总体的格局和基调,而厚重、雅致的创刊号无论从哪一方面来说也都堪称新中国(大型)文学期刊的典范之作,这是有着数十年丰富办刊经验的靳以所精心策划和参与设计的,就是今天看来也毫不逊色。

很可惜,《收获》的出世有些不合时宜。当时时势实在不利于作为个体的、弱势的知识分子的生存与发展,知识分子的个性展现、艺术探索尤其显得举步维艰。那是个"话语禁忌"、好人蒙难遭殃的时代,是中国社会民主进程大倒退、知识层大劫难的年头[8],是只有顺从而没有抗拒的权利、"因讲了真话而获罪"的时期,是想表现而结果往往"扮演了一个不光彩的角色"的微妙时节[9]。靳以纵有万般办刊的经验与才情,总还是让人感到力气无处使和处处受制约、受局限的拘谨和无法洒脱、奔放。巴金在《〈收获〉创刊三十年》一文中说:"其实他遇到的阻力不用讲,我也想得到。他是在'双百'方针发表时筹办刊物的,可是刊物尚未印出,反右斗争已经开始。《收获》本来没有发刊词,第一期已经编好,纸型由上海寄到北京,我当时在北京开会,忽然收到靳以寄来他写的《发刊词》,他征求编委的意见。我一看便知道是为了'六大标准','六大标准'的发表无疑是一件好事。可是我却感到一点紧张,我似乎看到了一顶悬在空中的'反党反社会主义'的帽子。我想他不会比我轻松。"[10]众所周知,1956年"双百"方针的颁布,曾经一度为文坛带来振奋人心的信息,渴望创作心态自由,也应该有属于自由探索氛围的知识分子很快就献出一批尖锐批判现实、触及时代病症的"干预生活"之作,但这只不过是一场瞒天过海的"阳谋",针对鸣放时有过激言论的天真知识分子的弥天大网已然张开了。《收获》虽酝酿于1956年,然而它的出世要等到一年多以后的1957年7月。这正是特殊时期、敏感的时候。新中国成立后，由于受"左"倾错误思想影响，党在知识分子政策上犯有严重错误，不断开展了对知识分子的批判斗争，打击伤害了知识分子的积极性。一切服从于党的一元化领导，一切服务于政治权威，从属于当前的政策和现实的需求，文学的独特规律、个人的不同性情都被迫收敛或逐出正常的轨道。文学期刊，这一特殊的文本载体，在接受规范和限制的过程中，相当微妙地与政治生活相呼应，又常常会不由自主地传递出思想者的个人声音，这就使靳以陷入左右为难之中，一方面他需要刊物获得当权者的认可，赢得合法的地位和身份；另一方面他又不自觉地要传达出知识者、思想者不合时宜的声音，表达个体求索的曲折和艰难。靳以一贯追求进步，几乎从新中国成立不久就着手开始申请入党，追求进步，争取了十年，直到他去世不久前的那一年六月，才加入了中国共产党。他不像有的老知识分子那样对新中国抱有观望、犹疑不定的态度，对前途不测而流露出黯淡的心情。他也不是那种抱有绝不合作的孤立态度，他似乎很明确地表示出对新政权的合作和拥护，于是在新生的执政党掌权不久、立足未稳的时候，他就以要求加入这一组织的实际行动给予善良的、热烈的支持。所以，反右运动开始后的靳以不得不表现出积极迎合的态度。

靳以的《发刊词》极力地想突出文学创作的探索性和多样性，胆子不可谓不大（可能是出于慎重起见，是为了弥补第一期创刊号上的大胆放词，靳以在紧接着的第二期又补发了一篇和巴金联合署名的文章。对此，巴金写道："他接着在第二期又发表了《写在〈收获〉创刊的时候》，文章我看过，我了解他保护刊物的苦心，我自己也想多找机会表态，不加考虑便在原稿上署了名。今天翻看三十年前的表态文章，我仿佛接触到两颗战栗的心和两只颤抖的手。我们就是这样熬过来的。"[11]），但他又不能置政治局势于不顾。所以，他用了一个技术性的手段，先置毛泽东所提倡的"百花齐放"于开头，接下来大段引用了毛泽东的"六大标准"，言辞恳切地表明"政治标准第一，艺术标准第二"，将政治标准置于艺术追求之前，以掩人耳目。当然，当时已经辐射开来的反右运动，预示着作家的探索、编辑部的发稿将在自由度上大打折扣。尽管也提到几个"不同"，似乎也注意到多样化的目标，然而，艺术探索是不能放纵的，不能洒脱地去向往和无拘束追求的。这些束缚和限制似乎也正是建国后我国文学发展过程中所遭遇到的和经历过的，现在看起来，后来文学的发展总是受到压制，而实际上对文学艺术的干预早就开始了，并非始于"文革"，并非无的放矢。这也为靳以办刊戴上有形或者无形的绳套，使得他不能不在某些程度上进行平衡，既刊登有个性的、有艺术质量的好作品，又必须兼发政治上的大而无当的表态文章或做些妥协、让步的自我检讨或发表一些违心的、气势凌人的批评、批判文章，特别是在多事之秋的1958、1959年，连着发表读者对《打狗》《来访者》等文的批评意见和代表编辑部表态的批判文章，还得不时地刊登一些来自上级领导的政策性文章。在靳以去世以后的1960年，在第二个《收获》时期的1964至1966年，表态文章、充满政治火药味的大批判文章更是比比皆是、连篇累牍，编辑部已基本上丧失了艺术探索的自由追求和个性化、多样化的进取精神。艺术探索的较充分解放和创作自由口号的提出要等到1979年第四次全国文代会的召开时，但是此后对文学艺术的限制和反限制的交锋始终或明或暗地进行着，这种斗争伴随着新时期文学的发展和探索的进程。

靳以在种种限制下勉为其难地经办着当时全国唯一的大型文学期刊，好在靳以早在解放前就办过《文学季刊》《文季月刊》，在报纸上开辟过"文群"园地坚持了多年，总共刊登了五百余期，创下了现代报纸文艺副刊在三四十年代之交最长的历史，出版过"文丛"，摸索和形成了丰富的办刊经验，有着发现和培养文学新人的必要热情、敏感眼光，更主要的是有一批长期合作的作家朋友，形成了老幼不同辈分的一代代作家，所以在靳以担当主编时，编辑部基本上不愁稿源，靠靳以的身份、长久的情谊，基本上就能保证名家、大家的佳作，必要的时候还有另一主编巴金也可以向四面八方的友人索稿，名家支撑起早期的《收获》，许多当代文学史上的名篇佳作，特别是长篇小说和电影、话剧作品（创办初衷就是要发表待出版的长篇作品，让读者先睹为快，便于作者修改出版）都先后诞生在《收获》杂志上，如《大波》《创业史》《红旗谱》《野火春风斗古城》《茶馆》《不夜城》等，《收获》的三百多页大篇幅使得它有刊发长篇大部头作品的先决条件，名篇的涌现也把刊物推向一个个新的高度，使得刊物获得良性循环，正如巴老所说的，尽管靳以在《收获》干得时间不长就去世了，但这是他一生办刊中最顺利、也是发行量最可观的一份杂志。

靳以在办刊中几乎事必躬亲、身体力行，这不仅保证了刊物的严谨和优良的品质，也赢得了作家们的信赖和尊重。据曾经在靳以手下工作过的编辑彭新琪、寒星等人的回忆，靳以办刊非常投入，待人十分热情，常常亲自写信向作家们约稿。曾经负责西北片的作家创作的另一时期的编辑郭卓在回忆中也提到，陕西作家特别怀念靳以，一听说靳以亲自致函约稿，他们很受鼓舞。靳以的热情奉献，赢得了作者的回报，许多作家愿意把最好的作品交给《收获》发表，因为编者赢得了他们的心，精神征服了他们。不仅如此，靳以还对作家的稿子十分负责，他不仅自己亲自写信约稿，而且亲自写信说明退稿原因，或者说明需要修改的意见，他还严格要求编辑们不可随意删改作家的原稿，任何修改都必须征求作家本人的意见。这一行为也得到作家们的赞许。一旦稿子采用排出清样，随即就给作家发去稿费，而不是等到刊物出来以后，这在当时给予作家的鼓舞实在不可低估，而在我们今天看来简直如天方夜谭。刊物的工作，作协的工作，1958年以来靳以身心所承受的巨大压力（刊物文章惹祸受批接连不断，反右运动的精神重压和冲击，事先没有征求任何意见就被指定到工厂参加劳动，半天到工厂参加劳动半天去编辑部上班）。多次参加访问学习工农兵的带有政治色彩的活动，并撰文大力歌颂，1959年建国十周年，加上十年申请入党的愿望得以实现，靳以更加拼命卖力地发挥自己文艺工作者的本领，在办刊等工作之余，国庆前不长的时间连续写了十几篇歌颂欢庆的文章。靳以终于累垮、病倒在到火车站为来访的国际友人、社会主义邻邦——朝鲜客人送行的途中。这是他在这一年里的第三次住院治疗，前两次脱险，而最后这一次，他自己都没有想到，他的家人、朋友也都没有料到，他终因劳累过度，英年早逝，去世前不久，他在医院里还在看校样，为《收获》尽最后的力量。

　　靳以在办刊中有自己的一套行之有效的方法，除了上文提到的注意刊物的精美设计、内文的优质、尊重作家之外，他在编辑工作上也有自己的设想。他与巴金共同商定，刊物主要发表其他作者的文章，编辑部人员的文章排在目录的末尾（李小林主持《收获》工作以后，《收获》的工作人员则不能在自己的刊物上发表任何作品），突出其他作者的地位。靳以曾经在解放前实际上由自己一人独力承办两个刊物《文学季刊》和《水星》，并且有过坚持多年持久办刊的经历，他在逃亡中、旅途中，甚至自己被"贬谪"到偏远的山村中仍然认真负责一期期报刊的按时出版发行，长期的办刊经验使他形成了一个人少好办事的观念。他把经验带入《收获》，实行精兵简政的编辑策略。整个编辑部，只有五六个人，个个身兼多职，既看稿、编稿、校稿，又跑印刷厂、跑机场接送清样,还联系作者,写约稿信件,给读者回信,等等。尽管有着种种艰难,但是由于策略得当,经办有方,所以《收获》仍然发表不少佳作,为当代文学期刊积累了丰富的经验,达到了同时期期刊的最高水平。虽不是篇篇精彩,但每期都有可读的好文章,奠定了《收获》在读者心目中的地位,在当代文学史上留下了许多经久不衰的篇章。靳以的许多经验和做法也成了《收获》几十年坚持的成功套路。靳以以后的《收获》多少保存了靳以时代的不少做法,借鉴了不少有益的经验,获得推广、发扬。

综上所述,靳以对《收获》的主要贡献大致表现在:首先,他创办的《收获》起点高,出手不凡,打下深厚的基础,为以后的发展奠定了稳固的根基;其次,他在五十年代中期,积极探索在新的计划体制下的办刊方式,审时度势,举措有方,为处于弱势群体的知识分子固定了一块能较为自由地创作、较有活力地言论争鸣的思想阵地,为新中国文学的发展寻求最初的发展途径做出重要贡献,为五十年代文学史阶段最为精彩的篇章创造了一定的生长条件;再次,他以自身丰富的办刊经验,精心规划,为当时的文学期刊设计了合理的版面、多样的栏目和丰富的内容,奉献给读者,在今天看来也毫不逊色;第四,他把新文学传统通过自己的双手、通过自己的办刊方向与策略,通过刊物的内容,通过一系列的编辑途径,较为完好、齐全地带入新中国,为中国当代文学在期刊方面的发展与中国现代文学更好的衔接与延续做出了别人无法替代的贡献。作为三四十年代的报业人、期刊编辑家,靳以既带来了经验,也导入了文学的精魂,这是他在现代报刊史上的新发展与新贡献;第五,靳以以自己的劳苦、奉献、忍让、委曲,以一己的牺牲精神换来刊物的生存和艰难发展,或许不得已而注意平衡,注意不同方面的兼顾,甚至也委曲自我地刊发表态文章、自我批判的文章,甚至一些左派的官样文章,但是他还是在力所能及的范围内精心组织、发掘、刊登高质量的好作品和优秀文章,这是当时全国文学期刊中最高质量、最见分量、水准最均匀的作品群集中荟萃的园地;最后,靳以保持了一个较有力量的编辑集体,充分调动编辑的能动性,以精干的少数干成了不起的大成绩,维持了编辑部的稳定格局和富有生机的精神风貌,他与巴金的完美组合,精诚合作,既发扬了三四十年代的办刊传统,又开辟了新的天地,为《收获》持久地站立文坛、处于当代文学期刊史的前列写下了两位著名作家、著名编辑家的大名。

《收获》因它的主办人的人格魅力和精神风范而矗立于当代文学期刊

史的前列。

三、萧岱：被囚禁的思想的打破

当主流意识形态强大到覆盖一切的时候，一己的思想特性、刊物的鲜明风格都难免受到猜忌，欲生存下来是必须付出代价的，阉割自己、否定自己或许还可勉强偷生。在熟知萧岱五六十年代编辑生活的同事眼里，萧岱谨小慎微，丝毫不敢表达自我，完全丧失了主动，丧失了对工作的积极性，有受挫感。他几乎关闭了自己的思想门户，被动地处世，同事们大多觉得萧岱没有魄力，没有勇气，没有什么作为，特别是六十年代的时候显得更加没有生气与活力，该他做出的决断他都没能揽下来，同事甚至有些瞧不起他，小觑他，可怜的萧岱！靳以去世后，罗荪来主持《收获》工作，萧岱依然是编辑部主任，协助罗荪工作，或许萧岱的威望有限，或许萧岱的文学地位、资历还不足以服人，还不具备驾驭全局，难以堪当主持人重任。到第二个《收获》时，以群、魏金枝负责刊物的实际工作，萧岱还是编辑部主任，继续协助主编的工作。从这个时期他的同事那里得知，萧岱很害怕，不敢出面，挑不起大担子，不敢决定什么，思想包袱大，精神压力大，活得卑微、畏缩。这都是心灵受束缚、受限制的结果。

萧岱还是幸运的，他能够生存下来，在思想解放的新的历史时期重新回到他喜欢的文学岗位，回到文学队伍中，亲自筹备、负责《收获》这个与自己的生命的主要时光联系在一起的文学刊物，他应该不只是幸运，还是快乐的、喜悦的。粉碎"四人帮"以后的新时期，萧岱是最早回到编辑部的工作人员之一，他参与了新《收获》的重建、复刊工作。新时期，萧岱一改过去的唯唯诺诺、胆小怕事，为新《收获》走出一条日渐开阔的坦途做出了不小的贡献。他勤恳、负责，为了刊物的艺术质量，敢于顶掉上海市委宣传部长的稿子，敢于推却当时是《收获》负责人之一的吴强的稿子，敢于拍板在春寒乍暖时节就推出一批走在时代前列、率先对"文革"进行反思的作品，体现出果敢的勇气和解放自我的魄力。他谦虚地向年轻人学习，支持他们刊发带有实验性质的探索性作品，反映出磨炼艺术个性的转化、更新要求，体现了一个全国一流刊物的领导人不断汲取新知、敏锐艺术感觉的进化需求，体现了海派文化善于吸收新鲜事物,具有自由包容思想的资质,这是一个刊物不至于落伍、退步而始终处于创新、更新的亢奋状态的重要因素。旧生活的结束,掀开了萧岱的新篇章。他感受着解放思想的气息,他憋屈了许久的自由意志、自主精神得以复苏,在海派文化圈的濡染下,在改革开放时代风气的影响下,萧岱好像换了个人似的。在《收获》复刊后,他与吴强、李小林等协作,在老主编巴金、靳以的编辑思想的引导下,把《收获》办得有声有色,使得刊物很快就赢得很高的声誉,不仅在全国文学期刊的发行量中处于前端[12],更为重要的是,这时的《收获》发表了许多堪称新时期文学代表作的优秀作品,这其中不能不记下萧岱的一份功劳。

纵观四十多年的历史,《收获》有两个重要时期:一个是1957年创刊时期,靳以在荆棘丛生的道路上开辟了一条生路,奠定了坚实的文学基础;一个是"文革"结束后1979年复刊初期的《收获》,领时代之新风气,开时代之最先声,筑起一个较高的文学起点,很好地衔接了靳以时代的精神命脉,也奠定了较为厚实的文学基础,为以后建构坚固的文学大厦确定了先在的条件。这个时期的文学发展与萧岱的贡献分不开。要知道,《收获》复刊后,它在前进的道路上还有不少的阻力,政治上不平静,往往一年中得来上几次风波。当时的读者、文学界,禁锢还有许多,读者的陈旧理念、阅读审美习惯还与"文革"遗风有着千丝万缕的联系,刊物经常受到意想不到的指责和批评,风险依然很大。萧岱在主持工作时期不计个人得失,无所顾忌,支持并领导编辑部刊发了大量领先时代风气、摇撼"文革"痼疾、冲破"左"的压制与捆缚的优秀作品,的确难能可贵。还有,《收获》所在地的上海,一直是二十世纪以来和北京、广州一样的政治气息很浓的城市,而上海受意识形态左右的习惯有时似乎比京广还有过之而无不及,政治与文学的关系结合得更为密切,文学艺术受政治的牵制更为明显,萧岱在这样的环境下接办《收获》,不顾前进中的阻力,毅然决然地发扬新文学大师们的精神传统,反叛旧意识形态,弘扬人文精神,突出文学介入现实和坚持艺术个性的思想,把刊物推向新的台阶。

萧岱的重要贡献还在于举荐新人、培养新人、引导新人,为《收获》的进一步发展创造条件。他有意识地培育人才,鼓励年轻编辑放手去干,鼓励新人走向重要的领导岗位。如他推举李小林接他的班,他考察并接受程永新来《收获》编辑部工作。他以自己的勤勉、认真而带了好头,给了李小林等人以直接的重要的影响。他还十分宽容，能够容忍自己没有完全领会、理解的作品在他主持的刊物上刊登；他容许年轻人的新潮，能够放手让李小林、程永新等年轻编辑引入一些新的编辑思想；他在工作中敢于承认自己的落伍，年岁大了之后的保守，谦虚地向年轻编辑学习，听取他们的意见，能够接受超过自己年龄限制之外的新思想，保证了刊物在他主持期间有活力、有生机。萧岱主持工作是在1979年《收获》复刊后，这是《收获》最具锋芒、最有魄力的时期之一，常常颇具胆识地刊发一些冲破现实压力和世俗观念的作品，取得引人瞩目的成绩。但也恰恰是这个阶段，是《收获》遭受种种指责最多、最频繁、最严重的时期之一，萧岱与吴强等人协作，顶住压力，敢于冲破禁区，敢于冲破陈旧因袭，奠定了《收获》在新时期发展的雄厚基础。萧岱堪当重任，一人承担了各种罪名、骂名，把责任全部承受下来，他的行为不仅保护了刊物的继续生存发展，鼓舞了年轻编辑尽心尽力做得更好，也是一个曾经被禁锢的老革命的自我超越和获得的新生与解放。正是这种精神的复苏恢复了靳以时代乃至于"五四"时代新文学的精神传统，体现了中国现代知识分子面对现实、直视人生的傲骨和气节，是二十世纪人文精神最值得阐发和褒扬的传统，是奋斗了近一个世纪的中国知识分子作为不具备强大思想背景和精神传统的历程中值得记录的事迹。

四、李小林：开辟新途的接棒人

李小林1968年毕业于上海戏剧学院，曾在杭州《浙江文艺》编辑部当过编辑，"文革"结束后才回到上海，先在《上海文艺》工作，不久《收获》筹备复刊，萧岱把她调进来。李小林在成为副主编之前默默无闻，外界不太关注。许多人有一个误解，以为李小林一夜之间突然走红，因为她的名字出现在《收获》1985年第四期的副主编位置上，列于另一个副主编萧岱之后，此后更是声名大震，成了《收获》的决策人。这是不太了解李小林的缘故，或者说，是一种先在地对号入座，轻易地把她视为巴金的女儿，因而放弃了进一步深入去观察领会李小林自己的行进轨迹，这也是对李小林作为一个个体的缺乏理解和沟通造成的误解。

李小林把她生命中的主要季节献身给编辑事业，她无疑是一位优秀的编辑工作者。她由一名普通编辑做起，凭借自己对读者、对作者的负责精神，凭着对文学事业的一腔热情及高度责任感，凭着知识人对道德意识的清醒认识、对文学前辈精神风范的心仪与感应，凭着自身较为深厚的文学积累和对文学的准确理解和深刻领悟，她与她所领导的编辑集体殚精竭虑地推动了《收获》向更高更深的地带阔步前进。客观地看，李小林不仅因为巴金的关系，也因为萧岱等老一辈编辑的提携，还因为肖元敏、程永新等众多年轻编辑们的有力协助，如同她反复说明的，是依靠编辑部集体的力量，《收获》才能办得比较成功，而她才脱颖而出，继巴金、靳以的《收获》第一代主编、第一代核心，以群、魏金枝、萧岱等第二代负责人之后，成为新一代的《收获》当家人。是巴金等人成全了李小林，但更是李小林成就了她自己，这是事实，而非假设或臆想。

　　正是萧岱重返《收获》进行组建的时候，李小林来到了编辑部。到《收获》编辑部工作的李小林已经有了相当的编辑经验，她在业务上有巴老可以亲近和请教，有萧岱手把手的牵引，很快就体现出爽快伶俐的编辑作风。李小林和孔柔合作看稿，一同感受着新时期最早的文学春汛，为那些抵御寒潮突破冰冻坚壳的地表提前降临的一大批作品催产，成为新时期文学最初的繁荣期为奇花异葩的绽放创造了条件的护花使者。如谌容早期的作品《永远是春天》涉及当时的"文革"禁忌和爱情禁区，在北京受阻，李小林等大胆采用她的稿子，并推动她写出了包括《人到中年》在内的一批高质量的作品，这是新时期最早赞美"臭老九"的小说之一[13]；如发现并刊发张辛欣的那些与当时风习格格不入的另类作品，把一个有才华的年轻作家推向文坛；如接连发表了冯骥才的否定"文革"的小说《铺花的歧路》、《啊！》等。

　　李小林从小受到家庭的文学熏陶，她有着相当高的艺术感受力和领悟力，因而不少文稿因为她的建议而益发熠熠生辉，发表后赢得很大的成功。不仅在小说领域，在展现《收获》丰厚文化底蕴特色的散文、随笔栏目中，许多年逾花甲的文化老人纷纷冲着巴老的美名奉献了他们的精品，这些稿子差不多都由李小林编发出来。李小林多方面的因素促成了她在编辑部威望的建立，特别是连连刊发了许多给《收获》带来很高声誉的各种体裁的作品，因而声名就日渐远播了。在1979年以后的《收获》办刊中，萧岱、吴强经常要征求李小林的看法，他们三人自然而然地形成了决定文稿刊发的决策人，虽然当时并没有明确谁是最主要的负责人，虽然吴强是对外宣称的《收获》负责人,虽然萧岱一直是主持《收获》的编辑部工作,但是几乎直到第三个《收获》标出主编、副主编名字之前,他们三人差不多都是没有直接明确的职衔。随着吴强、萧岱的先后去世,编辑孔柔、郭卓因老告退,到八十年代中期左右,李小林就名副其实地、自然而然地成为《收获》的新一代负责人,她和后来来到编辑部的程永新、肖元敏、钟红明以及1997年进入《收获》的廖增湖、王继军,共同拓展了1990年代的《收获》发展空间。如果说靳以(包括巴金、罗荪)是《收获》的第一代主编,萧岱(还应包括以群、魏金枝、吴强)是《收获》的第二代主编,那么李小林跨过了过渡型的人物——萧岱,就成了《收获》的第三代新主编,尽管她任职时已近不惑之年。

李小林没有忘记光大前辈的新文学精神,她明确地继承着巴金、靳以身上带来的"五四"文化传统,树立起知识分子抗击世俗的人文风采,坚持艺术个性的探寻,鼓励个人化的精神探索,在政治强权、物欲膨胀的世俗社会种种力量的裹胁、包围中突围出来,使《收获》这块独特的文本空间显得日益豁亮、开放、鲜明、宏大,成了团结知识分子、联系"五四"精神传统的重要纽带。

在九十年代以后,除了巩固了《收获》的物质基础外,李小林大胆地听取、起用了年轻新秀程永新等一批比她年少的编辑(实际上从八十年代中期以来,李小林就积极支持和鼓励一批带有实验性质的新潮作品的问世),不断地推出那些蕴含着艺术新质的新人新作,在继续保持文化底蕴的原则下,敏锐地把握新的艺术契机,融入新的艺术因子,使得《收获》在社会转型、文化嬗变、文学更替迭变过程中,始终保持《收获》探索的思想勇气和艺术蜕旧化新的力度,保证了《收获》持久不衰的鲜活、明亮,使得《收获》走在文学期刊发展的前列。1990年代以来,随着文学影响力的逐渐淡化,文学创作与批评走向边缘化,《收获》也落实到边缘化的位置,这对于它的人文精神追求,文学作品的艺术至上应该是大大有益的,李小林把《收获》引向注重艺术创新,同时又不断探索新的课题、唤起读者兴味的新路。

综观李小林与《收获》二十多年来的关系,我们可以概括出她的某些编辑特性:一是坚持艺术至上的原则。《收获》不看作者的名气,也不问作者的政治背景及来历,一切围绕作品说话。正是《收获》对艺术质量的看重才保证了刊物不断推出优秀的、经得起时间和历史考验的作品。《收获》刊登的文坛处女作不是很多,但是,有不少作家的最好的作品却是刊登在这个杂志上的。二是传统与现代相得益彰。《收获》一方面注意延续鲁迅等二十世纪文学大师的文化传统,努力弘扬知识分子的人文精神,保持"五四"的关注时代、批判现实、探索民主与科学的理想信念,同时还在不同时期、不同年代注重推出带有崭新艺术质地的作品,这两种精神并列存在于《收获》的发展过程中,随着时光的推移并没有变得迟钝。这是《收获》既能获得人文知识分子的喜爱,同时也赢得一代代读者喜爱的原因。《收获》的老读者继续追踪它的发展,同时新读者也被新开辟的栏目、内容所吸引。可以说,正是新旧杂糅,文化底蕴与创新精神并重,使得《收获》保持了长时间的较为庞大的读者群,是读者养活了《收获》,也是《收获》没有辜负读者的期望,源源不断地奉献给他们满意的作品促成的。如新时期复刊时,李小林等人大胆发掘同时代人的现实主义力作,勇敢干预现实,针砭时弊。到1990年代,文风普遍衰颓,对现实审视和批判的力量减弱。但是《收获》却执意于发表包括阎连科等人在内的讽喻现实穿透历史的力作,使得《收获》的人文精神持续地连贯延伸。不仅如此,《收获》在不同阶段往往还刊登某些具有超前发展倾向的作品,如1980年代中期及1990与2000年代之交都有一些带有新异色彩的作品问世。三是挖掘新人新作,不断推出新栏目。《收获》在李小林经手之后,从来没有放松对新人的发现与培养,特别在每一年的第一期上往往果敢地刊登新人新作,置于显赫的头条地位,这既鼓舞了作家的探索激情、激励文坛新人的涌现,同时也获得了读者的喜爱,给予他们开阔的期待视野。《收获》在栏目上除了传统的几大板块之外,特别注重在散文、随笔栏目中开辟新途,打造新的品牌专栏,使得《收获》的文化品位长时间保持在较高的水准上,这与李小林对年轻编辑的成功驾驭和宽松领导有着密切的关系。四是坚持办刊的原则,不随意转向,不轻易妥协。李小林主持工作时,曾经也有过外界的干扰以及来自权势的行政高压,但是萧岱、李小林都坚持自己认为是正确的做法,只要作品在艺术水准上是出众的,即使受到上级的指责,即使有些读者不能理解,他们也甘愿冒险刊发此类作品,而事实证明他们往往是正确的,只要他们认为没有错的,他们绝不轻易否定自己,更不会做违背事实、违背艺术良心的检讨,李小林有勇气抵制压力,也因为她生存的时代要有利得多。五是李小林继承了巴金、靳以、萧岱的办刊经验和传统,对刊物的各方面都坚持把好关,不仅重视来稿的质量,而且积极参与来稿的修改,经常以为文学史负责、为作者负责的态度,提出诚恳、切中要害的看法，尽可能在作家最好的状态下发出他们最好的作品，而且，李小林对刊发的作品从一校到最后定稿往往花费了许多的心血来检查、纠正错别字，提高刊物的合格率，这一点相比于其他刊物也是非常突出的。《收获》从外观的装帧设计到封面、封底的图画选择，到栏目的多样化，以及作品行文的排列都精心推敲，尽量满足读者多方位的欣赏需求。在每一期刊物面世之前都凝聚着编辑部全体工作人员的辛勤汗水，这其中就有当家人李小林超乎寻常的劳动。六是不炫奇、不猎美，取独善姿态，在平实的、收敛的低调中进行探索，看似少了几分慷慨豪情，实则拥有一份难得的平常心。在新时期文学思潮运行之中，《收获》从不主动唱中心、充主角，甚至从不发起什么运动，即使是在创刊三十、四十周年之际等特殊日子里，也从不浪费感情，不铺张，不为自己做宣传，默默无闻地进行着艺术创造，看似回避喧闹的市井生活，实则体现出一种坚韧与执著。《收获》保持稳定、平静的态势，这在日益浮躁的现实社会中，在诱惑渗透当今各个角落时，能够依然故我、不为所动，实际上是非常难得的。在寂寞、平淡的编辑工作中实现着知识分子参与文化建设、净化人类心灵的崇高理想。七是调动编辑们的智慧，强调集体的力量，《收获》毕竟是个老牌刊物，有名编巴金、靳以等人所奠定的高度，能否在自己的手中得到发扬光大实在不易，李小林深知自己肩上的重担，她还知道自己没有前两代主编的威望，如果不做出成绩就难以服人，所以，在她接手《收获》工作时，首先自己加倍地投入时间与精力，身心以赴，其次充分调动其他编辑的聪明智慧，发挥集体的创造性与积极性，使《收获》不断地拓宽思路，获得新的发展的可能性，继续处于全国文学期刊的前列，赢得文坛内外的关注和重视。

　　李小林对《收获》的贡献还值得一提的是，在1987年前后，她得到萧岱的支持，坚决主张由编辑部自己负责刊物的出版和发行，这是需要极大的勇气和魄力的。《收获》在1979年复刊后最初的几年，发行量猛增，但那时还是由上海文艺出版社负责出版和发行工作的。至80年代中期，李小林终于把刊物的发行权收归《收获》自己所有，由编辑部自身负责刊物的盈亏，不需要政府津贴，不要国家拨经费，自己决定刊物的发行命运。当时编辑部有分歧，一部分人还不放心，担心以后政策有变，害怕编辑部的人丢掉饭碗，但是李小林自信编辑部自己有能力经营，在她的领导下，编辑部渡过社会转型期纯文学影响力大跌的难关，以高质量、高水准的刊物，保持刊物发行量在十万册上下，终于保住了刊物的进一步发展，在这一问题上，李小林也是功劳不小的。

为了《收获》杂志的发展，李小林倾注了自身的大量心血。她除了照顾巴金老人，为他编选不少书稿，陪老人几次出访外国之外，她的精力几乎全部集中在《收获》的编辑工作中，她说不能把老一辈的产业毁在自己手中，她多方努力，终于使《收获》稳固地矗立于当代文学期刊的重要位置上，成为国内外了解我国新时期文学的重要窗口，有人甚至称《收获》是中国当代文学史的当然"缩写本"。这些成绩的取得与《收获》全体编辑的劳动分不开，但更应该记住它的第三代负责人李小林的功劳，因为《收获》取得最大成绩、获得空前的发展的阶段正是在粉碎"四人帮"后的新时期，这是《收获》有了大飞跃的重要时期，这其中有巴老这面人格大旗的感召，有《收获》元老萧岱的忍辱负重、勇敢抗争的作用，有以程永新为代表的更年轻的新生力量的加入和壮大，但是，更应该看到伴随新时期一块成长，由编辑而成为新一代《收获》当家人的李小林步步向前的姿态。

参考文献

[1]《收获》在历史上形成三个阶段：1957年至1960年为开创与奠基时期；1964年至1966年为僵持与过渡时期；1979年至今为发展与成熟时期。关于它的分期及各个阶段的个性，将在其他论文中进行描述，此处不予展开.

[2]《解放日报》[N].1957-05-17.

[3]巴金.《作家的勇气和责任心——在上海市文学艺术工作者第二次代表大会上的发言》[J].上海文学，1962(5).

[4]巴金.《致〈十月〉》,《随想录》合订本[M].386-387.

[5][8][9]尤凤伟.《中国一九五七》[M].上海：上海文艺出版社2001：239、513、341、517、184、231、427.

[6]冰心.《悼靳以》,《冰心文集》第六卷[M].上海：上海文艺出版社,1993：123.

[7]钱君匋.《美文的衣装》[N].新民晚报,1994-11-06.《十日谈·我与〈收获〉》专栏.

[10][11]《收获》[J].1987(6).

[12]1979年复刊不久的《收获》深受读者欢迎,最初的几年刊物发行量不断飞涨,有一期销售

量甚至达到近一百二十万份之高,在纯文学期刊中实属罕见.
[13]谌容.《编辑和我》,《早年苦短——谌容随笔》[M].北京:知识出版社,1994:213-214.

(作者:蔡兴水,中国当代文学研究会理事,复旦大学中文系博士研究生。郭恋东,复旦大学中文系硕士研究生)

(原载《当代作家评论》2002年第5期)

《收获》杂志是我的老师

苏叔阳

著名作家苏叔阳

苏叔阳（1938—），当代著名剧作家、作家、文学家、诗人，笔名舒扬。河北保定人。现从事文化及历史研究。1960年毕业于中国人民大学。从事教育事业多年，培养了很多学生。门下收一弟子舒子原。他以深厚的文化积淀特有的历史文学视角，创作了诸多国内外广为流传的文学著作。他的作品多次获得国家图书奖、"五个一"工程奖、中国图书奖、华表奖、文华奖、金鸡奖及全国作协短篇小说奖、散文奖、人民文学奖、乌金奖等，2010年7月获得联合国艺术贡献特别奖。

人生有许多老师，也有许多朋友。除了那些制造流言以博某方桀然的伪朋友外，都不应当忘记，都应当永久感念他们的恩泽。

在我生活的道路上，《收获》杂志是我的老师，是我的诤友。倘没有《收获》的帮助，我或许比今日更加没出息。

我在《收获》上发表过两个短篇小说，一部电影剧本，一部话剧剧本。几乎每次投稿都有一个值得回味的故事。

在很长一段时间里我不敢写小说，觉得这是件我不能胜任的事。《北京文艺》（即今之《北京文学》）发表了我的小说处女作《刚刚的眼睛》，使我稍稍有了勇气。但我总以为那是朋友们为了安慰我而格外照顾的。这当然是不合于事实的。但我的确仍旧缺乏自信。后来，我又写了《我是一个零》和《汽车号码的过失》，署了一个新名字：余平夫，交朋友寄到《收获》杂志，没想到竟然发表了。《我是一个零》还被选进了《小说选刊》。后来，在刊登作者简介时，才知道这名字是我临时署上去的，《收获》能以质衡文，而不看是否是熟面孔，这点精神使我分外感动，而给了我写下去的信心。《收获》杂志，在我心目中一直是神圣的。年轻时，看到它，总有一种须恭而捧之方可开卷的心情。能在这个刊物上发表小说，而且用了笔名，确乎使我增强了勇气，倘不说野心的话。从此，对于《收获》，在敬慕之中又添了爱心，这大约是我私心太重的缘故吧，我发表的电影文学剧本，是被电影厂否定的本子，《收获》的编辑同志却以为还有几分可读的东西在其中，而予以发表。这种不俯仰人意，而有自己主心骨的办刊方针，编辑选稿原则，也是颇令我唏嘘的。我写过十几个电影剧本，拍成影片的，在我看来不一定就是像样子的作品。而我自以为费了点心血，还有点儿新意的剧本，未能拍摄或者竟未发表的，远超过变成影片的。我在电影厂工作，深知电影剧作者们的苦衷，倘能有刊物或出版社如《收获》杂志般地肯于发表那些虽未拍摄，但不一定就劣等的剧本，那对于剧作者不啻是福音。即使是那些已拍摄过的，发表一下文学剧本的原著，使读者能与银幕上的脚本两相对照，也可以弄清许多难以宣传的笔墨官司。

至于我的话剧本《左邻右舍》，在许多人认为不像戏的情况下首先刊载于《收获》，而且借它的光，得以流布海外，对于我剧作观念的变化和技法上的进步，都有难以尽述的裨益。

《收获》所给予我的精神上的支持，给予我坚持写下去的鼓励，是我永不能忘怀的。它提携后进奖掖幼小的精神，在我成长的道路上是个永不休止的号角。

但我又总怕唐突了它。这几年我没有什么好作品。总觉得有无边的苦闷陷我于茫然。首先是思索的苦闷。旋转的文风使我昏昏，我不知是该时髦还是该依旧。吐露这苦闷，只可招人物议而为人添彩儿，但我不愿把我自己还没弄明白的左冲右突之作送给《收获》却也是真诚的。《收获》的一贯秉持文学的正道而不大起大落，在涡流中永远有自己的波浪，在我看来这是她永葆声誉的重要原因。她永远眉眼清楚，个性鲜明，她不是"二尾子"。

《收获》杂志的编辑们，我认识的不多，交往亦少，但有数的几次接触中，给我一种饱学之士的感受。无论前辈还是同辈，都给我一种踏踏实实做学问的印象。编辑是门学问，而且是门相当精深的学问。单就他们把发表的文章，原稿退回作者这件小事，就使我学到了不少东西。在我的原稿上，有编辑同志订正的错讹字词,更改的句逗,自然会使我受益。我说她是老师和诤友,实在是恰当的,一点儿也不过分。

我不知道我何时才会有点起色,但我愿意努力地写好一点,也不至于辜负了教我帮我的《收获》。

(原载《收获》1988年第1期)

编者、作者、读者评论（摘编）

"文革"刚结束不久……还被"挂"在那里、没有分配工作的张一弓，产生了十多年前曾萌发过的"创作冲动"，悄悄地写起了以三年经济困难时期河南"信阳事件"为背景的小说。在创作过程中，他曾受到亲友们的好心规劝和严肃"批评"，但他最终还是把中篇小说《犯人李铜钟的故事》写成了。写完后，他感到必须找到一个可以信赖又具有足够胆识和威望的刊物去发表。他整整寻觅了三个月……最后，他选择了由巴老主编的《收获》杂志。

编辑部从读者来稿中发现了这篇小说后，立即相互传阅，无不受到震撼，无不为之动容。正当编辑部准备将这部中篇小说在《收获》上发表时，却传来了有关方面的反对意见。巴老闻讯后，仔细阅读了这篇小说，认为这是一篇好作品，应当发表，便顶住压力，毅然拍板，将《犯人李铜钟的故事》刊登在1980年《收获》的第1期上……

就在《犯人李铜钟的故事》发表后的第二年，全国第一届中篇小说评奖开始了。初评小组一致推举了《犯人李铜钟的故事》，然而，有些人又提出了异议，有的反对意见还以加盖公章的单位证明信的方式转送到评奖的上级有关部门。如此，评选委员会不得不向评委会主任巴金汇报，并听取他的意见。巴老旗帜鲜明地指出，他不但同意《犯人李铜钟的故事》得奖，而且还主张列为一等奖中打头的一个。于此可见巴老的卓越眼光与超人胆识。此后，《犯人李铜钟的故事》被公认是新时期文学的代表作之一。

（摘自陆正伟《巴金重任〈收获〉主编之后……》，《上海滩》2003年第1期）

相关链接

*巴金,靳以.写在《收获》创刊的时候[J].收获,1957(2).
*《收获》复刊词[J].收获,1979(1).
*王蒙等30人贺《收获》三十岁[J].收获,1988(1).
*姚奔.悠悠岁月怀念绵绵——纪念靳以同志逝世三十周年[J].1990(1).
*格非.李小林和《收获》杂志社[J].当代作家评论,1994(2).
*张辛欣.河汉之前,陈思和,虞静主编.艺海双桨[M].济南:山东画报出版社,1999.
*程永新.选择,陈思和,虞静主编.艺海双桨[M].济南:山东画报出版社,1999.
*蔡兴水,郭恋东.历史记忆的排列组合——三个《收获》综述[J].文艺争鸣,2002(3).
*蔡兴水.巴金与《收获》[J].巴金研究,2002(4).
*周而复.《收获》30年[J].新文学史料,2003(3).
*蔡兴水.关于《收获》的一组谈话[J].新文学史料,2003(1).
*阎纲.编辑家巴金[J].随笔,2003(3).
*刘晓萍,马信芳.把心交给读者——巴金女儿《收获》副主编李小林印象记[J].巴金研究,2003(4).
*《收获》创刊50周年专号[J].收获,2007(5).
*赵晓峰.《收获》50周年风雨路[N].齐鲁晚报,2007-08-12.
*王寅.文学就是这样生产的[N].南方周末,2007-09-20.
*钟红明.《收获》:品牌的生命力[J].编辑学刊,2008(4).
*石剑峰.《收获》与文学30年:一切从《上海的早晨》开始[N].东方早报,2008-12-23.

"敢为天下先"的《社会科学战线》

宋应离

"敢为天下先"的办刊胆识

《社会科学战线》创刊号封面

历经1966年至1976年长达十年的"文化大革命",不仅使我国的经济到了"崩溃"的边缘,而且在文化思想战线上受到严重摧残。大批图书被当做封资修封存甚至销毁,刊物几乎全部停刊。人们无书可读,无刊物可看,造成严重的"书荒"和空前的文化饥渴。

1976年粉碎了"四人帮",人们期望科学的春天和文化繁荣的到来。但1976年至1978年两年前后,由于"两个凡是"还严重禁锢着人们的思想,思想战线上的拨乱反正徘徊不前。但思想文化界的有识之士,开始思考创办刊物,改变"四人帮"统治时期万马齐喑、文化凋零的局面。但对办什么样的刊物,以什么样的指导思想办刊物,仍心有余悸。正是在这特殊的历史年代,在荒芜的学术园地里,在中共吉林省委、省政府的大力支持下,由吉林省社会科学院主持创办的粉碎"四人帮"之后第一家大型综合性的学术期刊——《社会科学战线》在我国东北大地吉林省顺势而生了。它像一声报春的号角,奏响了学术研究的前奏曲,给学术界带来了巨大鼓舞,让学者们把久埋心底的学术热情一下子喷发出来,从而燃起了新的学术研究的希望,同时也显示了办刊者的信心与胆识。

《社会科学战线》是与我国改革开放同步创办的一个大型综合性学术刊物。它一出世,就为解放思想、改革开放呐喊,为建设有中国特色的社会主义鸣锣开道,为改革开放提供理论上的支持。由于它坚持解放思想、改革开放的精神,顺应了时代的需要,深得人心。正如该刊"创刊词"所坦言的,在办刊时要做到:"一曰'放心'。就是要放开心怀,大胆探索。我们在社会科学战线上工作的同志,要有一股政治上和理论上的勇气,要敢想、敢说、敢写、敢干、敢于打破禁区,攻克难关……我们既要振作精神,鼓足勇气,放心大胆地突破'四人帮'设置的种种禁区。""二曰'放手'。就是要放开手脚,著书立说。社会科学研究最重要的工作,就是著书立说。当前,我们必须改变书刊品种少,学术水平低,出版周期长的状况。社科战线上老一辈的专家、学者们,中年的研究工作者们,新参战的闯将们,大家奋发起来,挥笔上阵,著书立说,为繁荣社会科学而大显身手吧!""创刊词"这段话可以说是对长期思想被禁锢的知识分子的一个"松绑"书,是号召知识分子著书立说、安心学术研究的一个宣言书。它顺应历史潮流而动,勇敢地冲破了禁锢多年的思想束缚,为学术研究的开展打开了一条宽广的通道。因而创刊之始,它以重视学术性,引领学术潮流,以恢弘的气势征服了学术界一流作者的关注与支持。国内外知名学者纷纷为该刊撰稿。高层作者论著的发表,刊物的质量明显提高,一时间专家好评如潮。著名学者费孝通称它为"以学术为本,开风气之先",古代文学研究专家周勋初认为《社会科学战线》:"内容充实,印制精美,觉得吉林省的这一招堪称大手笔……在目前的报刊杂志界,似乎还没有一本巨型的综合性杂志可以超过它的。"[1]有的学者认为"《社会科学战线》应历史潮流而动,勇敢地冲破了多年的束缚,首先为学术界开辟了一块展示学术成果,推动科学文化进步的园地,顺应了民心,反映了广大学者长期以来埋藏在心底的渴望与要求"[2]。有的专家认为"从学科上说,它有近似百科全书式的特点,容纳许多学科"。由于《社会科学战线》取得了超越地方界域的权威,被人们赞誉为"南月刊(指《学术月刊》),北战线(指《社会科学战线》)"。

《社会科学战线》创刊三十多年来,坚持正确办刊方向,关注改革开放,奉行学术至上的办刊宗旨。立足吉林,面向国内外,开展学术交流,追踪学术前沿,倡导新兴学派,扶持理论新秀,在国内外产生了广泛的影响。创刊不久发行量就达10万册,海外发行2000余册,遍及27个国家和地区。多年来一直是吉林省十佳期刊,东北三省优秀社科期刊,获首届国家百强期刊提名奖,2001年进入中国期刊方阵,2007年被评为第二届国家期刊奖百种期刊,后又评为综合性、人文社科核心期刊。

引领学术创新的先锋

在期刊如林、竞争激烈的形势下,一家学术期刊要成为叫得响、传得开、留得住无愧于时代的精品,就必须坚持不断创新,充当引领学术先锋的角色。《社会科学战线》乘改革开放的强势而诞生,秉承创新、拓荒者的信念,以推动社会发展为己任,创刊30多年来,始终追逐时代脚步,关注学术热点,探讨学术前沿课题,在各个不同时期,不断推出具有历史性、现实性的重大研究课题,学术的创新性正是它强大生命力的所在。著名学者汪子嵩的《来一个思想解放运动》、李侃的《五四运动以前五十年间中国知识分子所经历的道路》、汪向荣的《鉴真在日本》、陈从周的《扬州园林与住宅》、林耀华的《三上凉山》等,既内容丰富,又富于学术创新,具有学术前沿超前性。正如有的学者所评论,《社会科学战线》的论文"给人以最强触动的就是对学术创新精神的鼓励与呵护。《社会科学战线》创刊于中国改革开放大潮鼓荡拍岸的年代,新的思想蓬勃怒放,它积极迎接和拥抱这一五彩时代,以自己开放的探索气度和胸怀,尽情接纳了那些勇于思考和跨越历史禁区的有识佳作"[3]。

学术研究是一个不断探索的过程。在这一过程中要前进一步,就意味着否定与超越一些过时的、陈旧的东西。做学术期刊的编辑就要有敢于抛弃一些旧说,大胆鼓励创立新说,通过百家争鸣,推动学术的创新。这当中需要有一种勇气和学术批评的眼光,甚至还需要一种学术上的冒险精神。"创新意味着超越思想的历史而步入没有人迹的思想的荒原,是在对世界的把握中的一种理性试验,必须孤独地面对存在而与之对话,独立承担理论构建的真理责任。任何一种理论创新都要经受社会检验而面对批评和被否定的危险,有时甚至会招致嘲笑。因此,创新就是一场思维的冒险。在这种学术风险面前,《社会科学战线》表现出巨大的学术使命感,勇敢地与作者并肩开始一次次冒险。这种为学术的发展而任劳任怨的精神,为中国学人在学术界开辟了一个创新之角,紧紧地把那些创新型学者团结在自己周围,起到了对创新精神的鼓励和保护作用。"[4]

独特的办刊风格与个性特色

人有人格,刊有刊格。风格原指作家在其一系列的作品中,尤其那些具有代表性的作品中所显现出来的思想和艺术、内容和形式方面的总的特色和风貌。作家的风格是其创作臻于成熟并获得独特艺术成就的标志。对于一个刊物来说,它的风格是指在其长期的办刊过程中形成的,表现在内容与形式上形成的与别的刊物相区别的不可重复的、独特的、突出的、鲜明的个性特色,它标明刊物的质量稳定与提高,也是编辑工作成熟的表现。

作为创刊30多年的《社会科学战线》,在办刊中已形成了读者、作者公认的"沉稳、厚重、深刻、典雅"的独特风格和"大、杂、新"的个性特色。所谓"沉稳",可以理解为所刊发文章内容严谨而周密;"厚重",指刊发论著具有深厚的学术含量;"深刻",是指在作品中能揭示事物的本质,见解新颖而独到;"典雅",可谓作品庄重隽美而不粗俗。刊物的风格主要体现在刊物的内容上,特别是体现在栏目的设置上。《社会科学战线》是一份集文史哲经于一身,熔古今中外于一炉的大型综合性学术刊物,其涵盖学科面之广是一般刊物难以企及的。其栏目设置众多,诸如文学、史学、经济学、民俗学、图书馆学,尤其是还设置了具有鲜明地方特色的"东北历史与文化"、"伪满洲史研究"、"东北现象研究"以及"博士论坛"、"人才学研究"、"城市发展研究"等,这些栏目的设置,不仅刊发了富于个性特色的佳作,又不断地孕育着学科建设的新的增长点,体现了学术研究的导向和发展趋势。

《社会科学战线》在办刊特色上显示出的"大、杂、新"给人们留下了深刻印象。所谓"大",指其篇幅大,刚创作之始为季刊,每期56万字;所谓"杂",是指内容广泛,涉及众多学科;所谓"新",是指在内容上坚守创新。这样的个性特色深得专家好评。著名学者吴奔星认为,《社会科学战线》是以"'大而杂'的内容与样式的统一,呈现出图文并茂、丰富多彩的独特风格,在我国报刊史、出版史上是空前的创举。旧中国的《东方杂志》也是以'大而杂'驰名的,但与《战线》相比,还是'大'得不够,'杂'得不够。《战线》'大'而有'当','杂'而不'乱'。它能使各行各业的知识分子开卷有益,'各'有所得。自然,也由于太杂,难于所有文章尽满人意。这是不是它的局限性呢？其实，任何报刊都有这样的局限性。这种局限性实际是一种刊物区别于它种刊物的特殊性。一点特殊性也没有的报刊是没有存在地位和价值的。而《战线》的特殊性看来是任何杂志所不能取代的"。[5]这个评价是符合《社会科学战线》实际的。

积累了丰富的办刊经验

　　《社会科学战线》虽然创刊只有30余年，但刊物不断超越自我一路走红，同时也积累了丰富的办刊经验，这些经验对其他刊物也有很大的启示作用。

　　一是胆子要大。《社会科学战线》创刊于1978年5月。此时正是粉碎"四人帮"不久，"两个凡是"还禁锢人们的思想，拨乱反正处于"徘徊"时期。虽然严冬已过，可余寒未消。但人们已经感到春天气息即将到来。《社会科学战线》正是在党的十一届三中全会召开之前，迎着改革开放的曙光诞生的，在这方面它走在了全国其他地方的前面。这就赋予它一种与生俱来的品格，就是对改革开放的大力倡扬。在"创刊词"里大胆地发出"来一个思想上的大解放"的呐喊，并旗帜鲜明地提出放心大胆探索，放开手脚著书立说，这种振聋发聩之声在当时是需要多么大的胆识。它显示了办刊者的远见卓识和学术勇气。正是在这样特定历史条件下刊物顺势而出，它顺民意，得人心，受到社会的广泛关注。《社会科学战线》的办刊实践告诉我们，办任何事情，都要有一种胆识，看准了的事情，就毫不犹豫地干下去，决不可优柔寡断，裹足不前。

　　二是视野要宽。一般来说，地方社会科学院、哲学社会科学联合会及大学学报的办刊思想，过分强调其地域性、内向性，为本地经济建设服务，为本校的教学科研服务，这当然有一定的合理性，但过分强调地域性，强调发文章以内稿为主等，实践证明，这很容易束缚办刊人的手脚，放不开步子，使刊物内容变得狭窄，稿源枯竭，学术信息闭塞，使刊物的影响受到很大局限性。而《社会科学战线》的办刊实践却给我们提供了一个成功的范例。它立足吉林，立足于东北，却面向国内外。他们清醒地认识到，作为地方性的学术刊物，理应更多地为地方经济建设和社会发展服务，理应关注地方作者的培养与成长。但要保持较高的学术品位，办刊视野就必须开阔，就必须关注国内、国外带有更大更普遍性的研究国家民族乃至世界范围内人类关心的重大问题。鉴于这样的认识，他们既重视发挥本地作者研究本地问题的优势，又把"手伸得长"，打破门户之见，重视国内甚至国外作者著作的选用。在实际办刊中，几十年来，在刊物的数千名作者中，吉林本地作者1000多位，占作者总数的四分之一，这体现了既尊重发挥本地作者的作用，又充分调动国内国外作者的积极性，真正做到了重视内稿、引进外稿，内外互促，相得益彰，起到提高刊物质量的作用。

三是作者要广。办好刊物重视名家是很重要的。一般来说，名家的著作水平高，影响力大，为人所知，具有名家效应。但同时也要重视发现培养中青年作者。作者面要广，要搞五湖四海。几十年来，《社会科学战线》一贯重视名家之作，曾先后发表了哲学界的邢贲思、黄森、冯友兰、任继愈、张岱年、张世英、汤一介等人的文章；经济学界的于光远、孙冶方、马寅初、吴敬琏等人的文章；文学界的季羡林、朱光潜、王朝闻、袁行霈等人的文章；史学界的范文澜、顾颉刚、周一良、金景芳、戴逸、李学勤等人的文章；政治社会学宗教界的费孝通、赵朴初等人的论著。与此同时，他们对中青年作者的文章，本着"不求全责备，求百全而无一全"的精神，发表了一些中青年作者的著作。如孙正聿、衣俊卿、林毅夫、杨义、王岳川、瞿林东等中青年才俊的作品。"据统计，《战线》作者中，中青年始终占80%以上。这反映了学术界人才辈出兴旺发达景象。"[6]

四是队伍要精。办好刊物特别是办好学术刊物，编辑至关重要，尤其是学者专家型的编辑对刊物的生存和发展具有决定性的作用。《社会科学战线》自创刊之始，就是学者专家担任主编，该刊的创始人时任中共吉林省委宣传部部长守振庭、时任吉林省社科院名誉院长的佟冬、时任《社会科学战线》首任主编王慎荣，二任、三任、四任主编关德富、周惠泉、赵鸣岐等，都是学有专长、懂行的专家学者。他们善于从学者的眼光来组织稿件，发现作者。对于这一点东北师范大学文学院教授孙中田有自己独到的见解："我们有许多编者，应该说很有眼光，但是他走的路很窄。好的作者和作品要靠编辑的慧眼来发现，这个慧眼不是一时迸发出来的。编者应该是一个编辑家同时应该是一个研究者，他应该有自己的实践、有甘苦，这样才能知道什么是玉、什么是金，离开了这一点，那编者也可能就是一个工匠。"[7]《社会科学战线》正是在几位学者专家的带领下,带出了一支优秀的编辑团队,他们是各个学科领域的专家学者,又深懂编辑工作,并善于与作者广交朋友,建立亲密的关系,这正是刊物保持旺盛学术影响力的一个重要条件。

《社会科学战线》有过昔日的辉煌,在中国期刊界是一个很有话语权和社会影响力的学术期刊;看今后,任重而道远,在未来办刊道路上,相信一定会不断超越自我,向更高层次迈进。

参考文献

[1]周勋初.《社会科学战线》创刊二十年纪念有感[J].社会科学战线,1998(3).

[2]赵鸣岐.提高质量迎接挑战[J].社会科学战线,2003(6).

[3][4]崔平.思想先锋与范式兼容——以《社会科学战线》的三十年辉煌阐释学术生命的真谛[J].社会科学战线,2008(9).

[5]吴奔星.坚持"四新"的标准[J].社会科学战线,1983(1).

[6]《社会科学战线》编辑部.总结经验开拓新局[J].社会科学战线,2003(6).

[7]王永平.学术期刊如何面对中国社会与学术的未来发展——纪念《社会科学战线》创刊三十周年座谈会纪要[J].社会科学战线,2008(10).

难忘的1978
——《社会科学战线》创始记

王慎荣

人的一生经历过许多的家事、国事,对于一个普通人来说,多是零零散散、平平淡淡,不值一提,但是只有1978年却是"好戏"连台,这年所发生的一桩桩、一件件事情,令人终生难忘。

这一年,我调回社科院负责筹办《社会科学战线》(以下简称《战线》)工作;这一年,成为我后半生的一大转折。"文化大革命"前我在吉林文史研究所工作,"文化大革命"开始以后,调往清查办公室,翻译敌伪档案,清查叛徒特务,工作没做完,被调至省保卫部,后到省委宣传部工作,后又到清沟干校劳动一年,这些变动,对我后半生的工作和生活是极为有利的。这年一月,我参加了《战线》的第一次编委会,这使我成为《战线》的一名正式成员。从此,我的命运就和《战线》联系在一起了。1978年,我已过了不惑之年,对办刊物是两眼一抹黑,什么都不知道。谁都知道,办刊是有其特点的,是专业性极强的工作,既需要有广博的专业知识,又需要有较强的社会活动能力,这对我来说,有先天不足之感,一切只好从头学起。幸好,周雷同志先我来做筹备《战线》的工作,他敢想敢干,思想比较解放,我到编辑部之后,有许多具体工作亟待解决。

首先,刊物叫什么名字:既要反映时代特点,又要反映刊物的特点。当时曾提出过,××研究、××攻关、××攀登等许多好听且有意义的名字,又都认为不是十分贴切,经请教专家、多次商量讨论之后,最后定名为《社会科学战线》,这涵盖了社会科学的方方面面,其具体内容却以文史哲经为主,兼容并包社会科学的全貌。就是要办一个大型的综合性的学术刊物。但是,有的学者,特别是国外学者,对《社会科学战线》的"战线"二字,有意见,不理解,似乎一提"战线"就感到很紧张,以为"战线"就是战斗,又要搞什么阶级斗争了。其实他们不知晓,《战线》杂志所以采取"战线"二字的初衷,只是指社会科学的方方面面,指社会科学的全貌,是对杂志的内容而言的,并没有其他的意义,后来,也曾想把"战线"之名改动一下,但名字既出一炮打响,名字就很难再改动了,在此,对"战线"之名再啰嗦几句,免得以后再生疑虑了。名字定了,遂请齐燕铭老先生题写了刊名,这一刊名,一直沿用至今从未改动,后来又请茅盾、舒同老先生也为本刊题写了刊名,只是用在杂志的内封上。

其次是组稿。凡是办过刊物的人都知道,组稿的重要性,组稿是怎么一回事,因为稿件的多少,质量的高下,直接决定了杂志的水平。十年"文化大革命",特别是"四人帮"所造成的"学田荒芜,书林萧索"局面,不知道谁还在搞学术研究,谁还在写文章,于是寻名追踪去寻找。当时兵分两路,一路去北京,一路在吉林,同时写信与外地的作者联系。我与周雷同志去北京,住在了前海西街中央艺术学院的办公楼里,以此为据点开展工作,白天找专家、学者拜访邀稿,有时晚上也跑。他们都热情地支持杂志,积极赐稿,在短时期内,就拿到了几十篇上乘之作,许多知名学者就是在那个时候认识的,至今还保持着友好关系。由于稿源丰富,佳作较多,在编辑创刊号时,突破了原定的40万字的数量,定稿成55万字,348页,这个规模一直维持了几年的时间后才做了改动。

杂志定于1978年5月1日正式出刊,4月初交稿,55万字,还有图版和彩页,仅有一个月的时间,实在是太紧了,但是,负责印刷的新华印刷厂的领导和工人上上下下,全力以赴,那时,拣字、排版,全是手工操作,一个字一个字地拣,一行字一行字地排,没有像现在这样的电脑、照相、制版等技术,为了保证能按时出刊,编辑部的同志和工人一起劳动,有人帮助拣字,有人帮助搬运字盘,然而,当时最大的难题是校对,印刷厂虽然有校对员,但只能进行初校工作,还不能保证杂志的质量。最后请北京人民出版社社长范用同志帮助,他给予了大力的支持,派来了水平较高的专职校对董秀玉同志(后任三联书店总经理),整整一个星期,以每天七万字的速度,通校一遍,还要再改再校,直到没有明显的差错。

《战线》的出刊,一炮打响,在国内外学术界和新闻界引起极大关注,新华社发表了创刊的消息,人民、光明两报同时发表文章,对《战线》作了详细的介绍和述评。香港《大公报》、《民报》和《开卷杂志》,还有美国、日本的报刊,有的转发了评介文字,有的刊发了署名文章,称赞杂志"篇幅大、内容新、各学科兼容并包,独具特色"。由于杂志的影响越来越大,来访者络绎不绝,有国内的,也有国外的。值得一提的有两个代表团:一个是日本的恳说会学者代表团,以宫川澄和三上次男教授为首的一行10人,其中三上次男、大庭修、宫川澄教授等是世界著名学者;一个是美国的人文科学和社会科学代表团一行7人,其中有美国总统卡特的政治顾问奥格森伯格教授。他们对杂志都很有兴趣,提出了一系列问题,如杂志创刊有什么政治背景,为什么叫《战线》?吉林省为什么要办这样的杂志?批判"四人帮"的文章是谁组织的?某国为什么没订《战线》?还涉及杂志一些作者和文章的具体内容,等等。所有这些问题,多是我亲自经历,所以对这些问题都比较灵活而又实事求是地作了回答。

《战线》作为地方创办的省级刊物,一经出刊,何以有如此强烈的反响,我认为是有原因的。第一,有一个好的环境。十年"文革",四害肆虐,文化荡然,万马齐喑,学术一片荒芜,人们惶惑之余,精神备感饥渴,四害既除,天日重光,《战线》冲破禁区,毅然问世,昌言学术,创刊词所提出的"放心"、"放手"著书立说,深受广大作者的欢迎,《战线》正是应时而生,应运而生。尔后,从中央到地方,社会科学云蒸霞蔚,形成了学苑繁荣、百花竞妍的局面。第二,有领导的英明决策和积极支持。北国吉林开风气之先,"四人帮"刚刚倒台,"十年浩劫"的硝烟尚未湮灭,吉林省委就决定要创办一个集文史哲经于一身,熔古今中外于一炉的大型综合性学术刊物。对杂志全力支持,要人、要钱、有什么困难都予以解决,这就保证了杂志的顺利出刊和发行,"《战线》知春早,一枝先俏"这种赞誉,足以证明领导的气魄和胆识。第三,有广大作者的积极支持。《战线》一出刊,就受到国内外学者的重视和欢迎。一些饮誉中外的老专家,在粉碎"四人帮"之后的第一篇学术论文,是在《战线》上发表的,有些中青年作者的试笔之作或满意之作,在《战线》上发表之后,受到重视和好评,以后这些作者与《战线》结成了休戚相关、忧乐共享的深厚感情。并通过他们的关注和工作,编辑部才得以更广泛地联系作者,"萃九州之名士,群贤赐稿",由于稿源川涌,才使杂志得以取精用宏,才保证了杂志的高风格、高品位、高水平。第四,有一支高素质的不要名利的编辑队伍。编辑的主要任务是组稿和编稿,《战线》一开始,编辑仅有二三人,不到一年扩至10多人,听说现在减至10人以下,编辑人员的变化,也反映了杂志社的变化,杂志由季刊改双月刊、装帧设计的不断改进,正说明编辑工作的不断前进。《战线》创刊伊始,就不是坐等稿,而是不辞辛劳地远途跋涉登门组稿。而对待作者又无所轩轾,一视同仁,搞五湖四海,无门户之见。在一定意义上说,编辑工作是作者工作的继续。编辑要把作者的未竟之作或其中未尽善美之处,再加以锦上添花的编纂,为了一篇文章,字斟句酌,捉刀代庖,不求人知地奉献给读者。我是编辑,又是负责人,深知这是一项有劳怨而无名利的工作,甘为他人做嫁衣裳,还要坚守岗位,心无旁骛。但是我们却为此感到自豪,为所付出的艰辛劳动作出的一点贡献而感到欣慰。为此,作者和读者把《战线》编辑部的工作人员称为"社会科学战线人",他们具有远见卓识,大无畏的精神,不畏艰难、勇往直前的献身精神和谦虚谨慎的作风,深受读者和作者的欢迎。"社会科学战线人"辛勤的劳动和艰苦的历程,已结出丰硕的成果,业绩显著值得祝贺。今年是《战线》创刊的25周年纪念,《战线》在出版史上和对文化的贡献,确实值得总结。

"独上高楼,望尽天涯路",衷心祝愿《社会科学战线》排除干扰,更上一层楼,在新的时期,为社会科学的繁荣昌盛,为社会科学的学术水平更加提高作出新的贡献,再创佳绩,把杂志办得更加丰富充实和完美,取得更大的成就。

(原载《社会科学战线》2003年第6期,作者系该刊第一任主编)

改革开放三十年的学术诠释

姚文放

姚文放（1949—），现为扬州大学文学院院长，教授，博士生导师，江苏省有突出贡献中青年专家。兼任中华美学学会理事，中国中外文艺理论学会理事，全国审美文化研究会副会长。

长期从事文艺学、美学研究，现已发表论著450万字，出版专著《现代文艺社会学》、《中国戏剧美学的文化阐释》、《当代审美文化批判》、《文学理论》，主编《文学概论》，合著《孔子精神与基督精神》、《中国美学主潮》等。在《文学评论》、《文艺研究》等杂志发表学术论文200余篇。出版和发表的论著被《人民日报》、《光明日报》、《新华文摘》、《中国哲学年鉴》、《中国文学年鉴》、《中国社会科学文摘》和人大复印资料等报刊评述、转载、摘要和复印的达180余篇次。其中多部专著获省部级奖。

著名学者姚文放

主持并完成国家社会科学基金项目《当代大众文化批评》一项、江苏省哲学社会科学"九五"规划项目《论文学传统——建设当代马克思主义文艺学的一个思想方法》一项。目前正在主持国家社科基金项目《当代性与文学传统的重建》一项。

我与《社会科学战线》杂志的渊源堪称深厚，家中一直收藏着一套《社会科学战线》杂志，历时30年，虽然因他人借阅和搬迁装修之类已多有散失，但包括创刊号在内的一批早期杂志至今仍完好地保留着。这是家父从该杂志创刊起就一直自费订阅的，保存至今也算是弥足珍贵了。近日为了给该刊创刊30周年写点纪念文字，将这些杂志翻检出来，在发黄的书页间飘散出略带霉味的气息,似乎在诉说着时光的流逝和往事的变迁,令人为之慨叹不已。

记得那是1978年5月的事,当时我作为恢复高考后的第一批大学生刚刚跨进大学校门。有一天回家,家父兴奋地让我看一本新出的杂志。我一看,杂志叫《社会科学战线》,封面是一幅古代壁画,刊名是齐燕铭先生的隶书题签,翻开后插页是周恩来总理的照片和木刻肖像。整个杂志显得特别厚重、特别丰富。这在那个文化凋零、知识贫乏的年代,尤显不同凡响。这种厚重和丰富固然是由于刊物的用纸粗糙(这在当时已实属不易),更因为该杂志以16开22个印张的体量容纳了55万字、40篇左右文章的篇幅,更有甚者,该杂志的印数达到每期10万册,这对今天的学术期刊来说,根本是无法想象的事情!如果要统计一下的话,这本杂志当时肯定在许多方面是开了先例、创了纪录的。虽然该刊当时发表的文章很多带有时代印迹,但其中的一些重头文章则是达到很高的学术水准,至今也不乏参考价值。这些文章的篇幅也堪称宏大,最长的文章竟达三四十页之多!这在当时可谓罕见其匹,至今也是不多见的。当时许多前辈学者经历了"文革"的磨难也还健在,像张松如、杨公骥、杨廷福、孙常叙、张毕来、戈宝权、周振甫、于省吾、邓广铭、吴世昌、朱光潜、何洛等,他们为该刊的创办贡献了思想开禁后的第一批学术成果,使之学术含量至为厚重。此后《社会科学战线》成了我的必读杂志,每次回家,都要翻阅一番,研讨一番。该刊伴随着我学业的长进一路同行,一直到后来我自己的学术论文也在该刊发表,可以说,30年来该刊一直在我的生活之中而形影不离。特别要说明的是,《社会科学战线》杂志较早表现出对于扬州文化的关注,在创刊后的最早几期中就发表了汪向荣先生的《鉴真在日本》、陈从周先生的《扬州园林与住宅》等长篇重头文章,读来亲切,感触尤深。后来我在该刊2005年第4期发表《文艺美学走向文化美学是否可能?》一文时,碰巧该期登载了介绍扬州唐城遗址博物馆的文字和图版。该刊对于扬州文化的钟情和厚爱,也是我亲近该刊的一个重要原因。

回顾《社会科学战线》杂志创刊初取得的辉煌业绩,可以用这样16个字来概括:坚守学术,关注现实;追求品位,不断创新。这些业绩的取得,乃是通过思想建设、学科建设、队伍建设得到保障的。

《社会科学战线》杂志的创刊是改革开放初期一个重要的文化现象。1978年5月乍暖还寒,但春之消息已经在酝酿、在涌动,《社会科学战线》杂志是迎着改革开放的曙光诞生的，这就赋予了她一种与生俱来的品格，那就是对于思想解放的大力倡扬。在该刊的"创刊词"中赫然书写着"来一个思想上的大解放"的字样，并将思想解放这一办刊宗旨浓缩为两句话："一曰'放心'，就是要放开心怀，大胆探索"；"二曰'放手'，就是要放开手脚，著书立说。"此话今天读来仍不失鲜活的生命力。30年来，《社会科学战线》杂志一直追随着改革开放的步伐，坚定不移地推进思想解放，在每一个时代进程和历史拐点都能为各种重大理论问题的解决提供重要的思想参照和学术支撑。目前我们正面临新一轮的思想解放大潮，相信《社会科学战线》杂志将一如既往地坚定信念、坚持方向，为继续推进新一轮的思想解放作出卓著的理论创新和学术建树。

30年来《社会科学战线》杂志促进了我国人文社会科学的学科发展。说《社会科学战线》杂志具有厚重感，还有一个根据就是该刊在栏目设置和研究成果的展示上一直包容了人文社会科学的众多学科，包括哲学、经济学、军事学、法学、历史学、考古学、文艺学、语文学、民族学、宗教学、图书学等，如今其中很多学科又延伸出若干分支学科，不同学科之间又杂交衍生出新的交叉学科，特别是随着时代的发展又产生了许多新兴学科。该刊学科众多这一特色的形成仍与其创刊宗旨相关，从一开始该刊就明确了研究我国和世界的政治、经济、军事、思想等各方面的历史和现状，组织制订哲学社会科学发展规划，积极开展哲学社会科学研究这一目标。"学科"作为一种相对稳定的知识体系，它要靠相对严格的专业性质和学术规范来保证知识生产的有效进行，因此学科往往是体制化的，成为一种学术规训制度，它既是一种教育制度，又是一种研究制度，而后者包括学术团体、学术活动、图书分类和收藏，也包括学术期刊的出版。学科的凝练往往有着漫长的历史，其间学术期刊所起的培植、养育、扶助之功不容低估，因为学术期刊对于专业拓展和知识更新的反应更加敏锐也更加及时，因此其作用也更加显著、更加有效。在这一点上《社会科学战线》杂志堪称典范，如近期设立的"人才学研究"、"理想人格研究"、"城市发展研究"等栏目就孕育着学科建设某些新的生长点。

30年来《社会科学战线》杂志也扶持了大批中青年学者，培养了一支中青年作者队伍。学术队伍的更替其实是非常快的，在翻阅该刊的老杂志时这种感觉尤其突出，斗转星移，物是人非，上文提及的前辈学者大多已作古,让人怀念。但正如清代诗家赵翼所说:"江山代有才人出,各领风骚数百年。"其间得到该刊沾溉的许多中青年学者如今已成各个学科的领军人物,甚至成为学术名家,为我国人文社会科学的发展奉献赶超前人的大智慧、大作为。值得一提的是,《社会科学战线》杂志设立"博士论坛"这一栏目已经有了一些年头,在奖掖后进、扶持新人方面可谓功莫大焉!目前该栏目已经成为各个学科博士生们的福地,在国内各高校的博士生当中享有很高声誉。从该栏目选刊的文章看,总体上应该说质量不低、境界不俗,这不啻是为青年学者脱颖而出、进入较高学术层次提供了一条学术上的绿色通道。我们学院迄今已有数位博士生在该栏目崭露头角,得益于这样有力的扶持,其今后的学术发展是可以乐观的。据知目前国内人文社会科学杂志开设此类栏目的还不多,《社会科学战线》杂志在这方面也做了一件好事,开了一个好头。

总之,《社会科学战线》杂志辉煌的30年,为我国改革开放的壮丽事业作了最好的诠释,彰显了人文社会科学的学术力量,预示了在改革开放的未来进程中人文社会科学发展更加美好的前景。

祝《社会科学战线》杂志办得更好!

(原载《社会科学战线》2008年第10期)

编者、作者、读者评论(摘编)

回顾25年走过的历程,总结经验和教训,我们感到,坚持这样几个原则,对于办好刊物,对于《社会科学战线》的生存发展至为重要。"一是变与不变相统一的原则","二是学术性与应用性相结合的原则","三是全国性与地方性兼顾的原则","四是名家和新秀一视同仁的原则","五是编辑与作者交朋友的原则"。

(摘自《社会科学战线》编辑部《总结经验 开拓新局》,《社会科学战线》2003年第6期)

一本杂志学术水平的高低,决定于作者群体的学术理论水平和编者的智慧。作者群体的学术理论水平,一方面有赖于作者自己的艰苦学习研究,另一方面有赖于学术杂志编辑们的支持和帮助。任何一个学术大师、泰斗,都是从小人物起步,从无名开始。既没有生来就是学术大师、泰斗,也没有不经学习培养而成学术大师、泰斗。一个无名小人物转变为知名人士,可以借助互联网等现代媒体的传播,但作为学者,重要的方式是通过学术杂志发表作品。"《战线》是东北历史文化研究这个学科成果的忠实记录者和见证者,关于东北历史与文化研究的现代学人,大都是在这里逐步成长起来的……"

三十年来,我对《社会科学战线》是有情感的,她是"文革"后较早发表我的文章的杂志之一,也是支持、帮助我学术成长的杂志之一。1980年《社会科学战线丛刊·哲学史论》(吉林人民出版社出版)上发表了我的《朱熹哲学思想剖析》和《宋应星的哲学思想》两篇长文,当时《社会科学战线》的编辑我一个也不熟悉,也未见过面,只是单纯投稿,但竟在一本论丛上发表两篇文章,在当时也不多见……后来还发表了多篇文章。回想起《社会科学战线》编辑们的热心指导、无私帮助,至今仍使我感动不已。

(摘自张立文《创新·前沿·厚重——祝贺〈社会科学战线〉创刊30周年》,《社会科学战线》2008年第9期)

相关链接

﹡宋振庭.扬长避短 坚持下去——《社会科学战线》五周年感言[J].社会科学战线,1983(1).

﹡《社会科学战线》编辑部.十八年不改初衷——本刊北京作者座谈会纪要[J].社会科学战线,1995(4).

﹡石静山,孙乃民,宋焱.贵在奉献 功在育人——缅怀佟冬同志[J].社会科学战线,1997(1).

﹡张世英.放眼全球,向着国际先进水平迈进[J].社会科学战线,1998(3).以下几文出处同此.

﹡高清海.为人类文化发展开创未来.

﹡陈伯海.祝贺与期望.

﹡朱寰.发扬"敢为天下先"的精神——为《社会科学战线》创刊20周年而作.

﹡罗继祖.不立学派——为《战线》20周年而作.

﹡邓凯.在《社会科学战线》创刊25周年庆典大会上的讲话[J].社会科学战线,2003(6).

﹡关德富.回忆中的期待[J].社会科学战线,2003(6).

﹡周惠泉.《社会科学战线》创刊25周年感言,2003(6).

﹡赵鸣岐.提高质量 迎接挑战[J].社会科学战线,2003(6).

﹡邵汉明.树立精品意识 打造名牌期刊——《社会科学战线》创刊25周年感言[J].中国出版,2003(8).

﹡于沛.精神家园 学术殿堂——纪念《社会科学战线》创刊30周年[J].社会科学战线,2008(10).

﹡王雅林.在反映时代呼声中推动社会科学的繁荣发展——祝贺《社会科学战线》创刊30周年[J].社会科学战线,2008(10).

﹡田正平.俏也不争春 只把春来报——祝贺《社会科学战线》创刊30周年[J].社会科学战线,2008(10).

﹡王永平.学术期刊如何面对中国社会与学术的未来发展——纪念《社会

科学战线》创刊30周年座谈会纪要[J].社会科学战线,2008(10).
* 贾根良.综合类社科学刊如何支持中国经济学的自主创新[J].社会科学战线,2008(9).
* 崔平.思想先锋与范式兼容——以《社会科学战线》的30年辉煌阐释学术革命的真谛[J].社会科学战线,2008(9).

《十月》创刊经过

章仲锷

《十月》创刊号封面

这个"十月"指的是粉碎"四人帮"后北京(也是全国)的第一本大型文学刊物——《十月》。它是我参与编辑的第一家期刊,对我来说,自有其不寻常的意义。

那是1978年春,人们已隐约感到文艺春天来临的气息和脚步,当时我在北京出版社文艺编辑室工作。有一天与主任王世敏(可惜他英年早逝,愿他安息)、同事张守仁一起闲聊,不知谁先开头提到应办个大型文学刊物的话题,大家不约而同地赞成。于是进一步琢磨斟酌该起个什么刊名来,左提一个,右提一个,又不知是谁(我记得好像是世敏)说叫"十月"吧,我们一起叫好。正如在后来1978年8月出版的创刊号上所宣告的:"因为'十月'在人类历史上闪耀着异常灿烂的光辉","阿芙乐尔舰上隆隆的炮声震撼了旧世界";"从一九四九年以来,北京十月的礼花、十月的红旗、十月的锣鼓,就成为革命人民胜利与欢乐的象征";而一举粉碎了"四人帮","全国人民不是又都由衷地把'十月'作为我们的骄傲吗?"这篇情文并茂的"发刊辞",由于当时还没拿到刊号,只能用书号出版,还得委屈地印上"丛书"和"编者的话"字样。

出第一期时还没设专门的编辑部,是由文艺室抽了几个人分工负责。由于没有积稿,都是约请京内作家写的,还有本社作者刘心武和郑万隆的各一篇。客观地说,第一期内容平平,唯有刘心武的短篇小说《爱情的位置》一炮打响。这是因为他此前发表了非常轰动的《班主任》,而这篇又是"文革"后第一个冲破爱情禁锢,公然为爱情在生活中讨个"位置"的发轫之作,尽管今天看来似嫌粗浅,当时反响却相当强烈,陆续接到上千封读者来信。此后《十月》影响愈来愈大,也越办越好,发行数字也直线上升,1979年仍是按季度出的丛刊,篇幅和售价都不固定。1980年才改为正式的双月刊。待到3年后我离开时,印数已达60万,这对今天的大型文学期刊来说,是很难企及的。

究其原因,除了当时大型文学期刊空缺(《收获》尚未复刊,《当代》1979年秋才创刊),作家的创作和人们对文学久违的感情都处于空前高涨的热恋期。由于《十月》的带头,随后大型文学刊物遍及各省,它篇幅多,容量大,最适合发中篇作品,从而促成了中篇小说的兴起,也带动了各类"选刊"的问世,并在一定程度上推动了创作的繁荣。当时,全国最有影响的文学双月刊民间里一时称之为"四大名旦":《当代》为正旦,《收获》系老旦,《花城》是花旦,《十月》乃刀马旦。这一调侃的说法与这几家刊物的个性似乎也还相近:《当代》刊风比较稳健;《收获》是老牌子,功底深厚;《花城》具有南国海派风格,比较开放;《十月》这个刀马旦则比较泼辣尖锐,用北京话说内容挺"冲"。例如它发的小说《飞天》、《春雪》、《公开的情书》和《晚霞消失的时候》,都有过争论,其中《飞天》可说是第一篇触及高级领导腐败特权丑恶行径的小说,震动很大,虽写的是"文革"时的当权人物,仍被指责为不典型,丑化了社会主义云云。而电影文学剧本《苦恋》在发表两年后被拍成《太阳和人》上映,更引起了轩然大波。

由于党的十一届三中全会解放思想、拨乱反正的路线精神,一批曾蒙受不公正待遇的作家复出,久受羁绊的创作活力犹如岩浆喷涌,新时期之初可说是佳作如潮,仅《十月》发出的就不少。经我手责编获全国中篇小说奖的便有邓友梅的《追赶队伍的女兵们》、刘绍棠的《蒲柳人家》,获茅盾文学奖的有张洁的《沉重的翅膀》;较有影响的还有刘心武的《如意》、《立体交叉桥》,从维熙的《第十个弹孔》,张贤亮的第一个中篇《土牢情话》;而我从来稿中筛选出的原来的知名的作家及其作品还有俞天白的《现代人》、姜滇的《水天苍苍》、苏雷的《八戒》等。除此之外,《十月》前三年获全国奖的作品还有李凖的《黄河东流去》、王蒙的《蝴蝶》、陈世旭的《小镇上的将军》、中杰英的《罗浮山血泪祭》、黄宗英的《大雁情》等,一时也记不全了。

那时我正值盛年,精力充沛,意气风发,为了组稿真可谓不辞辛苦,东跑西颠。像上述的《大雁情》就是我同刘心武去上海拿来的,《飞天》则是跟陈晓敏(她是从创刊至今仍坚持在《十月》的)一起去合肥找到刘克的;同刘绍棠谈稿子是在他故乡通县儒林村家里的炕头上,有的则是作家亲自找上门来。那时他们刚刚"改正"落实政策,处境都比较寒酸,而我作为编辑也不宽裕,但交往却比现在密切亲近得多。记得白桦第一次到我家送来他与郑君里合著的电影文学剧本《李白与杜甫》,是1978年冬天,我住在一处大杂院的一小耳房里,大清早一开门发现走廊的台阶上坐着一位军人,正是满头银发的白桦,令我吃惊又意外。从维熙也是冬夜来访我家的,还特意捎给我一小包红枣,我后来去他家探望,10平方米的小屋住着祖孙三代,着实狭窄艰难。张贤亮是郑万隆陪同找我的,至今给我留下印象的是他披着一件脏兮兮的黑皮袄,满脸风尘。最富戏剧性的是与邓友梅的会面,他在北京没住处,临时挤在妹妹家,睡的床铺竟是搭在厕所的浴盆上。但他们复出后发表的那些新作,却充溢着激情血泪和艺术魅力,受到读者的欢迎。或许这又一次印证了"文穷而后工"的道理。

我在北京出版社前后待了9年,有3年是编《十月》。回忆20年前的这段时期,最使我难忘的是在编辑经验上的积累和提高,同作家们建立的情谊;再就是它的三位敬业而又有水平的奠基人:王世敏、吕果和苏予。前两位已故去,苏予也年过古稀。吕果是首任主编,原是北京市妇联的宣传部长;苏予当主编那段则是《十月》的鼎盛时期。我认为他们都值得我学习,值得在中国新时期的期刊史上留下一笔。

至今《十月》还每期惠赠,主政的新领导和老朋友不忘故人,让我十分感念。

(原载《传媒》2001年第5期)

探索和创新

张兴春

《十月》是1978年8月创刊的大型综合性文学双月刊,每逢单月出版,是粉碎"四人帮"以后创办最早的大型文学刊物。由《十月》编辑部编辑,北京十月文艺出版社出版。

《十月》以发表中、长、短篇小说为主。重视发表有时代感的报告文学,在思想上、艺术上有创新的话剧、电影文学剧本和诗歌,也发表各种形式的文学评论。

《十月》创刊不久,党的十一届三中全会召开了,提出了"解放思想,实事求是,团结一致向前看"的号召。编辑部的同志受到极大的鼓舞,积极响应党中央的号召,解放思想,组织发表了从维熙的中篇小说《第十个弹孔》、中杰英的短篇小说《罗浮山血泪祭》等揭示人们心灵上的伤痕的作品,和读者一起来总结"文化大革命"的教训,在读者中引起了较大反响。在此期间,全国整个思想文化战线空前活跃,各地纷纷恢复、创办文学刊物,一时文坛上呈现出争妍斗艳的繁荣局面。《十月》编辑部为了更好地反映党的十一届三中全会以来,人民群众解放思想,对建国以来各方面的工作进行反思,积极投身四化建设的生动图景;为了在众多的文学期刊中办出自己的艺术特色、个性来,在北京出版社党组的领导下,广泛听取文艺界的领导、专家和广大读者的意见的基础上,认真总结前一段的经验,确定了解放思想,勇于开拓的办刊思想。

编辑部经常学习、研究党的方针、政策,研究时代的特点,使编辑能站在时代的高度来审视当前的各种文学现象;同时不断研究我们民族的特点,她的特长和特短,她的过去、现在和未来,她的审美情趣和文化心理结构,以便更好地了解读者心理的律动,引导、提高读者的欣赏水平。

编辑部对每期刊物的总体安排,坚持思想性与艺术性的统一,追求内容和形式上的新、真、深、美。

党的十一届三中全会以后，编辑部紧紧注视着时代的潮头，在刊物中尽量反映新的变化。首先是思想观念的更新。在党的解放思想的号召下，反映时代主潮的新思想、新观念脱颖而出。《十月》紧扣时代的脉搏，先后发表了一些具有新观念的作品，如刘心武的短篇小说《爱情的位置》，靳凡的中篇小说《公开的情书》，等等，突破了以前不能写爱情的禁区，对爱情、理想、生活进行了新的思索；黄宗英的报告文学《大雁情》对一个知识分子遭受的不公正的待遇，发出了令人深省的呼吁；祖慰的报告文学《快乐学院》对某些哲学观点，与社会生活的某些方面提出了大胆的论辩；陈世旭的中篇小说《天鹅湖畔》对我们惯常使用干部的标准提出了截然相反的看法；陈祖芬的系列报告文学《挑战与机会》，对经济体制改革从理论、观念到选用干部、经营管理等一系列问题提出了许多新的见解，给人以新的启迪，等等，为当前的社会变革鸣锣开道，为改革者讴歌，同时也鞭挞了变革中的阻力。这些作品像一阵阵清新的风，使人清快，发人思索，促人警醒。

在当前这样一个历史巨变的转折时期，社会生活五彩纷呈，作家为了准确地把握生活、反映现实，必须发展已有的表现手法，寻求新的表现形式。《十月》支持作家在艺术表现方法上的探索、创新，对各种不同艺术风格、流派的作品兼收并容：既发表刘绍棠的乡土文学《蒲柳人家》，也刊登王蒙吸收西方"意识流"手法的作品《蝴蝶》；既发表贾平凹结构严谨、故事情节曲折起伏的中篇小说《鸡窝洼的人家》，也刊登袁和平的情节淡化、具有抒情散文笔调的中篇小说《佛手》；既发表白峰溪按"三一律"要求创作的话剧《风雨故人来》，也刊登高行健融话剧、歌、舞于一台的话剧《野人》，等等，努力把《十月》办成百花齐放的园地。

《十月》在重视专业作家主力军作用的同时，也注重发现优秀的业余作者，把发现人才、发现作者作为刊物的重要职责。编辑部十分重视自发来稿，从大量来稿中进行沙里淘金似的筛选，一旦发现有苗头的稿件，就下大力量进行扶植，帮助作者反复研究，加工修改稿件。有时在刊物上连续发表一个作者的几篇作品，着力把文学新人推到读者面前。一些近年来在文坛上崭露头角的作家，如陈世旭、张承志、中杰英等，以及在一些省市较有影响的作家如宁夏的戈悟觉、福建的袁和平、河南的原非等，他们的处女作或成名作都是《十月》推出去的。

近年来在读者中引起巨大反响的作品，大多是敢于直面社会、直面人生,真实地反映了人民群众心声的作品。由于这些作家的感情十分真挚,与群众同呼吸共命运,敢言人之所未言,他们的作品才在读者心中引起了共鸣,为成千上万读者所辗转传阅。如蒋子龙的中篇小说《开拓者》深刻地揭示了经济改革中复杂尖锐的矛盾;李存葆的中篇小说《高山下的花环》真实地描述了中越反击战中,我军干部战士对祖国人民坚贞的爱和他们忧国忧民英勇献身的高贵品质,也鞭笞了走后门等不正之风;张贤亮的中篇小说《绿化树》对三年困难时期出现的饥饿现象描写得严酷真实,令人为之战栗。由于这些作品相当真实地反映了当时的社会生活,对读者具有强烈的感染力,就是今后随着文学艺术事业的发展,即或它的艺术价值会减退,但它仍很有认识价值。

一篇文学作品的生命力和它在艺术上的成就的大小一个重要方面就是对社会生活开掘的深刻程度;而社会生活的主体是人,成功的文学作品必须是通过对人物的塑造来折射出时代的精神。同时,文学作品的一个重要功能就是要通过它的艺术形象去感染、陶冶读者,净化人们的灵魂,建设人们的心灵。文学作品要深刻就必须深入反映人物的内心世界。因此,《十月》编辑部发表了王蒙深入揭示老干部矛盾的内心世界的中篇小说《蝴蝶》;矫健探讨血缘关系形成人物气质,决定人物命运的中篇小说《天良》;贾平凹开掘我们民族的文化积淀在农村变革中形成的不协调心态的中篇小说《腊月·正月》;陈建功反映在新旧体制交替时期,由于我们工作中的失误造成一些青年心理上的迷惘的中篇小说《鬈毛》;刘进元挖掘基层平民百姓的传统美德所铸成的善良心性的中篇小说《没有风浪的护城河》等,对人物内心世界的开掘都达到一定的深度,深深地打动了读者的心。

《十月》编辑部十分重视作品的文学性,认为在刊物上发表的任何一篇作品都应该是一件艺术品,它应该是美的,能使读者感奋、愉悦,能够提高读者的审美情趣、道德情操,使其感情得到升华。编辑部不仅用这个要求来选取小说、诗歌等作品,就是对报告文学这样具有新闻性的作品也同样重视它的审美价值。如《十月》上刊登的黄宗英的报告文学《大雁情》、柯岩的报告文学《美的追求者》、理由的报告文学《痴情》、陈祖芬的报告文学《经济和人》等都是文学性很强,而深受读者欢迎的作品。《十月》编辑部在坚持四项基本原则的基础上,在文学领域中进行探索和创新,这条路子也不是一帆风顺的。由于文学是一种极其复杂的社会现象,有它自身的规律。文艺虽不从属于政治，但它离不开政治，而一篇作品的思想内涵往往是很丰富的、多义的、含蓄的，不同的人站在不同的角度，看法往往大不相同。编辑部碰到一些难以准确判断的作品，就展开讨论，用四项基本原则，用党的文艺政策从不同角度去衡量它的是非得失，以及发表后的社会效果，尽可能做到每期刊物都有利于社会主义建设，特别是精神文明建设，争取在读者中引起好的反响。对有争议的作品，我们坚持实事求是的原则，让读者和时间对作品来进行评判，不轻易扼杀作者的创新精神。事实证明，有人认为有问题的作品，其实没有什么问题，后来读者反映很好，还在全国优秀作品评选中获了奖。由于我们坚持了党的文艺政策，尽管由于水平问题和认识问题，在编辑工作中，不可避免地发生这样那样的失误，但是，编辑部的头脑是比较清醒的，对党的文艺事业是忠诚的，能够掌握文艺批评的武器，实事求是地以严肃的态度对待文学事业和出版事业，始终坚持了"解放思想，勇于开拓"的办刊精神。

由于《十月》坚持自己的追求，不断发展自己的个性，团结了一大批作者，不断推出佳作。在全国历届优秀文学作品评奖中，《十月》先后有29篇作品获奖，在全国众多大型文学期刊中是获奖最多的刊物之一。电影《高山下的花环》、《红衣少女》、《野山》等获奖影片也都是根据《十月》发表的小说改编拍摄的。《十月》逐步形成了自己新、真、深、美的独特风格，成为国内外广大读者最喜爱的文学刊物之一。

（本文作者为《十月》原副总编辑。原载《中国出版年鉴》1986年）

吉祥《十月》

铁 凝

铁凝(1957—)生于北京,祖籍河北。作家。曾为河北省作家协会主席,中国作家协会副主席。2006年当选中国作家协会主席。

1975年开始发表文学作品,主要著作有长篇小说《玫瑰门》、《大浴女》、《笨花》等4部,中、短篇小说《哦,香雪》、《第十二夜》、《没有纽扣的红衬衫》、《对面》、《永远有多远》等100余篇、部,以及散文、随笔等共400余万字,结集出版小说、散文集50余种。1996年出版5卷本《铁凝文集》,2007年人民文学出版社出版9卷本《铁凝作品系列》。其中《笨花》曾获第十届中宣部精神文明建设"五个一工程"优秀作品奖,其他作品曾6次获包括"鲁迅文学奖"在内的国家级文学奖,另有小说、散文获中国各大文学期刊奖30余项。由铁凝编剧的电影《哦,香雪》获第41届柏林国际电影节大奖,以及中国电影"金鸡奖"、"百花奖"。部分作品已译成英、俄、德、法、日、韩、西班牙、丹麦、挪威、越南等多国文字。

著名作家铁凝

1983年,我的第一部中篇小说《没有纽扣的红衬衫》在《十月》发表,之后被《新华文摘》、《小说选刊》、《小说月报》、《中篇小说选刊》等报刊转载,并获得第三届全国优秀中短篇小说奖。《没有纽扣的红衬衫》西班牙文版单行本在马德里教育出版社出版。由此篇改编的电影《红衣少女》获1985年中国电影"金鸡奖"、"百花奖"及文化部优秀故事片奖。1985年在北京新侨饭店的一次文艺界聚会上,我碰巧与自己一向敬重的夏衍先生坐在一起。当我略感拘谨的时候,他突然对我说:"铁凝,我想告诉你一句话,我很喜

《没有纽扣的红衬衫》这个小说。"近20年之后重又想起夏衍先生对我这突然的告诉，只因为我相信，他欣赏的是小说里流露出的作家面对生活的真挚情义，但愿在以后的岁月里我能够守住它们。写此作时我尚是一名业余作者，在一家地区级的杂志社当小说编辑。但《十月》的编辑老师并没有漠视一个年轻的业余作者，他们将《没有纽扣的红衬衫》以头条位置发表。

1991年我的短篇小说《砸骨头》在《十月》发表，获第四届"十月文学奖"。至今这是我偏爱的自己的短篇小说之一。

1999年，我的中篇小说《永远有多远》在《十月》发表，该中篇除获得第二届"鲁迅文学奖"外，亦获得"首届老舍文学奖"、北京市文学创作奖、《中华文学选刊》优秀作品奖、《小说选刊》优秀作品奖、《小说月报》"百花奖"、"十月文学奖"，并于两年后改编为18集电视连续剧。

我在《永远有多远》的创作谈中说：

在我心中，不管风云怎样变幻，不管天地怎样翻覆，北京一直是一座精神的城市，《永远有多远》的主人公白大省就生长在这个城市里。

白大省可能是一个过时的北京女人，她的仁义、和善，她的吃亏让人，她的热情与痴心，她的拙笨的小计谋……或许都还带着四合院老房子里那常年被雨水洇黄的顶棚的气息，樟木或羊皮箱子的气息，槐花、青枣和雪里蕻的气息。作为社会角色，她是众口一词被人说成理想的楷模，逢到个人生活，她则老是处于劣势。亲友、家人、同学、同事，谁都可以为了自己免遭伤害、获得利益而把麻烦拽给白大省。她所挚爱的男人也只有在走投无路的时候才选择了她。她承接了这一切，且心甘情愿，浑然不觉。这种承接能力仿佛不是后天的训练，而是天然生成，无法更改的。这就使得白大省几乎不像生活在20世纪末的一个北京人了，她更像北京的一个死角，死角里一团温暖而略显悲凉的物质，一缕硕果仅存的精神。

我们可能会祈祷白大省不变，唯有她不变，才能使人类更像人类，生活更像生活，城市的肌理更加清明，城市的情态更加平安。

问题是白大省已然成为的这种人却原来根本就不是她想成为的那种人。而她梦想成为的那种人又是如此的渺小，那只不过是从前胡同里一个被人所不齿的风骚女人"西单小六"。白大省的这种秘密梦想就不免叫人又急又怕。当她期待地追问永远还有多远时，我们也就毫不客气地带着惋惜之情唯恐永远没有多远了。

"永远"一词在世纪末多种声音的喧哗中显得既嘹亮又微弱,既结实又无力。再也没有比"永远"的内涵更不确定的内涵了,再也没有什么词比"永远"显得更加滑头和善变。

面对白大省这个"死角",我们有理由期待"永远"能够天长地久,这和白大省内心的秘密渴望形成了对立。我们这一方的期待虽说是留住美妙事物的通常心态,但因有种与己无关的空洞,反过来又露出了几分冷漠和残忍。

白大省还在北京,我们在哪里?

以上的叙述,让读者有理由认为是吉祥的《十月》为我的写作带来了好运。而这样结论,又使我显得有那么点自鸣得意的"轻浮"。但我真正要说的是,《十月》的朴实宽厚与《十月》的鲜活敏感是并存的,正是这样的气质25年来吸引着、鼓励着、推出着一大批文学青年或不再年轻的作家和作者。为此我内心充满感激。

借此机会,祝《十月》的名字长久地响亮;祝健康的文学长久地吉祥!

2004年3月1日

(原载《十月》2004年第4期)

一份刊物和一个时代

谢 冕

著名学者谢冕

谢冕（1932—），福建福州人。1955年考入北京大学中文系，1960年毕业，留校任教至今。现为北京大学教授，博士生导师，曾任北京大学中国语言文学研究所所长。北京大学中国新诗研究所所长，《新诗评论》主编，研究员。参与了北京大学中国当代文学的学科建设，在他的影响下，建立了北京大学中国当代文学的第一个博士点，他也就成为该校第一位指导当代文学的博士生导师。

1989年起，在北大首创"批评家周末"，以学术沙龙的形式定期研讨中国文学和文化的重大或热点问题，坚持十年不辍。他先后主持了《二十世纪中国文学丛书》（10卷）、《百年中国文学总系》（11卷），并主编了《中国百年文学经典文库》（10卷）、《百年中国文学经典》（8卷）等。

20世纪50年代开始中国新诗史和新诗理论的研究，特别专注于中国当代诗的理论批评。1980年《光明日报》发表他的论文《在新的崛起面前》，引发了关于新诗潮的广泛讨论，对推动中国新诗的发展，产生了积极的影响。1980年他筹办并主持了全国唯一的诗歌理论刊物《诗探索》。

主要著作有《文学的绿色革命》、《中国现代诗人论》、《新世纪的太阳》、《论二十世纪中国文学》等专著十余种。

那一年十月，中国的天空响起了惊雷。雷声把人们唤醒，他们迎着秋天的阳光，擦干眼中的泪水和身上的血迹，告别十年噩梦，开始了新生活的追求和梦想。这十年的苦难太沉重,也太惨烈,人们都在考虑如何结束过去,创造未来。政治家们有他们雄心勃勃的事要做,他们在筹划着创造中国近代史上一个与过去任何时期相比都不逊色的伟大的工程。在最先醒来的人们中,有社会最敏感的神经的文学家们——包括作家、诗人、文学批评家以及默默奉献的文学编辑家们在内的全体文学工作者——他们也隐约地感到了特殊时期对于文学重建的召唤,也有一个发自内心的对于这一庄严事业的悄悄的激动。

北京历来是开风气之先的城市。一份后来产生了深远影响的大型文学刊物,在20世纪70年代那场巨大灾难落幕之后诞生了。刊物赶在改变中国命运的那个划时代的会议之前创刊,它是一个时代开始的象征,更像是一个传送信号的气球,向久经苦难的人们预告一个新时代的降临。这就是《十月》。

《十月》创刊的时候,文学圈中正是满目疮痍、一派萧瑟的景象。人们面对的是一片精神废墟。从昨日的阴影走出来,人们已不习惯满眼明媚的阳光,长久的精神囚禁,人们仿佛是久居笼中的鸟,已不习惯自由地飞翔。文学的重新起步是艰难的,它要面对长期形成的思想戒律与艺术戒律,它们的跋涉需要跨越冰冷的教条所设置的重重障碍。也许更为严重的事实是,因为长久的荒芜和禁锢在读者和批评者中所形成的欣赏与批评的惰性,文学每前进一步,都要穿越那严阵以待的"左"倾思维的弹雨和雷阵,都要面对如马克思所说的"对于非音乐的耳朵,最美的音乐也没有意义"[1]的欣赏惰性的自我折磨。

十月的阳光是明媚的,但十月的秋风又有些让人感到了寒气的逼近。但毕竟,文学已经听到了时代的潮水在远方涌动的声音。《十月》一旦选择了诞生,它就不打算停止自己的脚步。哪怕遍野荆棘,它也要滴血前行。刊物出版的第二年,就有一场关于《飞天》的遭遇战。一个以饥荒和动乱为背景的爱情,受到了强暴。作品第一次涉及了对于"文革"、高级干部滥用权力以及腐败的揭露,它理所当然地引起了舆论的关注。这段故事已成过去,20余年后抚今追昔,不能不惊叹作者和编者的睿智和胆识。当年的风风雨雨,如今成了一则起于青萍之末的风的预言,它的警策作用是非常明显的。文学原是社会良知的一盏明灯,它又是社会病变的显微镜,有时甚至也能成为一服杀菌剂。为了这种目的,它往往要付出代价,但亦在所不惜。

在难忘的岁月里，在我们的心灵中，永远镌刻着那披着长巾凌空起舞的美丽的女神的形象。艺术匠师们凭借着他们非凡的想象力，让飞天在自由的天宇中翱翔。她是苦难的见证，也是人间真情的见证。就这样，刊物在思想解放的大时代里，以勇敢而机智的姿态追求并创造着，迎接艺术解放的大时代的到来。它以自己骄人的业绩，而成为新时期文学的勇猛的先行者和崇高目标的实践者。

随着20世纪70年代的结束，中国文学进入了伟大而辉煌的80年代。中国文学满怀着理想主义的激情，它已经预感到一个文学的新时代的到来，而且正以充盈的浪漫情怀，以自己坚定、勇敢和创造性的劳动去迎接这个时代。一方面是要修复文化虚无主义和"新纪元"论[2]造出的与中国古典文学传统以及"五四"新文学传统的断裂，一方面是要修复与一切外国、古代和现代的优秀文学传统的断裂。这从1978年8月出版的第一期刊物所设置的"学习与借鉴"栏目即可看出。在这与千万读者初次见面的时候，《十月》刊登了鲁迅的《药》、茅盾的《春蚕》、屠格涅夫的《木木》以及都德的《最后一课》，并分别佐以欣赏分析的文章。编者"接续"传统的意图非常明显。那时，长久的与世隔绝，造成的视野的闭塞、观念和方法的陈旧，使当日的中国文学家个个都成了饕餮之人。他们饥不择食，贪婪地吞食一切，以弥补长久的文化饥饿。

中国新时期的"文艺复兴"，就这样在修复与传统的断裂以及引进新知的大背景下展开了。他们心照不宣，有着一个宏阔的计划，即要在短短的几年之内，使中国文学夺回失去的时间并开始正常的运行。在文学做梦的年代，《十月》也是一份引人注目的走在前面的刊物。至今人们阅读它当日发表的那些文字，依然难以抑制那种发自内心的激动。人们很难忘怀那个晚霞消失的时候，在泰山极顶庄严绮丽的夜色中所进行的那场劫后重逢的对话。深重的悔恨和自省，激情的燃烧及退潮，经历历史沧桑的人们，在落日的余辉中把灾难的记忆留在了身后，憧憬着更加理性、更富哲理的人生，那时节——

只见火红的夕阳正悬挂在万里云海上，开始向天空投射出无比绚烂的光辉。青色、红色、金色、紫色的万丈光芒，像一面巨大无比的轻纱薄幔，在整个西部天空舒展开来，把半个天穹都铺满了——这光轮在进入云涛之前，骄傲地放射出它的全部光辉，把整个天空映得光彩夺目，使云海与岱顶被全部镀上了一层金色。

这是一场庄严的告别,更是一场伟大的迎接,迎接那经历了阵痛之后的更加辉煌的日出。"许多只能在这个时代发生的事情,都已经随着这一个时代的过去而永远地过去了。"[3]也许没有过去的是那刻骨铭心的记忆,以及记忆带来的悔恨与彻悟。整个80年代,中国人和中国文学都沐浴在这样一片十月给予的激情之中。《十月》没有辜负诞生了它的时候,它勇敢而智慧地穿越险象丛生的开阔地,绕过一丛又一丛可能触雷的榛莽,而把文学的争取和希望留给了这个永远值得纪念的新时期。不是没有痛苦,也不是没有欢乐,而是在痛苦的反思之后迎接了文学复兴的欢乐。那一切是多么难忘,当我们那变得澄澈的天空中出现了一只雁,三只,五只,终于组成了雁阵,"雁阵用世界上最大的一个民族的文字,在苍穹上写了一个铺天盖地的'人'字"的时候,我们不能不为这伟大的争取和觉醒而自豪。

那时的空气中弥漫着这种纠结着痛苦的挣扎最终而赢得欢乐的氛围。正如下一段文字所揭示的:"我相信,会有一个公正而深刻的认识来为我们总结的,那时,我们这一代独有的奋斗、思索、烙印和选择才会显露其意义。但那时我们也将为自己的幼稚、错误和局限而后悔,更会感到自己无法重新生活。这是一个深刻的悲观的基础。但是,对于一个幅员辽阔又历史悠久的国度来说,前途终是光明的。因为这母体里会有一种血统,一种水土,一种创造的力量使活泼健壮的婴儿降生于世,病态软弱的呻吟将在他们的欢声叫喊中被淹没。从这个观点看来,一切又应当是乐观的。"[4]

刊物的编者们辛勤地工作着,艰难地进行着。那些饱含着时代反思精神的作品,一篇一篇从这里走向社会。那些作品传达着当代中国人的情感和思考,从对动乱年代的追忆和批判,到呼唤人性的复归;从苦等来车的没有站牌的车站,到艰难起飞的沉重的翅膀,《十月》的触角延伸到社会生活的各个层面。人们清楚地记得,在瑶山深处有一座爬满青藤的木屋,那里住着一位青春美丽的瑶家女子,由于密林深处透进了一线明亮的阳光,她终于结束了与世隔绝的封闭,萌醒了对于健康、自由生活的向往。那里后来演出了一场刻骨铭心的悲剧,人们至今还为那个女子的命运悬心。这说明通往光明的道路漫长而艰辛。而《十月》为此做出了郑重的承诺。

这一份诞生于黑暗与光明际会时节的刊物,从它出刊的那一天起,就把表现和讲述时代盛衰、万家忧乐当成是自己的庄严使命。它记载着当代中国人的泪水和血水,它尽情地抒写着深重苦难带来的悲哀以及灾难结束之后的欢愉。它是新时代诞生的第一声呼喊。社会接受并认可了它。这从刊物的发行量一路攀升即可看出,从1978年始刊发行10万册,到1980年底已接近24万册,到1981年,最高印数达58.5万册。1981年到1983年间,因为印量激增,邮运量过大,不得不安排在北京、湖北、四川三地同时印刷发行。1982至1984年的三年中,平均印数都在40万册以上。一本文学刊物能够获得这么巨大的发行份额,只说明读者需要它,它和读者的心是贴近的。具体一些说,是由于刊物能够不断地推出引起社会广泛共鸣的作品。以中国作家协会主办的中篇小说评奖为例,第一届获奖作品共15篇,《十月》占了5篇,为总数的三分之一;第二届、第三届各为20篇,《十月》分别为5篇和4篇。这些数字很说明问题。

《十月》走在当年思想解放潮流的前面,也走在艺术解放潮流的前面。要是《十月》只有领先于时代的思想领悟,而没有与之相适应的丰富而新颖的艺术表现力,它最终也会失去读者。现在反观当年,在那些引发广泛关注的作品中,的确也存在着艺术粗糙,或者表达过于直露等缺陷。言之不文,行之不远。那些艺术粗糙的作品,即使轰动一时,也不会保留下来。发表在《十月》上并获得佳评的那些作品,不仅记载着一个时代思想所达到的深度,也记载着一个时代艺术所达到的精度。

有一部或两部作品,最先向话剧的创造和演出发出了艺术变革的"绝对信号",那里有面临窘境的青年人的沉沦、彷徨和追求,也有在车站徒步出发的独行者。还有一部作品,最先倡导了小说叙事的创新,在那里,主人公30年的升降浮沉,幻成了一只蝴蝶的梦,但最终,作者说:"不管你飞得多么高,它来自大地必定回到大地,无论是人还是蝴蝶,都是大地的儿子。"[5]这些作品记载着一个时代文学进行的路径,它浓缩了一个时代的全部艰辛和辉煌。也许这一切都说明着如今出版《十月》典藏版的意义和价值。

中国的文学刊物,在沐浴21世纪曙光的目前,正面临着严峻的挑战。影视屏幕和休闲刊物夺去了为生活奔波的人群的大部分剩余时间,纯文学很难使少有闲暇的人们静下心来品尝精致的文艺作品。而市场运作和传媒导引的结果又夺去了相当数量的读者。在创作方面,由于经济等因素的考虑和诱惑,应时的和随众的动机,也使一些作家失去了耐心和毅力。文章为时而作,作品为世所用,这样的价值观在一些作家那里受到了冷漠甚至调侃。

文学的时尚化仿佛是一场迅速蔓延的传染病,相当数量的文学作品正在可悲地沦为快餐和软饮料。

　　这是一场相当严峻的考验。但在困境之中,《十月》的旗帜仍在高高飘扬,它的发行量仍稳居中国原创文学期刊的前列。《十月》靠什么持久赢得读者如此的青睐?它决胜的秘密在哪里?这是我们萌起出版典藏品丛书念头的动因。这部丛书囊括了《十月》1978年创刊至2000年间发表的最优秀作品,我们的目的在于提醒人们珍惜我们曾经进行过的努力。回顾我们曾经拥有的艰难和克服艰难之后的欢乐,由于我们曾经尽心尽力,我们的工作曾给人们带来震撼——因为这些作品体现了对于社会生活和人的心灵的关注,文学成为希望和追求的象征。文学有自己的传统,那是无数作家、诗人、文学批评家和文学编辑家以自己的创造性劳动所积存的经验的延伸。这种血脉不会断绝。我们坚信,在某一个时期,由于某一种机遇,文学和时代会再一次磨擦,重新生发出耀眼的火花。这就是我们的祝祷和期待。

2004年4月12日完稿于北京大学

参考文献

[1] 见马克思《1844年的经济学——哲学手稿》。原话是:"从主观方面看来,只有音乐才能引起人的音乐的感觉;对于非音乐的耳朵,最美的音乐也没有意义,对于它,音乐并不是一个对象,因为我的对象只能是我的某一种本质力量的肯定。"马克思恩格斯论艺术(一)[M].北京:人民文学出版社,1960:204.

[2] 出处见《林彪同志委托江青同志召开的部队文艺座谈会纪要》(1966年2月2日—2月20日)[N].人民日报,1967-05-29.原文是:"我们应该以做一个彻底的革命派而感到自豪。要有信心,有勇气,去做前人没有做过的事,因为我们的革命,是一次最后消灭剥削阶级、剥削制度,和从根本上消除一切剥削阶级毒害人民群众的意识形态的革命。我们要在党中央和毛主席的领导下,在马克思列宁主义和毛泽东思想的指导下,去创造无愧于我们伟大的国家、伟大的人民、伟大的军队的革命新文艺。这是开创人类历史新纪元的、最光辉灿烂的新文艺。"

[3] 礼平.《晚霞消失的时候》中南珊对李淮平说的话[J].十月,1981(1).

[4] 张承志.北方的河,文前题记[J].十月,1984(1).

[5]王蒙.《蝴蝶》,文中说:"这个故事不应该是庄生梦见蝴蝶,或者蝴蝶梦见自己成了庄生。它应该是一条耕牛梦见自己成了拖拉机,或者一台拖拉机梦见自己成了耕牛。在生活里飘飘然和翩翩然实在少见——它有一种结实的、沉重的感觉。"[J].十月,1980(4).

(此文是谢冕同志为《十月典藏品》丛书所写的序,原载《十月》2004年第4期)

编者、作者、读者评论（摘编）

　　《十月》杂志是很好的大型刊物。它是逐渐改进、办好的。刊物是为读者服务的。用什么来服务呢？当然是用作品。读者看一份刊物，主要是看它发表的作品，好文章越多，编辑同志的功劳越大。倘使一篇好作品也拿不出来，这个刊物就会受到读者的冷落，编辑同志也谈不到为谁服务了。作品是刊物的生命。编辑是作家与读者之间的桥梁。作家无法把作品直接送到读者的手里，要靠编辑的介绍与推荐，没有这个助力，作品不一定能出来。刊物要是不能经常发表感动读者、吸引读者的好作品，编辑要是不能发现新的作家，不能团结好的作家，他们的工作就不会有成绩。文学艺术是集体的事业，这个事业的发展和繁荣，与每一个文艺工作者都有关系，大家都有责任。大家都在从事一种共同的有益的工作，不能说谁比谁高。我觉得这样的说法倒符合实际。

（摘自巴金《致〈十月〉》，《十月》1981年第6期）

　　我想，人有人格，报有报格，一个文学刊物也应有自己的刊格。刊格的形成，来自于对文学这项崇高事业真诚的热爱。只有充分意识到文学在提高人们的精神境界，陶冶人们的审美情趣，影响人们的文化素质上所具有的巨大作用，进行坚持不懈的追求，才能取得较高的品格。一个文学刊物有了这样的品格，就能不为恶劣风气所侵蚀，就能不为蝇头小利所左右，就能不因趋时媚俗而迷失崇高的目标，也才能使自己的刊物始终在思想上和艺术上保持高质量、高水平，在读者与作家中赢得信誉。

（摘自唐达成《贺〈十月〉文学奖》，《十月》1988年第6期）

相关链接

※编者的话[J].十月,1978(1).
※《十月》编辑部.江河行地——《十月》十周年致词[J].十月,1988(5).
※礼平.后话"晚霞"[J].十月,2004(5).
※叶广芩.缘起[J].十月,2004(5).
※李存葆.关于军事文学的底色[J].十月,2004(4).
※刘庆邦.给人心一点希望[J].十月,2004(5).
※王占军.三进酒,艺海双桨[M].陈思和,虞静主编.济南:山东画报出版社,1999.

学术期刊的一面旗帜

仲伟民

《新华文摘》封面

在中国历史发展的长河中,30年只是短暂的一瞬。可就在这短短的30年中,中国的社会经济发生了巨变,中国的学术事业也取得了令人瞩目的发展。《新华文摘》从一个独特的侧面,见证了中国社会发展以及学术研究繁荣这个令人振奋的过程。在此,我代表学术期刊界的朋友向《新华文摘》表示热烈的祝贺!

在这里,我仅就《新华文摘》在学术研究以及学术期刊发展方面所起的重要而独特的作用,谈三点看法。

第一,《新华文摘》是近30年中国学术发展的一面镜子,这是其他任何学术期刊都无法做到的。"糟粕所传非粹美,丹青难写是精神"。30年来,《新华文摘》以创新思想、引领学术为己任,追求学术品位,拓展学术视野,突出理论深度,关注新问题、新观点和新方法,全方位向广大读者展示人文社会科学所取得的新成果,起到了思想库和知识库的作用。尤其应该指出的是,面对市场经济的巨大冲击和巨大诱惑,《新华文摘》不仅没有走低俗、媚俗的道路,反而更加阳春白雪,更加强化学术性和思想性,每期至少用大量的篇幅转载学术类文章,这让我们每个读书人和办刊人都对这份杂志充满了热爱和敬意,对付出辛勤劳动的主编、编辑人员肃然起敬。因为作为一个办刊人,我深知这么做是需要智慧的,是需要胆量和魄力的。

第二,《新华文摘》在现代知识传播中所起到的独特作用,是任何其他期刊无法替代的。在当前这样一个知识爆炸的时代,信息对读者来说简直成为一种灾难。以期刊为例,全国共有近万种期刊,其中社科学术期刊就有2000多种,选择已经成为广大读者的一大难题。《新华文摘》就起到了过滤器的作用,使广大读者摆脱了选择的困难和尴尬,一册在手,便可纵览天下学术。《新华文摘》之所以能够做到这一点,不仅仅是因为主编和编辑具有很好的学术素养,精选精编,摘发的好文章目不暇接,还因为《新华文摘》关注学术前沿和学术热点问题,转载的文章经常在学术界引起重大反响。一些重大选题也往往给其他学术期刊以启示,在某种程度上可以说起到了引领学术发展的作用。不仅学术期刊以《新华文摘》转载为荣,学者也以《新华文摘》转载为荣。正因为如此,《新华文摘》在学术评价中的作用越来越重要,成为单位考核和各种评比评奖项目中的重要指标。

说到学术评价,社会上批评之声很多。有些期刊或学术机构为经济利益所驱使,热衷于搞各种排名,形成了"评价就是排名,排名代替评价"这样一种非常不正常的现象。其依据标准是所谓的影响因子、转载量或转载率等等,而不是根据学术质量这个最重要的指标,这让很多学术期刊尤其是地方学术期刊围着学术评价机构团团转,而不能把主要精力放在提高办刊质量上,本末倒置。这是干扰学术期刊和学术研究的一种极为不正常的现象,对人文社会科学学术的危害尤其大。与此形成鲜明对比的是《新华文摘》,他们不搞排名,不搞指标,不收赞助,不哗众取宠,不炒作,坚决维护学术的质量和尊严。但正因为这种对学术负责的态度,《新华文摘》才能办得如此之好,声望如此之高。正所谓"只管耕耘,不问收获"、"无心插柳柳成荫"。我想,这就是学术界对《新华文摘》的一种公正而默认的评价,是一种奖赏,是实至名归。

第三,《新华文摘》是办刊的典范,是学术期刊学习的榜样。一份好的学术期刊应该能够体现两个最基本的特点,即思想性和学术性,或至少体现其中的一种。可惜的是,目前的很多期刊是既无思想性,也无学术性,真可以称作是匠人办刊。更糟糕的是有些期刊还变着名目收费,把学术期刊变成敛财的工具,这是目前学术期刊遭致批评的一个很重要的原因。在这种形势下,《新华文摘》成为学术界一道亮丽的风景线。从所转文章可以看出,《新华文摘》不仅严把质量关,而且有自己的追求、自己的信念、自己的理想,达到了学术性与可读性、思想性与权威性的高度统一。

《新华文摘》成为办刊的典范,还因为他们实现了既追求学术创新又严格遵守政治纪律的完美结合。30年来,中国社会发展跌宕起伏,有时的确难以把持,但不可否认总的趋势是政治更加民主,经济更加繁荣,学术更加自由，而《新华文摘》就很好地把握了这个发展趋势，并能够在杂志中把这种趋势非常充分地反映出来，从而成为观察30年来中国社会发展和学术发展的一个很好的视角。因此，《新华文摘》是办刊人学习的榜样。

最后，借柳斌杰署长的题词，希望《新华文摘》"解放思想，实事求是，海纳百川"，祝愿《新华文摘》"永远卓越"！永远年轻！

（原载《新华文摘》2009年第23期）

《新华文摘》创刊三十周年的回顾与展望

张耀铭

张耀铭,《新华文摘》总编辑,编审。浙江师范大学、南开大学兼职教授。"教育部哲学社会科学名刊工程"评审专家;中国经济理论创新奖评审专家;国家社科基金学科评审专家。

发表学术论文多篇。主编《第二次世界大战通鉴》,全书314万字,500余幅图片,迟浩田上将作序,1995年天津人民出版社出版。1996年获中共中央宣传部第5届"五个一工程"优秀图书奖。主编的《新华文摘》,1999年、2003年、2005年3次荣获新闻出版总署颁发的"国家期刊奖"。

《新华文摘》原总编辑张耀铭

《新华文摘》创刊于1979年1月,在思想解放中诞生,在改革开放中成长。30年的改革开放,铸就了人民共和国历史上最好的时期,成就辉煌;30年的精心打造,《新华文摘》创新思想、引领学术,硕果累累。30年,《新华文摘》以推动和促进中国学术发展和社会进步为目标,坚持正确的办刊方向,追求学术品位,关注时代问题,突出理论深度,为广大读者展示了哲学社会科学的新成果、新观点、新理论、新知识、新思想、新方法,为中国学术界提供了一个高起点的学术平台。30年,《新华文摘》出刊442期,转载27000余篇文章、20000余条论点和3200余幅美术作品,总字数达到2.5亿,总发行量在7000余万册,以其思想性、学术性、可读性、权威性享誉理论界和学术界。

一、《新华文摘》改革的历程

感谢第一代的办刊人,他们敏感于时代的脉搏,思想界的探索,读者对知识的渴求,创办了《新华文摘》。她承继文化传统,回应现实挑战,规范性与创造性结合,学科理性与人文精神兼具,既有刚性的学术专栏,又有柔性的漫画、文艺作品,刚柔相济,构成特色。文脉相继,薪火相传。此后经过几代编辑人员的不懈努力,《新华文摘》形成了"博、大、精、深、新"的风格。1999年、2003年、2005年《新华文摘》先后三次荣获新闻出版总署颁发的期刊最高奖——"国家期刊奖"。

30年间我们多次转型:由小字本增设大字本,由月刊改为半月刊,由"思想性"到"思想库",无论从纸张到设计,从栏目到专题,从形式到内容,不断在追求卓越,不断在提高核心竞争力。特别是2004年改为半月刊以来,加快了传播速度,增强了时效性;加大了承载容量,提升了前沿性;加强了精选精编,体现了权威性,成为引领和推动中国学术创新和发展的标志性刊物,其学术公信力和社会影响力得到各界的肯定。值此30华诞之际,我们向曾经辛勤耕耘《新华文摘》的前辈们表示崇高的敬意!向30年来指导、支持、搀扶《新华文摘》前行的领导、作者、读者和兄弟报刊的编者致以深深的谢意!

但是也应该看到,伴随着进入21世纪,期刊的生存环境也发生了显著的变化,这些变化集中体现在三个方面:期刊读者群的日益分化,国际交往的日益加强,以互联网为代表的新媒体的日益壮大。身处变动大潮之中的《新华文摘》自身的一些不足也就愈加突显:媒体品种单一、盈利模式单一、国际交流的缺位、经济规模较小,使得《新华文摘》市场竞争力和抗风险能力比较弱,发展后劲严重乏力。如何解决这些问题?只有继续深化改革。

二、《新华文摘》未来的定位

胡锦涛总书记在党的十七大报告中强调,"繁荣发展哲学社会科学,推进学科体系、学术观点、科研方法创新,鼓励哲学社会科学界为党和人民事业发挥思想库作用"。根据十七大精神,结合新的形势和改为半月刊5年来的成功经验,我们认为未来《新华文摘》应突出三大功能:

第一,思想库功能。《新华文摘》受众以各级领导干部、知识分子和企业高层管理人员为主要对象。这个读者群是中国社会中的主流阶层和最具社会影响力的受众,他们更关注的是资讯的品质、价值的判断、思想的传递、意义的解读,他们更愿意以全球的眼光看中国社会经济现代化进程,把握中国的发展在世界格局中的地位。作为思想库,《新华文摘》应该发挥认识世界、传承文明、创新理论、资政育人、服务社会的重要作用,奉献读起来比较"解渴"的文章;作为思想库,《新华文摘》应该主流大气,以观点、思考见长,以深度、品位为风格,以公信力、权威性为追求;作为思想库,《新华文摘》在解释政策、探讨重大理论问题时,应侧重于历史性、深邃性、思想性,而不是短期性、概念性、说教性。

第二,学术评价功能。据统计,现在国内社科学术期刊近3000种,数量虽然很多,但学术水准良莠不齐。在这种情况下,《新华文摘》已经不自觉地担当了学术评价的重任。目前全国大多数高校和科研机构都将被《新华文摘》转载作为最重要的评价指标,有的高校甚至将被《新华文摘》转载等同于在中国最高学术水平的《中国社会科学》杂志上发表,并有高额奖金。这些足以说明,《新华文摘》在学术层次上有了大幅度提升,已经得到了学术界的公认。

就媒体的主体地位而言,《新华文摘》是新闻出版总署主管、人民出版社主办的期刊,独立于我国现有的社科院、社科联、高等院校等学术系统,不受这些机构的非学术因素干扰,符合评价机构的中立规则。所以,我们应该变被动为主动,更加积极地探索出一套科学的评价标准、公正的评价程序、权威的评价结果,进一步强化学术评价功能。

第三,中外文化交流功能。十七大报告明确提出,要增强我国的"文化软实力",这是国家战略的一部分。随着中国综合国力的日益增强和全球国际合作程度的不断加深,不仅中国的文化界、学术界有着越来越强的学习与对话的要求,而且国际上了解中国文化、研究中国学术成果的需求也在不断增强。所以,我们要按照柳斌杰署长的要求"以开放的眼光观察世界期刊业的竞争发展,以学习的心态与国际期刊业界往来,以极大的热情学习、借鉴国外期刊业的办刊经验,用世界文明的新成果丰富自己"。作为总署直属的发行量最大的期刊,《新华文摘》必须进一步深化改革、树立标杆,在激发内部活力的同时提高竞争力,积极探索"走出去"的路子,发挥好中外文化交流的功能。

三、《新华文摘》的发展目标

为了适应新的形势,为了做强做大,我们通过对整个期刊市场和自身的特点、条件的分析,重点应放在以下几个方面:

1.创办《新华文摘·海外版》

随着中国期刊市场的迅速发展,阅读人群的细分是一个不可逆转的趋势。满足所有人群的阅读需求已经越来越成为媒体不可能完成的任务,重点满足细分的、特定的阅读人群已经成为多数刊物的必然选择。《新华文摘》也同样不能仅靠一本刊物来包打天下,而应该利用自己30年来累积的品牌、资源、经验、人才等优势,创办面向不同人群的刊物,为更多、更广泛的读者提供服务。这些新刊物有的可以仍然保留公益性的性质,有的完全可以以市场化的方式运作。

《新华文摘·海外版》将以翻译、转载的形式,介绍国外和港台社会科学和人文科学研究的学术成果、学术流派、学术人物、学术争鸣、学术动态等内容。新刊物将是《新华文摘》内容的补充和延伸。

2.建设"新华文摘学术网"

《新华文摘》的数字化进程包括两层含义:一是出版管理流程的数字化。《新华文摘》的管理要上台阶,必须实现精细的数字化管理,应逐步在编辑与管理流程中引入网络化与数字化手段,以提高工作效率及管理水平。销售上要利用互联网开展网上订刊,在线销售期刊及数据,扩大发行手段与发行方式。二是开展数字出版业务,成为跨媒体期刊集团。《新华文摘》拟将自己的官方网站进行大规模的内容及功能扩充,建设成内容丰富、服务多样的,面向各级领导、知识分子、公务人员、企业管理者的"新华文摘学术网"。"新华文摘学术网"的功能将包括:(1)学术评价及文献检索功能;(2)主流思想理论传播功能;(3)学术交流功能;(4)电子商务功能。通过联合其他学术期刊、著名学者,将"新华文摘学术网"打造成中国最有影响的学术交流及检索平台。通过建立庞大的内容数据库、作者数据库、订户数据库,建立与兄弟期刊的数据互换机制,建成全球最大的中文哲学社会科学数据交易平台和知识管理平台,完成新华文摘由期刊出版商向综合数据服务商的转换。

3.成立"新华文摘学术评价研究中心"

《新华文摘》要从比较被动地承担"学术评价系统"的角色,转变为以更加积极的态度、更加科学的方法、更具独立性和公信力的学术评价机构,就必须建立自己的研究部门。这个部门由少量的专职研究和管理人员以及部分外聘专家组成,专门从事对每个年度发表的哲学社会科学论文进行研究,通过分析研究热点、研究趋势,评价研究成果、活跃人物以及存在的问题,从而对每年的学术研究状况做出整体评估。这些研究成果除用于提高《新华文摘》的选编质量,最主要的是要成为《新华文摘》整个学术评价体系的基础支撑。

4.打造"新华文摘学术文库"

近几年,《新华文摘》尝试性地出版了一些高品位、高质量的学术著作,收到了比较好的效果。今后,我们将依托自己的品牌优势、传播优势,延伸产业链,以市场化手段运作、策划原创精品著作,精心打造"新华文摘学术文库"。

5.组建新华文摘期刊集团

目前国内的期刊集团,大多由文化生活类的大众期刊组建,比如"家庭期刊集团"、"知音集团"、"读者出版集团",而哲学社会科学类期刊组建集团却是空白。哲学社会科学是我国综合国力的重要体现,恰恰是十七大后要强调繁荣、更要大力发展的重中之重。

《新华文摘》在当代世界期刊格局中,占有独特而又较为重要的地位。说其独特,她是综合性、多学科的哲学社会科学学术文摘期刊,这在世界上独一无二,可以说填补了空白。日本、欧美的社科学术文摘期刊大多是单科性、专门性的。说其重要,她不仅是中国这一期刊大国中的名刊大刊,而且还是当代世界综合性社科学术文摘期刊中发行量最大的。日本、欧美发行量大的期刊都是大众期刊,学术期刊发行量都很小。《新华文摘》近30万册的月发行量与大众期刊相比显然不大,但与世界知名的社科学术期刊相比,其发行量也是最大的。她为中国社会提供的精神动力和智力支持,她的思想穿透力和巨大影响力,都是文化生活类的大众期刊无法相比的。

经过30年的发展,《新华文摘》已经具备了期刊集团化的一些条件:一是品牌有着巨大的影响力;二是有其他刊物可以共享的资源;三是提供了宝贵的办刊经验;四是拥有数量可观的现实读者与潜在读者;五是有产业链延伸的相对空间;六是有一支政治强、素质高、业务精的编辑团队;七是具备了一定的经济实力。我们应该在时机成熟时,组建新华文摘期刊集团。

四、要正确处理好六个关系

随着品牌的提升,影响的日益扩大,《新华文摘》肩负着更大的使命和更多的责任。作为《新华文摘》的编辑团队,怎样才能不辱使命、不负众望呢?我们认为应特别注意处理好以下六个关系:

我们将正确处理学术与政治的关系,欢迎那些既有研究深度和学术价值,又能产生积极影响的文章;正确处理创新与坚持的关系,必须坚持马克思主义的基本原理,马克思主义的立场、观点、方法,还要坚持实事求是,与时俱进,勇于探索真理的精神;正确处理好求真与务实的关系,关注全局性、前瞻性、战略性的重大课题,自觉应答当代现实问题;正确处理热点与引导的关系,不回避矛盾,正面亲切有效地回答问题,为广大群众解惑释疑;正确处理通俗与格调的关系,在强调专业性、深刻性的同时,不忽视通俗化和大众化,并适当地吸取民间话语,增加人文精神,展现人文魅力;正确处理转载与责任的关系,牢固树立大局意识,牢记社会责任,"导向正、基调好、高品位、高质量"是我们追求的方向。

走向未来,我们将牢记刘云山部长对我们的要求与勉励:
"精心策划,精选精编,精益求精,办成精品!"
走向未来,我们将牢记读者的鞭策与厚望:
贴近实际,贴近生活,贴近群众!
走向未来,我们将肩负起民族的文化承担:
会泽百家,繁荣学术!

(原载《新华文摘》2009年第23期)

《新华文摘》,我生命的一部分

吕明灼

著名学者吕明灼

吕明灼(1935—),教授,1957年、1961年于山东师大本科、山东大学研究生毕业。曾在曲阜师大、山东大学、山东社科院、青岛大学工作。著有《李大钊思想研究》、《宋庆龄传》、《近现代中国思想史论》;与人合著有《五四以来政派及其思想》、《儒学与中国近代政治》,发表学术论文百余篇。同时,长期任《齐鲁学刊》、《东岳论丛》、《东方论坛》主编,并与全国十多所大学合作,主编《学校公共关系用书》21册。其论著曾获山东社科优秀成果一等奖、多项二等奖;1986年获"国家有突出贡献中青年专家"、1988年获"山东专业技术拔尖人才"称号,1991年获国务院政府特殊津贴。

我与《新华文摘》(以下简称《文摘》)结伴而行已有20余年了。80年代初,我在曲阜师大《齐鲁学刊》工作期间,就深知《文摘》对一个社会科学刊物编辑来说有多么重要。因此,从1982年开始,我就让杂志社给每位工作人员(8人)订上一份。1985年,我调入山东社会科学院工作,主编《东岳论丛》,我又让杂志社给20余位工作人员每人订一份。1990年我调入青岛大学,负责《东方论坛》,我同样不忘记给同志们订《新华文摘》,至今未停。我是调到哪里就把《新华文摘》订到哪里,而且调到哪里我就把《新华文摘》像宝贝一样带到哪里。由于几次调动搬家,要丢掉许多东西,我自己主编的《齐鲁学刊》及后来的《东岳论丛》,我都没有带几本,唯独《新华文摘》我是一本不少地装箱带到新岗位。我家的书,有时同志借走不还也就罢了,唯独《新华文摘》谁借了去过期不还,我是一定要追回来的。

长期以来,《新华文摘》成了我生活、生命中的重要部分。每看完一期《新华文摘》,我就企盼着新一期的到来。有时晚来几天,我就会按捺不住地去追问具体负责人员《文摘》为什么还不到?新一期《文摘》收到后我会立即放下手里的其他事情,先读为快。有时是如饥似渴、如痴如醉地只知看《文摘》而忘记了吃饭。我老伴常讥讽我是"与《新华文摘》结婚了"。我看《文摘》除了自己的专业历史栏要重点看之外,其他栏目我几乎也都看,有时还读读小说。顺序是先看漫画美术,然后从后向前看"报刊文章篇目辑览"、"论点摘编"、"人物"等。大块文章放在最后看,好像好饭最后吃一样,以便仔细琢磨,好好品尝。

《文摘》不仅给我的生活带来希望、企盼,是我的"精神磁场",而且也是我的良师益友。我从这个"精品屋"与"微型图书馆"中学到了知识,提高了认识,使我的思想能不断更新,与时代同步。我的一些年轻朋友经常对我说:"吕老师,你的年龄虽大,但你的思想仍然很活跃,我们之间似乎没有什么代沟。"我说:"想知道秘密吗?那就去读《新华文摘》吧。"我读《文摘》经常要圈圈点点,读到好文章时会不自觉地拍案而起,或立即拿起电话告诉朋友:在哪期《文摘》上有篇什么好文章,一定要读!

《新华文摘》经常刊登一些学术前沿方面的文章,我对这类文章最感兴趣,由于常受这些文章的启发,活跃了我的学术思想,我也产生了一些好的选题。这几年来我写的一些有关现代儒学的文章,多半是从《文摘》上的有关传统文化、中西文化比较研究与儒学研究文章中得到启示而成的。再者,这几年我除了写历史与儒学的文章外,有时还写点有关教育、管理学、社会学的东西,那也多半是由于我常读《新华文摘》,扩大了知识面的结果。

不知从什么时候开始,《新华文摘》注意了我。从1990年起《文摘》陆续全文转载了我6篇关于中国近现代思想史和现代儒学的文章,这令我十分感动。我何德何能,被《文摘》数次错爱?在思想感情上我与《文摘》更贴近了。

不知是怎么回事,我读《文摘》,越读越觉得自己知识不足,越读越觉得自己渺小,在《文摘》面前我简直像个小学生。特别当我读到一些年轻人写的好文章后,不禁要感慨这些文章怎么写得那么深刻?怎么自己就写不出来?有时会觉得自己这个所谓"老教授"还真有点名不副实。《文摘》是一座高山,我只能举目仰之;《文摘》是一位大师,我只有肃然敬之。

四年前我退休了,但我读《文摘》的习惯与积极性一点也没有"退休"。读《文摘》成了我的习惯与乐趣,在以后的日子里,这种习惯恐怕也不会改变。我的生活、生命中不能没有《文摘》,我不敢想象生活中如果没有《文摘》那会是一种什么样子。或许到了生命衰竭、精神枯萎时,"乃敢与君绝"?

2004年9月4日

(原载《新华文摘》2005年第10期)

名刊背后是人才

韩庆祥

我向往《新华文摘》。大学时代,就得知许多人爱读《新华文摘》,老师也向我们推荐《新华文摘》。那时她创刊才不过三年,却拥有这么多知音。自然,我到阅览室,总要用半个小时读她,觉得拿到她沉甸甸的。我向往她!当时我许多梦中的一个梦就是:《新华文摘》,拙作何时能被转摘。

我认识《新华文摘》。以不同的方式认识《新华文摘》,印象和效果不一样。后来读了研究生,开始论文创作。一篇论文《列宁"一整块钢铁"学说新解》有幸发表在《江淮论坛》上。这是我的处女作,对于刚刚开始创作生涯的我来说,其兴奋可想而知。不久,我看到并且几位同事也告诉我这篇论文被《新华文摘》"论点摘编"转摘了。这对别人可能不意味着什么,但对于我几乎可以说,她奠定我献身于学术事业的坚定的心理基础。从此我恋上《新华文摘》,经常读《新华文摘》。一位著名学者说得好:书斋书斋,常看常读是《新华文摘》。

我拜读《新华文摘》。《新华文摘》我是每期必读的,而且是认真深入的,有时为读不到她而感到遗憾和不快。十几年读《新华文摘》的经历,深感她富有魅力,其文化贡献功不可没。从中我悟出她有以下特点:一是定位合理。报刊文摘只能转摘短小精悍的作品,《新华文摘》则长中短作品兼容;其他文摘期刊大多转摘的是一方面或几方面的文章,《新华文摘》则是政治、哲学、经济、历史、文学、文化、科技等综合性转摘;其他文摘期刊大多是作品转摘,《新华文摘》则有全文转摘、论点摘编和论文辑目,有层次感。合理的定位是《新华文摘》经久不衰的一个重要原因。二是信息量大。当代是知识和信息爆炸时代,《新华文摘》尽可能多地精纳丰富的知识和信息,使人读后获益多多,也具有重要的参考和保存价值。这可谓一本在握,大致可掌握天下政治、哲学、经济、历史、文学、文化、科技各领域的状况和轮廓。三是精品荟萃。丰富的知识和信息会给人的选择带来一定难度,选择不当又会造成许多知识和信息资源的浪费。在知识和信息时代如何进行选择,已成为人们面临的一个现实问题。《新华文摘》全体工作人员以刻苦勤奋的敬业精神和敏锐观察判断的智慧,在大量的作品中选出了人们较满意的作品。这些作品许多是上乘之作或作者的代表作,基本上能代表国内文化研究的走势和水平,故而她在读者心中具有崇高的地位,享有权威性的荣誉。四是捕捉前沿。能否站在改革开放和现代化建设以及思想理论研究的前沿捕捉时代和理论研究的热点和焦点,是刊物能否具有生命力之所在。《新华文摘》紧跟时代步伐,把握社会发展脉搏,捕捉思想理论文化发展的前沿,故而所选文章多具前沿性。如哲学栏目选稿,历来就比较注重人学、主体性、发展、文化、价值和哲学变革等这些学术前沿性的课题及其研究成果。由于这些特点,故而各行各业的许多人都愿读《新华文摘》,许多单位经费再紧张也要订《新华文摘》,许多人渴望其作品被选上《新华文摘》,许多人的荣誉缘于《新华文摘》,许多人学术事业的发展得益于《新华文摘》,许多部门的作品评奖、期刊评优的重要依据是《新华文摘》,许多人把最具权威性的刊物视为《新华文摘》。许多读者常说:《新华文摘》,精品选择。

我感谢《新华文摘》。学者的主要使命是将其思想奉献于社会,这离不开传播,尤其离不开较具权威性、广泛性和影响力的传播。近年我的一些代表作提出了"能力本位论"、"发展代价论"、"人的塑造论"、"人格转型论"和"人学对象论"等思想理论观点,《新华文摘》独具慧眼,将这些代表作大都予以转载。其中《能力本位论与21世纪中国的发展》被转载后,在学术界和社会上产生较大反响;《社会主义市场经济与人的塑造》被转载后,为我获"全国首届胡绳青年学术奖"提供了必要的根据。可以说,《新华文摘》支持着我以及许多学者的学术生命和学术事业。难怪许多文人说:《新华文摘》是扶持文人成长的《新华文摘》。

我推荐《新华文摘》。每当有机会我都向我的学生及领导干部推荐《新华文摘》,有时读到格外好的文章就及时推荐给他们。后来有一位领导干部告诉我:只要工作有闲暇,便把《新华文摘》带到家。

我期望《新华文摘》。《新华文摘》会越办越好,因为名刊背后有人才,读者迫切需要她。她要办得更好,一是要建立各地各刊推荐制度。目前全国报刊很多,而做《新华文摘》编辑工作的人较少,这就给选稿带来很大难度,由此可发挥各地各刊荐稿的积极性。这既可扩大选稿面,也可使编辑人员优中选优提高选稿质量。二是选稿要做到新的创意性文章优先，兼顾有启发性的文章；热点问题优先，兼顾经常性的问题；前沿问题优先，兼顾一般性的问题；重大课题优先，兼顾普通性课题；时代性课题优先，兼顾历史性课题。三是刊物在形式上可再生动活泼一些，比如能否把每篇文章的要点提升出来，用命题表达，放在每篇文章前面，这可使读者在有限的时间内抓住长篇文章的要点和精髓，事半功倍。这可谓：《新华文摘》要办好，"新"、"热"、"前"、"活"（理念）不可少。

（原载《新华文摘》1999年第1期）

编者、作者、读者评论(摘编)

我是《新华文摘》的忠实读者,非常喜欢这个刊物。无论在地方当编辑,还是在省政府、省委宣传部工作,我都没有离开这个刊物。《新华文摘》是一个很有特色的刊物。概括地讲,《新华文摘》的特点是"三高":一是权威性高,在社科文化类文摘里,它的权威是公认的;二是质量高,这体现在选文水平比较整,所选文章格调比较高;三是声誉高,在科技界、文化界、社科界,在整个知识分子层,《新华文摘》都有比较高的声誉。另外,《新华文摘》信息量大,视野宽阔,现在大家都很忙,不可能浏览更多的报刊。一册文摘在手,社科文化诸多方面有代表的文章尽收眼底。我一般是把《新华文摘》从办公室带到家里看的,工作之余还可欣赏里面作品和漫画。

[摘自于友先(新闻出版署原署长、中国出版工作协会主席)在纪念《新华文摘》创刊15周年会上的讲话,《新华文摘》1994年第3期]

《新华文摘》作为一本大型的学术性、文艺性综合文摘期刊,是一部学术水平很高的编年式的百科全书……

我喜爱《新华文摘》,是因为它具有很多特点和优点:

它客观地反映了我国学术、文艺各个领域的完整面貌。《新华文摘》选文博、内容广、信息量大、读者众多。《新华文摘》精选万种报刊,提炼百花芬芳,汇聚百家风采,造福成百万读者。每期文摘所涉及达180余种……栏目有16项之多……一册在手,就能对我国思想文化领域各个方面的重要动态、观点、争鸣、成果有一个总览式的了解,所以被读者誉为便推式的小型图书馆。

它从整体上代表我国学术和文化发展的最高水平……

它把品位放在第一位,具有权威性。所谓"权威性"是指它的入选文摘具有第一流的学术水准。《新华文摘》摘英撷华,在大量的作品中选出上乘之作或作者的代表作,基本上能代表国内文化研究的走势和水平。它不赶时髦,不走极端,堂堂正正,追求科学。选稿注重文章质量,不偏名人,不薄新人……

　　它引导和促进了我国学术文化的健康发展……《新华文摘》始终把正确的导向放在首位,充分发挥对读者的思想行为、科研方向以及社会舆论进行引导的社会功能……还特别注重学术导向:一是学术水准导向……二是学术课题导向……三是学术服务导向……四是学术争鸣导向……五是学术风气导向……

　　[摘自黄楠森(著名学者)《二十三年历史精华》,2002年2月28日《光明日报》]

　　历经25年磨炼,《新华文摘》独立性、综合性、大容量、现实性、权威性鲜明。综合性、大容量奠定了它生存发展的广泛的读者基础;现实性消弭了专门学术与读者的隔膜与距离,加强了亲近感;独立性与权威性建构了它的媒体公信力,是它的生命价值所在。新华文摘人是一群期刊历史的开创者,同时也是一群思想者。专家学者提出、创造、生产了中国哲学社会科学思想,新华文摘人则以文摘期刊为手段,选择、积累、建构了中国哲学社会科学思想库。

　　[摘自李频(期刊研究专家)《〈新华文摘〉思想库的魅力》,《中国编辑》2004年第6期]

相关链接

*《新华文摘》编辑部.十年小记[J].新华文摘,1989(1).

*庆祝《新华文摘》创刊十周年[J],李洪林,吴祖先,王若水等文11篇。新华文摘,1989(1).

*在《新华文摘》创刊15周年纪念会上的讲话与贺词[J].龚心瀚,于友先,龚育之,范用等文22篇.新华文摘,1994(3).

*纪念《新华文摘》创刊20周年的贺词.李长征,于友先,梁衡等文12篇,新华文摘,1999(4).

*纪念《新华文摘》创刊20周年特约稿[J].刘云山,于友先,高放等文13篇,新华文摘,1999(1).

*喻国明.一本好的社科学刊[N].光明日报,2004-06-24.

*田坪.《新华文摘》的思想库特征与价值追求[J].出版广角,2004(9).

*范用.从《新华文萃》到《新华文摘》[N],光明日报,2004-11-25.

*余三定.量的扩张与质的提升——读《新华文摘》改版的前8期[J].新华文摘,2004(13).

*尹韵公.集纳精品——《新华文摘》改刊感言[J].新华文摘,2004(14).

*《新华文摘》打造人文社科思想库[J].新华文摘,2004(15).

*《新华文摘》改版全方案[J].新华文摘,2004(15).

*祝晓风.《新华文摘》全面改版提速 信息时代品牌期刊励志图新[J].新华文摘,2004(12).

*郝振省.生产资料 生活资料 市场节奏——对改版后《新华文摘》的几点看法[J].新华文摘,2004(17).

*《新华文摘》创刊25周年征文[J].戴云波等文14篇.新华文摘,2006(2).

*我与《新华文摘》征文颁奖会上的发言[J].黄书元,戴云波,刘伯根,张伯海,刘建生,阎晓宏等文7篇.新华文摘,2006(2).

*朱侠.一起走过的日子——我与《新华文摘》征文活动纪实[J].新华文摘,2006(2).

*李长春同志为《新华文摘》创刊30周年致贺信.

*刘云山同志为《新华文摘》创刊30周年题词.

*李东东.做强品牌　精益求精　开拓创新　志存高远——在《新华文摘》创刊30周年座谈会上的讲话.

*李慎明.让流淌的时光筛选　让人民的实践检验.

*崔济哲.《新华文摘》的魅力.

*高洪波.我的旅途伴侣　读者的良师益友.

*陆彩荣.精神的享受　亮丽的风景.

以上均见《新华文摘》，2009(23).

《读书》起步那几年……
——深层记忆里抹不去的人和事

陈 原

《读书》创刊号封面

《读书》不是在暴风雨中诞生的。《读书》是在龙卷风过后,穹空露出一角蓝天的日子里诞生的。

它好不容易熬过二十年。这二十年是富有魅力的二十年,同时也是荆棘丛生的二十年,风霜雨雪的二十年。但毕竟是充满希望的二十年。

如今《读书》长成了,壮大了,在读书界生了根。然而它起步和学步头几年的人和事,却长埋在我的深层记忆里永远抹不掉……

二十个春秋,它走过的路决非平坦,但它毕竟走过来了。

《文心雕龙·知音第四十八》云:

知音其难哉!音实难知,知实难逢……

二十年前某一天的情景,历历如在眼前:几个读书人聚在我住的病房里,商量办杂志的事。

噩梦终于醒过来了。真理标准的讨论扣人心弦,扭转乾坤的全会开过了,破晓了!该有一个园地,让读书人抒发他们的情怀;不是个人的恩怨,而是呼唤被压抑或被歪曲了的良心。

园地在哪里?办杂志。办一个讲真话的杂志。办一个不讲"官话"的杂志。开垦一个破除迷信,破除偶像崇拜,有着"独立之人格"和"自由之思想"的园地。不讲大话,空话,套话,废话;不崇尚豪言壮语,不夸夸其谈,不随风倒,也不凑热闹,保持冷静客观头脑,独立思考。不把自己装扮成为人师表那样的道貌岸然,自然、朴素、平等,完全可以发表不同意见,但是杜绝棍子!

以上这些不是我现在想出来的，而是从深层记忆里掏出来的，应当说是编辑部同人当时的共识。

这样，就这样，几个读书人不约而同地认为，这个将出生的婴儿，应当是一个"以读书为中心的思想评论杂志"。

这样的想法，这样的定位，不是我们几个读书人冥思苦想得出来的，而是从时代的巨人发出"实事求是，解放思想"的号召那里得到启发的。

经过十年文化"扫荡"之后，突然出现了这样一种声音，这声音很快便被读书界接受了，带着几分惊喜或者还带着几分疑虑接受了。其实这声音很平凡，其实只不过意味着人们突然找回了自己，找回已被压抑的心声，或者说人们好像重新发现了人的价值和人的尊严，而人的全部尊严在于思想。

创刊号上发表了一篇题为"读书无禁区"的文章。如果说这篇文章当时震撼了整个读书界，那也许是夸大其词，但是这样的命题确实得到了许多读书人的共鸣。

海内外不少读书人好像遇到奇迹。人们奔走相告：啊啊，读书无禁区？啊啊，读书无禁区！

自然，有高兴者，就有不高兴者；有拍手称快者，也有忧心忡忡者；有认为是离经叛道者，甚至有认定是脱离党的领导的奇谈怪论者……

怎么，读书无禁区？胡扯！难道让六岁儿童去读《金瓶梅》？难道叫小学生都去读《鹿鼎记》？去读艾奇逊那反动的白皮书？去读布哈林？去读托洛茨基？去读胡适？去读陈独秀？难道难道难道……

这许多难道，有点近乎鸡蛋里面找骨头。几乎不能相信是成年人说的话。但它确实是清醒的或过分清醒的成年人说的话。

实际上，那时人们已经畅谈科学无禁区了；可是读书难道可以跟科学研究相提并论吗？那时，《读书》编辑部同人（其实所谓编辑部只有那么几个人，连日后出版界传为佳话的编辑部的"四朵金花"都还没全部到位）对这个问题却一致给出肯定的答复：如果读书设置禁区，那么怎能做到研究无禁区呢？况且，连读书都设置禁区，怎能响应"解放思想"的伟大号召呢？

那时，编辑部同人谁都不以为已经离经叛道了。不，我们提出这样的命题，只不过是针对绝灭文化的十年现实说的，只不过是针对泛滥多年的极左思潮说的。我们的信仰、我们的理想，丝毫没有改变，更绝对没有想过脱离领导。独立思考、解放思想，跟脱离领导、反对领导绝对不是同义语。

现在的年轻人看了我上面的陈述，必定认为这只不过是一个笑话，或者认为二十年前某些人一定发了疯。但那是事实。年轻人不知道什么叫做思想过敏症。

幸而那时已不兴"棍子"了，但压力还是困扰我们。

其后在一次有几位我尊敬的同志在场的汇报会上，我想迅速跨越过这个深沟，只好用传统的方式，作了包揽"错误责任"的检查。我的检查要点是这么几句：

> 如果认为读书无禁区的提法有严重错误，我承担全部责任，愿意接受最严厉的处分。我是这个杂志的主编，从选题到挑选作者到审稿到清样签字，都由我负责。编辑部同人不熟悉这个杂志的格局，他们完全按照我的意见操作，所有错误跟他们无关。

我说话是诚恳的，也说得很沉重。我没有说假话，但我也没有说真话：我用了"如果"两个字。

在座的几位可尊敬的同志听了，连连说没那么严重，没那么严重，吸取经验教训就是。

汇报会开过，这个死结似乎就化解了。至于我们，仍然主张"读书无禁区"。

正如三百多年前（1632年）伽利略说的：

> Eppur si muove!（它仍然在转动着！）

仍然是读书无禁区！一年之后，当《读书》创刊一周年时，以杂志编辑部的名义，发表一篇自我反思的纪念文章，又一次重申我们的信念：读书无禁区！

这就是《读书》的品格："吾爱吾师，吾尤爱真理。"

纪念文章是本刊发起人陈翰伯执笔的。这代表了我们编辑部同人共同的信念。——翰伯是个勇敢的人、真诚的人、在真理面前全无畏惧的人。

有点像童话，不是么？类似的童话还出现过多次，不过震动不大，很快都化解了。只有一次还值一提。某一年，在某次会上，一位可敬的同志突然说，你们这个杂志还是谦虚一点好，比方说"以读书为中心的思想评论"就有点狂。你们怎能进行思想评论？评论思想不是你们分内的事。只有最高权威机关才能发动思想评论。

平心而论,他说得很恳切,并无一点恶意,完全是善意的规劝。

这次会我在场,翰伯不在场。如果他在场,他会立刻跳起来反驳的。而我不想说话,因为我一听到这位可敬的同志说"发动"两字,我就明白,在意识形态沼泽里打惯滚,得了"思想敏感症",他理解的思想评论就是发动大批判,就是发动思想改造运动那样的意思。那当然是我们不能为的,我们也决不为。这是常识以下的可笑的命题。不料在座好几位同志(完全与《读书》无关的同志)却对此作出了"热烈的反应"——他们纷纷表示,人只要有思想,就可以去表达,也就是说可以去议论。百家争鸣不正是互相进行思想评论么?权威可以评论,老百姓也可以评论,机关可以评论,个人未尝不可以评论。……这么一来,七嘴八舌说开了,没事了,化解了,阿弥陀佛,不成其为问题了。

摸着石头过河:第一个十年就是这样度过的。尽管有这样那样的折腾,毕竟思想的窄门绽开了。人们看见的是五彩缤纷的世界。啊!原来山外有山,天外有天。古典的,拟古典的,反古典的,现代的,后现代的,超现代的,现实的,超现实的,什么论什么主义什么什么一齐呈现在读书人的眼前。

面对此时此地,放眼大千世界。时代前进了,而《读书》也跟着前进了。此所谓无愧于时代乎?

《读书》是读书人办给读书人看的杂志。读书人是什么?读书人是知识分子。知识分子是什么?有各种各样的答案。近几十年来比较熟知的一种权威答案:知识分子是一根毛、一撮毛,只不过是附在某种皮上的一根毛、一撮毛。这皮,不是人皮,不是兽皮,而是阶级的皮。附在什么阶级呀?——因而有"皮之不存,毛将焉附?"一说。

可怜啊,知识分子!

但也有另外的说法,例如高尔基的说法。这说法见于世界闻名的男低音歌唱家夏利亚宾(三十年代多少人迷醉于他的《伏尔加船夫曲》呀!)的回忆录里。

高尔基给知识分子下的定义有点拗口:

  这是在生命的每一分钟都在准备挺身而出的不惜以生命为代价捍卫真理的人。

高尔基心目中的知识分子有多么高尚的灵魂呵。

捍卫真理,时刻准备着:为真理而作出自我牺牲。

无论怎样自我陶醉，无论怎样爱护这个杂志，谁都不能得出结论说围绕着《读书》的读书人（编者、作者、读者）达到了这样的思想高度。不。绝不。但是创办《读书》的知识分子却不乏这样的想象力，至少有传播真理的勇气。要不，《读书》早就在人的心目中消失了。

我想起了《读书》的发起人陈翰伯。

陈翰伯（1914—1988年）发起办《读书》时，年六十五岁。如果减去史无前例的十年，才五十五岁。

翰伯是个道地的知识分子。他正直，正直到令人吃惊，人说有点戆。他不会奉迎，他坚持他认为对的观念。正直而有胆量。不怕神鬼，不怕偶像。不怕官，不怕管。他只服从真理。他对待别人就如同对待自己。是一个真正的知识分子。在办《读书》以前的漫长岁月里，他编过报，编过书，编过杂志。我与翰伯相处数十年，从未见过他钟情一个杂志像他对待《读书》那样，他把自己的全部生命力都倾注在这个杂志上了。没有翰伯，《读书》是办不成的，即使办成，也早就夭折了。在他生命的最后几年，虽被病魔折磨，但直到最后几天因我去外地与我握别时，还叮嘱我回来立刻商量进一步发展《读书》的设想。可惜，他等不到我回来，竟然先走了，他的发展设想也跟着他消失了。

《读书》起步的第三年，失去了另一位真正的知识分子史枚。

史枚（1914—1981年）也是六十五岁时进入《读书》的，是《读书》最初的执行主编（名义上是副主编）。

他很早就从事革命斗争，坐过两次牢。他的后半生完全献给编辑出版事业。我跟史枚共事多年，在白区和在解放后。跟他共事是很愉快的，同时也是很不愉快的。无论愉快还是不愉快，都是起因于他的执著。他的执著是从追求真理和捍卫真理产生的。我们两人常常争得面红耳赤，不欢而散——但几分钟后，我们又笑嘻嘻地重新开始。他用不紧不慢的声调，为一切他认为是真理的东西争辩，不为名、不为利，不随波逐流，只要他认为必须争辩的，他会没完没了把你缠得要死，直到问题得到适当的解决。他够得上高尔基定义的那种知识分子。

在最初的两年间，是史枚塑造了《读书》的体型和品格；没有他，这个新办的杂志要形成自己的特殊风格，可能需要更长的时间。他以渊博的知识，丰富的办刊经验，以及对我们的事业特有的那种热情和毅力，驾轻就熟地迅速使《读书》成型。他从不知道休息为何物(过去我与他共事时如此,办《读书》时更是如此),他也从不知道畏惧为何物(凡是他认为应当说的,他都直说)。他突患脑溢血时,身边放着的是经过他审阅修改的《读书》下一期的稿子。他死在岗位上,他死在《读书》执行主编的岗位上。现今的读者怕是很少知道史枚这个名字,这倒没有什么,他,史枚,本来就甘心做"无名英雄"。人们可能忘记了史枚这个名字,但他培育的《读书》进入了读书人的心房。而这就够了;对于像史枚这样的无名英雄,这就够了。

十八年前,当史枚离开我们四天后,我写过一篇悼念文章,其中说到我未能完成的一件遗憾事(刊登在《读书》1981年某期),但语焉不详,欲言又止,没有说穿,没有说全。

事情是这样的:他逝去前一个星期,郑重地交给我一封信,让我读后转送上面。我读了信,我决定不转送,因为不仅没效果,而且因为在这之前几天,我已经被委托去"规劝"我们这位天真的知识分子,规劝他不要频频请求为某某人、某某书、某某学派(完全不是为他自己,虽则他也曾受到很不公正的待遇)平反。我没有接受这委托,我根本不认为这需要"规劝"——那时"两个凡是"还很猖獗,自然某些人对史枚的"喋喋多言"有点烦。在他生命最后日子让我转出去的信,是请求为布哈林平反。在那样的气氛下,我不想转信,我不想因此给他再添麻烦,正要跟他说明当时的气氛时,他走了,真遗憾。可是他留给我的是他那为天下事打抱不平的崇高品格。也许史枚的这种品格已渗透在他培植的《读书》中,也许万千读者也感受到了,也许竟被感染了……

人们说,不知为什么许多老学者热心支持《读书》。那有什么奇怪?思想不以年龄划线。去年先后辞世的吕叔湘(1904—1998年)和钱钟书(1910—1998年)都是偏爱《读书》的老学者。他们从头就无微不至地关怀《读书》的成长,而吕老的关心更是非常特别的。

《读书》起步那几年,每一期出版后不久,编辑部便收到吕老寄来的正误表。他读得很细,他义务为我们的杂志做校对员。天下有这样的大学者做校对员么?如果有,那就是《读书》拥有的吕老。有书为证。

某年吕老在给我的一封信中说:

> 昨天写信给沈昌文,指出《读书》里的几个错字(按:何止'几个',其实是一箩筐——引用者),我现在是简直得了错字过敏症

437

了,原想写一篇文章把这股子气泄掉,谁知依然如故,真是不得了!

《读书》起步那几年,报刊书籍中错字多如牛毛,为解放后所未曾有过。也许这就是十年浩劫直接的后遗症。吕老对此深恶痛绝,他用自己不倦的行动,打动《读书》去消灭错别字这种不文明和无教养的象征。

但是这位老学者对《读书》的关注,绝不止此。譬如某一年,他跟几位老学者在《读书》编辑部召开的一个小型座谈会上发言,就语重心长地表达了老一辈学人对引进新思潮的殷切期望。在只有几个人参加的小会上,吕老竟然郑重其事地预先写出详细的提纲。他告诫我们的杂志,凡是介绍或引进者,首先得弄懂这是什么东西。介绍者自己对所介绍的对象还不清楚是什么东西却侃侃而谈,这是一种不负责任的"贩卖"。吕老是从语言学的角度提出规劝的,其实他接触到的是一个本质问题。吕老说,要从我们自己,从杂志的编辑部做起。这次谈话,引起某些人的误解,以为老一辈的学人反对新的思潮。真冤呀。

近来有人说:"历史拒绝怀旧。"然耶否耶?我不知道。但不是说"以史为鉴"么?不讲旧事怎能成史?又怎能看见历史老人走过的曲折道路?我不管历史拒绝不拒绝,写下一段怀旧文字,但愿"上帝"原谅我。

(原载《读书》1999 年第 4 期)

我编《读书》杂志

沈昌文

著名出版家沈昌文

沈昌文(1931—),生于上海。在上海租界工部局所办的学校受中小学教育。1949年至1951年初在上海私立民治新闻专科学校采访系肄业。1951年3月考入人民出版社(北京)工作。从1945年3月至1951年3月,基本上是工读生涯。上学的同时,曾在金店、粮店习艺。1951年至1985年,在人民出版社任校对员,后任秘书、编辑、编辑室主任等。1986年至1995年,任生活·读书·新知三联书店总经理兼《读书》杂志主编。1996年1月退休。主要著作有《楼阁人语》、《书商的旧梦》、《知道》等。

到这篇文章刊出之时,也许可以在熟人之间吹一句牛:我已经整整干了五十年出版。五十年,不是小数了,满够吹吹的。五十年里,有三分之一年头在编《读书》杂志,似乎更可以一吹。因为据说这杂志名满天下,至少是一度名满年轻的知识界。

其实,说五十年,已属夸大。连头搭尾,无非在出版界正正式式干了四十五年。以后五年,已经让你"颐养天年"了,只不过是自己还赖在这行业里插科打诨混日子而已。至于《读书》杂志,尽管在这里担任过什么什么名义,可是第一没赶上创办这杂志时一年光景的最辉煌岁月,第二在大部分时间里都只不过在这里干个兼差,到了最后的几年,有可能一心一意、像模像样地来干一番了,可是裁判员 time-out 的哨音响起来了。

朋友们约我回忆《读书》杂志,当然可以让我满足自己的发表欲,但更重要的,是觉得应当趁这机会把编杂志的真实情况说说。

思想评论杂志

《读书》杂志创刊于1979年4月,实际筹划工作是从1978年底开始的。1978年底,这是中国历史上的重要时刻。八十年代人们艳称的"十一届三中全会",就在这年11月召开。想象得出,这次会议过后,思想界包括出版界的活跃盛况。在这种情况下怎么会产生这么一个杂志,我无法言其详,但有一点是确定无疑的,那就是在当时的思想氛围下,一些屡经沧桑的老人想重新办起一个他们创办过的理想的杂志。我以后在《陈原出版文集》中读到:

"抗日战争胜利后,我回到上海。生活书店把原来一个宣传推广的刊物《读书与出版》改成一个以书籍为中心的思想评论的综合性杂志,一直出到1948年冬,因政治环境恶化而停刊。回头一望,这个杂志在那'黎明前最黑暗的'时刻,起了我们预想不到的作用。"(第464页)

很明显,后来确定的《读书》杂志的宗旨:"以书为中心的思想评论刊物",所来有自。我当时并不很知道这个宗旨的分量,无非是执行而已。有一天,听一位舆论界的领导人在嘟囔:一家出版社,怎么办起思想评论杂志来了,那不已经有了《红旗》吗!这一下,我才恍然有觉,知道自己在干什么。

回头看看创刊当时的组织安排,应当也是大手笔所为。《读书》创办时,是属于国家出版局政策研究室的,机构则放在人民出版社,出版名义是生活·读书·新知三联书店(当时不是独立机构,仅有一名义而已)。的确,这一来,出版界的各路英雄豪杰很大一批集合在一起了。

我不是一个坚定的马克思主义者,也不是坚定的别的什么主义者。等到我不时因为自己没把"思想评论"搞好而到有关机关去做检讨时,心里免不了常常浮起一个念头:干吗还要搞什么"思想评论"呢?咱们不如专门去做些书刊评介得了。在老前辈的主持下,总算没让我退缩。现在来看,前人们为我们创办、设计、坚持了这么一个"思想评论"杂志,它的意义价值,实在不下于我们后来盖造的那座大楼。我敢说,三联书店后来在我主持下,费尽牛劲盖个把大楼也许还算勉强做到了,可是就我个人说,怎么也不会有这魄力和能耐去办出一个"思想评论"杂志来。

"CC 俱乐部"（一）

《读书》的老前辈，列出名单有一大批，细说太繁。这里只先说两位"帅上之帅"——陈翰伯和陈原。

"文化大革命"中，两位都是出版界"黑帮"头头，屡被戴高帽子游斗。特别在反"复辟回潮"时，被认为是出版业"复辟"主将，革命小将们于是将这"二陈"命名为"CC 俱乐部"。应当说小将们看得很准，因为其后，虽然形势丕变，但凡论及改革开放早期出版界种种兴革，都离不开这"二陈"大名，尤其是提到《读书》和人民出版社、商务印书馆。至少就我在《读书》的经历而言，将此 C 与彼 C 合称，信其不诬也。

陈翰伯同我说事，常说的一句话是：我点头你就做，我摇头你甭干。凡事一弄清情况，他马上就 yes or no，绝少拖延不决。但这不是说他没民主作风。《读书》1981 年 4 月号上那篇《两周年告读者》，是他亲自执笔的。此老当时已贵为全国出版行业的最高行政主管，但还是 40 年代办报的那种亲历亲为作风，亲自为报刊写社论。他为写此文，找我谈了不止一次，了解情况，征求意见。后来写出初稿，再让我提意见。我当时为创刊号上那篇题为"读书无禁区"的文章，觉得压力太大，请他关注。他要我仔仔细细地说了情况，于是在文章中加了一大段态度鲜明的支持这篇文章的话。此后十多年，我不时诵习此文，深深觉得自己同前辈相比差距太大。十几年里，我为《读书》执笔的代表编辑部说话的文字可谓多矣，可哪一篇有过如此鲜明的态度！

陈翰伯老人同我讲的另一番话，也是我永远牢记的。

有一次，我为《读书》写了一点什么文字，拿去给陈老看。他看后找我去，郑重其事地对我说：沈昌文，你以后写东西能不能永远不要用这种口气：说读者"应当"如何如何。你知道，我们同读者是平等的，没权利教训读者"应当"做什么不"应当"做什么。你如果要在《读书》工作，请你以后永远不要对读者用"应当"这类字眼。

我以前多次听此老发挥过永远不要把《读书》办成机关刊物的宏论，说实话，听后并没有太在意。这次此老一发挥，听了以后，从根本上改变了自己的业务观念。到《读书》前,我已有近三十年的编辑出版工龄,可算已是老于"编辑"此道了。但是可怜见的,到了这时,我才懂得编辑对读者的正确态度应当如何。《读书》以后的许多做法,都是在陈翰老这番谈话的影响下产生出来的。

"CC俱乐部"(二)

另一个"C",即陈原先生。此公同我较熟。1954年,我在人民出版社当校对,忽被奉派到总编室给总编辑们当秘书。当时陈原先生是领导成员之一,我就坐在他对面。如是者三几年,日日受他熏陶。可以说,这几年是我一生的出版学徒生涯中收获最多的一段,我称它为我的"研究生阶段"。照这种说法,陈先生当然是我的"研究生导师"了。

陈原先生在《读书》提出种种纲领、主张,最后还要审定重要稿件。他为人温和,不如翰伯先生的峻急。但在关键问题上也绝不妥协。记得有一位著名的诗人和翻译家,写了感时的旧诗在《读书》上发表。某日我们忽然收到署名"某某办公室"的来信,并附一文,批评说是这些诗反党反社会主义云云。这文章发不发?《读书》众帅反复讨论,最后,陈原老一句名言,获得大家首肯:"《读书》的性格,应当是容许发表各种不同意见,但不容许打棍子。"此文经各人反复阅读,认为不是争鸣,而是"棍子",乃退。

《读书》的性格,经过这件大事,我们这些后辈又更加清楚一些。

说到这里,还需要特别提一下作为老共产党员的这两位CC的一个教导,这更是对我整个编辑生涯产生重大作用的。大家知道,办刊物时常要受命"回顾"或"检讨"。黎澍同志生前一次即向我十分感慨地说,刊物这玩意,白纸印上黑字,多久以后即使再情移势转,人家也可以根据你当时的文章同你算账。我在《读书》,一个任务就是专门应付这种"回顾"。其时当然紧张万分,乃至惊慌失措,上海人的坏脾气"投五投六"至此毕露无遗。这时两位老人总是劝我定下心来好好学习新近的党的十几大文选,以及邓小平同志的有关文章。他们的想法很干脆:任何临时举措都是这些文件管着的。你学后觉得自己所做大关节不错,没有违悖以上文件的大精神,便不必慌乱。若不是两老常让我吃这种"定心丸",我那时不知会走到什么错路上去,到了今天七十岁就不能这么悠闲地回忆往事了。

"哪壶不开提哪壶"

《读书》创办初期,事情也真好做。我们觉得哪里有文章可写,组织几个朋友写文章"冲"一下,似乎就能赢得一大批读者。当时的"社会效益",至少在我个人理解,指的就是"冲决罗网"。当然也有界线,比如顾准的文章,尽管极为欣赏,当时只发表了一些(应当说顾文是《读书》杂志首先在国内发表的),但有的就不敢发。

如是冲法,不久就有报应。社会上一桩桩大事出来,要传媒检讨过去。我是奉命代表杂志社同上面对话的。我自小当过秘书,同上面对话这套活路还擅长,总之是不抗命就是。多半是运气使然,居然每次检讨还都过去。每次同我一起开会的商务印书馆的一位领导以后同我说过,想不到你运气那么好,每当要议论你们的事,总是有别的大事把上面的注意力岔开去了。

但做事不能只靠运气。以后咋办?去请教管事的朋友。一位官场上的老朋友点拨我说:你们的问题很清楚,是"哪壶不开提哪壶"。回来细想,这话对极了。我们原来的思路,多半是看哪里有事儿会热,或已经在热,赶紧去凑把火。我们又不是新闻杂志(那时说实话也没那么多的新闻杂志),干这干吗?

打这以后,决心避开热点。首先要有信心,究竟当前是改革开放的大形势,路数尽多,何必拘于一点二点。许多问题看来很冷,你可以去把它们烧热,热到了大家都来关注的时候,赶紧抽身。记得某年是"文革"多少周年,不少同行在准备大制作。我们根据"避热"的设想,把同"文革"有关的文章,在3月份前全都发完。到有关指示下来,我们已经两手空空,欢欢喜喜地同大家一起遵命行事了。听说有少数同行,因未见及这点而遭"灭门"之祸。

说这么些故事,似乎在张扬自己的乖巧机智。其实,归根结蒂说来,即使乖巧,究竟并不是行事的基本。《读书》编辑部内,更不用说编辑部外,有不少耿直的朋友,他们在十几二十年里为《读书》作了贡献而最后却做了"焦大"。我相信,这些"焦大"绝对比我辈更关心中国的进步。

史 老

谈起"焦大",我眼前会浮现出一个热诚的朋友的影子——史枚先生。

史老是《读书》创办时的执行副主编。他是三联书店的老前辈,又是革命工作的老长辈,据说他在三四十年代担任过上海共产党组织的什么什么领导,直至被捕。1957年此公受厄,情形也十分戏剧化。当时他对支部一些事有意见,写大字报提出,进而又条分缕析,越说越带劲,到了"反击"开始,他还兀自不休,坚持自己的看法,终归覆灭。在这前后,我们就在一个屋子里工作,天天听他议论,不敢接口,只是暗中奇怪他的执拗。

干校期间,我同史老又在一个班排劳动,在当时生活极其困难的条件下,他又是一个大名鼎鼎的"老右派",却每天都站着读马列著作(主要是《反杜林论》)个把小时。为什么要"站读马列"(完全没有人强迫他),我请教过他。他说习惯如此。此外,此公不苟言笑。闲书似乎只读《诗经》,又再读些、写些经济学方面的东西。

我进《读书》,有一部分原因可能是冲着他。因为以此老的固执,很难找到彼此知心的下手。我也许勉强可算上一个。我在未进《读书》时即同他闲谈过这刊物,也听到一些传闻。据说创刊号那篇极为叫座的头条文章《读书无禁区》,原来标题是《读书也要破除禁区》,他改为如此。这一改,使我以后每次都要在向上面检讨工作时用好多口舌说明读书毕竟还是要禁区,此文的标题只是"文学笔法"而已。我知道,我的解释史老不会同意,但在我而言,固亦不得不尔,此"焦大"与"焦二"的区别所在乎?

史老编杂志,不主张改动作者文章,遇有同作者不同观点时,写编者按语交代。这种"君子坦荡荡"的作风,显然不大适合实际情形。我佩服他,而又不得不婉言相劝,企图改正他。到无奈时,他愤然掷稿而去,说:"随你们办!"我知道他不会太生我气,也就妄自行之了。

到了1984年,出事了。那时社会上来了什么大事,史老据说给上面什么人写了信,内容当然又是不识时务的。以后传闻挨了批。所有这些,我都不知详情,因为辈分太低,不必与闻。某日下午,史老找我闲谈,情绪激动,对时事讲了许多个人看法,说时往往前言不搭后语,词意不甚连贯,要不是我在事先已有一些"小道消息",准保听不懂他在说什么。我毕竟不更事,没有看出他的这种异常的严重性,只是保持平时习惯,"执弟子之礼甚恭",洗耳恭听,间或劝慰一两句空话。他谈了几十分钟,愤然回家。

哪知就在当天晚上,出了大事。第二天凌晨,史老家里来电话,说老人家当晚脑溢血,早上已送医院。我赶到医院,史老已经人事不省。没多久,溘然长逝了!

"《读书》服务日"

既不便直抒胸臆而又要办"思想评论",我们这些人水平又低,怎么办?大约就在史枚同志去世前后,我们想出一个办法:多向社会请教。

其实《读书》开办之初,老领导就十分注意向社会请教。据说陈翰伯老人等亲自带董秀玉等同事在北京和去外地求教。我去《读书》后,觉得这是一个好办法,但当时没有经常做,还没制度化。起先也凑热闹办过一些"沙龙"、"俱乐部"之类,但依我多年在"阶级斗争"风浪中的熏染,觉得这些名义都不保险,每次这类集会都好像在做地下活动。例如"俱乐部",依我这年龄,一听见这词,想起的就是那年头被批过的"裴多菲俱乐部",这如何可以搞得?正在无奈间,某日看到电视机厂在搞"售后服务",忽然悟到,我们的"衣食父母",无论作者、读者,都是顾客。彼可"售后服务",我辈文化人岂不可乎?因为某年某月,正式打起"《读书》服务日"招牌,像像样样,大大方方地干起来了。

"《读书》服务日"每月至少一次,租个咖啡馆,摆上十来张桌子,请我们的作者、读者随意坐下,随便喝咖啡聊天,我和几位同事周旋其间,借机了解信息,讨教主意。有一些常客,每月必来,譬如王蒙先生,对我们帮助尤多。我们强调此类集会没有主题,不拘形式,甚至有时分不清来的是谁。偶尔开过一两次有主题的座谈会,后来觉得,终不若这种散漫的形式更有收获。因为是"售后服务",商业操作,心中了无牵挂,不必临深履薄,所以容易办下去。有时也有洋人驾到,我们只譬如是他们来采购东西的顾客,同样接待,心中并无"里通外国"的畏惧。更有甚者,有的企业家兼文化人光临,谈得高兴,临行掏出支票,说今日全由他付账,我们也觉得却之不恭,受之不愧。记得那位牟其中先生,当其未最发迹和未最倒霉时,即常有此种豪举。

"服务日"过后,够我们编辑部消化好长一段时间。大家兜情况,想选题,深入组稿,所有这些这时都有了动力。我们编辑部里面,小猫三只、四只,不靠社会力量,焉克臻此。好在编辑部里边实际办事的人包括我在内都是"小文化人",胸无成竹,事无定见,学无定说,不受一宗一派拘束,更无一恩一怨羁绊,因而接受大文化人的种种指教窒碍甚少,关系容易融洽。我以后常说,我们的这种方式,可称"谈情说爱",办法是同各色各样的作者、读者交流思想感情,目的是从他们那里汲取知识资源。而所有这些,说得难听,实际上还是一种对知识资源的"贪污盗窃",只不过彼此都心甘情愿而已。

思想性和可读性

《读书》局面一打开,便面临一个思想性同学术性的矛盾问题。这是时时困扰我们的一个难题,必须把它解决好。

搞思想评论,不得不求助于学问家。因为有了学术底子,思想评论方有深度。有时限于语言环境,更不能不多关涉些学术。但是《读书》究竟不是学术刊物,"学术"这个差使我们没法全都包下来。要同"学术"挂钩,而又不能专门谈学术,难矣!

八十年代是个新见迭出、佳作纷陈的时代。不管你谈不谈专门的学术,一个无可避免的问题是:新、奇、怪。这三个字当年出诸刘心武先生之口,标明有识之士对这个问题的重视。但这样一来,矛盾又来了。简单说,就是不少人觉得新、奇、怪的文章看不懂。当时吴甲丰老人的反应最厉害。他举了"机制"一词同我们再三讨论,认为太洋气。他当然精于洋文,也完全知道 mechanism 这词儿,可就是不习惯"机制"这劳什子。另一方面,《读书》周围年轻朋友越来越多,他们再三提出,过去一辈学人思路旧了思维方式太老,要通过《读书》去改造他们。所有这些,对《读书》都是个严重挑战。乃至在编辑部,有时分歧也很厉害。

我们开了些座谈会,听取意见,就我个人说,会上吕叔湘老人的话最让我心折。他说:

"《读书》有《读书》的风格,这就不容易。很多杂志没有自己的风格。什么是《读书》的风格？正面说不好，可以从反面说，就是'不庸俗'……可是'不庸俗'要自然形成，不可立意求'不庸俗'。那样就会矜持，就会刻意求工、求高、求深，就会流于晦涩。"

"编《读书》这样的刊物，要脑子里有一个 general reader（翻成'一般读者'有点词不达意，应是'有相当文化修养的一般读者'）。要坚守两条原则：（1）不把料器当玉器，更不能把鱼眼睛当珠子；（2）不拿十亿人的共同语言开玩笑。否则就会走上'同人刊物'的路子。同人刊物也要，一家之言嘛。但是不能代替为'一般读者'服务的刊物。而况《读书》已经取得这样的地位。"

打这以后，编辑部再三磨合，大体上有这么些共识：必须鼓励新见，更要发掘新见，但无论新见旧识，着眼点都首先是是否能在思想上促进中国的现代化，而不是其他。其次，《读书》不是学术性杂志，文章可读与否，是它的生命线。它是知识分子的高级休闲刊物，应当可供他们"卧读"，而不是同人的学术学志。我甚至还这么说过，在这新潮迭出、佳见纷陈的年代，也许我们要修改一下"内容决定形式"这一老规矩。对当前《读书》来说，来稿如此丰富，因此选稿标准在不少情况下也许是"形式决定内容"。把形式上的可读放在第一位，是此时此地吸引读者的重要办法。这话学者们听了当然不以为然，但在我辈文化商人说则可能是必要的！

得道多助

办成《读书》，不只靠知识界有名、无名人物，当然也要靠官场，即领导。我在上面似乎只讲上峰对我们的要求，而未及对我辈呵护的一面。这显然不够全面。

一个思想评论杂志能坚持二十来年，没有上面的宽容是难办到的。这里举一两件事。

我记得，1983 年中，社会上有些大事，什么什么地方一讨论，有地位很高的人觉得《读书》问题不少，甚至连它的存在似乎都成了问题，至少要改变性质，不再"思想评论"，而成为纯粹的书评刊物。大伙儿为这愁得不得了。

1983 年夏天的时候，要我去开一个会，说是传达胡乔木 1983 年 7 月 29

日在全国通俗政治理论读物评奖大会上的讲话。很奇怪,乔公开讲未久,忽而讲到了同通俗政治理论读物似乎关系不大的《读书》杂志。他指出这个刊物"编得不错,我也喜欢看"。《读书》存在的问题,主要是"不够名副其实",没有"满足广大读者更多方面的需要"。接着又说:"《读书》月刊已经形成了它的固定的风格了,它有自己的读者范围,可能不宜改变或至少不宜做大的改变。"他希望仍然把《读书》杂志办下去而另外办一个刊物,来满足另一些需要。看来,乔公已经知道有一种声音要停办或对它作"大的改变",而他显然并不支持这意见。听到这里,我简直跳起来——喔!这不解放了吗?

原先以为,"淘气"一场,闯了大祸,现在如此结局,简直喜出望外。

类似的"引导",还有一次,过程也许更加曲折。

1987年某日,忽然收到"胡办"送来一信,其中有乔公写给我和董秀玉女士的亲笔信(秀玉女士当时大概还在香港工作,但她是一直担负《读书》的领导工作的)。我虽然在出版界混迹多年,到这时为止,却从未同部长以上的高干打过交道,更不会有高干知道我的名字。乔公在信中很客气地说,要给《读书》投一稿,是他为自己的新诗集《人比月光更美丽》写的后记,"如何是好,诸希裁夺",云云。此信看后大惊,因为我在上面说过,此前若干时候,亦有"某办"来信,批评我们的文章反党反社会主义云云,此"办"虽非那"办",但是都是径直向下级来信,如是所为者何?请教了一下朋友,说看来这只是投稿,并无别故,敬请放心。于是我们复信表示欢迎,并对稿子提了一些意见。乔公全部采纳我们的意见,并说:"来信对一个投稿人的礼貌用语似越常规,以后希望平等相待,此不特没有平等就没有民主,彼此说话亦有许多不方便也。"

某日又到上面汇报工作之时,顺及此事,并表明乔公对《读书》十分关怀,着实张扬了一下。不知是不是我个人神经过敏,似乎从此清风霁月,《读书》杂志欣然过关,没有人再嚷嚷《读书》不听话了。我至今不知,乔公亲自作书投稿,是不是亦属对下属扶持或引导,但它确实起了这种作用。我居于底层,不明上峰情形,于乔公更是素昧平生,从未谋得一面,所以此举必无我个人的"人情"在内。想必乔公也是爱读《读书》的,所以偶加呵护。不论如何,故事两则,姑记于此,详细情形容史家另行研究考证去吧。

(选自《书摘》2004年第2期)

与《读书》结缘

陈平原

著名学者陈平原

陈平原(1954—），广东潮州人，文学博士，北京大学中文系教授及系主任、教育部"长江学者"特聘教授、香港中文大学讲座教授、中国民俗文学学会会长。

近年关注的课题，包括20世纪中国文学、中国小说与中国散文、现代中国教育及学术、图像与文字等。曾被国家教委和国务院学位委员会评为"作出突出贡献的中国博士学位获得者"（1991）；获全国高校第一、第二、第三届人文社会科学研究优秀著作奖（1995，1998，2003），第一、第二届王瑶学术奖优秀论文一等奖(2002，2006)，北京市第九届哲学社会科学优秀成果奖一等奖(2006)，第三届全国教育科学研究优秀成果奖二等奖(2006)，高等学校科学研究优秀成果奖（人文社会科学）一等奖(2009)等。先后出版《中国小说叙事模式的转变》、《千古文人侠客梦》、《中国现代学术之建立》等著作共三十种。另外，出于学术民间化的追求，1991—2000年与友人合作主编人文集刊《学人》；2001年起主编学术集刊《现代中国》。

结缘《读书》，对我来说是个非同寻常的"历史事件"，因其深刻影响了我此后的学术生涯。

若不是为了写作本文而略做盘点，绝对想象不到，十五年间，我竟然在《读书》上发表了三十七篇文章！未曾开设专栏，也并非高产作家，竟有如此骄人的业绩，实在出乎我的意料。《读书》有许多雷打不动的名家，我还挤不进这支"铁军"；不过，就个人而言，还没在别的杂志上发表过如此数量的文章。更何况,我的三次学术转折,都与《读书》杂志密不可分。

一九八四年秋天,我北上求学,那时《读书》已经创办五年,基本形成自己的风格,但还说不上"名满天下"。因朋友的介绍,第一次到朝内大街参加《读书》的聚会,印象极佳。编辑见了新老作者,按照通例,都是笑脸相迎——即使对你不太感冒。《读书》的几位女将,却是不冷不热、不卑不亢,一见面就单刀直入,叮嘱"以后多为我们写稿"。一副"自家人不必客气"的样子,让你感觉挺受用的。

让你多多写稿,但没承诺为你多多发稿,这一招进退自如,妙不可言。有很多作者因此而"上当受骗":冲着那坦诚的目光与可掬的笑容,稿子源源不断地飞去,又源源不断地归来。据我所知,《读书》的退稿率,在国内杂志中绝对名列前茅。不只退年轻人的"习作",而且退大专家的"宏文"。如此"胆大妄为",竟没有引起公愤,诀窍在于其善于使用挡箭牌:"文体特殊"。

我曾妄加揣测,《读书》的办刊方针,思想上追摩的是《新青年》,文体上神往的则是《语丝》。关于"语丝文体",鲁迅概括为"任意而谈,无所顾忌",周作人则称是"古今并谈,庄谐杂出"。这种以知性为主,而又强调笔墨情趣的"学者之文",半个世纪后,由于《读书》的出现,而被发扬光大:以学识为根基,以阅历、心境为两翼,再配上适宜的文笔,迹浅而意深,言近而旨远。故作者之进入《读书》,不只需要"思想"的共鸣,更包括"文体"的磨合。

我很幸运,因一特殊机缘,未经"艰辛的磨合",便顺利地挤进了《读书》的作者队伍。这很大程度得归功于《读书》诸君"千金买马骨"的诚意。

记得是一九八五年的初夏,照样是在朝内大街那幢老灰楼,《读书》召开座谈会,表示其介入当代中国学术思潮的意向。那时,钱理群、黄子平和我合作撰写的《论"二十世纪中国文学"》才刚刚完稿(后刊《文学评论》一九八五年第五期)。文章尚未面世,但其主旨及基本思路,已在年初的中国现代文学创新座谈会上口头表述过,承热心人代为"广而告之",在学界已略有知闻。如此"好苗头",岂能瞒过素以敏感著称的《读书》?会议期间,编辑董君出面邀请我们变换语调再写一篇,理由是:《读书》并非专业刊物,承担沟通学界与大众的桥梁,故不避"重复建设"。开始不敢答应,怕有自己抄袭自己的嫌疑。可人家说得很诚恳:希望以此为突破口,介入学界的论争。如此雅兴,不能不奉陪。三人略一商议,定了个以"对话"为"著述"的策略——那时我们正对各种文体实验大感兴趣,一心想改变学界苍白干瘪的面孔。

开口前,还担心被斥为"没正经";可话没说完,对方已经拍手叫好,说这正是《读书》的路!

于是,有了在《读书》上连载六期的《"二十世纪中国文学"三人谈》(一九八五年十期至一九八六年三期)。这组文章影响之大,出乎我们自己的想象。直到今天,还不断有人向我提起当年阅读这组文章时的激动心情。对于如此不虞之誉,我的解释是:论题的重要性与文体的吸引力,各居其半。

"二十世纪中国文学"这一命题,已经进入历史,其是非功过,留待史家去评说。我想说的,是"三人谈"的文体实验。当初之所以引起轰动,与此大有干系。看惯了正襟危坐的高头讲章,突然间有人在那里天马行空般"畅谈学问",而且落实为白纸黑字,感觉很新奇。从那时起,一直到今天,不时有好奇的读者追问"三人谈"的文体归属:到底是"虚构",还是"实录"?这话不容易回答,只好将"创作过程"从实招来。

关于"三人谈"的文体,最初的设计是:一展现过程,二保留差异,三还原现场。从事学术研究的人,即便才华洋溢,在"豁然开朗"之前,总会有"茫无头绪"的时候。可一旦落笔为文,呈现在读者面前的,必定是严整有序、逻辑严密。至于摸索过程中必不可少的"歧路"、稍纵即逝的"火花"、极力回避的"陷阱",一般都被压在纸背,不为外人所知。告诉读者我们是怎么走过来的,并非希望"金针度人",而是让人家理解你的思路的形成,同时便于重复检验。当然,还有另一种可能性,即那些被你舍弃的"火花",比你极力保留并大加阐发的,更有价值。若如是,则希望高人点拨,免得"捡了芝麻丢了西瓜"。

再好的合作伙伴,意见也会有分歧。三个性格学识均有差异的学者,凑在一起从事一项共同的事业,只能"求大同存小异"。可"小异"并非都可忽略不计,或许正蕴涵着某种只可意会而难以言传的玄机。合作写专论,意见必须一致;"三人谈"则不妨放开,各说各的。当然,常在一起磋商,大的思路比较接近;可仔细阅读,三人的面貌还是相当清晰。这一点,文章刚一发表,就引起细心读者的关注。故意暴露我们在具体学术观点上的差异,目的是使这一"对话"呈现开放的状态,以便吸纳更多学者的参与。

以上两点,想通了,做起来并不困难,困难的是第三点:已经永远消逝的"现场",可不是那么容易"还原"的。依靠录音机,完全照抄现场对话,必定杂乱不堪——朋友间聊天,谁能够、或者说谁愿意"出口成章"?可要是全靠事后编排,必定成了论文的"集锦",不只最为精彩的"现场发挥"不见了,还会造成"前言不搭后语"的怪毛病。又要真实,又要可读,鱼与熊掌难以兼得,只好折中解决。先就某一题目各自准备,免得过于跑野马;事后根据录音整理对话时,删去过于枝蔓的地方,并补充若干当时记不周全的材料。三人中,子平对文体最为敏感,坚持借括号中的"笑"、"大笑"等形体语言,保留对话的节奏与氛围。

"三人谈"发表后,获得广泛的好评。于是,我们将其与《论"二十世纪中国文学"》等合刊,交人民文学出版社出版。在这本小书的《写在前面》中,我们专门讨论了作为一种文学批评方式的"对话"的意义。

思想从来都不是一种自言自语——智慧的火花只有在撞击中才会迸放出来。古往今来,不知有多少新鲜的见解、大胆的假设以至神妙的隽语,是在对话中产生的。书信往来,文章商榷,都不若直接的对话来得带劲。在直接的对话中,你领略到思考的乐趣、口语的魅力和一种"现场气氛"。对话者常常会因冷不丁蹦出的几句隽语或"打通"了某个难题的关节而激动起来。这里没有任何防御的壁垒,对话者乐于"赤膊上阵",紧张地开动脑筋,应付各种突如其来的提问,捕捉种种转瞬即逝的思绪。学术性或半学术性的对话,一点儿也不轻松,尽管没有任何外在的压力。"柳暗花明"时固然欣喜欲狂,"山重水复"处更有魅力。论证、说明、释疑、反驳,在对话中悄悄地拓展自己的理论设想。是围绕学术问题的讨论,更是一种智力游戏和精神散步。

……中国古代文人据说曾经"清谈误国",然而从那种品评诗文、月旦人物的方式之中,也不是没有一点可取之处。有时直截了当,寸铁杀人;有时举重若轻,画龙点睛。有风度、有情韵,千载之下,仍能想见当时的倜傥潇洒、挥斥方遒。唇枪舌剑也好,睿智幽默也好,对话必须成为一门"艺术"。聊天容易,真正聊得有"神",就很难。我们常常觉得,在"神聊"中,"神"比"聊"本身还要重要。尽管聊的是学术,也仍然可能"神采飞扬"。

当然明白将"学术聊天"整理成文发表的危险,首先是"鸡零狗碎"(此乃当年一位机智的读者的批评),其次还可能"卑之无甚高论"(对比经过刻意修饰的论文,这点尤其明显)。但依然冒险前行,而且获得成功,很大程度是读者认可我们的设想:"我们渴望见到更多的未加过分整理的'学术对话录'的问世,使一些述而不作者的研究成果社会化,使一些'创造性的碎片'得以脱颖而出,并养成一种在对话中善于完善、修正、更新自己的理论构想

452

的风气。"

正事说过了,还得交代两件趣闻。首先,是关于"三人谈"的署名问题。"三驾马车"中,我年龄最小、学识最浅,为何六篇对话,都以我打头?开始是偶然,而后是老钱的提携后进。万事开头难,"三人谈"的第一则《缘起》,是由子平整理的——因谈话录音后,我和老钱就到西北开会去了。子平兄冥思苦想,希望在不违背"实录"原则的前提下,找到一个响亮的开头。最后选中我掉书袋的一段话。于是,顺理成章,第一次的"三人谈"便由我打头。第二篇是由我整理的,考虑到最早提出"二十世纪中国文学"的构想、具体阐发时主意最多的,是老钱,署名因而按钱、黄、陈排列。可老钱审阅文章时,又将署名顺序改回来,说是为了"打破论资排辈的陋习",同时也便于编辑和读者记忆。

也不能说我在"三人谈"的撰写中没有"特殊贡献",起码每月一次的送稿,就是由我独力承担的。开专栏必须准时交稿,可每次都手忙脚乱,最后时刻才完工。于是,我骑上自行车(那时乘出租车尚属奢侈),兴冲冲地送稿去了。从北大骑到朝内大街《读书》编辑部,紧赶慢赶,大概需要一小时十分钟。有一回,路遇多年未见的老朋友,人家想跟我多聊几句,可碍于下班时间快到,只好匆匆道别。事后一直追悔莫及,要是另约时间再谈就好了,人家看我无心恋战的样子,以为故意推脱,再也不与我联系了。

第二次在《读书》上集中发文章,是在一九九二年。这组"学术史研究随想"共六则,其中《学者的人间情怀》因某种原因被压下来,第二年才得以问世。这组文章,是根据我在北大开设"中国现代学术史"专题课的导言和结语改写的,其基本思路是借反省百年中国学术,为眼下的突围寻找方向与策略。由于是从讲稿改编而成,残留一些居高临下的口气,敏感的读者会感觉不太舒服,曾有朋友当面向我表示"抗议"。实在抱歉,本意是师生一起直面困境,上下求索,没想到转身板书时,"狐狸尾巴"还是露了出来——这大概可部分归咎于那垫高了的讲台,弄得师生之间很难有真正平等的对话。

九十年代的前三个春天,对于中国学界来说,实在过于阴冷。尤其在北大,"悲凉之雾,遍被华林",受到严重挫伤的学生们,颇有废书长叹,就此"金盆洗手"的。作为教师,眼看那么多昔日的好学生一脸茫然地闲逛,或一头扎进"托福",心里真不是滋味。可是,"一脸茫然"的远不只是入世未深的青年学生,我之所以剖析章太炎"自立门户与径行独往"的学术风格,标榜

"学者的人间情怀",谈论"独上高楼"与"超越规则",何尝不是在苦苦挣扎?

"时代思潮"云云,不好信口开河。至于我自己,九十年代之所以转治学术史,有学术发展的内在理路(一九八八年起即追随先师王瑶先生承接"中国文学研究现代化进程"课题),但突然的政治变故,更是重要的触媒与动力。与个人气质与志向有关,本就不是什么"政治人物",所谓"议政"不成转而"论学"的概括,对我并不适用。但大谈"学术史",确实是蕴涵着对于读书人安身立命的思考。没有现实的刺激,不会如此果断地搁下正在兴头上的小说史研究,也不会有如此强烈的"切肤之痛"以及由此派生的"体贴入微"。

表面上,关注的主要是晚清与"五四"两代学人,但问题意识的形成,受制于当下寻求突围的思考。对比同时期我发在《读书》和《学人》的文章,前者的"现实感"几乎不加掩饰。从专业角度看,这组文章没有惊人之论,具体观点甚至招来某些高人的非议;可立说的姿态,尤其是文章中难以明言的"那一股气"(并非"凛然正气",也不是"灰心丧气",更接近读书人平日所说的"骨气"与"傲气"),令许多年轻学生大为感动——这可是大学以外的专家们很难料想到的。

迄今为止,《学者的人间情怀》是我的文章中被引用及转载次数最多的。引用有"正面"、"反面"之分,转载也有"精选"、"史料"之别,但不管别人怎么看,我对这则非专业的短文颇为偏爱。不在于文章是否精彩,而是因其真实地记录了我在大转折年代的脚步。不管你持何种观点,九十年代初中国读书人的精神走向,都是必须认真对待的"历史"。若干年后,生活在另一天地的"新锐",很可能对我辈踉跄的脚步大不以为然;可我不想掩饰自己(大而言之,则是"这一代")窘迫的思想困境与拙劣的突围策略,为的是见证这"伟大的时代"。

从在乱世中寻求安身立命的初始动机,到将"学术史"作为一个重要的研究课题,这一转变,在我,是在一九九一年初春完成的。一年后,我正式在北大开讲"中国现代学术史"。不用说,课讲得不算好,因准备很不充分,可同学们(包括许多进修教师)反应非常强烈。第三教学楼容纳百人的大教室,常常座无虚席。说实话,我很感动,没有他们的鼓励与支持,这课能否按原计划讲完都成问题。等到邓小平南巡讲话传达下来,北大的舆论环境开始宽松,我和我的学生们方才喘过气来。

《读书》杂志面向全国,不会将自己与一所大学的师生的精神状态捆绑在一起。可我相信,类似的情况,其他学校也都存在。这也是我这组学术性不太强的文章,在高校的反映远较社会为好的原因。

第三回大量占用《读书》的宝贵篇幅,是一九九七至九八年的"老北大的故事"。这次是七则,可头两篇是一分为二构成的——可见,仍是"六六大顺"。知道《读书》稿挤,原本不好意思过多打扰,没想到最后还是做了"回头客",似乎真的"姻缘前定"。

写完《北大旧事》的"前言",说实话,颇为得意。于是,送给京城里一家常来约稿的大刊物。不久,责任编辑一脸尴尬地找我商量:能否删去"紧挨着皇宫的大学"一节,因其提及老北大学生"闹学潮"。责编是北大毕业生,当然明白这一节的意义,也曾据理力争,可主编的态度异常坚决,说是为了顾全大局,文章中无论如何不能出现"学潮"二字——不管是谈历史还是说现实。我当然不会如此委屈自己。稿子要回来了,翻开折叠的那一页,真的吓了一跳。以下引录的这段话,画了两道粗大的红杠,还连打了三个惊叹号:

> 不满足于寻求新知,更愿意关心天下兴亡,这一自我定位,使得"闹学潮"成为北大的一大景观。很难想象,没有学潮的北大,能否在中国现代史上占据如此重要的位置。作为一所大学,北大固然以培养了大批成就卓著的专家学者而骄傲,可北大影响之所以超越教育界,则在于其高举"民主"与"科学"的大旗。而在某个特定的时期,"闹学潮"几乎成为"争民主"的同义词。

任凭我推敲再三,还是看不出这几句大白话有何违碍之处。谈的是北大的历史,而且是从晚清、"五四"一直理下来,不谈"学潮"那才怪。可这位严格把关的主编,还是决定"忍痛割爱"——这话是他请责编转达的,我相信并非虚情假意。

这时候,《读书》的胆识与胸怀,自然显示出来。我主动说明文章被拒的原委,希望他们从严审查,免得留下后患。责编吴女士与我一样愚钝,看不出有什么不轨图谋,于是大笔一挥,将文章裁为两截,其他的只字未改。据我有限的消息来源,直到今天,还没有人就这两则短文的"倾向性"提出批评。

可是，别高兴得太早，另外两则自以为做得很不错的考据文章，倒是确确实实惹了大麻烦。《北京大学：从何说起？》一文，第一次利用《申报》光绪二十四年十二月初六日《学堂纪事》里保存的大学堂总办告示，确认大学堂创立于戊戌年的十一月十八，转换成西历，即一八九八年十二月三十日。将近一个世纪的悬案，一旦揭开，喜不自禁。可后来不少谈论大学堂创立的文章，信口开河，让我大失所望——考据文章，讲求的是史料坚实、论证严密，而不是"政治正确"。在拙文面世后的一年里，报刊上时有关于北大生日的考辨文章发表，只有两位先生使用了那则关键性的"告示"。这其实很可悲。对新资料不敏感，也不希望借鉴已有的研究成果，想当然地发表高见——以此态度考史，实在不敢恭维。

同是考据文章，考大学堂时不受重视，考新北大又太受关照。《北大校庆：为何改期？》发表后，国内外传媒引述发挥的甚多，以至引起某些要人的反感。在我的所有文章中，对于此文的评价，分歧最大，而且产生"实际效果"。在我，其实并无多么高深的"用意"，只是遵循学者寻幽探佚的本心，力图以我所学，去解释一个悬而未决的"故事"。对此文可能产生的震荡，不能说毫无意识；原本以为只要严守史家的界限，点到即止，不做过多阐发，便可避免不必要的冲突。看来还是不行。或许，这题目本就属于禁区，怎么做都可能"添乱"？

考辨"老北大的故事"，并非出于政治讽喻，可也不是纯粹为了好玩。谈"老大学"，当然足有感于近在眼前的"新大学"；至于选择北大作为研究个案，自是因其性格鲜明、身份复杂，可说之处甚多。考证北大校史上若干疑案，只是文章的切入口，我所真正关注的，其实是蕴藏在"故事"背后的思想史线索。熟悉风云变幻的"百年中国"的学者，对我从学术史转入教育史，进而抓住"老北大"大做文章，想必不会有任何惊讶。

倒是"故事"二字，容易引起误解。在《老北大的故事》（江苏文艺出版社，一九九八）一书《小引》中，我对此略有说明：

> 既然着眼点是学术，为何题为"故事"？除了借阐释"故事"展现历史图景这一写作策略外，更希望沟通文与史、雅与俗、专家与大众、论著与随笔。

以我的体会，变化文体的追求，很容易获得《读书》的支持——这也是我将这组文章主要交给《读书》刊发的原因。

从"文学史"到"学术史",再到"教育史",十五年间,我的学术兴趣时有推移;每次转折,《读书》都曾慷慨地提供篇幅,让我留下雪泥鸿爪真是感激不尽。可三回《读书》上的集中表演,既与笔者学术思路的转移相关,也与文体实验不无干系:第一次是"对话",第二次是"演讲",第三次则是"故事"的考辨。

记得《读书》创刊号上有一名文:《读书无禁区》。当年争论不已的口号,如今变成了老生常谈,这大概就是人们常说的"进步"吧。回首二十年的风雨历程,我想狗尾续貂,为《读书》的宗旨再补上一句:学术探索与文体实验,同样也应该"无禁区"。

《读书》二十周年纪念,自有高手为其"回眸"与"展望"。在此等"宏大叙事"旁边,点缀若干"私人叙事",可再次印证"红花也需绿叶扶"的俗语。同时,以叙述个人琐事,来为当代中国最重要的杂志"祝寿",也算一种不太离谱的尝试,而且恰好呼应了本文开头提到的《读书》之"文体特殊"。

一九九九年二月二日于京北西三旗

(原载《读书》1999年第4期)

编者、作者、读者评论(摘编)

在纪念《读书》杂志创刊30周年聚谈会上,《读书》杂志的老主编沈昌文再一次提到《读书》杂志30年来一直延续的这种传统和风格。他说,30年来,尽管有种种缺失和不尽如人意的地方,但是总体说来,还是执行了当年创刊时所确定的意图,无负于改革开放伟大时代赋予的使命。他至今还清楚地记得陈翰伯亲自写了"两周年告读者"的文章,重申《读书》是以书为中心的文化思想评论刊物,《读书》杂志应该具备四种性格,第一解放思想,第二平等待人,第三提供知识,第四文风可喜。《读书》杂志应该提倡四种风气,读书之风、思考之风、探讨之风、平等之风。

(摘自朱侠《〈读书〉30年当代知识分子的心灵史》,2009年5月15日,《中国新闻出版报》)

《读书》是改革开放的先行者,它一开始所倡导的"读书无禁区",至今仍是我读书的宗旨。"读书无禁区"不仅仅是指读书,应该包括学术和思想。任何一次历史变革的先声都是思想解放。只有冲破传统思想的束缚,才有一个崭新的世界。不设禁区地读了许多书才知道什么是先进,什么是落后,什么是文明,什么是野蛮,也才知道什么是人间正道……

"读书无禁区",但应该择优,优的标准不是名气、炒作或其他,而是苦心研究出的成果……《读书》的风格是名副其实的百家争鸣、百花齐放,而不是百家实际只剩一家,百花实际只有一朵。《读书》推出的是真正称得上"家"和"花"的。

(摘自梁小民《我与〈读书〉同行》,2004年2月8日《光明日报》)

相关链接

* 李洪林.读书无禁区[J].读书,1979(1).
* 《读书》编辑部.两周年告读者[J].读书,1981(2).
* 金克木.《读书》三年[J].读书,1983(1).
* 叶圣陶.《读书》创刊五周年随笔[J].读书,1984(4).
* 王土.《读书》:一份常常引起争议的刊物[J].今日中国(中文版),1987(2).
* 刘子枫.《〈读书〉与读书人的变迁》——写在《读书》刊行十五年之际[J].读书,1994(12).

《当代》，一个美好的记忆

孟伟哉

《当代》创刊号封面

50年前，共和国开国大典之际，我是解放军一个连队的宣传员，驻扎于陕西宝鸡蔡家坡附近一个似乎叫"五龙坡"的村庄。这村庄的名字，同时也是陇海线上一个小车站的站名。我们连队所属的大队直属六十军军部，任务是收容我军伤病员、接收新兵、处理被俘之敌军官兵，所以叫"预备大队"。1949年七八月间，我们接受处理了一批国民党军队的俘虏。开国大典那两天，我调到180师宣传队。当我到军政治部接受谈话领取介绍信时，人们正兴奋地议论中央人民政府的人员组成情况，热烈兴奋。我们远在关中秦川，却仿佛身在北京，亲历开国大典之盛况，这大概是听广播看报纸加上自己想象的结果吧!——心向北京。

朝鲜战争爆发后，1950年11月，部队从川西北上，沿1949年进军四川的路线返抵宝鸡，从宝鸡乘火车东行，在河北沧县泊头一带更换武器装备，于1951年3月中下旬进入朝鲜战场。这时我是师政治部宣传科见习干事、《战士生活报》助理编辑。离得那么近，很想看一眼共和国的首都，战情火急军令如山，我们并不遗憾地从北京身旁远去。——保卫祖国，保卫北京。

在战场上，我们有一个理想：胜利后到北京参加凯旋阅兵式，正步走过天安门广场。这个浪漫而壮丽的愿望，鼓舞大家勇敢战斗，流血牺牲。——北京，是共和国的心脏，是战士心中的圣地。

第一次到北京是1956年3月，参加中国作家协会和共青团中央联合召开的全国青年文学创作者会议。那是因为我1953年5月在朝鲜前线负伤致残不宜归队，1954年考入南开大学中文系，发表了最初几个短篇小说，被天津作协推荐才得出席。从未想过这样进京，纯属偶然。

1958年10月,大学毕业,和妻子一同被分配到北京,她去一家新闻单位,我到中国人民大学汉语教研室(后为语言文学系)任教。从这时起成为北京正式居民,一晃42年矣!

最近我想,50年国事天下事,50年家事个人事,50年风风雨雨,50年是是非非,50年喜怒哀乐怨,50年酸甜苦辣咸,怎么说?说什么?经历这五十年岁月的中国人,谁一帆风顺?谁一贯正确?谁一直清醒?谁一直糊涂?说什么?怎么说?50年,人人都是一篇大文章,人人都有千言万语说,记得清吗?说得净吗?即以我在北京40余载计,一半时间生活在阶级斗争和以阶级斗争为纲的状态里,许多事一言难尽,只好暂且略而不赘,暂且舍远求近,说说近二十来年的一两件事,以资纪念。

人们如今视我为作家。但我的迄今总计三四百万言的作品,90%以上写作发表出版于1977年以后,也就是"四人帮"覆灭、中国共产党十一届三中全会之后。若没有对"文化大革命"的否定,没有对"以阶级斗争为纲"的方针路线的纠正,没有改革开放和思想相当的解放,以我的愚笨和惶惑,根本不可能写出两部长篇小说,八九部中篇小说,近百个短篇小说和更多篇散文诗歌文论和评论。

国家的历史掀开了新的一页,个人的历史也有了新的一段。人在时代潮流中。

个人作品的清单不必开了。这里,我想特别讲讲《当代》这份大型文学杂志的诞生。

1973年7月,在宁夏贺兰县中宣部"五七干校"度过四年,我被分配到人民文学出版社当编辑。7月12日回京,13日,大雨滂沱之中,我到人民文学出版社报到,被分在"第三组",受诗人李季和作家葛洛领导。这个组是准备筹备恢复因"文革"停刊了的《人民文学》杂志的,由于"四人帮"不放行,此事胎死腹中。毛泽东准许《诗刊》复刊后,我到《诗刊》工作一年多,仍受主编李季、副主编葛洛领导,任编辑部主任。一次,议论诗歌如何与群众结合、如何发挥更大社会作用时,我建议可以搞搞朗诵会。这是我在部队时的一种体会。在战地,由于器材场地种种限制,宣传队员们常以激情朗诵方式演出,铿锵有力的朗诵,颇为振奋人心。建议得到李季首肯、葛洛赞同,在他们领导下我做更多具体组织工作。比如,李小玢这个报幕员的选定,就很偶然。那时,许多文艺团体瘫痪,人我们不熟,报幕找谁呢?李小雨说她可以推荐一个人,带来的就是某纺织厂员工李小玢。在东四南大街85号出版局二楼一间空房里,由葛洛和我当"考官"。李小玢倒是声音响亮、胆子不小、落落大方,彩排走台似的报了一个开场白,被我们认可,她就算考取了。其实正式演出时,她的白色高跟鞋都是现借的,鞋比脚大。李小玢后来被调入中央级某艺术团体,据说曾享有"中国第一报幕"之美称,成了名。我讲讲这个小掌故和内幕,是想说,她的命运就是这样偶然改变的。这些活动开展起来后,我们和瞿弦和、周正、金乃千、曹灿、曹伯荣、殷之光等一批人成了朋友,这些真正的专家、行家、艺术家,走上了前台。

那一段多次举办的诗歌朗诵演唱会,令我深感以一个刊物的名义搞活动之方便、及时和灵活。

1979年春末,经社长严文井、总编辑韦君宜、党委书记周游、副书记孟奚口头同意,经人民文学出版社党委集体讨论决定,并报请当时的出版局的陈翰伯、王子野诸领导批准,人民文学出版社正式着手创办《当代》杂志。创办这个杂志的建议由我提出,但最后敲定这件事,延续了一年多的时间。

1977年11月,我在红山口军事学院写完《昨天的战争》第二部,结束创作假,回社报到,同时明确职责,领受任务,面见总编韦君宜和现代文学编辑部主任屠岸。诗歌朗诵演唱活动的效应记忆犹存。交谈中明确我仍任现代文学编辑部副主任。我建议社里办一个刊物。当时的设想是办一个兼发作品和评论的刊物,刊名或者就叫《作家与作品》、《作品与评论》,目的是吸引作家,活跃编辑手段,繁荣创作,类似50年代创办《收获》那种意图。我提出我的建议,韦君宜未表态,事情就搁下了。

1978年夏季的一天,在人民文学出版社门口的砖墙上,有人贴出一份油印刊物,刊名《今天》,据说是北岛等人的同人刊物。当时,北京还出现了《四五论坛》等。看了《今天》的内容,我更感到作为国家出版社的人文社应当办一份刊物,而且气魄应该更大,当时脑子里蹦出"当代"二字。为此念头,我又跟韦君宜建议几次,终于,最后一次,她表态了,说:"你去跟文井谈谈,看看他的意思。"

领导人角度不同,摇头点头都不容易。相比之下,提建议的人更自由些。韦君宜一直不曾摇头,但她终于松了口,这是好兆头。

我头一次跟严文井谈,他也谨慎,不摇头也不点头。我建议的条件是,只要你们社长总编仍保留我副主任的职权(当时我说的是"指挥权"),只给我一个助手,不要钱不要办公室,依靠现代部(当时还是较大的部,未分室)大家的力量,这刊物一定办得起来。大约第三次跟严文井谈时,他反复问:"你真有决心?你真有信心?"得到肯定回答后,他说:"那好。我同意。"他又让我再去跟韦君宜谈。

严文井赞同,韦君宜无异议,我又将他们二位的态度报告周游、孟奂。他们说,社长、总编辑同意就可以做决定了。

一天,社党委开会讨论此事,鉴于我是建议人,通知我列席会议陈述理由。口头陈述后还要一份书面报告存档,我在会场当即写出,党委委员们据此形成决议:办。

党委决定后以社的名义书面报告出版局,此报告由我起草韦君宜改定以手抄稿报送。在这份报告上,拟提了两个刊名,一为《当代》,一为《当代文学》。第三天,陈翰伯、王子野那里即先以电话通知韦君宜说同意,并赞成用《当代》这个刊名。韦君宜叫我到她办公室传达了这些,还说,翰伯、子野要这个刊物杂,突出一个杂字,要学吉林省新出的很厚的《社会科学战线》。

这时,我想,差一点儿《当代》这刊名被别家用去。由于在人文社酝酿时间较长,吉林人民出版社在出版《新苑》之前,其编辑赵宝康曾来过北京向我约稿,我曾写信建议他们用《当代》之名,因为在人文社,严文井、韦君宜虽授予我终审权,我只是他们的下属和助手,只有建议权,不知道建议之事终究能否落实。

现在好了,一切程序完备,我便请李景峰、叶冰如协助,积极策划创刊的编辑出版事宜。

请严文井社长为创刊号写一篇文章,意即社论。严文井将他前不久在人文社于友谊宾馆举行的长篇小说创作座谈会上的讲话再加整理拿了出来。请韦君宜总编写发刊词,宣明宗旨。韦君宜以给出版局的报告为基础作了修改,载于刊首,未署名。刘玮正选编台湾短篇小说,提供了两篇作品,我选了白先勇的《永远的尹雪艳》。赵梓雄的话剧《未来在召唤》当时在京演出反响强烈,稿本由曲六乙推荐。等等。

热情化为行动。这些,其实都是在做发稿编辑和责任编辑的工作,并没有什么特别的荣誉和荣耀,只为在思想解放的热潮中,在领导首肯之下做成一件事而高兴。

在创刊号编定之前,我曾两度编出目录,打印出来,分送每位社领导和现代部领导屠岸、李曙光审阅提意见,倒是没有人提出异议。

创刊号编定后,经请示严文井、韦君宜,印刷7万份一销而空。第2期,仍由严文井、韦君宜拍板,印了11万份,供不应求。第3期印了13万份,每期递增,最高时达到55万份。后来回落,长期稳定在二三十万份。

创刊号实际出版时间是1979年7月,因定为季刊,是朱盛昌建议把时间标成6月。此建议被采纳。

编第2期时,一个差错促使一位作家早日出名,他就是史铁生。

李景峰说,按他的计算,第2期送印厂52万字,这是富富有余届时可压缩的。当一校样回来,实际少了三十来面,他误算了。情急之下,我找到北京崇文区文化馆送给我的内部刊物《春雨》,还有别的区送的小报急找合适的作品补充,结果看到史铁生的一篇《之死》。看着不错,将有的段落作了推敲小修,将题目改为《法学教授及其夫人》刊出。听说这作品刊出后被北京人民广播电台播出,史铁生遂引人注目。从《春雨》上还选了一篇"益智小说"(题目和作者名均记不起了),分两期发表。

这份刊物办成功,人文社新建一个《当代》编辑室,我任主任。我提升副总编后仍一度兼任主任,朱盛昌任副主任,后升任主任。

这刊物出了头两期,社里让时任副总编的老作家秦兆阳分管,我们在内部称秦兆阳为主编,由我负责日常工作。1985年底我出任社长,和秦兆阳共同任主编,朱盛昌继续任副主编,请退居二线的严文井、韦君宜、屠岸任顾问,并正式标于扉页。何启治任编辑室主任。和经验丰富的仁厚长者秦兆阳合作主持这份刊物六七年,和先后任职参与《当代》编辑工作的同事的合作,是我觉得格外美好愉快而有价值的时光。

《当代》创刊号发行后,好像是美联社从北京发出一则电讯,把它当做中国共产党在文艺方面的新动向加以报道。文长千余字,载于大参考。它特别指出刊物发表了在台湾的作家白先勇的小说《永远的尹雪艳》,猜测有什么内幕背景。

背景嘛,就是中国的大气候,内幕嘛,就是几个普通编辑的操作,连社长严文井、总编韦君宜都不曾干预的。

1987年去原西德,在汉学家马汉茂的阁楼上,我看到他特别订阅的几种中国文学期刊,其中就有《当代》。由严文井、韦君宜写序,杨匡满、郭宝臣合写的反映伟大的"四五运动"的长篇报告文学《命运》,在《当代》刊出后,有见识的日本人很快将它译成日文出版,可见这刊物在日本也颇受重视。很荣幸,社内当初根据杨匡满提议定下这选题时,组成一个三人小组,也就是杨匡满、郭宝臣加上我,我是他们的责任编辑,也尽了一份心力。

从1979年到1999年,1987年我奉调到中宣部文艺局工作。《当代》出刊20年了。20年,尽管人事变迁,《当代》却仍是风帆一面。20年来,《当代》发表的作品,何止成百成千,从《当代》登上文坛者,何止成十成百!《当代》本身是一角历史,编者、作者、研究者都心中有数。

《当代》,一个美好的记忆!

(附注:本文原为《当代》创刊20周年而作)

(原载《出版史料》2003年第2期)

满腔真情磨亿稿　一片丹心寄《当代》
——秦兆阳与《当代》

王一如

著名编辑家秦兆阳

秦兆阳（1916—1994），湖北黄冈人。1937年毕业于武昌乡村师范。1938年赴延安参加革命工作，曾在陕北公学分校和鲁迅艺术学院美术系学习和任教。1940年在华北联合大学文艺学院任美术系教员。1942年主动到抗日游击区从事群众工作和宣传工作，曾任冀中《黎明报》社长。1945年至1948年先后任《前线报》副社长、《歌与剧》月刊主编和《华北文艺》编辑。

新中国成立后，先后任《人民文学》副主编，《文艺报》编委。担任过中国作家协会理事，作家协会书记处书记。1956年发表《现实主义——广阔的道路》受到批判。1957年错划为右派，后下放广西长达20年之久。1979年回京。1980年任人民文学出版社副总编辑兼《当代》主编。他是当代著名作家、文学家和杰出编辑家。

1978年，随着党的十一届三中全会的召开，改革开放的春风吹遍了祖国大地，长期被阴霾包裹的文坛也呈现出一派欣欣向荣的景象，人民文学出版社得风气之先，决定创办大型文学期刊《当代》，以促进中国当代文学的发展与繁荣。与此同时，一位深受"文革"戕害，"消失"文坛20余年的著名编辑家秦兆阳得以"复出"，回到自己执著一生的编辑事业当中，成了《当代》杂志的主编。"金风玉露一相逢，便胜却人间无数"，二者就这样不期而遇，自此成就了文坛的一桩美事。秦兆阳的编辑思想深刻并长久地影响着刊物的风格和个性特征，使《当代》在众多刊物中独树一帜、大放异彩，成为文学期刊史上的一颗耀眼新星;而《当代》也使秦兆阳在历经劫难与坎坷后重新找回人生的坐标和方向,将自己的全部心血投入到刊物的编辑工作中,满怀欣慰而又孜孜不倦地耕耘,充分施展着卓越的编辑才能。今天,我们将沿着历史的脉络,从秦兆阳的编辑思想和刊物呈现的鲜明特色当中去细细体会二者的这段不解之缘,以期为当下刊物如何更好地形成自己的风格和特色提供有益借鉴。

一、坚持现实主义办刊宗旨,巧妙契合时代发展

秦兆阳是现实主义文学创作方法的积极倡导者,这在当时《人民文学》中就得到体现。早在50年代,直面人生,贴近现实,及时反映当代社会生活,推动当代文学的繁荣发展,是《当代》的明确的办刊宗旨。也可以说是在新的历史条件下秦兆阳坚持一贯办刊思想的继续与发展。秦兆阳主张文学反映生活的真实性、现实性,文学作品为人民大众服务的群众性、社会性。在《现实主义——广阔的道路》一文中他明确提出文学的现实主义,是在文学艺术实践中所形成、所遵循的一种法则,并主张文艺创作以严格地忠实于现实,艺术地真实反映现实,并反转来影响现实为自己的任务。1979年在他担任《当代》主编期间仍然坚持现实主义的文学主张,强调刊物要突出时代性、现实性和群众性;刊物发表的作品要引导读者积极向上,要在刊物上体现正气、志气、朝气、勇气和锐气。从此"贴近时代,直面人生"的办刊宗旨,自始至终地贯彻在《当代》二十余年的发展历程中,使其成为最坚定、最执着地捍卫现实主义旗帜,并且在这面旗帜下成为当代文坛奉献现实主义鸿篇巨制最多的一家。

《当代》是适应改革开放的需要,为及时反映当代现实社会生活,推动当代文学繁荣与发展而创办的大型文学期刊。在办刊之始就关注现实生活,反映社会生活中的重大矛盾和问题。面对当时历史性的大转变时代、思想解放开始的年代,沐浴改革开放的春风,人民需要表现自己,文学则需要阵地,《当代》的创办正契合了人民和时代的需要。"《当代》创刊以后,第一期的第一篇作品恰好是《未来在召唤》——表现新与旧的斗争,迎接新的时代;第二期的第一篇作品是《命运》——表现广大人民的浩然正气,在重大

历史关头的一场震撼世界的大搏斗;第三期的第一篇作品是《希礼》——在历经坎坷之后,向新的时代致以布尔什维克的敬礼……从此我们就自然沿着一条'时代性、现实性、群众性、多样性'的路子走下来了"。[1]正是有了这样的好作品,深得读者好评。当创刊之初刊物发行一跃为50万份。可谓旗开得胜一路走好。这既表现了《当代》适合了时代和人民的需要,也是《当代》十周年走过的现实主义道路的理论总结,体现了办刊者尤其是主编秦兆阳的远见卓识。

  文学是点燃人们心灵与引导人们走向前进的火把,只有反映人民的心声,才能产生深厚巨大的影响力。由于《当代》坚持现实主义,贴近现实生活,及时反映当代人民关心的社会生活,敢于揭露生活中的矛盾,不回避热点问题,扣紧时代脉搏,注重发掘和推出根据现实生活,对历史与现实作出全景式、史诗性的描绘现实主义的杰作,及时反映改革开放和现代化进程中反映时代的精神的作品,使它的佳作频出,影响越来越大。这其中既有反映"文革"特殊历史时期人民生活与命运升沉变迁的《芙蓉镇》(古华)、《将军吟》(莫应丰),又有展现改革开放初期政治改革力量与官僚主义和守旧势力之间斗争与矛盾的《新星》、《夜与昼》、《衰与荣》(柯云路);既有对改革开放初期勇于开拓创新、冲破束缚与阻碍的开拓创新精神的赞扬与讴歌,如《热流》(张锲)、《励精图治》(程树榛),又有表现当代大都会风貌的警示之作《大上海沉没》。这些紧扣时代命脉、关注民生疾苦的作品在着力刻画新生活美好与希望的同时,也冷峻揭露出新时期出现的各种复杂矛盾与问题,饱含着对时代和社会的责任意识和忧患意识,体现出刊物"家事国事天下事事事关心"的大胸襟和大气魄。其中《将军吟》、《芙蓉镇》、《钟鼓楼》、《白鹿原》等获长篇小说最高荣誉茅盾文学奖。

  刊物对小说、诗歌、散文、小品、戏剧、评论等各种体裁兼容并蓄,但长篇小说和报告文学的地位尤为突出,因为前者容量巨大且能体现一个时代的文学水平;后者则能及时反映广大读者所关注的社会热点问题。其中对报告文学的推举与重视更成为《当代》办刊过程中最为称道和值得关注的。《中国姑娘》、《世界大串联》、《强国梦》、《"世界第一商品"》、《澳星风险发射》、《淮河的警告》等作品敏锐捕捉时代动向,摄取与普通民众息息相关的社会热点和焦点话题,既展现了时代的精神和风貌,也牢牢抓住了读者的眼球,在社会上引起强烈反响和极大关注,无形中也契合了刊物现实主义办刊宗旨。"《当代》发表报告文学多些,这个主意最早就是他(指秦兆阳——编者注)提出的。"[2]

一个刊物只有努力办出自己的特色,方能挺立于众刊之林,方能在历史舞台上留下自己的足迹。《当代》刊物的独特魅力就在于强烈的时代感与现实感,尤其在当时文坛思潮迭起、流派繁多的背景下,《当代》不随风摇摆,不造势炒作,而是一以贯之地坚持现实主义,颇具勇气和魅力。这同样得益于秦兆阳的坚持和执著。他"强调刊物要办出自己独特的风格,力戒'跑野马',不要跟'风'跑,要坚定地走自己的路"[3]。

二、扶植新人新作,悉心栽培文坛新秀

文学事业的发展,离不开作家队伍的不断发展壮大与提高,尤其是要重视发现培养文学新人。这是具有战略意义的重大举措。秦兆阳十分重视发现和扶植文坛新秀,挖掘初现锋芒的文学新作,被誉为"文坛伯乐"。早在五十年代担任《人民文学》副主编期间,他就慧眼识珠、鼎力相助,推出了王蒙、孙峻青、白桦、玛拉沁夫、陆柱国、刘宾雁、李国文、曲波等一批颇有才华的作家,活跃了文坛创作。在《当代》,这一编辑理念得到了更进一步的体现和贯彻。《当代》在发刊词中明确提出了"希望多发表新作家的新作品","每期都要有新作家的名字出现"。[4]每期还辟有专门版面向广大读者推荐新作者、新作品。

秦兆阳在编刊过程中强调,"作家是发现出来的,作品是加工出来的,看错了就把一个作家给耽误了,改坏了就把一篇作品给糟蹋了……因此,应该善于识辨人才,肯于倾注心血"。[5]正是深知编辑与作者二者间密不可分的关系,领悟编辑的选择与把关对作家创作产生的深远影响,他更留意那些尚未出名的新人新作,善于从堆积如山的无名作者来稿中拾英采贝,积极鼓励、热情帮助,为一些颇有才华的作家开启创作之门,使粗疏之璞终成美玉。其中,最为人称道的是对于路遥的发现和培养。1978年,年仅28岁的路遥写了中篇处女作《惊心动魄的一幕》。两年间他先后投寄了当时几乎所有的全国大型文学刊物,但却因和当时流行的观点、潮流不合而退稿。绝望中最后投寄给《当代》。不久,便收到了时任主编的秦兆阳的长信,对稿件

给予了热情肯定。之后,在他的悉心指导下,小说很快得以发表,并荣获全国第一届中篇小说奖。路遥曾坦言秦兆阳是"直接甚至手把手地教导和帮助我走入文学的列队",称他为中国的"涅克拉索夫"。这样的例子不胜枚举,蒋子龙在创作《赤橙黄绿青蓝紫》期间也曾收到一封密密麻麻写满了七页纸的长信(修改建议),叶文玲的《心香》上也曾留下了秦兆阳认真细致的批注……他总为刊物发现了新的年轻作者而高兴,经常在家中接待他们,亲切地同他们谈创作问题。很多无名的作者和稿件就是这样被他从浩如烟海的稿件堆里遴选出来,"沙里淘金"从而绽放出熠熠光辉。正如孟伟哉先生所说:"在编辑工作中,他最大的愉快是看到一篇好稿子,发现一位新作者。""他在编辑工作中倾注了对青年的满腔热情。他把发现培养和扶植文学新人视为编辑工作的崇高职责。"[6]

正是在《当代》秦兆阳等编辑人的关心呵护下,鲁光、张锲、王朔、刘亚洲、路遥、柯云路、张洁、陈忠实、刘心武等文坛新秀得以崭露头角,其中更有不少当今知名作家的处女作也发表于此。这些文坛新秀思想敏锐、朝气蓬勃,其作品也往往独辟蹊径、清新自然,一时间《当代》新人辈出、新作频发,呈现出勃勃生机。

三、严谨认真的编辑态度,注重提升刊物质量

秦兆阳生前谈到,他长期从事文学编辑工作,一直是在看稿、改稿、退稿、谈稿、约稿中度过的,总起来或者可以名之为"磨稿"。他给《当代》的一个资深编辑写了一张条幅,将自己对编辑工作的认识和感受加以概括:"磨稿亿万言,常流欢喜泪,休云编者痴,我知其中味。"这种对稿件百般切磋和琢磨的精神正是秦兆阳严谨认真编辑态度的真实写照。身为《当代》主编,他并非沽名钓誉、摆摆样子,而是把自己埋在稿堆中,为编好稿件,忘记回家,忘记吃饭。他书桌上的稿子常是左边一摞,右边一摞,面前还放着一摞,每月要终审几十万字的稿件,工作量十分繁重,但总是兢兢业业、勤恳认真、一丝不苟。办刊过程中,"他对编辑部同志要求很严。他总是反复强调:我们的编辑工作要对得起广大读者"。针对当时文艺创作和编辑中出现的浮躁之风,他指出:"现在文坛上有些不正之风,如钻营评奖,钻营出国,钻

营别人吹捧自己的作品,钻营名人作序。……凡此种种,和文学的严肃使命感都是不相容的……我们看到这些,保持冷静、清醒的头脑,才能避免编辑工作上的盲目性,才不至于被出版物的市场和一般读者的趣味所左右。我们就应该从这个大的角度来看刊物的编辑工作。"[7]从中不难看出,他对编辑工作始终有着严肃的态度和清醒的把握。因此,在审稿过程中,他一丝不苟,不论是谁,一视同仁。要求编辑"对稿件的判断取舍从作者的实际出发,对名家也不乞求、不迁就"。他坚持对"名家宁可严一点,至少不降格以求,对新人稿件则相对宽一点"。这就使得《当代》刊载作品的标准不根据作者名气大小、不以关系远近亲疏决定,而是以作者的实力、以作品的质量为唯一标准,使刊物始终保持着自身独特的高雅格调和品位。

在编辑工作中秦兆阳强调编辑全身心投入。他很重视对作品的加工修改,认为编辑需要对作品本着极端负责的态度反复修改、打磨。为了使作品更精练、生动、鲜活,他要促请作者亲自动手为自己修改作品。编辑在帮助作者修改稿件过程中,他更是认真细致、殚精竭虑地做了很多实实在在的事情。他花精力与作者研究生活,讨论艺术,帮助作者构思,甚至从词藻的修饰上逐字逐句加以润色。如中篇小说《代价》,报告文学《热流》、《中国姑娘》等作品,他都亲自动手修改过。为了使稿件精益求精,有时"三校"完毕,即将印刷,他还要再作推敲。《励精图治》的问世就经历了这样一个精编细校、反复琢磨的过程。当时稿件即将下厂付印之际,作为主编的秦兆阳又亲自约见作者,谈谈关于作品中存在的问题和不足。据作者程树榛回忆,当时秦老一章一节地加以剖析,耐心细致地指出必须修改和补充的地方。特别是当作者说出自己的顾虑:该文当时的清样已经排出,版面有限,再补充和修改,如何处理?秦兆阳当即表示,可不受版面的限制,根据文章本身需要而定。正是秦老这种严谨认真、极端负责的态度,使得他不怕麻烦,宁愿多费周折也要打磨出最好的作品,以飨读者,使办刊水平和办刊质量不断提升。

类似这样的事例还有不少。1980年初,蒋子龙将自己的短篇小说《狼酒》送秦兆阳听取意见。秦兆阳看完第二遍"才招呼我坐到他对面……先分析《狼酒》里面的人物,哪儿该加什么,哪儿该删掉,才能使人物性格发展合理。接着又剖析我的故事,指出结构该怎样调整,哪一段应该提到前面来,哪一段往后挪……三下五除二,连我自己都觉得《狼酒》面目一新。那天整整浪费了秦先生大半天的时间,读完了对稿子的具体修改方案之后,才含蓄地告诫我不可过分依赖兴之所至一泻千里,动笔前多在构思上下工夫,想透了再动笔,写的过程中才会出现真正的神来之笔"[8]。这种对作者的言传身教,入细入微的帮助实在感人。

秦兆阳不论是50年代担任《人民文学》副主编,还是80年代担任《当代》主编,都取得卓越的成就。究其原因有以下几点。

其一,他一生执著热爱编辑工作,他把编辑视为党和人民的崇高事业,虽一生坎坷而终不悔。他时刻不忘履行自己的光荣职责,他真正做到了为编辑事业忠其一生,死而无悔。他"病重住院期间,直至他病重垂危、在逝世的前一两天,他还关心着人民文学出版社和《当代》杂志的评奖工作,关心着青年作家的成长,关心着《当代》杂志出版一百期的有关活动……"[9]

其二,严谨认真求实的高度负责精神。编辑工作是一项专业性很强而严肃的工作,来不得一点浮躁。秦兆阳在编辑工作的各个环节,可以说真正做到了对作者、读者认真、细致,一丝不苟,严谨负责。他别无他求,全身心地把编辑工作看得高于一切。他对读者、作者的来信做到了来信必复,有求必应。正如屠岸所说的:"在他担任《当代》文学双月刊长达十五年职务期间,我见到的是一位深思熟虑、多谋善断的编辑行家,是一位胸有韬略、指挥若定的期刊主持人……他对工作的责任心、对社会的使命感相当强烈。例如,逢到一篇有争议的稿子,他必须亲自审阅,与作者、编辑部商量修改,亲自定稿,已经发稿之后,他还不断琢磨,考虑这篇作品的社会效益,是否有利于人民。他对人民的事业无限忠诚。他一生遭遇坎坷,但他对祖国、对人民、对文学事业的爱始终炽热如火,在胸中熊熊燃烧!"[10]

其三,集创作、理论、编辑于一身的编辑家。秦兆阳于上世纪50年代就创作了著名长篇小说《在田野上,前进!》,其后出版有短篇小说多部,作为当代著名作家,他对文学创作有亲身体验,他懂得文学创作规律,能更多地体察作者甘苦,对作品提意见,往往是切中要害,帮到作者点子上。他还是文艺理论家。上世纪50年代他撰写的《现实主义——广阔的道路》,虽因此而蒙难20余年,但历史地看,其中所闪耀深邃理论光辉,至今仍有借鉴意义。理论家、评论家的素养,使他能站在历史与时代理论高度,来评价鉴别作家作品。秦兆阳1942年就步入编辑工作的行列,直至他去世,50多年始终与编辑工作结缘。作为一位杰出的编辑家,正是他编辑工作取得杰出成就的主要因素。他所在《当代》15年的编辑岗位上取得的成就尤为突出。"秦兆阳在《当代》起步、发展到定型的关键时期起到了举足轻重的作用,做出了巨大贡献。"[11]

秦兆阳去世已16年了。人走了,但他的编辑思想,认真的办刊精神却永远留于后世,成为人们搞好编辑工作的一笔精神财富。

参考文献

[1]《当代》编辑部.创刊十周年的一点表白[J].当代,1989(3).
[2][6]孟伟哉.秦兆阳印象[J].文艺报,1982(4).
[3]《当代》编辑部.永远纪念我们的主编兆阳同志[J].当代,1994(6).
[4]《当代》编辑部.发刊的几句话[J].当代,1979(1).
[5]崔道怡.给申力雯的热线电话[J].当代,1991(2).
[7]何启治.休云编者痴,我识其中味!——秦兆阳谈文学编辑工作[J].编辑之友,1986(3).
[8]蒋子龙.大编辑[J].中国编辑,2004(5).
[9]胡德培.脚踏现实——一生敬业而正直的秦兆阳[J].新文学史料,2002(3).
[10]屠岸.风雨长征路,丹心永不泯——沉痛悼念秦兆阳同志[J].当代,1995(1).
[11]何启治.《当代》:迎着春风绽放[J].编辑学刊,2009(4).

却嫌脂粉污颜色
——话说《当代》杂志

刘心武

著名作家刘心武

刘心武(1942—),生于四川省成都市,1950年定居北京。

1958年开始发表作品,短篇小说代表作有《我爱每一片绿叶》、《黑墙》、《白牙》等。中篇小说代表作有《如意》、《立体交叉桥》、《小墩子》等。长篇小说有《钟鼓楼》(获全国第二届茅盾文学奖)、《四牌楼》等。

1961年毕业于北京师范专科学校中文系,后任中学教师15年。1976年后任北京出版社编辑,参与创办《十月》并任编辑。1977年11月发表的短篇小说《班主任》被认为是"伤痕文学"发轫作,引起轰动。1979年起,任中国作协理事、《人民文学》主编。

1987年赴美国访问,并在多所大学讲学。2005年在中央电视台《百家讲坛》开讲《刘心武揭秘"红楼梦"》。

刘心武对生活感受敏锐,善于作理性的宏观把握,写出了不少具有社会思考特点的著名作品。

人的联想往往会是无端的,比如提到《当代》,我会倏地想到两句唐诗:"却嫌脂粉污颜色,淡扫蛾眉朝至尊。"这是杜甫咏虢国夫人的句子,怎么能拉扯到《当代》杂志?真真是拟于不伦。可是没有办法,联想比仲春的柳絮游丝更难拘束,它就是要无端地浮上心头,提到另一家大型文学杂志,我会想到"蜻蜓飞上玉搔头",更岂有此理。

但是,细琢磨,人的那些无端的联想里,往往潜伏着对事物烂熟于心的理解，只是难以一一缕叙，急切里，也就顾不得逻辑上的推衍拴系，于是用听来似乎极为悖理的语句，将自己对那事物的独特感悟，一吐为快了。

记忆里的秦兆阳，从朦胧渐次清晰，我是在他创办《当代》杂志后才有缘与他相见的。他1956年发表了《现实主义——广阔的道路》一文，那是具有世界眼光的论文，也在那一时期，法国共产党的文艺理论家伽洛蒂发表了《无边的现实主义》，都体现出对教条主义桎梏的冲决，力图为直面社会现实的作家从理论上开辟出一条更宽阔的道路，从美学框架上提供有力度的支撑。这种冲决是要付出代价的，秦兆阳为此蒙难20年，伽洛蒂受到当时苏联官方理论家的猛烈批判。

改革开放曙光映照下的秦兆阳脸上漾着真诚的微笑，他不怎么愿意回答我就当年他那篇文章内容所提出的问题，只是跟我讲他手里正料理着的《当代》的一些具体事情，他那时心里所想的已不是理论务虚，而是以实践来现身说法。秦兆阳那时亲自为《当代》设计封面，那些封面真可谓素面朝天，这一风格被《当代》延续至今。封面里面呢？尽管秦兆阳和韦君宜等前辈都已仙去，杂志的负责人也因离、退休而更换几次，但可以说是"移步而不换形"。"移步而不换形"是梅兰芳对京剧改革奉献的一种观点。我一直以为无论是京剧还是文学以及别的什么文化门类，在发展中可以有多种多样乃至多元的路径，"奔跑脱形"只要自成一格，也未必就是糟蹋传统，但"移步而不换形"应该是一种最值得尊重的选择，因为这做起来更难，而一旦做成也会更为出色。

《当代》真的很当代。眼下中国社会脂粉气浓烈起来，有的杂志跟进脂粉，努力地"环肥"或者拼命地"燕瘦"以博文化消费者一粲，也不能简单地说人家就不对头了，但《当代》选择了"却嫌脂粉污颜色"的站位，所谓"淡扫蛾眉朝至尊"，如果在这里把"至尊"指认为读者，即广大的文化消费者，那么，要知道，其中相当大的一部分是并不喜欢脂粉气的，他们希望读到直面现实、针砭社会、描摹人生、汗泪交融、见血见肉、入骨三分、探究人性、浑然天成那样的文字，《当代》迎向他们，他们拥抱《当代》，这是文学界生动的一景，是多元格局里一片葳蕤的具有可贵野趣的多彩植被。

我与《当代》缘分不浅。获茅盾文学奖的《钟鼓楼》和另一长篇小说《栖凤楼》都由《当代》首发，新世纪里我连续在《当代》上发表了四部中篇小说。我很感激《当代》对我创作的支持。我给《当代》的这四部中篇，都体现着我近期的追求,那就是"平和的批判性",具体来说,也就是在描摹现实,展示当下社会人生的原生态时,保持审视的眼光,叩问的态度,绝不放弃对不合理不公正的批判性站位,但又绝不走极端。不以激情驾驭文本,承认社会人生中有相当难以判断的混沌区域,不自信自己对社会人生特别是人性有通释的能力,也就是两个不粉饰,一不粉饰生活,二不粉饰自己的认知,审美上力图沉浸于一种淡然的平和的境界,期盼在宁静幽微的观照中,与读者一起品味人生、思索真谛。我给《当代》稿子时倒从未跟他们这么说明过,但写到这里,我也就更加明白,我的这种追求,与《当代》一以贯之的品位间,确有相通之处,相信我们既然都"却嫌脂粉污颜色",那么今后的合作一定更加默契,更加愉快。

(原载 2004 年 5 月 27 日《光明日报》)

编者、作者、读者评论(摘编)

文学书刊的编辑工作,如果抱着敷衍了事的态度工作,并不困难;如果想认真负责地把它做好,就很不容易,不容易处何在?……年年月月,看稿选稿退稿,沙里淘金,要有恒久不衰的极大耐心。二、组稿约稿读稿改稿校稿,往往反复多次,总起来可以名之为"磨稿"。要善交朋友、懂得写作、理解生活、善于思考……三、甘当不出名的评论者、不要报酬的创作参谋、不计私利的辛勤园丁;而且"关系"复杂,好心未必能得好报。四、既要严格把关,又要百花齐放,情况复杂,责任重大。因而必须经得住"左"右的以及其他种种气候、种种思潮的冲击和干扰。因而可能会发生这样那样的波折,形成这样那样的苦恼……

然而,一个好的编辑又总是乐在其中。发现了好作品,其乐无穷。发现了好作者,其乐无穷。所编的书刊受到读者欢迎,其乐无穷。深知工作的价值意义,其乐无穷……理想产生热情,热情生发乐趣,快乐排除烦恼,于是干劲十足。

(摘自秦兆阳为李频所著《龙世辉的编辑生涯》所写的序《编辑的苦与乐》,河南大学出版社,1992年)

我们的文学应当也像交响曲那样,首先要立调(即主旋律),在突出主调的基础上变化节奏,丰富和弦,增添华彩。我们处在伟大的变革时代,亿万人民在中国共产党领导下进行着宏伟的社会主义现代化建设,从农村到城市到处展开了全面的改革。这就是我们时代生活的主调,或曰主题。我们刊物发表的作品,就是要从各个方面、各种角度去充分表现这个主题。翻开《当代》的目录,可以看到,七年中我们始终抓住了这个主题,发表了相当数量的具有一定质量的反映时代生活的作品,从而形成了我们刊物的主要特色。

(摘自朱盛昌《当代》七年,《中国出版年鉴》1986年)

秦兆阳对当代中国文学现实主义的开拓、倡导和革新，其最后一个成果，即是在中国改革开放时期，他参加创办并主编的大型文学杂志《当代》。十几年来的出版刊史已经表明，它是中国当代最受欢迎的大型文学杂志之一，好就好在它始终不渝地坚持现实性（也可以叫做当代性或时代性）、群众性；始终不渝地反映历史趋势、时代的大潮和人民群众的心声。这正是它的主编当年主持《人民文学》刊物时的文学思想、编辑思想的继续、发展……总之，对中国当代文学现实主义的倡导、推进和革新，这是秦兆阳作为一个作家、编辑家、理论家杰出的贡献。我认为他通过编辑中国当代最重要的有影响的文学刊物推动中国现实主义文学创作发展、兴盛，其成就甚至超出了他本人在创作方面的贡献。尽管我无意贬低他在文学创作上取得的可观成绩。

(摘自涂光群《吊兆阳同志》，《当代》1995 年第 1 期)

相关链接

※涂光群.秦兆阳与文学新人[J].当代文艺思潮,1983(2).
※陈健.我求拜你……秦兆阳生活片断[J].瞭望,1984(34).
※秦兆阳生平[J].新文学史料,1985(1).
※秦兆阳.回首当年[J].新文学史料,1989(1-4).
※李纳.宽心地安息吧,老秦[J].当代,1994(6).
※杨桂欣.永远怀念秦兆阳同志[N].新闻出版报,1994-12-07.
※韦君宜.老秦的遗言[J].当代,1994(6).
※叶文玲.唯向秋风恸——悼恩师秦兆阳[J].当代,1994(6).
※崔道怡.秋天的怀念——秦兆阳同志在我心中[J].当代,1994(6).
※章仲锷.不悔[J].文学自由谈,1994(3).
※陆地.耿介一世人——悼念秦兆阳[J].当代,1995(1).
※陈国凯.文坛高士秦兆阳[J].当代,1995(1).
※李宝靖.怀念秦兆阳[J].广西文学,1995(2).
※蒋子龙.慈祥的火——秦兆阳[J].当代作家评论,1995(2).
※程树榛.化作春泥更护花——悼念秦兆阳同志[J].人民文学,1995(2).
※黄伟经.秦兆阳的印象及其遗简[J].书与人,1995(3).
※秦万里.遥寄蓝天——忆父亲秦兆阳[J].当代,1995(5).
※秦兆阳.最后的歌[J].当代,1995(5).
※秦兆阳给邵荃麟同志的两封信[J].新文学史料,1996(2).
※秦晴.关于父亲两封信的说明[J].新文学史料,1996(2).
※徐靖.怀念秦兆阳[N].文艺报,1996-09-20.
※楚大红.致秦兆阳同志[J].小说,1996(3).
※李频.磨稿亿万字,多少悲欢泪——缅怀秦兆阳先生[J].出版广角,1997(2).
※张丛笑.秦兆阳的"磨稿"[N].新闻出版报,1997-06-03.
※赵德发.当代的《当代》历史的《当代》[J].当代,1999(4).
※陈忠实.在《当代》,完成了一个过程[J].当代,1999(4).
※戴煌.祝《当代》永葆"勇士"风范[J].当代,1999(4).

※黄秋耘."二板先生"秦兆阳[M],黄秋耘文集(一).广州:花城出版社,1999.

※李频.秦兆阳,从《人民文学》到《当代》[J].出版广角,1999(10).

※黄伟经.他有幸笑在最后——怀念秦兆阳[J].博览群书,1999(3).

※杨春兰.一个不应被遗忘的人——编辑家秦兆阳逝世十周年[J].出版科学,2004(3).

※周而复.百尺竿头更进一步[J].当代,1999(4).

※俞天白.心灵的契合[J].当代,1999(4).

※周大新.我依然迷恋小说写作[J].当代,1999(4).

※章仲锷.岁月如歌——我在《当代》的一些回忆[J].当代,1999(4).

※王培元.文章惊海内的秦兆阳[M].摘自《在朝内166号与前辈魂灵相遇》,北京:人民文学出版社,2007.

※柯云路.秦兆阳:我不赞成"匹夫之勇"[J].同舟共进,2008(10).

※梅红.不薄名人爱新人——试论秦兆阳的编辑思想[J].出版发行研究,2009(8).

打开窗口　了解世界

高　斯

《译林》创刊号封面

《译林》1979年创刊至今30年,有着不凡的发展历程。如果把创刊时的《译林》看作是一棵破土而出的稚嫩树苗,那么,30年后,包括了刊物、期刊出版社和译林出版社这一总体的"译林"可说已经繁殖为一片葱绿成荫的树林了。

《译林》的成长发展,从一个侧面表明我国出版事业实施改革开放必将取得丰硕成果的规律。回忆《译林》30年来的风雨历程,自然会有很多经验教训值得记取。

1978年秋,江苏省出版局党组数次讨论了将要创办《译林》这一大型外国文学翻译期刊的编译方针。最初提出的是"打开窗口看世界"。

对于"打开窗口"的认识,大家都很一致。"文革"十年浩劫,使得文化根基相当厚实、图书出版也较发达的江苏文化园地上呈现一片荒芜残败的景象。"文革"前出版的各类优秀读物已被扫进了"封、资、修"的"垃圾箱",省内一些较大的新华书店门市部,可供销售的图书不过三五百种,中外文学作品几近绝迹。这种文化封闭的状态不加破除怎能适应浩劫之后广大读者"读好书、求新知"的急迫愿望?当时北京等地赶印的一些中外古典文学名著,因内容远离现实又不能完全解读者的近渴。从四面八方传来的迅速改变"书荒"现象的呼声十分强烈。为此,江苏省出版局决定采取尽快清除"书荒"的多项措施,其中之一,就是创办《译林》。采取这一措施的意图,主要在于编辑出版期刊可以快于出版各类新书的周期;而确定《译林》是以译载长篇的当代外国文学作品为主兼及其他品类作品的大型期刊,可以迅速打开封闭已久的文化窗口,让广大读者通过厚重的优秀作品,接触到万花筒般的外国文化信息,观赏到发生在世界各地的新鲜事物和生活场景。因而,"打开窗口"的提法无疑是必要的。

然而,对于"看世界",讨论中多数同志觉得很不够。也许这一提法比较稳妥,比起长期以来对地方出版社出版外国文学作品的严令限禁,已经大为"松绑"了。可是,应该考虑到,"文革"期间的文化封闭,使得广大读者的眼界和知识积累已经与世界上文化科技的迅速变化发展拉开了很大的距离。打开窗口,不仅仅是为了"看世界",更重要的是要让广大读者观察、分析、理解当代世界的千变万化,从反映现实生活的外国优秀文学作品中吸收富有时代生命的新鲜营养。以此要求来办《译林》,才能充分满足亿万读者读书求知的渴望。也只有以此要求来做编译工作,《译林》才能孕育自身富有时代生命力的特色。讨论结果,确定《译林》的编译方针是"打开窗口,了解世界",以"了解"来概括观察、分析、理解世界万象的深度要求。这一方针报请省委分管负责同志同意后付诸实行。

30年来,《译林》经过几代出版人的实践,贯彻执行了"打开窗口,了解世界"的方针,取得了可喜的成就。现今的《译林》,特色鲜明,声誉日隆,拥有了一支由众多老翻译家和不断涌现的新秀所组成的译著者队伍,更拥有了全国各地长期热爱、阅读这一刊物的广大读者。《译林》也从当初的一个期刊编辑部,由读者群、译著人和出版人的合力,发展成编译外国优秀文化成果的具有相当影响的出版群体。

30年来,《译林》接受了风风雨雨的考验,证明了编译方针的正确性。试举一例,联系当年《译林》创刊后遭遇的第一次大风波,可以体会到,正是这一方针,破解了有些人对创办这一刊物的非议与贬责,坚定了《译林》同仁们实施这一方针、办好刊物的信念与努力。

1979年春,因译载了长篇小说《尼罗河上的惨案》,创刊不久的《译林》遭到来自两方面的压力。最大的一方面压力,来自一位翻译界权威人士的"堕落"论,把《译林》斥责为"中国出版界四十年来从未有过的堕落";另一方面来自对《译林》持有偏见的人士,指责《译林》犯了"路线错误"云云。一时风声鹤唳,《译林》编辑部陷入了整顿挨批的困境。这棵初长的新苗大有夭折之忧。

可是,现实的情况却是,《译林》的创刊在一定程度上缓和了"书荒"现象,销售数量最高时达到期发70万份,广大读者从这一窗口,通过外国优秀文学作品，多方面地取得了对现代世界的新感受、新知识。国内许多翻译家赞同《译林》的办刊方针，给以支持，投来了大量翻译作品。更重要的是，《译林》的诞生，正好响应了改革开放大潮流的涌起，呈现了蓬勃的生命力。即以遭到权威人士非议的《尼罗河上的惨案》来说，虽然属于通俗文学之列，却以富有谐趣的笔墨，精彩的故事情节，细密的逻辑思维，给读者以洞察现实社会的多种启发。经过了一段时间的考验，"堕落"论和"路线错误"论终于在大好形势的发展中消失了。《译林》从挫折中走上了进一步发展之路。

今天回忆《译林》30年来的风雨行程及其经验教训，当然应该站到更高的境界，与时俱进地执行"打开窗口，了解世界"的方针。必须深刻地理解这本刊物所负的历史使命，不断提高质量，向更高的水平进发。概括地说，固然要从有利于传承中国优秀文化、弘扬时代文化精华的高度来编译外国文学作品，也要着力于传承世界文化的创新成果，弘扬时代生命力丰富的优秀外国文学，以此来充实"打开窗口，了解世界"的内涵，长葆刊物富有时代生命力的鲜明特色。

（原载2009年9月30日《中华读书报》）

打开瞭望世界的一扇窗口
——回眸《译林》创刊三十年

李景端

著名出版家李景端

李景端（1934—），1954年毕业于中国人民大学外贸系。1975年进入出版界，1979年创办《译林》杂志，1988年出任译林出版社首任社长兼总编辑。在改革开放初期，率先译介西方当代流行新作及文艺新潮，拓展了人们视野，促进了思想解放。《译林》杂志荣获国家期刊奖，译林出版社也跻身全国百佳出版社之列。策划、编辑的西方名著《尤利西斯》，填补了我国文学翻译史的重大空白。退休后，热心翻译维权、揭露翻译造假、发动出版社捐赠图书等文化公益活动。出版有《波涛上的足迹》、《心曲浪花》、《如沐春风》、《出版编辑谈编辑》等著作。

《译林》创刊时，我想到，只看《红楼梦》不能认识今天的中国，只看巴尔扎克、狄更斯的老作品，同样不能了解今天的外国。于是对《译林》办刊方针作如下定位：（1）以"打开窗口，了解世界"为宗旨，优先选择近五年外国健康、流行的社会小说，重视作品反映西方现实的认识作用，拒绝渲染暴力、色情的庸俗劣作。（2）每期全文译载一部外国长篇小说，兼配其他体裁的作品，使每期《译林》既是一本杂志，又是一本书。（3）保证翻译质量，勇于起用译界新人。这三条在当年可谓迈出了创新的第一步，这种精神，一直延续到以后办刊、办社的长期实践中。

面对精华与糟粕并存的外国文化，必须坚持"洋为中用"，贵在精心选择。我们提出"不与人比胆大,要与人比胆识"。翻译出版,不仅要重视文字的转换,还必须考虑传播中的社会效果,多年来,《译林》正是坚持了这种严肃、慎重的态度,保证了在出版导向上没有发生偏差。出版的竞争重在挖掘出版资源,而译者正是翻译出版的重要资源。《译林》作为一家新办地方刊物,起初毫无优势,于是我们一面诚恳邀请钱钟书、杨绛、卞之琳、戈宝权等一大批译界名家出任《译林》编委;同时大胆起用年轻译者。当时上海外语学院一大批中青年教师没书译,我们主动网罗过来,给任务,送词典,发表译作,报销打字复印费,还推荐出席全国性学术会议。他们当中的许多人,后来都成为我国翻译界的重要骨干。

时代在发展,要求办刊思想必须与时俱进,不断展现新创意。《译林》的题材,从早期的侦探小说,拓展为社会小说、经济小说、法律小说、悬疑小说等;内容从虚构,到纪实、传记、剧本、访谈、自述、回忆、评论、名词解释等,力求丰富多样;刊期也从季刊改为双月刊,还努力增加刊物的附加值,出版了增刊号、文摘版、译林书评等。《译林》这些传统,已注入刊物积累成一种品牌,实现了三十年来年年盈利。

创新的东西,一开始不容易被人理解和接受,有时还会受到干扰。《译林》定位的特色,正是在排除干扰中坚持下来的。1979年《译林》创刊号全文译载了侦探影片《尼罗河上的惨案》的小说原著。不料被一位外国文学研究界的老前辈,上书胡乔木同志,指责《译林》"趋时媚世"、"倒退","自'五四'以来我国出版界从未如此堕落过"。幸好当时党中央正在拨乱反正,对文艺实行"不打棍子,不戴帽子,不抓辫子"的"三不"政策。当时中宣部王任重部长,在期刊工作会议总结时宣布:"耀邦同志同我商量过,《译林》的问题,就到此结束。"在这种气氛下,那位老前辈特地邀请我们上他家里,说由于他的信给我们带来了很大压力,对此表示歉意。

回顾这段历史,我们绝无意抱怨那位老前辈,而且事后他已经同《译林》成了朋友。实际上这场风波是文坛上"左"的流毒尚未肃清的反映。有人就说,"打开窗口,让苍蝇、蚊子全进来了"。对此我们坚持排除偏见,努力提高选题质量。到80年代后期,在利益驱动下,格调低下、庸俗色情的商业化小说一度充斥市场。有好心朋友认为,《译林》面孔"太板",想保住订数,就得设法满足读者的"胃口";有些发行人员,更要求《译林》的"洋货"和"胡椒面"要多一些。译林人拒绝向庸俗低头让步,坚守原定的品位,注重提高质量,终于顶住了压力与诱惑,使《译林》保住了原有的特色。

一本杂志因其特定内容,往往能吸引一批与其相关的作者、译者与读者,形成一个与刊物既联系又互动的群体,这既是办好刊物的有利资源,又是扩大刊物影响的工作对象。《译林》充分利用在翻译界联系面广的优势,开门办刊,主动开展与翻译及行业相关的活动,使不同层次的活动成为联络作者、译者及读者的活广告,增强"窗口"的辐射作用。

创刊以来,我们举办了多次影响较大的活动,例如:1983年与上海《外国语》杂志,联合举办建国以来首次英语翻译征文评奖。1987年会同北京英国文学研究会,在京举办"穆旦学术讨论会"及出版穆旦纪念文集。1990年由《译林》发起并经上级批准,成立了中国出版工作者协会外国文学出版研究会,并由《译林》承担该会秘书处的工作。2006年与联合国教科文组织合作,由《译林》承担该组织的国际刊物《国际博物馆》中文本的出版发行。这些活动都受到了好评。

1988年底在《译林》杂志的基础上,发展成立译林出版社。1989年,全社只有17人,出书不足30种,年利润才4万多元,条件相当艰难。但全体译林人,发扬了《译林》早年创刊时期那种艰苦奋斗的精神,坚持开拓创新,经过建社后20年的拼搏,终于创造了译林的第二度辉煌。2008年,全社销售码洋3.8亿元;历时10年编撰的《20世纪外国文学史》,荣获当年首届"中国出版政府奖"。译林版图书,已成为图书市场一个有特色的品牌。

译林人十分珍惜《译林》杂志已建立的声誉,对译林版图书,不去跟风作秀,不允许牺牲质量争码洋,不打"擦边球",拒绝粗制滥造,终于赢来了读者对译林品牌的信任。译林社重视树立超前观念,敢做他人未做的事情。例如,率先翻译出版《追忆似水年华》、《尤利西斯》、《蒙田随笔》、《万有引力之虹》等一批填补我国文学翻译空白的巨著,既得大奖又赚了钱,可谓名利双收。又如,我国加入世界版权公约之后,译林人认识到,翻译出版的竞争,就是占有外国版权之争。因此较早地舍得大投入,积极买进一大批现当代外国作品的版权,其中有多位作家,后来因荣获了诺贝尔文学奖使其书更走红,这些都成了对译林人敢为人先意识的市场回报。

译林社充分利用外语人才多、涉外联系广的优势,积极走多元发展的道路。除外国文化类图书以外,又与牛津出版社合作,开发了译林版从小学到高中的英语国标教材和配套教辅,以及外国漫画、中英双语读物、高职英语教材等新的领域,还瞄准世界市场,实施"走出去"战略,在引进版权的同时,努力扩大版权输出,加强对外合作出版,为创建全国一流的出版社,再做出更大的贡献。

(原载2010年1月30日《中华读书报》)

从稚嫩苗木到绿树成荫
——我与《译林》三十年

谭晶华

谭晶华（1951—），上海人。教授、博士生导师。上海外国语大学常务副校长。

作者长期从事日本近代文学的研究及专业日语高年级和研究生的教学工作，著有小说《美人蕉》（获日本《朝日新闻》社和送书会举办的征文比赛教师组"最优秀作品奖"）、《日本近代文学名作鉴赏》、《川端康成传》；编有《日本近代文学史》、《世界文学大辞典》、《现代派文学辞典》等多部；出版有"十五"国家级规划教材《日语综合教程》（5—8，总主编）、《全国翻译专业资格考试指定教材》系列（总主编）；在日本《早稻田文学》、《艺术至上主义文艺》、《国文学与鉴赏》、《日本研究》及国内杂志上发表论文五十篇；并有《山之声》、《二十四只眼睛》、《冻河》、《地狱之花》、《瞽者谭》等文学名作的译著计七十余种。1992年获国务院特殊津贴。

著名学者谭晶华

对于中国的外国文学翻译研究而言，改革开放三十年的意义尤其重大。1979年下半年，《译林》创刊号发行，"泉涓涓而始流，木欣欣以向荣"。创刊号上刊登了英国著名侦探小说《尼罗河上的惨案》，为当时的读者送上了一份惊喜，据说发行60万册仍供不应求，充分反映了经过"文革"锁国之后广大读者对了解外国文化、希冀中国文艺繁荣的强烈渴望。

《译林》的办刊宗旨是值得称道的。记得深受"文革"之害的老一代外国文学研究者在改革开放初期还大都心有余悸，不敢研究无产阶级文学以外的作品,生怕再犯什么政治错误。因此,回想当时可以理解的情况,我们就更加佩服《译林》创刊者的眼光与魄力。为数不多的知名外国文学期刊都将古典或纯文学的译介研究作为自己的办刊宗旨,陶醉在"阳春白雪"氛围中,而《译林》则以贴近大众的当代优秀通俗文学译介为办刊宗旨,优先选登能生动反映西方当今社会现实的流行小说,在当时实属敢为人先的勇敢决策。

后来我得知,《尼罗河上的惨案》刊出后竟引出一场大风波,有位从事外国文学研究的著名权威给中央领导写信,指责刊登克里斯蒂的侦探小说之举,乃至惊动中宣部。但是在争论中《译林》的办刊宗旨还是得到各方的肯定,钱锺书、杨绛、萧乾、卞之琳、叶君健、冯亦代、王佐良、李芒等国内二十多位学者成为《译林》的第一届编委。在一些发达国家,纯文学与大众文学之间的壁垒早已被打破,纯文学总有一种被孤立的焦躁感。优秀的大众文学作品无论在结构上还是艺术表达上均显严整,具有十足的魅力。两种文学之间界线的消失,或许正是近代主义向未来的现代主义艺术思潮的转变在起作用,它意味着现今的读者识别装扮成作品的文学和文字装饰的作品的时代已经到来。总之,是纯文学还是大众文学本身并不重要,什么样的作品是好的文学才是重要的课题。

鼎盛时期的《译林》每期发行数十万册,即使在当今许多文学书籍为发行一万册发愁、众多从事外国文学教育的老师感慨当今青年学生"脱离文学"的倾向越来越明显之时,《译林》仍能保持较高的发行量,这使不少人反思,我们的文学作家、评论家、翻译工作者不能总是认为那些"阳春白雪,和者寡也"的作品才是好的文学,我们关注文学,关注原创力应该换一种眼光。如此看来,三十年前《译林》确定的办刊宗旨具有相当的前瞻性,不仅受到广大读者的认同,也对我国文坛汲取外国文学精华、发展我国当代文学起到积极的促进作用。

当年不满三十岁的笔者,能够顺利发表译作并在译坛立足,全靠《译林》的扶植,是《译林》使我们这些稚嫩的苗木长成了成荫的绿树。饮水思源,《译林》把办好刊物与培养翻译人才有机结合的做法令人永远难忘。

《译林》的首任负责人李景端先生是一位很有眼光的文化人,他思维敏捷、不走老路、敢为人先。当年我们这些留校任教才几年的小青年译者的稿件很难被期刊和出版社采用,但《译林》的编辑们却没有任何门户之见,唯才是举而不论资排辈,大胆启用优秀年轻译者的稿件。

笔者是在1979年9月的长春日本文学研究会成立大会上结识李景端先生的,当时他谦称自己原本是搞经济管理工作,不是外国文学专业出身的科班人员,他一再说明《译林》的办刊宗旨,希望所有老中青译者大力支持。我被他的真诚和热情感染,向他推荐了日本当代作家五木宽之的直木奖获奖作中篇小说《看那灰色的马》,认为该作完全符合《译林》的宗旨和风格。他闻之大喜,很快拍板采用,并将该译作发表在1980年第1期的首篇。之后笔者于上世纪八九十年代先后在《译林》杂志上发表了企业经济小说城山三郎的《事故董事》,源氏鸡太的《随员》、《流冰》,山田智彦的《特别休假》;描写当代日本风俗及农村淳朴民风的小说石坂洋次郎的《雾中少女》,山崎丰子的《遗物》、《陪嫁钱》;描写登山运动的新田次郎的《春攀富士遇险记》等一系列日本当代优秀文学作品。译林出版社成立前后,笔者的长篇小说译作《请问芳名》(第3部)及《冻河》也先后出版,受到读者的欢迎。如果没有《译林》这位"伯乐"的扶持和培养,我想当时的年轻一代译者或许没有成长得那么快。除了李先生之外,后来的竺祖慈、章祖德、叶宗敏、王理行、张遇等先生都成了我们译界坦诚的挚友。如今每当我们看到一代又一代的青年译者茁壮成长起来,看到《译林》变得如此枝繁叶茂、绿树成荫,总会由衷地感谢那些对中国的翻译出版事业具有强烈责任感、兢兢业业、勇于创新的出版家们,是他们以"翻译、传承、超越"的精神,精心浇灌、栽培并悉心呵护、守卫着文学翻译这片美好的园地。

《译林》杂志发行三十年来,外国文学领域中的日本文学翻译,无论在数量上还是在质量上都取得了惊人的发展,发表出版的日本文学译作已达千余种。文学翻译不做到一定的程度,文学评论和研究就缺少基础,高水准的研究活动也难以进行。三十年来,我国日本文学的研究在译介的基础上有了长足的进步,不光是古今作品的研究,还有文学史、文艺思潮史、俳句和歌史、作家评传、中日比较文学、散文诗歌等方面的研究也在开展,积累了不少优秀的成果。在这方面,《译林》杂志和出版社同样做出了许多贡献,全国日本文学研讨会的举办常常能得到译林的帮助,译林主持的和日本文学有关的各种活动以及翻译比赛的盛况至今留在许多人的美好记忆中。译林社出版的日本文学作品以及专著对我国的日本文学研究起到了可贵的促进作用。

《译林》和我同行的这三十年,正与改革开放的时代重合,我们亲历改革,幸运地赶上了这个好时代。虽然有过困惑,遇到过艰难,但也享受到成功的喜悦,深感译林和许多前辈同仁、良师益友的关爱及支持的重要。文学翻译事业应该是一个代代传承的事业。

(原载2009年11月18日《中华读书报》)

编者、作者、读者评论(摘编)

20年间,《译林》经受了风风雨雨,但它靠着有识之士的支持,靠着读者群众的爱戴,它屹立着,它壮大着,它在选择、移译、引导等层面都成熟了。人们可以从这扇打开的窗户中看见五彩缤纷的世界,特别是我们不太熟悉的充满矛盾、充满罪恶、充满暴力但也不乏正义和公正的灵魂的西方世界。啊,原来世界是这样复杂的多面体,原来现实生活并非清一色的好或坏。且不说艺术价值,光就这一点而论,《译林》有它存在的理由和存在的价值。

(摘自陈原《〈译林〉在壮大在成熟》,《译林》2001年第1期)

《译林》是出版界、翻译界应运而生、敢于试探市场的一颗明珠。《译林》25年的历程,深深烙印着中国改革开放历史新时期的时代标记。

回顾《译林》走过的路,我想,它成功的主要原因有三点:它一定程度地突破了原先曾有的一些外国文学引进的禁锢与常规;它成功探讨了外国作品在中国文学市场上的卖点;它不拘一格地起用、培植了一批翻译人才。

关于《译林》未来的发展,我首先认为它必须正视自己所面临的复杂环境,《译林》在前进中要谨慎小心,要经得住震动,勇攀险峰。但我更认为《译林》拥有自己的优势,只要善于磨砺自己的文学个性、翻译个性,进一步打造自己的风格与魅力,进一步强化自己的市场机制,进一步调度得力、出色的翻译人才,《译林》就会在刊坛上、译坛上保持自己的前锋地位。还要看到,人类社会的国际化、全球化趋势,会给人类优秀的文化资源共享提供更多的机遇,像《译林》这样起文化桥梁作用的刊物,其资源获得与施展机会将是无尽的。

[摘自张伯海(中国期刊协会顾问)《〈译林〉创刊25周年纪念会上的讲话》,《译林》2005年第1期]

《译林》最本质、最重要的特色是可读性,可读性即期刊的生命线,也是《译林》的生命线……强调可读性意味着面对现实……对于读者而言,文学的可读性即新颖生动、妙趣横生、引人入胜的故事,新的题材、新的人物形象、新的社会生活领域、新的思想价值观念、新的生活知识与方式、新的故事结构、新的表现手法和较高的格调与品位,自然涵盖于其中……《译林》在办刊时不是专门办给某一层次的读者看,而是要面向各行各业多层次的尽可能多的读者,因而《译林》上的每个栏目中的每篇文稿,尽管重点针对的读者不尽一致,但都应力求使尽可能多的读者感到具有可读性。《译林》讲究可读性,决不意味着不顾自己的风格与品位而一味迎合某类读者的特殊趣味和嗜好。

[摘自王理行(《译林》原副主编)《可读性:期刊的生命线——写在〈译林〉百期之际》,2002年1月21日《中国新闻出版报》]

相关链接

* 《译林》编辑部.打开"窗口"了解世界[J].译林,1979(1).

* 戈宝权.把"窗口"打开得更大些吧[J].译林,1980(1).

* 宦乡.愿《译林》更好发挥窗口的作用[J].译林,1986(1).

* 高斯.佳木成林覆浓荫——祝贺译林社成立十周年[J].译林,1996(1).

* 萧乾.从"窗口"到"桥梁"——贺《译林》改为双月刊[J].译林,1997(1).

* 袁楠.《译林》第二届编委会第一次会议纪要[J].译林,2001(6).

* 许钧.世界心灵交流[N].光明日报,2002-03-28.

* 《译林》编辑部.深情·智慧·希望——《译林》有奖读者调查情况综述[J].译林,2002(3).

* 文洁若.一位有眼光的出版家李景端[N].中华读书报,2006-07-05.

* 蒋迪安.展翅因风起 无悔为翩翩——记《译林》的三次变身[N].中华读书报,2009-10-14.

* 许金龙.《译林》和"译林"引领我前行[N].中华读书报,2009-12-30.

* 章祖德.《译林》与我[N].中华读书报,2010-01-06.

《文史知识》的名刊之路

张 培

《文史知识》创刊号封面

《文史知识》创刊于1981年1月，由中华书局主办。30年来，始终坚持普及中国古代文史知识、弘扬中华传统优秀文化的宗旨，荟萃全国一流文史专家，倡导"大专家写小文章"，做到知识性、学术性、通俗性的统一，受到学术界和广大读者好评，是全国颇具影响力的文史类名刊之一。

一本以普及传统优秀文化为己任的文史类期刊，能在期刊之林屹立30年，并持久不衰，其中的办刊经验值得总结。

生逢其时　出身名门

1978年底，党的十一届三中全会召开，吹响了改革开放的号角，我国进入了改革开放的新时期。当时的思想界顿呈活跃之势。1981年邓小平关于尊重知识、尊重人才的思想已深入人心。"文革"十年造成的"读书无用论"的阴霾正逐步消散，"文革"造成的人们心灵的创伤还处在疗伤期。与此同时，社会上的广大青年如饥似渴地学习文化知识增长才干为祖国建设的热情日益高涨。正在此时，于1981年1月《文史知识》创刊。"她从创刊之日起，就以弘扬祖国优秀历史遗产的准确定位，为众多渴求文史知识的读者，特别是蹉跎了金色年华仍在文化荒漠中跋涉的青年，搭起了一座通向智慧绿洲的桥梁"。[1] 可以说《文史知识》的诞生适逢其时。它一问世就受到读者特别是青年读者的欢迎。著名史学家黎澍在1982年11月5日《人民日报》撰文说："中华书局办这个杂志，用意至善。"正因为它适应了社会需要和时代需要,它对提高整个社会的文化知识水平、文化素质和思想境界起到了推动作用。

《文史知识》由中华书局主办不是偶然的。作为有近百年历史的中华书局,一向致力于整理、研究、出版古代文化典籍,多年来为弘扬中华民族优秀文化做出了突出成绩。为了适应改革开放的新形势,进一步弘扬民族文化,使其为建设社会主义新文化服务,创办一个面向广大读者,以弘扬历史文化知识为主要内容的刊物,可以说是面向读者宣传民族文化,普及文史知识的一个窗口。对于此,当时中华书局副总编、主持中华书局编辑部工作的李侃同志曾有过这样的说明:"中华书局是以整理出版古籍和文、史、哲著作为主要任务的专业出版社。由于古籍文字艰深,即使加上标点,一般读者也不易理解。为了使我国的优秀传统文化遗产为更多的读者所了解和继承,我觉得很有必要办一个知识性刊物,去介绍和研究传统文化各个方面的知识。"[2] 这可以看出当时创办《文史知识》的领导者的战略眼光和远见卓识。

由于依据中华书局整理、研究、出版古籍的丰富经验和雄厚的出版资源,加之中华书局内强大的编辑队伍以及中华书局在出版界的广泛声誉和影响力,《文史知识》具有得天独厚的优势,它创刊之始就显示了强大的生命力,成为全国的知名刊物。

名家撰文　深厚诱人

一个成功的刊物,既要有明确的办刊宗旨、准确的读者定位,又要依靠作者特别是知名作者的支撑。《文史知识》的读者主要对象为中学文史教师、大专院校文科师生,其文章要求具有一定的学术性、知识性,又要兼顾读者需要,做到普及与提高相结合。这就对作者提出了较高的要求。创刊伊始,编者就明确提出"大专家写小文章"的办刊理念。由于编者的精心策划,根据刊物内容,广泛组织文史领域的名家撰稿。著名学者季羡林、周谷城、朱东润、郑天挺、夏承焘、王力、俞平伯、钟敬文、翁独健、余冠英、王季思、邓广铭、吴祖缃、张岱年、林庚、金克木、启功、周一良、杨伯峻、金景芳、陆宗达等,众多文史学科领域的知名学者都先后为《文史知识》撰文。这些文章多是作者将自己经过多年潜心研究的成果加以精心提炼、浓缩,以通俗化的语言表达出来,虽然有些是研究深奥的专门学术问题,但又能做到深入浅出,把艰深的学问用浅显的文辞讲出来,讲得既有深度,又使一般读者能看懂。做到严肃性与科学性、学术性的结合,通俗性与趣味性、可读性融为一体,强化了文章的影响力与吸引力。著名学者袁行霈在谈到读《文史知识》的感受时说:"文章本身写得亲切,有的作者据我平时了解是颇为严肃的,但在《文史知识》上露面时也多了几分亲切。有的文章,看题目俨乎其然,文笔却娓娓动人。如果将《文史知识》比作一个人,宛然是饱学之士,在夏夜的庭院里随便聊天,一边挥着芭蕉扇,喝着已不太浓的茶。而各种各样的知识如泉水般涓涓流出,沁人心脾。"[3] 著名学者季羡林称《文史知识》是:严肃而又清新活泼,学术性强而又令人爱不释手的可读性。在《文史知识》创刊5周年之时,诗人臧克家怀着激动的心情为该刊题词:"结识良朋历5年,殷勤夜夜伴孤眠,文章读到会心处,顿觉灯花亦灿然。"深切表达了对刊物的眷恋之情。

有的专家还从影响因子的高低和刊物的社会影响力角度,探讨了《文史知识》的内容特色,认为"《文史知识》已经是国内历史类期刊中具有较高的影响因子、较好的被引率刊物……影响因子也好,被引率也好,形象和特色也好,说到底反映的是刊物的社会影响力和基本质量,反映的是刊物被读者接受和利用的程度。从这个意义上说,《文史知识》凝聚大学者写普及性文章的做法,把知识含量和学术含量融化在深入浅出的表现方式中的做法,已经取得了成功,获得了较高程度的社会认可"。[4]

《文史知识》不仅在学术界、高层专家中受到广泛赞誉,在广大知识青年、文史爱好者中反响更为强烈。不少读者在阅读《文史知识》中受益甚多。有的青年称《文史知识》是"培养专家的净土"、"培养自己成长的良师益友";有的称它是自己"登山的阶梯,学习成长的好帮手";还有的称它是"一位博学的先生,教人以知;它是一本丰富的字典,释人以怀"。正是它的巨大影响力,受到社会各阶层不同读者群的欢迎。创刊5年间,最高发行量达22万份。

栏目众多　内容丰富

作为一个综合性的文史刊物,所反映的内容既"广"又"杂"。为便于读者的阅读,编者根据内容性质的不同和读者的需要,设置若干栏目。刊物栏目的设置,一是展示刊物内容的一个窗口,便于读者阅读;二是体现编辑意图;三是为作者提供写作与研究信息。《文史知识》的栏目众多,可以说文史类的众多内容无所不包。诸如"诗文欣赏"、"文史杂谈"、"文史书目答问"、"人物春秋"、"治学之道"、"文史研究动态"、"文物与考古"、"随笔札记"、"文史信箱"、"青年园地"等,涵盖了文史领域的诸多方面,读者可以根据自己的需要,遨游文史的太空,有选择地在这个丰富的知识宝库中学到自己有用的东西。在这些众多栏目中,"诗文欣赏"与"治学之道"尤受读者欢迎。前者所发文章对诗文的分析入微,见解独到,欣赏有滋有味,对读者提高诗文的鉴赏力和审美能力大有帮助;后者多是众多学界顶尖人物以自身做学问成功的秘诀和通往成功的途径,讲述了自身酸辣苦甜切身体验,读者不仅从中领略到治学的坎坷,学到治学方法,而且成为自己步入学术殿堂的引路人。

栏目的设置不是一成不变的,为了适应形势的需要,不断地开辟新的栏目。如根据读者需要,刊物在巩固扩大原有老栏目影响的前提下,又增设了"官制讲座"、"科学史话"、"古代科技漫话"、"文学流派"、"文学人物画廊"、"怎样学习古代汉语"等。

为了在更大范围内扩大刊物影响力和辐射力,在一定时期内,编者有选择地将一段时间专栏的文章集中起来,汇编成书。如将"治学之道"栏目中刊发的有关文章汇编成《与青年朋友谈治学》一书;由"人物春秋"栏目的有关文章汇编成《中华人物志》。这样就产生了滚动式、循环式的传播效应。

为了整理、挖掘地方文化资源,使文史知识普及到基层,发挥其资政育人、进行爱国爱家教育和乡土教育的作用,《文史知识》编者还主动与地方合作,先后刊出了"山东专号"、"湖南专号"、"南阳专号",既满足了地方扩大文史知识宣传的需要,也使刊物更好地扎根基层。

编辑运作　独具匠心

一个成功刊物的背后，必然有一支富有文化眼光、善于开拓、富于创新、乐于奉献的编辑队伍。《文史知识》的编辑队伍，随着时代发展屡易其人，但是重视编辑队伍的素质的传统一直传承下来。《文史知识》的编辑活动和具体运作有几点值得赞扬。

一是主导思想明确。作为以继承民族文化遗产,弘扬传统文化,普及文史知识,肩负建设中国特色社会主义新文化,培养社会主义新人为己任的《文史知识》,在整个办刊过程中,无论在选题策划、稿件组织、栏目设置、编辑加工等各个环节,都始终围绕刊物的这一光荣任务而运作,形式虽然不断变化,但刊物这一主导思想一直不变。明确的办刊宗旨和主导思想的稳定性,使刊物始终保持旺盛的生命力和后续力,这是它办刊成功的一个重要因素。

二是充分发挥编委会和通讯员的作用。办刊之始,《文史知识》就建立了编委会和特约通讯员网两个组织,在办好刊物上发挥了积极作用。据《文史知识》第一任执行主编杨牧之介绍,为了办好刊物,《文史知识》编辑部外有两个组织,一个是编委会,一个是特约通讯员网。编委会成员都在北京,层次也高,他们主要组织北京的研究机构、高等院校和有关单位的专家、学者撰文,也利用他们的影响,组织全国各地有学术水平的名人的稿件。特约通讯员分布各地高校和研究机构,他们对当地的作者情况熟悉,可以随时组织稿件。由于发挥了编委和通讯员的作用,使得大批的优质稿件涌向编辑部,这既保证了刊物的质量,又可随时听到编委和通讯员对改进刊物的意见。时下,不少刊物也建有编委会,但多是有名无实。《文史知识》的编委不是这样。据当年的编委、北大教授白化文回忆:"《文史知识》的编委却是实实在在参与选题策划、联系作者和读者、组织稿件、宣传刊物等编辑事务。就说编委会吧,每次编委会都有一个确定的主题,大家就主题,主要是如何使刊物不断进取、不断创新,争取读者,扩大销路等问题,绞尽脑汁,展开热烈讨论……我当年因为刊物的事,经常往王了一、周燕孙先生府上跑。"[5]

三是放下架子殷情组稿。编辑要从作者特别是名作者手中拿到好稿子决非易事。这需要编辑了解作者、尊重作者,和作者建立平等互信的关系。有时还要放下架子,登门拜访,殷情组稿。《文史知识》在创办之初为什么那么多的名家为刊物撰稿,这与编者虚心求取、殷情组稿有直接关系。《文史知识》创刊之初,据杨牧之同志回忆,为了组织一篇好稿子,他和另一位编辑曾两次冒雪骑自行车从中华书局到北京大学一位教授家求稿。这位教授很感动,终于把稿件写好交给编者,刊发后受到好评。

始终坚持以传播中华优秀文化,弘扬民族优秀文化传统为己任,紧跟时代步伐,不断创新的《文史知识》已走过了30年的辉煌历程。我们坚信在下一个30年里,一定会迎来一个更加明媚的春天。

参考文献

[1]田居俭.从历史中汲取精神动力[J].文史知识,1998(2).
[2]李侃.对《文史知识》的杂忆与希望[J].文史知识,1998(3).
[3]袁行霈.独到的境界[J].文史知识,1989(10).
[4]李国新.核心期刊、社会影响力与《文史知识》[J].文史知识,2004(10).
[5]白化文.创业艰难百战多[J].文史知识,1998(2).

把《文史知识》当做事业来办

杨牧之

著名出版家杨牧之

杨牧之（1942—），1966年7月毕业于北京大学中文系古典文献专业，随后入中华书局做编辑工作。编审。1980年至1987年5月曾参与创办并主持《文史知识》编辑工作。1987年5月调任新闻出版署做出版管理工作。2002年4月任职中国出版集团。

曾任第四届全国人大代表，第十届全国人大代表、教科文卫委员会委员。

主要著作有《编辑艺术》、《论编辑的素养》、《出版论稿》，散文集《佛罗伦萨在哪里》、《火车带来的乡愁》、《香格里拉的追寻》以及《辛弃疾》、《晏子的故事》、《春秋的故事》、《隋唐的故事》等。

主持编纂有《大中华文库》（汉英对照版）、《图书出版管理手册》（第一版）、《20世纪中国社会科学》、《中国古籍总目》、《论古籍整理与出版》等。担任《大中华文库》工作委员会主任、总编辑。

中华书局《文史知识》月刊创办于1981年，至今已经出版70期。六年来，《文史知识》的发行量由最初的3万册，逐年递增到21万册，居全国同类刊物之首。近两年来，由于纸价上涨、印刷工价上涨等客观原因，刊物定价曾有两次浮动，刊物印数自1985年以来虽时有波动，但始终保持在17万左右，受到了社会各界的普遍欢迎。国内著名专家王力、宋振庭（已故）、黎澍、王季思、唐弢、吴世昌（已故）、庞朴等先后在《人民日报》、《光明日报》、《文汇报》等报刊上撰文评介《文史知识》，赞扬《文史知识》在社会上产生了较大影响。1985年被《京晚报》评选为十五家最佳杂志之一。同年8月，中央电视台录制了《五载辛勤花满枝——祝贺〈文史知识〉创刊五周年》的节目(10分钟),向全国播放。1986年还参加了文化部举办的"青年优秀成果展"。可以说,《文史知识》从创刊到现在,已经从一棵幼苗逐渐成长起来,基本生成为一种有自己风格的刊物。

所有这些成果的取得,一方面是因为有党的正确领导,另一方面则靠《文史知识》编辑部全体同志的共同努力。《文史知识》编辑部是一个青年集体,大多是近几年毕业的青年学生,只有编辑部负责人是位中年知识分子。我们这样一个集体,创办这样一个刊物,六年风雨,确有许多甘苦。

一、革命的事业心是办好杂志的根本

人们说,做编辑工作是"为他人做嫁衣裳",而编《文史知识》,则似乎更需要一种献身精神。因为它是一个月刊,每月一期,从不间断,在一个月的30天内,要发稿,要看校样,要为下一期制定选题,要组织稿件,要处理大量来信、来稿,要接待不期而至的作者和接听络绎不绝的电话,还要参加各种会议。而这些工作长期以来只靠六七个人在做,真没有喘息的工夫。同时,它又是一个知识性的月刊,知识需要扎实,才可信;刊物要有信誉,才能打开销路;文章内容要反映当代科学研究的最新成果,人们才乐于接受。因此编《文史知识》这样一种知识性刊物就有更多困难。六年来,我们全编辑室的同志没有一个人休过进修假。为了扩大宣传,我们曾全体出动到大街小巷的广告栏上张贴宣传广告;为了增加订户,哪里有讲座、报告,编辑部全体同志早早便到会场前去售书;为了听取读者意见,我们四处出访,召开座谈会,全体同志只有一个心思:办好刊物。而支持着这个集体的,只有一点,那就是强烈的事业心。

办《文史知识》是一种事业。刊物创刊的时候,"文化大革命"结束不久,人们都在对这场历史性的灾难进行深刻的反思。十年的动乱,留下来的是什么?是文化的堕落和知识的空白,整整十年,耽误了整整一代人的青春。有些青年人,知识贫乏,境界低下,不了解悠久灿烂的祖国文化,不能从祖国优秀传统文化中激发民族的自豪感,正是这种迫切的社会需要,促使我们创办了《文史知识》。我们把这项工作当做一个事业,为这样一个事业献身,我们感到由衷的快乐。创刊不久,许多专家、学者就纷纷撰文,对我们的工作作出了高度的评价。如庞朴同志说:"中华书局今年开始出版的《文史知识》,以它丰富的栏目和鲜明的性格,在知识读物界迸射出一道霞光,使我们为之一振。"[1]黎澍同志说:"《文史知识》是近年来办得很出色的一个杂志。"他热情呼吁"中华书局创办这个杂志,用意至善,正合需要,希望大家都来支持,同心协力把这个杂志办好"。[2]创办一个刊物本是平常之事,这些文坛前辈却如此惊喜,如此激动,很使我们思考。

最使编辑部同志激动不已的恐怕还是大量的读者来信。许多读者把《文史知识》当做知心朋友,当做他们心目中最尊敬的老师,为买一本《文史知识》他们有时要跑遍全城的大小书店;有好些地方的学校、博物馆,为青年教师、青年文史工作者每人订购一本,作为业务进修的重要材料,这样信任、这样热爱,是我们所没有料到的。甚至老一辈的学者对《文史知识》也倍加钟爱,更使我们感到意外。著名诗人臧克家先生,他一再说《文史知识》是他每期必读的唯一刊物。起初我们认为这是老先生对我们的鼓励,后来,他把五年来的《文史知识》一期不缺地拿出来,上面密密麻麻地批满红圈蓝线,他还赋诗道:"结识良朋历五年,殷勤夜夜伴孤眠,文章读到会心处,顿觉灯花亦灿然。"看着这些标记,听到这样真挚的诗句,我们的心里不由一热。臧老一丝不苟的精神,对我们来说,不只是一种鼓励,而是一种更深刻的鞭策。面对着20万这样认真而虔诚的读者,我们不由得感到肩头责任的重大。我们作为一个出版工作者,决心尽最大的努力,为人民群众提供更健康、更精致、更切实有用的精神食粮。

正是广大读者的无比信任和老一辈专家的谆谆勉励,不断强化了编辑部全体同志的事业心和责任感。一个人的一生是很短暂的,但在一生中能够为人民做一项、两项有意义的事业,他是幸运的。

在《文史知识》创刊五周年专号上,我们编辑部的每位同志都写了一段感受最深的话,与读者谈心。那一句句热诚、平实、朴素的肺腑之言,展示了大家美好的心灵。一位青年编辑同志说:"一期期,一年年,杂志工作就是如车轮般的周而复始,但它又如同车轮在一圈圈向前走,《文史知识》就是这样慢慢地为我们展示了一个未曾经历的世界,它丰富了文化,丰富了读者,也丰富了我自己。"

一位刚刚分配来的青年编辑说:"有人说编辑工作是为他人做嫁衣裳,

我却十分倾心做一名这样的服装设计师。我多想用稚拙的笔,将激情与爱编织成一幅绚丽多彩的锦缎,去装饰我们的新嫁娘。然而,每每奉献的却是那样拙劣,那样令人遗憾。朋友,我们虽然素不相识,可你们时时都赋予我勇气和力量,从你们身上,我们一次又一次地获得了灵感,激发了创作欲望,衷心地感谢你们。"

一位中年编辑说:"办月刊在出版一行中恐怕是最苦的差事,但又是一个很快能得到'回报'的差事。一月一月,一年一年,几百篇,几千篇文章结成一条知识的长廊。在这条长廊里,无数的游人在其中徜徉,我们擦擦汗,又开始编下一期了。"

二、在矛盾的探索中前进

时代需要知识,人民渴望知识,这仅仅是《文史知识》得以生存、发展的前提。一个刊物要能为广大读者所喜爱,还必须有自己鲜明的个性。那么,怎样才能塑造出自己鲜明的个性呢?回顾《文史知识》六年的历史,可以说,没有哪一天不是在矛盾中摸索前进的。幸亏我们有一个好的集体,大家虽然缺乏编刊物的经验,但团结奋斗、互相体谅、各展所长,六年过去了,编了七十几期刊物,还真有了一些体会,这些体会反转过来,也可以说是我们的问题,借此机会,我们与大家一起讨论。

(一)雅与俗

"雅"与"俗"是一对矛盾,也是不同读者的不同要求。《文史知识》作为一个普及性的知识刊物,它的理想要求应该是"雅俗共赏,少长咸宜"。但怎样才能做到雅俗共赏呢?怎样才能处理好"雅"与"俗"的关系呢?过雅,则深,阳春白雪,固然高洁,但"国中属而和者不过数十人",不符合我们向广大读者宣传、介绍中华民族五千年灿烂文化的宗旨。过"俗",则浅,发行面可能会大,经济效益会好一些,但不利于读者的提高。要真正解决好雅与俗的矛盾,关键的问题在于搞清楚,什么是雅,什么是俗,并且掌握好二者之间的分寸。

针对这一问题,编辑部经过反复考虑,再三实践,最后我们决定把《文史知识》办成这样一种杂志,它介绍的是基本知识,但又是有学术水平,反映最新研究成果的基本知识。这些知识,中等文化水平的读者,经过努力,可以看懂。这中等文化水平的读者好比达到了"升堂"的水平,而《文史知识》则可以帮助他"入室"。但正如"升堂"而"入室"必须"经过努力"一样,中等文化水平的读者要读懂《文史知识》也要经过努力。经过努力看懂的文章,与一看便懂的文章是不一样的。正如有的读者来信说的那样,跳一跳摘到的果子比伸手就摘到的果子甜。对于那些文化水平高的读者,这些知识也有用。中国古代文献浩如烟海,为世界所公认,黑格尔在《历史哲学》一书中说,"中国人有最准确的国史",决非虚语。

我国古代文献,据称多则20万种,少则也有10余万种。然而,被人赞赏,不见得都让人愉快。"吾生也有涯,而知也无涯",这样多的文献,一个人终其一生也很难读完,即使是专家,恐怕也没有精力全部涉猎,也需要有人为之介绍。再说,中国传统的治学方法有很大局限性,这就是"皓首穷经"。除掉他研究的那一门、那一经,其他门类恐怕已经没有多少时间再去"穷究"了。正是由于这两个原因,使得《文史知识》对于那些水平高的读者也能够做出贡献。

经过这样的分析,我们心里有了一个尺寸,一个标准,但怎样具体落实呢?也就是说,什么样的选题才具备上述的条件呢?我这里举一个具体的例子来谈。

《文史知识》在"文学史百题"栏内曾经发过《诗歌史上的双子星座——李白与杜甫》一文。李白与杜甫是我国两个最伟大的诗人,对于一般读者,即中等偏上文化水平的读者,了解李白与杜甫的基本情况是十分必要的,也就是说,雅俗共赏两方面,"俗"的方面做到了,但怎样满足"雅"的方面的需要呢?原来,安排这个选题时,我们考虑到更深一层的文化背景。熟悉文坛掌故的同志也许都知道《诗歌史上的双子星座》是1962年郭老在纪念杜甫诞生1250周年大会上所致开幕词的题目。那时候,郭老热情洋溢地赞美李白、杜甫,把他们比喻为"诗歌史上并列着发出不灭的光辉的双子星座"。但是,时过十年,他出版了《李白与杜甫》一书,一改旧说,把杜甫说得一无是处。郭沫若同志是研究社会科学的权威,他的观点很有影响。那么,他抑杜扬李对不对?这个问题很现实,文化水平高的读者需要探讨,对于一般读者,它又属于新的问题,也应当知道。所以,《诗歌史上的双子星座——李白与杜甫》这一题目本身就寓有深意,文章作者不负所望,他从"不同的创作道路"、"不同的创作方法"、"不同的艺术风格"等方面论述了这样一个观点:李杜在中国诗歌发展史上各自做出的独特贡献是无法抹杀的,主观地采取简单的扬此抑彼的态度,无法改变他们在诗歌史上双子星座的地位。应该说,这篇文章,既反映了学术研究的新进步,也反映了百家争鸣的新动态,它是兼顾了文化水平较高的读者和中等偏上读者的需要的。

正是这样,我们在每一篇文章的选题上仔细推敲,使之尽可能地满足雅俗两方面的需要,总是介绍那些大家都知道一些,但又说不清楚的知识。"大家都知道一些",说明这个问题的普及性和通俗性;"但又说不清楚",说明它有一定的难度和深度。"大家都知道一些",才能引起读者的注意;"但又说不清楚",才能吸引人们读下去,看看究竟是怎么回事。六年来,我们就是本着这样的原则编《文史知识》的,这样做对编辑工作提出了很高的要求,一方面是必须时刻考虑读者需要,了解读者心理;另一方面,编辑本身必须对学术研究心里有数,随时注意学术研究的现状与动向,及时地去提出问题、组织稿件、解决问题。

这样做的效果如何呢?这里有两个统计数字,可以看出我们对雅与俗及其辩证关系的探索是基本成功的。

1984年,《文史知识》曾经做了一次读者调查,从几万份读者意见表中,我们选取了1000份作抽样分析,其中20岁至30岁的读者占59%,31岁以上的读者占35%(有6%的读者没有注明年龄)。而在这样一个年龄构成的读者中,认为刊物深浅合适的占66%,认为深的占28%,认为浅了的占6%,这说明,刊物在"雅俗"关系的处理上是符合读者需要的。

(二)传统知识与时代感

前面我已谈到,《文史知识》创刊后受到了各界读者的热烈欢迎,为什么呢?因为读者需要,实际上就是时代的需要。

但是,光有这样一个大的时代感还不够,读者的兴趣、口味是在不断变化的,作为一本刊物,必须充分考虑到读者需要的不断变化,不断调整刊物内容的中心,不断调整介绍的角度和方法,才能跟上时代前进的步伐。这就产生了一对矛盾,就是如何处理好"传统知识与时代感"的问题。

六年来我们坚持这样一个原则:一方面,我们坚定不移地介绍、传播五千年灿烂的民族文化,坚持介绍基本文史知识,不哗众取宠,以扎实取胜。另一方面,我们时刻注意社会需要,着重介绍当前需要的文史知识。比如,社会上大讲岳飞传、杨家将,历史与小说共存,信史与传说同在,很多读者需要对二者进行科学的区分,我们便组织了《历史上的岳飞和小说中的岳飞》、《杨家将的历史和传说》等文章,告诉读者历史上的岳飞、杨家将是什么样,小说中的岳飞、杨家将又是什么样,以及为什么会有那些不同。又如,一个时期社会上武侠小说泛滥,一部武侠小说一印几十万、上百万,原因何在?简单地否定是容易的,但并不能说服人,也不能从根本上解决问题。我们组织了专文《〈三侠五义〉是一部思想平庸的书》,通过对《三侠五义》的解剖,纵谈了武侠小说产生的背景,"平庸"在何处,并细致地分析了它为什么能吸引读者,以及究竟应给武侠小说以怎样的历史评价。近年来,广大青年十分关心方法论的讨论,北京读者郑克伟写信给《文史知识》编辑部说:"今天,仅仅用过去的手段,一本书一本书慢慢地啃,把老一辈学者已经走过的老路重复走一遍,然后再开始研究新问题,恐怕我们这一代人永远赶不上学术发展的速度,也永远超不过老一代学者。"对这个问题怎样看,可以讨论。但这个问题确实是读者所关心的。我们的"治学之道"栏目就是向读者介绍治学的方法、经验的,所以,讨论这个问题是读者的需要,是建设四化的需要,因此也是时代的需要。经过仔细研究、周密准备,我们在刊物上展开了"80年代我们怎样治学"的讨论,连载四次,还组织了三次座谈会,邀请了北京大学、清华大学、北师大、人大等三十几位同学参加,也邀请了李泽厚、金开诚、林甘泉、邓广铭等十几位专家学者。虽然与会者观点不尽相同,甚至相反,但是这样的讨论受到了读者的热烈欢迎。辽宁、江苏等省的大学和科研单位还来函索取讨论的资料。

　　前一段时间学术界出现了讨论传统文化的热潮,我们《文史知识》就是介绍中华民族五千年传统文化的,我们的读者一定想听听我们的意见。一方面,我们有自己的基本观点:中华民族五千年灿烂文化不能否定,社会要发展和前进,必须继承传统文化的精华。另一方面,对传统文化要进行具体分析,比如:有人说中国经济落后根源之一是"重农轻商"思想造成的,什么叫重农轻商?历史根源是什么?怎样演变的?今天怎么看?我们便于去年10月份编了《传统文化讨论专号》,组织周谷城、戴逸、张岱年、阴法鲁等先生笔谈,又组织了许多文章具体分析一些传统观念和传统文化现象。刊物于今年第1期出版后受到好评。《人民日报》等多家报刊转载了周谷城、张岱年先生的文章。

"时代感"还体现在刊出的文章要有最新、最高的学术水平。有人也许认为,一本知识性刊物,介绍一下基础知识足够了,不必要也不可能反映学术上的最新成果和水平。我们认为这种看法不对。这种看法,正是一个知识性、普及性刊物办不出水平的根本原因。一般要学习知识的读者当然要了解基础知识,但他也要了解的是最新水平的基础知识,要了解最新研究成果。作为一个编辑就应该把这样的知识介绍给读者,使读者从学基础知识开始就接触到当前的最高水平。这就要求我们了解学术界动态、研究水平和作者的研究情况。

从《文史知识》的努力,可以见到这个指导思想的成效。如"劳动创造了人"、"劳动创造世界",恩格斯第一次提出了这一伟大结论,但这一结论的证据何在?北京人化石的发现为这一结论提供了一个证据。那么,北京人化石是怎样发现的呢?我们请北京人化石的发现者之一、八十高龄的贾兰坡先生撰写了《北京人化石发现记》。贾老的文章生动而令人信服地回忆了五十多年前发现北京人化石的情况,有力地论述了这一发现的重大意义。可以说,此文有传世的价值。不用讳言,再过一些年,还有谁能写北京人化石发现的"亲历记"呢?中国大陆是一块宝地,第一个北京人化石发现的五十五年之后,1984年10月2日,又一具猿人头骨金牛山(在辽宁省营口县)猿人化石被发现了。它的价值何在?它的发掘情况如何?我们又请金牛山猿人化石的发现者吕遵愕同志撰文。编辑部为能组到这样一些稿子而感到快乐,读者为能订阅到这样的刊物而感到满意。

经过这些实践,我们可不可以这样概括:我们办刊物的所谓"时代感"一是时代需要你这本刊物;二是刊物中的文章反映了当前时代的学术水平,能解决当前时代提出的问题(当然指你的刊物所介绍的专业范围)。就拿《文史知识》来说,它主要是介绍传统文化,但传统文化的内容太丰富了,孰先孰后,孰轻孰重,就要由这个"时代感"来决定了。当然,这样做很辛苦,在你的刊物所负责的专业范围内,时代提出了什么问题?当前的最高水平什么样?历史上的研究情况如何?都需要心里有数,做一个编辑谈何容易!但要做一个好的编辑,也只能不辞艰苦,这样干下去。

(三)系统与零散

有的同志说:既然叫《文史知识》,就要系统介绍中华民族的文史知识,不能散。有的同志又说:杂志杂志,自然要丰富多彩,朱紫杂陈。一本刊物,怎样算有系统，什么样子叫散？怎样将系统与零散这对矛盾处理好？这是我们经常思考的又一问题。

杂志，顾名思义内容自然要五彩缤纷，朱紫杂陈，这恐怕是所有杂志的共性，否则就不能满足多层次读者的不同需要；但一期刊物，又不能杂乱无章，有啥上啥。它必须有一个中心，有系统。东鳞西爪，浮光掠影，起不到全面介绍古代灿烂文化的作用。这就是系统与零散的矛盾。为了解决这对矛盾，我们采取了多种措施。

首先，我们试图在每一期上都安排一个中心，这个中心要通过重点文章，以配合重点文章的文章体现出来。以这一组文章为中心，形成这一时期的系统。以1982年第8期为例，这一期领头的文章是戴逸同志的《继承和发扬爱国主义传统》，这就是本期的中心。围绕这个中心，在"文学史百题"栏中安排了《马革裹尸当自誓，男儿到死心如铁——略论辛弃疾词的爱国主义精神》；"历史百题"栏中安排了《甲午风云与中国的觉醒》；"文史书目答问"栏介绍了与万里长城、大运河并列为中国三大工程的清修《四库全书》；"中国名著在国外"栏安排了《〈赵氏孤儿〉与十八世纪欧洲的戏剧文学》，介绍了中国名著在国外的巨大影响；"文史古迹"栏发表了《皇帝·黄陵·毛泽东朱德同志祭黄帝文》，甚至连小栏目"成语典故"也配上了"数典忘祖"成语的解释。文章题目不同、角度各异，但却从不同侧面指向一个中心。这种呼应或明或暗，但仔细观察，便会发现这些栏目的交互配合，刊物内容给人以立体感。

其次，从栏目方面说，一个栏目又自成系统，时间长了，文章积累多了，也成为某一方面的系统知识。如将六年来"文学史百题"栏发表的文章集中起来，就是一本系统而详尽的文学史。现在我们已将许多栏目中的文章汇编成书，受到读者欢迎。如《与青年朋友谈治学》，由"治学之道"栏汇编而成；《古代礼制风俗漫谈》，由"文化史知识"栏汇编而成；《中华人物志》，由"人物春秋"栏汇编而成；《经书浅谈》，由"经书浅谈"栏汇编而成。目前已发稿十五种，出版九种，颇受读者好评。我们计划在三年内出版四十种，如果事先没有一个长远打算，没有系统安排，这些书是没法顺利编出来的。

第三个办法就是编辑专号，为了使知识更加集中和系统，我们从1982年开始，就有计划地编辑专号，每年二期。所谓专号，不仅仅是文章质量更高，作者队伍更强大，还主要表现为选题更为系统，内容更为集中，文章与文章之间更注意内在的配合与联系,使人一卷在手,即可大致了解该时期文化或该专题研究的基本面貌。

最初我们编"时代专号",以每一个相对独立的历史时期为单位,将该时期的政治、经济、文化的各个方面,尽可能地做全面介绍,使读者对古代文化形成以中国立体感。专号文章我们强调"三名三高",那就是选择这一时代著名而重大的事件、人物为题,请在这方面有高深造诣的名人来写,写出高质量的名文来。我们已经编辑的时代专号有:"先秦专号"、"魏晋南北朝专号"、"宋代专号"、"明代专号"、"清代专号"、"近代专号"。当"时代专号"初具规模之后,我们又开始编辑"专题专号"。这种专号就是以某一专题为内容,对该专题的历史和具体内容进行全面的介绍,以便读者对中国历史文化既有纵向的了解,又有横向的了解,从而体现历史文化的悠久性、多样性。去年办了"佛教与中国文化专号",今年第一期办了"传统文化讨论专号",现在又编发了"道教与传统文化专号"。今后我们还将开办第三个系列,即"地方专号"系列,现正在着手"山东专号"与"湖南专号"的准备工作。"地方专号"就是以地域为中心,将各地区文化的古往今来介绍给读者,使广大读者不仅了解我国的过去和现在,而且了解我国地域广大,每个地区都有丰富多彩的文化,正是这些一个地区一个地区的文化,构成了伟大古老的中华民族的文化,既是乡土教育,也是更具体、更深入的爱国主义教育。根据我们的设想,以时代专号为经,形成中国文化的时间系列;以地方专号为纬,形成中国文化的空间系列;两大系列经纬交织,再以"专题专号"穿插点缀其中,三大系列交互推进,逐步编织出一幅中国文化的灿烂图景来。

专号的编辑备受读者欢迎。如去年第5、6期的"先秦专号"出版之后,吴世昌先生在《人民日报》上撰文作了高度评价。《中国报刊报》以《还是独辟蹊径好》为题,赞扬《文史知识》系列专号是"独辟蹊径",质量高,读者欢迎。1986年9月先秦史学会在长春召开年会,对"先秦专号"评价很高,大会还向编辑部赠送了"为先秦史研究做出贡献"的锦旗。又如"佛教与中国文化专号"出版以后,每天都接到许多读者来信,表示他们的感谢和建议。《文汇报》、《文汇读书周报》、《广州日报》相继发表评论文章,对"佛教专号"予以肯定和鼓励,认为这是一次"大胆的开拓期",尤其是西藏地区对这一专号反应强烈。过去《文史知识》在西藏只有两个订户,但这次专号出版后,西藏读者来信函购,一次就要70本。

经过几年实践,读者来信称我们的刊物是带有"文史知识辞典性质"的刊物,长期订阅等于得到一部"文史知识辞典"。我们觉得这是对我们处理"系统与散"这一对矛盾所做努力的肯定和鼓励。

除此之外,还有不少矛盾,如"专家与非专家作者"问题、"严谨与死板"问题、"有用与有趣"问题等等,限于篇幅这里就不能详谈了。

三、关键在于树立一种积极创新的群体意识

六年来,编辑部同志不断努力,《文史知识》渐渐形成了自己的个性,得到了读者的好评。建立自己的个性不容易,保持自己的个性更难。它不仅要求我们一刻不能松懈,保持自己的特色,更重要的还在于要不断地创新。回顾《文史知识》六年来的道路,我们的体会十分深刻。譬如栏目的设置。《文史知识》的许多栏目开始时本是独家经营的,可是办了一段时间以后,别的刊物也开办了类似的栏目。新鲜的东西,变成了大路货,不再新鲜,怎么办?除了创新,没有别的道路可走。于是,我们提出了一个要求,每期必须有一点新花样,有一点改革。花样小,没关系,改革小,没关系,点点滴滴改革就会由量的积累演变为质的飞跃。经过反复推敲和不断的酝酿,我们在原有基础上,又开设了许多新的栏目,如"官制讲座"、"科举史话"、"金石丛话"、"古代科技漫话"、"文学人物画廊"、"文学流派"、"文史信息"、"怎样学习古代汉语"等。"治学之道"成了大路货,我们就在原来的基础上组织了"历史学家谈怎样研究历史"专栏,要求为此栏撰文的历史学家重点介绍某段历史、某个学科或某一问题的研究现状、争论的焦点以及今后研究的重点,将一般性的治学经验之谈深化为具体的传心传法;"诗文欣赏"成了热门,我们就又设置了"怎样欣赏古典诗词"一栏,比如什么叫"清空"、什么叫"意境"、什么叫"雄奇"等,将如何欣赏的理论、方法介绍给大家,进一步提高读者的鉴赏能力;"青年园地"多家开设,我们就一个学校一个学校组织专题讨论,每次请一个学校笔谈一个专题,很受学校和学生的欢迎。这样做的结果,把知识的视野向深度和广度不断地开拓了。树立一种不断创新的群体意识,是十分重要的。这种群体意识的形成,靠的是一种集体精神,靠

的是一种和谐而友好的竞争气氛。我们编辑部人不多，长期来是六个人，后来到八个人，去年扩大到十个人。除去编辑室主任、秘书、编务之外，我们将其余的几位编辑分为两组，每组轮流编辑。具体负责从选题、组稿到出版的全部工作。每当刊物出版之后，两组同志一起坐下来认真总结经验教训。哪些设想实现了，哪些设想没有实现，并进一步明确下期的努力方向，找出问题的症结所在。这样做的结果，是使编辑部始终保持一种旺盛的创新精神。如果有哪一期办得四平八稳，没有什么特色的话，同志们就会感到内心不安。这里靠的并不是行政命令，而是一种不断强化的事业心和责任感，是同甘共苦、共同奋斗形成的一种精神默契。这是我们编辑部十分宝贵的财富。

通过六年的编辑实践，大家虽然很辛苦，但是在辛苦中受到锻炼，得到了提高。实践出真知，实践出人才，我们这个年轻的集体，虽然还不够成熟，但是正在成长起来，并且满怀信心地要把刊物办得更好。

参考文献

[1] 见1981年4月30日《人民日报》.
[2] 见1982年11月5日《人民日报》.

（原载《编辑学刊》1987年第4期）

我说《文史知识》

卞孝萱

著名学者卞孝萱

卞孝萱(1924—2009),江苏扬州人。南京大学中文系教授、博士生导师、《中国思想家评传丛书》副主编、中国历史文献研究会常务理事、中国唐史学会顾问、中国唐代文学学会韩愈研究会会长、江苏省六朝史研究会名誉会长。著有《刘禹锡年谱》、《唐代文史论丛》、《刘禹锡丛考》、《元稹年谱》、《郑板桥丛考》、《冬青书屋笔记》、《唐传奇新探》、《唐人小说与政治》等。

八十五岁的我,每月收到《文史知识》后,都是戴了老花眼镜,泡一杯绿茶,坐在冬青书屋的沙发上,惬意地把她读完。不要低估这个小小薄薄的册子,她可是我老年生活中最喜爱的刊物之一。《文史知识》这个刊物对建设社会主义精神文明的贡献,自有公论,用不着我说,这里只谈谈自己的几点感触。

《文史知识》是在改革开放的新形势下,于1981年创刊的。以"深入浅出,雅俗共赏,知识性、趣味性、学术性兼备"为办刊宗旨。前一阶段她给我的印象是:在极左的年代里,人们已经看厌了连篇累牍的大话空话,一旦接触到《文史知识》,所发表的都是不空洞的、不虚张声势的、平实可读的、以知识性为主的文章,感到耳目一新,所以深受广大读者的喜爱,而且越办越充实,逐渐形成了"内容涵盖古代文化各个方面"的特色。随着经济的持续发展,社会日益膨胀的物质欲望,不免使人急功近利,躁动不安。怎样使人生美满?祖国悠久的文明,为人们提供了宝贵的"高思维"之源。历史知识和意识,古典文学修养,是人们值得汲取的养分。在现阶段《文史知识》给我的印象是：她与时俱进，日新又新，努力实现"与历史对话，与时代同行"的目标。

我是《文史知识》的热诚读者，因为她荟萃了老、中、青三代文史专家学者的作品。初期，我从这个刊物上读前辈的文章（现在他们中的大多数已逝世了），如同亲受一次教诲。现在，我从这个刊物上读朋友的文章，如同见一次面，进行学术交流；读新秀的文章，使我开阔视野。总之，开卷有益。我又是《文史知识》的忠实作者。范文澜师曾说，如果写的文章只有几个人看，那又何必呢！所以我愿意把自己认为比较重要的稿子，投给《文史知识》，因为她的读者多，影响大。这里举几个例：（一）2000年至2006年所发表的关于刘师培、柳诒徵、吕思勉等五篇小文，其内容都吸收到拙著《现代国学大师学记》中。2008年发表的《"魁儒"陈汉章》小文，则是准备补充《学记》之作。（二）1985年发表《白居易与新乐府运动》小文，提出新乐府运动是裴垍集团政治活动的一个组成部分，对元和"中兴"起了积极作用的观点，被《文史知识》的广大读者评选为十篇最爱读的文章之一。（三）1994年发表小文，从韩愈诗文中未提过母亲这一现象切入，考论韩愈是庶出，其生母身份低，父死后改嫁，或以乳母名义留在韩家。1997年发表小文，从宋人认为《陋室铭》非刘禹锡作这一现象出发，揭示此《铭》内容与刘禹锡之生平、文风不符合。以上这些都是我多年研究的一得之见，我向《文史知识》投稿，以文会友，态度是认真的。我愿与编辑部同仁一起耕耘这块园地。

编辑部在《文史知识》刊物之外，还编辑了《文史知识文库》，已出版《与青年朋友谈治学》等七十余种，"不仅容纳《文史知识》已经刊发过的较好的内容，还要容纳《文史知识》未能刊发的好内容"。编辑部同仁"深深感觉到无所不在的、中国传统文化的巨大力量。传统文化的历史积淀是如此的丰厚，以至于我们伴随着一项现代化工程的伟大胜利，几乎都要想起我们的前人"。同仁们表示："今天，我们站在新的历史高度，以重新崛起的决心，把祖国的传统文化放到整个世界文明的背景之中，我们一定会更准确地找出精华，区分糟粕，在看来杂乱无章、盲目被动的历史表象中，寻找出规律性的东西，为我们今天的创造活动服务，为我们走向世界、走向未来服务。"（《写在〈文史知识文库〉之前》）豪情壮志，有爱国心肠的人读之，无不振奋。我更要警惕自己年虽老而不能落伍，也要肩负起时代所赋予的历史使命。

《文史知识》办刊方式灵活多样,包括与地方联合办刊等等。例如:2003年与南通市委宣传部共同编辑"张謇与南通专号",对南通文化与历史进行了较为系统的梳理和定位。2008年与南阳市人民政府共同编辑"南阳文化专号",以展现南阳的历史风貌。近期又在《文史知识》刊物内设联合办刊的专栏,如与北京联合大学北京文化史研究所、北京学研究所合办"北京文化史谈丛"专栏,分期发表新的研究成果。这些措施,对繁荣地域文化研究,培养地方文史研究人才,有积极作用;对地区凝聚力和竞争力的提高,也是有利的。《文史知识》不固步自封,在固定的篇幅之中,不断拓展内容,"信息与资料"就是一扇新窗口,一道风景线。诸如研究动态、论文摘要、图书推荐、出版通讯、学术会议的召开等等,五光十色,引人瞩目。及时提出"密切关注国学热"、"关注'电脑时代应该如何治学'"等学术热点问题,发人睿思。可见这个刊物所追求的是更大的覆盖,更多的惠及,真是难能可贵!

《文史知识》从新芽破土、新苗茁壮、枝叶舒展,到新花怒放、硕果累累。这棵大树的成长,倾注了几代人的心血。在主编的领导下,责任编辑耐得住寂寞,坐冷板凳,默默奉献。责任编辑少时二三人,多时七八人,从组稿、审稿、选图、划版、发排到出版、寄样书、汇稿费,工作量不小。每当我收到一期刊物,敬佩之心油然而起。趁此机会,祝愿《文史知识》越办越好,越办越有自己的特色,越受读者欢迎,越能满足读者的需求,为弘扬中华民族优秀传统文化再立新功。

(原载《文史知识》2008年第10期)

亦师亦友三十年
——我与《文史知识》

王志民

著名学者王志民

王志民(1949—),山东淄博人。1967年高中毕业,务农十年。1977年底考入烟台师范学院中文系,1985年山东大学中文系研究生班结业。1986年由助教破格晋升副教授职称。先后任职淄博师专副校长、教育学院院长、淄博市教育局副局长、局长、淄博市政协副主席、淄博大学校长、教授。2000年至今先后任山东师范大学副校长、山东省政协副主席、教育部人文社会科学重点研究基地山东师范大学齐鲁文化研究中心主任、文学院教授、博士生导师。为第七、九、十、十一届全国人大代表,享受国务院特殊津贴。主要研究方向:中国古代文学、中国传统文化、齐鲁文化。主要著作有:《中国古代文学丛谈》、《齐鲁古代文学简论》、《齐鲁文化通史》(主编)、《齐鲁文化概论》、《齐文化概说》、《齐文化与鲁文化》等,发表论文100余篇。

回顾改革开放三十年个人走过的学术道路,若问哪个刊物对我影响最大、我与之感情最深,我会毫不犹豫地首推《文史知识》。甚至可以说,三十年人生之路,《文史知识》伴我一起走过。大致说来,20世纪80年代,在《文史知识》创刊初期,它以活泼、通俗、深邃的魅力,成为文史青年乃至整个年轻一代热读的刊物,也是我踏入学术园地的导航者和解疑释惑的业师;90年代前后,我在该刊编辑部的支持帮助下合办地方文化专号,获取学术信息,发表研究成果,是我不可多得的挚友;进入新世纪,我自己年龄渐长,工作渐忙,诸事繁多,关系渐淡,但它仍是我床头案几的常备必读之物,是我须臾不曾分离的文友。师也,友也,三十年间,执子之手,与子偕行,一路与我走来,成为我的深爱。

一

我与《文史知识》初识于其创刊初期,那时的文史界正经历着走出"文革"十年重创、逐渐恢复元气的疗伤期。文史知识的匮乏,使我们这个有五千年灿烂文化的古老民族像一个大病初愈突感饥饿的病人一样,渴求着文史知识的营养。此时,《文史知识》应运而生。这无疑反映了中华书局对历史与国情的深刻把握和对社会需求的睿智回应。"文史知识"四字,看似平淡实奇崛,既吸引了中等以上文化的广大读者,也得到了专家学者的广泛关注。记得1982年春天,我尚在山东大学中文系学习,经朋友推荐,购得一本《文史知识》,便一见钟情,爱不释手。随后我采用邮购方式,将1981年创刊号及试刊的几期悉数买来。从此以后,我成为《文史知识》的长期订户。每年12期,每期都精心保存。近三十年来,虽然个人购书不断增多,又几度迁居搬家,无数的刊物都忍痛割爱,不再保留,唯有《文史知识》仍然作为书藏珍品与我形影不离。如今在我的二十余架书中,《文史知识》洋洋洒洒竟占了两大书架,成为我家书房的一大景观。回顾早期《文史知识》对我的影响,首先我觉得她是一位"导师"。

我们这些遭遇"文革"的"老三届",上山下乡十余年,错过了读书求学的黄金时期。1977年高考改革,虽然圆了大学梦,但人生已过"而立"之年,知识积累、学术导航、解疑释惑,都需要良师在侧,随时指教。《文史知识》就起到了这个不可替代的作用。学者写通俗文章,学术权威讲文史知识,这一办刊特色,对当时的文史青年就独具吸引力。我当时感到最惬意的,就是在轻松愉快的阅读中,学到了知识,体悟到学者的治学门径,使我在学术上看到了希望,鼓起了风帆。特别是那些学者谈治学的文章,几年之内汇聚了国内诸多名家学者现身说法,谈做学问,眼界高阔,深入浅出,指导性强。令人大有一刊在手,良师俱在之获。就小问题写大文章,这也是《文史知识》的魅力之一。题目不大,但开掘殊深,于人启发尤大。这类文章往往非学养深厚的大家不能为之。读这样的文章,见其学术深度,亦领悟良多。1993年,编辑部约我写一篇"洛阳纸贵"的文章,我即受这类文章的启发,认真对待我这次写小题目的实践。既从左思《三都赋》的创作过程及其本身的内在艺术价值进行分析,又重点透过"纸贵"探求洛阳当时的文坛盛况、社会场景和文人风气,写出了较开阔的文学气象和产生文坛轰动的社会动因,得到较好的学术反响。

二

在我长期与《文史知识》及其历任编者的学术交往中,深感其对文史研究者尤其是青年学人助益之大,是一个可依靠和信赖的"朋友"。

《文史知识》既能遵从学科的发展规律,推动学术发展;又能紧密结合当代实际,促进地方文化建设。正是这种与时俱进的办刊宗旨,使我与《文史知识》走得更近、获益更多。我自80年代初,即在教授古典文学的过程中关注着文化与文学研究的结合,并逐渐形成了自己将齐鲁文化与文学研究相结合的科研方向。在我原工作的淄博师专创立了"齐文化研究所"并担任负责人。80年代中期,《文史知识》举办了数期分省专号。1987年的"山东专号"上即刊载了我的《元杂剧活动中心——东平府》一文。80年代末,刊物又将注意力聚焦到地方文化专号上来,更给我提供了一个很好的机会和舞台。在地方党委的支持下,经过我与编辑部同志的多次策划与协商,编辑部与淄博师专齐文化研究所等单位合办出版了1989年第3期"齐文化专号"。这是《文史知识》的第一个地方文化专号,而齐文化研究所也成为第一个参与合办地方文化专号的科研机构。这次专号的刊出,不仅引起国内学术界对齐文化的热切关注,也充分唤起地方政府对当地历史文化研究的热情。而正是这几个方面的结合,此后不久,由我主持的大型齐文化研究系列集成——《齐文化丛书》正式启动。该项工程分四大部类,出书44种,共计1200万字,于1997年全部出齐。积极推动了齐文化研究,在国内学术界产生了较大影响。而七年以后的2004年,我又循《文史知识》学术性、通俗性,大专家写小文章,选题小、开掘深等特色,在山东省委领导的支持和国内诸多学者的参与下,主编了《齐鲁历史文化丛书》100种,共1000余万字,为山东的文化建设做出了贡献。

多年的学术实践,使我与《文史知识》结下了不解之缘,也使我在阅读学习和研究合作的过程中得到巨大的教益。说《文史知识》是挚友,此言是确。《文史知识》近三十年的办刊,培养支持了一代代、一批批文史爱好者和学术新人。近些年来,我高兴地看到该刊越办越红火,越办越有生机和活力。其活跃的思想和创新的锐气、扎实的功力和优秀的传统,不仅反映着她不凡的过去,也昭示着她灿烂的未来。我热切期盼与《文史知识》一路走下去,直到人生的终点……

(原载《文史知识》2008年第10期)

编者、作者、读者评论(摘编)

"一个民族的文化知识水平就是这个民族最稳定的、有连续性的物质力量","在某种意义上可以说文史知识是通向各种知识领域的桥梁,是攀登科学高峰的起点。不论学习什么知识,首先要识字,要有一定的阅读能力和写作能力。否则就不能看懂,更不能理解和接受各种专门的科学理论知识"。《文史知识》强调知识的准确性,这个想法是对的。传播知识而不准确,会贻误青年。但是准确的知识,往往需要经过辛勤考校、研究和大家共同讨论才能得到的,而不是凭哪一个天才、哪一个权威一言为定。所以,《文史知识》对许多问题同样也需要开展百家争鸣和自由讨论。

  (摘自宋振庭《我欢呼〈文史知识〉创刊》代发刊词,《文史知识》1981年第1期)

  《文史知识》是中华书局的一块宣传阵地,以面向青年读者为主,在继承民族文化遗产,弘扬传统文化,普及古典文学、历史、哲学等多方面知识的过程中,肩负着共建精神文明、培养社会主义新人的历史任务。因此……用社会主义的新思想、新观念,在优秀民族传统和丰厚文化积累的肥沃土壤中,培育富有时代精神的文化和学术新花。在办刊过程中,无论规划选题还是设置栏目,无论组稿审稿还是修改加工,我们都始终辩证地把握和处理变与常、新与旧以及古今中外之间的关系,让刊物始终充满时代气息和新鲜感觉。

  [摘自熊国祯(《文史知识》原主编)《新形势新起点》,《文史知识》1998年第3期]

相关链接

* 董纯才.学好语文,学好历史[J].文史知识,1981(1).
* 唐弢.学习历史,建设社会主义精神文明[N].光明日报,1984-01-11.
* 吴世昌.读《文史知识》"先秦专号"[N].人民日报,1986-08-18.
* 王知择.良师挚友无穷期[J].文史知识,1989(10).
* 余象乾.《文史知识》是我的良师益友[J].文史知识,1989(11).
* 姜光斗.一件小事[J].文史知识,1989(11).
* 乐时鸣.从《文史知识》得到教益[J].文史知识,1989(11).
* 邱少春.魅力源于质量　信任来自读者[J].文史知识,1989(11).
* 罗吉红.一个布依族读者的心里话[J].文史知识,1989(10).
* 石泽镒.我和《文史知识》的三次交往[J].文史知识,1989(10).
* 藏克家.第1号朋友——贺《文史知识》出刊百期[J].文史知识,1989(10).
* 陈宝华.平生风义兼师友[J].文史知识,1989(10).
* 刘桂秋.《文史知识》——我的良师益友[J].文史知识,1990(3).
* 徐智.智者的良友　成功的桥梁[J].文史知识,1990(3).
* 沈翀.无限感慨涌笔端[J].文史知识,1990(1).
* 任天吉.我与《文史知识》[J].文史知识,1990(1).
* 向伟.历史与现实之桥[J].文史知识,1990(1).
* 黄庆来.我是《文史知识》的老朋友[J].文史知识,1990(1).
* 尹序亭.我与《文史知识》[J].文史知识,1990(3).
* 陶鸣起.我与《文史知识》[J].文史知识,1990(3).
* 杨牧之."专门家"与"无名作者"[J].文史知识,1998(2).
* 任继愈.给《文史知识》的信[J].文史知识,1998(10).
* 任继愈.人类共享的精神财富[J].文史知识,1998(2).
* 戴逸.文史知识与素质教育[J].文史知识,1998(2).
* 吴小如.雅俗共赏　开卷有益[J].文史知识,1998(2).
* 金开诚.实事实干　任重道远[J].文史知识,1998(2).
* 张习孔.继往开来　再创辉煌[J].文史知识,1998(2).

※瞿林东.传播文明的崇高追求[J].文史知识,1998(2).
※龚书铎.堪称文化精品[J].文史知识,1998(3).
※李学勤.继续发扬严谨务实的学风[J].文史知识,1998(3).
※臧嵘.重振雄风　勿忘教师[J].文史知识,1998(3).
※徐公持.《文史知识》与现代人[J].文史知识,1998(3).
※林甘泉.寄语《文史知识》[J].文史知识,2006(4).
※金开诚.愿《文史知识》永葆活力[J].文史知识,2008(12).
※李洪岩.与改革开放同行[J].文史知识,2008(12).
※宁宗一.《文史知识》：我的良师益友[J].文史知识,2008(10).
※过常宝.《文史知识》是真正的良师益友[J].文史知识,2008(10).
※张涛.《文史知识》与改革开放以来的中国文史研究[J].文史知识,2008(12).
※康震.《文史知识》——明净开阔的窗外[J].文史知识,2008(12).
※臧嵘.坚持改革开放,弘扬民族精华,倡导文化复兴[J].文史知识,2008(12).
※杨牧之等.怀念中华书局原总编辑李侃先生[J].文史知识,2010(9).
※龚书铎.我印象中的老李[J].文史知识,2010(9).

培育中华演讲人才的摇篮
——《演讲与口才》办刊的成功经验

安　静

《演讲与口才》封面

由著名演讲家邵守义一手创办的《演讲与口才》杂志，是我国有史以来第一家以普及演讲知识，提高全民口语表达锻炼能力为主的综合性文化类期刊。它自1983年创刊至今，以倡导建立演讲学、提高全民文化素质为己任，为国家培养了数以万计的演讲人才，并把过去认为高不可攀的演讲艺术普及到城乡各个角落和广大老百姓中去，影响和鼓励了一代又一代中国人。

从无到有，从小到大。经过27年的风雨历程和艰辛开拓，《演讲与口才》不仅自身发展壮大，同时也得到社会的广泛认可，先后获得了全国优秀期刊、第一届和第二届全国百种重点社科期刊、首届中国期刊奖、全国中文核心期刊等11项国家荣誉奖，跨进了先进期刊的行列，成为全国的名牌期刊。

历史地、科学地总结《演讲与口才》的办刊经验，不仅是其自身发展的需要，而且对办好其他期刊也有启迪借鉴意义。

一个优秀的领军人物

作为一个刊物领导人的主编，在一定意义上说对刊物的生存发展起着决定的作用。主编是一个刊物的主帅，是一面旗帜，也是一个刊物的灵魂。主编是一个刊物的影子。有什么样的主编就有什么样的刊物。主编的人品、学识风格、倾向等，无不在刊物上留下鲜明印记。被人们和业界称为"新时期演讲事业的开拓者"、"报刊界的'拼命三郎'"的《演讲与口才》主编邵守义就是一位优秀的领军人物。

《演讲与口才》创办、成长、发展的历史,诠释了邵守义是一位有眼光、有胆识、有谋略、有实干精神的优秀出版家。

1937年12月,邵守义出生在吉林省东辽县,从小就颇有口辩之才。1956年考入天津师大中文系,毕业后先后在天津、吉林几所中学当语文老师,后被调到吉林市工人文化宫搞创作。粉碎"四人帮"后调吉林师院中文系当写作课教师。在教学实践中,他深感口语训练对师范毕业生的极端重要。胸中蕴蓄已久的疑团,使他萌生一种念头:能不能在师院里开一门口语表达课?当他在一次教研室会上提出这个建议时并没有得到支持。1979年一个偶然的机会,他在《读书》杂志上读到《闻一多手稿》,从文中得知早在1919年清华学校就设有演讲课。邵守义很快就向学校建议在师院开设口语课并编写教材。学校领导支持了他的建议。为了扩大这一创议的影响,在邵守义的倡导下,1981年在吉林师院召开了"首届全国演讲学术讨论会"。与会同志一致提出成立演讲学会并创办一本研究演讲的杂志,"而这个艰难创业的任务,众望所归,都推举给邵守义,而他也就当仁不让,全部揽到了自己身上了"[1]。经过了一段时间的准备,在邵守义的努力下,1983年12月《演讲与口才》创刊了。演讲学课的开设和《演讲与口才》的创刊,显示了邵守义远大、深邃的文化眼光。

人们由于受主客观条件的限制,办成一件事很艰难,往往需要有大胆和勇气,甚至需要有一种冒风险的精神。邵守义奉行的人生格言是:"只要认准了的事,要干就快干,要干就大干,要干就干出名堂来;人,总要有点'敢为天下先'的奉献精神。"万事开头难。邵守义创办《演讲与口才》走的是一条艰辛的创业之路。当时摆在他面前的困难主要有两个:一是舆论的压力,有人认为,一个师院,哪有钱办刊物,甚至认为此举是"头脑发热"。但他义无反顾,昂首挺胸踏上了办刊的征途。另一个是没有经费,他以个人名义向学院借了5000元作为启动经费,事业究竟是成功,是失败,要担当很大风险。但他决心下定,就是靠着这5000元惨谈经营把刊物办起来了。这当中既有领导的支持,更大程度上是靠邵守义的胆识与谋略。

坐而论道什么事情也办不成。邵守义办刊物有一种可贵的韧劲和实干精神。刊物创办之始,一没有自己的发行渠道,二没有维护生存发展的资金来源和人员配置。在困难面前，邵守义身先士卒，真抓实干。刊物创刊时没有其他人手，作为主编实际上是一个全能的编辑：组稿、编稿、排版、校对、印刷大都是亲自干。为了组到好稿子，不顾个人疲劳，他在七天跑了北京、上海、南京、苏州、镇江五个城市。为了宣传推销刊物，听取读者意见，他背着刊物到北京师范大学学生食堂门口叫卖。为了节省资金，他出差住地下室，出行舍不得坐车，靠自己奔跑。经常花几角钱买几个小包子充饥。

功夫不负有心人。在邵守义的带动下，经过十几年的努力，《演讲与口才》办得越来越好，取得了可喜的成绩。创刊时，借款5000元作为开办资金，十多年后已有固定资金近千万元；创刊时发行仅2万份，十年后发行量达百万份，最高时曾达113万份；创刊时只有一间8平方米的办公室，如今却拥有一座5500平方米的现代化办公大楼；创刊时只有专职人员1人，至今已有员工40多人。事业的成功发展，凝聚了邵守义多少心血啊。

《演讲与口才》办刊的成就，受到国家有关领导人的重视。全国人大常委会原副委员长许嘉璐曾对邵守义说："你们办了一件功德无量的事"，"你们干得很好。我还是那样认为，口才不单单是口才问题，口才实际上是人的整体素质的外化，所以培养人们的口才就是提高人们的素质。"[2]中共中央书记处书记、中央军委副主席徐才厚2005年4月19日视察徐州部队时说："讲好课是知识，有一本杂志叫《演讲与口才》，对政工干部特别有针对性。"由于《演讲与口才》越办越好，被广大读者誉为"说辩的良师、交际的指南、公关的益友、人才的摇篮"。

一个准确的出版定位

出版定位，关系到一个刊物的办刊宗旨和读者对象。就是刊物的内容是什么，办给什么人看的，定位不准，对象不明，一个刊物难以办好。《演讲与口才》创办于我国改革开放初期。随着社会主义市场经济的确立和发展，多种社会活动和经济活动频繁，人与人之间的接触和交流也越来越多，那些在改革大潮里企求发展的人才特别是许多年轻人都渴望以自己出色的思维能力、口语表达能力开拓自我，进而崭露头角，取得事业上的成功。《演讲与口才》的创办适逢其时，因为"它敏锐地切入到我国改革开放事业人才资源这样一个关键领域的关键部位,办刊思想正打在了我国改革开放的鼓点上。对时代敏感,自觉地担负时代使命,是《演讲与口才》成功的最根本原因"[3]。

正是《演讲与口才》看准了读者的需要,确立了"培养提高人们的口语表达能力","以普及为主,兼及提高"的办刊方向和原则,坚持"科学性、知识性、实用性、趣味性",突出实用性的办刊理念,力求刊物的每篇文章都能有针对性地解决读者在工作、学习中遇到的口语表达问题,使刊物在更广泛的范围内满足了各个层次不同读者的需要,成为老少皆宜、家喻户晓的刊物。

衡量一个刊物办得如何,读者是最权威的评判者。《演讲与口才》创刊以来,由于坚持了社会主义的办刊方针,狠抓刊物质量,深受读者好评。江苏省邳县港物局一位搬运工在给《演讲与口才》编辑部的信中说:"读了贵刊我的口才明显提高,过去局里领导作报告,得锁上大门,否则人就走光了,整党时他们让我作一次辅导,讲了两小时,结束时掌声达三分钟之久,第三天组织部找我谈话,决定把我调到宣传部工作。"新疆军区的一位干部,由于学习《演讲与口才》,在教学中做出了突出的成绩,荣立两次三等功,将一枚军功章给我们(指编辑部)寄来,信中说:"军功章有我的一半,更有你们的一半。"

"口才助你成功,沟通改变人生。"许多读者,由于经常订阅《演讲与口才》,从中增长了知识,提高了口语表达能力,在激烈的人才市场竞争中占据优势,找到了理想的工作,从而改变了人生的命运,实现了人生的价值。他们称《演讲与口才》是自己的"第二政委"、"师刊"、"良师益友"。有的家庭出现了几代人争看《演讲与口才》的喜人场面,并表示要长期订阅《演讲与口才》。

一个鲜明的个性特色

当今期刊如林,竞争激烈。一个刊物靠什么坚定站稳期刊园地,谋求生存发展? 就是靠质量和鲜明的个性特色。20世纪30年代邹韬奋办《生活周刊》时一再强调要有创造精神。他认为"尾巴主义是成功的仇敌。刊物内容如果只是'人云亦云',格式如果只是'亦步亦趋',那是刊物的尾巴主义。这种尾巴主义的刊物无所谓个性或特色;没有个性或特色的刊物,生存已成问题,发展更没有希望了。要造成刊物的个性或特色,非有创造的精神不可"[4]。所以刊物的主编要在提高质量上下工夫,在办出个性特色上动脑筋。

刊物的个性特色体现在刊物的内容和形式上。《演讲与口才》在内容上紧扣提高人们口语表达能力这一主线做文章,刊发了许多有个性特色、质量高的文章。它重视文章的思想性,不论是传播演讲知识、演讲技巧或发表演讲名人的轶闻趣事,坚持做到高品位,不媚俗,重引导,不迎合。刊物曾发表了马克思、恩格斯、毛泽东、李大钊、彭德怀、郭沫若等数十位中外革命导师、著名人物在演讲方面的活动的文章,使人们从中学到了他们高尚的革命精神,也领略了他们高超的演讲艺术。

在形式上,《演讲与口才》走出了自己的一条路子。根据内容需要,恰当地选择采用了中央电视台、各省市电视台著名主持人及演讲名家的照片作为封面,并在刊物中对这些人物的生平及成长道路作了介绍与评析,内容与形式浑然一体,既给人以教育,又给人以美的享受。

栏目是展现刊物特色的一个窗口。栏目体现刊物宗旨,也体现编者意图,读者从了解栏目内容中感受到刊物特色。《演讲与口才》抓住演讲与口才这一主题设置了富有内容特色的"谈话技巧"、"交际指南"、"论辩之道"、"演讲艺术"等几个主打栏目,又根据具体需要衍生出"名人与口才"、"七十二行与口才"、"教人如何说话"、"师生口才"、"演讲辞选登"等十多个栏目。在这些栏目中,以不同的内容、不同角度、不同形式、不同文体的风格,使各行各业不同层次的读者都能从中吸取适合自己需要的东西。

一个好的竞争机制

我国期刊的经营管理,长期以来,沿袭计划经济时代的管理机制。在人员录用、待遇分配、干部任用上存在论资排辈、平均主义、大锅饭等弊端,严重束缚员工的积极性。其结果是刊物质量不高,影响力弱化,缺乏发展后劲。在市场经济条件下,必须打破旧的机制,建立与市场经济发展相适应的新机制。作为《演讲与口才》的领导人物邵守义,率先进行了大刀阔斧的改革,把竞争机制引入到期刊经营管理之中。在刊物创刊十五周年之时,他总结了这段时间改革的体会:"十五年的创业艰辛,十五年的成功实践,昭示一条真理:改革是一切事业充满生机与活力的取之不尽、用之不竭的'源头活水'!十五年来,我们在经营管理、人事制度、干部制度和分配制度等方面进行了一系列的改革,从而形成了巨大的向心力、凝聚力与竞争力,才使我们在风云变幻、波飞浪涌的期刊市场竞争中稳操胜券,持续发展,获得了经济效益和社会效益的双丰收。"[5]

早在1984年,《演讲与口才》创刊不久,邵守义就带领杂志社员工进行了以"人"为核心的全方位改革。

一是用人制度的改革。在"主编负责制"的前提下,在杂志社进行"全员聘任制"。用人无定式,全看真本事,主编有聘任权,也有解聘权;员工有认聘权,也有拒聘权。这种"双向选择"的用人制度,打破了"铁饭碗",增强了员工的危机感,强化了竞争意识,形成了团结向上的进取精神。

二是改革分配制度。按照多劳多得按劳付酬的分配原则,把脑力劳动与体力劳动、复杂劳动与简单劳动区分开来,把员工自己的劳动贡献与经济收入挂钩。这一改革打破了平均主义"大锅饭",改变干好干坏一个样、干多干少一个样的懒、散、软、乱的局面。

三是改革干部制度。坚持德才兼备,不看文凭、不拘年龄,看业绩、看能力,形成了"能者上、平者让、庸者下"的干部任用机制。通过这项改革形成了领导核心心往一处想,劲往一处使,带领全体员工干事业的良好局面。

此外,在编辑工作中还实行了奖惩制度,对工作认真表现好的给予表扬,因工作不负责,造成工作失误的要给予处罚。一位编辑在一次终校稿后,仍出现了8处错误,主编按规定每处罚款50元,扣罚了这位编辑400元。对那些在编辑工作中编出优秀稿件被别的报刊转载或受到读者好评的,可获一定数量的奖金。通过这一系列的改革,充分调动了广大员工的积极性与创造精神,给刊物发展增强了后劲和活力。

邵守义同志虽已经去世,但他的忠于职守、求实创新的工作精神,爱岗敬业、无私奉献的工作态度以及务实进取的拼搏精神,一定会激励《演讲与口才》的员工,在新的起点上把刊物办得更好。

参考文献

[1]邓加荣,殷学敏.新时期演讲事业的开拓者——记《演讲与口才》杂志主编邵守义[N].光明日报,1986-09-03.

[2]赵耳.全国人大副委员长许嘉璐同志对我刊给予充分肯定[J].演讲与口才,2000(1).

[3]张伯海.在《演讲与口才》创刊25周年庆祝大会上的讲话[J].演讲与口才,2008(10).

[4]邹韬奋.几个原则.韬奋文集[M].(3).北京:生活·读书·新知.三联书店,1955.

[5]邵守义.明天会更好——写在《演讲与口才》创刊十五周年之际[J].演讲与口才,1998(7).

邵老爷子创业记
——记演讲学家、《演讲与口才》主编邵守义

任 吾 刘兆明

演讲学家邵守义

邵守义（1937—2009），吉林省东辽县人。1956年考入天津师范大学中文系，毕业后先后在天津、吉林等几所中学当语文教师，后被调到吉林市工人文化宫搞创作。粉碎"四人帮"之后，任吉林师范学院中文系写作课教师。1983年创办《演讲与口才》杂志，先后任《演讲与口才》主编、社长等职，后担任吉林师范学院院长。曾荣获"国家有突出贡献的专家"、"国务院政府特殊津贴享受者"、全国第二届"百佳出版工作者"等荣誉称号。由于办刊业绩突出，曾被业界赞誉为"新时期演讲事业的开拓者，报刊界的'拼命三郎'"等。

20多年来，他策划、主编、编辑出版了50余部"演讲学"著作，为建立演讲学做出了突出贡献。

邵守义是我国著名的演讲家，新时期演讲学的开拓者，国务院授予的国家级有突出贡献的专家，吉林师范学院院长、教授，《演讲与口才》、《做人与处世》两个杂志的社长兼主编。但邵守义平时不喜欢别人称他这一串"官衔"，对年轻人，他更喜欢人家朴朴实实地叫他一声"邵老师"，而人们，尤其是比较年轻和比较熟悉的人，或当面或背后，更愿亲昵地称他"邵老爷子"。

其实，邵老爷子并不算老，1937年出生，到今年刚不过一个花甲。

平生敢为天下先

尽管邵守义自己从没说过,但我想,若回顾已过去的六十年人生,他最有特色的应有两件事,一是于新时期开了新中国演讲学的先河,一是创办了一份名满天下、发行量达百万册的杂志——《演讲与口才》。比起这两件事,那些"院长"、"教授"、"专家"的名号实在算不了什么。

这两件事都和他那平生敢为天下先的性格分不开。

邵老爷子祖籍河北邯郸,自己却是土生土长于东北松辽平原。燕赵大地慷慨悲歌的遗风,白山黑水粗犷豪迈的性情,给这个瘦小精干的汉子镀上双倍的刚性,敢说敢干、敢笑敢怒、敢骂还敢喝,酒量不大,但"举大白,唱金缕"的豪迈气度和妙语连珠的辞令绝对让你惊倒;还有永不安分,永不服输,甚至死不回头。

少年时代的邵守义与常人并无二致,只有一点除外,那就是颇有口辩之才。在和小朋友、同学争辩时,他总能以独特的角度、犀利的言辞而屡辩屡胜,有时连一旁的老师都啧啧称奇。

1956年邵守义中学毕业后考入天津师大中文系;大学毕业后先后在天津、吉林的几所中学当语文老师;以后他又被调到吉林市工人文化宫搞创作,在这里喜爱文学尤其酷爱戏剧的邵守义还颇有点如鱼得水,发表了不少作品,有两个剧本还获得了国家级奖;再后来,同样热爱教师工作的他又调到吉林师院中文系当写作课教师。凭着自己的写作功底,凭着自己的精湛口才,看来再过几年,评个副教授、教授没问题,写成个二三流的作家、剧作家问题也不大。

从大学毕业算起,沉闷而不失安稳的二十多年就这样过去了。

然而,就在这时,长期支撑邵守义心理平衡的流水般的支点,被70年代末兴起的改革洪流冲走了,他开始"不安分"起来。

1979年,在一次全系的教学会上,他这个写作课教师,却向"写作"发难了。他说:我们是师范学院,绝大多数学生毕业后要走上讲台,写作的机会并不多,更多的是使用口语,我们为什么要花那么多时间进行写作训练而完全忽视口语训练?为什么我们许多在校学生成绩很优秀的,师范毕业后一上讲台就陷入窘境,"足将进而趦趄,口将言而嗫嚅",说不出一句整话?先哲荀子说"口能言之,身能行之,国宝也",外国人也把舌头、金钱、原子弹比作三大法宝,既然口语表达能力这么重要,为什么在我们的教学安排上连提都不提?解放后各出版社出的有关写作的书汗牛充栋,为什么有关口语表达的书连一本都没有?

这一连串"为什么"问得大家直发愣:问得没错,可你老邵又有什么办法?

是啊,眼下邵守义还没什么具体的办法,他既没有听过这样的课,也没看到过这样的书。但这个问题始终在他心里转悠着。

当年10月,邵守义到长春出差,在一家旧书摊他随手买了一本过期的《读书》杂志,一个醒目的标题映入他眼中——《闻一多手稿》。

晚上他躺在床上仔细阅读,文中的几句话强烈地吸引了他:"近来演讲课练习又见疏,不猛起直追恐便落人后。""夜至凉亭练演说三遍。""演说果有进步,当精益求精。"——这是闻一多先生在清华读书时的日记。

这常人看来很普通的几句话,对正苦苦寻觅的邵守义不啻是石破天惊:"呀,原来那时就有演讲课啊!"

夜晚躺在床上,他兴奋得无法入睡,便坐起身来,就着昏黄的灯光,将自己的体会和想法写在杂志的空白处。开演讲课,搞演讲学,一幅使中断了数十年的演讲学在中国得到新生、也注定使邵守义步入人生辉煌的"蓝图"就这样在一本过期杂志的书页空白处被勾勒出来。

几天之后,一份《关于在师院开设口语课的报告》被送到学院领导手上。这个消息不胫而走,于是风言风语便向邵守义迎面刮来:

"什么口语课、演讲学?我看应该叫嘴巴子学、白话学。"

"现在连中央都说不再搞运动了,他邵守义居然还要搞'舌头运动'!"

"我就不承认他这个'学'!"

但没人想到,开明的学院领导竟然接受了他的这个报告。

邵守义全身心地投入到这一新的事业。教材、参考书……几乎一切都是空白,一切都得从零做起。邵守义从吉林跑到北京,又从北京跑到上海,查阅了30年代印行的有关"说话术"的小册子以及中外有关演说口才的书籍报刊材料,做了六万多字的笔记。

经过整理、研究、思考,在这些资料笔记的基础上,邵守义与人合作写出了新中国第一篇演讲学论文《应该让"演讲学"获得新生》，发表在吉林师院学报上。

接着，凭着那股敢为天下先的劲头，他又拟写出新中国第一份大学演讲课教材《演讲学讲义》，登上讲台，成为新中国第一名演讲学课教师。

他撰写出版了新中国第一部演讲学专著《实用演讲学》。

他召集了有十几所大专院校教师参加的新中国第一届演讲学学术讨论会。

他成为了新中国第一个演讲学教授。

他主办了第一次全国性演讲大赛。

最后，既是水到渠成，又是充满艰辛地创办了中国有史以来的第一个研究演讲与口才、交际与公关的杂志——《演讲与口才》。

创业艰难百战多

1981年冬，有复旦大学、华东师范大学、东北师范大学等十几所大专院校教师参加的"第一届演讲学学术讨论会"在松花湖畔的吉林师范学院召开。会议结束前，与会者一致提出了成立演讲学会和创办有关演讲学杂志的倡议，并共推邵守义出面操办此事。出于对演讲学这一新的事业的热爱，邵守义明知此事艰难，但他还是义不容辞地接受了。

一个普通高校教师，一无经费，二无背景，三无编辑出版方面的经验，竟要独立去创办一个杂志，这在当时人们看来无疑是渺茫荒远的神话。

但邵守义就是要把这个神话变为现实。他跑到各学术机关、教育科研团体寻求支持，跑到省、市主管部门申请刊号，几十趟跑下来，刊号居然被他拿下来了。可办刊经费从哪里筹集，邵守义真犯了难了，他手里一个大钱也没有啊！他又跑到学院领导那里求援，院领导也同样犯难："咱们一个小小的师院，一年的科研经费也不过万元，哪有钱支持你办刊啊！"但理解支持邵守义的院领导最后还是想尽办法，从1万元科研经费中拨出5000元，借给邵守义作为办刊经费。

这5000元像一座大山一样压在他的身上，压在他的心上，甚至压在他的睡梦里。他和学院领导签下了"生死文书"，立下了"军令状"：第一年学院略有资助,第二年杂志自负盈亏,第三年自给有余,达不到上述目标引咎辞职。

创业之初,整个杂志社里里外外就邵守义一个人,组稿、编稿、排版、校对、跑纸张、跑印刷、跑装订、跑运输、跑发行,他这个主编全包了。办杂志,稿源是龙头,发行是龙尾,只有将这龙头龙尾舞好了,这条龙才能真正飞起来。在这方面邵守义留下两段至今还被周围的人津津乐道的"经典"故事:

为了组好试刊号、创刊号两期稿子,他遍访各地专家学者,竟在7天时间里跑了北京、上海、南京、苏州、镇江5个城市,风雨兼程,脚扭伤了都顾不得歇一下。等他一瘸一拐地回到家,人已站不起来了。看着他肿得老高的腿脚,爱人心疼得直流眼泪。

1982年秋,1万本散发着墨香的《演讲与口才》试刊号印出来了,可怎么将它卖出去呢？邵守义望着这些包捆好的杂志,心中又喜又忧。他别无所恃,还得凭气冲斗牛的决心和体力不支的瘦弱身体自己干。他像小贩子一样,将几百本杂志驮在肩上,先下北京,再下南京,一路推销过去。他打响第一炮的地方是在北京师范大学食堂门前。面对着走过来的一群群男女大学生,这个新时期演讲学的开拓者,开始了他平生第一次叫卖:"年轻的大学生朋友们！你既然已有了正确的理想,左手拿着学识和才智,右手若再有这本《演讲与口才》,你一定会如虎添翼,为祖国做出更大的贡献。"听着这独特的叫卖声,看着这个身材单薄貌不惊人的中年汉子,大学生们先是惊讶迟疑,但待他们拿起杂志一翻,不由惊叹连连,一阵雀跃,纷纷掏钱购买。短短一个中午下来,随身带来的200本杂志被上食堂吃饭的大学生一扫而光……

一万本试刊号终于卖出去了,影响也造出去了,几百封读者来信寄到邵守义手上,鼓励、支持、赞许……但一算经济账,就连邵守义这样胆大如斗敢一抹黑儿走到底的人也不由吓一跳:由于试刊号印量太少,每本杂志相对成本过高,一本杂志售价只有0.35元,却要交给印刷厂0.36元的纸张印制费,再加上稿费、差旅费,一期试刊号做下来,邵守义竟然赔了3600元！

邵守义一时陷入窘境。"早就知道这5000块钱是肉包子打狗有去无回。邵守义是不撞南墙不回头。"风凉话直刺他的耳朵。

特立独行真豪杰,不畏人言是英雄。邵守义火了,风凉话没有压垮他,反而鼓起了他的"牛劲",他说:"我不仅不撞南墙不回头,就是撞了南墙撞得头破血流也不回头,身败名裂也要干下去!"

好在学院领导理解他,支持他。当时的师院院长宋嗣廉在中文系当主任时就是邵守义的领导,很了解邵守义的性格为人,他把邵守义找来,鼓励他说:"你就放心地干吧。虽说咱们师院穷,在经济上帮不了你什么忙,但我们的心是相通的。给你拨一间房子,再给你派一名助教当助手,你再闯闯看吧。为了推动演讲学这一新事业的发展,交点学费是免不了的,也是值得的!"

好在家中的妻子理解他,支持他。她对邵守义说:"既然领导那么支持你,又有七百多封读者来信希望你把《演讲与口才》办下去,我还能拖你的后腿吗?干吧,要是真的失败了,在师范学院呆不下去,也不要紧,我陪你远走高飞,找一个乡村学校当老师去。"

有了领导和妻子的支持,邵守义心中有底了。他跑到吉林江城日报印刷厂,凭着他的决心和信心,凭着他纵横捭阖悬河滔滔的演讲家口才,把厂长说服。厂长被他描绘的美好前景给"迷"住了,一口答应,纸张、印制等前期的投资他全包了,卖了杂志再付钱。接着邵守义又几下北京,拜访张志公、张寿康、侯宝林、李燕杰等,听取他们的意见。这几位一致称赞他"干了一件功德无量的好事"。

1983年7月,《演讲与口才》正式创刊。杂志一上市,便受到读者热烈欢迎,四千多封读者来信雪片般寄到编辑部,复旦大学演说协会发了贺电,说"这是新中国演说史上最重要事件之一"。《演讲与口才》创刊的消息也传到了国外,美国演说协会会刊刊登报道,称"演说在太平洋彼岸兴起"。德国、美国等国的演讲学专家也纷纷来函,与邵守义建立联系,邀请他去讲学。

一个生命力极强的杂志诞生了。成功的基础奠定了。邵守义乐了。

在邵守义的手里,《演讲与口才》的印数像初夏雨后的藤蔓一阵疯长,扶摇直上:

1983年创刊时2万份;1984年初4万份,到年底攀升到了9万份;1985年达15万份;1986年达37万份;1987年达76万份;1988年达到创纪录的113万份,成为全国发行量最大的十家期刊之一。

沧海横流见本色

作为报刊出版业同行，在采访邵守义的过程中，我们对他的办刊之道和《演讲与口才》何以在短短几年时间中取得如此成就非常感兴趣。我们想探出这些秘密。

谈到办刊之道，邵守义说：作为一个演讲课教师，我常说演讲就是要和听众交心。我认为这是一切演讲理论和演讲技巧的核心。办刊其实和演讲一样，也是要和读者不断交心，时刻了解读者的精神需求，努力满足读者，同时还要用正确的思想来引导读者。具体来说，就是要坚持社会效益第一、全心全意地为读者服务，用知识性、趣味性、实用性、科学性赢得读者，把最好的精神食粮奉献给读者。而要满足读者的精神需求，赢得读者的心，办刊者除了要有清醒敏锐的头脑和广博的知识，还需要有一颗爱心。

邵守义是这样说的，也是这样做的。

自1983年杂志创刊至今，编辑部接到的读者来信已近百万封。对这些来信，邵守义一开始就定了一个硬规矩：有信必复，有求必应，当天信件当天处理。他亲自回复的读者、作者来信已有几万封之多。

通过这些信件往来，邵守义和杂志编辑部及时地了解到了读者的想法和愿望，先后开出了"说话技巧"、"辩论之道"、"教孩子说话"、"口吃矫正"、"古今中外演说家"、"七十二行说话艺术"等专栏，发表了大量切合读者实际需要的文章，受到了读者的热烈欢迎。比如许多年轻读者来信反映在生活学习中饱尝口吃之苦，有时甚至产生了轻生的念头，邵守义急读者之所急，除在杂志上开了"口吃矫正"专栏外，还以杂志社为依托创立了"口吃矫正函授班"，最终使成千上万的患者走出了口吃的阴影。

一位腿部有残疾的南方姑娘在读过几期《演讲与口才》杂志后，给邵守义写信，向他倾吐内心的苦闷。邵守义收到信后当即给她复信，鼓励她克服自卑感，努力去寻找一条适合自己的生活和成长之路。1986年"全国十城市演讲大赛"前夕，这位姑娘打算报名参加，但因种种原因没能成功。她再次给邵守义写信。作为这次大赛主要组织者，邵守义立即回信，特许这位残疾姑娘参加，她的来往路费由杂志社承担。姑娘如愿以偿地参加了大赛，她的演讲使许多听众流下了眼泪。最后,这位残疾姑娘终于成为当地广播站的一名播音员。

多年来,邵守义和杂志社始终坚持为读者服务、为社会主义精神文明服务的方向。前几年由于印制成本上涨和书刊市场严重萎缩,《演讲与口才》的出版利润出现下滑。这时有些人找上门来,劝他将杂志的内容改进改进,说什么现代型刊物没有色、打、情、险肯定不行,并承诺说:"只要照我们说的路子干,销路绝对没问题,我们包了,你就等着对半拿钱吧。"但被邵守义义正辞严地拒绝了。

除了正确的办刊方向,适合市场经济特点的全新的管理机制也是《演讲与口才》杂志成功的"秘诀"。

这个全新的管理体制,是邵守义从与师范学院领导写下"军令状"领取5000元借款时就下定决心要干到底的。它就是"主编承包责任制"。其具体内容是:"二活四责三权。""二活"就是要把事业搞活,经济搞活;"四责"就是主编要对杂志的办刊方向负责、对杂志的生存与发展负责、对全体员工的思想道德和业务素质负责、对杂志的经济财务负责;"三权"就是主编(社长)享有包括副主编、副社长在内的人事聘任权、编审发稿权和财务支配权。

也就是说,邵守义要将杂志社的所有权力都抓住。对此有人不解,有人不满,有人反对。邵守义说:"我既然冒倾家荡产、身败名裂的风险来孤注一掷,我就要有'不成功便成仁'的决心,就要按我的思想、意志去办刊。如果没有人、财、编审发稿这三权,每干一件事都要请示了这个再请示那个,我就没法将杂志办好。"

但这并不意味着作为主编的他可以或者想要为所欲为,做"寡头",当"家长"。他也给自己亮起了一张"黄牌",给自己做了一个时刻戴在头上的"紧箍",这就是民主监督制度。这项制度明确规定:"如果主编平庸,不能带领全社开拓进取,应该引咎辞职;杂志社每年对主编搞一次民意测验,如不信任票超过半数,应立即下台;主编若有严重错误或违法乱纪行为,职工有权弹劾。"这三条把主编严格置于民主监督之下,能够确保他正确地使用手中的大权。

《演讲与口才》的成功也依赖于邵守义独特的人才观和杂志社灵活有效的用人机制。

他说过,他的用人标准是先好人,再能人,最欢迎又是好人又是能人的人。他彻底打破了工人干部、全民集体、资历学历的界限,真正做到了人人能进能出,能上能下。在他的麾下,四十多名员工中,有教授,有刚刚毕业不久的学生,有名牌大学毕业的,也有土生土长的电大学生;有全民的、集体的、合同的、临时的各种身份。真可谓"五花八门,品种齐全",但所有的人都站在一条起跑线上,你的职位、收入只取决于一件事——工作业绩。

邵守义在杂志社建立了严格的奖罚制度:对工作做得好的,要奖,而且要奖得别人眼红;工作做得有问题的,要罚,而且要罚得让他心疼;对严重失职的或有违纪行为的,严肃处理,直至解聘。

曾有一段时间,杂志封面质量始终上不去,邵守义对美编工作提出批评,并亮出了黄牌:明年封面搞不上去,解聘。在强大压力面前,美编再也坐不住了,四处出击,学习,借鉴,讨教,搬兵,几个月后,一套富有创意极具特色的封面设计方案搞出来了。邵守义非常满意,当即开会宣布,分给美编住房一套,另发奖金500元。

有几个人为了给自己谋好处,背着大家做了一些有损于杂志社的声誉和利益的事,邵守义知道后立即开会予以批评,希望他们能迷途知返。但这些人还是自行其道,拒绝改正错误,邵守义最后只能将他们解聘。

邵守义确实也因此得罪了一些人。对这些,邵守义不是不明白,他曾十分动感情地说过这样一席话:"我都五十好几奔六十的人了,谁愿意得罪人?可现在让我办这个不吃'皇粮'的刊物,我就得对刊物负责。一旦办垮了,不仅对不起广大读者、作者,大家不也是'树倒猢狲散'了吗?我只得豁出去,得罪了也就得罪了,反正我问心无愧,让别人说去吧!"

读者高于一切,事业高于一切,不畏人言,关键时刻敢把自己"搭进去",这就是邵守义的品格,这就是邵守义的人生本色。

思如江海口若河

听说过邵守义的名字但没见过他的人常常会提出这样一个问题:邵守义是演讲学教授,他自己的口才如何?是不是也像有些"红学家"那样,学问挺大,就是自己写不出一部《红楼梦》来?

不,邵守义自己的口才极好,而且是一个很成功的演说家。

一位熟悉邵守义的作者在写到他的口才时曾经有过这样一段传神的话:他在两种场合最能表现他的口才,一是在喝了几杯酒之后,那真是妙语连珠、纵横捭阖、谈笑风生;二是越是在大庭广众之下和临时即兴之时,他的敏捷的思维和口才越是能得到充分发挥,可谓妙言要道、出口成章、悬河泻水、滔滔不绝……

1985年3月的成都春意盎然,四川大学最大的阶梯教室里坐满了来听邵守义演讲的学生。邵守义给同学们介绍演讲的知识与技巧,带领同学们练习,并当场示范背诵了魏巍的散文名篇《谁是最可爱的人》。当他仅用10秒钟就背诵完从"亲爱的朋友们"到"他们是最可爱的人"之间的91个字时,全场爆发了长时间的热烈掌声。

一个负责组织过邵守义演讲会的四川大学学生会干部曾做过这样一个有趣的统计:在邵守义的一场时间为125分钟的演讲中,台下学生们开心大笑14次,小笑37次,有秩序的热烈掌声8次……他说:"邵老师真正让我们在笑声中受到了启发和教育。"

十几年来,邵守义在全国各地演讲120多场,场场都是座无虚席。他那诙谐幽默的比喻,严谨深刻的论理,跌宕起伏的语调,深深打动了千千万万听众的心。

邵守义为演讲学这门学科的发展所做出的贡献远远不止这些。这些年他的编务、教学工作一直十分繁重,尤其在1992年之后,他又被任命为吉林师范学院院长,负责领导管理这所有数千名师生员工的高等院校。但即使是这样,出于对演讲事业的热爱,他还是利用节假日的分分秒秒,撰写主编了《演讲学概论》、《实用演讲学》、《实用竞争学》、《公务人员演讲理论与技巧》、《演讲心理学》、《诡辩与反诡辩》等数十种演讲学专著,此外还独自或与人合作,写出了几十篇有影响的学术论文。其中他撰写的《实用演讲学》一书,自1985年8月被中国青年出版社出版后,一版再版,总发行量已达百万册。

邵守义还是一个名副其实的演讲活动家。十几年来,他的足迹踏遍长城内外、大江南北,先后出面组织了"江城之夏演讲会"、"全国十城市青少年演讲邀请赛"、"全国大学生社会实践与成才演讲比赛"等十几次有影响的演讲比赛。为了组织这些活动,《演讲与口才》杂志社已累计支出上百万元。

十几年弹指一挥间。邵守义和《演讲与口才》以及他热爱的演讲事业一起步入了成功与辉煌。

现在《演讲与口才》杂志社已由创刊时的两个人,变成同编辑部、演讲交际培训函授学院等几个部门四十余人组成的综合性出版单位;杂志发行量依然是如日中天,尽管这几年整个报刊市场出现严重萎缩,《演讲与口才》的印数仍旧保持在八九十万份以上;杂志创业时的8平方米小屋,也已被拔地而起的5000多平方米的综合性办公大楼所代替,《演讲与口才》杂志社真正成为了全国演讲事业的中心……1996年,邵守义又为《演讲与口才》的一个姊妹刊《做人与处世》进行了催生与洗礼,这份新刊物创刊当年发行量就达到了10万份,预计1997年底将会突破20万份,业内人士对它的前景极其看好。

那么,为了实现这一辉煌,邵守义究竟付出了多少代价,他的家人作出了多大的牺牲,没人能说得清楚。总之,刚过花甲之年的邵守义身体快拼垮了,头疼和胃病如影随形地在折磨着他,他已拼成了名副其实的"邵老爷子":形容枯槁,骨瘦如柴,身高一米七左右的人,体重只有45公斤,满嘴只剩下九颗牙……但说他老,那只是指身体,而心,依旧年轻,依旧拼劲十足。

正因此,报刊界的同行才又送他一个绰号"拼命三郎"。——年已花甲仅存九齿的干巴瘦"邵老爷子",竟拥有一个与英雄盖世、血气方刚的梁山好汉石秀一样的绰号!

(原载《人物》1997年第6期)

《演讲与口才》,我的大学

徐向东

我的教龄同《演讲与口才》的刊龄相同。1983年8月我被调到海军政治学院当教员,一个没上过大学的人突然走上大学讲台,我真有"老虎啃天无从下嘴"之感。我到处拜师求教。终于找到了《演讲与口才》。从此,《演讲与口才》成了我形影不离的朋友,我从创刊号开始一期不落地读,一直读了20年。

《演讲与口才》指导我"树高标、创高质、当高师"。在它的影响下,我头脑里逐渐形成了一种大胆的思路。站在巨人的肩膀上,高起点开局讲好第一课,跨越式发展当个名教员。那年寒假我没有休息,精心备课,一遍又一遍地翻阅《演讲与口才》,上面介绍的一些演讲家的经验给我的启示特别大。如李燕杰老师的"一个观点,两个故事,三句名言,四串数字"等方面照亮了我备课的路。当时,《演讲与口才》1984年第一期如及时雨般的降临,我如饥似渴地读了起来。《教学语言的要求与训练方法》一文给我以深刻的启示。文中提出的"声情并茂,情理交融"的要求以及教学语言"要有吸引力抓住人心,要有感染力打动人心,要有说服力深入人心"等观点点亮了我。奇迹出现了,被我院许多新教员视为"鬼门关"、没有三五次过不去的上台试讲,我一次就通过了,第一次走上讲台给学生讲课,就赢得了满堂喝彩。当年学院就给我记了三等功,这在新教员中是没有先例的。

《演讲与口才》引导我"学高技,当高徒,上高峰"。在阅读《演讲与口才》的过程中,我结识了全国一流的演讲家刘吉、邵守义等老师,又是在《演讲与口才》提供的重要信息帮助下,我出席了中华教育艺术研究会的一系列重要会议,亲耳聆听了全国一流演讲家的指导,并直接求教于李燕杰、刘吉、邵守义和蔡朝东等老师。"听君一席话,胜读十年书",千真万确。奇迹又一次发生了:我的专著《政工研究论》和首创的《政工研究》课程,被解放军总政治部的有关部门作为"开荒第一犁"推广,并得到社会广泛认可。从祖国的北极村漠河到南沙群岛的永署礁;从浙江群岛军营到四川省委党校的讲台都留下了我的足迹。解放军总参谋部聘请我为全军语文教育专家指导组成员。《解放军报》、《中国青年报》、解放军总参谋部主办的《军事》杂志等十多家新闻媒体相继报道了我的事迹。我还先后担任了中国教育家协会、中华教育艺术研究会和中国公文学研究会等5个全国性学术团体的理事。1998年中华教育艺术研究会授予我"铸魂金杯奖"。

在和《演讲与口才》结伴而行的20年间,我业余学完了现代文学、马克思主义原理和科学社会主义等六个专业的大专、大本和研究生课程。先后获得了国家承认的6个文凭,从一个宣传行政干部变成了中文教授、公文学研究员。2000年初,我把在军队院校退休离职时的演讲词《拜谢、拜托、拜请》寄给了《演讲与口才》,后来发表在2000年第5期上。我由衷地说:"这是《演讲与口才》发给我的毕业文凭。"

近几年,我相继出任了大连国际商务学院党委副书记兼纪委书记、大连东科学院院长等职。当有人问我是哪个大学毕业时,我总是激动地说:"我的大学就是《演讲与口才》!"

（原载《演讲与口才》2003年第9期）

编者、作者、读者评论(摘编)

1983年问世的《演讲与口才》……它开创了中国期刊的新品种,洋溢着一股令读者特别是青年读者励志的时代精神……

以邵守义同志为主的《演讲与口才》创办人时代责任感强,对于自己的刊物定位开发得深。他们办的刊物,不只是出自职业诉求和研究兴趣,更是敏锐地意识到,培养高水准演说人才,就是培养敢想、敢讲、敢竞争的人。我国改革开放事业,正等待着大量这样的人才为资源,为保证。《演讲与口才》定位没有变,它敏锐地切入到我国改革开放事业人才资源这一个关键领域的关键部位,办刊思想正打在了我国改革开放时代鼓点上。对时代敏感,自觉地担负时代使命,是《演讲与口才》成功的最根本原因。

(摘自张伯海在《演讲与口才》创刊25周年庆祝会上的演讲,《演讲与口才》2008年第10期)

我出生在豫东平原的农村,生来性格内向,用父亲的话讲:是三棍子打不出个闷屁的汉子。

辍学后,我加入了打工行列,曾经跟随老乡去南方。初次出门,不善言词,不会讲普通话,只能说河南土话,老板没有收留我……

坐在回乡的列车上,自卑和痛苦不堪的我从包里掏出了朋友送我的一本1994年第12期《演讲与口才》。我从头至尾一篇篇地仔细读着里面的文章,几乎都能背了下来……从此,我认识到性格内向人的弱点。给人帮工期间……挣钱不多,但我每个月都按时买《演讲与口才》细细地读,它使我懂得了好多为人处世的道理。它告诉我,作为一个性格内向的人要想改变自己,就必须注重"参与"二字的重要性;它告诉我,要学会在公共交往中做个最忠实的听众……它还告诉我在交谈中要多想多看别人是怎样展开话题的,等等。时间一长,我真爱说话了,更会说话了,也感觉到别人爱听我说话了。我由一个内向、孤僻、自卑的男孩,变得好学并善于言辞,由原来只说河南土话的北方侉子,到能讲一口流利标准的普通话……

几年来,由于与《演讲与口才》结缘,加上自身的努力,我由一个打工仔成为一个不大不小的老板。1995年大年三十,我作为特邀嘉宾到河南经济广播电台主持除夕上午的《九七二直播室》节目……1996年9月9日,周口地区168信息台面向社会招聘《青春热线》主持人,招聘的第一条件必须具有大专、本科文凭,可那时我自修文凭还没拿到手。但我应聘时,较好地运用《演讲与口才》教我的知识,发挥出色,力挫众多男对手,终于成为信息台唯一的一名男主持人。

回想自己走过的路,我要真诚地说:一切成绩应归功于《演讲与口才》,是她改变了我的一生!

(摘自张院清《〈演讲与口才〉改变了我的人生》,《演讲与口才》1998年第1期)

《演》(指《演讲与口才》)自创刊之日起,就明确把它定位为研究推广演讲学、口才学的大众杂志,直到现在,尽管社会日新月异,读者群不断变化,这个定位依然不变。"研究"使得《演讲与口才》带有一定的学术性,成为演讲学、口才学研究的阵地,展现最新研究成果的窗口。"推广"使得《演讲与口才》带有一定的普及性,成为传播演讲学、口才学基本知识、最新动向的大众媒体。难能可贵的是《演讲与口才》找到了一条学术性与普及性的最佳契合点:研究成果是以传播知识、提供操作技能的方式发布出来的,基本知识、技能又融入了最新的内涵,给人以新鲜的认识。这使得这本刊物既具有一定的学术分量,又具有一定的可操作性,并为普通读者所喜闻乐见。

(摘自罗启芳《我眼中的〈演讲与口才〉》,《演讲与口才》2001年第10期)

相关链接

*邵思成.深受欢迎的《演讲与口才》杂志[J].中国出版,1990(6).
*索松华.成功的奥妙在哪里[J].演讲与口才,1993(7).
*华苇.辩坛名口邵守义[J].中华儿女.海外版,1994(5).
*伟杰.一生敢为天下先——记著名演讲家《演讲与口才》杂志主编邵守义[J].编辑之友,1994(5).
*孙伟华.邵守义情系《演讲与口才》[J].中国出版,1996(8).
*徐熊.勇于开拓　善于瞄准——《演讲与口才》成功之路探源[J].中国记者.1996(4).
*刘兆明.期刊奇才邵守义[J].出版广角,1996(6).
*张兴亮.青春与《演讲与口才》同行[J].演讲与口才,1998(1).
*刘正权,崔继承.独树一帜天地广阔[J].报刊之友,2001(6).
*梁丽华.十五年的深厚情缘[J].演讲与口才,2003(6).
*杨鹏程.亦师、亦父、亦友[J].演讲与口才,2003(2).
*郎小洁.我和《演讲与口才》有个"约会"[J].演讲与口才,2006(3).
*段正山.《演讲与口才》,我们永远的大学[J].演讲与口才,2007(11).
*孙素英.《演讲与口才》给了我欢乐[J].演讲与口才,2007(7).
*《演讲与口才》编辑部.把功德无量的事业进行到底——写在《演讲与口才》创刊25周年之际[J].演讲与口才,2008(7).
*王桂萍.因你而亮丽[J].演讲与口才,2008(6).
*《演讲与口才》编辑部.沉痛悼念邵守义主编[J].演讲与口才,2009(10).
*顾觅君,赵志英.新时期演讲事业的开拓者——邵守义[J].兰台内外,2002(1).

后 记

《名刊名编名人》是我继《中国大学学报研究》、《中国大学学报简史》、《中国期刊发展史》(与人合著)之后出版的另一部研究期刊的论著。

为什么编撰这部书,简单说是为了适应教学工作的需要。

我自1986年始,一直担任编辑学硕士研究生的期刊编辑理论及期刊史的教学工作。上述几部书曾作为试用教材。在长期的教学实践中,深感期刊的编辑理论及期刊史的研究,是一门深不见底、内涵十分丰富的学问,是很值得有志于此的同志去认真开拓的一个领域。

同图书相比,我国期刊发展的历史较短,至今仅有将近200年的历史。在这期间,随着中国跌宕起伏的政治风云的变幻,曾出现过几次办刊高潮,也曾几度辉煌。尤其是改革开放以来,我国期刊呈现出门类众多、花色纷呈、精品频出的喜人盛世。从历史发展角度看,中国期刊历经几代办刊人的努力,积累了相当丰富的办刊经验,同时也走过了一条曲折之路,留下了不少沉痛的教训。历史地、客观地将过去的办刊经验加以总结,对启示当今,开拓未来,推动期刊研究,都是一项有意义的建设性的工作。鉴于期刊发展史及理论的丰富广泛,本书试图通过对现当代20多种名刊的个案研究作为切入点,将每个期刊发展的历史、刊物编者的办刊经验、名人(作者)与刊物的关系三个不同的侧面,加以分析总结,具体阐明期刊的社会功能、作用、影响及办刊的成功之道等,这样也许对读者更有具体可感的启示作用。

本书在编撰过程中,得到有关期刊编辑部的编者、相关期刊作者的大力支持,他们撰写并提供了许多高质量的稿件及相关资料,这是本书得以顺利编撰的重要原因。

大象出版社是一家有广泛影响的优秀出版社,一向关心、重视、支持学术著作的出版。早在1998年,我和袁喜生、刘小敏同志将编纂的《中国当代出版史料》(国家"八五"社科规划项目)与大象出版社联系恳请出版。当时的社长与总编辑周常林、李亚娜同志,商定后同意接受出版。在当时学术著作出版难的情况下,大象出版社的这一举动是我始料不及的。事后,我去北京开会,拜访著名老出版家王仿子同志。他曾关心问及《中国当代出版史料》在何社出版,当得知在大象出版社出版时,他高兴而又感慨地说:一个出版社没有钱固然出不了好书;有了钱没有文化眼光同样出不了好书。你算是找到了一个既有钱又有文化眼光的出版社,把事情办成了。这是一位老出版家对大象出版社的赞扬。

本书完稿后,我又一次将书稿送大象出版社,向社长兼总编辑耿相新同志汇报了书稿的框架及详细内容,他毫不迟疑地表示愿意接受出版。两次联系书稿的出版,我对大象出版社一直心存感激,内心充满敬仰之情。

本书出版过程中,著名编辑出版家吴道弘先生拨冗为本书题写书名并题字;河南大学出版社刘小敏、马龙同志,为本书的出版给予热情帮助;河南大学新闻与传播学院的研究生李瑞、张静、冯田芳帮助校对了书稿,在此向他们表示感谢!

由于水平所限,本书在编撰中还存在诸多不足之处,请读者及专家批评指正。

宋应离　2011年1月于河南大学